Weltentwicklungsbericht 1994
Infrastruktur und Entwicklung

Weltbank
Washington, D.C., USA

Die englische Originalfassung dieses Berichts publizierte
die Weltbank unter dem Titel *World Development Report 1994*
bei Oxford University Press

Copyright © 1994 Internationale Bank
für Wiederaufbau und Entwicklung/WELTBANK
1818 H Street, N.W., Washington, D.C. 20433 U.S.A.

Erste Auflage, August 1994

Alle Rechte vorbehalten. Diese Publikation darf ohne vorherige
Genehmigung der Weltbank weder vollständig noch auszugsweise
reproduziert, auf Datenträgern erfaßt oder in jeglicher Form oder
Art übertragen werden, sei es elektronisch, mechanisch, durch
Fotokopie, Tonbandaufzeichnung oder auf andere Weise.

Photographien:
Maurice Asseo, S. 93; Doug Barnes, S. 17;
Curt Carnemark, S. 47, 67, 113, 139.

Mit den Grenzen, Farben, Denominierungen und anderen Informationen,
die in den Karten des *Weltentwicklungsberichts* verwendet werden, verbindet
die Weltbankgruppe keinerlei Urteil über den rechtlichen Status irgendwelcher
Gebiete und ebensowenig irgendeine Bekräftigung oder Anerkennung
irgendwelcher Grenzen.

ISBN 0-8213-2536-1

Für die Weltbank vertrieben von:

UNO-Verlag	Gerold & Co.	Librairie Payot
Poppelsdorfer Allee 55	Graben 31	6, rue Grenus
D-53115 Bonn	A-1011 Wien	CH-1211 Genève 11

Vorwort

Der *Weltentwicklungsbericht 1994*, der siebzehnte im Rahmen der jährlichen Berichterstattung, untersucht die Verbindungen zwischen Infrastruktur und Entwicklung und erforscht Möglichkeiten, wie die Entwicklungsländer sowohl die Bereitstellung als auch die Qualität der Infrastrukturleistungen verbessern können. Ebenso wie die Thematik der Gesundheit und der Umwelt, die in den beiden vorangegangenen Berichten im Rahmen dieser Reihe behandelt wurden, ist die Infrastruktur ein Gebiet, auf dem die staatliche Politik und Finanzierung eine wichtige Rolle spielen müssen, weil hiervon ein beherrschender Einfluß auf die wirtschaftliche Entwicklung und die menschliche Wohlfahrt ausgeht.

In den letzten Jahrzehnten haben die Entwicklungsländer beträchtliche Investitionen in die Infrastruktur getätigt und drastische Gewinne für Haushalte und Produzenten dadurch erzielt, daß sie die Versorgung mit Leistungen wie Trinkwasser, Sanitäranlagen, Elektrizität, Telekommunikation und Verkehr gesteigert haben. Noch darüber hinaus gehende Investitionen und ein weiterer Ausbau der Infrastruktur sind erforderlich, um die Versorgung mit Leistungen auszudehnen – insbesondere für Menschen, die auf dem Lande und in Armut leben.

Wie aber dieser Bericht zeigt, kann das *Volumen* der Investitionen nicht alleiniger Orientierungspunkt der Politik sein. Ebenso wichtig ist die Verbesserung in der *Qualität* der Infrastrukturleistungen. Eine geringe betriebliche Effizienz, eine unzureichende Wartung und eine mangelnde Berücksichtigung der Bedürfnisse der Verbraucher haben gleichermaßen eine Rolle dabei gespielt, daß in der Vergangenheit der Einfluß der Infrastrukturinvestitionen auf die Entwicklung gedämpft wurde. Sowohl quantitative als auch qualitative Fortschritte sind unbedingt erforderlich, um die Produktion zu modernisieren und zu diversifizieren, die Länder im internationalen Wettbewerb zu unterstützen und die rasche Verstädterung abzufedern. Erfolge in der Zukunft aufweisen zu können, heißt auf die Lehren der Vergangenheit aufzubauen.

Als grundlegende Ursache der schlechten Ergebnisse in der Vergangenheit benennt der Bericht die unzureichenden institutionellen Anreize zur verbesserten Bereitstellung von Infrastrukturleistungen. Um eine leistungsfähigere und reagiblere Leistungserstellung zu fördern, müssen die Anreizstrukturen verändert werden, und zwar mittels eines privatwirtschaftlichen Managements, des Wettbewerbs und der Einbeziehung der Verbraucher.

Das *privatwirtschaftliche Management* – einschließlich der finanziellen Selbständigkeit, der Rechenschaftspflicht und klar definierter Ziele – rückt den Betrachtungsschwerpunkt der Anbieter von Infrastrukturleistungen auf die Steigerung der Effizienz und die Befriedigung von Kundenbedürfnissen. Der *Wettbewerb* bietet den Verbrauchern Wahlmöglichkeiten zugunsten von Anbietern, die ihren Wünschen besser gerecht werden, und zwingt die Anbieter dazu, leistungsfähiger zu werden und stärker Rechenschaft abzulegen. Die *Einbeziehung der Verbraucher und anderer Betroffener* in die Konzipierung, den Betrieb und die Instandhaltung der Infrastruktur ist ebenfalls entscheidend für einen größeren Erfolg, insbesondere auf den Gebieten, in denen der Wettbewerb eingeschränkt ist.

Verschiedene Tendenzen tragen dazu bei, daß sich die Erfolgsbilanz auf dem Gebiet der Infrastruktur verbessert. Erstens ermöglichen die Neuerungen auf technologischem Gebiet und bei den Verfahren zur Regulierung der Märkte eine größere Vielfalt im Leistungsangebot. Zweitens führt eine Bewertung der staatlichen Rolle zu einer Verlagerung in der Leistungsbereitstellung, und zwar weg von der öffentlichen Hand und hin zum privaten Sektor; die neueren Erfahrungen in vielen Entwicklungsländern mit Partnerschaften zwischen öffentlichen und privaten Stellen werfen ein Schlaglicht auf neue Wege, um die Effizienz zu steigern und den Leistungsumfang auszuweiten. Drittens haben die zunehmende Sorge über die gesellschaftliche und umweltmäßige Tragfähigkeit das öffentliche Interesse an der Konzeption und Erfolgsentwicklung im Infrastrukturbereich gesteigert.

Die Unterschiede zwischen und innerhalb der einzelnen Infrastrukturbereiche, zusammen mit bedeutenden Differenzen im Bedarf und im Leistungsvermögen der Länder, haben zur Folge, daß die Feinkonzeption und die Implementierung der wirtschaftspolitischen Reformen auf den spezifischen Fall zugeschnitten werden müssen. Außer Frage steht aber, daß die Vorteile einer verbesserten Infrastruktur insgesamt betrachtet erheblich zu Buche schlagen. In den Entwicklungsländern werden jährlich rund 200 Mrd Dollar in diesen Sektor investiert, und die Ersparnisse infolge einer besseren Bereitstellung und größerer Leistungserfolge wären beträchtlich. Effizientere, kostengünstigere und besser zugänglichere Infrastrukturleistungen sind natürlich auch unverzichtbar für eine wirkungsvollere Verminderung der Armut.

Wie die vergangenen Berichte enthält auch der *Weltentwicklungsbericht 1994* die Kennzahlen der Weltentwicklung mit ausgewählten Sozial- und Wirtschaftsstatistiken für 132 Länder. Der Bericht ist eine Untersuchung des Mitarbeiterstabes der Bank, und die hierin vertretenen Ansichten stimmen nicht notwendigerweise mit den Auffassungen des Exekutivdirektoriums oder der von ihm vertretenen Regierungen überein.

31. Mai 1994

Lewis T. Preston
Präsident der Weltbank

Dieser Bericht wurde unter Leitung von Gregory K. Ingram von einer Arbeitsgruppe verfaßt, der John Besant-Jones, Antonio Estache, Christine Kessides, Peter Lanjouw, Ashoka Mody und Lant Pritchett angehörten. Wertvolle Beiträge und Ratschläge kamen von Esra Bennathan, Koji Kashiwaya, Miguel Kiguel, Lyn Squire und Paulo Vieira Da Cunha. Die Arbeitsgruppe wurde unterstützt von Ritu Basu, Leslie Citroen, Marianne Fay, Christine Kerr, Kavita Mathur, Dambisa Moyo und Sarbajit Sinha. Die Arbeit wurde unter der allgemeinen Leitung von Michael Bruno durchgeführt.

Viele andere Personen innerhalb und außerhalb der Bank gaben hilfreiche Kommentare ab und lieferten Beiträge (siehe Anmerkungen zu den verwendeten Quellen). Die Abteilung für internationale Wirtschaft erstellte den statistischen Anhang und war verantwortlich für die Kennzahlen der Weltentwicklung. Zum Produktionsstab des Berichts gehörten Ann Beasley, Kathryn Kline Dahl, Stephanie Gerard, Audrey K. Heiligman, Cathe Kocak, Jeffrey N. Lecksell, Nancy Levine, Deirdre T. Murphy, Hugh Nees, Kathy Rosen, Walton Rosenquist, David Theis und Michael Treadway. Die technischen Mitarbeiter wurden geleitet von Rhoda Blade-Charest und ferner von Rebecca Sugui, zu ihnen gehörten Laitan Alli, Michael Geller und Paul Holtz. Bruce Ross-Larson gab Rat und Hilfe bei der Redaktion. Trinidad S. Angeles war als Verwaltungsassistentin tätig. Der Chefredakteur war Anthony Rowley.

Die Vorbereitung dieses Berichts wurde durch Hintergrundpapiere und durch Beiträge von Teilnehmern an Beratungstreffen erheblich unterstützt, wobei in beiden Fällen eine teilweise Unterstützung vom „Policy and Human Resources Development Fund" kam, der von der japanischen Regierung finanziell unterstützt wird. Die Namen der Teilnehmer an den Beratungstreffen werden in den Anmerkungen zu den verwendeten Quellen aufgeführt.

Inhaltsverzeichnis

Definitionen und Anmerkungen zu den Daten   XI

Überblick   1

- Bedeutung der Infrastruktur und bisher verzeichnete Ergebnisse   2
- Diagnose der Ursachen für die schlechten Resultate   7
- Neue Möglichkeiten und Initiativen   9
- Optionen für die Zukunft   10
- Durchführung der Reform   12
- Potentielle Gewinne durch die Reform   14

1 Infrastruktur: Leistungen, Herausforderungen und Chancen   17

- Einfluß der Infrastruktur auf die Entwicklung   18
- Ursprung des staatlichen Engagements in der Infrastruktur   28
- Erfolgsbilanz   33
- Diagnose und richtungsweisende Ansätze für Veränderungen   43

2 Der Betrieb öffentlicher Einrichtungen nach unternehmerischen Grundsätzen   47

- Lehren aus Erfolgen und Mißerfolgen   48
- Unternehmensumwandlung   51
- Festgelegte Ziele und eine verantwortliche Unternehmensführung   52
- Finanzielle Unabhängigkeit durch Preisgestaltung   59
- Zur Durchführung von Reformen ist politisches Engagement nötig   65

3 Bereitstellung der Infrastruktur unter Einschaltung der Märkte   67

- Die Entflechtung von Leistungen zur Erhöhung des Wettbewerbs   68
- Die Bandbreite der Marktalternativen   71
- Wege zur marktmäßigen Bereitstellung   82
- Schlußfolgerung   91

4 Über Marktlösungen für Infrastrukturen hinaus   93

- Dezentralisierung und Partizipation: Einbeziehung der Nutzer   93
- Verbesserung der Mittelallokation   100
- Subventionen und Transfers für die Armen   102
- Berücksichtigung externer Effekte   104
- Elemente einer Infrastrukturplanung   107
- Schlußfolgerungen   111

5 Die Finanzierung notwendiger Investitionen 113

Alte und neue Wege der Infrastrukturfinanzierung 113
Die Ausbreitung der Projektfinanzierung: Erfolge und Erfahrungen 119
Institutionen und Instrumente zur Ressourcenmobilisierung 130
Aussichten 137

6 Prioritätensetzung und Reformpolitik 139

Auswahl von Alternativen: Institutionelle Optionen und landesspezifische Verhältnisse 139
Sektoraler Reformkatalog 144
Potentielle Gewinne durch die Reformen 153

Anmerkungen zu den verwendeten Quellen 155

Anhang: Daten zur Infrastruktur 174

Kennzahlen der Weltentwicklung 187

Sonderbeiträge

1	Was bedeutet Infrastruktur?	2
2	Hauptaussagen des *Weltentwicklungsberichts 1994*	3
1.1	Gewinne aus Infrastrukturinvestitionen – zu schön, um wahr zu sein?	19
1.2	Die Bedeutung der Infrastruktur für die ökonomische Entwicklung: Ein Beispiel aus China	23
1.3	Wie man die Infrastruktur degradiert	25
1.4	Direkte und indirekte Effekte der Infrastruktur im ländlichen Indien	26
1.5	Reaktion der Haushalte auf die Unzuverlässigkeit der Wasserversorgung	38
1.6	Staatliche Mängel erhöhen die Kosten für die Privaten	39
1.7	Infrastrukturmaßnahmen bedrohen die Umwelt am Schwarzen Meer	42
2.1	Der richtige Weg zur Führung eines öffentlichen Versorgungsunternehmens: Ein Blick auf die Wasserversorgungsgesellschaft Botsuanas	49
2.2	Abfindungszahlungen erleichtern den Personalabbau bei der argentinischen Eisenbahn	52
2.3	Die Umwandlung der wichtigsten Häfen Indonesiens dauerte zehn Jahre	53
2.4	Was ist das Besondere an den koreanischen Leistungsvereinbarungen?	55
2.5	Managementverträge in Guinea-Bissau – Ein Erfolgsbericht?	56
2.6	AGETIPs: Die Beteiligung des privaten Sektors an der städtischen Infrastruktur in Afrika	57
2.7	Tarifgestaltung zum Erreichen finanzieller Unabhängigkeit bei der Verfolgung mehrerer Ziele	61
2.8	Kann Zweckbindung die Straßen verbessern?	64
3.1	Getrennt sind sie stark: Die Entflechtung der Eisenbahnen	70
3.2	Regulierungszyklen in den Vereinigten Staaten	74
3.3	Auf Sektoren und staatliche Ziele zugeschnittene Konzessionen	79
3.4	Erfolg mit einem Leasingvertrag – Guineas Wasserversorgung	80
3.5	Die Erfahrung von Côte d'Ivoire mit einer Konzession für die Wasserversorgung	81

3.6	Privatisierung in der Telekommunikationsindustrie: Der Fall von Venezuela	*84*
3.7	Die Entfaltung des privaten Stromangebots auf den Philippinen	*85*
3.8	Regulierung oder Privatisierung: was kommt zuerst? Der Fall Malaysia	*86*
3.9	Zur Entwicklung der Regulierungskapazität in Argentinien	*87*
3.10	Jamaikas regulatorische Achterbahn bei der Telekommunikation	*88*
3.11	Regulierung durch Beteiligung: Ein erster Schritt in Bangalore	*91*
4.1	Mexikos *municipios* helfen sich selbst	*94*
4.2	Innovative Ansätze bei der Planung im Wasser- und Sanitärbereich	*98*
4.3	Energie in Purang und Straßen in Äthiopien	*99*
4.4	Zentralisierte und dezentralisierte Infrastrukturplanung in Malaysia	*101*
4.5	Einschätzung der Reichweite eines Projekts: Wasser in Katmandu	*104*
4.6	Frauen können von der Infrastruktur profitieren, doch der Erfolg liegt im Detail	*107*
4.7	Koordination der Geldgeber für Infrastruktur: Erfahrungen in Afrika	*108*
4.8	Erfahrungen der Weltbank mit der Projektevaluierung	*109*
4.9	Frühzeitige Einbeziehung von Umweltfragen in den Planungsprozeß: neuere Erfahrungen aus Sri Lanka	*111*
4.10	Bevölkerungsumsiedlung und Projektdesign: Das Pak Mun-Wasserkraftprojekt in Thailand	*112*
5.1	„Zwei Fliegen auf einen Streich"? – Grenzen der staatlichen Finanzierung	*115*
5.2	Inanspruchnahme internationaler Kapitalmärkte	*118*
5.3	Warnzeichen aus Erfahrungen des neunzehnten Jahrhunderts	*119*
5.4	Ein erster Schritt vorwärts in Guatemala	*123*
5.5	Übertragung von Grund und Boden und das Enteignungsrecht des Staates	*124*
5.6	Die gebührenpflichtigen Straßen Mexikos: Ein starker Anstoß, der ins Stocken geriet	*125*
5.7	Multiplikation der Mittel durch Bürgschaften in Thailand	*128*
5.8	Drum prüfe, wer sich bindet: Beschränkung der Risiken des Staates aus Eventualverbindlichkeiten	*129*
5.9	Erfolgreiche Kommunalkredite in Kolumbien	*131*
6.1	Erfolgsbedingungen bei alternativen institutionellen Lösungen	*142*

Schaubilder

1	Mit steigendem Einkommen wächst der Infrastrukturbestand eines Landes	*4*
2	Die Zusammensetzung der Infrastruktur ändert sich mit dem Einkommensniveau eines Landes	*5*
3	Die Infrastruktur ist in den letzten Jahrzehnten ganz erheblich ausgeweitet worden	*6*
4	Die Stadtbevölkerung hat besseren Zugang zu sauberem Trinkwasser als die Landbevölkerung	*7*
5	Die jährlich zu erzielenden Gewinne durch Beseitigung der falschen Preisgestaltung und der Ineffizienz sind im Vergleich zu den Investitionen hoch	*14*

1.1	Die staatlichen Infrastrukturinvestitionen stellen in den Entwicklungsländern einen großen Teil sowohl der gesamten als auch der staatlichen Investitionen dar	18
1.2	Die pro Einwohner verfügbaren wichtigen Infrastrukturleistungen sind eng korreliert mit den Einkommensniveaus	20
1.3	Die Infrastrukturleistungen unterscheiden sich beträchtlich in ihren wirtschaftlichen Charakteristika von Sektor zu Sektor, innerhalb der Sektoren und nach Technologien	31
1.4	Die Versorgungslücke zwischen Land und Stadt bei der Strom- und Wasserversorgung in Entwicklungsländern verringerte sich im Laufe des letzten Jahrzehnts	34
1.5	Nicht immer ergibt sich eine effiziente und wirksame Bereitstellung von Infrastrukturleistungen als Folge einer besseren Verfügbarkeit	35
1.6	Es besteht eine sehr hohe unbefriedigte Nachfrage nach Telefonanschlüssen	40
1.7	Zu Fuß gehen ist eine von Armen häufig benutzte Art der Fortbewegung	41
2.1	Die Übernahme wirtschaftlicher Grundsätze im Jahre 1984 erlaubte dem Wasserversorgungsunternehmen von Togo, seine Produktion und Reichweite auszudehnen ...	59
2.2	Im Infrastrukturbereich werden die Kosten selten vollständig gedeckt	60
3.1	Die Entflechtung von Aktivitäten erhöht die Optionen für den Wettbewerb und die Beteiligung des privaten Sektors	72
3.2	Leasing und Konzessionen sind in Infrastruktursektoren weitverbreitet, selbst in Ländern mit niedrigem Einkommen	77
3.3	Privatisierungen in der Telekommunikation können zu großen Gewinnen führen	83
4.1	In Ländern mit dezentralisierter Straßeninstandhaltung sind die Straßen besser	95
4.2	Partizipation erhöht die Effektivität von Wasserprojekten durch verbesserte Instandhaltung	97
4.3	Bei Wasser und Kanalisation werden die Wohlhabenden häufig höher subventioniert als die Armen	102
4.4	Selbst in einigen früheren Planwirtschaften kamen Subventionen im Infrastrukturbereich hauptsächlich den Wohlhabenden zugute	103
5.1	Hohe Anteile der öffentlichen Entwicklungshilfemittel für die Infrastruktur fließen in den Energie- und Verkehrssektor	114
5.2	Die öffentlichen Kredite für die Infrastruktur sind gestiegen, staatlich garantierte Privatdarlehen aber gefallen	114
5.3	Ein großer Teil der Privatisierungserlöse stammt aus dem Infrastrukturbereich; bei der Privatisierung von Infrastruktur spielen Auslandsmittel eine wichtige Rolle in Lateinamerika	134
5.4	Aktien von Infrastrukturunternehmen tragen zum Wachstum des argentinischen Kapitalmarktes bei	135
5.5	Aktien von Infrastrukturunternehmen hatten eine weitaus bessere Kursentwicklung als andere Aktien	136
5.6	Die Finanzierungsmöglichkeiten steigen mit den administrativen Fähigkeiten und der Reife der heimischen Kapitalmärkte	138

Texttabellen

1.1	Wertschöpfung von Infrastrukturleistungen nach Ländergruppen	*17*
1.2	Durchschnittliche volkswirtschaftliche Renditen bei von der Weltbank geförderten Projekten, 1974 bis 1992	*22*
1.3	Ausweitung des Versorgungsgrads bei Infrastrukturleistungen in Ländern mit niedrigem, mittlerem und hohem Einkommen, in den letzten Jahrzehnten	*33*
1.4	Prozentsatz des ärmsten und reichsten Fünftels der Bevölkerung mit Zugang zur Infrastruktur, verschiedene Länder	*40*
2.1	Häufige Managementprobleme in Infrastruktureinrichtungen des öffentlichen Sektors, 1980 bis 1992	*50*
3.1	Vertragliche Vereinbarungen bei der privaten Wasserversorgung	*78*
3.2	Wert der Privatisierungen im Infrastrukturbereich in Entwicklungsländern, 1988 bis 1992	*82*
5.1	Ausländische Portfolio- und Direktinvestitionen in Entwicklungsländern, 1990 bis 1993	*117*
5.2	Projektfinanzierung im Bereich der Infrastruktur für finanzierte und in Vorbereitung befindliche Projekte, Oktober 1993	*121*
5.3	Projektfinanzierung im Bereich der Infrastruktur für finanzierte Projekte, nach Sektoren, Oktober 1993	*121*
6.1	Die wichtigsten institutionellen Optionen für die Bereitstellung von Infrastruktur	*140*
6.2	Länderspezifische Versorgungsniveaus und Infrastrukturleistungen	*143*
6.3	Die Angebotsmöglichkeiten für den privaten Sektor unterscheiden sich innerhalb der Infrastrukturbereiche	*145*
6.4	Optionen in den Bereichen der Telekommunikation und Energie	*147*
6.5	Optionen in den Bereichen Wasser und Abfall	*149*
6.6	Optionen im Verkehrsbereich	*151*
6.7	Fiskalische Belastung durch zu niedrige Preise für Infrastruktur	*154*
6.8	Einsparungen durch Effizienzsteigerung	*154*

Anhang-Tabellen

A.1	Physische Maße der Infrastrukturbereitstellung	*176*
A.2	Versorgung mit Trinkwasser und sanitären Einrichtungen	*182*
A.3	Finanzielles Engagement der IBRD und der IDA	*185*
A.4	Finanzielles Engagement der öffentlichen Entwicklungshilfe	*185*

Definitionen und Anmerkungen zu den Daten

Ausgewählte Fachausdrücke aus diesem Bericht

BBT (Bau-Betrieb-Transfer). Hierbei handelt es sich um eine Konzessionsform, die üblicherweise auf vollständig neue Projekte abstellt. Typisch für ein BBT ist, daß sich ein dem Privatsektor angehörender Vertragspartner (oder ein Konsortium) bereit erklärt, eine Einrichtung zu finanzieren, zu bauen und für einen bestimmten Zeitraum zu betreiben und instand zu halten und die Einrichtung dann an den Staat oder eine öffentliche Behörde zu übertragen. Zu den abgewandelten Formen gehören BBBT (Bau-Besitz-Betrieb-Transfer) und BBB (Bau-Besitz-Betrieb); im letzteren Fall gewährt der Vertrag das Recht, die Einrichtung zu bauen und zu betreiben, sie wird jedoch nicht auf den öffentlichen Sektor rückübertragen.

Konzession. Eine Vereinbarung, in deren Rahmen der private Vertragspartner von der staatlichen Stelle Vermögenswerte zur Bereitstellung von Dienstleistungen für einen längeren Zeitraum pachtet und die Verpflichtung übernimmt, bestimmte Neuinvestitionen während dieser Periode zu finanzieren; diese neuen Vermögenswerte fallen dann dem Staatssektor zu, wenn der Vertrag ausläuft.

Potentieller Wettbewerbsgrad (Kontestabilität). Das Maß, zu dem eine bestimmte Aktivität Gefahr läuft, dem Wettbewerb durch neue Anbieter auf dem Markt ausgesetzt zu werden. Das entscheidende Kriterium für die Einschätzung des potentiellen Wettbewerbsgrades liegt darin, ob die Marktzugangskosten wieder wettgemacht werden können (z. B. durch den Verkauf der Vermögenswerte).

Umwandlung in Kapitalgesellschaft. Die Umwandlung eines staatseigenen Unternehmens oder Betriebs in eine juristische Person oder Kapitalgesellschaft, die dem Unternehmensrecht unterliegt; hierzu gehört auch die formelle Trennung von Eigentümerschaft und Leitungsverantwortung, zum Beispiel durch einen Vorstand oder ein anderes Gremium.

Positive Skalenerträge. Merkmal einer Produktionstechnik, die sich dadurch auszeichnet, daß mit zunehmender Produktion die Stückkosten sinken. Positive Skalenerträge sind ein wesentlicher Begründungsfaktor für natürliche Monopole.

Leasing. Eine Vereinbarung, wonach ein privater Vertragspartner (der Leasingnehmer) von einer staatlichen Stelle das Recht erwirbt, eine Einrichtung für einen bestimmten Zeitraum zu betreiben (und das Anrecht auf einen Einnahmestrom durch Bereitstellung bestimmter Dienstleistungen erhält). Die Einrichtung befindet sich weiterhin in staatlichem Eigentum. Im Gegensatz zur Konzession übernimmt der Leasingnehmer keine Verpflichtung zur Investition in Sachanlagen. (Eine Leasingvereinbarung kann in manchen Fällen als „Dienstleistungskonzession" bezeichnet werden, und ein BBT als eine „Konzession für staatliche Tiefbauarbeiten".)

Managementvertrag. Eine Vereinbarung, wobei ein privater Vertragspartner die Verantwortung für umfassende Betriebs- und Instandhaltungsaufgaben übernimmt, und zwar mit der Berechtigung, die laufenden Managemententscheidungen zu treffen. Die Vergütung kann sich teilweise nach den erbrachten Leistungen richten (wie im Falle von Dienstleistungsverträgen), teilweise nach dem erreichten Leistungsgrad (anteilige Gewinnzuteilung).

Natürliches Monopol. Eine wirtschaftliche Aktivität, der am effizientesten von einem einzelnen Produzenten nachgegangen wird.

Halbstaatliche (auch *öffentliche* oder *staatliche*) *Unternehmen*. Produktionsbetrieb, der sich mehrheitlich im Staatseigentum befindet und staatlich kontrolliert wird.

Leistungsvereinbarung. Vertrag zwischen der Regierung und dem staatlich angestellten Leiter eines öffentlichen Betriebes oder einer staatlichen Stelle. In der Regel bestimmt dieser Vertrag ganz konkrete kommerzielle Ziele (zum Beispiel den Grad der Kostendeckung), und er kann sich auch auf nichtkommerzielle Ziele erstrecken (wie etwa die Ausweitung von Leistungen auf einkommensschwache Bezirke). Der Hauptzweck ist, die Rechenschaftslegung der Regierung und der staatlich angestellten Führungskraft zu vergrößern, indem die Ziele der staatlichen Einrichtungen genauer dargelegt und transparenter gemacht werden.

Dienstleistungsvertrag (oder Leistungsauslagerung). Eine Vereinbarung mit dem privaten Sektor, bestimmte Betriebs- oder Instandhaltungsaufgaben während eines bestimmten Zeitraums und für eine festgelegte Vergütung zu übernehmen.

Ländergruppen

Für operationale und analytische Zwecke verwendet die Weltbank das Bruttosozialprodukt (BSP) pro Kopf als Hauptkriterium für die Einstufung einzelner Länder. Jedes Land wird einer der folgenden Gruppen zugewiesen: Länder mit niedrigem Einkommen, Länder mit mittlerem Einkommen (unterteilt in solche der unteren und der oberen Kategorie) und Länder mit hohem Einkommen. Zusätzlich zur Klassifizierung nach Einkommen werden auch andere analytische Gruppen gebildet, basierend auf Regionen, Exporten und dem Stand der Auslandsschulden.

Die ländermäßige Zusammensetzung jeder Einkommensgruppe kann von Ausgabe zu Ausgabe des *Weltentwicklungsberichts* (WEB) variieren, da das BSP pro Kopf Veränderungen unterliegt. Sobald die Zusammensetzung für die jeweilige Ausgabe festgelegt ist, basieren alle historischen Angaben und Projektionen auf der gleichen Ländergruppe. Die in dieser Ausgabe verwendeten Ländergruppen sind folgendermaßen definiert:

• *Länder mit niedrigem Einkommen* sind jene, deren BSP pro Kopf im Jahr 1992 675 Dollar oder weniger betrug.

• *Länder mit mittlerem Einkommen* sind jene, deren BSP pro Kopf im Jahr 1992 mehr als 675 Dollar, aber weniger als 8.356 Dollar betrug; des weiteren wird unterschieden zwischen der unteren und oberen Kategorie der Länder mit mittlerem Einkommen, wobei die Trennungslinie bei einem BSP pro Kopf von 2.695 Dollar im Jahr 1992 gezogen wurde.

• *Länder mit hohem Einkommen* sind jene, deren BSP pro Kopf im Jahr 1992 8.356 Dollar oder mehr betrug.

• Die *Welt* umfaßt alle Länder, einschließlich der Länder mit weniger als 1 Million Einwohner oder derjenigen, über die nur wenig Daten vorliegen. Diese werden in den Haupttabellen nicht einzeln ausgewiesen, sie sind aber in Tabelle 1a in den Technischen Erläuterungen zu den Kennzahlen der Weltentwicklung (KdW) aufgeführt.

Manchmal werden Länder mit niedrigem und mittlerem Einkommen als „Entwicklungsländer" bezeichnet. Die Verwendung dieses Ausdrucks ist zweckmäßig; es wird nicht beabsichtigt zu unterstellen, daß alle Volkswirtschaften in der Gruppe eine ähnliche Entwicklung durchlaufen oder daß andere Volkswirtschaften ein bevorzugtes oder endgültiges Entwicklungsstadium erreicht hätten. Die Gruppierung nach Einkommen spiegelt nicht notwendigerweise den Entwicklungsstand wider. (In den Kennzahlen der Weltentwicklung wurden die Länder mit hohem Einkommen, die von den Vereinten Nationen oder von ihren eigenen Behörden als Entwicklungsländer eingestuft wurden, mit dem Symbol † gekennzeichnet.) Die Verwendung des Ausdrucks „Länder" in bezug auf Volkswirtschaften beinhaltet kein Urteil der Weltbank über den rechtlichen oder anderweitigen Gebietsstatus.

Neben den nach Einkommen der Regionen abgegrenzten Ländergruppen werden zu einigen analytischen Zwecken andere, sich überschneidende Gruppeneinteilungen verwendet, wobei sich die Klassifizierung hauptsächlich nach den Exporten oder den Auslandsschulden richtet. Die Länder, über die nur wenig Daten vorhanden sind, und die Länder mit einer Bevölkerungszahl von weniger als 1 Million werden zwar nicht einzeln aufgeführt, sind aber in den Gesamtangaben für die Gruppen enthalten.

Die Tabelle „Klassifikation der Länder" am Ende der KdW listet die Länder entsprechend den einkommensmäßigen, geographischen und analytischen Gruppierungen des WEB auf.

Angaben zu den Daten

• *Dollar* sind US-Dollar zu jeweiligen Preisen, falls nicht anders angegeben.

- *Zuwachsraten* basieren auf realen Größen und wurden, falls nicht anders angegeben, anhand der Methode kleinster quadratischer Abweichungen errechnet. Hinsichtlich der Einzelheiten dieser Methode kleinster quadratischer Abweichungen siehe die Technischen Erläuterungen zu den Kennzahlen der Weltentwicklung.
- Das *Zeichen* / in Zahlenangaben wie „1990/1991" bedeutet, daß der Zeitraum weniger als zwei Jahre umfassen kann, jedoch zwei Kalenderjahre berührt und sich auf ein Erntejahr, ein Berichtsjahr oder ein Fiskaljahr bezieht.
- Das *Zeichen* .. in Tabellen bedeutet „nicht verfügbar".
- Das *Zeichen* – in Tabellen bedeutet „nicht zutreffend". (In den Kennzahlen der Weltentwicklung wird ein Leerzeichen für „nicht zutreffend" verwendet.)
- Die *Zahlen* 0 oder 0,0 in Tabellen und Schaubildern bedeuten „Null oder weniger als die Hälfte der jeweiligen Einheit", sowie „nicht genauer bekannt".

Der Stichtag für alle Angaben in den Kennzahlen der Weltentwicklung ist der 29. April 1994.

Die Zahlen, die im vorliegenden Bericht für Vergangenheitswerte ausgewiesen werden, können von denen früherer Berichte abweichen, da sie, sobald bessere Angaben und Daten verfügbar sind, laufend aktualisiert werden – aufgrund des Übergangs auf ein neues Basisjahr bei realen Preisangaben und aufgrund von Veränderungen in der Länderzusammensetzung bei den Einkommens- und analytischen Gruppen.

Die wirtschaftlichen und demographischen Begriffe sind in den Technischen Erläuterungen zu den Kennzahlen der Weltentwicklung definiert.

Abkürzungen und Kurzwörter

AGETIPs	Agences d'Exécution des Travaux d'Intérêt Public
BBT	Bau-Betrieb-Transfer
BIP	Bruttoinlandsprodukt
BSP	Bruttosozialprodukt
DAC	Ausschuß für Entwicklungshilfe (Development Assistance Committee)
NKT	Nationale Kommission für Telekommunikation
NSO	Nichtstaatliche Organisation
OECD	Organisation für wirtschaftliche Zusammenarbeit und Entwicklung (Organization for Economic Cooperation and Development). Mitgliedsländer sind: Australien, Belgien, Dänemark, Deutschland, Finnland, Frankreich, Griechenland, Großbritannien, Irland, Island, Italien, Japan, Kanada, Luxemburg, Neuseeland, die Niederlande, Norwegen, Österreich, Portugal, Schweden, die Schweiz, Spanien, die Türkei und die Vereinigten Staaten
UEP	Unabhängige Energieprojekte
USAID	Entwicklungshilfeorganisation der Vereinigten Staaten (United States Agency for International Development)

Überblick

Die Entwicklungsländer investieren jährlich 200 Mrd Dollar in neue Infrastrukturprojekte – das sind 4 Prozent ihres Sozialprodukts oder ein Fünftel ihrer Gesamtinvestitionen. Infolgedessen sind die Infrastrukturleistungen drastisch gestiegen – im Verkehrswesen, der Energie- und Wasserversorgung, im Kanalisationswesen, in der Telekommunikation und der Bewässerung. In den letzten fünfzehn Jahren hat sich der Anteil der Haushalte, die Zugang zu sauberem Wasser haben, um die Hälfte erhöht; die Energieerzeugung und die Zahl der Telefonanschlüsse haben sich, pro Kopf gerechnet, verdoppelt. Derartige Zuwächse tragen erheblich zur Steigerung der Produktivität und Verbesserung des Lebensstandards bei.

Diese Erfolge sind jedoch kein Grund zur Selbstzufriedenheit. Noch haben eine Milliarde Menschen in den Entwicklungsländern keinen Zugang zu sauberem Wasser – und fast 2 Milliarden Menschen verfügen nicht über ausreichende sanitäre Anlagen. Vor allem in ländlichen Regionen verbringen Frauen und Kinder oft viele Stunden damit, Wasser zu holen. In vielen Ländern verschlechtert sich das ohnehin schon unzureichende Verkehrsnetz rapide. Noch warten 2 Milliarden Menschen auf elektrische Stromanschlüsse, und in zahlreichen Ländern wird die Produktion durch eine unzuverlässige Energieversorgung behindert. Die Nachfrage nach Telekommunikationsleistungen zur Modernisierung der Produktion und Stärkung der internationalen Wettbewerbsfähigkeit geht weit über die vorhandenen Kapazitäten hinaus. Darüber hinaus erhöhen das Bevölkerungswachstum und die Verstädterung die Nachfrage nach Infrastrukturleistungen.

Um die zukünftigen Herausforderungen auf dem Gebiet der Infrastruktur in den Griff zu bekommen, bedarf es viel mehr als simpler Rechnungen über die vorhandene Infrastruktur und die notwendigen Investitionen aufgrund einer Fortschreibung von Strukturen der Vergangenheit. Erforderlich ist der Kampf gegen Ineffizienz und Verschwendung – sowohl bei den Investitionen als auch bei der Bereitstellung von Infrastrukturleistungen – und eine wirksame Reaktion auf die Nachfrage der Benutzer. Im Durchschnitt stehen in den Entwicklungsländern 40 Prozent der vorhandenen Energiekapazität nicht für die Erzeugung zur Verfügung; dies ist eine doppelt so hohe Rate wie in den leistungsfähigsten Energiesektoren in den Ländern mit niedrigem, mittlerem und höherem Einkommen. Man schätzt, daß die Hälfte der Arbeitskräfte im Eisenbahnwesen Afrikas und Lateinamerikas überflüssig ist. Und in Afrika sowie andernorts sind kostspielige Investitionen im Straßenbau verschwendet worden, weil es an der Instandhaltung mangelte.

Diese Fehlentwicklungen sprechen nachhaltig dafür, die Dinge anders zu handhaben – auf eine mehr effiziente, weniger verschwenderische Art und Weise. Kurz gesagt: Die Konzentration auf das Wachstum der *quantitativen* Infrastruktur ist nicht ausreichend, sondern das Blickfeld muß sich zunehmend auf die Verbesserung der *Qualität* der Infrastrukturleistungen ausweiten. Glücklicherweise ist die Zeit reif für einen Wechsel. In den letzten Jahren fand ein grundlegendes Umdenken in der Frage statt, wer die Verantwortung für die Bereitstellung der Infrastruktur und der Infrastrukturleistungen tragen sollte – und wie diese Leistungen an die Benutzer weitergegeben werden sollten.

Vor diesem Hintergrund erörtert der *Weltentwicklungsbericht 1994* neue Wege, wie dem öffentlichen

> **Sonderbeitrag 1**
> **Was bedeutet Infrastruktur?**
>
> Dieser Bericht konzentriert sich auf die *wirtschaftliche Infrastruktur* und bezieht sich auf Leistungen folgender Bereiche:
> - Öffentliche Versorgungsunternehmen – Energieversorgung, Telekommunikation, Versorgung mit Leitungswasser, Kanalisation und Abwasserreinigung, Müllabfuhr und Abfallbeseitigung sowie Gasversorgung.
> - Öffentliche Tiefbauten – Straßen und wichtige Dammbauten sowie Kanäle für die Be- und Entwässerung.
> - Sonstige Verkehrsbereiche – städtische und überregionale Eisenbahnen, städtisches Verkehrswesen, Häfen und Wasserstraßen sowie Flughäfen.
>
> Infrastruktur ist ein Oberbegriff für viele Aktivitäten; Entwicklungsökonomen wie Paul Rosenstein-Rodan, Ragnar Nurkse und Albert Hirschmann sprechen hierbei vom „social overhead capital", das im deutschen Sprachraum auch mit dem Begriff der „materiellen Infrastruktur" gleichgesetzt wird. Keiner dieser Begriffe ist exakt definiert, beide aber umfassen sie Aktivitäten, die gemeinsame technische Charakteristika (wie positive Skalenerträge), und ökonomische Merkmale (wie Übertragungseffekte von den Benutzern auf Dritte) aufweisen.

Bedarf nach Leistungen aus der Infrastruktur (die in Sonderbeitrag 1 definiert sind) Rechnung getragen werden kann. Hierbei geht es um Wege, die effizienter, mehr benutzerorientiert und umweltverträglicher sind und die die Ressourcen der öffentlichen und privaten Sektoren intelligenter nutzen. Dieser Bericht kommt zu zwei generellen Schlußfolgerungen:
- Weil die bisherigen Investitionen in die Infrastruktur nicht den erwarteten Einfluß auf die Entwicklung hatten, kommt es entscheidend darauf an, die Wirksamkeit der Investitionen zu verbessern und die Bereitstellung von Infrastrukturleistungen effizienter zu gestalten.
- Innovationen bei der Bereitstellung von Infrastrukturleistungen – zusammen mit neuen Techniken – zeigen Lösungsmöglichkeiten auf, die zu verbesserten Resultaten führen können.

Dieser Bericht liefert Belege, die diese Schlußfolgerungen stützen; die Ursachen der Mißerfolge werden aufgespürt und alternative Ansätze untersucht. Die Hauptaussagen und die wirtschaftspolitischen Optionen sind in Sonderbeitrag 2 zusammengefaßt.

Bedeutung der Infrastruktur und bisher verzeichnete Ergebnisse

Ob die Infrastruktur angemessen ist, kann über den Erfolg eines Landes und den Mißerfolg eines anderen entscheiden – sei es hinsichtlich der Diversifizierung der Produktion, der Ausweitung des Handels, der Bewältigung des Bevölkerungswachstums, der Reduzierung der Armut oder der Verbesserung der Umweltbedingungen. Eine gute Infrastruktur steigert die Produktivität und senkt die Produktionskosten; sie muß aber schnell genug expandieren, um das Wachstum akkommodieren zu können. Die exakten Beziehungen zwischen der Infrastruktur und der Entwicklung sind noch Gegenstand der wissenschaftlichen Diskussion. Die Kapazität der Infrastruktur wächst jedoch Schritt für Schritt mit der Wirtschaftsleistung – ein Wachstum der Infrastruktur um 1 Prozent ist in allen Ländern mit einer Steigerung des Bruttoinlandsprodukts (BIP) von 1 Prozent verbunden (Schaubild 1). Außerdem muß sich die Infrastruktur an die Entwicklung in den Ländern anpassen, um die sich ändernden Nachfragestrukturen zu stützen, da die auf die Energieversorgung, die Straßen und die Telekommunikation entfallenden Anteile am Infrastrukturbestand sich gegenüber denen für grundlegende Leistungen, wie die Wasserversorgung und die Bewässerung, erhöhen (Schaubild 2).

Die Zusammensetzung der vorhandenen Infrastruktur entscheidet auch darüber, ob das Wachstum alles denkbar Mögliche leistet, um die Armut zu verringern. Die Mehrzahl der Armen lebt in ländlichen Regionen, und die Steigerung der landwirtschaftlichen Produktivität und der nicht-landwirtschaftlichen Beschäftigung in Agrarregionen ist eng mit der Bereitstellung von Infrastrukturleistungen verbunden. Ein wichtiger Bestandteil des chinesischen Erfolges mit Unternehmen auf dem Lande bestand in der Bereitstellung eines Minimalpakets von Verkehrs-, Telekommunikations- und Energieversorgungsleistungen auf dörflicher Ebene. Unternehmen auf dem Lande beschäftigen in China jetzt über 100 Millionen Menschen (18 Prozent des Arbeitskräftepotentials) und erzeugen mehr als ein Drittel des Sozialprodukts.

Infrastrukturleistungen, die den Armen helfen, tragen auch zur Erhaltung der Umwelt bei. Sauberes Wasser und Kanalisation, Energiequellen, welche die Umwelt nicht verschmutzen, das sichere Deponieren fester Abfälle und ein besseres Verkehrsmanagement in städtischen Regionen bieten allen Einkommensgruppen Umweltvorteile. Die Armen in den Städten profitieren davon häufig am unmittelbarsten, weil sie konzentriert in solchen Siedlungen leben, in denen sie unsanitären Verhältnissen, gefährlichen Emissionen und Unfallrisiken ausgesetzt sind. Außerdem bleibt in vielen schnell wachsenden Städten die Expansion der Infrastruktur hinter dem Bevölkerungswachstum zurück, was dazu führt, daß sich die örtliche Umwelt verschlechtert.

In den Entwicklungsländern ist es der Staat, der nahezu die gesamte Infrastruktur besitzt, verwaltet

---

Sonderbeitrag 2 Hauptaussagen des *Weltentwicklungsberichts 1994*

Die Infrastruktur kann für das Wirtschaftswachstum, die Verringerung der Armut und die Erhaltung der Umwelt wichtige Beiträge leisten – allerdings nur dann, wenn sie Leistungen bereitstellt, die auf die effektive Nachfrage abstellen, und zwar auf wirtschaftliche Art und Weise. Die Leistungsbereitstellung ist das Ziel und das Maß für die Entwicklung der Infrastruktur. Es wurden beträchtliche Investitionen in die materielle Infrastruktur getätigt, aber in zu vielen Entwicklungsländern produzieren diese Bestände nicht die Leistungen in der gewünschten Quantität und Qualität. Die Kosten dieser Verschwendung – gemessen an verschenktem Wachstum und verlorenen Chancen zur Verringerung der Armut und Verbesserung der Umwelt – sind hoch und nicht hinnehmbar.

Die Gründe für die unzureichenden Resultate in der Vergangenheit sowie der Ausgangspunkt für verbesserte Ergebnisse sind in den Anreizen zu suchen, denen sich die Anbieter gegenübersehen. Um eine effiziente, reagible Bereitstellung von Infrastrukturleistungen sicherzustellen, müssen die Anreize mit Hilfe von drei Instrumenten verändert werden – durch unternehmerisches Management, Wettbewerb und Beteiligung der Interessengruppen. Die Rolle des Staates und des privaten Sektors muß ebenfalls neu gestaltet werden. Technische Innovationen und Experimente mit verschiedenen Arten der Bereitstellung der Infrastruktur sprechen für die folgenden Reformgrundsätze:

- *Man handhabe die Infrastruktur wie ein Unternehmen, nicht wie eine Bürokratie.* Die Bereitstellung von Infrastrukturleistungen muß wie die Arbeit eines Dienstleistungsbetriebs, der auf die Nachfrage der Kunden reagiert, begriffen und durchgeführt werden. Wer schlechte Resultate erbringt, weist in der Regel sich widersprechende Zielsetzungen auf, verfügt über geringe finanzielle Selbständigkeit oder finanzielle Disziplin und bietet kein „Mindestmaß" an Zufriedenheit bei den Kunden. Die hohe Bereitschaft, für die Mehrzahl der Infrastrukturleistungen zu bezahlen, die sogar bei den Armen vorhanden ist, vergrößert die Möglichkeiten zur Erhebung von Benutzungsgebühren. In den meisten Fällen wird das Engagement des privaten Sektors bei der Verwaltung, bei der Finanzierung oder hinsichtlich des Eigentums nötig sein, um im Infrastrukturbereich eine Orientierung an unternehmerischen Grundsätzen sicherzustellen.

- *Es ist Wettbewerb einzuführen – sofern möglich ein direkter, wenn nicht, ein indirekter.* Wettbewerb bietet den Verbrauchern bessere Wahlmöglichkeiten bei der Befriedigung ihrer Nachfrage und übt auf die Anbieter Druck aus, effizient zu arbeiten und den Benutzern gegenüber Rechenschaft abzulegen. Wettbewerb kann direkt eingeführt werden, indem man den Zugang zu Aktivitäten liberalisiert, die keinen technischen Schranken unterliegen, und indirekt, indem man das Recht, unter den Bedingungen eines natürlichen Monopols als Alleinanbieter von Leistungen aufzutreten, unter Wettbewerbsbedingungen vergibt, sowie schließlich durch die Liberalisierung des Angebots von Leistungen, die als Substitut dienen.

- *Man gebe den Benutzern und anderen Interessengruppen eine starke Position und echte Verantwortung.* Wo Tätigkeiten im Bereich der Infrastruktur mit wichtigen externen Effekten verbunden sind, sei es zum Guten oder Schlechten, oder wo die Marktkräfte nicht ausreichen, um die Rechenschaftspflicht gegenüber den Benutzern und anderen betroffenen Gruppen zu garantieren, dort muß der Staat deren Interessen mit anderen Mitteln durchsetzen. Die Benutzer und sonstigen Interessengruppen sollten an der Planung und bei der Regulierung von Infrastrukturleistungen beteiligt sein, und in einigen Fällen sollten sie eine wichtige Rolle bei der Planung, beim Betrieb und bei der Finanzierung spielen.

Staatlich-private Partnerschaftsvereinbarungen bei der Finanzierung sind vielversprechend. Das Engagement des privaten Sektors bei der Finanzierung neuer Kapazitäten nimmt zu. Aus diesen Erfahrungen ist die Lehre zu ziehen, daß der Staat mit relativ einfachen Projekten beginnen und Erfahrungen sammeln sollte, die Renditen der Investoren sollten an den Projekterfolg gebunden und alle erforderlichen staatlichen Garantien sorgfältig überlegt werden.

Der Staat wird auf dem Gebiet der Infrastruktur weiterhin präsent sein, wenngleich er eine andere Rolle spielen wird. Neben Schritten zur Verbesserung der Ergebnisse bei der Bereitstellung von Infrastrukturleistungen, die seiner direkten Kontrolle unterstehen, trägt der Staat die Verantwortung dafür, daß die wirtschaftspolitischen und regulatorischen Rahmenbedingungen geschaffen werden, die die Interessen der Armen schützen, die Umweltbedingungen verbessern und die intersektoralen Wechselbeziehungen aufeinander abstimmen – unabhängig davon, ob die Leistungen von staatlichen oder privaten Anbietern erstellt werden. Die Regierungen sind auch dafür verantwortlich, daß die gesetzlichen und regulatorischen Rahmenbedingungen entwickelt werden, um das private Engagement bei der Bereitstellung von Infrastrukturleistungen zu fördern.

und finanziert, vor allem deshalb, weil man glaubte, daß die spezifischen Produktionsmerkmale und das öffentliche Interesse eine monopolistische – und damit staatliche – Leistungsbereitstellung erfordern würden. Die Geschichte von Erfolg und Mißerfolg auf dem Gebiet der Infrastruktur ist weitgehend eine Geschichte der Leistungsfähigkeit des Staates.

Das Wachstum der Infrastruktur in der Vergangenheit war in mancherlei Hinsicht spektakulär. Der Prozentsatz der versorgten Haushalte und Unternehmen ist dramatisch gestiegen, besonders im Hinblick auf Telefone und Energie (Schaubild 3). Die Bereitstellung von Infrastrukturleistungen pro Kopf hat in allen Regionen zugenommen, wobei die größten Verbesserungen in Ostasien und die geringsten in Afrika südlich der Sahara zu verzeichnen waren, worin sich die enge Beziehung zwischen Wirtschaftswachstum und Infrastruktur widerspiegelt.

Hinsichtlich anderer wichtiger Aspekte war der Erfolg jedoch enttäuschend. Die Infrastrukturinvestitionen sind oft fehlgeleitet worden – ein zu großer

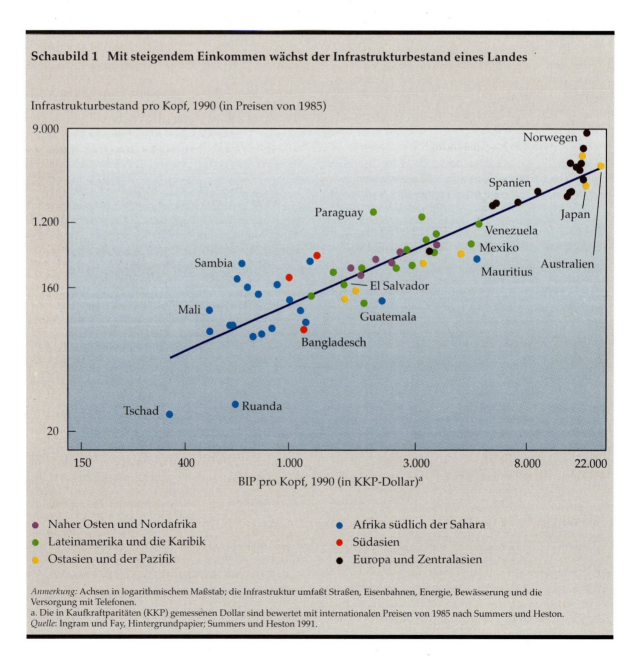

Schaubild 1 Mit steigendem Einkommen wächst der Infrastrukturbestand eines Landes

Anmerkung: Achsen in logarithmischem Maßstab; die Infrastruktur umfaßt Straßen, Eisenbahnen, Energie, Bewässerung und die Versorgung mit Telefonen.
a. Die in Kaufkraftparitäten (KKP) gemessenen Dollar sind bewertet mit internationalen Preisen von 1985 nach Summers und Heston.
Quelle: Ingram und Fay, Hintergrundpapier; Summers und Heston 1991.

Anteil entfiel auf neue Projekte, nicht genug auf die Instandhaltung; es wurde in zu viele Projekte mit geringerer Priorität investiert, nicht genug dagegen in Leistungen der Grundversorgung. Die Leistungsbereitstellung wurde durch technische Mängel und krasse Verschwendung behindert. Außerdem haben zu wenig Entscheidungen über Investitionen und über die Bereitstellung von Leistungen die sich verändernde Nachfrage unterschiedlicher Benutzergruppen oder die Folgen für die Umwelt berücksichtigt.

Unzureichende Instandhaltungsmaßnahmen waren in Entwicklungsländern ein fast generelles (und kostspieliges) Versäumnis auf seiten der Bereitsteller der Infrastruktur. Beispielsweise sollte eine ordentlich gewartete Asphaltdecke einer Straße zehn oder fünfzehn Jahre halten, bevor sie erneuert werden muß, aber fehlende Wartung kann in der Hälfte der Zeit zu schweren Schäden führen. Die Rentabilität von Straßeninstandhaltungs-Projekten, die von der Weltbank unterstützt werden, ist fast doppelt so hoch wie diejenige von Straßenbauprojekten. Rechtzeitige Instandhaltungsausgaben in Höhe von 12 Mrd Dollar hätten in Afrika in den letzten zehn Jahren Kosten für die Straßenerneuerung in Höhe von 45 Mrd Dollar eingespart. Im Durchschnitt haben unzureichende Wartungsmaßnahmen zur Folge, daß in den Entwicklungsländern die Energiebetriebe während eines bestimmten Zeitraums nur über 60 Prozent ihrer Leistungskapazität verfügen, während man bei bestmöglicher Wartung über 80 Prozent erreichen würde. Und es bedeutet, daß Wasserversorgungssysteme durchschnittlich nur 70 Prozent ihrer Leistung für den Benutzer bereitstellen, verglichen mit Bestergebnissen von 85 Prozent. Schlechte Wartung kann auch die Qualität der Leistung verringern und die Kosten für die Benutzer erhöhen, von denen einige Notstromgeneratoren oder Wasserspeichertanks installieren und private Brunnen bauen.

Versäumnisse bei der Instandhaltung werden oft dadurch verschärft, daß falsche Ausgabenkürzungen erfolgen. Eine Drosselung der Investitionsausgaben ist in Perioden haushaltsmäßiger Einsparungen gerechtfertigt, es ist jedoch ein Fehler, die Ausgaben für die Instandhaltung zu verringern und damit Spareffekte erzielen zu wollen. Solche Kürzungen müssen später durch viel höhere Ausgaben für die Sanierung oder für Ersatzinvestitionen ausgeglichen werden. Indem die Nutzungsdauer von Infrastrukturprojekten durch eine unzureichende Wartung verringert und die Leistungskapazität reduziert wird, muß mehr investiert werden, um diese Leistungen bereitstellen zu können. Die Zielsetzungen der Geberländer (beispielsweise das Bemühen um Aufträge für die Lieferung von Investitionsgütern oder Beratungsleistungen) können bei der Bevorzugung neuer Investitionen gegenüber Instandhaltungsarbeiten ebenfalls eine Rolle spielen. In vielen Ländern mit niedrigem Einkommen erstreckt sich die Finanzierung durch Geberländer auf nahezu die Hälfte aller öffentlichen Investitionen in die Infrastruktur.

Durch die in vielen Ländern *fehlgeleiteten Investitionsprojekte* wurde eine ungeeignete Infrastruktur geschaffen oder es wurden Leistungen auf einem Niveau bereitgestellt, das nicht den Bedürfnissen entsprach. Die Nachfrage der Benutzer nach Dienstleistungen unterschiedlicher Qualität und Preiswürdigkeit bleibt auch dann unbefriedigt, wenn die Benutzer bereit und in der Lage sind, dafür zu bezahlen. Den Gemeinden mit niedrigem Einkommen werden keine geeigneten Optionen für das

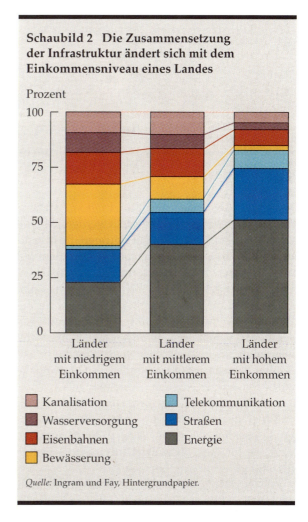

Schaubild 2 Die Zusammensetzung der Infrastruktur ändert sich mit dem Einkommensniveau eines Landes

Quelle: Ingram und Fay, Hintergrundpapier.

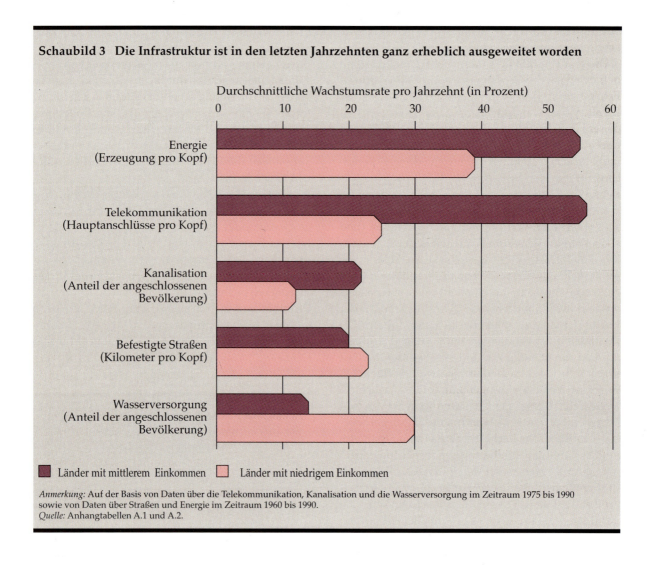

Verkehrswesen und die Kanalisation geboten, durch die Leistungen bereitgestellt werden, die man schätzt und sich leisten kann. Unausgereifte Investitionen in Infrastrukturkapazitäten – vor allem auf den Gebieten Wasserversorgung, Eisenbahnen, Energieerzeugung, Häfen und Bewässerungsanlagen – haben oft Mittel absorbiert, die sonst für die Wartung, die Modernisierung oder die Verbesserung der Qualität der Leistungen hätten eingesetzt werden können. Weil viele Investitionen in die Infrastruktur an den Ort gebunden sind und örtliche Märkte versorgen, können überschüssige Kapazitäten nicht andere Märkte bedienen – und bleiben dadurch unausgelastet. In einigen Fällen waren große staatliche Projekte allzu ambitiös und bedeuteten für die Volkswirtschaft eine kostspielige Belastung.

Verschwendung und Ineffizienz beanspruchen einen großen Teil der Ressourcen, die sonst für die Bereitstellung von Infrastrukturleistungen verwendet werden könnten. Eine Untersuchung von Energieversorgungsunternehmen in einundfünfzig Entwicklungsländern zeigte, daß die technische Leistungsfähigkeit im Laufe der letzten zwanzig Jahre in der Tat gesunken ist. Ältere Kraftwerke verbrauchen pro Kilowattstunde 18 bis 44 Prozent mehr Brennstoff als Kraftwerke, die auf technisch höchstem Niveau arbeiten – und die Übertragungs- und Verteilungsverluste sind zwei- bis viermal größer. Die Hafenanlagen in Entwicklungsländern arbeiten bei der Entladung der Fracht vom Schiff an Land erheblich langsamer als die effizientesten Häfen und erreichen im Durchschnitt nur 40 Prozent von deren Leistungsfähigkeit. Eine weitere Quelle der Ineffizienz stellt die Verteilung der Arbeitskräfte dar. In vielen Tätigkeitsbereichen ist eine Überausstattung mit Personal allzu verbreitet, besonders bei den Eisenbahnen, während in anderen, wie bei der

Straßeninstandsetzung, eine stärkere Nutzung arbeitsintensiver Verfahren angezeigt ist.

Diese Fehlschläge bei den Investitionen und die betrieblichen Effizienzmängel werden nicht durch Erfolge im Kampf gegen die Armut oder für die Erhaltung der Umwelt aufgewogen – denn auch in dieser Hinsicht sind die bisher verzeichneten Ergebnisse unzureichend. Schlecht geplante und geleitete Infrastrukturprojekte sind eine Hauptursache für Umweltschäden in städtischen und ländlichen Regionen. Die Armen verbrauchen häufig weniger Infrastrukturleistungen und zahlen höhere Preise als die Wohlhabenderen. Beispielsweise bezahlen Haushalte, die Wasser von Wasserverkäufern beziehen, viel mehr als diejenigen, die an die Wasserversorgung angeschlossen sind. In den meisten Ländern ist die Versorgung der ländlichen Regionen mit Infrastrukturleistungen geringer als die städtischer Gebiete (mit der offenkundigen Ausnahme der Bewässerungsprojekte); dies gilt sogar für solche grundlegenden Leistungen wie die Bereitstellung von Trinkwasser (Schaubild 4). Länder jedoch, die konzertierte Anstrengungen zur Bereitstellung von Infrastrukturleistungen in ländlichen Regionen unternommen haben – wie Indonesien und Malaysia – haben dramatische Erfolge bei der Reduzierung der Armut erzielt.

Angesichts dieser unterschiedlichen Ergebnisse sind Verbesserungen auf dem Gebiet der Investitionen und beim Betrieb der Infrastrukturanlagen dringend erforderlich. Darüber hinaus nimmt die Nachfrage nach Infrastrukturleistungen zu. Für eine höhere Konkurrenzfähigkeit im internationalen Handel werden zuverlässige und hochentwickelte Verkehrs-, Energie- und Telekommunikationssysteme benötigt. Die Regierungen, die sich mit wachsenden fiskalischen Zwängen konfrontiert sehen, können nicht länger eine unbegrenzte Finanzierung der Infrastruktur aufrechterhalten. Die Gesellschaft aber verlangt heutzutage eine Infrastruktur, die höheren Umweltstandards gerecht wird, wie es in den Abschnitten der *Agenda 21* zum Ausdruck gebracht wurde, dem grundlegenden politischen Dokument, dem die Staaten auf der Konferenz für Umwelt und Entwicklung der Vereinten Nationen im Jahr 1992 ihre Zustimmung erteilten.

Diagnose der Ursachen für die schlechten Resultate

Die Probleme unzureichender Wartung, fehlgeleiteter Investitionen, mangelnder Reaktion auf die

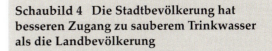

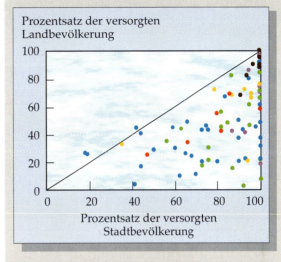

Schaubild 4 Die Stadtbevölkerung hat besseren Zugang zu sauberem Trinkwasser als die Landbevölkerung

- Naher Osten und Nordafrika
- Lateinamerika und die Karibik
- Ostasien und der Pazifik
- Afrika südlich der Sahara
- Südasien
- Europa und Zentralasien

Quelle: Anhangtabelle A.2.

Wünsche der Benutzer und technischer Ineffizienz stellen für die zukünftigen Reformen beängstigende Herausforderungen dar – Herausforderungen, die sich aufgrund neuer Ansprüche und begrenzter Mittel nochmals verschärfen. Die Lösungen sind in den Erfolgen und Mißerfolgen der Politik zu finden sowie in den Erfahrungen aus den jüngsten wirtschaftspolitischen Experimenten.

Hinsichtlich der effizienten Bereitstellung von Infrastrukturleistungen bestehen große Unterschiede, und zwar sowohl innerhalb der einzelnen Länder als auch zwischen ihnen. Darüber hinaus ist ein gutes Ergebnis, das ein Land in einem Infrastrukturbereich erzielt, nicht notwendigerweise gleichbedeutend mit guten Ergebnissen in anderen Bereichen. Einige Entwicklungsländer – nicht immer die wohlhabenderen – erbringen Leistungen auf hohem Niveau. Côte d'Ivoire erzielt bei der Wasserversorgung mit 85 Prozent den besten technischen Versorgungsgrad, während in Manila nur rund 50 Prozent des aufbereiteten Wassers die Verbraucher erreicht. Bei den Eisenbahnen ist die Einsatzbereitschaft der Lokomotiven dort hoch, wo die Wartung gut ist: Indien hat 90 Prozent seiner Lokomotiven jederzeit einsatzbereit. Die Einsatzbereitschaft ist niedrig, wo die Wartung vernachlässigt wird: 50 Prozent in Rumänien und 35 Prozent in Kolumbien, verglichen mit einem Durchschnitt in den Entwicklungsländern von etwa 70 Prozent. Im Telefonwesen beläuft sich der Anteil der zustandekommenden Verbindungen in den am besten funktionierenden Ländern auf 99 Prozent, im durchschnittlichen Entwicklungsland auf 70 Prozent und in einigen auf weit weniger. Diese Resultate lassen darauf schließen, daß die Leistung der Infrastruktur nicht von den allgemeinen Bedingungen des Wirtschaftswachstums und der Entwicklung abhängt, sondern vom institutionellen Umfeld, das oft innerhalb des jeweiligen Landes von Sektor zu Sektor unterschiedlich ist.

Um zu verstehen, worauf es bei einem guten Ergebnis ankommt – und bei einem schlechten –, ist es daher erforderlich, die institutionellen Regelungen für die Bereitstellung von Infrastrukturleistungen und die Anreize, die deren Bereitstellung bestimmen, zu verstehen. Dieser Bericht nennt drei Gründe für ein schlechtes Funktionieren.

Erstens werden die Infrastrukturleistungen üblicherweise im Rahmen einer Marktstruktur bereitgestellt, die ein dominierendes Charakteristikum aufweist: fehlenden Wettbewerb. Die meisten Infrastrukturleistungen in der Dritten Welt werden durch zentral verwaltete, monopolistische Staatsbetriebe oder staatliche Behörden zur Verfügung gestellt. Fast die gesamte Infrastruktur auf dem Gebiet der Bewässerung, der Wasserversorgung, der Kanalisation und des Verkehrs wird auf diese Weise geliefert. Bis vor wenigen Jahren unterstanden die Telefondienste in den meisten Ländern der Verantwortung von staatseigenen Post-, Telefon- und Telegrafenämtern. Auch der Großteil der Energieversorgung erfolgte durch ein Staatsmonopol. Als Ergebnis fehlte der Druck, den der Wettbewerb auf alle Seiten ausüben kann, um eine maximale Leistungsfähigkeit zu erreichen.

Zweitens wird den Verantwortlichen für die Bereitstellung der Infrastrukturleistungen nur selten die Unabhängigkeit in Management- und Finanzfragen übertragen, die sie brauchen, um ihre Arbeit ordentlich leisten zu können. Von den Managern wird oft erwartet, daß sie Zielen gerecht werden, die im Widerspruch zu ihrer eigentlichen Hauptaufgabe stehen – der effizienten Bereitstellung von Leistungen hoher Qualität. Staatliche Einrichtungen werden veranlaßt, als Arbeitgeber der letzten Instanz zu dienen oder eine Protektion zu bieten. Sie werden gezwungen, Leistungen zu Preisen unterhalb der Kosten anzubieten – oft dadurch, daß es ihnen nicht erlaubt wird, die Preise an die Inflation anzupassen. Die andere Seite der Medaille ist, daß die staatlichen Anbieter für ihre Tätigkeit kaum rechenschaftspflichtig sind. Nur wenige Länder stellen ordentlich spezifizierte Erfolgskriterien für die öffentlichen Anbieter von Infrastrukturleistungen auf, und Unwirtschaftlichkeit wird allzu oft durch Transferzahlungen aus dem Staatshaushalt ausgeglichen, statt durch Mißbilligung geahndet.

Drittens befinden sich die Benutzer der Infrastruktur – die tatsächlichen und die potentiellen – nicht in einer günstigen Position, um ihre Forderungen deutlich zu machen. Wenn die Preise die Kosten widerspiegeln, ist die Stärke der Verbrauchsnachfrage ein klares Signal dafür, welches Angebot bereitgestellt werden sollte. Durch den Preismechanismus können die Verbraucher die Investitionen und Produktionsentscheidungen in Übereinstimmung mit ihren Präferenzen beeinflussen. Die Preise für Infrastrukturleistungen spiegeln aber typischerweise nicht die Kosten wider, und diese wertvolle Informationsquelle über den Bedarf der Verbraucher ist damit verloren. Beispielsweise sind die Energiepreise in den Entwicklungsländern allgemein gesunken, während es die Kosten nicht sind. Dies führte dazu, daß die Preise jetzt im Durchschnitt nur die Hälfte der Angebotskosten decken. Wassergebühren und die Fahrpreise für die Eisenbahn decken in der Regel nur ein Drittel der Kosten. Eine überzogene Verbrauchsnachfrage auf Basis von Preisen, die unter den Kosten liegen, ist kein zuverlässiger Indikator dafür, daß die Leistungen ausgeweitet werden sollten, obwohl es oft so gesehen wird.

Die Benutzer können ihre Präferenzen auf andere Art und Weise ausdrücken, wie etwa durch eine örtliche Teilnahme an der Planung und Durchführung neuer Investitionen im Bereich der Infrastruktur. Sie werden aber nur selten gefragt, und die Investitionsentscheidungen gründen sich allzu häufig auf die Extrapolation des Verbrauchs in der Vergangenheit, statt auf eine echte Bewertung der effektiven Nachfrage und des finanziell Tragbaren.

Jeder dieser drei Punkte ist für sich betrachtet wichtig. Zusammengenommen tragen sie erheblich dazu bei, die enttäuschenden Ergebnisse der Vergangenheit für einen Großteil der Infrastruktur zu erklären. Konkurrierende Anbieter und Benutzer von Infrastrukturleistungen hätten Druck für bessere Leistungen ausüben können, sie wurden aber daran gehindert. Durch die Vermengung ihrer Funktionen als Eigentümer, Regulierer und Betreiber haben es die Regierungen versäumt, die Leistungsbereitstellung zu verbessern.

Neue Möglichkeiten und Initiativen

Die Herausforderung besteht eindeutig darin, die institutionellen und organisatorischen Bedingungen zu schaffen, die die Anbieter von Infrastrukturleistungen dazu zwingen, effizienter und mehr an den Bedürfnissen der Verbraucher orientiert zu arbeiten. Ist das aber möglich? Drei sich einander ergänzende Einflußfaktoren bieten eine Chance für fundamentale Veränderungen hinsichtlich der Art des Vorgehens. Erstens sind wichtige Innovationen in der Technologie und auf dem Gebiet der Marktregulierung eingetreten. Zweitens wächst die Zustimmung zu einer größeren Rolle des Privatsektors bei der Bereitstellung der Infrastruktur, was teilweise auf die jüngsten Erfahrungen mit neuen Initiativen zurückgeht. Drittens besteht nun eine größere Sensibilität für die Bewahrung der Umwelt und für die Verringerung der Armut.

Neue Technologien und Veränderungen auf dem Gebiet der Marktregulierung schaffen zusätzlichen Raum für die Einführung von Wettbewerb in vielen Bereichen der Infrastruktur. In der Telekommunikation ersetzen Satelliten- und Mikrowellensysteme Langstrecken-Kabelnetze, und mobile Funksysteme sind eine wachsende Alternative zu örtlichen Verteilernetzen. Diese Veränderungen höhlen das auf Kabelnetzen basierende Monopol in der Fernmeldetechnik aus und ermöglichen den Wettbewerb. Auch in der Energieerzeugung arbeiten kombinierte Gasturbinen-Generatoren bei niedrigeren Produktionsniveaus wirtschaftlicher, während andere Innovationen die Kosten senken. Neue Technologien lassen Wettbewerb unter den Anbietern technisch möglich werden und Veränderungen bei den Regulierungsvorschriften machen Wettbewerb dadurch zu einer Realität, daß sie einen konkurrenzfähigen Marktzugang zu Aktivitäten wie den mobilen Telefondiensten oder zur Stromerzeugung ermöglichen. Technische und regulative Änderungen in anderen Bereichen der Infrastruktur – vom Transportwesen bis zur Wasserversorgung und zur Ent- und Bewässerung – machen auch diese offener für neue Eigentumsformen und neue Arten der Leistungsbereitstellung.

Mit derartigen Veränderungen gehen neue Vorstellungen über die Rolle des Staates auf dem Gebiet der Infrastruktur Hand in Hand. Es wächst in vielen Ländern das Bewußtsein dafür, daß die staatliche Leistungsbereitstellung unzureichend gewesen ist. Unterbrechungen und Ausfälle bei der Energieversorgung, zeitweilig aussetzende Wasserversorgung aus kommunalen Systemen, lange Wartezeiten für Telefonverbindungen und wachsende Verkehrsstaus provozieren heftige Reaktionen. Die Reformen in einigen Industrieländern haben den Wettbewerb in den Bereichen Telekommunikation, Straßentransport und Luftverkehr sowie bei der Energieversorgung erhöht – und damit unter Beweis gestellt, daß alternative Ansätze möglich sind. Das schlechte Funktionieren der Staatshandelsländer hat ebenfalls zu einer Neubewertung der Rolle des Staates im Wirtschaftsleben geführt.

Diese Entwicklungen veranlaßten die Regierungen, nach neuen Wegen zu suchen, um zu einem partnerschaftlichen Verhältnis mit dem privaten Sektor bei der Bereitstellung von Infrastrukturleistungen zu kommen. Am dramatischsten waren die Privatisierungen von Unternehmen wie der Telefongesellschaft in Mexiko und der Energieversorgung in Chile. Andernorts haben sich verschiedene Formen der Partnerschaft zwischen dem öffentlichen und dem privaten Sektor entwickelt. Hafenanlagen sind an private Betreiber verpachtet worden – die Kelang Containeranlagen in Malaysia waren unter den ersten. An private Unternehmen wurden Konzessionen erteilt, besonders bei der Wasserversorgung; Côte d'Ivoire ist eines der frühesten Beispiele. Die Auslagerung von Dienstleistungen, wie die Straßeninstandhaltung in Kenia, ist in vielen Ländern in vollem Gang. Die private Finanzierung neuer Investitionen ist mit Hilfe von Bau- und Betriebsvereinbarungen (Bau-Betrieb-Transfer – BBT) stark gestiegen, wobei private Firmen eine Infrastruktureinrichtung bauen und sie dann für eine Reihe von Jahren mit einer Konzession im Auftrag eines Vertragspartners aus dem öffentlichen Sektor betreiben. Dieser Weg wurde beschritten, um den Bau gebührenpflichtiger Straßen in Mexiko und von Anlagen zur Energieversorgung in China und auf den Philippinen zu finanzieren.

Ein wachsendes Bewußtsein für die Umweltverträglichkeit von Entwicklungsstrategien und ein vertieftes Anliegen an der Reduzierung der Armut gibt, nach einem Jahrzehnt der Stagnation in vielen

Regionen der Welt, der Infrastrukturreform ebenfalls neuen Schwung. Umweltprobleme, von denen Druck auf Veränderungen ausgeht, treten in den Vordergrund, und zwar im Verkehrswesen (Verkehrsstaus und Umweltverschmutzung), bei der Bewässerung (wachsende Versumpfung und Versalzung landwirtschaftlicher Flächen), bei der Wasserversorgung (erschöpfte Ressourcen), im Kanalisationswesen (unzureichende Klärung) und in der Energiewirtschaft (steigende Emissionen). Gleichzeitig zeigte sich in einem Jahrzehnt reduzierten Wirtschaftswachstums – insbesondere in Lateinamerika und Afrika südlich der Sahara –, daß die Verringerung der Armut nicht automatisch erfolgt, und daß dafür Sorge getragen werden muß, daß die Infrastruktur sowohl das Wachstum fördert als auch die Interessen der Armen schützt.

Optionen für die Zukunft

Um die Bereitstellung von Infrastrukturleistungen zu reformieren, tritt dieser Bericht für drei Maßnahmen ein: die vermehrte Anwendung unternehmerischer Grundsätze bei den Anbietern der Leistungen, die stärkere Nutzung des Wettbewerbs und eine größere Einbeziehung der Benutzer in den Bereichen, wo kommerzielles und wettbewerbsorientiertes Verhalten eingeschränkt sind.

Die Anwendung unternehmerischer Grundsätze der Geschäftsführung beinhaltet, daß man den Anbietern der Infrastrukturleistungen klare und eindeutig definierte Erfolgsziele setzt, ihnen klar abgegrenzte Budgets auf Basis der von den Benutzern erzielten Einnahmen zuweist sowie unternehmerische und finanzielle Selbständigkeit gewährt – und sie zugleich für ihre erzielten Resultate rechenschaftspflichtig macht. Dies schließt ein, daß der Staat von Ad-hoc-Eingriffen ins Management absehen, jedoch bestimmte Transferzahlungen leisten sollte, um – wenn erforderlich – sozialen Zielen gerecht zu werden, wie der Verpflichtung zur Erbringung öffentlicher Leistungen.

Die Ausweitung des Wettbewerbs bedeutet, dafür Vorsorge zu treffen, daß die Anbieter um einen Gesamtmarkt miteinander konkurrieren (z. B. Firmen, die für das Exklusivrecht, einen Hafen für zehn Jahre zu betreiben, Angebote machen), innerhalb eines Marktes im Wettbewerb um Kunden stehen (Telefongesellschaften, die im Wettstreit um Telefonkunden stehen) und um Verträge konkurrieren, um Vorleistungen für die Bereitsteller von Infrastrukturleistungen liefern zu dürfen (Firmen, die Angebote unterbreiten, um Energie an ein Stromversorgungsunternehmen zu liefern).

Die Einbeziehung der Benutzer bei der Projektplanung und beim Betrieb von Infrastrukturaktivitäten in Bereichen, wo unternehmerisches und wettbewerbsorientiertes Verhalten eingeschränkt sind, stellt die erforderlichen Informationen bereit, um die Anbieter gegenüber ihren Kunden stärker rechenschaftspflichtig zu machen. Benutzer und andere Interessengruppen können an den Konsultationen während der Projektplanung teilnehmen, sie können auch direkt am Betriebsablauf oder an der Wartung und Überwachung beteiligt werden. Entwicklungsprogramme sind dann erfolgreicher, wenn die Nutzer der Leistungen oder das betroffene Gemeinwesen bei der Projektgestaltung einbezogen worden sind. Die Beteiligung der Benutzer schafft die passenden Anreize, um sicherzustellen, daß die Instandhaltung bei Projekten auf kommunaler Ebene durchgeführt wird.

Diese Punkte gelten unabhängig davon, ob die Infrastrukturleistungen vom öffentlichen Sektor, vom privaten Sektor oder in staatlich/privater Partnerschaft bereitgestellt werden. Insoweit sind sie indifferent bezüglich der Eigentumsrechte. Allerdings, zahlreiche Fälle von Mängeln bei der staatlichen Leistungsbereitstellung in der Vergangenheit, verbunden mit zunehmenden Anzeichen für eine effizientere und stärker benutzerorientierte private Leistungsbereitstellung, sprechen für eine beträchtliche Steigerung des privaten Engagements bei der Finanzierung, beim Betrieb und – in vielen Fällen – bei der Eigentumsfrage.

Nicht alle Länder werden in der Lage sein, das private Engagement gleichermaßen zu steigern. Vieles hängt von der Stärke des privaten Sektors ab, von der administrativen Fähigkeit des Staates, die privaten Anbieter zu regulieren, vom bisherigen Erfolg der Anbieter des öffentlichen Sektors und von der politischen Akzeptanz einer privaten Leistungsbereitstellung. Dieses berücksichtigend, skizziert der Bericht eine Auswahl von vier zentralen Optionen für das Problem des Eigentums und der Leistungsbereitstellung:

Option A Staatliches Eigentum und Betriebsführung durch staatliche Unternehmen oder Behördenstellen.

Option B Staatliches Eigentum, bei Übertragung der Betriebsführung an den privaten Sektor.

Option C Privateigentum und private Betriebsführung, oft verbunden mit Regulierungen.

Option D Leistungsbereitstellung durch das Gemeinwesen und die Benutzer.

Diese vier Optionen illustrieren lediglich, ohne erschöpfend sein zu wollen, mögliche Elemente eines umfassenden Bündels von Alternativen.

Option A: Staatliches Eigentum und staatliche Betriebsführung. Die staatliche Leistungsbereitstellung durch eine Behördenstelle, ein öffentliches Unternehmen oder eine halbstaatliche Stelle ist die im Bereich der Infrastruktur am häufigsten anzutreffende Form des Eigentums und des Betriebs. Erfolgreiche staatliche Unternehmen arbeiten nach unternehmerischen Grundsätzen, gewähren den Managern die Kontrolle über die Betriebsführung und bleiben frei von politischen Eingriffen; sie machen die Betriebsführer aber auch rechenschaftspflichtig, und zwar oft durch Erfolgsvereinbarungen oder durch Managementverträge. Außerdem befolgen sie solide Geschäftsgrundsätze und sind den gleichen regulatorischen, arbeitsrechtlichen, buchhalterischen und lohnpolitischen Standards und Praktiken unterworfen wie private Firmen. Die Tarife werden kostendeckend festgelegt, und alle den Unternehmen zufließenden Subventionen dienen spezifischen Leistungen und werden in festgelegten Beträgen gewährt. Die Wasserversorgungsbehörden in Botsuana und Togo sowie die nationalen Stromgesellschaften in Barbados und Thailand funktionieren gut. Die Fernstraßenbehörden in Ghana und Sierra Leone und die umorganisierte Straßenbehörde in Tansania sind vielversprechende Beispiele für diesen Ansatz. Es überleben längerfristig allerdings nur wenige erfolgreiche Beispiele der Option A, weil sie gegenüber Änderungen bei der staatlichen Unterstützung anfällig sind. Viele öffentliche Unternehmen funktionieren eine Zeitlang gut und werden dann ein Opfer politischer Einmischung.

Option B: Staatliches Eigentum bei privater Betriebsführung. Diese Option wird typischerweise durch Pachtverträge ausgeübt, die sich auf die gesamte Betriebsführung und Instandhaltung von Infrastrukturanlagen in öffentlichem Besitz erstrecken, oder durch Konzessionen, die die Verantwortung für den Bau und die Finanzierung neuer Kapazitäten einschließen. Vereinbarungen zwischen dem Eigentümer (dem Staat) und dem Betreiber (der Firma) werden in einem Vertrag festgelegt, der alle regulatorischen Vorschriften enthält. Der private Betreiber übernimmt in der Regel alle kommerziellen Risiken aus der Betriebsführung und beteiligt sich gemäß den Konzessionen am Investitionsrisiko. Pachtverträge und Konzessionen funktionieren erfolgreich bei der argentinischen Eisenbahn, bei der Wasserversorgung von Buenos Aires und in Guinea sowie bei den Hafenanlagen in Kolumbien, Ghana und den Philippinen. Die Konzessionen schließen auch Verträge zum Bau und Betrieb neuer Anlagen gemäß BBT-Vereinbarungen und deren Varianten ein. Bei starker Verbreitung in den letzten Jahren erstrecken sich die Konzessionen zum Bau und Betrieb von Anlagen auf gebührenpflichtige Straßen in China, Malaysia und Südafrika, auf Kraftwerke in Guatemala, Kolumbien und Sri Lanka, auf Wasser- und Sanitäreinrichtungen in Malaysia und Mexiko sowie auf Telefongesellschaften in Indonesien, Sri Lanka und Thailand. Alle Konzessionen erschlossen private Finanzmittel, um neue Investitionen zu fördern.

Option C: Privateigentum und private Betriebsführung. Privates Eigentum an Infrastrukturanlagen und deren privater Betrieb nehmen zu – sowohl durch neuen Marktzugang von Privatfirmen auf den Märkten für Infrastruktur als auch durch Übertragung des Staatseigentums bei ganzen Systemen. Privateigentum ist dann eine klare Angelegenheit, wenn die Leistungen wettbewerbsmäßig bereitgestellt werden können, und in vielen Infrastrukturbereichen ist es möglich, derartige Aktivitäten abzugrenzen und eine private Leistungsbereitstellung zu erlauben. Beispielsweise erlauben siebenundzwanzig Entwicklungsländer, daß mobile Telefondienste unter Wettbewerbsbedingungen betrieben werden, und viele andere Länder gestatten privaten Firmen, Elektrizitätswerke zu bauen und Strom an das nationale Energienetz abzugeben. Wo Wettbewerb unter den Anbietern möglich ist, erfordern Privateigentum und private Betriebsführung wenig oder keinerlei ökonomische Regulierung, jedenfalls nicht über das Maß hinaus, das für alle Privatfirmen gilt. Der erforderliche Wettbewerb kann auch zwischen den Sektoren stattfinden – zwischen Schiene und Straße oder zwischen Elektrizität und Gas. Beispielsweise unterliegen die privaten Gaswerke in Hongkong keiner speziellen wirtschaftlichen Regulierung, weil sie mit Anbietern aus anderen Energiebereichen konkurrieren.

Wo völlig oder teilweise privatisierte Systeme vorliegen und es keinen sektorenübergreifenden Wettbewerb gibt, könnte eine Regulierung sowohl bei den privaten als auch den staatlichen Anbietern erforderlich sein, um den Mißbrauch von Monopolmacht zu verhindern. Erfahrungen mit der Regulierung und mit der Privatisierung ganzer Systeme sind in Entwicklungsländern noch sehr neu. Die chilenische Form der Regulierung, die reguläre automatische Preisanpassungen und ein klar spezifiziertes Schiedsgerichtsverfahren umfaßt, scheint ordentlich zu funktionieren. Und Systeme, die privatisiert worden sind, haben ihre Leistungen sehr erfolgreich gesteigert. Die Telefongesellschaft von Venezuela weitete ihr Netz in den ersten zwei Jahren nach der Privatisierung um 35 Prozent aus, die chilenische um jährlich 25 Prozent, die argentinische um jährlich 13 Prozent und die mexikanische um jährlich 12 Prozent.

Option D: Leistungsbereitstellung durch das Gemeinwesen und die Benutzer. Am häufigsten ist die Leistungsbereitstellung durch ein Gemeinwesen und durch Benutzer bei örtlichen und kleiner dimensionierten Infrastrukturanlagen anzutreffen – wie ländlichen Zubringerstraßen, kommunalen Wasserversorgungs- und Kanalisationssystemen, Verteilungskanälen bei Bewässerungsanlagen und bei Instandhaltungsmaßnahmen von örtlichen Entwässerungssystemen – und sie wird oft durch Leistungen von seiten der zentralen Ebene oder der Provinz ergänzt. Eine erfolgreiche kommunale Leistungsbereitstellung erfordert die Einbindung der Benutzer beim Prozeß der Entscheidungsfindung, insbesondere um die Prioritäten für die Ausgaben festzulegen und um eine gerechte und akzeptierte Aufteilung der Nutzen und Kosten der Leistungsbereitstellung sicherzustellen. Technische Hilfe, Ausbildung und Entlohnung der Betreiber sind ebenfalls sehr wichtig. Wenn diese Voraussetzungen erfüllt sind, können kommunale Selbsthilfeprogramme für einen langen Zeitraum von Erfolg gekrönt sein. Eine kommunale Organisation in Äthiopien, hauptsächlich zur Instandhaltung der Straßen bestimmt (die Gurage Roads Construction Organization), hat seit 1962 erfolgreich gearbeitet, weil sie ihre eigenen Prioritäten festlegt und ihre eigenen finanziellen Mittel und dinglichen Ressourcen einsetzt.

Finanzierung: Wesentlich für alle Optionen. Die Umsetzung der obengenannten institutionellen Optionen und die Mobilisierung von Mitteln, um die Leistungen steigern und verbessern zu können, erfordern sorgfältig geplante Finanzierungsstrategien. Ausländische und heimische Finanzierungsquellen müssen erschlossen werden; jedoch ist jede Volkswirtschaft nur begrenzt in der Lage, Mittel aus dem Ausland zu erhalten; dies gilt vor allem für Kreditmittel. Restriktionen aufgrund der Zahlungsbilanzsituation und die eingeschränkte Handelbarkeit der Infrastrukturleistungen bedeuten, daß in den meisten Ländern ein laufendes Infrastrukturprogramm durch die Mobilisierung heimischer Mittel gesichert werden muß.

Die private Finanzierung in der einen oder anderen Form macht in den Entwicklungsländern gegenwärtig etwa 7 Prozent der gesamten Infrastrukturfinanzierung aus (der Anteil könnte sich bis zum Jahr 2000 verdoppeln), während auf die bilaterale und multilaterale Auslandshilfe weitere rund 12 Prozent entfallen. Zwar kann ein steigender Teil der zur Infrastrukturfinanzierung notwendigen inländischen Ersparnis aus privaten Quellen kommen, der Staat wird aber weiterhin eine Hauptfinanzierungsquelle für die Infrastruktur und ebenso die Durchleitstelle für Ressourcen aus der Gemeinschaft der Geberländer sein. Als vorübergehende Maßnahme, um dort langfristige Finanzierungen bieten zu können, wo eine ausreichende private Unterstützung wahrscheinlich nicht zur Verfügung stehen wird, stärken die Regierungen jetzt wieder bereits bestehende Kreditinstitutionen für Infrastrukturzwecke und errichten spezielle Infrastrukturfonds.

In Zukunft wird der Staat häufig Partner von privaten Unternehmern sein müssen. Die Aufgabe für die staatlichen und privaten Sektoren besteht darin, Wege zu finden, wie private Ersparnisse direkt zu solchen risikobereiten Investoren geleitet werden können, die langfristige Investitionen in die Infrastruktur vornehmen – in Projekte, die unterschiedliche Charakteristika aufweisen und für die ein einziges Finanzierungsinstrument nicht angemessen ist. Öffentliche Finanzierungsquellen, wie multilaterale Kreditinstitutionen, können den Prozeß dadurch erleichtern, daß sie solche Maßnahmen und institutionellen Reformen unterstützen, die notwendig sind, um private Finanzmittel zu mobilisieren und effizienter zu nutzen.

Durchführung der Reform

Ebenso wie es die Unterschiede zwischen den einzelnen Infrastrukturbereichen mit sich bringen, daß nicht nur eine Option für alle Bereiche angewendet werden kann, so muß die Bereitstellung von Infrastrukturleistungen an die stark unterschiedlichen Bedürfnisse und Umstände des jeweiligen Landes angepaßt werden. Um dies zu illustrieren, wird einerseits der Fall eines Landes mit mittlerem Einkommen, florierendem Privatsektor und gut entwickelten Institutionen analysiert und andererseits der Fall eines Landes mit niedrigem Einkommen, kleinem Privatsektor und relativ unentwickelten institutionellen Kapazitäten.

Länder mit mittlerem Einkommen und guter Leistungsfähigkeit der Institutionen. In diesen Ländern können alle vier wichtigen Optionen gleichermaßen gut funktionieren. Die generellen Reformansätze für diese Länder sind eindeutig: Anwendung unternehmerischer Grundsätze, Steigerung des Wettbewerbs und Einbindung der Benutzer. Diese Maßnahmen führen zu einer Steigerung der privaten Investitionen und Finanzierungen und zu einer Verringerung (oder Dezentralisierung) der Aktivitäten, die beim Staat verbleiben. Einige Länder verfolgen diesen Weg in zahlreichen Sektoren, viele andere nur in wenigen Bereichen – insbesondere in der Telekommunikation, der Energiewirtschaft und im Straßenwesen.

Aktivitäten, die unter Wettbewerbsverhältnissen bereitgestellt werden können, sollten separiert werden und für private Anbieter und Unternehmer zugänglich sein. Wo es möglich ist, können ganze Bereiche – Telekommunikation, Eisenbahnen, Energieerzeugung – privatisiert werden, allerdings unter Aufsicht der Regulierungsbehörden. Sektoren, die man kaum privatisieren kann (wie Straßen), können auf Basis unternehmerischer Grundsätze betrieben werden, wobei vertragliche Verpflichtungen zum Bau und zur periodischen Instandsetzung greifen können. Leasing-Vereinbarungen oder Konzessionen können genutzt werden, um Anlagen zu betreiben, die aus strategischen Gründen schwer zu privatisieren sein dürften, wie Häfen oder Flughäfen. Darüber hinaus scheint die technische und organisatorische Leistungsfähigkeit auf regionaler und lokaler Ebene ausreichend zu sein, um die Vorteile der Dezentralisierung realisieren zu können. Die Verantwortung für örtliche Leistungen – wie das städtische Verkehrswesen, die Wasserversorgung, das Kanalisationswesen und die örtlichen Straßen – kann auf die örtlichen Regierungsstellen übertragen werden.

Länder mit niedrigem Einkommen und mäßiger Leistungsfähigkeit der Institutionen. In diesen Ländern können unternehmerische Grundsätze der Betriebsführung die Basis für Reformen in verschiedenen Bereichen bilden. Kommerzielle Ansätze können durch Reformen im Beschaffungs- und Vertragswesen ergänzt werden, die den Wettbewerb stärken und zur Entwicklung der inländischen Bauwirtschaft beitragen. Viele Aktivitäten (wie die Straßeninstandhaltung und die Müllabfuhr) können vertraglich an den privaten Sektor ausgelagert werden. Die vertragliche Ausgliederung von Leistungen kann einen heilsamen Effekt auf die gesamte Infrastruktur ausüben, da die Erfahrung zeigt, daß staatliche Anbieter effizienter arbeiten, wenn sie dem Wettbewerb mit privaten Auftragnehmern ausgesetzt sind.

Konzessionen oder Leasing-Vereinbarungen sind für ein Land mit niedrigem Einkommen bewährte Instrumente, um an ausländischer Erfahrung zu partizipieren; dies gilt ebenso für die verschiedenen BBT-Optionen, die genutzt werden können, um die Kapazität der Systeme zu steigern. Konzessionen und Leasing-Vereinbarungen sind verbreitet zur Anwendung gekommen, und zwar in der Wasserversorgung, bei Häfen und im Verkehrsbereich. BBT-Systeme sind in Ländern mit mittlerem Einkommen intensiv genutzt worden, und ihre Anwendung breitet sich nun auf die Länder mit niedrigem Einkommen aus. Diese Vereinbarungen tragen dazu bei, das Fachwissen auf örtlicher Ebene zu vertiefen und fördern den Transfer neuer Technologien; sie erfordern aber nicht die Errichtung unabhängiger Regulierungsorgane, weil die Regulierungsverfahren im zugrundeliegenden Vertrag spezifiziert sind.

Ein Vorgehen auf kommunaler Ebene kann, mit technischer und finanzieller Unterstützung, effizient und tragfähig beim Angebot von Leistungen sein, die sich auf bescheidenere Technologien stützen und sich in ländlichen Regionen und Siedlungen mit niedrigem Einkommen anbieten, welche sich oft außerhalb der bestehenden Zentren mit städtischem Leistungsangebot entwickeln. Wettbewerb ist bei vielen Aktivitäten möglich, kann jedoch durch unnötige Regulierungen behindert werden. Der Lastwagenverkehr und viele Arten des städtischen Personenverkehrs können privat bereitgestellt werden, mit Hilfe von Regulierungen, die sich nur auf Sicherheits- und Servicestandards erstrecken.

Einige Länder könnten von Vereinbarungen profitieren, die die Wirksamkeit der Hilfe dadurch erhöhen, daß die Geberländer ihre Anstrengungen koordinieren, um sich auf gemeinsame Ziele zu konzentrieren. Beispielsweise koordiniert das Verkehrsprogramm für die afrikanischen Länder südlich der Sahara (Sub-Saharan Africa Transport Policy Program) die Hilfe der Geberländer für die Instandhaltung der Straßen, und es hat in einigen Ländern die Errichtung von Straßenbauämtern gefördert, die die Durchführung der Straßeninstandhaltung überwachen. Allgemeiner betrachtet sollte die Auslandshilfe dazu dienen, die institutio-

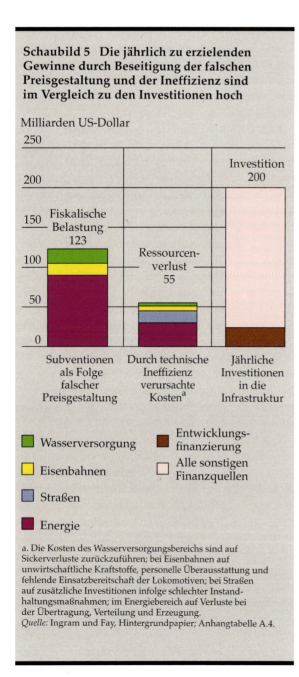

Schaubild 5 Die jährlich zu erzielenden Gewinne durch Beseitigung der falschen Preisgestaltung und der Ineffizienz sind im Vergleich zu den Investitionen hoch

a. Die Kosten des Wasserversorgungsbereichs sind auf Sickerverluste zurückzuführen; bei Eisenbahnen auf unwirtschaftliche Kraftstoffe, personelle Überausstattung und fehlende Einsatzbereitschaft der Lokomotiven; bei Straßen auf zusätzliche Investitionen infolge schlechter Instandhaltungsmaßnahmen; im Energiebereich auf Verluste bei der Übertragung, Verteilung und Erzeugung.
Quelle: Ingram und Fay, Hintergrundpapier; Anhangtabelle A.4.

Reform und Weiterentwicklung der Infrastruktur schaffen.

Potentielle Gewinne durch die Reform

Aufgrund der sehr unterschiedlichen Erfolge und Resultate werden die Gewinne infolge einer gesteigerten Effizienz bei der Bereitstellung der Infrastruktur von Land zu Land und von Sektor zu Sektor verschieden sein. Die Erträge werden jedoch in allen Fällen potentiell hoch sein und machen somit die Bereitschaft zur Reform unabdingbar und aller Mühen wert.

Die Reform wird drei Kategorien von Gewinnen zur Folge haben: eine Verringerung der Subventionen, technische Gewinne für die Anbieter und Gewinne für die Benutzer. Es ist möglich, ungefähre Schätzungen über die ersten zwei Gewinnkategorien anzustellen. Im ersten Fall entstehen die Gewinne durch die Verringerung der fiskalischen Belastung bei der Leistungsbereitstellung – der Kosten, die vom Benutzer nicht gedeckt werden. Obwohl nur für drei Bereiche eine konservative Schätzung möglich ist (Energie-, Wasserversorgung und Eisenbahnen), beläuft sich die Gesamteinsparung auf fast 123 Mrd Dollar jährlich, rund 10 Prozent der gesamten Staatseinnahmen in den Entwicklungsländern, 60 Prozent der jährlichen Investitionen in die Infrastruktur und annähernd das Fünffache der jährlichen Entwicklungshilfefinanzierung für die Infrastruktur (Schaubild 5). Die kostengerechte Preisfestlegung würde für die Wirtschaft keine Nettoersparnis zur Folge haben (da die Kosten durch die Benutzer getragen werden würden), aber die fiskalische Entlastung wäre beträchtlich.

Die zweite Quelle möglicher Gewinne sind die jährlichen Einsparungen bei den Leistungsbereitstellern aufgrund der verbesserten technischen Leistungsfähigkeit. Das Einsparungspotential infolge der Anhebung der betrieblichen Leistungsfähigkeit vom gegenwärtigen Niveau auf bestmögliche Niveaus wird auf etwa 55 Mrd Dollar pro Jahr geschätzt – die reinen Einsparungen entsprechen einem Prozent des BIP aller Entwicklungsländer, einem Viertel der jährlichen Investitionen in die Infrastruktur und dem Doppelten der jährlichen Entwicklungshilfefinanzierung für die Infrastruktur. Anders betrachtet, wenn die jährlichen technischen Verluste im Betrage von 55 Mrd Dollar drei Jahre lang umgelenkt werden könnten – für Wassersysteme zu laufenden Kosten von rund 150 Dollar pro Person –, dann könnten die eine

nellen Kapazitäten in denjenigen Ländern aufzubauen, in denen erhebliche Engpässe bestehen. Gut geplante Programme für die Ausbildung und technische Zusammenarbeit, sowie Bemühungen, Informationen über wirtschaftspolitische Optionen und Erfolge in anderen Ländern zu sammeln und weiterzugeben, können die Beratung und finanzielle Hilfe durch Geberländer ergänzen, und so ein geeignetes, günstiges Umfeld für eine erfolgreiche

Milliarde Menschen, die ohne sauberes Wasser leben, versorgt werden.

Das Gewinnpotential infolge verbesserter Infrastrukturleistungen beschränkt sich aber nicht nur auf die Verringerung der technischen Ineffizienz und der finanziellen Verluste. Verbesserungen hinsichtlich der Produktivität und der Preisgestaltung würden eine wirkungsvollere Leistungsbereitstellung in Reaktion auf die Nachfrage ermöglichen. Sie würden auch das Wachstum und die Wettbewerbsfähigkeit der Wirtschaft erhöhen. Darüber hinaus würden sie eine weitaus stärkere Mobilisierung von Ressourcen für notwendige Neuinvestitionen zur Folge haben – zum einen durch die Erzielung höherer Einnahmen und zum anderen durch die Schaffung eines politischen Umfelds, das für den Zufluß neuer Investitionsmittel günstig ist.

Die Vorschläge dieses Berichts zur Reform des Anreizsystems und des institutionellen Rahmens für die Infrastruktur stellen wichtige Herausforderungen dar – sie versprechen aber auch beträchtliche Vorteile. Der Weg nach vorn ist ein Weg der beständigen Innovation und des Experimentierens, wobei die Industrie- und die Entwicklungsländer voneinander lernen werden. In einigen Ländern besteht die Herausforderung darin, mit dem schnellen Wirtschaftswachstum und der Verstädterung Schritt zu halten. In anderen Ländern geht es darum, das Wachstum wieder so in Gang zu bringen, daß sich auch den Armen größere Chancen bieten. Überall muß der Verbesserung der Umweltbedingungen ein großes Gewicht beigemessen werden. In wachsendem Maße ist es erforderlich, daß die Infrastruktur sich an neue Nachfrageentwicklungen anpaßt, da die Entwicklungsländer stärker in die Weltwirtschaft integriert werden. Die Infrastruktur ist nicht länger der graue Hintergrund des Wirtschaftslebens – versunken und vergessen. Sie steht im Vordergrund und ist Zentrum der Entwicklung.

1 Infrastruktur: Leistungen, Herausforderungen und Chancen

Infrastrukturleistungen – wie die Energieversorgung, das Verkehrswesen, die Telekommunikation, die Wasserversorgung und die Kanalisation sowie die sichere Abfallbeseitigung – sind für die Aktivitäten der Haushalte und für die Produktion von zentraler Bedeutung. Diese Tatsache wird auf schmerzhafte Weise offenkundig, wenn Naturkatastrophen oder bürgerkriegsähnliche Unruhen Kraftwerke, Straßen und Brücken, Telefonnetze, Kanäle und Wasserleitungen zerstören oder unbrauchbar machen. Entscheidende Mängel in der Infrastruktur verringern schnell und grundlegend die Lebensqualität und die Produktivität einer Gemeinschaft. Umgekehrt steigert die Verbesserung der Infrastrukturleistungen die Wohlfahrt und fördert das Wirtschaftswachstum.

Die Bereitstellung von Infrastrukturleistungen zur Befriedigung der Nachfrage von Unternehmen, Haushalten und sonstigen Nutzern ist eine der wichtigsten Herausforderungen der wirtschaftlichen Entwicklung. Die vorhandene Infrastruktur hat sich in den Entwicklungsländern im Verlauf der letzten Jahrzehnte beträchtlich erhöht. In zahlreichen Fällen sind jedoch nicht alle Vorteile aus den Investitionen der Vergangenheit gezogen worden; das Resultat ist eine schlimme Ressourcenverschwendung und ein Verlust an ökonomischen Chancen. Dieses Ergebnis wird häufig durch unangemessene Anreizsysteme verursacht, die ein Bestandteil der institutionellen Regelwerke bei der Bereitstellung der Infrastrukturleistungen sind. Zwar spielt der Staat aufgrund der speziellen technischen und ökonomischen Eigenschaften der Infrastruktur eine wesentliche Rolle bei der Leistungsbereitstellung, doch haben in vielen Fällen die dominierenden und beherrschenden Interventionen des Staates es verhindert, eine effiziente oder flexible Bereitstellung von Infrastrukturleistungen zu fördern. Prozesse des Umdenkens in jüngster Zeit und technische Veränderungen haben mehr Raum für die Anwendung unternehmerischer Prinzipien bei der Bereitstellung der Infrastruktur geschaffen. Diese eröffnen neue Wege, um die Marktkräfte selbst dort nutzbar zu machen, wo der übliche Wettbewerb versagen würde, und sie rücken den Standpunkt des Nutzers der Infrastruktur in den Vordergrund.

Dieser Bericht konzentriert sich auf die wirtschaftliche Infrastruktur: die langlebigen Baustrukturen, Ausrüstungen und Anlagen sowie die von diesen bereitgestellten Leistungen, die beim volkswirtschaftlichen Produktionsprozeß und von den Haushalten genutzt werden. Diese Infrastruktur umfaßt öffentliche Versorgungsunternehmen (aus den Bereichen Energieversorgung, Gaswirtschaft, Telekommunikation, Wasserversorgung, Kanalisa-

Tabelle 1.1 Wertschöpfung von Infrastrukturleistungen nach Ländergruppen
(in Prozent des BIP)

Sektor	Länder mit niedrigem Einkommen	Länder mit mittlerem Einkommen	Länder mit hohem Einkommen
Verkehr, Lagerhaltung und Kommunikation	5,34 (9)	6,78 (26)	9,46 (3)
Gas, Elektrizität und Wasser	1,29 (22)	2,24 (36)	1,87 (5)

Anmerkung: Zu Marktpreisen. Zu Faktorkosten sind die Werte leicht höher (doch sind dafür weniger Daten verfügbar). Die Angaben in Klammern nennen die Zahl der beobachteten Fälle. Die Daten beziehen sich auf 1990 oder das letzte verfügbare Jahr.
Quelle: Daten aus den Volkswirtschaftlichen Gesamtrechnungen der Weltbank.

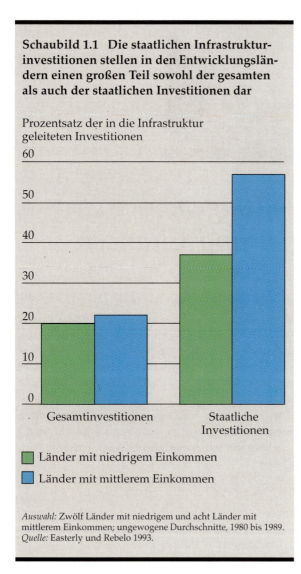

Schaubild 1.1 Die staatlichen Infrastrukturinvestitionen stellen in den Entwicklungsländern einen großen Teil sowohl der gesamten als auch der staatlichen Investitionen dar

Auswahl: Zwölf Länder mit niedrigem und acht Länder mit mittlerem Einkommen; ungewogene Durchschnitte, 1980 bis 1989.
Quelle: Easterly und Rebelo 1993.

(anhand der Wertschöpfung gemessen) ungefähr 7 bis 11 Prozent des BIP aus (Tabelle 1.1), wobei das Verkehrswesen der größte Sektor ist. Das Verkehrswesen allein absorbiert im allgemeinen 5 bis 8 Prozent der gesamten bezahlten Beschäftigung. Eine Auswahl von Entwicklungsländern zeigt, daß auf die Infrastruktur in der Regel etwa 20 Prozent der Gesamtinvestitionen und 40 bis 60 Prozent der staatlichen Investitionen entfallen (Schaubild 1.1). Rund gerechnet machen die staatlichen Infrastrukturinvestitionen zwischen 2 und 8 Prozent (und im Durchschnitt 4 Prozent) des BIP aus. Aber auch diese Anteile untertreiben noch das soziale und ökonomische Gewicht der Infrastruktur, welche in enger Beziehung zum Wachstum, zur Verringerung der Armut und zur Erhaltung der Umwelt steht.

Einfluß der Infrastruktur auf die Entwicklung

Beziehungen zum Wirtschaftswachstum

Die Infrastruktur stellt, wenn schon nicht den Motor, dann zumindest die „Räder" des Wirtschaftslebens dar. Input-Output-Tabellen zeigen, daß in den Volkswirtschaften von Japan und den Vereinigten Staaten im Produktionsprozeß nahezu eines jeden Sektors beispielsweise Leistungen der Telekommunikation, Elektrizität und Wasser verwendet werden, und Verkehrsleistungen stellen für jede Ware eine Vorleistung dar. Die Benutzer fragen Infrastrukturleistungen nicht nur für den direkten Verbrauch nach, sondern auch, um ihre Produktivität zu erhöhen, zum Beispiel zur Reduzierung des benötigten Zeit- und Energieaufwands bei der Sicherung der Versorgung mit sauberem Wasser, um die Ernte auf den Markt zu bringen oder um zur Arbeit zu kommen.

In den letzten Jahren wurde umfangreiche Forschungsarbeit dafür aufgewendet, die Produktivität der Infrastrukturinvestitionen zu schätzen (Sonderbeitrag 1.1). Viele Untersuchungen, die versuchten, Beziehungen zwischen den gesamten Infrastrukturausgaben und dem BIP-Wachstum im Rahmen von Zeitreihenanalysen herzustellen, wiesen sehr hohe Renditen nach. Einige länderübergreifende Untersuchungen über Wirtschaftswachstum und Infrastruktur – insbesondere eine Gruppe, die sich auf öffentliche Investitionen in das Verkehrswesen und die Telekommunikation stützte, und eine andere, welche die Kapitalstocks im Bereich Straßen, Eisenbahnen und Telefonwesen heranzog – zeigten ebenfalls, daß die Infrastruktur als Variable positiv und

tion und Abwasserreinigung, Müllsammlung und Mülldeponierung), öffentliche Tiefbauten (wichtige Dämme und Kanäle für die Bewässerung sowie Straßen) und andere Verkehrsbereiche (Eisenbahnen, städtisches Verkehrswesen, Häfen und Wasserstraßen sowie Flughäfen). Die soziale Infrastruktur, die oft das Erziehungswesen und die Gesundheitsfürsorge umfaßt, repräsentiert einen gleichermaßen wichtigen, wenngleich sehr unterschiedlichen Problembereich, der in diesem Bericht nicht analysiert wird (vgl. *Weltentwicklungsbericht 1993: Investitionen in die Gesundheit*).

In der hier definierten Abgrenzung umfaßt die Infrastruktur einen Komplex unterschiedlicher Wirtschaftssektoren, die in jeder Hinsicht einen großen Teil der Volkswirtschaft repräsentieren. Insgesamt gesehen machen die Dienstleistungen, die sich auf die Nutzung der Infrastruktur beziehen,

signifikant mit dem Wachstum in den Entwicklungsländern korreliert ist. In beiden Untersuchungsmodellen ist jedoch nicht völlig eindeutig geklärt, ob die Infrastrukturinvestitionen Wachstum erzeugen oder das Wachstum Infrastrukturinvestitionen. Darüber hinaus könnte es andere Fak-

---

Sonderbeitrag 1.1 Gewinne aus Infrastrukturinvestitionen – zu schön, um wahr zu sein?

Neuere Untersuchungen in den Vereinigten Staaten lassen darauf schließen, daß der Einfluß der Infrastrukturinvestitionen auf das Wirtschaftswachstum überraschend hohe Renditen widerspiegelt (bis zu 60 Prozent). Zu schön, um wahr zu sein? Möglicherweise. Die in Tabelle 1.1 A dargestellten Ergebnisse können die Produktivität der Infrastruktur aus zwei Gründen überzeichnen. Erstens kann ein gemeinsamer Faktor vorhanden sein, der sowohl das Wachstum der Produktion als auch der Infrastruktur verursacht und der in der Studie nicht berücksichtigt ist. Zweitens kann es sein, daß das Wachstum Infrastrukturinvestitionen nach sich zieht und nicht, daß die Infrastruktur Wachstum erzeugt. Zahlreiche Untersuchungen kamen zu dem Ergebnis, daß die Kausalkette in beiden Richtungen verläuft. Anspruchsvollere Schätzungen, die sich mit diesen Problemen befassen, ließen jedoch entweder darauf schließen, daß die positiven Ergebnisse durch unterschiedliche ökonometrische Methoden nicht sehr beeinflußt wurden, oder sie fanden keinen nennenswerten Einfluß der Infrastruktur auf das Wachstum heraus. Keines der Ergebnisse – weder das eines extrem hohen Einflusses noch das eines vernachlässigbaren Einflusses – ist völlig glaubwürdig, und die Forschungsanstrengungen zum Zwecke einer Verfeinerung der methodologischen Ansätze dauern an.

Ein anderer Ansatz schätzt den Einfluß der Infrastruktur auf die Produktionskosten. Untersuchungen (die bei Aschauer, 1993, zusammengefaßt sind) kamen zu dem Ergebnis, daß die Infrastruktur die Produktionskosten im Verarbeitenden Gewerbe in Deutschland, Großbritannien, Japan, Mexiko, Schweden und den Vereinigten Staaten beträchtlich verringert. Eine Schätzung geht davon aus, daß drei Viertel der in den fünfziger und sechziger Jahren getätigten Investitionen der US-Bundesregierung in den Fernstraßenbau allein aufgrund der Verringerung der Speditionskosten im Güterverkehr gerechtfertigt werden können.

Zwar gibt es noch keinen Konsens hinsichtlich der Größe oder der exakten Art des Einflusses der Infrastruktur auf das Wachstum, viele Untersuchungen über das Thema kamen jedoch zu dem Schluß, daß die Bedeutung der Infrastruktur für das Wachstum beträchtlich und signifikant ist und oft größer als diejenige von Investitionen in andere Kapitalformen. Obwohl die Hinweise bis jetzt beeindruckend sind, besteht noch ein Erklärungsbedarf, warum die Ergebnisse von Untersuchung zu Untersuchung so stark voneinander abweichen. Solange dieses Problem nicht gelöst ist, sind die Resultate weder genau spezifiziert noch solide genug, um als konzeptionelle Grundlage für die Politik der Infrastrukturinvestitionen dienen zu können.

Tabelle 1.1 A Ergebnisse aus Studien über die Produktivität der Infrastruktur

Auswahl	Elastizität[a]	Kalkulatorische Rendite[b]	Autor/Jahr	Infrastrukturmaßnahme
USA	0,39	60	Aschauer 1989	Nichtmilitärisches öffentliches Kapital
USA	0,34	60	Munnell 1990	Nichtmilitärisches öffentliches Kapital
48 Staaten, USA	0	0	Holtz-Eakin 1992	Öffentliches Kapital
5 Metrobezirke, USA	0,08	–	Duffy-Deno und Eberts 1991	Öffentliches Kapital
Regionen, Japan	0,20	96	Mera 1973	Industrielle Infrastruktur
Regionen, Frankreich	0,08	12	Prud'homme 1993	Öffentliches Kapital
Taiwan, China	0,24	77	Uchimura und Gao 1993	Verkehrswesen, Wasserversorgung und Kommunikation
Korea	0,19	51	Uchimura und Gao 1993	Verkehrswesen, Wasserversorgung und Kommunikation
Israel	0,31–0,44	54–70	Bregman und Marom 1993	Verkehrswesen, Energie- und Wasserversorgung, Kanalisationswesen
Mexiko	0,05	5–7	Shah 1988, 1992	Energiewesen, Kommunikation und Verkehrswesen
Mehrländerauswahl, OECD	0,07	19	Canning und Fay 1993	Verkehrswesen
Mehrländerauswahl, Entwicklungsländer	0,07	95	Canning und Fay 1993	Verkehrswesen
Mehrländerauswahl OECD und Entwicklungsländer	0,01–0,16	–	Baffes und Shah 1993	Infrastruktur – Kapitalbestand
Mehrländerauswahl, Entwicklungsländer	0,16	63	Easterly und Rebelo 1993	Verkehrswesen und Kommunikation

a. Veränderung der Produktion in Prozent, bezogen auf die Veränderung des Infrastrukturbestandes um 1 Prozent.
b. Verhältnis des diskontierten Wertzuwachses der abhängigen Variable zum diskontierten Wert der Investition in die Infrastruktur.

Schaubild 1.2 Die pro Einwohner verfügbaren wichtigen Infrastrukturleistungen sind eng korreliert mit den Einkommensniveaus

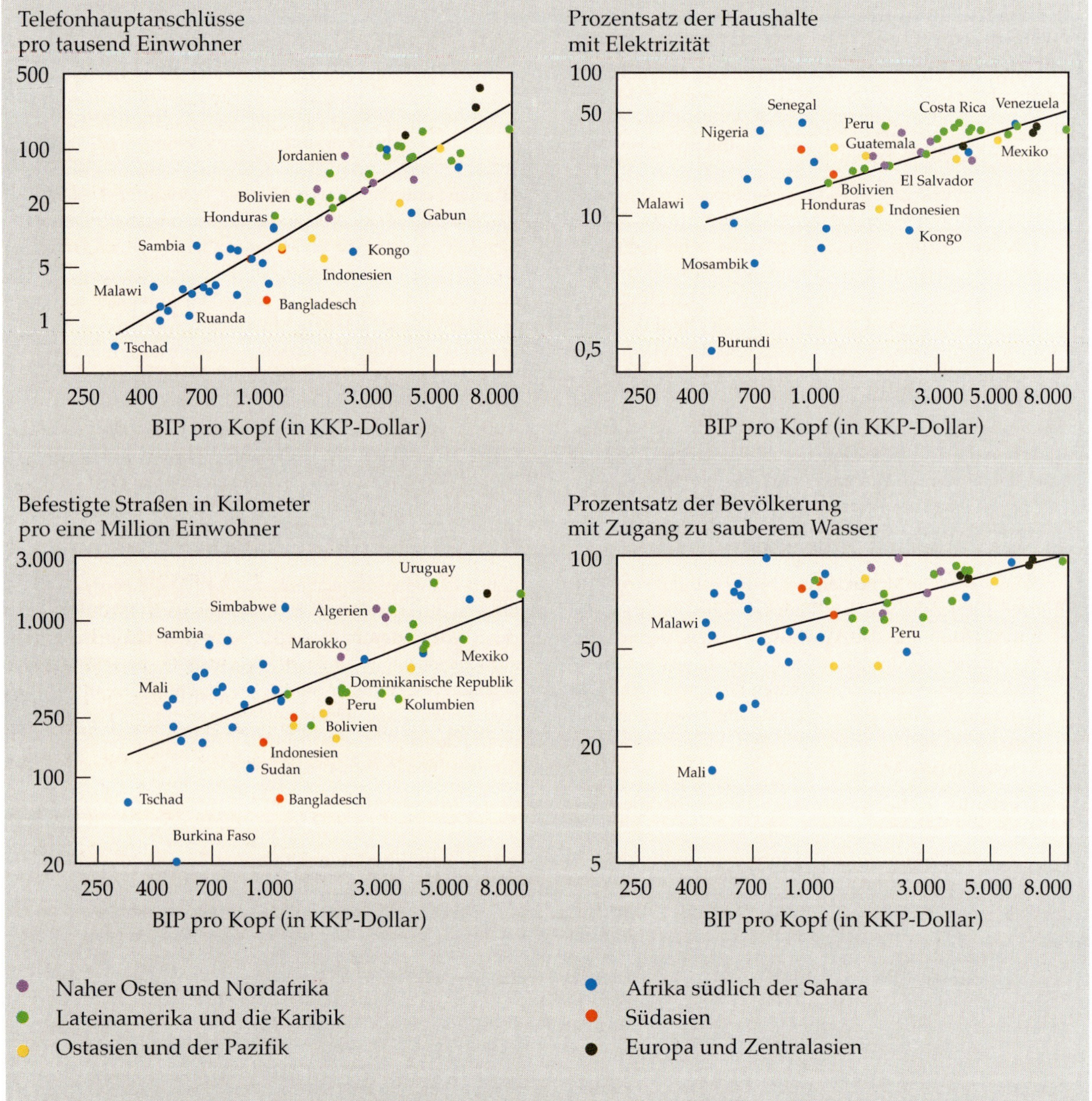

- Naher Osten und Nordafrika
- Lateinamerika und die Karibik
- Ostasien und der Pazifik
- Afrika südlich der Sahara
- Südasien
- Europa und Zentralasien

Anmerkung: Achsen in logarithmischem Maßstab; die Angaben zur Infrastruktur und zum BIP beziehen sich auf 1990; die in Kaufkraftparitäten (KKP) gemessenen Dollar sind bewertet mit internationalen Preisen von 1985 nach Summers und Heston.
Quelle: Kennzahlen der Weltentwicklung, Tabelle 32; Summers und Heston 1991.

toren geben, die sowohl das Wachstum des BIP als auch der Infrastruktur bestimmen und die nicht umfassend berücksichtigt werden. Weder die Zeitreihenanalyse noch die sektorenübergreifenden Untersuchungen erklären zufriedenstellend den Mechanismus, durch den die Infrastruktur das Wachstum beeinflußt.

Sektorale Untersuchungen, die speziell die von der ländlichen Infrastruktur auf die regionale Wirtschaft in einzelnen Entwicklungsländern ausgehenden Effekte analysierten, haben mehr Kenntnisse über die Natur dieser offensichtlichen Vorteile vermittelt. Bei der Untersuchung von über einen längeren Zeitraum erhobenen Daten aus 85 Distrikten in dreizehn Einzelstaaten Indiens fanden die Forscher heraus, daß niedrigere Transportkosten den Zugang der Bauern zu den Märkten verbesserten und zu einer beträchtlichen landwirtschaftlichen Produktionssteigerung führten, und daß moderne Bewässerungsmethoden höhere Erträge brachten. Weil gleichzeitig verbesserte Kommunikationswege (durch Straßen) die laufenden Geschäftskosten der Banken senkten, weiteten diese ihre Kreditgewährung an die Bauern aus, und die Bauern verwendeten die Mittel zum Kauf von Kunstdünger, womit die Erträge weiter gesteigert wurden. Einer Stichprobe zufolge, die auf Ebene der Haushalte und Dörfer in Bangladesch durchgeführt wurde, schnitten diejenigen Dörfer, die nach dem Kriterium des Zugangs zur Verkehrsinfrastruktur als „am höchsten entwickelt" klassifiziert wurden, wesentlich besser ab als die „weniger entwickelten" Dörfer – und zwar im Hinblick auf die landwirtschaftliche Produktion, die Einkommen und die Nachfrage nach Arbeit sowie hinsichtlich der Gesundheit. (Es ist aber schwierig, die Frage zu klären, ob die Bangladesch-Studie alle denkbaren Bestimmungsfaktoren berücksichtigt hat, wie nicht registrierte Unterschiede zwischen den Gemeinden aufgrund der natürlichen Ressourcenausstattung.)

Offensichtlich ist jedoch, daß zwischen der Verfügbarkeit bestimmter Infrastrukturleistungen – besonders in der Telekommunikation, im Energiewesen, bei befestigten Straßen sowie beim Zugang zu sauberem Wasser – und dem BIP pro Kopf enge Beziehungen bestehen (Schaubild 1.2). Eine Analyse über den Wert vorhandener Bestände an Infrastruktur deutet darauf hin, daß deren Zusammensetzung sich mit steigendem Einkommen beträchtlich verändert. Für Länder mit niedrigem Einkommen ist eine mehr grundlegende Infrastruktur wichtig – wie Wasserversorgung, Bewässerung und (in geringerem Ausmaß) das Verkehrswesen. Wenn die Volkswirtschaften zu Ländern mit mittlerem Einkommen heranreifen, ist die Nachfrage nach Wasser für den Grundverbrauch zum größten Teil befriedigt, der Anteil der Landwirtschaft am Wirtschaftsleben sinkt, und es wird mehr Infrastruktur im Verkehrswesen bereitgestellt. Der auf das Energiewesen und die Telekommunikation entfallende Anteil an den Investitionen und an der bestehenden Infrastruktur nimmt in Ländern mit hohem Einkommen nochmals zu. Zahlenangaben für 1990 lassen darauf schließen, daß mit jedem Anstieg des BIP pro Kopf um 1 Prozent der gesamte Infrastrukturbestand um 1 Prozent wächst, die Infrastruktur im Bereich der Versorgung der Haushalte mit sauberem Wasser aber um 0,3 Prozent, bei befestigten Straßen um 0,8 Prozent, bei Energie um 1,5 Prozent und in der Telekommunikation um 1,7 Prozent.

Diese Relationen deuten darauf hin, daß die Infrastruktur hohe potentielle Erträge, gemessen am wirtschaftlichen Wachstum, abwirft; die Relationen bieten aber keine Basis für die Bestimmung angemessener Niveaus oder sektoraler Verteilungen der Infrastrukturinvestitionen. Andere Belege bestätigen, daß Investitionen in die Infrastruktur allein kein Wachstum garantieren. Viele Untersuchungen weisen auf viel geringere Renditen bei der Infrastruktur hin, als sie in Sonderbeitrag 1.1 dargelegt werden – womit sie in der Tat den Renditen privater Investitionen näherkommen. Diese Unterschiede dürften auf Differenzen hinsichtlich der Produktivität der Investitionen im Ländervergleich und im Zeitablauf zurückzuführen sein. Beispielsweise zeigt eine Untersuchung über die wirtschaftliche Rendite verschiedener Weltbankprojekte, daß die Renditen von Infrastrukturinvestitionen sinken, wenn die gesamtwirtschaftlichen Bedingungen ungünstig sind. Die Erträge sind in Ländern mit restriktiven Handelspolitiken um 50 Prozent, oder mehr, niedriger als in Ländern, in denen die Verhältnisse günstiger sind. Ausgaben für die Infrastruktur können deshalb ein für die wirtschaftliche Aktivität schlechtes Klima nicht überspielen. Vor nahezu fünfundzwanzig Jahren untersuchte das Brookings Transport Research Project die Auswirkungen von Verkehrsprojekten in verschiedenen Entwicklungsländern und kam zu einem ähnlichen Schluß, nämlich daß die Investitionen zwar generell angemessene Renditen aufwiesen, der Erfolg aber weitgehend von der Wirtschaftspolitik abhing.

Ein anderer Ansatz, um die wirtschaftlichen Erträge aus Infrastrukturinvestitionen zu bewerten, besteht darin, die Renditen einer großen Auswahl fertiggestellter Weltbankprojekte zu untersuchen. Die durchschnittliche wirtschaftliche Rendite von Infrastrukturprojekten, die nach der Darlehensauszahlung (Fertigstellung des Projekts) geschätzt wurde, belief sich im vergangenen Zehnjahreszeitraum auf 16 Prozent – etwas über der Durchschnittsrate von 15 Prozent bei Weltbankprojekten (Tabelle 1.2). Die Renditen waren am niedrigsten (und zeigten eine abnehmende Tendenz) bei Bewässerungs- und Entwässerungsanlagen, Flughäfen (für eine sehr kleine Auswahl), Eisenbahnen, Energie, Wasserversorgung und Abwasserreinigung. Welche Ursachen könnte dies haben, bedenkt man die erwarteten Vorteile solcher Investitionen in Entwicklungsländern?

Tabelle 1.2 Durchschnittliche volkswirtschaftliche Renditen bei von der Weltbank geförderten Projekten, 1974 bis 1992
(in Prozent)

Sektor	1974–82	1983–92
Be- und Entwässerung	17	13
Telekommunikation	20	19
Verkehrswesen	18	21
Flughäfen	17	13
Fernstraßen	20	29
Häfen	19	20
Eisenbahnen	16	12
Energie	12	11
Stadtentwicklung	..	23
Wasser und Kanalisation[a]	7	9
Wasserversorgung[a]	8	6
Abwasser[a]	12	8
Infrastrukturprojekte	18	16
Alle Weltbankprojekte	17	15

.. Nicht verfügbar.
a. Bei den Ertragsraten handelt es sich um finanzielle, nicht um volkswirtschaftliche Renditen.
Quelle: Daten der Weltbank.

Einige Ursachen stehen mit Durchführungsproblemen im Zusammenhang (weiter unten erörtert unter „Erfolgsbilanz"), andere mit der Projektauswahl und Projektplanung. Ein gemeinsamer Aspekt, der in Prüfberichten über die Fertigstellung von Wasser-, Eisenbahn- und Energieprojekten festzustellen ist, besteht in der Tendenz, zum Zeitpunkt der Projektbewertung die Wachstumsrate der Nachfrage nach neuen Produktionskapazitäten und damit das Wachstum der Einkünfte zu überschätzen. Bei den in der Auswahl enthaltenen Energieprojekten wurde die Nachfrage für eine Betriebsperiode von zehn Jahren um durchschnittlich 20 Prozent überschätzt. Bei Wasserobjekten belief sich die Überschätzung der Zahl neuer Anschlüsse und des Pro-Kopf-Verbrauchs ebenfalls im Durchschnitt auf 20 Prozent. Was Eisenbahnen anbelangt, unterstellten die Projekte bis in die jüngste Zeit auch dort eine Belebung der Nachfrage, wo die Eisenbahnen kontinuierlich Verkehrsaufkommen an die Straßen verloren, die bessere Leistungen boten. In neunundzwanzig von einunddreißig Fällen erreichte der Frachtverkehr nicht das vorausgeschätzte Niveau, und in einem Drittel der Fälle ging der Verkehr sogar zurück.

Eine wichtige Erklärung für die Fehlbeurteilungen während der Bewertungsperiode ist in den unzureichenden Methoden der Nachfrageschätzung zu suchen (einschließlich der Wirkungen von Tariferhöhungen). Es kommt dann zu einer Überdimensionierung und ungeeigneten Struktur der Investitionen, was finanzielle Lasten für die betroffenen Projektträger zur Folge hat. Obwohl die Weltbank-Projekte nicht völlig repräsentativ sein dürften, sind sie doch einer sorgfältigeren Bewertung unterworfen als viele Infrastrukturinvestitionen in Entwicklungsländern und könnten so bessere Resultate erzielt haben als die durchschnittlichen öffentlichen Investitionen in diesen Sektoren.

Die Infrastruktur ist eine notwendige, aber keine hinreichende Vorbedingung für das Wirtschaftswachstum – adäquate Ergänzungen durch andere Ressourcen müssen hinzukommen. Der Einfluß der Infrastrukturinvestitionen auf das Wachstum hängt auch vom Zeitpunkt und vom Standort der Kapazitätsausweitungen ab sowie vom bestehenden Ungleichgewicht zwischen Angebot und Nachfrage. Weil ein Großteil der Infrastruktur aus einem vernetzten System besteht, kann die Beseitigung von Engpässen an bestimmten Punkten dieses Systems sehr hohe Renditen zur Folge haben. Sonderbeitrag 1.2 erläutert die Auswirkungen auf die Wirtschaft Chinas, die von kritischen Engpässen beim Transport von Kohle für die Stromerzeugung ausgehen.

Ein angemessener Umfang und die Zuverlässigkeit der Infrastruktur sind für die Fähigkeit eines Landes, am internationalen Handel teilzunehmen, ausschlaggebende Faktoren; dies gilt sogar für traditionelle Güter. Teilweise aufgrund von Infrastrukturproblemen liegen bei Sperrholz die Versandkosten von Afrika nach Europa um 30 Prozent höher (und für Thunfisch um 70 Prozent höher) als von Asien nach Europa. Diese Kosten müssen von den Exporteuren getragen werden.

Der Wettbewerb um neue Exportmärkte ist in besonderem Maße von einer qualitativ hochwertigen Infrastruktur abhängig. In den vergangenen zwei Jahrzehnten hat sich die gestiegene Globalisierung des Welthandels nicht nur durch die Liberalisierung der Handelspolitiken in zahlreichen Ländern ergeben, sondern auch durch bedeutende Fortschritte auf dem Gebiet der Telekommunikation, des Verkehrs und der Lagerungstechniken. Diese Fortschritte konzentrieren sich auf die Steuerung der Logistik (die Kombination von Einkauf, Produktion und Vermarktungsfunktionen), um bei der Lagerhaltung und beim Betriebskapital Kosteneinsparungen zu erzielen und schneller auf die Nachfrage der Kunden reagieren zu können. Etwa zwei Drittel der Produktion und der Umsätze erfolgen in den OECD-Ländern direkt auf Bestel-

**Sonderbeitrag 1.2 Die Bedeutung der Infrastruktur für die ökonomische Entwicklung:
Ein Beispiel aus China**

Die Tatsache, daß die Infrastruktur das Wachstum der Wirtschaft entscheidend unterstützt, wird dann deutlich sichtbar, wenn Engpässe auftreten. Eines der eindrucksvollsten Beispiele dafür ist das zwischenstädtische Verkehrssystem in China, das mit der Lieferung von Rohstoffen, von Kohle und Elektrizität eng verknüpft ist.

Die Dichte des zwischenstädtischen Verkehrsnetzes in China ist mit am niedrigsten in der Welt: Die gesamte Streckenlänge pro Kopf der Bevölkerung oder pro Einheit des kultivierbaren Landes gemessen – bei Fernstraßen oder Eisenbahnlinien – ist ähnlich derjenigen, oder noch geringer, als in Brasilien, Indien und Rußland. Dies war hauptsächlich das Ergebnis chronischer Unterinvestitionen in Chinas Verkehrsinfrastruktur. Die Verkehrsinvestitionen in China beliefen sich im Zeitraum 1981 bis 1990 auf jährlich nur 1,3 Prozent des BSP, dies in einer Periode starken Wachstums der Nachfrage nach Verkehrsleistungen.

Seit dem Beginn der chinesischen Politik der „offenen Tür" im Jahr 1979 hatte das Wirtschaftswachstum von durchschnittlich 9 Prozent pro Jahr eine beispiellose Expansion des zwischenstädtischen Verkehrs zur Folge – die Zunahme belief sich auf durchschnittlich 8 Prozent jährlich beim Fracht- und 12 Prozent jährlich beim Personenverkehr. Dieses Verkehrswachstum setzte die Verkehrsinfrastruktur enormen Belastungen aus, wie sich anhand der zunehmenden Engpässe im Eisenbahnnetz, der strengen Rationierung der Transportkapazitäten auf den Eisenbahnstrecken und der schlechten Qualität der Dienstleistungen für die Spediteure und Fahrgäste ablesen läßt.

Die Verkehrsengpässe haben vor allem die Lieferung von Kohle ungünstig beeinflußt. Kohle ist der Energieträger für etwa 73 Prozent des kommerziellen Energieverbrauchs in China und macht für die Eisenbahnen rund 43 Prozent der gesamten Frachttonnage aus. Die Knappheit an Kohle hat ihrerseits wiederum die Stromlieferungen ungünstig beeinflußt, rund 76 Prozent des Stroms wird in Wärmekraftwerken erzeugt. Im Jahr 1989 wies China ein Defizit bei der verfügbaren Energie von etwa 20 Prozent des industriellen Strombedarfs auf. Die zentralen Regierungsstellen und die örtlichen Behörden setzten Quoten für die Verteilung des Stroms fest und rationierten neue Stromanschlüsse, gleichwohl traten aber häufig Stromunterbrechungen auf.

Eine konservative Schätzung über die jährlichen volkswirtschaftlichen Kosten aufgrund der in den vergangenen Jahren nicht ausreichenden Verkehrsinfrastruktur in China geht von einer Größenordnung von etwa 1 Prozent des chinesischen BSP aus.

lung, und in vielen Sektoren wurde die „just-in-time"-Lieferung von Produkten zur Norm. Weil die Entwicklungsländer rund 60 Prozent ihrer Exporte auf OECD-Märkten absetzen, müssen sie diese Standards erreichen. Praktisch alle verbesserten Methoden zur Reduzierung der Logistik-Kosten, diejenigen im Verkehrswesen eingeschlossen, basierten auf Informationstechnologien unter Verwendung der Infrastruktur für die Telekommunikation. Auch die in den letzten Jahrzehnten erzielten Kostenreduzierungen und höheren Frachtgeschwindigkeiten basierten in wachsendem Ausmaß auf mehrgleisigen Transportwegen, unter Einschluß des Containersystems, das eine intensive Koordinierung von seiten der Spediteure hinsichtlich der Frachtwege auf der Schiene, im Hafen, in der Luft und auf der Straße erfordert.

Für Entwicklungsländer, die auf den Weltmärkten konkurrieren oder die an der „globalen Beschaffung" (die Herstellung eines Verbunds von Unternehmen aus mehreren Ländern, die verschiedene Komponenten für ein Endprodukt herstellen) teilhaben wollen, ist nicht jede Art von Infrastruktur auf dem Gebiet des Verkehrs und der Telekommunikation ausreichend geeignet. Industrielle Montagearbeiten in Mexiko und Exporte von Gartenbauerzeugnissen aus Kenia sind Beispiele für eine Diversifizierung des Außenhandels, die durch eine geeignete logistische Unterstützung und durch vielseitig verwendbare Betriebsanlagen ermöglicht wird. In den achtziger Jahren hat sich der Anteil der von Nordindien auf dem Luftweg transportierten Exporte von Kleidung, Schuhen und Handwerkserzeugnissen verfünffacht, weil die Land- und Seetransportsysteme nicht länger in der Lage waren, die nachgefragten Versandkapazitäten bereitzustellen. Da sich die Häfen in Indien nur langsam auf den Containerverkehr eingestellt haben und sie unter Verzögerungen aufgrund öffentlicher Regulierung leiden, ist der Frachttransport nach den Vereinigten Staaten von indischen Häfen um ein Drittel teurer als von Bangkok oder Singapur.

Die Verfügbarkeit von Infrastrukturleistungen, die von den Benutzern geschätzt werden, ist auch für die Modernisierung und Diversifizierung der Produktion entscheidend. Das Wachstum des elektronischen Datenaustausches unter Einbeziehung der Telekommunikation – die Informatik – ist für effiziente Arbeitsvorgänge in der Verarbeitenden Industrie, im Dienstleistungsbereich, im finanziellen Sektor und beim Staat von zentraler Bedeutung. Die Bereitstellung von Energie ermöglicht beträchtliche Steigerungen der Arbeitsproduktivität (beispielsweise beim Übergang von mit Fußkraft betriebenen Nähmaschinen zu elektrisch betriebenen), während es die internationale Telekommunikation, Fernkopierer und schneller Warentransport dem Handwerker ermöglichen, auf Bestellung für einen computergestützten globalen Markt zu produzieren. Eine höhere Wasserqualität und ein besseres Kanalisationswesen sind erforderlich, um die Produktion von primären Agrarprodukten auf weiterverarbeitete Nahrungsmittel umzustellen. Untersuchungen über potentielle ausländische Investoren aus zahlreichen Ländern zeigen, daß die Qualität der Infrastruktur für die Bewertung möglicher Standorte für Direktinvestitionen ein wichtiger Faktor ist.

Die Beschaffenheit der Infrastruktur einer Volkswirtschaft ist entscheidend für ihre Fähigkeit, auf Nachfrage- und Preisänderungen zu reagieren oder andere Ressourcen vorteilhaft zu nutzen. Die ehemaligen sozialistischen Länder (insbesondere diejenigen in Mittel- und Osteuropa und die ehemalige Sowjetunion) bieten ein anschauliches Beispiel dafür, wie die von der zentralen Planung bestimmten Angebots- und Nachfragestrukturen die Entwicklung der Infrastruktur beeinflussen. Diese Länder wiesen eine extrem hohe Verkehrs- und Energieintensität auf (aufgrund nichtökonomischer Entscheidungen über Produktionsstandorte, nicht kostendeckender Preise und ineffizienter Verwendung von Energie sowie wegen der Betonung der Schwerindustrie und der Rohstoffproduktion). Sie legten auch ein größeres Gewicht auf den Schienen- statt auf den Straßenverkehr als Länder mit ähnlichen Verhältnissen, und sie förderten öffentliche Fernverkehrseinrichtungen gegenüber dem Nahverkehr. Im Gefolge der marktwirtschaftlichen Reformen wird sich die örtliche Verteilung und Zusammensetzung der Nachfrage ändern, womit in diesen Ländern die Leichtindustrie und die Dienstleistungen, wie der inländische Vertrieb, sowie die Diversifizierung des Außenhandels eine größere Bedeutung bekommen werden. Kleine Unternehmen und die Verbraucher werden wichtigere Nachfragegruppen darstellen. Diese Trends erfordern entsprechende Modifikationen in der Infrastruktur, wobei auf die Qualität und Vielfalt der Leistungen größeres Gewicht gelegt werden muß.

Staatliche Ausgaben für den Bau und Unterhalt der Infrastruktur können in Rezessionsphasen ein wertvolles wirtschaftspolitisches Instrument sein, um Wachstumsimpulse zu erzielen. Solange die Qualität und Kosteneffizienz nicht gefährdet sind, können auch Maßnahmen zur Entwicklung der Infrastruktur, die sich auf den Produktionsfaktor Arbeit stützen, ein wichtiges Instrument für ein beschäftigungsintensives Wirtschaftswachstum sein. Bei der Entscheidung über staatliche Ausgaben für Infrastrukturzwecke haben die politisch Verantwortlichen oft nicht ausreichend über die kurzfristigen Aspekte hinaus gesehen, und viele Regierungen wurden geleitet von dem politischen Nutzen besonders deutlich sichtbarer neu geschaffener Strukturen. Wenn öffentliche Infrastrukturausgaben nicht vernünftig eingesetzt werden, können sie in größerem Ausmaß produktive Investitionen in anderen Sektoren verdrängen. Gleichzeitig haben kurzfristige fiskalische Zwänge oft zu unausgewogenen Kürzungen bei der Infrastrukturfinanzierung geführt, wodurch auf wichtige Impulse für neues Wachstum nach erfolgter Anpassung verzichtet worden ist (Sonderbeitrag 1.3).

Manchmal würde der kostengünstigste Weg zur Verbesserung des Angebots an Infrastrukturleistungen eine überregionale (länderübergreifende) Integration von Infrastruktureinrichtungen erforderlich machen, zum Beispiel bei Stromnetzen. Ein derartiges Übereinkommen würde nicht nur die Koordinierung von Investitionen, sondern, ebenso wichtig, eine wirtschaftspolitische Zusammenarbeit erforderlich machen, um den leistungsfähigen Handel mit Dienstleistungen aufrechterhalten zu können. Die meisten Länder widersetzen sich jedoch der Abhängigkeit von anderen Ländern bei der Versorgung mit Leistungen, die für strategisch bedeutsam gehalten werden; deshalb ist es weniger akzeptabel, Energie zu importieren, um den Grundbedarf zu decken, als von außerhalb nur den Spitzenbedarf zu beziehen. Internationale Vereinbarungen sind gebräuchlicher beim grenzüberschreitenden Verkehr, der für Länder ohne Zugang zum Meer ein besonders wichtiges Problem darstellt. Häufig ist die Qualität der Verkehrsinfrastruktur in einem internationalen Korridor weniger problematisch als die bestehenden institutionellen Einschränkungen. Beispielsweise ist ein Drittel des Zeitaufwands, der für den Frachttransport zwischen dem vom Meer abgeschnittenen Mali und den benachbarten Häfen von Lomé (Togo) und Abidjan (Côte d'Ivoire) erforderlich ist, auf Verzögerungen bei der Zollabfertigung zurückzuführen. Die Beseitigung ineffizienter Regulierungen im Straßenverkehr und die Privatisie-

> **Sonderbeitrag 1.3 Wie man die Infrastruktur degradiert**
>
> Wenn die Zeiten hart sind, werden die Investitionsausgaben für die Infrastruktur als erste Position gestrichen, und die Ausgaben für den Betrieb und die Instandhaltung folgen oft knapp danach. Trotz der langfristigen volkswirtschaftlichen Kosten des Zusammenstreichens der Infrastrukturausgaben finden die Regierungen dies politisch weniger kostspielig als die Reduzierung der Beschäftigung oder der Löhne im öffentlichen Dienst. Untersuchungen über fiskalische Anpassungen und Ausgabenkürzungen kamen zu dem Ergebnis, daß die Investitionsausgaben stärker gekürzt werden als die laufenden Ausgaben, wobei die Investitionsausgaben für die Infrastruktur oft die größten Kürzungen hinnehmen müssen. Darüber hinaus werden bei den laufenden Ausgaben die Sachausgaben (die die Betriebs- und Wartungsausgaben umfassen) stärker beschnitten als die Lohnausgaben.
>
> Der Rückgang der Investitionen ist jedoch, zumindest in der Anfangsphase, nicht ganz und gar unerwünscht, da er oft eine Rationalisierung und Stärkung des Gesamtbestandes der Projekte eines Landes einleitet. Kürzungen der Betriebs- und Wartungsausgaben sind aber besorgniserregend. Eine Untersuchung der Weltbank über Anpassungserfahrungen der Länder fand heraus, daß die Kürzungen der Betriebs- und Wartungsausgaben (ohne Löhne) und eine ausgeprägte Verschlechterung der Infrastrukturleistungen weitverbreitet waren. Beispielsweise fielen in Costa Rica in den achtziger Jahren die laufenden Sachausgaben (hauptsächlich Betriebs- und Wartungsausgaben) von 1,6 Prozent des BIP auf lediglich noch 0,3 Prozent, und der Anteil der Bundes- und Landesstraßen, die sich in schlechtem bis sehr schlechtem Zustand befanden, stieg auf 70 Prozent.

rung von Transportleistungen sowie die Deregulierung bei der Energieerzeugung und -verteilung (die in späteren Kapiteln erörtert wird), könnten einen Teil des internationalen Leistungsaustauschs in diesen Sektoren erleichtern.

Insgesamt gesehen sind Investitionen in die Infrastruktur allein nicht ausreichend, um ein nachhaltiges Wirtschaftswachstum zu erzeugen. Die Nachfrage nach Infrastrukturleistungen ist ihrerseits abhängig vom wirtschaftlichen Wachstum, das bekanntlich schwierig vorauszusagen ist. Der ökonomische Einfluß von Infrastrukturinvestitionen schwankt nicht nur nach Sektoren; sondern auch in Abhängigkeit von ihrer Struktur, ihrem Standort und dem Zeitpunkt ihrer Durchführung. Die Effizienz von Investitionen in die Infrastruktur – nämlich ob sie die Art von Leistungen anbieten, die von den Benutzern geschätzt werden (entsprechend der „effektiven Nachfrage") – hängt von Merkmalen wie der Qualität und Zuverlässigkeit ebenso ab wie von der Quantität. Entscheidend ist, daß das Angebot dem entspricht, was nachgefragt wird. Schließlich ist auch die Wirtschaftlichkeit, mit der Infrastrukturleistungen bereitgestellt werden, ein Schlüssel für die Realisierung potentieller Gewinne.

Beziehungen zur Armut

Die Infrastruktur ist wichtig, um sicherzustellen, daß das Wachstum in Einklang steht mit der Verringerung der Armut, ein Punkt, der intensiv im *Weltentwicklungsbericht 1990: Armut* abgehandelt worden ist. Eines der wesentlichsten Kriterien für die Definition der Wohlfahrt ist die Versorgung mit zumindest minimalen Infrastrukturleistungen. In überwiegendem Maße können diejenigen als arm bezeichnet werden, die nicht in der Lage sind, einen Grundbedarf an sauberem Wasser zu decken und die in unhygienischen Verhältnissen leben, mit extrem eingeschränkter Mobilität oder ohne Verbindung über ihre unmittelbare Umgebung hinaus. Das führt dazu, daß sie mehr Gesundheitsprobleme und weniger Beschäftigungschancen haben. Die wuchernden Behelfssiedlungen, die die meisten Städte in den Entwicklungsländern umgeben, verfügen in der Regel nicht über formelle Infrastruktureinrichtungen; eine Situation, die sich aus der fehlenden Dauerhaftigkeit der Besitzrechte ergibt. In Indien wuchs im Zeitraum 1981 bis 1991 der Anteil der Stadtbevölkerung, der in Slumregionen lebt, während gleichzeitig der Anteil der in Armut lebenden Bevölkerung (geschätzt auf Basis traditioneller Armutsmaßstäbe wie Einkommen und Nahrungsmittelverbrauch) zurückging. Der Mangel an Zugang zu Infrastruktureinrichtungen ist ein echtes Wohlfahrtsproblem.

Von den einzelnen Infrastrukturbereichen gehen unterschiedliche Einflüsse auf die Verbesserung der Lebensqualität und die Verringerung der Armut aus. Die Versorgung mit sauberem Wasser und das Kanalisationswesen bieten die am deutlichsten sichtbaren und direktesten Nutzenvorteile für die

Verringerung der Sterblichkeit und Krankheitshäufigkeit. Sie erhöhen auch die Leistungsfähigkeit der Armen und können sich auf Männer und Frauen unterschiedlich auswirken. Beispielsweise müssen die Armen – besonders die Frauen – große Teile ihres Einkommens oder ihrer Zeit dafür aufwenden, Wasser und Brennholz zu besorgen sowie die Ernte zum Markt zu bringen. Diese Zeit könnte sonst für häusliche Aufgaben mit hoher Priorität zur Verfügung stehen, wie für die Erziehung der Kinder, oder für Tätigkeiten, mit denen sich Geld verdienen läßt. Derartige geschlechtsspezifischen Effekte müssen bei der Bewertung vorgeschlagener Projekte berücksichtigt werden.

Der Zugang zu Leistungen aus dem Verkehrs- und Bewässerungswesen kann zu höheren und stabileren Einkommen beitragen und die Armen in die Lage versetzen, mit Risiken fertig zu werden. Es zeigte sich, daß sowohl die Verkehrs- als auch die Bewässerungsinfrastruktur die Chancen für Beschäftigungsmöglichkeiten im nichtlandwirtschaftlichen Sektor in Agrarregionen erhöht, und zwar oft auf indirekte Art und Weise (Sonderbeitrag 1.4). Ein scheinbares Entwicklungsdilemma besteht darin, daß die Reduzierung der Armut auf dem Lande zwar höhere Einkommen erfordert, steigende landwirtschaftliche Preise für Nahrungsmittel die Armut in der Stadt aber verschlimmern könnten. Durch Produktivitätssteigerungen bei den Farmen und beim landwirtschaftlichen Transport kann jedoch sowohl ein Einkommensanstieg bei den Beschäftigten auf dem Lande als auch eine Senkung der Nahrungsmittelpreise für die Armen in der Stadt erreicht werden. Die grüne Revolution (bei der die Bewässerung eine zentrale Rolle spielt) demonstrierte, daß die Löhne der Landarbeiter mit geringer Qualifikation ebenso wie die Nachfrage nach solchen Arbeitskräften im Gleichschritt mit intensiverem Anbau und höheren Erträgen steigen. Im Zeitraum von zwanzig Jahren stiegen in einem wissenschaftlich intensiv beobachteten indischen Dorf die Erträge um fast das Dreifache und die Löhne der Landarbeiter von 2,25 Kilogramm Weizen pro Tag auf 5 Kilogramm. Verbesserte landwirtschaftliche Transportmöglichkeiten können auch die Einführung verbesserter landwirtschaftlicher Verfahren erleichtern, indem die Kosten für moderne Vorleistungen, wie Kunstdünger, gesenkt werden. Ein geeignetes Verkehrsnetz verringert regionale Schwankungen der Nahrungsmittelpreise und das Risiko einer Hungersnot, da der Transport von Nahrungsmitteln von Überfluß- zu Defizitregionen erleichtert wird.

Zu den Vorteilen der Verkehrs- und Kommuni-

Sonderbeitrag 1.4 Direkte und indirekte Effekte der Infrastruktur im ländlichen Indien

Eine Untersuchung über zwei Dörfer im ländlichen Bundesstaat Karnataka (Südindien) gibt eine Vorstellung von dem Gesamteinfluß, den die Infrastruktur auf den Lebensstandard in ländlichen Regionen haben kann. Die Forscher, die in den fünfziger und siebziger Jahren die Dörfer Wangala und Dalena untersuchten, beschrieben, wie die zwei Dörfer ähnlich arm und zurückgeblieben waren, bis ein umfangreiches Bewässerungsprojekt Wangala an ein Bewässerungskanalsystem anschloß, während Dalena wegen seiner Höhenlage ohne Bewässerungsanlagen blieb.

Obwohl die Bewässerungskanäle direkt eine schnelle Intensivierung des landwirtschaftlichen Anbaus in Wangala förderten, blieben die institutionellen Verhältnisse und die sonstigen Lebensumstände der Dorfbewohner relativ unbeeinflußt. Im Gegensatz dazu profitierte Dalena nicht direkt von dem Kanal. Die Dorfbewohner waren gezwungen, ihre Lebensumstände erheblich zu ändern, um an den indirekten wirtschaftlichen Vorteilen der Bewässerungsprojekte zu partizipieren. Die Dorfbewohner kauften sich Land außerhalb von Dalena, suchten sich Arbeitsplätze im staatlichen Tiefbauamt und in einer nahegelegenen Zuckerfabrik und übernahmen den Transport des Zuckerrohrs von den an die Bewässerung angeschlossenen Dörfern zur Fabrik. Dalena entwickelte sich schnell zum Dienstleistungszentrum der Region, und seine Bewohner integrierten sich in ein viel breiteres Wirtschaftsleben als diejenigen von Wangala.

Der Forschungsbericht hebt besonders hervor, wie viele Bewohner von Dalena täglich zwischen ihrer Wohnung im Dorf und ihrem Arbeitsplatz in nahegelegenen Städten pendelten. Diese Beobachtung, die auch in anderen Untersuchungen gemacht wurde, läßt darauf schließen, daß der Entwicklungsprozeß nicht zu Wanderungsbewegungen von ländlichen Regionen zu städtischen Zentren führen muß. Im Dorf Palanpur in Uttar Pradesh stieg von 1957 bis 1993 der Lebensstandard je Kopf der Bevölkerung trotz des Bevölkerungswachstums an, teilweise aufgrund wachsender Beschäftigung in nichtlandwirtschaftlichen Bereichen. Die Bewohner von Palanpur pendeln täglich zu den Städten Chandausi und Moradabad, hauptsächlich mit der Eisenbahn. Diese Art des Pendlertums auf dem Lande findet jedoch häufiger auf den Straßen statt, und zwar zu Fuß, mit dem Fahrrad, Motorrad, Bus oder Auto.

kationssysteme zählt auch der durch sie ermöglichte Zugang zu anderen Gütern und Dienstleistungen, besonders in den Städten. Wo die Armen am Rande der Stadtregionen leben, wie in vielen Entwicklungsländern, werden die Kosten und die Verfügbarkeit von öffentlichen Verkehrsmitteln zu Schlüsselfaktoren für ihre Fähigkeit, Arbeit zu finden. Der Zugang zu sicheren und zuverlässigen öffentlichen Verkehrsmitteln ist in Haushaltsuntersuchungen in Ecuador als wesentlich für die Fähigkeit von Mädchen und Frauen mit niedrigem Einkommen erkannt worden, an abendlichen Ausbildungskursen teilzunehmen.

Die Errichtung und Instandhaltung bestimmter Infrastrukturprojekte – insbesondere von Straßen und Wasserbauprojekten – kann dadurch zur Verringerung der Armut beitragen, daß durch sie direkt Beschäftigung geschaffen wird. Staatliche Bauprogramme (wie sie in Botsuana, Indien und den Kapverdischen Inseln durchgeführt wurden), die oft die Bereitstellung von Infrastrukturprojekten beinhalten, dienten auch einem verstärkten Schutz vor Hungersnöten sowie der Einkommenserzielung.

Beziehungen zur Umwelt

Die Errichtung von Infrastrukturprojekten resultiert aus den Bemühungen des einzelnen und der Gemeinschaft, die natürliche Umgebung oder das Wohnumfeld zu verändern, um dadurch den Komfort, die Produktivität und den Schutz vor den Elementen zu verbessern und Entfernungen zu überwinden. Jeder Bereich – Wasserversorgung, Energie, Verkehrswesen, Kanalisationswesen, Bewässerung – ist mit Problemen verbunden, die die Beziehungen zwischen den von den Menschen geschaffenen Strukturen (und den davon hergeleiteten Aktivitäten) und der natürlichen Umwelt betreffen. Umweltverträgliche Infrastrukturleistungen sind für die Verbesserung des Lebensstandards und den Schutz der öffentlichen Gesundheit von entscheidender Bedeutung. Mit der erforderlichen Sorgfalt kann die Bereitstellung der für das Wachstum und die Verringerung der Armut notwendigen Infrastruktur in Übereinstimmung gebracht werden mit der Sorge um die natürlichen Ressourcen und die globale Umwelt (die „grüne" Agenda). Gleichzeitig kann eine gut geplante und organisierte Infrastruktur die Umweltverträglichkeit menschlicher Siedlungen fördern (die „braune" Agenda). Der *Weltentwicklungsbericht 1992* beschäftigt sich im Detail mit Umweltproblemen, einschließlich derjenigen des Infrastruktursektors.

Die Beziehungen zwischen dem einzelnen Infrastrukturbereich und der Umwelt sind komplexer Natur. Die positivsten Einflüsse der Infrastruktur auf die Umwelt betreffen die Sammlung und Beseitigung flüssiger und fester Abfälle. Vieles hängt jedoch davon ab, wie die Abfallbeseitigungsanlagen geplant und betrieben werden. Zu niedrige Investitionen im Bereich der städtischen Abwasseranlagen, verglichen mit der Wasserversorgung, führten in dicht bevölkerten Städten wie Jakarta zu schädlichen Verunreinigungen der Wasserreserven, zu verstärkten Überschwemmungen und zu geringeren gesundheitlichen Vorteilen bei Investitionen in die Wasserwirtschaft. Eine Abwasserbeseitigung ohne Klärung der Abwässer kann zu einer schlimmen Verschmutzung flußabwärts führen und zu öffentlichen Gesundheitsproblemen dort, wo das abgeleitete Wasser für die Trinkwasserversorgung oder für die Erholung, Bewässerung und die Fischerei verwendet wird – wie bei den Ausbrüchen von Cholera in Peru und den benachbarten Ländern in den letzten Jahren deutlich wurde. Eine schlechte Entsorgung fester Abfälle kompliziert die Dränage der Straßen in den Städten und stand mit der Ausbreitung von Moskitos (als Träger von Krankheitserregern) in stehenden Gewässern in Zusammenhang. Die wachsenden Probleme mit gefährlichen und giftigen Abfällen im Zuge der Industrialisierung bereiten den Ländern hinsichtlich der sicheren Abfallbeseitigung besondere Sorge. Beispielsweise führte ein unkontrolliertes Ablagern und Wegwerfen in der Industrieregion Oberschlesiens in Polen zur Verseuchung der Böden und zu einer darauffolgenden Kontaminierung der Ernteerträge.

Die Emissionen von Kraftwerken und Straßenfahrzeugen sind wichtige Quellen der Luftverschmutzung; bei der Ausweitung von Industrieanlagen müssen deshalb die Wirkungen auf die Luftqualität sorgfältig analysiert werden. In Entwicklungsländern wird fast ein Drittel der gewerblichen Energie für die Stromerzeugung verwendet, die im Energiesektor die am schnellsten wachsende Komponente ist. Bis zum Jahr 2000 könnte Asien ganz Europa bei den Schwefeldioxid-Emissionen durchaus übertreffen, und bis zum Jahr 2005 könnte es Europa und die Vereinigten Staaten zusammengenommen bei den Kraftwerksemissionen hinter sich lassen. Straßenfahrzeuge sind eine wichtige Quelle für giftige Schmutzstoffe in der Luft, auf die bis zu 95 Prozent der Verseuchung mit Blei entfallen. In

Mittel- und Osteuropa schätzt man den Beitrag des Straßenverkehrs am gesamten Ausstoß von Stickoxiden und Kohlenwasserstoffen auf 30 bis 40 Prozent. Zwar vereinigen die OECD-Länder drei Viertel des Weltbestandes an Kraftfahrzeugen auf sich, in Teilen Mittel- und Osteuropas, Ostasiens und Südamerikas wird aber ein schneller Anstieg des Gebrauchs von Kraftfahrzeugen erwartet. In großen und wachsenden Städten in Entwicklungsländern, wie in Bangkok und Jakarta, führen die Verkehrsstaus bereits zu beträchtlichen Steigerungen der ökologischen und wirtschaftlichen Kosten. Falls in Bangkok bei einer Verringerung der Verkehrsstaus eine Erhöhung der Fahrzeuggeschwindigkeit zu Spitzenzeiten um 5 Prozent möglich wäre, schätzt man, daß der Wert der eingesparten Reisezeit sich auf über 400 Mio Dollar pro Jahr belaufen würde. Eine Verbesserung der Luftqualität in Bangkok um 20 Prozent, als Ergebnis einer Verringerung der Schmutzpartikel aus Emissionen von Kraftfahrzeugen und Kraftwerken, würde jährliche gesundheitliche Vorteile im Werte von 100 bis 400 Dollar pro Kopf für die sechs Millionen Einwohner Bangkoks zur Folge haben.

Ein Ausbau der Verkehrsinfrastruktur kann die gesamte Belastung der Umweltverschmutzung reduzieren, da die Staus zurückgehen, die Durchschnittsgeschwindigkeit der Autos steigt und die Wege kürzer werden. Aber die Verbesserung der Verkehrswege kann auch die Benutzung des Autos fördern und die Emissionen erhöhen. Deshalb kann der Ausbau der vorhandenen Infrastruktur das Problem nur zum Teil lösen. Eine bessere Verkehrssteuerung und Landnutzung sowie die Förderung des nichtmotorisierten Verkehrs, sauberer Treibstoffe und des öffentlichen Verkehrswesens sind ebenfalls nötig (vgl. Kapitel 4). Eine integrierte Stadtplanung und Verkehrspolitik kann sowohl zur effizienteren Nutzung des Landes als auch der Transportkapazitäten führen, mit vorteilhaften Resultaten für die Umwelt. In der Stadt Curitiba (Brasilien), wo man die Ansiedlung von Unternehmen und die Entwicklung von Wohngebieten in der Umgebung sorgfältig geplanter öffentlicher Verkehrswege förderte, wurde auf diese Weise zu einem niedrigen Benzinverbrauch, niedrigen Transportkosten in Relation zu den Haushaltseinkommen und sehr niedrigen Unfallquoten beigetragen – obwohl dort der private Autobestand einer der höchsten des Landes ist.

Außerhalb der städtischen Regionen schädigt die Verschwendung von Wasser für die Bewässerung (die in den meisten Ländern mit niedrigem Einkommen rund 90 Prozent der Wasserentnahmen in Anspruch nimmt) die Böden und schränkt die Verfügbarkeit von Wasser für Industrie und Haushalte beträchtlich ein, die oft stärker bereit sind, für die von ihnen verbrauchte Wassermenge zu bezahlen. Die unwirtschaftliche Verbrennung von Biomasse (Pflanzen und tierischem Dung) bei der Energiegewinnung der Haushalte trägt zur Entwaldung und damit zur Erosion und dem Verlust der Bodennährstoffe ebenso bei wie zur Umweltbelastung in den Innenräumen. Einige Infrastrukturinvestitionen, insbesondere im Straßenbau, können noch unbelastete natürliche Ressourcen gefährden und die Siedlungen von Eingeborenen bedrohen. Staubecken im Zusammenhang mit Wasserkraftwerken, Überschwemmungsschutz oder Bewässerungsmaßnahmen können Umweltprobleme verursachen, und zwar sowohl stromaufwärts (durch Überschwemmung von Land) als auch stromabwärts (durch Bildung von Ablagerungen).

Ursprung des staatlichen Engagements in der Infrastruktur

Die großen und vielfältigen potentiellen Wirkungen der Infrastruktur auf die Entwicklung ergeben sich aufgrund bestimmter technischer und ökonomischer Merkmale, die die Infrastruktur von den meisten anderen Gütern und Dienstleistungen unterscheiden. Diese charakteristischen Merkmale lassen die Infrastruktur zu einem Objekt besonderer politischer Aufmerksamkeit werden.

Produktionsmerkmale

Historisch gesehen führte die Notwendigkeit, die Gesellschaft mit Wasser zu versorgen sowie Bewässerungsanlagen, Schutz vor Überschwemmungen und Verkehrseinrichtungen zu bauen, zur Errichtung technischer Bauten – wovon viele relativ groß, kunstvoll geplant und dauerhaft waren. Die heutigen, ausgeprägt modernen Infrastruktursektoren sind das Ergebnis einer technisch bedingten „Infrastruktur-Revolution", welche die Art und Weise, in der die seit Generationen vorhandenen Wünsche nach Wasser, Licht, Kommunikation und Abfallbeseitigung befriedigt wurden, verändert hat.

Erst durch die Erfindung gußeiserner Röhren und mit Dampfkraft betriebener Pumpen breitete sich eine umfassende Infrastruktur für die Wasserversorgung aus, angefangen mit einem Wasserleitungssystem in London in den fünfziger Jahren des vorigen Jahrhunderts. Dies senkte die Kosten (besonders in städtischen Regionen) und führte zu einem dramatischen Verbrauchsanstieg. Vor der Entwicklung der Gasleitungen zu Beginn des neunzehnten Jahrhunderts gab es nur eine spärliche Infrastruktur für die Beleuchtung. Die Erfindung des Wechselstroms gegen Ende des letzten Jahrhunderts senkte die Stromkosten und führte zu neuen und erweiterten Verwendungszwecken für elektrischen Strom, vor allem im städtischen Verkehrswesen.

Die Geschichte der anderen Infrastrukturbereiche verlief ähnlich. Die öffentlichen Telegrafen und Telefone ersetzten die Nachrichtenübermittlung durch Boten, und Abwasserrohre traten in vielen Gemeinden an die Stelle individueller Abfallbeseitigungsmaßnahmen. Jahrhundertelang wurden für die Bewässerung und das Verkehrswesen Systeme von Bewässerungskanälen und Straßennetze benutzt, obwohl seit Anfang des neunzehnten Jahrhunderts die Entwicklung anderer Verkehrsmittel (wie Binnenkanäle und Eisenbahnen) Fortschritte gemacht hatte.

Das allgemeinste ökonomische Merkmal der modernen Infrastruktur ist die Bereitstellung von Leistungen mit Hilfe eines netzartigen Liefersystems, das dazu bestimmt ist, eine Vielzahl von Nutzern zu bedienen, und zwar insbesondere mit öffentlichen Versorgungsleistungen wie Leitungswasser, elektrischer Energie, Gas, Telekommunikation, Abwasseranlagen und Eisenbahnleistungen. Das System der Leistungsbereitstellung ist in der Mehrzahl der Fälle spezifiziert, das heißt, es liefert nur ein Gut. Investitionen in dieses System (wie in unterirdische Wasserrohre oder elektrische Kabel) sind meistens nicht wiederverwendbar; denn sie können nicht für andere Zwecke umgewidmet oder an eine andere Stelle verlagert werden – im Gegensatz beispielsweise zur Investition in ein Fahrzeug. Einmal bezahlt, sind diese Kosten sozusagen „versunken". Weil das System der Leistungsbereitstellung vernetzt ist, ist die Koordinierung der erstellten Leistungen (Verkehr, Elektrizität, Kommunikation) innerhalb des Systems entscheidend für dessen Effizienz. Der gegenseitige Verbund bedeutet auch, daß der Nutzen, der aus der Investition an einer Stelle des Netzwerkes resultiert, ganz erheblich von den erbrachten Leistungen und vorhandenen Kapazitäten an anderen Stellen abhängen kann.

Der Spielraum für eine wettbewerbsmäßige Versorgung mit Infrastrukturleistungen schwankt beträchtlich, und zwar zwischen den Sektoren, innerhalb der Sektoren und in Abhängigkeit von den verwendeten Techniken. Dort, wo die Stückkosten für die Versorgung eines zusätzlichen Kunden mit zunehmender Produktion sinken, entstehen Skalenerträge – eine wichtige Ursache für „natürliche Monopole". Dies ist ein häufig verwendeter Begriff, den man jedoch am besten mit Vorsicht verwenden sollte, weil viele Monopole im Bereich der Infrastruktur in Wirklichkeit nicht natürlicher Art sind, vielmehr entstanden durch die Politik und nicht durch die Technik. Hinsichtlich des Umfangs der sinkenden Kosten ergeben sich jedoch in den einzelnen Sektoren große Unterschiede. Beispielsweise kann die optimale Größe eines Hochspannungsleitungsnetzes durchaus auf nationaler Ebene zu suchen sein, bei der Wasserversorgung kann jedoch die von der Wassermenge abhängige Stückkostenersparnis auch auf gemeindlichem Niveau oder noch darunter realisiert werden. Sogar innerhalb der Sektoren weisen unterschiedliche Produktionsstufen unterschiedliche Charakteristika auf. In der Energiewirtschaft sind die Größenvorteile bei der Stromerzeugung oft bei einer Kapazität ausgeschöpft, die in Relation zur Größe eines gut entwickelten Marktes relativ gering ist. Die Aktivitäten unterscheiden sich auch hinsichtlich der Bedeutung der „versunkenen", einmaligen Kosten, einer anderen möglichen Ursache für natürliche Monopole. Im Eisenbahnwesen und bei Häfen sind beispielsweise die einmaligen Kosten für Investitionen in das rollende Material oder in Be- und Entladeeinrichtungen weniger bedeutend als bei den Anlageinvestitionen. Es ist für Unternehmen leichter, Aktivitäten aufzunehmen und zu beenden, wenn keine größeren verlorenen Kosten entstehen; dann kann man anderen die potentielle Marktmacht streitig machen. In diesem Zusammenhang verwendet man auch den Begriff der „Kontestabilität" oder des „potentiellen Wettbewerbsgrades". Technische und wirtschaftliche Produktionsunterschiede ermöglichen es, die Komponenten eines Sektors zu „entflechten" und in diejenigen zu trennen, die natürliche Monopole umfassen und in solche, die mehr wettbewerbsorientiert bereitgestellt werden können.

Viele Infrastrukturleistungen können durch sehr unterschiedliche Technologien bereitgestellt werden. Sanitäre Anlagen auf der Basis verbesserter Latrinen oder von Klärbehältern bieten die gleichen Grundleistungen wie eine Kanalisation – die Beseitigung von Abfällen, aber ohne Investitionen in ein Netzwerk. Kleindimensionierte Bewässerungsanlagen – vor allem Bewässerungsanlagen auf Basis von

Brunnen oder Bohrlöchern – und Energieerzeugungsanlagen kleinen Umfangs auf der Grundlage erneuerbarer Energie (wie kleine Wasserkraftwerke) benötigen ebenfalls keinen Verbund mit großen Netzwerken, sondern können ihre Leistungen sehr flexibel für die Nutzer bereitstellen. Telefonleistungen können über Leitungsnetze oder über Radiowellen-Systeme bereitgestellt werden.

Verbrauchsmerkmale

Wie bereits früher gezeigt wurde, leitet sich die Nachfrage nach Infrastrukturleistungen von den Aktivitäten der Industrie und des Individuums ab. Die Sicherung eines Leistungsangebots mit einem Mindeststandard hinsichtlich Qualität und Quantität wird von den Regierungen oft als strategisch wichtig eingestuft, da jegliche Unterbrechung oder Einschränkung des Angebots als eine Bedrohung für die Gesellschaft angesehen werden würde. Da jedoch Investitionen in die Infrastruktur häufig „schubweise" erfolgen (neue Kapazitäten müssen durch große Ausbauten geschaffen werden), ist es für die Planenden schwierig, jederzeit die Übereinstimmung des Angebots mit der Nachfrage herzustellen. Oft sind kostspielige Perioden der kapazitätsmäßigen Über- oder Unterausstattung die Folge.

Über den Verbrauch eines „Grundbedarfs" an gewissen Infrastrukturleistungen hinaus haben die Nutzer sehr unterschiedliche Nachfragewünsche – obwohl die Massenproduktion der monopolistischen Anbieter oft nicht ausreichend differenziert ist, um diese Nachfrage zu befriedigen. Beispielsweise können ein Stahlwerk und eine Wohngemeinde beide das Wasser vom selben Anbieter beziehen, aber jede Nutzergruppe bewertet die Wasserqualität auf ganz andere Art. Da jedoch viele Infrastrukturanlagen örtlich gebunden sind und ihre Produkte nichthandelbare Güter darstellen, können die Nutzer nicht ohne weiteres Substitute als Leistungen beziehen, die ihren Wünschen besser entsprechen. Darüber hinaus ist es für die Kunden oft schwierig, Informationen über alternative Leistungen oder über spezielle Leistungsmerkmale zu erhalten. Sie können deshalb nicht „auf die Suche gehen" und die beste Angebotsquelle ausfindig machen, und sie sind jedem Mißbrauch der Monopolmacht ausgeliefert. Bei vielen Infrastrukturaktivitäten kann das Angebot jedoch besser an unterschiedliche Nachfragewünsche angepaßt werden, sofern der Anbieter diese kennt – beispielsweise können Verkehrsleistungen zu unterschiedlichen Leistungsstandards und Fahrpreisen angeboten werden – und sofern die Verbraucher über entsprechende Informationen verfügen, um ihre Wünsche äußern zu können. Märkte für Dienstleistungen können auch für alternative Anbieter und Techniken geöffnet werden, um unterschiedliche Produkte bereitzustellen (beispielsweise Mobiltelefone und verbesserte Leistungen im Bereich der Telekommunikation).

Viele Infrastrukturleistungen sind nahezu (allerdings nicht völlig) private Güter. Private Güter können als solche definiert werden, die sowohl „rivalisierende" Produkte sind (der Verbrauch durch einen Kunden verringert das verfügbare Angebot für einen anderen) als auch „ausschließbare" Güter (ein Kunde kann an ihrem Verbrauch gehindert werden). Im Gegensatz dazu sind „öffentliche Güter" beim Verbrauch weder rivalisierende noch ausschließbare Produkte. Am besten funktionieren die Märkte, wenn sie rein private Leistungen oder Güter bereitstellen. Die Mehrzahl der Leistungen, die der Infrastrukturbereich bereitstellt, ist in einem speziellen Sinn ausschließbar – ihr Gebrauch hängt davon ab, ob man Zugang zu einer öffentlichen Einrichtung oder einem Leitungsnetz hat, beispielsweise durch Anschluß an Leitungswasser, Gas oder einem Abwassersystem, und die Inanspruchnahme der Leistung kann gemessen und mit Gebühren belegt werden. Im Falle des Eisenbahnverkehrs, bei Häfen und Flughäfen kann der Zugang zu dem gesamten Infrastruktursystem beschränkt werden. Sofern jedoch ein Nutzer einmal an ein Verteilernetz angeschlossen ist oder Zugang zu einem Verkehrsträger gefunden hat, hängt der Grad des Rivalitätsverhältnisses gegenüber anderen Nutzern von den Kosten ab (einschließlich der Kosten für Engpässe), die auf den vorhandenen Nutzer oder den Leistungserbringer zukommen, wenn eine zusätzliche Leistungseinheit verbraucht wird.

Es ist in vielen Ländern üblich gewesen, die Nutzer nicht für die Menge der in Anspruch genommenen Leistungen einiger Versorgungsbetriebe finanziell zu belasten, weil die marginalen Angebotskosten als vernachlässigbar angesehen wurden, keine Engpässe auftraten oder weil technische Hindernisse (wie das Fehlen von Wasseruhren) eine verbrauchsbezogene Abrechnung verhinderten. Neue Entwicklungen, wie die steigende Wasserknappheit (und die steigenden Angebotskosten), wachsende Engpässe angesichts zunehmend vollausgelasteter Leitungskapazitäten und technische Neuerungen bei der Messung des Verbrauchs ließen

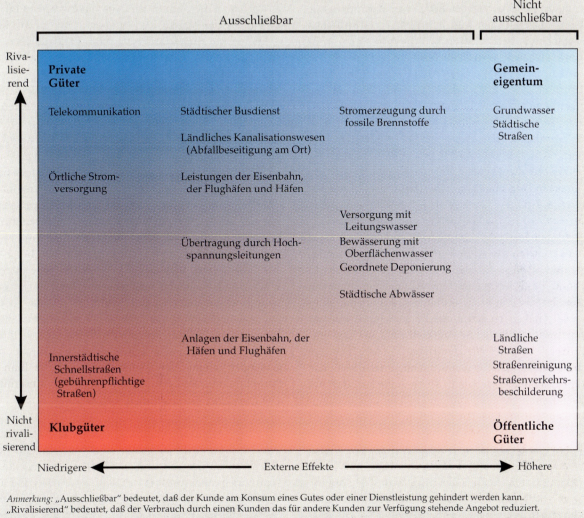

Schaubild 1.3 Die Infrastrukturleistungen unterscheiden sich beträchtlich in ihren wirtschaftlichen Charakteristika von Sektor zu Sektor, innerhalb der Sektoren und nach Technologien

Anmerkung: „Ausschließbar" bedeutet, daß der Kunde am Konsum eines Gutes oder einer Dienstleistung gehindert werden kann. „Rivalisierend" bedeutet, daß der Verbrauch durch einen Kunden das für andere Kunden zur Verfügung stehende Angebot reduziert.

es jedoch machbar und wünschenswert erscheinen, die Preise für diese Leistungen wie für andere private Güter festzusetzen.

Straßen sind keine privaten Güter, wenngleich je nach der Art der Straße die Gründe dafür unterschiedlich sind. Ländliche Straßen (ein typisches öffentliches Gut) und nicht überfüllte innerstädtische Straßen sind keine Güter völlig rivalisierender Art, weil ein zusätzlicher Fahrer den Wert der Straßennutzung für einen Dritten nicht verringert. Der Zugang zu einigen innerstädtischen Straßen kann dadurch verhindert werden, daß man sie zu gebührenpflichtigen Straßen macht (ein klassisches „Klub"-Gut, d.h. ein Gut, das ausschließbar, aber nicht rivalisierend ist). Im Gegensatz dazu sind städtische Straßen während der Stoßzeiten überlastet, doch war es bis in die jüngste Zeit schwierig, Nutzer von den städtischen Straßen auszuschließen oder von den Nutzern unterschiedliche Gebühren für Stoßzeiten und sonstige Zeiten zu verlangen. Neue elektronische Meßtechniken für die Straßenbenutzung machen es künftig unter Umständen technisch möglich, viele städtische Straßen fast wie private Güter zu behandeln.

Außerhalb der Leitungsnetze ist Wasser oft – sowohl in der Praxis als auch prinzipiell – eine Ressource in „Gemeineigentum". Zwar steht der Wasserverbrauch zwischen den Benutzern in einem rivalisierenden Verhältnis, jedoch ist es schwierig und kostspielig, die Entnahme von Grundwasser aus unterirdischen wasserführenden Schichten oder aus anderen natürlichen Quellen zu messen, und deshalb ist die Verwendung von Grundwasser kaum ausschließbar. Aus dem gleichen Grund ist es auch schwierig, den Verbrauch von Ressourcen in Gemeineigentum zu kontrollieren. Wie stark die Entnahme von Wasser (aus wasserführenden Schichten oder natürlichen Wasserläufen) andere potentielle Benutzer beeinträchtigt, hängt von den spezifischen örtlichen, hydrologischen Gegebenheiten ab, die bei der Wasserpolitik von Bedeutung sind.

Obwohl die meisten Infrastrukturgüter private Güter sind, erzeugen sie Übertragungseffekte oder externe Effekte – wovon viele (wie bereits vorher gezeigt wurde) die Umwelt beeinflussen. Eine Vernachlässigung der wichtigen negativen externen Effekte durch die Emissionen, die bei der Energieerzeugung aus fossilen Brennstoffen entstehen, könnte dazu führen, daß zuviel Energie durch ein falsches Mix von Brennstoffen erzeugt wird. Andererseits haben es einige Städte versäumt, ein gut geplantes öffentliches Verkehrssystem zu entwickeln, obwohl ein derartiges System positive Umwelteffekte aufweisen kann und auch die soziale Gerechtigkeit fördert. Um sicherzustellen, daß die Gesellschaft positive Nutzenvorteile erhält – beispielsweise Vorteile für die öffentliche Gesundheit durch die Wasserversorgung und das Kanalisationswesen – müssen auch die privaten Güter effizient bereitgestellt werden.

Somit unterscheiden sich Infrastrukturleistungen zwar von anderen Gütern, sie unterscheiden sich aber auch untereinander (Schaubild 1.3). Die charakteristischen Merkmale verschiedener Aktivitäten auf dem Gebiet der Infrastruktur haben erhebliche Auswirkungen darauf, wie die Leistungen bereitgestellt werden sollten. Soweit spezielle Aktivitäten im Bereich der Infrastruktur natürliche Monopole bedingen oder vom Bestehen eines Verteilungsnetzes abhängen, das durch ein natürliches Monopol gekennzeichnet ist, werden sie nicht durch einen freien Markt effizient angeboten werden. Allerdings kann der Teilbereich des Verteilungsnetzes von den mehr wettbewerbsorientierten Aktivitäten des Sektors abgetrennt (entbündelt) werden, wobei eine Regulierung den fairen Zugang zum Verteilungsnetz sicherzustellen hat. Aktivitäten im Bereich der Infrastruktur, die externe Effekte mit sich bringen oder die Grundleistungen für in ihrer Entscheidungsfreiheit eingeschränkte Benutzer be-

reitstellen, können ebenfalls eine bestimmte Regulierung notwendig machen, doch kann dies eng auf diese Marktunvollkommenheiten beschränkt bleiben, während in anderen Teilbereichen des Sektors ein größerer Spielraum für den Wettbewerb zugelassen werden sollte.

Bestimmte charakteristische Merkmale der Infrastruktur stellen auch deren Finanzierung vor Herausforderungen. Wo ein Mindestniveau des Verbrauchs einer speziellen Leistung (wie der Wasserversorgung, Heizung oder Energie) als „Lebensnotwendigkeit" für manche Benutzer angesehen werden muß, kann die Gesellschaft der Meinung sein, daß diese auch dann nicht ausgeschlossen werden sollten, wenn sie sich eine Bezahlung nicht leisten können. Es müssen auch Finanzierungsstrategien entworfen werden, die dem Risiko Rechnung tragen, daß viele Investitionen in die Infrastruktur umfangreich und langlebig sind, während die Einnahmeströme häufig nur langsam zu fließen beginnen. Derartige Merkmale können in gewissem Umfang die staatliche Finanzierung der Infrastruktur aus allgemeinen Einnahmen rechtfertigen, aber nur zur Ergänzung der von den Nutzern und aus kommerziellen Finanzierungsquellen erzielten Einnahmen, nicht dagegen völlig als deren Ersatz.

Die Dominanz des staatlichen Sektors in der Infrastruktur

An der Infrastruktur besteht eindeutig ein starkes öffentliches Interesse, und sie verdient dadurch die Aufmerksamkeit des Staates. Jedoch erklären oder rechtfertigen die speziellen Charakteristika der Infrastruktur nicht die Tatsache, daß in den letzten Jahrzehnten die Regierungen und die Behördenstellen des öffentlichen Sektors in den Entwicklungsländern nahezu alle Aspekte dieses Bereichs dominiert haben. In vielen Ländern war die private Beteiligung im neunzehnten Jahrhundert und in der ersten Hälfte des zwanzigsten Jahrhunderts von Bedeutung – und einige Nischen der privaten Beteiligung bestehen noch –, aber der überwältigende Trend bis zu Anfang der achtziger Jahre hieß staatliche oder halbstaatliche Leistungsbereitstellung, und zwar weitgehend durch vertikal integrierte, monolithische Staatsbetriebe. Zu dieser Zeit befand sich nur ein kleiner Prozentsatz des Energiesektors in privater Hand. Praktisch existierte keine private Firma im Telekommunikationsbereich, und die meisten ehemals privaten Eisenbahnen waren mit der Nationalisierung verschwunden. Obwohl gebührenpflichtige Autostraßen in den Anfängen vieler Länder eine Rolle spielten, wurden auch sie selten, und der Straßenbau (und besonders der Straßenunterhalt) wurde weitgehend von Beschäftigten im öffentlichen Dienst durchgeführt oder geschah auf Rechnung der Streitkräfte. Andere Leistungen – Wasserversorgung, Abwasserbeseitigung, Müllabfuhr – gehörten tendenziell ebenfalls zum Staat und wurden von ihm betrieben, und zwar entweder auf staatlicher oder lokaler Ebene.

Die dominierende Rolle des öffentlichen Sektors in der Infrastruktur entstand aus einer Reihe von Gründen: zum einen in Kenntnis der ökonomischen und politischen Bedeutung der Infrastruktur, zum anderen wegen der Überzeugung, daß Probleme mit der Angebotstechnologie ein starkes aktives Engagement des Staates erforderten, und schließlich wegen des Glaubens, daß der Staat erfolgreich sein könnte, wo die Märkte zu versagen schienen. Viele Länder machten in den frühen Stadien dieser staatlichen Führungsrolle beeindruckende Fortschritte bei der Ausweitung der Infrastruktur. Neuere Erfahrungen ließen jedoch eine ernsthafte und weitverbreitete Fehallokation von Ressourcen sowie Mängel bei der Reaktion auf die Nachfrage erkennen. Darüber hinaus haben die abgenutzten Instrumente des staatlichen Eigentums, der staatlichen Finanzierung und des staatlichen Betriebs keinerlei Vorteile im Hinblick auf die Ziele einer Verringerung der Armut oder der Erhaltung der Umwelt gezeigt. Diese Erfolgsmängel sind keine Zufälle – sie sind eingebettet in das herrschende System institutioneller Anreize für die Angebotsseite der Infrastruktur.

Erfolgsbilanz

Leistungen

Obwohl die Daten uneinheitlich sind, konnte in den letzten Jahrzehnten eine beeindruckende Expansion der Infrastruktur erreicht werden, und zwar gemessen am Bestand der Infrastruktur und des Umfangs der bereitgestellten Leistungen (Tabelle 1.3). In Ländern mit niedrigem Einkommen erreichte in den Jahren von 1975 bis 1990 die Verfügbarkeit von Leistungen aus den Bereichen Telekommunikation, Kanalisation und Wasserversorgung die höchsten Zuwachsraten, ausgehend von einem sehr niedrigen Stand in jedem Sektor. In Ländern mit mittlerem Einkommen konzentrierte sich das Wachstum in dieser Periode hauptsächlich auf die Bereiche Energie und Telekommunikation, wo sich die Kapazitäten zwischen 1975 und 1990 mehr als verdoppelten. Aber auch in Ländern mit mittlerem Einkommen fehlt einem erheblichen Teil der Bevölkerung noch immer die Versorgung mit Wasser und Kanalisationsleistungen – bei Wasser bleibt ein Viertel der Bevölkerung in dieser Ländergruppe ohne Versorgung, und beim Kanalisationswesen ist es ein Drittel. Die dramatischste Ausdehnung des asphaltierten Straßennetzes erfolgte in beiden Ländergruppen zwischen 1960 und 1975, danach schwächte sich das Wachstum ab.

Die Versorgung mit Infrastrukturleistungen hat sich sowohl in ländlichen als auch in städtischen Regionen verbessert. Die städtische Bevölkerung ist hinsichtlich der Versorgung mit Trinkwasser, sanitären Anlagen und Energie beträchtlich besser

Tabelle 1.3   Ausweitung des Versorgungsgrads bei Infrastrukturleistungen in Ländern mit niedrigem, mittlerem und hohem Einkommen, in den letzten Jahrzehnten

Sektor	Länder mit niedrigem Einkommen			Länder mit mittlerem Einkommen			Länder mit hohem Einkommen
	Versorgungsgrad		Jährliche prozentuale Steigerung	Versorgungsgrad		Jährliche prozentuale Steigerung	Versorgungsgrad
	1975	1990		1975	1990		1990
Kapazität der Stromerzeugung (Tausend Kilowatt pro eine Million Einwohner)	41	53	1,6	175	373	4,7	2.100
Telekommunikation (Hauptanschlüsse pro tausend Einwohner)	3	6	3,2	33	81	5,6	442
Kanalisation (Prozentsatz der angeschlossenen Bevölkerung)	23	42	3,8	44	68	2,7	95+
Befestigte Straßen (Kilometer pro eine Million Einwohner)	308	396	1,6	1.150	1.335	0,9	10.106
Wasserversorgung (Prozentsatz der angeschlossenen Bevölkerung)	40	62	2,7	54	74	2,0	95+

Anmerkung: Die prozentualen Steigerungen sind jahresdurchschnittliche Wachstumsraten.
Quelle: Anhangtabellen A.1 und A.2.

Schaubild 1.4 Die Versorgungslücke zwischen Land und Stadt bei der Strom- und Wasserversorgung in Entwicklungsländern verringerte sich im Laufe des letzten Jahrzehnts

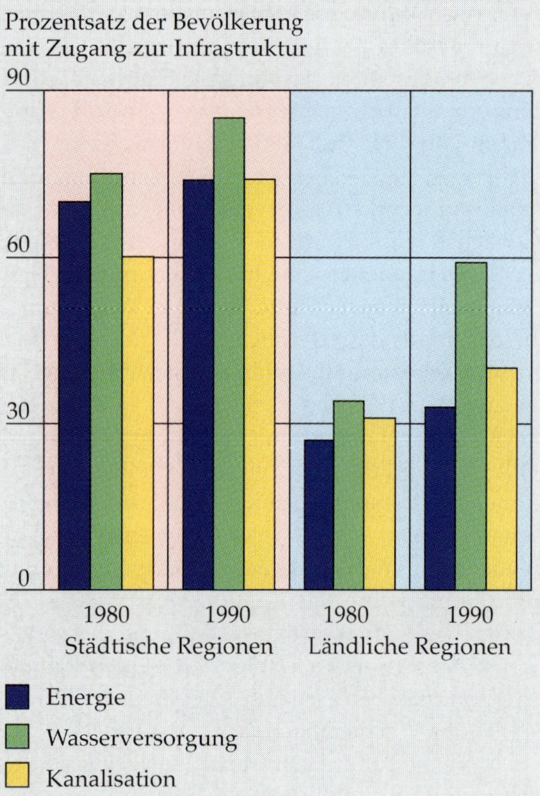

Prozentsatz der Bevölkerung mit Zugang zur Infrastruktur

Städtische Regionen / Ländliche Regionen (1980, 1990)

- Energie
- Wasserversorgung
- Kanalisation

Quelle: Israel 1992; WHO 1980, 1990.

in den Bereichen Wasserversorgung, Kanalisation, Energie, Telekommunikation, Straßen und öffentlicher Verkehr in expandierenden städtischen Regionen nicht angemessen ist, dann ergeben sich gravierende Beschränkungen für das (umweltpolitisch tragbare) Wirtschaftswachstum und die Verringerung der Armut. In den schnell wachsenden (und in vielen Fällen ungenehmigten) Siedlungen, die zahlreiche Städte umgeben, wird die konventionelle Bereitstellung formaler Dienstleistungen häufig durch gesetzliche, topographische oder wirtschaftliche Zwänge behindert. Die projizierte Zunahme der Verstädterung in den nächsten Jahrzehnten – vor allem in Afrika und in Süd- und Ostasien – wird unausweichlich den Druck für eine bessere Versorgung mit Infrastrukturleistungen erhöhen. Jedoch könnte man einer Wanderungsbewegung vom Land zur Stadt in gewissem Umfang durch Maßnahmen zuvorkommen, die in ländlichen Regionen eine entsprechende Infrastruktur schaffen und die Vernichtung der natürlichen Ressourcen verhindern (insbesondere der Böden, Wälder und der Wasserversorgung).

Eine Analyse darüber, wie die Länder bei der Versorgung mit Infrastrukturleistungen abschneiden, verglichen mit anderen Erfolgsmaßstäben, ist bezeichnend. Obwohl die Versorgung tendenziell mit dem BIP korreliert ist, trifft dies nicht auf Effizienz und Effektivität bei der Bereitstellung von Infrastrukturleistungen zu. Diagramme hinsichtlich des Versorgungsgrades und der tatsächlich erzielten Erfolgsbilanz zeigen bei der Wasserversorgung, Energie, Telekommunikation, bei Straßen und Eisenbahnen in einer großen Auswahl von Ländern mit niedrigem und mittlerem Einkommen nur schwache Korrelationen (zusammengefaßt in Schaubild 1.5). Darüber hinaus besteht keine enge Korrelation zwischen der Effizienz der Leistungsbereitstellung eines Landes in einem Sektor und seiner Erfolgsbilanz in anderen. Diese Ergebnisse deuten darauf hin, daß die Effizienz und die Effektivität bei der Bereitstellung von Infrastrukturleistungen nicht von den allgemeinen Bedingungen des wirtschaftlichen Wachstums und der Entwicklung abhängen, sondern vom institutionellen Umfeld, das oft in einzelnen Ländern von Sektor zu Sektor unterschiedlich ist. Dies läßt darauf schließen, daß Veränderungen im institutionellen Umfeld zu besseren Erfolgen führen können, auch wenn die Einkommen niedrig sind; in jedem Sektor weisen einige Länder mit niedrigem Einkommen gute Ergebnisse auf. Als Schlußfolgerung daraus stellte eine jüngere OECD-Studie über die Infrastruktur fest, daß sogar

gestellt als die ländliche Bevölkerung. Die Lücken bei der Versorgung mit Wasser und Energie sind enger geworden (Schaubild 1.4). Ländliche und städtische Regionen haben nicht die gleiche effektive Nachfrage nach Infrastrukturleistungen und könnten daher unterschiedliche Versorgungsraten im Bereich der Infrastruktur verlangen, um die erwünschten Entwicklungsvorteile zu erzielen. Es gibt eine ökonomische Begründung dafür, in Regionen mit höherer Bevölkerungs- und Industriedichte relativ mehr Energie und Telekommunikationsverbindungen sowie ausgedehntere Verkehrsnetze bereitzustellen.

Die Verstädterung ist für sich betrachtet ein wichtiger Faktor, der die Nachfrage nach Infrastruktur stimuliert. Wenn die Kapazität der Infrastruktur

Schaubild 1.5 Nicht immer ergibt sich eine effiziente und wirksame Bereitstellung von Infrastrukturleistungen als Folge einer verbesserten Verfügbarkeit

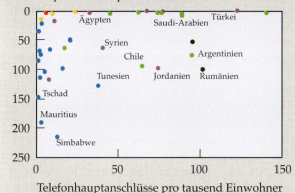

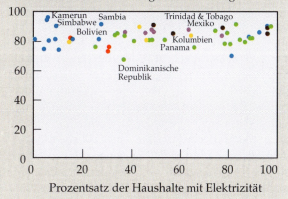

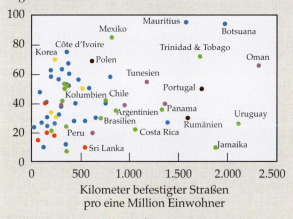

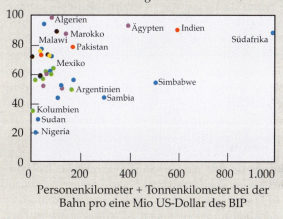

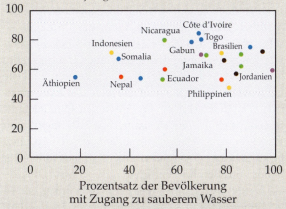

- Naher Osten und Nordafrika
- Lateinamerika und die Karibik
- Ostasien und der Pazifik
- Afrika südlich der Sahara
- Südasien
- Europa und Zentralasien

Quelle: Kennzahlen der Weltentwicklung, Tabelle 32.

viele Länder mit hohem Einkommen sich mit den weiter unten beschriebenen Problemen konfrontiert sehen.

Herausforderungen

Um die zukünftige Nachfrage nach Infrastrukturleistungen bestimmen zu können, muß man die Effizienz berücksichtigen, mit der die gegenwärtigen Kapazitäten genutzt werden, sowie in Rechnung stellen, wie gut die erbrachten Leistungen den Wünschen der Benutzer angepaßt sind. Obwohl jeder Sektor seine speziellen Probleme hat, gibt es doch übergreifende Aspekte – betriebliche Mängel, unzureichende Instandhaltungsmaßnahmen, überzogene Abhängigkeit von fiskalischen Quellen, mangelnde Reaktion auf die Bedürfnisse der Nutzer, begrenzte Vorteile für die Armen und eine unzureichende Verantwortung in Umweltfragen.

BETRIEBLICHE MÄNGEL. Der umfassendste Indikator für die Ineffizienz der von einem Infrastruktursystem erbrachten Leistung ist die Höhe der Produktion, die bei der Lieferung verlorengeht. Unerklärbare Wasserverluste (der Anteil der gelieferten Wassermenge, dem kein registrierter Wasserverbrauch gegenübersteht, weitgehend aufgrund technischer und organisatorischer Mängel) sind in Systemen der Entwicklungsländer typischerweise zwei- bis dreimal höher als in Ländern, die die Standards der Industrieländer erreichen. Im Jahr 1987 wies ein Viertel der Energieunternehmen in Entwicklungsländern im Übertragungs- und Verteilungsnetz Elektrizitätsverluste auf, die doppelt so hoch waren wie in effizient betriebenen Systemen. In einigen afrikanischen Ländern könnten Ausgaben in Höhe von 1 Mio Dollar zur Verringerung der Leitungsverluste zu Einsparungen von 12 Mio Dollar bei der Stromerzeugung führen. Die Wirksamkeit der Bewässerung (der Anteil des Wassers, der auf die Felder geleitet wird) liegt in Projekten der Entwicklungsländer in der Regel bei 25 bis 30 Prozent, verglichen mit 40 bis 45 Prozent bei besten Verhältnissen.

Ein ineffizienter Einsatz der Arbeitskräfte ist in der Infrastruktur besonders häufig und kostspielig. In verschiedenen Zeiträumen wurden bei den Eisenbahnen in Tansania und Zaire zwei Drittel der Arbeitskräfte, in Argentinien (vor den jüngsten Privatisierungen) 80 Prozent der Hafenbelegschaft und in Brasilien ein Viertel der Beschäftigten der Straßenbehörde als überflüssig angesehen. Die Kombination von übermäßiger Personalausstattung und nicht-kostendeckendem Verkauf von Eisenbahn-Dienstleistungen führte in Argentinien (vor den jüngsten Reformen) sowie in Ägypten, Kolumbien, Nigeria, der Türkei und in Uruguay zu Personalkosten, die nahezu ebenso hoch (und manchmal höher) waren als die gesamten Einnahmen der Eisenbahnen. Eine übermäßige Personalausstattung ist auch bei der Wasserversorgung, im Energiewesen und in der Telekommunikation häufig anzutreffen. Gleichzeitig verwenden die Entwicklungsländer bei der Errichtung öffentlicher Bauten und der ländlichen Infrastruktur häufig kapitalintensive Bau- und Wartungsverfahren, statt sich auf beschäftigungsintensive Methoden zu stützen, die Ergebnisse hoher Qualität hervorbringen können und zugleich mit den relativen Kapital- und Arbeitskosten besser in Übereinstimmung stehen.

UNZUREICHENDE INSTANDHALTUNG. Eng verbunden mit betrieblichen Mängeln ist die fehlende Instandhaltung: Straßen verschlechtern sich, Bewässerungskanäle werden undicht, Wasserpumpen defekt, Kanalisationssysteme laufen über, installierte Telefonleitungen funktionieren nicht, und Energiegeneratoren sind nicht verfügbar, wenn man sie braucht. Die Kapazität ist dann verloren, die Erzeugung sinkt, und beträchtliche zusätzliche Investitionen sind erforderlich, nur um die bestehenden Leistungsniveaus aufrechterhalten zu können.

Im Straßenverkehr führt eine unzureichende Instandhaltung zu hohen laufenden Aufwendungen und Kapitalkosten. Die technischen und physikalischen Merkmale asphaltierter Straßen sind derart, daß bei Beginn der Verschlechterung eines Straßenzustandes ein Mangel an routinemäßiger Wartung die Verschlechterung beschleunigen wird. Eine Vernachlässigung (relativ preiswerter) routinemäßiger Wartungsarbeiten kann die Probleme so sehr verstärken, daß der ganze Straßenbelag ersetzt werden muß. Untersuchungen über fertiggestellte Fernstraßenprojekte der Weltbank zeigten, daß die geschätzten Erträge von Projekten, die hauptsächlich Wartungsarbeiten umfaßten, im Durchschnitt fast doppelt so hoch waren wie diejenigen von Projekten, die sich hauptsächlich auf den Neubau beschränkten. Dennoch sind in Afrika südlich der Sahara Straßen im Werte von fast 13 Mrd Dollar – ein Drittel der in den vergangenen zwanzig Jahren gebauten Straßen – infolge fehlender Instandhaltung zerstört. Man schätzt, daß in Lateinamerika für jeden nicht für die Instandhaltung ausgegebenen Dollar 3 bis 4 Dollar für den vorzeitigen Neubau nötig sind. Ausgaben für die Instandhaltung werden oft nicht nach wirtschaftlichen Prioritäten zugeteilt. Beispielsweise vernachlässigte Kamerun, das noch immer eine vorwiegend auf dem Lande lebende Bevölkerung aufweist, in den letzten zehn Jahren sein 30.000 Kilometer umfassendes nicht-asphaltiertes Straßennetz zugunsten der Investitionen und Wartungsarbeiten für 3.700 Kilometer asphaltierter städteverbindender Straßen. Das Ergebnis ist, daß etwa 80 Prozent des nicht-asphaltierten Straßennetzes entweder komplett neugebaut oder grundlegend erneuert und befestigt werden müssen.

Bei den Eisenbahnen zeigt sich eine unzureichende Instandhaltung (sowie andere betriebliche Mängel) an dem kleinen Teil des Lokomotivbestands, der für den Betrieb bereitsteht. Im Jahr 1991 waren in Lateinamerika nur 60 Prozent aller Lokomotiven betriebsbereit und 70 Prozent im Nahen Osten und Nordafrika, verglichen mit 90 Prozent in Nordamerika. Solche Mängel zwingen manche Eisenbahnen dazu, Frachtverkehr abzulehnen, was wiederum die finanziellen Schwierigkeiten des Sektors erhöht.

Auch in der Bewässerung ist eine schlechte Instandhaltung kostspielig und führt zu Verteilungskanälen, die sich mit Schlamm und Unkraut füllen, zu Kanälen, die zunehmend rissig werden, und zu Abflüssen, die zerstört oder umflossen werden. Auch die Entwässerung funktioniert nicht, was zur Versalzung des Bodens führt. In China sind seit 1980 fast 1 Mio Hektar bewässerten Bodens aus der Produktion herausgenommen worden, und in der ehemaligen Sowjetunion gingen zwischen 1971 und 1985, ungeachtet anhaltender Investitionen in das Bewässerungswesen, fast 3 Mio Hektar verloren – ein Viertel der neu bewässerten Gebiete. Weltweit müssen Anlagen, die 60 Prozent der bewässerten Fläche versorgen, saniert werden, damit sie in gutem Leistungszustand verbleiben.

Sowohl bei der Wasserversorgung in ländlichen und städtischen Regionen als auch im Energiesektor stellt die unzureichende Instandhaltung ein häufig anzutreffendes Problem dar. Eine Untersuchung über die Wasserversorgung und die Abwasserbeseitigung in Bogotá kam zu dem Ergebnis, daß sich die Kosten für nicht-erklärbare Wasserverluste – die teilweise durch die schlechte Wartung des Verteilungssystems entstehen – auf 42 Prozent der gesamten Betriebseinnahmen des Anbieters belaufen. Schlechte Instandhaltungsmaßnahmen sind für einen Teil der niedrigen Betriebsbereitschaft der Energiekapazitäten verantwortlich, die sich in vielen Entwicklungsländern bei thermischen Kraftwerken im Durchschnitt auf weniger als 60 Prozent beläuft, verglichen mit mehr als 80 Prozent in Systemen, die auf bestmöglichem Niveau arbeiten.

Manchmal liegen die Wurzeln der Probleme beim Betrieb und bei der Instandhaltung in der ursprünglichen Planung oder im Bau des Infrastrukturobjekts. Zum Beispiel fand eine neuere Untersuchung über fertiggestellte Bewässerungsprojekte der Weltbank heraus, daß grundlegende Planungsfehler (wie die ungeeignete Übertragung von Technologien für Wüstengebiete auf tropische Monsungebiete) weit verbreitet waren. Der Betrieb und die Instandhaltung können durch ungeeignete Planungsnormen erschwert werden, wodurch die Anforderungen an kaum verfügbare ausgebildete Arbeitskräfte erhöht werden oder eine starke Abhängigkeit von Ersatzteilen auftritt, wobei Devisen knapp sind. Eine schlechte Planung und Konstruktion von Kraftwerken und Wasserwerken oder deren ungeeigneter Standort erschweren die Durchführung des Betriebs, die Wartungsarbeiten und das Erreichen umweltpolitischer Ziele. Es gibt auch zahlreiche Beispiele für Investitionen, die von Anfang an wirtschaftlich nicht lebensfähig waren und die nie hätten durchgeführt werden sollen – wie fehlgeplante oder „mit Goldrand versehene" Straßen- und Kraftwerksprojekte.

Beschaffungsprobleme sind oft ein Grund für schlechte Betriebsergebnisse. Systematische Verzögerungen bei Einkäufen von Unternehmen des Sektors und die unzureichende Überwachung der Verträge dürften die Kosten für importiertes Material in einigen afrikanischen Ländern um schätzungsweise 20 bis 30 Prozent erhöhen. Die Vertrags- und Ausschreibungsgepflogenheiten dürften ebenfalls Großunternehmen begünstigen, die tendenziell mehr kapitalintensive Bau- und Wartungsverfahren anwenden, als angesichts der relativen Faktorkosten angebracht ist. Der Mangel an standardisierten Ausrüstungsgütern, wie von Wasserpumpen, die von verschiedenen ausländischen Gebern bezogen werden, verzögert die Reparaturen und erhöht die Kosten für Ersatzteile. Es ist erforderlich, daß die Geber ihre Beschaffungsvorschriften standardisieren, um die administrativen Belastungen bei den Empfängerländern zu verringern. Auch Entwicklungshilfe von Geberländern, die die Finanzierung der lokalen Kosten ausschließt, kann die Wahl der Technologie für öffentliche Anlagen ungünstig beeinflussen, nämlich zugunsten kapitalintensiver Methoden, die für das Empfängerland nicht tragbar sind.

> **Sonderbeitrag 1.5 Reaktion der Haushalte auf die Unzuverlässigkeit der Wasserversorgung**
>
> Im Jahr 1991 wurde auf einzelwirtschaftlicher Basis eine Untersuchung über die Reaktion der Haushalte auf eine unzureichende Wasserversorgung durch öffentliche Versorgungsunternehmen durchgeführt, und zwar in Faisalabad (Pakistan), Istanbul (Türkei) und Jamshedpur (Indien). Diese Untersuchungen enthüllten, daß nahezu alle Haushalte in den drei Städten auf mehrere Wasserquellen angewiesen sind, wie Wasserhähne im Haus, Brunnen, Standrohre, öffentliche Zapfstellen, Flüsse und Straßenverkäufer. Nicht alle Alternativen sind für jeden Haushalt verfügbar. Weil der Zugang zu einer Wasserquelle mit dem Einkommen steigt, tragen die ärmeren Haushalte einen überproportionalen Teil der Last der unzureichenden Infrastruktur. Die privaten Ausgaben, die für die Wasserversorgung aufgewendet werden, sind ein Indiz für die Bereitschaft der Verbraucher, für eine zuverlässige Wasserversorgung zu bezahlen.
>
> In Istanbul geben die ärmsten der untersuchten Haushalte einen größeren Anteil ihres Einkommens (etwa 5 Prozent) zur Ergänzung ihrer unzureichenden Wasserversorgung aus als die wohlhabenderen (etwa 1 Prozent). Diese Ausgaben für den Bezug des Wassers aus informellen Quellen, einschließlich der Selbsthilfe durch den Bau von Brunnen oder Wasserspeichern, sind den Ausgaben hinzuzurechnen, die für Benutzergebühren für die öffentliche Wasserversorgung zu leisten sind und die sich auf 1 bis 2 Prozent des jährlichen Einkommens belaufen.
>
> In Jamshedpur schwanken die Anschlußgebühren für Leitungswasser zwischen 1,66 Dollar und 16,66 Dollar. Die Bewohner der stadtnahen Gebiete, die von den örtlichen Stadtbehörden betreut werden, nehmen Kapitalkosten von 50 Dollar bis 65 Dollar auf sich, um Standrohre zu installieren, und 150 Dollar bis 300 Dollar, um Brunnen zu graben, damit eine Abhängigkeit von der (unzuverlässigen) öffentlichen Wasserversorgung vermieden wird. Trotz eines vorhandenen Leitungswassersystems beziehen mindestens 17 Prozent der Bevölkerung 90 Prozent ihres Wasserbedarfs aus Brunnen und von Handpumpen. Über die monetären Kosten hinaus, die die Verbraucher tragen, wenden die Haushalte in Jamshedpur durchschnittlich zwei Stunden pro Tag auf, um Wasser zu holen und auf Vorrat zu halten. Die Lasten dieser Arbeiten tragen in nahezu allen Fällen die Frauen.
>
> Das Bild einer privaten Zusatzversorgung zur öffentlichen Wasserversorgung, mit beträchtlichen privaten Kosten für die Verbraucher, ist auch in Faisalabad (Pakistan) zu beobachten. Weniger als 20 Prozent der Haushalte mit Leitungswasseranschluß benutzen ausschließlich diese Quelle; 70 Prozent besitzen Motorpumpen und 14 Prozent Handpumpen.

FINANZIELLE INEFFIZIENZ UND ENTZUG STAATLICHER MITTEL. Eine schlechte Infrastrukturpolitik und die ineffiziente Bereitstellung von Infrastrukturleistungen absorbieren knappe staatliche Mittel und untergraben die makroökonomische Stabilität. Da die Preise oft deutlich unter den Kosten liegen, waren die Subventionen, die in staatliche Infrastrukturbetriebe und -behörden geflossen sind, in vielen Ländern enorm hoch. In Bangladesch, Indien, Indonesien, Pakistan und auf den Philippinen lagen die Einnahmen aus Bewässerungsanlagen deutlich unter den Betriebs- und Wartungskosten. In den achtziger Jahren waren in den Entwicklungsländern die Stromentgelte im Durchschnitt nur halb so hoch wie die Produktionskosten bei Neuanlagen und viel niedriger als in OECD-Ländern. (Die Bilanz der Preisgestaltung wird ausführlicher in Kapitel 2 erörtert.) In den letzten Jahren bestanden 60 Prozent der Einnahmen der Eisenbahn von Ghana aus staatlichen Subventionen – ein nicht seltenes Ergebnis in diesem Sektor –, und die laufenden Subventionen an die Eisenbahnen beliefen sich in zahlreichen Ländern auf nicht weniger als 1 Prozent des BIP. In Sambia absorbierte das gesamte Kassendefizit im Verkehrswesen 12 Prozent der staatlichen laufenden Einnahmen des Fiskaljahres 1991. Das Telekommunikationswesen bildet tendenziell eine Ausnahme bei der sonst in der Infrastruktur allgemein anzutreffenden schlechten Kostendeckung, obwohl dessen Einnahmen von der Regierung oft für andere Zwecke abgezweigt werden, womit dieser Sektor nur unzureichend mit Finanzmitteln versorgt bleibt. Unzulängliche Gebühren werden häufig durch ein schlechtes Finanzmanagement in ihrer Wirkung verstärkt. Bei einer Auswahl von lateinamerikanischen Wasserwerken dauerte die Eintreibung von ausstehenden Forderungen im Durchschnitt fast vier Monate, verglichen mit vier bis sechs Wochen bei gut funktionierenden Werken. Zusätzlich zu der damit geschaffenen weiteren Belastung des Steuerzahlers hat das schlechte Finanzergebnis vieler Anbieter von Infrastrukturleistungen auch einen Verlust an Kreditwürdigkeit für das betroffene Unternehmen zur Folge. Es führt auch zu einem niedrigen Aufkommen interner Mittel zur Finanzierung der Investitionen – und damit zur Unfähigkeit (und zum Fehlen von Anreizen), die Leistungen auszuweiten oder zu verbessern.

Sonderbeitrag 1.6 Staatliche Mängel erhöhen die Kosten für die Privaten

Einer Untersuchung aus dem Jahre 1988 über Industrieunternehmen in Nigeria zufolge, besaßen 92 Prozent der 179 befragten Firmen eigene Stromgeneratoren. Angesichts der chronisch unzuverlässigen staatlichen Leistungen hatten viele auch eine eigene Funkausrüstung zu Kommunikationszwecken erworben, ebenso Fahrzeuge für den Personen- und Frachtverkehr; außerdem hatten sie Bohrlöcher angelegt, um ihre eigene private Wasserversorgung sicherzustellen. Für Unternehmen mit fünfzig oder mehr Beschäftigten, die positive Skalenerträge erzielen konnten, beliefen sich diese Extrakosten auf etwa 10 Prozent der Gesamtausgaben für Maschinen und Ausrüstung. Für kleine Unternehmen konnte die Belastung bis zu 25 Prozent ausmachen. Da aber die Regulierungsvorschriften in Nigeria die Firmen daran hindern, ihren Strom aus überschüssigen Kapazitäten zu verkaufen, betreiben sowohl die großen als auch die kleinen Unternehmen ihre privaten Generatoren und Wasserversorgungssysteme im Durchschnitt nur mit einer Kapazitätsauslastung von bis zu 25 Prozent.

Von 306 in jüngster Zeit befragten indonesischen Industrieunternehmen besaßen 64 Prozent Generatoren und 59 Prozent (verglichen mit 44 Prozent in Nigeria) hatten Bohrlöcher für ihre eigene Wasserversorgung. Indonesiens größte Gesellschaften investierten nicht weniger als 18 Prozent ihres Kapitals in eine eigene Infrastruktur – fast das Doppelte der Höhe von 10 Prozent bei den nigerianischen Herstellern – aber auch ihre Generatoren waren unterausgelastet und arbeiteten nur mit rund 50 Prozent der Kapazität.

Derzeit sind in Indonesien, wie in Nigeria, diejenigen Unternehmen, die zu klein sind, um sich eine private Strom- oder Wasserversorgung leisten zu können, auf Gedeih und Verderb auf unzuverlässige öffentliche Versorgungsbetriebe angewiesen, und sie unterliegen chronischen und kostspieligen Unterbrechungen bei der Leistungserstellung. Während aber die größten indonesischen Firmen für die Stromerzeugung 0,07 Dollar je Kilowattstunde zahlen (was nicht weit über internationalen Standards liegt), kostet die kleinsten Firmen der selbsterzeugte Strom 1,68 Dollar je Kilowattstunde – vierundzwanzigmal soviel.

Thailand – wo die staatlichen Stromversorgungsunternehmen effizient arbeiten – war in der Lage, dieses Muster zu durchbrechen. Von den 300 befragten Unternehmen besaßen nur 6 Prozent private Generatoren, und 24 Prozent hatten eigene Wasserversorgungssysteme.

FEHLENDES EINGEHEN AUF DIE NACHFRAGE DER NUTZER. Das Ergebnis von Ineffizienz und schlechter Instandhaltung sind unzuverlässige Leistungen schlechter Qualität, die die Kunden vergraulen. Zuverlässigkeit ist ein entscheidender Aspekt für die Zufriedenheit des Kunden, was oft ignoriert wird. Auch wo die Kunden über Telefone verfügen, reduzieren hohe Raten von Fehlverbindungen (in vielen Fällen mehr als 50 Prozent) und eine hohe Quote nicht zustandegekommener Gespräche den Wert dieser Dienstleistung drastisch. Eine unzuverlässige Wasserversorgung hinsichtlich Menge und Qualität führt zu enormen Investitionen in alternative Quellen, die besonders für diejenigen kostspielig sind, die es sich am wenigsten leisten können (Sonderbeitrag 1.5). In Indonesien und Nigeria nehmen die privaten Unternehmen hohe Kosten auf sich, um sich den Zugriff auf Energie zu sichern: 92 Prozent der ausgewählten Firmen in Nigeria und 64 Prozent in Indonesien hatten private Stromkapazitäten installiert (Sonderbeitrag 1.6); in Thailand brauchten nur 6 Prozent der Unternehmen eigene Generatoren. Diese erheblichen Unterschiede bei der Selbstversorgung spiegeln die Leistungskraft der formellen Anbieter wider. In Nigeria waren 1990 nur 43 Prozent der installierten Kapazität in Funktion (trotz massiver Überinvestitionen in die staatliche Stromerzeugungskapazität in den achtziger Jahren); in Thailand funktioniert das Energieversorgungsunternehmen effizient.

Im Bereich der Telekommunikation kann die unbefriedigte effektive Nachfrage ungefähr gemessen werden, weil in vielen Ländern die Nutzer einen Anschluß vorher beantragen müssen, was oft bedeutet, daß sie eine hohe Anschlußgebühr zu zahlen haben. Von fünfundneunzig Entwicklungsländern wiesen mehr als ein Drittel für einen Anschluß eine Wartezeit von sechs oder mehr Jahren auf, verglichen mit weniger als einem Monat in den meisten Industrieländern (Schaubild 1.6). Zu den Ländern, die in weniger als einem Jahr die Leistung erbringen können, gehören einige (wie Bolivien), bei denen die verfügbaren Kapazitäten gegenwärtig kaum ausgelastet sind, aber auch andere, bei denen die Investitionen rasch ausgeweitet werden (Malaysia). Zusätzlich zur Knappheit von Grundanschlüssen haben es die Anbieter in vielen Ländern versäumt, differenzierte Leistungen anzu-

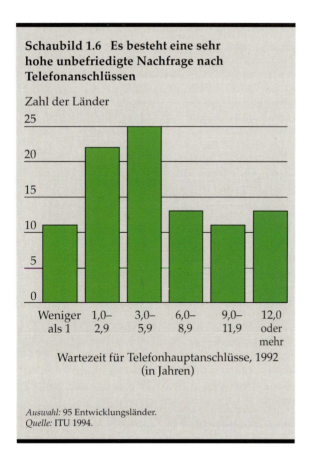

Schaubild 1.6 Es besteht eine sehr hohe unbefriedigte Nachfrage nach Telefonanschlüssen

Wartezeit für Telefonhauptanschlüsse, 1992 (in Jahren)

Auswahl: 95 Entwicklungsländer.
Quelle: ITU 1994.

bieten, die für unterschiedliche Verwendungszwecke geeignet sind. Beispielsweise fordern Unternehmen zunehmend Telekommunikationsdienste, die sowohl eine schnelle Datenübertragung als auch den Sprechverkehr ermöglichen. In vielen Entwicklungsländern könnte der Anschaffung von Münztelefonen eine höhere Priorität eingeräumt werden, um einem größeren Kreis der Bevölkerung die Grundversorgung mit einer verbesserten Kommunikationsmöglichkeit zu bieten.

Eine Übernachfrage nach Infrastrukturleistungen, in Verbindung mit einer sehr schlechten Bezahlung der Mitarbeiter im Infrastrukturbereich, fördert sowohl bei der Leistungsbereitstellung als auch bei den Investitionsentscheidungen das Entstehen von Korruption. Wo Anschlüsse knapp sind und der Service schlecht ist, verlangen die Mitarbeiter von den Kunden oft Schmiergelder, um Anschlüsse zu installieren oder zu reparieren – besonders im Bereich der Telekommunikation, der Bewässerung und der Wasserversorgung.

VERNACHLÄSSIGUNG DER ARMEN. Die Armen nutzen typischerweise weniger Infrastrukturleistungen als die Nichtarmen, aber nicht allein wegen ihrer niedrigen Einkommen – sie leiden auch an sehr starker Unterversorgung. In Peru sind beispielsweise nur 31 Prozent des ärmsten Fünftels der Haushalte an ein öffentliches Wassernetz und nur 12 Prozent an ein öffentliches Abwassersystem angeschlossen – verglichen mit 82 Prozent des obersten Fünftels, die an die Wasser- und 70 Prozent, die an die Abwasserversorgung angeschlossen sind. Die Armen werden auch in städtischen Regionen im allgemeinen schlechter versorgt als die Reichen (Tabelle 1.4).

Zahlreiche Länder haben mittels niedriger Tarife Subventionierungen eingeführt, um den Zugang der Armen zu Infrastrukturleistungen zu verbessern, doch wurde der Großteil dieser Subventionen von Haushalten mit mittleren und höheren Einkommen in Anspruch genommen (wie in Kapitel 4 dargelegt wird). Außerdem werden die Anbieter oft nicht ausreichend für die Subventionierungen ent-

Tabelle 1.4 Prozentsatz des ärmsten und reichsten Fünftels der Bevölkerung mit Zugang zur Infrastruktur, verschiedene Länder

Land/Region	Anschluß an die öffentliche Wasserversorgung		Anschluß an Abwasserkanäle		Versorgung mit Elektrizität	
	Ärmstes Fünftel	Reichstes Fünftel	Ärmstes Fünftel	Reichstes Fünftel	Ärmstes Fünftel	Reichstes Fünftel
Gesamtes Staatsgebiet						
Côte d'Ivoire (1985)	2,4	62,1	3,4	57,0	13,2	74,8
Ghana (1987–88)	10,5	30,6	0,5	14,6	5,6	46,0
Guatemala (1989)	46,9	86,8	..	..	16,1	86,1
Mexiko (1989)	50,2	95,0	14,2	83,2	66,2	99,0
Peru (1985–86)	31,0	82,0	12,3	70,0	22,8	82,5
Städtische Regionen						
Bolivien (1989)	84,8	89,9	52,6	87,4	..	..
Paraguay (1990)	53,7	88,8	10,4	62,2	94,5	99,2

.. Nicht verfügbar.
Quelle: Glewwe 1987 a,b; Glewwe und Twum-Baah 1991; Weltbank 1993 e.

schädigt, so daß die generelle Ausweitung der Leistungen behindert wird. Die Struktur der Tarife kann eine zusätzliche Behinderung darstellen. In Brasilien sind die Gebühren für Ortsgespräche niedrig, aber die Anschlußgebühren hoch. Dies hält Nutzer mit niedrigem Einkommen davon ab, Leistungen in Anspruch nehmen zu können. Pauschale Stromgebühren in den ländlichen Regionen Indiens haben vor allem die reicheren Haushalte begünstigt; denn den Armen fehlt das Einkommen, um die Pumpen und Haushaltsgeräte zu kaufen, die den meisten Strom verbrauchen.

Während Fehler bei der Versorgung der Armen oft mit mangelhafter Preispolitik für Infrastrukturleistungen verbunden waren, wurde zu wenig Gewicht darauf gelegt, den Armen passende Optionen hinsichtlich der Art der Leistungen anzubieten, die für sie am wertvollsten sind (und für die sie zu zahlen bereit sind). Beispielsweise fördern kommunale Abwasserentsorger oft technische Planungen für konventionelle Abwassersysteme, die in manchen Siedlungen mit niedrigem Einkommen nicht zu bezahlen und sogar umweltpolitisch ungeeignet sind. In großen Städten wie Neu-Delhi, wo sich die Armen lediglich zu Fuß fortbewegen können, sind diese in ihrer Mobilität erheblich eingeschränkt (Schaubild 1.7). Eine Untersuchung über Optionen im Verkehrswesen lateinamerikanischer Städte fand heraus, daß in São Paulo (Brasilien) der Personenverkehr bei den Armen im Verlaufe eines Jahrzehnts stärker gesunken war als bei jeder anderen Einkommensgruppe – zum Teil deshalb, weil die öffentlichen Verkehrsleistungen auf Kunden mit niedrigem Einkommen schlecht zugeschnitten waren. Die ärmsten Bewohner an der Peripherie von Rio de Janeiro gaben für den Transport größere Teile ihres Einkommens aus als die Reichen, bei längeren Wartezeiten, weniger häufigen Verkehrsanschlüssen und bei längeren Aufenthalten in überfüllten Fahrzeugen.

Angemessene Leistungen für die Armen fehlen häufig deshalb, weil die Entscheidungen über Investitionen und Leistungen aufgrund von Annahmen über eine „Bedarfslücke" getroffen werden, statt aufgrund einer Bewertung der effektiven Nachfrage. Im Makete-Distrikt in Tansania fand eine Haushaltsuntersuchung mit dem Zweck, den Transportbedarf in Vorbereitung eines vorgeschlagenen Investitionsprojekts zu bestimmen, heraus, daß eine Verbesserung des Straßennetzes allein nur wenige Bewohner begünstigen würde und daß zusätzliche Maßnahmen nötig wären – wie die Förderung der

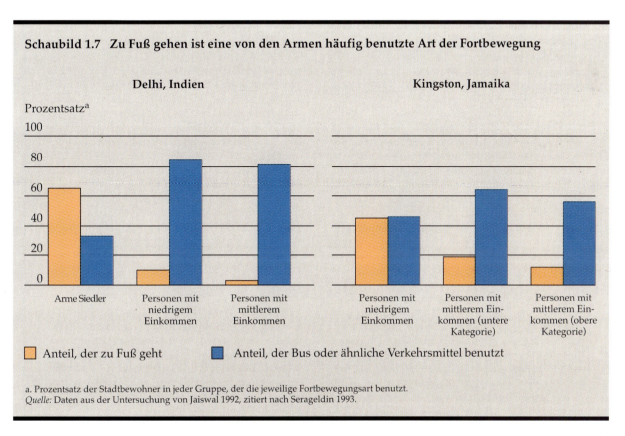

Schaubild 1.7 Zu Fuß gehen ist eine von den Armen häufig benutzte Art der Fortbewegung

a. Prozentsatz der Stadtbewohner in jeder Gruppe, der die jeweilige Fortbewegungsart benutzt.
Quelle: Daten aus der Untersuchung von Jaiswal 1992, zitiert nach Serageldin 1993.

Verkehrsleistungen (Einführung nichtmotorisierter Verkehrsmittel, um das Tragen von Lasten auf dem Kopf zu ersetzen), einfache Verbesserungen an Wegen und Pfaden sowie die Sanierung von Mühlen. Eine nach Fertigstellung des Projekts durchgeführte rückblickende Bewertung kam zu dem Ergebnis, daß diese kostengünstigen Verbesserungen sehr erfolgreich waren – und sie wären wahrscheinlich im Projekt nicht aufgenommen worden, wenn nicht eine Untersuchung über die tatsächliche Nachfrage der Gemeinden stattgefunden hätte.

VERNACHLÄSSIGUNG DER UMWELT. Der Einfluß der Infrastruktur auf die Umwelt war häufig sehr negativ (Sonderbeitrag 1.7 zählt eines von vielen Beispielen auf, und zwar eines, wo eine regionale Zusammenarbeit nötig ist, um zu einer Lösung zu gelangen). Die deutlich sichtbaren Auswirkungen bestimmter Großanlagen – wie Dämme und Straßen in ökologisch empfindlichen Regionen oder dort, wo Umsiedlungsalternativen für die Bevölkerung unbefriedigend sind – haben verständlicherweise die Aufmerksamkeit der Öffentlichkeit auf sich gezogen. Gleichermaßen ernst und stärker ins Gewicht fallend ist jedoch der Schaden oder Verlust möglicher Vorteile für die Umwelt, der sich aus mangelhafter Kontrolle unnötiger Emissionen und aus verschwenderischem Wasserverbrauch ergibt. Dies ist insbesondere auf die nicht kostendeckenden Preise für Energie, Treibstoffe für Kraftfahrzeuge sowie für Wasser zu Bewässerungszwecken und für kommunale Verwendungszwecke zurückzuführen und außerdem auf die Vernachlässigung der Instandhaltung. Unzureichende Instandhaltungsmaßnahmen, die zu einer ineffizienten Erzeugung thermischer Energie führen, sind für einen Großteil der energiebezogenen Umweltverschmutzung verantwortlich. Die Vernachlässigung solider umweltpolitischer Maßnahmen im Verkehrsbereich – wie der sichere Umgang mit gefährlicher Fracht und die ordentliche Beseitigung der Abfälle von Schiffen, des Aushubs von Häfen sowie die Wartung von Fahrzeugen – ist ein weitverbreiteter Mangel. Mit die größten Herde für die städtische Umweltver-

---

Sonderbeitrag 1.7   Infrastrukturmaßnahmen bedrohen die Umwelt am Schwarzen Meer

Das Schwarze Meer hat ein Wassereinzugsgebiet von mehr als 2 Millionen Quadratkilometern, das Gebiete von siebzehn Ländern Mittel- und Osteuropas, der ehemaligen Sowjetunion und der Türkei umfaßt. In ihm münden mehrere große Ströme, wie die Donau, der Don, der Dnjepr und der Dnjestr. Als ein fast völlig von Land umgebenes Meeresbecken reagiert das Schwarze Meer besonders empfindlich auf Veränderungen hinsichtlich der Menge und Güte der Wasserzuflüsse aus diesen Strömen. Besonders der Don und der Dnjepr sind für Bewässerungszwecke und andere Vorhaben durch eine Kette von Staubecken in hohem Maße reguliert worden.

Steigende Schmutzfrachten aus diesen Flüssen – vor allem von den Nährstoffen Stickstoff und Phosphor – haben zu einer Algenblüte und der Zerstörung wichtiger Brutgebiete für Fische geführt. Außerdem hat die Stauung der wichtigsten Flüsse, die zugunsten der Schiffahrt, zur Verhinderung von Überschwemmungen, zur Wasserversorgung und – vor allem – für die Bewässerung vorgenommen wurde, die jahreszeitlichen Schwankungen bei den Zuflüssen aus diesen Strömen erheblich verändert. Der Bau von Staudämmen hat auch den gesamten Wasserzufluß in das Schwarze Meer reduziert, was zu einer Zunahme des Salzgehalts in kritischen Küstenregionen und Mündungsgebieten führte, insbesondere im Asowschen Meer, wodurch zusätzliche Probleme für die Fischbrut entstanden. Insgesamt ergab sich in den letzten dreißig Jahren ein Rückgang der einst ertragreichen Schwarzmeerfischerei um 90 Prozent.

Mit Unterstützung der Globalen Umweltfazilität der Weltbank initiierten die sechs Anrainerstaaten des Schwarzen Meeres (Bulgarien, Georgien, Rumänien, Rußland, die Türkei und die Ukraine) ein Regionalprogramm, um die Ursachen der beobachteten Umweltschäden zu analysieren und Lösungsmöglichkeiten vorzuschlagen. Man erwartet, daß Maßnahmen im Wassereinzugsgebiet zur Regulierung des Kunstdüngereinsatzes und zur Eindämmung einzelner Quellen der Umweltverschmutzung das Einschwemmen von Nährstoffen verringern werden. Es wurden Pilotprojekte vorgeschlagen, um die Fischproduktion unter den neuen Bedingungen der Salzbelastung wiederherzustellen. Im Rahmen des von der Weltbank unterstützten Umweltprojekts für Rußland wird eine Untersuchung über das Einzugsgebiet des unteren Don nach Möglichkeiten und Wegen suchen, um die Betreibungsvorschriften für die wichtigsten Staubecken zu ändern, damit flußabwärts eine stärkere Regeneration der Fischbestände gefördert wird.

Angesichts der Größe des Problems und wegen der Bedeutung dieser Staubecken für die Agrarwirtschaft der Ukraine und Rußlands wäre es unrealistisch, dramatische Veränderungen zu erwarten. Gleichwohl lassen die Kenntnis des Problems und die Entwicklung von Mechanismen für die regionale Zusammenarbeit Fortschritte jetzt viel wahrscheinlicher werden.

schmutzung waren häufig unregulierte, schlecht geplante oder unzulänglich betriebene kommunale Infrastrukturprojekte für die Wasser- und Abwasserversorgung. Bei den staatlichen Ausgaben für die städtische Müllbeseitigung hört das Interesse oft bei der Müllsammlung auf – nur wenige Städte in Entwicklungsländern genügen umweltpolitischen Standards für eine hygienische Mülldeponierung.

Viele Probleme bei der Infrastruktur verstärken sich gegenseitig und verursachen dadurch schwerwiegende volkswirtschaftliche und finanzielle Kosten, die es den Ländern erschweren, eine umfassendere Versorgung und modernere Leistungen zu erbringen, um den gesellschaftlichen und umweltpolitischen Zielen besser gerecht zu werden. Systemimmanente Probleme deuten auf systemimmanente Ursachen hin – und auf entsprechende Lösungen.

Diagnose und richtungsweisende Ansätze für Veränderungen

Die Bedingungen für eine Verbesserung der Ergebnisse: Ursachen und Abhilfen

Wenn die Funktionsweise des Infrastrukturbereichs unzureichend ist und schlechte Leistungen erbracht werden, kann die Lösung nicht einfach darin bestehen, den Anbietern vorzugeben, sie sollten mehr für die Instandhaltung tun und die Nutzer befragen. Die Unzulänglichkeiten bei der Bereitstellung der Infrastruktur sind dem *Anreizsystem* innewohnend, das ein Teil der gegenwärtigen institutionellen und organisatorischen Regelungen ist, bei denen Produktion und Einsatzfaktoren nicht streng gemessen, kontrolliert oder organisiert werden, und wo die Anbieter nicht auf die Zufriedenheit der Kunden angewiesen sind, um geschäftlich erfolgreich zu sein. Ein echtes Anreizsystem würde die Manager gegenüber den Nutzern und anderen, denen die Infrastrukturanlagen gehören und die sie finanzieren, *rechenschaftspflichtig* machen. Es würde auch den Managern *Unabhängigkeit* bei ihren Entscheidungen gewähren – und die Verantwortung für Erfolg oder Mißerfolg übertragen. Die Untersuchung dieses Berichts über die Erfahrungen mit der Infrastruktur in den staatlichen und privaten Sektoren spricht dafür, daß zur Herstellung der richtigen Anreize für eine effiziente und flexible Bereitstellung von Infrastrukturleistungen drei Faktoren ausschlaggebend sind. Dieses sind ein auf unternehmerischen Grundsätzen fußendes Management, Wettbewerb und die Einbeziehung der Benutzer und anderer Interessengruppen.

UNTERNEHMERISCHE GRUNDSÄTZE. Der Bereich der Infrastruktur muß als eine „Dienstleistungsindustrie" begriffen werden, die Güter bereitstellt, welche die Nachfrage der Kunden befriedigen. Eine derartige kommerzielle Orientierung steht in krassem Gegensatz zu der Lage in den meisten staatlichen Behörden und staatseigenen Versorgungsbetrieben, die unter zahlreichen und einander widersprechenden Zielsetzungen leiden sowie ein unzureichendes Rechnungswesen über Kosten und finanzielle Risiken aufweisen und die wenig Gewicht auf erzielte Einnahmen und die Qualität der bereitgestellten Leistungen legen. Unter solchen Umständen haben die Manager wenig Interesse daran, durch eine effiziente Betriebsführung oder geeignete Instandhaltungsmaßnahmen die Kunden zufriedenzustellen oder eine ordentliche Rendite auf die eingesetzten Aktiva zu erzielen. Die typischen Anbieter von Infrastrukturleistungen sind einer tiefgreifenden Einmischung von politischen Behörden ausgesetzt, wodurch die betrieblichen Entscheidungen über Investitionen, Preisgestaltung, Arbeitskräfte und technische Alternativen ungünstig beeinflußt werden. Es ist weitverbreitet, bestimmte Bereiche der Infrastrukturleistungen (wie Energie, Wasser, Häfen, Eisenbahnen, Flughäfen und die Telekommunikation) als potentiell „kommerzielle" Bereiche anzusehen, weil dies die Leistungen sind, für die es am leichtesten ist, durch Benutzergebühren oder Entgelte die Kosten für die Bereitstellung zu decken. Tatsächlich können aber fast alle Infrastrukturbereiche (sogar Straßen und die Kanalisation) mittels einer unternehmerischen Orientierung betrieben werden. Die Grundvoraussetzungen dafür sind eng gefaßte und klar definierte Erfolgskriterien, finanzielle und organisatorische Unabhängigkeit (mit strengen Budgetgrenzen) sowie eine eindeutige Rechenschaftspflicht gegenüber den Kunden und den Kapitalgebern.

WETTBEWERB. Wettbewerb fördert die Leistungsfähigkeit und bietet den Nutzern Alternativen, was wiederum die Anbieter von Infrastrukturleistungen stärker rechenschaftspflichtig macht. In den meisten Ländern hat der Staat den Spielraum für mehr Wettbewerb nicht genutzt, nicht einmal bei Aktivitäten ohne natürliches Monopol, wie beim Frachtverkehr auf der Straße oder bei der Müllabfuhr. Heute kann der Wettbewerb aufgrund technologischer Änderungen in mehr Infrastrukturbereichen unmittelbar nutzbar gemacht werden. In der Telekommunikation revolutioniert die Übertragung von Telefonsignalen via Satellit, Mikrowelle oder mobilen Radiostationen den Sektor, wodurch die positiven Skalenerträge bei einer Übertragung durch Kabelnetze an Bedeutung verlieren. In der Energieerzeugung arbeiten kombinierte Gasturbinen im Bereich niedriger Erzeugungsniveaus effizienter als andere Technologien der Stromerzeugung. Zwar ist für die Nutzer in vielen Infrastrukturbereichen ein offener Wettbewerb am Markt noch nicht machbar, doch gibt es andere Wege, um die Vorteile des Wettbewerbs zu nutzen. Bei Aktivitäten mit hohen einmaligen Kosten kann der Wettbewerb um die Betriebsrechte für ein Monopol einen Großteil der Vorteile abschöpfen. Sogar dort, wo die Zahl der Betreiber notwendigerweise begrenzt ist, kann eine Regulierung sie zwingen, anhand bestimmter Erfolgskriterien zu konkurrieren (Wettbewerb nach vorgegebenen „Eckwerten").

DIE EINBEZIEHUNG DER NUTZER UND ANDERER INTERESSENGRUPPEN. In vielen Infrastrukturbereichen kann man sich nicht darauf verlassen, daß Marktsignale Informationen über die Nachfrage liefern oder den Erfolg bemessen. Wo die Nutzer an ein Leistungsnetz gebunden sind, können sie ihre Präferenzen oder ihre Unzufriedenheit nicht durch eine anderweitige Wahl zum Ausdruck bringen. Unter derartigen Bedingungen sind andere Mittel erforderlich, um die Anbieter gegenüber den Nutzern rechenschaftspflichtig zu machen. Durch verschiedene Mechanismen, die eine größere Mitsprache bei der Entscheidungsfindung und einen offenen Zugang zu Informationen über die Bereitstellung von Infrastrukturleistungen bieten sollen, können die Nutzer und andere wichtige Interessengruppen bei der Planung, Finanzierung und Bereitstellung der Leistungen beteiligt werden (und manchmal Verantwortung übernehmen).

Anstöße durch günstige Gelegenheiten

Viele der oben gemachten Anmerkungen sind nicht neu, und einige sind prinzipiell von den politisch Verantwortlichen akzeptiert, wenn auch noch nicht erfolgreich in die Praxis umgesetzt worden. Drei Faktoren – der technologische Wandel, pragmatischere Einstellungen und ein stärkeres Gespür für die Auswirkungen der Infrastruktur auf die Armut

und die Erhaltung der Umwelt – haben ein neues Reformklima geschaffen. Innovative Methoden, wie man auf eine private Investitionsfinanzierung zurückgreifen kann, stellen für die traditionellen Wege der Bereitstellung von Infrastrukturleistungen neue Herausforderungen dar. Viele Länder nutzen jetzt diese günstigen Gelegenheiten, um neue Ideen und Ansätze zu testen, die in späteren Kapiteln dieses Berichts erörtert werden.

TECHNOLOGIE. Der technologische Wandel bietet für fast jeden Sektor eine Fülle neuer Chancen, um die Art und Weise, wie die Infrastruktur bereitgestellt wird, zu verändern – insbesondere dadurch, daß die Entbündelung diverser Aktivitäten leichter durchzuführen ist. Mikroelektronische Kontrollgeräte und unschädliche Testverfahren können die Bewertung von Infrastruktureinrichtungen erleichtern (zu niedrigeren Kosten), wobei es oft möglich ist, die Untersuchungen durch einen Beauftragten vornehmen zu lassen, der nicht der Betreiber ist – wie durch den Eigentümer oder die regulierende Behörde. Ferngesteuerte Geräte zur Inspektion von Leitungssystemen und der Übergang von der analogen zur digitalen Schaltung in der Telefontechnik haben die Wartung erheblich vereinfacht und die Wartungskosten gesenkt. Elektronische Informationssysteme, wie geografische Aufzeichnungen, verbessern die Investitionsplanung und die Investitionsentwürfe sowie die Koordinierung verschiedener Netzwerke. Technologien, die eindeutig effizienter, robuster und flexibler als frühere Verfahren sind, ermöglichen es den Entwicklungsländern, in bestimmten Sektoren Übergangsphasen zu „überspringen", die früher bei Ländern mit hohem Einkommen durchschritten werden mußten. Beispielsweise gründete Brasilien seine Expansion des Telekommunikationswesens in den siebziger Jahren auf die entstehende Digitaltechnik und erleichterte dadurch die Entwicklung informationsorientierter Industrien. Allerdings verzögerten in den achtziger Jahren politisch induzierte Probleme die Modernisierung des Sektors.

NEUER PRAGMATISMUS. Eine neue Einstellung, die aus einem verbesserten Verständnis der relativen Stärken und Schwächen des Staates und des Marktes herrührt, bietet ebenfalls die Gelegenheit zur Reform der Bereitstellung von Infrastrukturleistungen. In den achtziger Jahren führten die Bemühungen vieler Länder, den Umfang ihres übermäßig ausgeweiteten Staatssektors zu verringern, zu einer realistischeren Betrachtung dessen, was der Staat und der Markt leisten können und was nicht. Die weltweite Liberalisierung der Märkte und die Experimente mit verschiedenen Formen privaten Engagements in zahlreichen Sektoren haben einen neuen Erfahrungsschatz gebildet, der diese pragmatische Haltung unterstützt. Auch theoretische und institutionelle Entwicklungen haben zur Klärung der Frage beigetragen, wann eine Regulierung nötig ist und wie deren Anwendung verbessert werden kann. Alle diese Punkte führen zu zwei Schlußfolgerungen. Erstens, es gibt weniger Infrastrukturbereiche, die staatliche Eingriffe erforderlich machen, als man früher glaubte. Zweitens, falls staatliche Eingriffe nötig sein sollten, können sie durch Instrumente staatlicher Politik vorgenommen werden, die weniger verzerrende Wirkungen haben als die traditionell benutzten.

NEUES ENGAGEMENT FÜR SOZIALE UND UMWELTPOLITISCHE BELANGE. Politische Entwicklungen – wie der in vielen Ländern zu registrierende Trend nach Demokratie, Pluralismus und Dezentralisierung – haben das Interesse dafür geweckt, besser tragbare und umweltpolitisch verträglichere Lösungen für die Infrastruktur zu finden. Dieses Engagement führte dazu, daß man die Notwendigkeit der Konsultierung örtlicher Gemeinschaften, der Armen und der von Umwelteinflüssen betroffenen Gruppen höher einschätzte. Gleichzeitig wurden die Anstrengungen verstärkt, um mehr Verantwortung für die Bereitstellung von Infrastrukturleistungen auf örtliche Regierungsstellen zu übertragen, die Mitwirkungsmöglichkeiten zu steigern und die Selbsthilfe zu fördern.

Das Bewußtsein dafür, daß die Armen (und die kommenden Generationen) Bevölkerungsteile darstellen, um die man sich kümmern muß, hat die Suche nach alternativen Wegen der Leistungsbereitstellung oder der Nachfragesteuerung beschleunigt, um dadurch den Versorgungsgrad zu erhöhen, bei gleichzeitiger Vermeidung der Umweltprobleme. Relativ einfache Veränderungen bei den Planungsansätzen für Abwasseranlagen und verbesserte Entwürfe für Latrinen haben Kommunen mit niedrigem Einkommen den Bau von Kanalisationssystemen finanziell tragbar gemacht und Privatinitiativen bei der Finanzierung, der Instandhaltung und der Herstellung von Einzelteilen ermöglicht. Die steigende Zahl technischer, wirtschaftlicher und institutioneller Alternativen zur konventionellen Abwasserreinigung kann den Bedarf an kostspieligen Kläranlagen reduzieren. Die Länder verwenden Alternativen zu großen oberirdischen Bewässerungssystemen – wie Tropf-Fontänen oder Sprinklersysteme sowie Kanäle geringer Tiefe mit Pumpen, die den Wasserstand nur gering anheben müssen; diese kommen dem Wasserbedarf der Bauern voll entgegen und sind auch ökologisch tragbar. Es gibt ein neues Interesse an nichtmotorisierten Verkehrsmitteln, wie Fahrrädern und Handkarren, sowie an einfachen Verbesserungen im Straßenwesen, durch die die Mobilität in ländlichen und städtischen Regionen erhöht wird. Das Wissen um die Notwendigkeit, die knappen Ressourcen zu schonen, führte dazu, unnötige Infrastrukturinvestitionen zu vermeiden – beispielsweise durch die Förderung des Recyclings und die Wiederverwendung fester Abfallstoffe, durch Verringerung des Abfalls und der Abwässer beim Benutzer und durch Steuerung der Nachfrage nach Wasser, Energie und Verkehrsleistungen (Kapitel 4). In diesen Bereichen lernen die Industrie- und Entwicklungsländer voneinander.

Der Weg voraus:
Ein Fahrplan für Reformen

Die Kenntnis der Fehler in der Vergangenheit und die sich bietenden neuen Chancen machen es erforderlich, einen neuen Anlauf zu unternehmen, um zu untersuchen, welche Rolle der Staat oder sonstige öffentliche Behörden und der private Sektor bei der Bereitstellung effizienterer und reagiblerer Infrastrukturen spielen sollten. Die Herausforderung besteht darin, solche Gebiete zu bestimmen, wo wettbewerbsorientierte Marktkräfte arbeiten können und solche, wo ein staatliches Handeln erforderlich ist. Innerhalb dieser großen Spannweite gibt es ein Menü institutioneller Optionen, die es den Regierungen, staatlichen Behörden und privaten Gruppen gestatten, für verschiedene Aspekte der Leistungsbereitstellung Verantwortung zu übernehmen (und zwar sowohl gewinnorientiert als auch nicht gewinnorientiert). Die Wahl der einzelnen Optionen wird von Land zu Land unterschiedlich ausfallen, je nach den besonderen ökonomischen, institutionellen und sozialen Merkmalen. Das Spektrum der Optionen ist breit, doch lassen sich vier Hauptansätze unterscheiden:

• Option A: Staatliches Eigentum und staatlicher Betrieb durch staatliche Unternehmen oder Behördenstellen.

• Option B: Staatliches Eigentum, aber bei privater Verantwortung für den gesamten Betrieb (und für die finanziellen Risiken).

- Option C: Privateigentum und privater Betrieb.
- Option D: Leistungsbereitstellung durch das Gemeinwesen und die Benutzer.

Die folgenden Teile des Berichts erörtern, wie durch eine Verbesserung des Anreizsystems eine effizientere und verantwortlichere Bereitstellung von Infrastrukturleistungen erreicht werden kann – durch bessere Mechanismen der Rechenschaftspflicht und der Unabhängigkeit. Kapitel 2 erörtert Möglichkeiten, um in einer staatlichen Behörde oder einer Regierungsstelle Rechenschaftspflicht herzustellen (Option A), etwa durch Einführung unternehmerischer Grundsätze und durch organisatorische Umstrukturierungen (Umwandlung in unternehmerische Rechtsformen). Es untersucht auch vertragliche Instrumente, die eine bessere Kontrolle ermöglichen und bessere Betriebsergebnisse zur Folge haben, und erörtert geeignete Methoden zum Erreichen der finanziellen Unabhängigkeit.

Bei Fehlen eines wirksamen Wettbewerbs sind unternehmerische Grundsätze oft nur sehr schwer dauerhaft durchzusetzen. Kapitel 3 diskutiert Umfang und Techniken zur Installierung von Marktkräften, um dadurch die Rechenschaftspflicht durch Wettbewerb und – wo Wettbewerb allein nicht ausreicht – durch Regulierung herzustellen. Kapitel 3 untersucht auch die Erfahrungen mit staatlichem Eigentum bei privater Betriebsführung (Option B), wobei der Wettbewerb um den Markt genutzt wird, sowie Privateigentum und private Betriebsführung (Option C). Beide Kombinationen erfordern angemessene sektorale Umstrukturierungen, um die Chancen für den Wettbewerb zu maximieren und die Last der Regulierung zu mildern.

Kapitel 4 untersucht Probleme, die weder durch eine Betriebsführung nach unternehmerischen Grundsätzen noch durch Wettbewerb allein überwunden werden können – Probleme externer (vor allem umweltpolitischer) Effekte, der Verteilungsgerechtigkeit und der Notwendigkeit einer Koordinierung der Investitionen. Es erörtert Ansätze für Bewertungsmaßnahmen und für die Herstellung der Rechenschaftspflicht bei sozialen und umweltpolitischen Belangen, und zwar durch Dezentralisierung der staatlichen Verantwortlichkeiten, durch Beteiligung der Benutzer und anderer Interessengruppen (einschließlich der Formen der „Selbsthilfe", Option D) sowie durch Planung. Kapitel 5 untersucht, wie Methoden zur Finanzierung der Infrastruktur Anreize für eine größere Effizienz schaffen können, indem sie den disziplinierenden Druck, der von den privaten Finanzmärkten ausgeht, mobilisieren. Weil unterschiedliche Aspekte der Bereitstellung von Infrastrukturleistungen auch unterschiedliche Risiken mit sich bringen, untersucht das Kapitel, wie eine angemessene Mischfinanzierung, die verschiedene Quellen und Finanzierungsinstrumente (private und staatliche) nutzt, zu einem besseren Risikomanagement führen kann – zusätzlich zur Mobilisierung größerer Mittel für Infrastrukturinvestitionen. Kapitel 6 kehrt noch einmal zur Auswahl der Optionen zurück und zeigt, wie diese in unterschiedlichen Sektoren und Ländern angewendet werden können. Die Bedingungen für eine erfolgreiche Umsetzung dieser Optionen werden ebenfalls skizziert. Das Kapitel schließt mit einer umfassenden Bewertung der ökonomischen und finanziellen Vorteile, die die Länder erzielen können, sofern sie den in diesem Bericht dargelegten Reformvorschlägen folgen.

2
Der Betrieb öffentlicher Einrichtungen nach unternehmerischen Grundsätzen

Erfolgreiche Anbieter von Infrastrukturleistungen, im öffentlichen oder im privaten Sektor, orientieren sich im allgemeinen an wirtschaftlichen Gesichtspunkten und sind durch drei grundlegende Merkmale gekennzeichnet:
- Sie besitzen klare und schlüssige Ziele, die sich auf die Bereitstellung von Leistungen konzentrieren.
- Ihre Unternehmensleitung ist autonom, und sowohl die Manager wie auch die Beschäftigten sind für die Ergebnisse verantwortlich.
- Sie genießen finanzielle Unabhängigkeit.

Die Prinzipien, die diesen Merkmalen zugrundeliegen, gelten gewöhnlich für ein privates Unternehmen, sind aber für Organisationen im öffentlichen Sektor keineswegs selbstverständlich. Der Staat ist gezwungen, viele unterschiedliche ökonomische, soziale und politische Ziele abzuwägen, und normalerweise wirken sich diese Ziele auf die Aktivitäten aller Organisationen des öffentlichen Sektors aus, einschließlich der am Ausbau der Infrastruktur beteiligten Unternehmen. In ähnlicher Weise wird das Personalmanagement im öffentlichen Sektor oft durch zahlreiche Restriktionen daran gehindert, Verantwortlichkeit herzustellen sowie gute Leistungen zu belohnen. Zudem hängt der finanzielle Status von öffentlichen Einrichtungen und Unternehmen oft von Budgetentscheidungen ab, die in keiner Beziehung zur Leistung stehen, sowie von Preisen, die von der Politik bestimmt werden. Diese Faktoren stehen häufig einem rationalen Management entgegen.

Viele argumentieren, daß organisationsbedingte Mißerfolge und schlechte Resultate zwingende Argumente darstellen, um Anstrengungen zur Reform des öffentlichen Sektors aufzugeben und sich statt dessen bei Infrastrukturleistungen auf das Angebot des privaten Sektors zu verlassen. Das zunehmende Vertrauen in den privaten Sektor, wie es im Kapitel 3 diskutiert wird, mag für einige Länder und Bereiche berechtigt sein. Trotzdem ist es aus (mindestens) vier Gründen wichtig, die Effizienz des öffentlichen Sektors zu steigern. Erstens, unter Berücksichtigung der derzeitigen dominanten Stellung des Staates wird der öffentliche Sektor in den meisten Ländern und in den meisten Bereichen auch in absehbarer Zukunft weiterhin die primäre Verantwortung für das Angebot von Infrastrukturleistungen tragen. In den ärmsten Ländern werden sich die derzeit geringen Fähigkeiten des privaten Sektors nur langsam verbessern. Zweitens, auch bei einer dynamischen Beteiligung des privaten Sektors werden manche Bereiche – wie Straßennetze und wichtige öffentliche Bauvorhaben – überwiegend Domäne des öffentlichen Sektors bleiben. Drittens, nur ein effizienter öffentlicher Sektor wird die Beteiligung des Privatsektors ermöglichen – eine entmutigte und ineffiziente staatliche Baubehörde wird wahrscheinlich nicht den Willen oder die Fähigkeit aufbringen, die Instandhaltung von Straßen auszulagern. Viertens, viele Regierungen in Entwicklungsländern werden sich (aus strategischen, regulatorischen oder politischen Gründen) dafür entscheiden, einen großen Teil der Verantwortung für den Bau und den Betrieb von Infrastruktureinrichtungen im öffentlichen Sektor zu belassen, wie es viele Länder mit hohem Einkommen getan haben.

Es ist daher entscheidend, die Effizienz der Anbieter von Infrastrukturleistungen im öffentlichen Sektor zu verbessern (Option A in Kapitel 1). Dies kann dadurch bewerkstelligt werden, daß drei Kerninstrumente zur Stärkung des unternehmerischen Handelns im öffentlichen Sektor angewendet werden:

• Durch die Umwandlung staatseigener Unternehmen in juristische Personen oder Kapitalgesellschaften (Unternehmensumwandlung) werden öffentliche Einrichtungen quasi unabhängig, und am Ausbau der Infrastruktur beteiligte Unternehmen (Infrastrukturunternehmen) werden vor nicht-kommerziellem Druck und Zwängen abgeschirmt.

• Explizite Verträge zwischen dem Staat und (staatlichen oder privaten) Managern beziehungsweise privaten Einrichtungen im Infrastrukturbereich erhöhen die Unabhängigkeit und die Verantwortlichkeit durch die Festlegung von Leistungszielen, die auch staatlich definierte Zielsetzungen enthalten.

• Durch eine Preisstrategie, die auf Kostendeckung abzielt, wird eine erstrebenswerte Form der finanziellen Unabhängigkeit für öffentliche Versorgungsunternehmen und manchmal sogar für den öffentlichen Tiefbau geschaffen.

Lehren aus Erfolgen und Mißerfolgen

Obwohl der öffentliche Sektor kräftig investiert hat, um den Infrastrukturbestand zu erhöhen (Kapitel 1), ist er bei der Verwaltung der laufenden Infrastrukturleistungen weniger erfolgreich gewesen. Die Erfahrungen deuten darauf hin, daß die oben beschriebenen unternehmerischen Prinzipien Schlüsselelemente sind, die erfolgreiche Anbieter auszeichnen und die erfolglosen Anbietern fehlen.

Was der Erfolg lehrt

Die schlechten Ergebnisse vieler öffentlicher Einrichtungen bedeuten nicht, daß der öffentliche Sektor unfähig ist, es besser zu machen. Eine neuere Studie über die Privatisierung von zwei ehemals gut geführten öffentlichen Energiebetrieben in Chile zeigt, daß das private Management Produktivitätssteigerungen von nur 2,1 Prozent in einem Fall beziehungsweise von weniger als 4 Prozent im anderen Fall erzielte. Da diese Betriebe schon nach unternehmerischen Prinzipien geführt wurden, waren die Gewinne durch die Privatisierung zehn- bis zwanzigmal geringer, als es sonst der Fall gewesen wäre. Es gibt viele andere Beispiele für die erfolgreiche öffentliche Bereitstellung von Infrastrukturleistungen – Mexiko bei der Energieversorgung, Korea und Singapur in den meisten oder allen Sektoren, Togo bei der Wasserversorgung, um nur einige wenige zu nennen. Bis vor kurzem wurde die Wasserversorgung in Botsuana ebenfalls nach unternehmerischen Grundsätzen betrieben und hatte ein beneidenswertes Leistungsergebnis zu verzeichnen (Sonderbeitrag 2.1).

Was ist das Geheimnis eines solchen Erfolgs? Ein gemeinsames Merkmal ist ein hoher Grad der Unabhängigkeit der betreffenden Einrichtungen. Die Unabhängigkeit von Management und Organisation bedeutet keine vollständige Freiheit: Alle öffentlichen Anbieter sind der regulatorischen Aufsicht der für sie zuständigen Ministerien unterworfen. Der Staat legt klare Politiken und Ziele fest, während er die detaillierte Planung und Ausführung der Leistungen den Anbietern überläßt. Die Delegation von Verantwortung und der bewußte Verzicht auf politische Interventionen sind ein Grund dafür, warum diese öffentlichen Einrichtungen ausgezeichnete Manager behalten haben und warum sie Stabilität in der mittleren Führungsebene sowie professionelle Strukturen aufweisen. Erfolgreiche Organisationen im öffentlichen Sektor genießen zudem finanzielle Stärke. Gebühren decken (wenigstens) die Erfordernisse für das laufende Geschäft und die Instandhaltung ab, während eine effektive Kostenrechnung die Ausgaben kontrolliert. Offensichtlich wird ein gutes Verhältnis zu den Kunden angestrebt, wenn man auf Kostendeckung durch die Beiträge der Nutzer angewiesen ist. Erfolgreiche öffentliche Organisationen arbeiten außerdem oft (aber nicht generell) mit privaten Vertragspartnern zusammen und nutzen privates Kapital beim Betrieb und bei der Instandhaltung von Infrastrukturobjekten.

Was der Mißerfolg lehrt

Eine Untersuchung von vierundvierzig Ländern, in denen die Weltbank Projekte zur Verbesserung der Infrastruktur finanziert, deckte die häufigsten Probleme in sechs Infrastrukturbereichen auf (Tabelle 2.1). Unklare Ziele, fehlende Unabhängigkeit und Verantwortlichkeit der Unternehmensleitung, finanzielle Probleme, sowie Schwierigkeiten bei der Lohnfestlegung und der Arbeitskräftebeschaffung sind ständig wiederkehrende Probleme für die betroffenen öffentlichen Einrichtungen.

Die Ziele der Anbieter von Infrastrukturleistungen aus dem öffentlichen Sektor sind oft vage und inkonsistent. Bei der Festlegung von Zielen für

Infrastrukturanbieter ist es notwendig, über einfache finanzielle Zielvorgaben hinauszugehen, insbesondere, wenn ein großer Teil der Bevölkerung keinen Zugang zu den betreffenden Leistungen hat. Die Ziele können auch quantitative Vorgaben beinhalten, wie die Erhöhung des Versorgungsgrades der Nutzer oder die Ausweitung der Kapazitäten. Beim Fehlen solcher Ziele haben öffentliche Anbieter oft nicht erkannt, daß einige Konsumentengruppen – wie die Armen und die Landbevölkerung – bereit sind, für Leistungen zu zahlen, weshalb darauf abgezielt werden sollte, sie zu erreichen. Ob in Afrika, Lateinamerika oder Südasien, Wasser- und Energieversorgungsbetriebe erhalten vom Staat unterschiedliche Signale darüber, wo sie ihre Leistungsnetze ausbauen sollen. Die Landbevölke-

---

Sonderbeitrag 2.1   Der richtige Weg zur Führung eines öffentlichen Versorgungsunternehmens: Ein Blick auf die Wasserversorgungsgesellschaft Botsuanas

Die 1970 gegründete Wasserversorgungsgesellschaft Botsuanas (BWUC) hat zwei Hauptaufgaben: die wichtigsten Stadtgebiete des Landes mit Trinkwasser zu versorgen und einen sich finanziell selbst tragenden Dienst zu betreiben.

BWUC steht unter der Verwaltungshoheit des Ministeriums für mineralische Rohstoffe und Wasserwirtschaft. Der stellvertretende Minister ist Vorsitzender des Aufsichtsrates, und bislang hat er eine politische Einflußnahme auf die Aktivitäten der BWUC erfolgreich abwehren können. In gewissem Maße konnte dies dadurch erreicht werden, daß Managementaufgaben ausgelagert wurden (bis 1990 meistens an Ausländer, danach aber zunehmend an Inländer). Der einzige Nachteil dieser Vereinbarung besteht vermutlich darin, daß die Verträge nur zwei Jahre laufen. Deshalb werden kurzfristige Lösungen für Probleme angestrebt, da die Manager die Auswirkungen ihrer Entscheidungen möglichst noch während der Zeit demonstrieren wollen, in der sie unter Vertrag stehen.

BWUC hält eine Wasserversorgung von hoher Qualität rund um die Uhr für ihr gesamtes Liefergebiet aufrecht. Botsuana ist deshalb eines der wenigen Länder Afrikas mit einer sicheren städtischen Wasserversorgung. Die Wasserverluste in Höhe von ungefähr 15 Prozent im Verteilungsnetz und 10 Prozent beim Abwasser und bei der Aufbereitung sind akzeptabel. Der Gesamtverlust von etwa 25 Prozent würde von Versorgungsunternehmen in vielen Industrieländern als ein gutes Ergebnis angesehen werden. Diese niedrigen Verluste spiegeln die hohe Qualifikation der Ingenieure der BWUC wider, die durch konkurrenzfähige Gehälter gewonnen werden.

BWUC erhebt kommerziell orientierte Gebühren, die an die Bedingungen in den Städten Botsuanas angepaßt sind, und die Tarife werden bei Bedarf erhöht. Die Zähler werden monatlich abgelesen, und die Konsumenten erhalten monatlich eine Rechnung, die innerhalb von 30 Tagen zu begleichen ist. Die Versorgung wird sofort unterbrochen, wenn keine Zahlung erfolgt, für den Wiederanschluß werden Gebühren erhoben. Es gibt kaum Anzeichen dafür, daß Konsumenten, deren Anschluß abgestellt wurde, sich mit anderen Verbrauchern einen Anschluß teilen, um weiter Wasser zu beziehen. BWUC zögert nicht bei Preisanpassungen, die zur Steuerung der Nachfrage erforderlich sind. In den Jahren 1985 und 1986 wurden die Gebühren erhöht, um den Auswirkungen einer schweren Dürre zu begegnen. Diese Maßnahme drückte die Nachfrage effektiv bis zu dem Punkt, wo jedermann während der Dürre eine Mindestmenge Wasser bezog, so daß Rationierungen vermieden werden konnten. Die Außenstände liegen gewöhnlich unter 2 Prozent des Umsatzes, was den Erfolg des strengen Fakturierungs- und Inkassoverfahrens bestätigt.

Eine Familie mit sechs Personen, die pro Kopf ungefähr 100 Liter am Tag verbraucht, zahlt etwa 8,85 Dollar im Monat – annähernd 8 Prozent ihres Einkommens. Ein Rückgang des Verbrauchs auf 80 Liter senkt die Wasserrechnung auf ungefähr 5 Prozent des Einkommens. Eine wohlhabendere Familie mit einem doppelt so hohen Verbrauch würde etwa 32,25 Dollar im Monat zahlen. Diese Gebühren sind im Vergleich mit ähnlichen Versorgungsunternehmen in Afrika hoch, aber sie bewirken einen sparsamen Verbrauch und stellen sicher, daß das Versorgungsunternehmen nicht von Subventionen des Staates oder anderer Wirtschaftsbereiche abhängig ist.

Eine beachtenswerte Errungenschaft ist das System „einer Rechnung" für staatliche Verbraucher. Das Finanzministerium begleicht alle monatlichen Rechnungen des Staates und zieht die Beträge von den Zuweisungen an die jeweiligen Ministerien oder Abteilungen ab. Durch dieses Verfahren wird vermieden, daß sich bei den staatlichen Nutzern von Infrastrukturleistungen Zahlungsrückstände ansammeln, wie es anderswo üblich ist.

In jüngster Zeit ergaben sich für das Versorgungsunternehmen jedoch Probleme. Nach einem über zwanzigjährigen erfolgreichen Betrieb wird es für BWUC immer schwieriger, die Gebühren in der erforderlichen Weise anzupassen. Verzögerungen bei den Tarifanpassungen können kurzfristig politisch vorteilhaft sein, aber sie werden zu einem zunehmenden Wasserverbrauch führen und die Risiken von Wasserknappheit in diesem wasserarmen Land erhöhen.

Tabelle 2.1 Häufige Managementprobleme in Infrastruktureinrichtungen des öffentlichen Sektors, 1980–92

(Prozentsatz von Weltbank-Krediten, bei denen Bedingungen zur Lösung des Problembereichs auferlegt wurden)

Sektor	Anzahl der Kredite	Ursache des Problems			
		Unklare Zielsetzungen	Mangel an Management-Autonomie und -Verantwortlichkeit	Finanzielle Probleme	Probleme mit Löhnen und Arbeitskräften
Elektrizität	48	27,1	33,3	72,9	31,3
Wasser	40	25,0	40,0	70,0	35,0
Telekommunikation	34	14,7	35,3	52,9	32,4
Eisenbahnen	39	15,4	20,5	53,8	33,3
Straßen	35	8,6	22,9	40,0	40,0
Häfen	28	21,4	35,7	32,1	42,9

Quelle: Weltbank-Datenbasis (ALCID).

rung ist oft das Hauptopfer inkonsistenter offizieller Prioritäten gewesen. Dort führte das Versagen des Staates bei der Erhöhung des Versorgungsgrades dazu, daß sich die Nutzer nach alternativen Formen der Leistungsbereitstellung umsehen mußten (Kapitel 4).

Vielen anderen Problemen liegt ein Mangel an Autonomie und Verantwortlichkeit zugrunde. Finanzielle Schwierigkeiten, Überbeschäftigung und unklare Ziele entstehen, weil die Manager keine Kontrolle über die täglichen Betriebsabläufe haben oder über Preise, Löhne, Beschäftigung und das Budget nicht entscheiden können. Unter solchen Umständen sind die Manager selten motiviert, größere Anstrengungen zu unternehmen. Beispielsweise wurde in Ghana durch eine Reform im Jahre 1985 der Leiter der Exekutive eines Versorgungsunternehmens seinem Vorstand gegenüber verantwortlich gemacht. Zusätzliche Bestimmungen haben jedoch nach und nach die Verantwortlichkeiten zu dem betreffenden Ministerium zurückverlagert und so erneut direkte politische Eingriffe ermöglicht. Das Problem verschlimmerte sich sogar noch, als leistungsorientierte Gratifikationen, die zur Motivation von Managern und Beschäftigten eingeführt worden waren, integraler Bestandteil der Gehaltsstruktur wurden und dadurch ihre Anreizfunktion verloren.

Das dritte Problem, finanzielle Schwierigkeiten, entsteht üblicherweise bei Energie- und Wasserversorgungsunternehmen, wenn politisch motivierte Gebührenanpassungen hinter dem Anstieg der Kosten zurückbleiben. Solche Schwierigkeiten reflektieren die mangelnde Unabhängigkeit der Unternehmensleitung und den Versuch, unterschiedliche Ziele zu erreichen, ohne die Infrastruktureinrichtungen hierfür zu entschädigen – beispielsweise werden Gebühren niedrig gehalten, um den Preisauftrieb zu dämpfen. Drei Preisstopps im öffentlichen Sektor führten in Brasilien zwischen März 1985 und Ende 1989 zu einer drastischen Senkung der realen Gebühren für Hafendienste um 59 Prozent, für Eisenbahnen um 32 Prozent und für die Telekommunikation um 26 Prozent. Im Ergebnis hatten die öffentlichen Unternehmen höhere Verluste zu verzeichnen, die das Gesamtdefizit des öffentlichen Sektors in die Höhe trieben und die Anti-Inflationsstrategie zum Scheitern verurteilten.

Lohn- und Beschäftigungsprobleme haben ihre Wurzeln oft in den ersten drei Problemen. Viele Versorgungsunternehmen im Infrastrukturbereich sind personell überbesetzt, da der Staat sie zur Schaffung von Arbeitsplätzen im öffentlichen Sektor mißbraucht und die zusätzlichen Kosten auf die Steuerzahler oder die Konsumenten weiterwälzt. Diese Praxis führt vielfach dazu, daß für die Instandhaltung nicht genug Mittel aufgebracht werden. Die Überbesetzung höhlt die Autonomie der Unternehmensleitung aus, sie verwischt die organisatorischen Ziele und schafft finanzielle Probleme, speziell im Verkehrswesen, aber auch in anderen Sektoren. Während der achtziger Jahre erhöhte eines der größten Wasserversorgungssysteme in Ostasien seine berechneten Leistungen um 132 Prozent, ein Zuwachs, der normalerweise zu einem Rückgang der Personalkosten pro erzeugter Einheit führen würde. Im gleichen Zeitraum wurde die Belegschaft jedoch um 166 Prozent aufgestockt, wodurch der Vorteil höherer Einnahmen wieder verschwand.

Ein anderes Beschäftigungsproblem besteht darin, daß öffentliche Einrichtungen, obwohl sie häufig überbesetzt sind, selten ausreichend arbeitsintensive Methoden nutzen. Dies kann sowohl kosteneffizient sein als auch die Qualität der Infrastruktur in den Bereichen Straßen, Wasserversorgung und Sanitärwesen, Bewässerung sowie städtische Infrastruktureinrichtungen verbessern. In Afrika südlich der Sahara haben öffentliche Stellen häufig kapital- und ausrüstungsintensive Methoden beim Bau von übermäßig großzügigen Straßen angewandt, die gewöhnlich kapitalintensiv instandgehalten werden müssen. Die Beseitigung solcher Fehlentwicklungen führt oft zu einer besseren Nutzung lokaler Ressourcen, und sie kann auch eher mit den Zielen Umweltschutz und Armutsverringerung in Einklang stehen. In Ruanda wurde beispielsweise die Beschäftigung um 240 Prozent erhöht (vor allem von niedrig entlohnten, ungelernten Arbeitern, wie sie überwiegend unter den Armen zu finden sind), nachdem man zu einem auf vermehrtem Arbeitseinsatz basierenden Bau von Neben- und Schotterstraßen überging. Dadurch konnten außerdem sowohl die gesamten Kosten als auch die Importe um jeweils etwa ein Drittel vermindert werden.

Der Staat kann diese vier häufig auftretenden Probleme vermeiden und die Erfolgschancen erhöhen, indem er Organisationen schafft, die nach unternehmerischen Prinzipien geführt werden. Die Unternehmensumwandlung schirmt Organisationen vor vielen staatlichen Beschränkungen und Zwängen ab. Dies bedeutet aber nicht, daß die Anbieter von Infrastruktur in der Lage sind, ihr eigenes Programm und ihre eigenen Ziele festzulegen. Der Staat als Eigentümer öffentlicher Infrastrukturunternehmen oder -gesellschaften legt weiterhin ihre grundlegenden Ziele fest – wenn nötig durch explizite Verträge – und reguliert ihr Verhalten in der Weise, daß ein angemessener Ertrag für die Investitionen der Allgemeinheit sichergestellt wird. Neben der Unabhängigkeit der Unternehmensleitung und eindeutig festgelegten Zielen müssen die Preise entweder durch die Anbieter oder die regulierenden Stellen auf einem Niveau festgelegt werden, das finanzielle Stärke und Anreize gewährleistet.

Unternehmensumwandlung

Die explizite Ausgliederung der Anbieter von Infrastrukturleistungen aus dem Staatssektor beginnt damit, daß eine öffentliche Stelle in ein öffentliches Wirtschaftsunternehmen überführt wird, um die Unabhängigkeit ihres Managements zu erhöhen. Viele Länder haben einen solchen Wechsel bei der Wasser- und Energieversorgung sowie den Eisenbahnen erreicht, während dies bei Hafendiensten ein neueres Phänomen ist. Die Unternehmen sind dazu verpflichtet, mit ihrem Leistungsangebot die Nachfrage zu befriedigen, viele besitzen aber nicht die rechtliche unternehmerische Unabhängigkeit, die nötig ist, um effiziente Betriebsabläufe zu gewährleisten.

Der nächste Schritt ist die Umwandlung des staatseigenen Unternehmens in eine juristische Person oder Kapitalgesellschaft, die dem Unternehmen einen unabhängigen Status verschafft und es den gleichen rechtlichen Anforderungen wie private Betriebe unterwirft. Unternehmensumwandlung bedeutet, daß das Unternehmen dem normalen Wirtschafts- und Steuerrecht, den Rechnungslegungsvorschriften und Wettbewerbsregeln sowie den Arbeitsgesetzen unterliegt und geringeren staatlichen Eingriffen ausgesetzt ist. In der Praxis gelingt diese Transformation nicht immer vollständig, da öffentliche Organisationen keinem adäquaten Wettbewerb ausgesetzt sind oder nicht ausschließlich kommerzielle Zielsetzungen verfolgen. Zum Beispiel impliziert die Unternehmensumwandlung, daß öffentliche Bedienstete Verträge nach den gewöhnlichen Arbeitsgesetzen erhalten. Selbst bei unternehmerischen Strukturen widerstrebt es öffentlichen Einrichtungen oft, ihre Belegschaft abzubauen. Die Erfahrung von Entwicklungsländern legt nahe, daß die für eine erfolgreiche Umstrukturierung notwendige Durchsetzung der normalen Arbeitsgesetze sowie eines Stellenabbaus politisch akzeptabler – und damit nachhaltiger – ist, wenn Entlassungen mit Abfindungszahlungen verbunden werden. Eine solche Erfahrung hat man bei dem argentinischen Eisenbahn-Reformprogramm gemacht (Sonderbeitrag 2.2).

Die Umwandlung einer staatlichen Stelle oder eines Ministeriums in ein öffentliches Unternehmen gestaltet sich beim öffentlichen Tiefbau schwieriger als bei öffentlichen Versorgungsbetrieben – und der Straßenbau stellt eine besondere Herausforderung dar. Trotzdem findet die Umwandlung von Straßenbauämtern in öffentliche Baugesellschaften (wie in Neuseeland) Interesse, da dies ein Weg ist, um die Leistungen zu verbessern, insbesondere auf dem Gebiet der Instandhaltung. Die Ausgaben für Hauptverkehrsstraßen werden entsprechend den geschätzten verkehrsbezogenen Kosten geplant, und die Nutzungsgebühren werden dann in der Weise kalkuliert, daß sie die von unterschiedlichen Fahrzeugtypen verursachte Abnutzung widerspiegeln. Dieser Ansatz ist jedoch sehr neu, und obwohl er Vorbild für ähnliche Strategien gewesen ist (wie beispielsweise in Tansania), ist es noch zu früh, um seine Tauglichkeit zu beurteilen.

Ein unmittelbarer Vorteil der Unternehmensumwandlung ergibt sich aus der Einführung des betriebswirtschaftlichen Rechnungswesens. Die ex-

> **Sonderbeitrag 2.2 Abfindungszahlungen erleichtern den Personalabbau bei der argentinischen Eisenbahn**
>
> Ende der achtziger Jahre hatte Argentina Railways etwa 95.000 Beschäftigte und ein jährliches Defizit in Höhe von 1 Prozent des BIP. Seit Mitte der siebziger Jahre übertraf die Lohnsumme stets die Einnahmen. Schätzungen deuteten darauf hin, daß eine Halbierung des Personalbestandes das Leistungsniveau nicht tangieren würde.
>
> In den vergangenen Jahren wurden umfangreiche Reformen vorgenommen. Es wurden Konzessionen an den privaten Sektor zum Betrieb aller Frachtlinien und der Personenbeförderung im Raum Buenos Aires vergeben. Der Intercity-Personenverkehr wurde um zwei Drittel eingeschränkt, um die Verluste zu begrenzen und die Beschäftigung abzubauen. Die Weltbank unterstützte die anfänglichen Reformanstrengungen, indem sie (mit Hilfe eines Anpassungsdarlehens) die Kosten der Abfindungszahlungen für 30.000 freiwillig in den Vorruhestand getretene Mitarbeiter finanzierte. Die Abfindungszahlung belief sich für jeden in den Ruhestand getretenen Mitarbeiter auf ungefähr zwei Jahreslöhne. Wirtschaftsprüfer bescheinigten, daß die Abfindungen nur an solche Mitarbeiter geleistet wurden, deren Arbeitsverträge gekündigt wurden, und daß die Zahlungen mit den Arbeitsgesetzen sowie den Abfindungen in anderen Sektoren in Einklang standen. Außerdem wurden Maßnahmen ergriffen, um eine Wiedereinstellung zu verhindern.
>
> Die externe Finanzierung der anfänglichen Anpassungsmaßnahme erhöhte die Glaubwürdigkeit des Reformprozesses und minderte den Widerstand der Gewerkschaften. Außerdem wurde dadurch der Weg für weitere, aus staatlichen Mitteln finanzierte, Beschäftigungsabbaurunden bereitet. Schließlich wurden über einen Zeitraum von zwei Jahren 60.000 Arbeitnehmer in den Ruhestand versetzt.

plizite Kostenrechnung deckt unrentable Aktivitäten und Quellen von Ineffizienzen auf, so daß die Kosten und Nutzen in öffentlichen Unternehmen und staatlichen Stellen transparenter werden. Beispielsweise begann in Ghana ein Versuch zur Reform der großen Versorgungsbetriebe mit der Entwicklung eines leistungsfähigen Rechnungswesens zur Erfassung der Kosten. Die Maßnahme der Regierung, Transferleistungen an Unternehmen zu stoppen, die finanziell unabhängig werden konnten, zwang diese Unternehmen, geeignete Kostenrechnungsmethoden anzuwenden. Innerhalb von zwei Jahren wurden die realen Betriebskosten der staatlichen Verkehrsgesellschaft um 67 Prozent gesenkt, wodurch ihre Einnahmen von 92 auf 111 Prozent der gesamten Betriebskosten stiegen.

Organisatorische Veränderungen sind auf dem Papier immer einfacher als in der Praxis. Es erfordert viel Zeit und Mühe, eine öffentliche Stelle in ein öffentliches Unternehmen umzuwandeln. Allein die Einführung und vollständige Anwendung von Standardverfahren des Rechnungswesens kann bis zu fünf Jahre in Anspruch nehmen, was viele Politiker in Osteuropa gerade herausfinden. Ebenso schwierig ist es, alle anderen Probleme zu lösen. Die Versorgungsbetriebe in Ghana befinden sich seit sieben Jahren in einem Wandlungsprozeß, und es liegt immer noch ein weiter Weg vor ihnen. Und zehn Jahre dauerte es, die wichtigsten Häfen Indonesiens vollständig in selbständige Unternehmen zu überführen (Sonderbeitrag 2.3).

Festgelegte Ziele und eine verantwortliche Unternehmensführung

Die Unternehmensumwandlung liefert zwar eine Organisationsstruktur, aber dadurch wird lediglich das Problem der staatlichen Leitung in die leichter handhabbare aber immer noch schwierige Aufgabe einer unternehmerischen Leitung überführt. Organisatorische Veränderungen allein führen weder zu klaren Zielen, noch schaffen sie Anreize für die Manager, die Ziele einzuhalten. Viele *Regierungen* argumentieren, daß ihre Behörden und Betriebe bereits nach unternehmerischen Prinzipien geführt werden, dies hätte den Betriebsleitern aber nicht geholfen, die Effizienz zu steigern. Viele *Manager* führen an, daß die ihnen gegebene Unabhängigkeit zu begrenzt sei, um effektiv zu arbeiten, und daß sie zu leicht widerrufen werden könne. Viele *Arbeitnehmer* sagen, daß sie nur wenig zu effizientem Arbeiten motiviert werden, da gute und schlechte Leistungen gleich behandelt werden. Und viele *Nutzer* würden einwenden, daß die Unternehmensumwandlung ihnen keine verbesserten oder erweiterten Leistungen gebracht hat. Solche Bedenken gibt es insbesondere in Afrika und Südasien, wo Umstrukturierungen öffentlicher Versorgungsunternehmen und staatlicher Stellen weitverbreitet gewesen sind, die Ergebnisse aber oft enttäuschend blieben. Lateinamerikanische Länder haben einen radikaleren Wechsel zu Privateigentum bevorzugt (Kapitel 3).

Sonderbeitrag 2.3 Die Umwandlung der wichtigsten Häfen Indonesiens dauerte zehn Jahre

In Indonesien gibt es drei formale Stufen bei der Übernahme von unternehmerischen Prinzipien. Zunächst überführt man eine staatliche Behörde in ein staatliches Unternehmen. Dann geht das Unternehmen in eine Körperschaft über, die noch kommerzielle und nichtkommerzielle Ziele verfolgt. Schließlich wird die Körperschaft in ein gewinnorientiertes Unternehmen umgewandelt, an dessen Eigentum der Privatsektor beteiligt sein kann. Die Häfen haben jetzt diese dritte Stufe erreicht.

Die Reform der indonesischen Hafenverwaltungen begann 1983. Zuvor war das Management aller 300 Häfen beim Directorate General of Sea Communications, einer staatlichen Behörde, zentralisiert. Die meisten dieser Häfen besaßen veraltete Anlagen und konnten die Bedürfnisse ihrer Region nicht befriedigen. Mitte 1983 beschloß die Regierung, die Verwaltung von 90 Häfen zu dezentralisieren. Es wurden vier neue öffentliche Hafenkörperschaften gegründet, mit Hauptsitzen an den vier größten Häfen.

Zwei Jahre verstrichen, bevor die Regierung das Problem der Überregulierung anging, das ein Haupthindernis für den Erfolg der neuen Körperschaften blieb. Außerdem zeigten die Manager noch kein klares Verständnis für ihre Verantwortlichkeiten und Rechenschaftspflichten. Daneben mangelte es ihnen an Unabhängigkeit, um die ihrer Ansicht nach notwendigen Reformen umzusetzen. Diese Probleme wurden 1988 angegangen, als ein effektives Programm zur Kostenkontrolle die Ausgaben um 5 Prozent verminderte und die Einnahmen der größten Hafenkörperschaft um 20 Prozent erhöhte. Zwischen 1987 und 1992 stiegen die Einnahmen fast doppelt so schnell wie die Ausgaben.

Zehn Jahre nach Beginn des Reformprozesses stellen sich die Hafenkörperschaften dem Markt. Der Wettbewerb verspricht, hart zu werden: Einer jüngst durchgeführten Untersuchung ausländischer Investoren zufolge rangiert die Hafen-Infrastruktur Indonesiens auf etwa dem gleichen Niveau wie diejenige Australiens, erreicht aber nicht das Niveau anderer Häfen in der Region, wie in Hongkong, Malaysia und Singapur.

Die Einführung von marktwirtschaftlichen Prinzipien kann einen Beitrag zur Lösung des Problems der Unternehmensführung leisten. Aufgabe des Staates ist es, einen angemessenen Wettbewerb zu erlauben, den regulatorischen Spielraum festzulegen und die Manager zur Gewinnmaximierung oder zur Erzielung der geplanten Ertragsraten anzuhalten. Auch wenn diese Lösung für manche Sektoren und Leistungen langfristig effektiv ist, wirft sie doch zumindest zwei Probleme auf. Erstens sind die Anbieter offensichtlich in vielen Fällen gerade deswegen im öffentlichen Sektor anzutreffen, weil es Grenzen für die Gewinnmaximierung gibt – entweder weil die Leistungen öffentliche Güter sind (wie es bei Straßen der Fall ist) oder weil die Regierungen andere Ziele als den Gewinn verfolgen. Da die Leistungsanbieter zweitens eine Monopolmacht besitzen, muß die Preisregulierung außerhalb des anbietenden Betriebes erfolgen (siehe Kapitel 3).

Wenn Marktlösungen nicht anwendbar sind, um Probleme der Unternehmensführung im öffentlichen Sektor anzugehen, kommen drei andere Ansätze in Frage, um die Beziehungen zwischen dem Staat und den Anbietern von Infrastrukturleistungen zu gestalten.

• *Leistungsvereinbarungen* belassen alle Entscheidungen im öffentlichen Sektor. Mit ihrer Hilfe wird versucht, die Verantwortlichkeit von Beschäftigten und Managern zu erhöhen und die Einstellung auf die Betriebsabläufe zu verbessern, indem die Leistungserwartungen sowie die Rollen, Verantwortlichkeiten und Vergütungen aller Beteiligten klar definiert werden.

• *Managementverträge* übertragen die Verantwortung für die Führung eines Betriebes – wie eines Hafens, eines Energie- oder Wasserversorgungsunternehmens – auf private Anbieter. Sie erhöhen die Unabhängigkeit der Unternehmensleitung und mindern die Risiken von politischen Eingriffen im täglichen Betrieb einer öffentlichen Einrichtung.

• *Dienstleistungsverträge* übertragen die Verantwortung für die Bereitstellung einer bestimmten Leistung zu niedrigeren Kosten auf private Anbieter. Ebenso kann sich der öffentliche Sektor durch solche Verträge bestimmte Fähigkeiten oder Sachkenntnisse sichern, die er selbst nicht besitzt – wie zum Beispiel bei der technischen Gestaltung. (Die Übertragung aller Geschäfte auf den privaten Sektor durch Leasingvereinbarungen oder Konzessionsvergabe wird im Kapitel 3 diskutiert.)

Bei geeigneter Ausgestaltung können mit Hilfe dieser Verträge Organisationsmängel beseitigt werden. Sie können in staatlichen Baubehörden genauso effektiv sein wie in einem öffentlichen Versorgungsunternehmen. Viele Regierungen interessieren sich für solche Verträge, da sie nicht die Aufgabe der öffentlichen Eigentümerschaft zur Folge haben.

Leistungsvereinbarungen

In den meisten Infrastrukturbereichen sind zwischen dem Staat (als Unternehmenseigner) und den Managern ausgehandelte Leistungsvereinbarungen erprobt worden. Diese Art der Vereinbarung entstand zuerst in Frankreich, wo ihr Hauptzweck darin bestand, wechselseitige Pflichten von Staat und Managern zu fixieren. In Korea, eines der ersten asiatischen Länder, das Leistungsvereinbarungen nutzte, wurden zusätzlich explizit leistungsorientierte Anreize sowohl für die Manager als auch für die Beschäftigten eingeführt. In den meisten neueren Verträgen versuchte man, solche Anreizsysteme zu übernehmen.

OFFENLEGUNG VON INFORMATIONEN ZUR BESSEREN ZIELAUSRICHTUNG. Um die Quellen mangelnder Anreize zu identifizieren, muß der Staat Informations- und Bewertungssysteme zur Leistungskontrolle entwickeln. Die Informationskomponente konzentriert sich sowohl auf die Entwicklung von standardisierten Finanz- und Kostenrechnungsverfahren als auch auf genaue quantitative und qualitative Indikatoren. Beim Straßenbau beinhalten diese Indikatoren beispielsweise Maßstäbe für den Zustand des Straßennetzes, dessen Nutzung und Management, die Verwaltung, Produktivität und Finanzierung. Das Aushandeln einer Leistungsvereinbarung, die die meisten dieser Indikatoren enthält, ermöglichte dem Straßenbauamt des Bundesstaates Santa Catarina im Süden Brasiliens eine konkretere Festlegung seiner Ziele. Im Ergebnis haben sich die Prioritäten gewandelt und konzentrieren sich nun stärker als früher auf die Erhaltung und Wiederherstellung von Straßen. Für alle Ausgabenkategorien sind spezifische Ziele festgelegt worden. Man erwartet, daß der Anteil der befestigten Straßen in schlechtem Zustand von 18 Prozent im Jahre 1991 bis Ende 1994 auf 4 Prozent fällt. Der Personalbedarf wurde nach Zahl und Qualifikation beurteilt, wodurch ein Abbau der Beschäftigtenzahl von 3.149 Mitarbeitern im Jahre 1990 auf 1.885 im Jahre 1993 erreicht wurde. Bereits 10 Prozent aller Wartungsarbeiten sind in den privaten Sektor ausgelagert worden – und die Leistungsvereinbarung sieht eine Zunahme auf 25 Prozent bis 1995 vor. Ähnliche Reformen werden in den Bundesstaaten Maranhão, Piaui und Tocantins eingeführt.

ANREIZE EINBAUEN. Diese Komponente besteht aus mehreren Elementen. Das erste ist die Aussicht auf eine größere Unabhängigkeit der Unternehmensleitung sowie auf Prämien für Arbeitnehmer und Manager bei der Erfüllung vereinbarter Leistungsziele. Einige Vereinbarungen in Indien, Korea und Mexiko beinhalten Zulagen von bis zu 35 Prozent der gesamten Löhne. Die Koreaner sehen in nicht-finanziellen Vorteilen – wie feierlichen Prämienverteilungen oder Presseberichterstattungen – einen Schlüsselfaktor für ihren Erfolg mit diesen Verträgen. Die Entlassung von unqualifiziertem Personal stellt eine der in Korea angewendeten Sanktionen dar (Sonderbeitrag 2.4). Das zweite Anreizelement, das in diese Vereinbarungen integriert werden kann, bezieht sich auf deren Dauer. Kürzere Vereinbarungen (ein Jahr, wie in Korea oder Mexiko) sind effektiver, da sie häufigere Beurteilungen ermöglichen, auch wenn dies mit zeitraubenden Neuverhandlungen verbunden ist.

Der dritte gemeinsame Leistungsanreiz besteht in der Bedeutung, die verschiedenen Leistungsindikatoren nach sorgsamer Verhandlung zwischen den beteiligten Managern und der Regierung eingeräumt wird. Die in Mexiko im Jahre 1989 von der staatlichen Elektrizitätskommission und der Regierung unterzeichnete Vereinbarung verteilte die Gewichte nach folgenden Prioritäten: 44 Prozent für Produktivitätssteigerungen, 23 Prozent für eine erhöhte Effizienz der Betriebsabläufe, 18 Prozent für die Erreichung von administrativen und finanziellen Zielen sowie 15 Prozent für Verbesserungen der Leistungsqualität. Durch diese Gewichtsverteilung gelang es jedoch nur teilweise, den Managern und Beschäftigten ein besseres Gefühl für die Prioritäten zu vermitteln sowie Anreize zur Konzentration auf die wichtigen Dinge anstelle der leicht zu erreichenden Ziele zu schaffen. Im Jahre 1991 ergab sich die folgende Liste der erzielten Resultate in der Rangfolge abnehmender Wichtigkeit: Effizienz, Leistungsqualität, Produktivität, administratives und finanzielles Ergebnis – nicht gerade eine gute Übereinstimmung mit den ursprünglichen Prioritäten und Gewichten.

WAS HABEN LEISTUNGSVEREINBARUNGEN ERREICHT? Leistungsvereinbarungen sind in Ostasien häufig erfolgreich gewesen, dank der ausdrücklich unternommenen Anstrengungen, in die Verträge Anreize für Manager und Arbeitnehmer aufzunehmen und diese zu kontrollieren. Der Einsatz von Leistungsvereinbarungen verdreifachte die Rentabilität des eingesetzten Kapitals des staatlichen koreanischen Elektrizitätsunternehmens innerhalb eines Zeitraums von sieben Jahren (Sonderbeitrag 2.4). Diese Vereinbarungen erwiesen sich auch bei der Reform von Straßenbauämtern als nützlich, wie

Sonderbeitrag 2.4 Was ist das Besondere an den koreanischen Leistungsvereinbarungen?

Die Leistungsvereinbarungen in Korea sind ein Resultat der Reform der öffentlichen Unternehmen im Jahre 1983. Die Vereinbarungen zielen darauf ab, eine vergleichende Beurteilung der kurz- und langfristigen Leistungen aller Manager zu ermöglichen (anstatt sich nur auf das Unternehmen zu konzentrieren), die zur Beurteilung notwendige Information zu sichern, die Vergütungen der Manager und Beschäftigten leistungsabhängig zu gestalten und den Beurteilungsprozeß unabhängigen Wirtschaftsprüfern zu übertragen. Korea ist mit Leistungsbewertungen erfolgreicher als die meisten anderen Länder gewesen. Obwohl einige Unternehmen in den letzten Jahren finanzielle Schwierigkeiten hatten, haben sie im allgemeinen ihre nicht-kommerziellen Ziele erreicht.

Welche Art von Leistungsindikatoren wird verwendet? Leistungsindikatoren werden ausgewählt, um die Ergebnisse im Vergleich zum Trend und im Hinblick auf die vereinbarten Ziele zu messen. Die Orientierungsgrößen basieren im allgemeinen auf internationalen Erfahrungen und werden in Absprache mit unabhängigen Außenstehenden abgeleitet, um mögliche Interessenkonflikte zu minimieren. Die Ziele werden jährlich festgelegt und beurteilt, um die Verantwortlichkeiten zu stärken. Quantitative Indikatoren machen im allgemeinen 70 Prozent der erreichbaren Punktzahl aus. Die wichtigsten quantitativen Indikatoren sind Rentabilität und Produktivität. Andere quantitative Indikatoren sind sektorspezifisch, sie erfassen Merkmale wie die Reichweite des Angebots oder den mengenmäßigen Ausstoß. Qualitative Indikatoren konzentrieren sich auf die Unternehmensstrategie, Forschung und Entwicklung, Verbesserung des Management-Informationssystems sowie interne Kontrollsysteme. Die Indikatoren werden zu einem Indikator für die öffentliche Rentabilität zusammengefaßt, indem ein gewichtetes Mittel der Ergebnisse jedes einzelnen Indikators gebildet wird.

Was ist die Informationsbasis für die Beurteilung? Korea profitiert nun von einer soliden Basis im Finanz- und Rechnungswesen, das dem Management klar festgelegte Leistungsziele vorgibt. Die Verbreitung standardisierter Rechnungslegungsverfahren ist sicher zum Teil damit zu erklären, daß diese zu den Leistungsindikatoren gehören.

Wie ist die Leistung mit der Vergütung verknüpft? Um die Rechenschaftslegung gegenüber den Nutzern von Infrastrukturleistungen zu erhöhen, wird die leistungsorientierte Rangordnung öffentlicher Betriebe in der Presse veröffentlicht. Die besten Manager gewinnen nicht nur an Prestige, sondern erhalten auch eine finanzielle Kompensation. Die jährlichen Bonuszahlungen an die Mitarbeiter und die Karriereaussichten ihrer Manager sind mit dem Rang ihres Unternehmens verbunden.

Das Resultat? Innerhalb von drei Jahren verbesserte sich die Managementleistung der Vorstände, Direktoren und Abteilungsleiter in mindestens 60 Prozent der Betriebe beträchtlich. Noch dramatischer stieg die Kapitalrentabilität öffentlicher Unternehmen (im Fall der Energie- und Telekommunikationsbetriebe) von weniger als 3 Prozent vor 1984 auf mehr als 10 Prozent gegen Ende des Jahrzehnts.

---

die Erfahrung der Anbieter bestätigt. In Afrika wurden durch Leistungsvereinbarungen keine solch eindrucksvollen Resultate erzielt. Während nicht-kommerzielle Ziele oft verbessert worden sind, wie eine Erhöhung des Versorgungsgrades ländlicher Gebiete, wurden die finanziellen Ziele häufig verfehlt. Im Senegal waren Anstrengungen zur Kostendeckung anfangs erfolgreich, innerhalb von drei Jahren lagen die Kosten jedoch wieder auf dem Niveau, das sie vor der Einführung von Leistungsvereinbarungen hatten. In diesem Fall scheiterten die Leistungsvereinbarungen an dem Versäumnis, Leistungsanreize für Manager und Arbeitnehmer einzuführen. Die Schwierigkeiten vieler Vereinbarungen bei der Differenzierung von Leistungsprämien im Staatsdienst erklären, warum die meisten Experten geringe Erwartungen in solche Vereinbarungen für Afrika setzen und vorschlagen, sich mehr auf die unten diskutierten anderen Alternativen zu stützen.

Managementverträge

Managementverträge übertragen die Verantwortung für ein breites Spektrum von Betriebs- und Wartungsarbeiten auf den privaten Sektor – gewöhnlich für drei bis fünf Jahre. Dieser Ansatz kann effektiver sein, als sich auf eine Leistungsvereinbarung zum Erreichen ähnlicher Ziele zu verlassen. Ein für die staatliche Energiegesellschaft in Guinea-Bissau ausgehandelter Managementvertrag zeigt, daß solche Verträge funktionieren können, wo viele Leistungsvereinbarungen fehlgeschlagen sind. Eine neue Führungsmannschaft hat es dort geschafft, den Stromabsatz in nur drei Jahren zu verdoppeln (Sonderbeitrag 2.5).

Wenn jedoch öffentliche Stellen einen privaten Vertragspartner daran hindern, die Schlüsselfunktionen zur Beeinflussung von Produktivität und Leistungsqualität zu kontrollieren – wie das Personal- und Beschaffungswesen oder das öffentlich

> **Sonderbeitrag 2.5 Managementverträge in Guinea-Bissau –
> Ein Erfolgsbericht?**
>
> Nach der Einsetzung eines fünfköpfigen Managerteams unter einem Auslands-Managementvertrag verbesserte sich die Leistung der nationalen Elektrizitätsgesellschaft von Guinea-Bissau. Zuvor waren Stromausfälle an der Tagesordnung, und die meisten Regionen hatten nur wenige Stunden am Tag Strom. Vergleichbare Statistiken für 1987 und 1990 zeigen die Wende. Die jüngsten Erfahrungen verdeutlichen jedoch die Schwierigkeiten in den Beziehungen zwischen der Unternehmensleitung und der Regierung.
>
> **Tabelle 2.5 A Erfolgsbilanz des nationalen Stromversorgungsunternehmens von Guinea-Bissau**
>
> | Indikator | 1987 | 1990 | 1993 |
> |---|---|---|---|
> | Installierte Kapazität (Megawatt) | 7,2 | 10,3 | 11,1 |
> | Betriebsbereite Kapazität (Megawatt) | 2,2 | 7,5 | 9,9 |
> | Kapazitätsfaktor (Prozent) | 32 | 51 | 42 |
> | Treibstoffverbrauch (Kilogramm je Kilowattstunde) | 0,300 | 0,254 | 0,275 |
> | Systemverluste (Prozent) | 30 | 26 | 24 |
> | Stromabsatz (Millionen Kilowattstunden) | 14 | 28 | 27 |
> | Durchschnittlicher Erlös (Dollar je Kilowattstunde) | 0,12 | 0,25 | 0,22 |
>
> Der Auslands-Managementvertrag wurde in einer gemeinsamen Initiative des französischen Ministeriums für Zusammenarbeit, des Entwicklungsprogramms der Vereinten Nationen, der Afrikanischen Entwicklungsbank und der Weltbank abgeschlossen. Damit wurde die Fehlleitung ausländischer Hilfe vermindert. (In den vorangegangenen zehn Jahren belief sich die ausländische Hilfe für die Energieversorgung auf mehr als das Dreifache des geschätzten Wertes der Gesellschaft am Ende des Zeitraums.)
>
> Anfang des Jahres 1994 traten jedoch ernsthafte Probleme auf. Trotz wirtschaftlicher Tarife war das Versorgungsunternehmen nicht in der Lage, Einnahmen zur Finanzierung einer Ausweitung der Kapazitäten – oder manchmal sogar des laufenden Betriebs – zu erzielen, was erneut zu Energieknappheiten und Leistungsminderungen führte. Diese prekäre Finanzlage des Unternehmens resultierte aus einer starken Zunahme der Außenstände infolge der Schwierigkeiten beim Einzug der Forderungen. Der Staat reklamierte stetige Stromlieferungen für sogenannte „kritische" Funktionen, obwohl dessen unbezahlte Rechnungen die finanziellen Probleme verursachten. Außerdem gab es im Privatsektor einen Wildwuchs an Schwarzanschlüssen, ungeachtet der Bemühungen des Unternehmens, dies zu verhindern.

bereitgestellte Betriebskapital – kann dieser nicht für das Gesamtergebnis verantwortlich gemacht werden. Im allgemeinen ist ein solcher Vertrag nicht erfolgreich. Das ist der Grund, warum ein neuer Managementvertrag, der für ein Elektrizitätswerk in den Philippinen abgeschlossen wurde, innerhalb von neun Monaten fehlschlug. Als die neuen Manager und die Regierung unterschiedliche Ansichten über das Beschäftigungsniveau und dessen Zusammensetzung hatten, wurde der Vertrag gebrochen, ungeachtet der raschen Verbesserungen, die durch das neue Management-Team im Wartungsbereich erzielt worden waren.

WANN SIND SIE EFFEKTIV? Managementverträge sind effektiver, wenn dem Vertragspartner weitgehende Unabhängigkeit bei der Entscheidungsfindung eingeräumt wird und wenn sich die Vergütung zumindest teilweise an der Leistung orientiert. In Frankreich, wo Managementverträge im Wasser- und Sanitärbereich üblich sind, besteht ein Anreiz für Produktivitätssteigerungen, indem die Vergütung des Vertragspartners mit Indikatoren wie weniger Sickerverluste und zusätzliche Anschlüsse verknüpft wird. Im Vertrag für die Elektrizitäts- und Wasserversorgungsgesellschaft von Guinea-Bissau wurden 75 Prozent der Vergütung garantiert, während die restlichen 25 Prozent von der Leistung abhängig sind. Managementverträge mit leistungsbezogener Bezahlung sind in der Regel erfolgreicher als solche mit fixen Gehältern – wie beispielsweise die traditionellen Beratungsverträge mit Managern. Vereinbarungen mit fixer Vergütung unterscheiden sich wenig von technischer Hilfe und sind selten erfolgreich. Leistungsanreize dürften jedoch nicht funktionieren, wenn eine Regierung in die Gebührenpolitik eingreifen kann. Im allgemeinen sind Managementverträge als Übergangsvereinbarungen nützlich, da sie privaten Firmen und öffentlichen Stellen erlauben, Erfahrungen mit solchen Partnerschaften zu sammeln, bevor man umfassendere Verträge eingeht oder während die regulatorischen Rahmenbedingungen entwickelt werden (beides wird in Kapitel 3 diskutiert).

Eine innovative Anwendung von Managementverträgen zeigt sich jüngst in der Erfahrung mit den

Agences d'Exécution des Travaux d'Intérêt Public (AGETIPs) in Westafrika. Die unternehmerische Verantwortung für städtische Infrastrukturprojekte ist auf nicht-gewinnorientierte, nicht-staatliche Einrichtungen ausgelagert worden, die ihrerseits die damit verbundenen öffentlichen Tiefbauarbeiten auslagerten. Eine erhöhte Beteiligung und Verantwortlichkeit des Managements haben den Erfolg der Projekte vergrößert. Das Vertragsmanagement hat sich verbessert und ebenso die Umsetzung der Verträge, indem es kleineren Firmen mit arbeitsintensiveren Techniken ermöglicht wurde, an der staatlichen Auftragsvergabe zu partizipieren. Der Einsatz von AGETIPs hat im Senegal zu 10- bis 15prozentigen Kostensenkungen pro Einheit bei lokalen Infrastrukturprojekten geführt (Sonderbeitrag 2.6).

Die Auslagerung von Leistungen

Die Auslagerung von Leistungen wird bei öffentlichen Anbietern von Infrastruktur zunehmend beliebter. Sie stellt ein flexibles und kosteneffizientes Instrument dar, um besser auf die Nutzer eingehen zu können. Außerdem kann dadurch der Sachverstand von Experten genutzt werden, die zu teuer sind, als daß sie dauerhaft vom Staat bezahlt werden könnten. Ebenso ermöglicht sie den Wettbewerb zwischen verschiedenen Anbietern, alle mit kurzfristigen und spezifischen Verträgen.

Am häufigsten werden Instandhaltungsleistungen ausgelagert. Beispielsweise werden Aufträge zur Generalüberholung von Elektrizitätswerken in den meisten Entwicklungsländern routinemäßig an Anlagenbauer oder Spezialisten vergeben. Lei-

---

Sonderbeitrag 2.6 AGETIPs: Die Beteiligung des privaten Sektors an der städtischen Infrastruktur in Afrika

Wenn der Staat bei der Ausführung von Infrastrukturprojekten schlechte Ergebnisse erzielt, warum sollte man diese Aufgabe nicht dem Privatsektor überlassen? Genau das geschieht in zehn westafrikanischen Ländern. Die Agences d'Exécution des Travaux d'Intérêt (AGETIPs) – nicht-gewinnorientierte, nicht-staatliche Einrichtungen zur Ausführung von Tiefbauarbeiten – gehen mit den Regierungen vertragliche Vereinbarungen ein, um Infrastrukturprojekte durchzuführen. AGETIP in Senegal hat – mit zwanzig professionellen Mitarbeitern – 330 Projekte in 78 Gemeinden abgewickelt. Die Agentur stellt Berater zur Konstruktion von Plänen, zur Vorbereitung der Ausschreibungen und zur Überwachung der Arbeiten ein. Außerdem hilft sie, die Ausschreibungen zu plazieren, die Angebote zu prüfen, die Verträge abzuschließen, den Fortschritt der Projekte zu kontrollieren und die Vertragspartner zu bezahlen. Bei der endgültigen Übergabe der Projekte vertritt AGETIP den Eigentümer.

AGETIPs nutzen einen integrierten Ansatz, um Projekte zu gestalten, die den Wettbewerb fördern und kleineren Vertragspartnern den Zugang erleichtern. Beim Projektentwurf werden örtliche Restriktionen, Arbeitsmärkte, begrenzte Produktionsleistungen kleinerer Anbieter, schwach ausgeprägte Identifikationsfähigkeit lokaler Verwaltungsstellen mit den Projekten, Verfügbarkeit von beratenden Architekten und Ingenieuren sowie ökonomische und soziale Gesichtspunkte von Teilprojekten berücksichtigt. Kriterien über die Nützlichkeit und zur Auswahl von Projekten werden aufgezeigt, wobei arbeitsintensive Methoden besonders beachtet werden. Offene Gebote unter Wettbewerbsbedingungen lassen ineffiziente Produzenten nicht zum Zuge kommen.

Die Leistungsauslagerung fördert die Entwicklung von lokalen Vertrags- und Beratungsfirmen, indem sie Nachfrage nach ihren Leistungen schafft. AGETIP in Senegal arbeitet zur Zeit mit 980 lokalen Vertragspartnern und 260 lokalen Beratern. Die Agentur hat die Eintrittsbarrieren gesenkt und neuen und schwächeren Firmen das Leben erleichtert, indem diese im Abstand von zehn Tagen ausbezahlt wurden; öffentliche Stellen benötigen dafür in der Regel mehrere Monate.

Die Unabhängigkeit der AGETIP-Manager erlaubt es ihnen, effizient, unparteiisch und transparent zu arbeiten, und der geschützte gesetzliche Status der Agenturen bewahrt sie vor politischem Druck. Ein straffes Informationssystem für die Unternehmensleitung und eine institutionell verankerte persönliche Verantwortlichkeit ermöglichen den AGETIP-Managern, jedes Projekt, jeden Lieferanten, alle Zahlungen und Außenstände zu kontrollieren. Alle konsolidierten Projektkonten werden in Abständen von sechs Monaten unabhängig überprüft. Außerdem gibt es alle zwei Monate Managementprüfungen und eine jährliche technische Prüfung.

Eine Analyse der AGETIP-Aktivitäten zeigt, daß ihr „korruptionsfreies Verhalten" dazu führte, daß die Projekte zum größten Teil fristgerecht mit einer Kostenüberschreitung von nur 1,2 Prozent des Portefeuilles fertiggestellt wurden (im öffentlichen Beschaffungswesen liegen die Kosten im Durchschnitt um 15 Prozent über den ursprünglichen Schätzungen). AGETIPs erzielen regelmäßig Stückpreise, die um 5 bis 40 Prozent unter denen liegen, die den Verwaltungen bei öffentlichen Ausschreibungsangeboten eingeräumt werden.

stungsauslagerungen sind außerdem die Regel bei der Planung und Ausführung von wichtigen Investitionsvorhaben im Baubereich, da es offensichtlich vorteilhaft ist, die Spezialkenntnisse von Ingenieuren und das Fachwissen von Architekten zu nutzen. Der Anbieter von Infrastruktur legt die Leistungskriterien für die vertraglich vereinbarten Dienste fest, wertet die Angebote der unter Wettbewerbsbedingungen erfolgten Ausschreibungen aus, überwacht den Fortgang der Projekte und zahlt die vereinbarten Gebühren für die erbrachten Leistungen. Die Leistungsauslagerung ist ein flexibles Mittel zur Ausführung vieler anderer Aufgaben, und der Erfahrungsschatz der Entwicklungsländer wächst. Standarddienstleistungen – wie das Rechnungswesen, die Datenverarbeitung und die Personalbeschaffung – werden ebenfalls häufig nach außen vergeben. Die Eisenbahnen in Pakistan haben Aktivitäten wie den Fahrkartenverkauf, Reinigungsdienste und die Kantinenversorgung ausgelagert. Private Vertragspartner führen in Kenia begrenzte Reparaturarbeiten an Lokomotiven aus und nehmen Wartungsarbeiten für die staatliche Eisenbahn vor. Seit den siebziger Jahren wird in Chile das Ablesen von Zählern und die Einziehung von Gebühren im Bereich der Wasserversorgung und Abwasserbeseitigung über Dienstleistungsverträge geregelt. Das Wasserwerk von Santiago hat seine Beschäftigten sogar ermutigt, das Unternehmen zu verlassen und sich um Dienstleistungsverträge zu bewerben.

Wie effektiv ist die Leistungsauslagerung? Die Auslagerung von Leistungen ist gewöhnlich kosteneffizienter als der Einsatz von öffentlichen Bediensteten für Wartungsarbeiten (bekannt als „Regiebetriebe"). In Brasilien verminderten sich infolge des Übergangs zu Leistungsverträgen die Kosten für die Instandhaltung von Straßen um ungefähr 25 Prozent bei unveränderter Qualität der Leistungen. In Kolumbien berechnen kleine ländliche Betriebe nur etwa die Hälfte der Gebühren, die von Regiebetrieben verlangt werden müßten, und sie erzielen insgesamt eine bessere Leistungsqualität. Ein zusätzlicher Nutzen dieser Verträge besteht darin, daß Arbeitsgruppen staatlicher Regiebetriebe effizienter arbeiteten, wenn sie mit privaten Vertragspartnern konkurrieren mußten. Eine Untersuchung der Vertragspartner legt jedoch nahe, daß weitergefaßte Wartungsverträge mit längerer Vertragsdauer erforderlich sind, um die Kapitalisierung und den Erwerb spezieller Ausrüstungsgüter durch den Vertragspartner zu rechtfertigen. Chile, das fast 80 Prozent seiner Straßenwartungsarbeiten mit Hilfe von Dienstleistungsverträgen ausführen läßt, geht jetzt zu umfassenderen Wartungsverträgen mit längerer Dauer über.

Die Auswahl des richtigen Vertragstyps

Welcher der drei Vertragstypen – Leistungsvereinbarungen, Managementverträge und Leistungsauslagerungen – der richtige ist, hängt von den jeweiligen Aktivitäten des Infrastruktursektors und den spezifischen Gründen für mangelhafte Ergebnisse bei der Leistungsbereitstellung ab. Da die Leistung einer öffentlichen Einrichtung von den Aktivitäten des Staates, der Manager und der Arbeitnehmer abhängt, ist der beste Vertrag derjenige, der die Anreize für die Gruppe am effektivsten verändert, welche die schlechtesten Ergebnisse erzielt.

Liegt das Problem beim Staat, so kann die Leistungsvereinbarung das bevorzugte Instrument sein, da Leistungsvereinbarungen auf wechselseitiger Basis abgeschlossen werden. Eine 1990 getroffene Leistungsvereinbarung des Wasserversorgungsunternehmens von Togo illustriert beispielsweise, wie Manager solche Vereinbarungen nutzen können, um die Regierung zu den notwendigen Tariferhöhungen zu bewegen. Die Leistungsvereinbarung war eine Ergänzung zur Kommerzialisierung des Unternehmens im Jahre 1984. Die Manager des Versorgungsunternehmens wünschten eine explizite Leistungsvereinbarung, um die Regierung zu Gebührenanhebungen zu verpflichten. Auch wenn infolge der Kommerzialisierung die nicht-finanziellen Ziele besser erreicht wurden – beispielsweise eine Zunahme der Zahl der Anschlüsse um 73,5 Prozent in nur fünf Jahren – verbesserten sich die finanziellen Ergebnisse nicht, da die Regierung die notwendigen Gebührenanhebungen nicht genehmigte. 1989 war das Kostendeckungsverhältnis 7 Prozent niedriger als 1984 (Schaubild 2.1). Die Leistungsvereinbarung war notwendig, damit die Regierung und der Wasserversorgungsbetrieb sich über die Schritte zum Erreichen der finanziellen Unabhängigkeit einigen konnten. Innerhalb eines Jahres lag das Kostendeckungsverhältnis um 16 Prozent höher als 1984. Wenn das Problem jedoch darin besteht, daß der Staat sich nicht genügend bindet, ist außer der Privatisierung wahrscheinlich kein Mittel besonders effektiv.

Liegt das Problem beim Management, hängt die Vertragswahl davon ab, ob es an Fähigkeiten oder Anreizen mangelt. Leistungsvereinbarungen mit

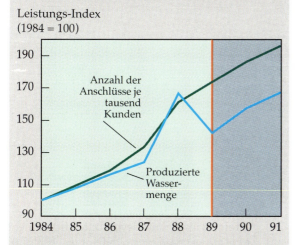

Schaubild 2.1 Die Übernahme wirtschaftlicher Grundsätze im Jahr 1984 erlaubte dem Wasserversorgungsunternehmen von Togo, seine Produktion und Reichweite auszudehnen ...

Leistungs-Index (1984 = 100)

- Anzahl der Anschlüsse je tausend Kunden
- Produzierte Wassermenge

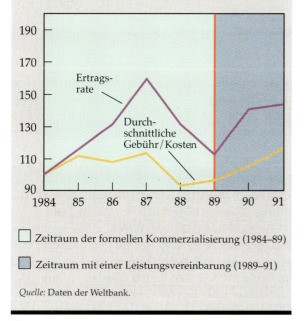

... aber 1989 war eine Leistungsvereinbarung nötig, um das finanzielle Ergebnis zu verbessern

- Ertragsrate
- Durchschnittliche Gebühr/Kosten

☐ Zeitraum der formellen Kommerzialisierung (1984–89)
☐ Zeitraum mit einer Leistungsvereinbarung (1989–91)

Quelle: Daten der Weltbank.

den angestellten staatlichen Managern setzen voraus, daß diese über adäquate Fähigkeiten verfügen. Damit sind leistungsorientierte Managementverträge bei Unternehmen mit unzureichenden Managementfähigkeiten kurzfristig effektiver, wie beispielsweise in Guinea-Bissau. Längerfristig können sowohl in Leistungsvereinbarungen als auch in Managementverträge Ausbildungsziele eingebaut werden.

Liegt das Managementproblem in den Anreizen, müssen Leistungsvereinbarungen einen eindeutigen Zusammenhang zwischen der Leistung und der finanziellen und nicht-finanziellen Vergütung der Manager herstellen. Dieser Ansatz ist in Korea erfolgreich gewesen, wo der Vorsitzende eines staatlichen Unternehmens, das innerhalb nur eines Jahres vom letzten Platz (Rang 24) in der Erfolgsliste öffentlicher Unternehmen auf den ersten Platz kletterte, zum stellvertretenden Minister ernannt wurde. Management- und Dienstleistungsverträge besitzen einen zusätzlichen Vorteil, indem sie den Beamten und den staatlichen Managern signalisieren, daß im Falle ihres Versagens bei der Leistungsbereitstellung Alternativen im privaten Sektor vorhanden sind. Die Androhung des Wechsels zu einem privaten Anbieter muß allerdings glaubwürdig sein, um effektiv zu sein. In Botsuana stellte das Wasserversorgungsunternehmen nach langjährigem Einsatz ausländischer Manager einen heimischen Manager ein, aber die Regierung hat bekundet, wieder Ausländer einzustellen, falls sich die Leistungen verschlechtern.

Liegt das Problem bei schlechten Resultaten der Beamten, dann müssen die Anreize über die Managementebene hinausgehen. Der Staat und die Manager können übereinkommen, in einer Leistungsvereinbarung die Gehälter sowie die nicht-finanziellen Vergütungen mit der Leistung der Arbeitnehmer zu verknüpfen. Wenn die Beschäftigten allerdings durch die arbeitsrechtlichen Bestimmungen des öffentlichen Dienstes geschützt werden, dürften weder Leistungsvereinbarungen noch Managementverträge ausreichen. Dann ist es effektiver, sich systematisch auf Dienstleistungsverträge zu stützen. Diesen Weg hat Chile eingeschlagen, um die Instandhaltung seines Straßennetzes zu verbessern. Dieser Ansatz garantiert, daß die Aufgaben erfüllt werden, und er ist eine Alternative zum Einsatz von Regiebetrieben.

Finanzielle Unabhängigkeit durch Preisgestaltung

Das dritte Element bei der erfolgreichen Bereitstellung von Infrastrukturleistungen auf kommerzieller Basis besteht in der Schaffung verläßlicher Einnahmequellen, die den Anbietern größere finanzielle Autonomie verleihen. Die Produktivität der Anbieter von Infrastrukturleistungen wird sich erhöhen, wenn sie Einnahmen erzielen, die direkt an die gelieferten Leistungen geknüpft sind. Häufig werden auch die Nutzer davon profitieren. Geringere staatliche Transferleistungen geben der Regierung weniger Gelegenheit zu Interventionen, was der Schlüssel für die Unabhängigkeit des Managements ist. Bei öffentlichen Versorgungsunternehmen erhöhen reduzierte Subventionen den Anreiz für die Manager, sich auf Kostensenkungen zu konzentrieren und die Kunden zufriedenzustellen, da die Zahlungen der Nutzer die Kosten der Leistungen decken müssen. Im öffentlichen Tiefbau wird sich die Finanzierung hauptsächlich auf staatliche Transferleistungen stützen müssen. Es liegt sowohl im Interesse der Manager als auch der Nutzer, die Prognostizierbarkeit und Stabilität der Einnahmequellen sicherzustellen. Eine größere Transparenz dieses Prozesses wird die finanzielle Unabhängigkeit des Managements erhöhen.

Preisgestaltung in öffentlichen Versorgungsunternehmen

Bei den öffentlichen Versorgungsunternehmen der Entwicklungsländer decken üblicherweise nur im Telekommunikationsbereich die Bruttoeinnahmen die Kosten (Schaubild 2.2). Gleichwohl werden auch hier die lokalen Dienste in der Regel unter Preis angeboten, wobei die Verluste durch deutlich über den Kosten liegende Gebühren für überregionale und internationale Leistungen kompensiert werden. Diese Differenz zwischen den Gebühren und den Kosten stellt eine Art von Besteuerung der Konsumenten dar. In allen anderen Sektoren werden die Nutzer in Höhe der Lücke zwischen Einnahmen und Kosten staatlich subventioniert. Diese Subventionen variieren von 20 Prozent beim Gas bis zu 70 Prozent beim Wasser. Diese niedrigen Verhältnisse zwischen Einnahmen und Kosten illustrieren, wie gering die Kostendeckung bei öffentlichen Versorgungsunternehmen ist; die auf diese Weise entstehenden finanziellen Verluste müssen durch staatliche Transfers geschlossen werden. Die jährlichen finanziellen Verluste von öffentlichen Wasserversorgungsbetrieben in Lateinamerika entsprechen 15 Prozent oder mehr des Betrages, der für eine Versorgung der gesamten Bevölkerung mit angemessenen Leistungen bis zur Jahrhundertwende investiert werden müßte.

Der beste Weg zur Verringerung der Lücke zwischen Kosten und Erträgen besteht darin, die Kosten zu senken und die Produktion effizient zu

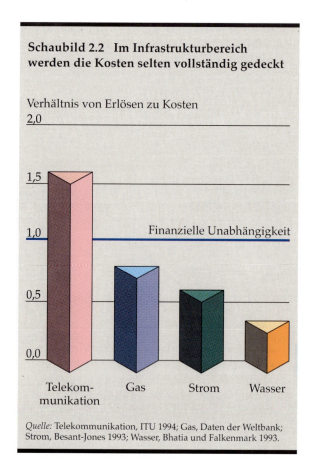

Schaubild 2.2 Im Infrastrukturbereich werden die Kosten selten vollständig gedeckt

Quelle: Telekommunikation, ITU 1994; Gas, Daten der Weltbank; Strom, Besant-Jones 1993; Wasser, Bhatia und Falkenmark 1993.

gestalten – dies ist vielleicht die wichtigste Lehre aus den Erfahrungen der Weltbank im Infrastrukturbereich. Aufgrund des schlechten Schuldenmanagements sind die Kosten in etwa einem Drittel der von der Weltbank unterstützten Infrastrukturprojekte übermäßig hoch. Durch unzureichende Instandhaltung bedingte Wasser- oder Energieverluste sind sogar noch häufiger und kostspieliger. Die nationale Wassergesellschaft in Costa Rica veranschlagt die jährlichen Einkommenseinbußen aufgrund solcher Verluste auf 24 Prozent der für die nächsten fünf Jahre geplanten Investitionssumme. Die Vernachlässigung von Instandhaltungsarbeiten und das Nachhinken der Gebührenanhebungen hinter den Kostensteigerungen im Wasserversorgungssektor führte Ende der achtziger Jahre in Mexiko-Stadt dazu, daß der Staat Subventionen in Höhe von etwa 0,6 Prozent des BIP pro Jahr leisten mußte.

Sobald die Kosten unter Kontrolle gehalten werden, können bewährte Prinzipien der Preisgestaltung helfen, finanzielle Unabhängigkeit zu erreichen und Störungen in der Allokation von Ressourcen zu vermindern – wie man am Erfolg so verschiedener Länder wie Botsuana, Chile, Korea und

Singapur sehen kann (Sonderbeitrag 2.7). Die Preispolitik im Infrastruktursektor dieser Länder hat das Ziel einer ausreichenden Kostendeckung, um die finanzielle Unabhängigkeit von öffentlichen Versorgungsunternehmen zu garantieren. Diese Strategie der Preisfestsetzung stellt darauf ab, die drei wichtigsten Kostenkomponenten der meisten Infrastruktureinrichtungen zu decken: Anschlußkosten, Nutzungskosten und Spitzenbelastungskosten.

Für die Kosten des Anschlusses eines Kunden und die Aufrechterhaltung dieses Anschlusses an Verteilungs- oder Sammelnetze wird gewöhnlich eine periodische Grundgebühr erhoben, die häufig in einem zweistufigen Tarif mit verbrauchsabhängigen Gebühren verknüpft wird. Die nutzungsabhängigen Kosten können am leichtesten gedeckt werden, wenn Zähler zur Messung des Verbrauchs vorhanden sind und die Gebühren an den tatsächlichen Verbrauch geknüpft sind. Solche Gebühren reduzieren die Verschwendung und fördern eine effizientere Nutzung. In Bogor, Indonesien, fiel der Wasserverbrauch nach der Einführung kostendeckender Gebühren in weniger als einem Jahr um 30 Prozent, ohne einen spürbaren Einfluß auf die Gesundheit oder die Produktionsleistung der Wirtschaft. Wo keine Zähler installiert wurden, wird der Verbrauch in der Regel geschätzt. In Kolumbien und Thailand steigen die Gebühren mit dem Durchmes-

---

Sonderbeitrag 2.7 Tarifgestaltung zum Erreichen finanzieller Unabhängigkeit bei der Verfolgung mehrerer Ziele

Bei der Festlegung von Preisen für öffentliche Leistungen gibt es ein allgemeines Prinzip, um Kostendeckung ohne Verzerrungen der Ressourcenallokation zu erreichen. Danach muß der Preis sämtlichen kurzfristigen Kosten gleichgesetzt werden, die bei der effizienten Produktion einer zusätzlichen Gütereinheit bei gegebener Produktionskapazität entstehen (zum Beispiel eine zusätzliche Gallone Wasser oder ein Kubikmeter Gas), das heißt, der Preis entspricht den kurzfristigen Grenzkosten. Im Telekommunikations-, Strom- und Wassersektor sind jedoch in bestimmten Abständen größere Investitionen erforderlich. In diesen Fällen sinken die Durchschnittskosten bei einer Zunahme der Produktion, und der effiziente Preis liegt unter den Durchschnittskosten. Bei Berechnung dieses Preises entstünde ein Defizit und somit ein Verlust der finanziellen Autonomie. Aber auch wenn es keine solchen Skalenerträge gibt, ist die finanzielle Autonomie gefährdet, wenn öffentliche Anbieter soziale Fragen berücksichtigen müssen (Kapitel 4).

Anpassungen der allgemeinen Preisbildungsformel können dazu dienen, ein Defizit im operationellen Bereich zu vermeiden. Außerdem minimieren sie den Tradeoff, der sich bei der gleichzeitigen Verfolgung von Gerechtigkeits-, Effizienz- und finanziellen Zielen ergibt. Im allgemeinen gilt, wenn finanzielle Unabhängigkeit gefordert wird, muß der von dem öffentlichen Unternehmen verlangte Preis revidiert werden, um die Kosten der Leistungsbereitstellung zu decken, und darüber hinaus einen Aufschlag enthalten. Dies führt oft zu mehrstufigen Tarifen und Leistungskomponenten, die unter Umständen von anderen subventioniert werden. Ansteigende Tarife und nutzungszeitabhängige Gebührenstrukturen sind zwei geläufige Optionen, um die negativen Auswirkungen (auf Effizienz und Gerechtigkeit) zu minimieren, die mit dem Erreichen von finanzieller Autonomie verbunden sind.

Bei einem ansteigenden Blocktarif wird der Konsum einer Leistung (gewöhnlich Wasser oder Strom) bis zu einer bestimmten Verbrauchsmenge (Block) mit einem niedrigeren Anfangspreis belegt, und danach wird jeder zusätzliche Block mit einer höheren Gebühr belegt. Die Zahl der Blöcke reicht von drei bis zu zehn. Die einfachste Struktur ist am effizientesten, insbesondere wenn die Kapazitäten zur Überwachung und Verwaltung begrenzt sind.

Bei nutzungszeitabhängigen Gebührenstrukturen zahlen die Verbraucher in Zeiten hoher Nachfrage einen Aufschlag. Diese Struktur enthält Anreize, die Nachfrage aus den Spitzenzeiten zu verdrängen. Ein weiterer Vorteil besteht darin, daß sich die Gesamtauslastung der Kapazitäten erhöht – zudem steigen dadurch oft die Gewinne. Nutzungszeitabhängige Raten wurden bei Eisenbahnen, Stadtbussen und U-Bahnen angewandt, weiter verbreitet sind sie aber bei Versorgungsunternehmen im Strom-, Wasser- und Telekommunikationssektor. Zeitabhängige Nutzungsgebühren erweisen sich bei Infrastruktur-Versorgungsnetzen als praktisch, bei denen das Produkt nicht preisgünstig gelagert und der Verbrauch zeitabhängig in mehrere Produkteinheiten aufgeteilt werden kann. Die nutzungszeitabhängigen Gebühren variieren bei der Stromversorgung und der Telekommunikation oft nach der Tageszeit, während sie bei der Erdgas- und Wasserversorgung von der Jahreszeit abhängen (aufgrund der saisonalen Nachfrage nach Heizenergie beziehungsweise wegen saisonaler Schwankungen des Angebots, vor allem in trockenen Jahreszeiten).

Die Gebühren können auch auf andere Weise differenziert werden. Wenn sich zum Beispiel die Leistungskosten nach Regionen unterscheiden, sollten die Preise solche Unterschiede widerspiegeln. In Nairobi, Kenia, lagen im Jahre 1975 die Kosten der Wasserversorgung in höher gelegenen Stadtteilen um 32 Prozent über denen in den tiefer liegenden Vierteln. Solche Unterschiede sollten sich in den Preisen niederschlagen.

ser der Leitungsrohre. In Indien hängen die Gebühren von dem Wert der angeschlossenen Immobilie ab. Diese Lösungen sind nicht optimal und erfordern häufige Kontrollen, aber sie stellen oft die beste verfügbare Option dar. Der Übergang zur Zählermessung hängt davon ab, inwieweit die Kostendeckung Priorität genießt. Nachdem die Subventionen an die Wasserversorgungsgesellschaft von Ghana im Jahre 1988 abgeschafft worden waren, nahm die Erfassung durch Zähler von weniger als 30 Prozent auf 53 Prozent im Jahr 1993 zu. Gleichzeitig erhöhten sich die Einnahmen von weniger als 50 Prozent auf 91 Prozent der fakturierten Leistungen.

Die Kostendeckung hat einen Aspekt, der gute Leistungsanbieter von schlechten unterscheidet. Dieser zeigt sich darin, daß gute Anbieter auch die Kosten der Aufrechterhaltung ausreichender Kapazitäten zur Befriedigung des Spitzenbedarfs decken, indem sie eine Gebühr erheben, die auf der potentiellen Nachfrage oder dem aktuellen Spitzenverbrauch basiert. Mit dieser Methode können Stromausfälle und Wasserknappheiten vermieden werden. Mit anderen Worten, erfolgreiche Unternehmen schätzen die Nachfrage sehr viel sorgfältiger ein als andere. In Kolumbien, Indien und Korea werden Gebühren für diese Kosten der Betriebsbereitschaft nur von den größten kommerziellen und industriellen Verbrauchern erhoben, da diese in der Regel die Spitzenbelastungen verursachen.

Genauso wichtig wie der Anreiz, die mit der Regierung vereinbarten Ziele zu erreichen, ist die finanzielle Unabhängigkeit. Sie erlaubt den staatlichen Managern, das Preissystem zu nutzen, um die Zahlungsbereitschaft der Kunden abzuschätzen. Der Einsatz des Preismechanismus liegt im Interesse der Nutzer, denn auf diese Weise wird das Leistungsangebot von den Präferenzen der Nachfrager gesteuert und nicht von den Vorstellungen der Bürokraten. Öfter als man denkt, sind die Verbraucher fähig und bereit zu zahlen (Kapitel 4).

Politische Zwänge sind dafür verantwortlich, daß viele öffentliche Versorgungsunternehmen nicht kostendeckend arbeiten können. Niedrige Preise sind bei den Empfängern von Leistungen populär, auch wenn sie bereit wären, mehr zu zahlen. In Bangladesch, Indonesien, Pakistan und den Philippinen liegen die von den Nutzern von Bewässerungsanlagen eingenommenen Gebühren um 20 bis 90 Prozent unter den Betriebs- und Unterhaltungskosten. Dieses Defizit reflektiert die Macht der Landwirte-Lobby und ihre Fähigkeit, politische Rückendeckung für hohe Subventionen zu bekommen. Außerdem haben staatliche Manager bei garantierten Subventionen wenig Anreiz, erfolgreich zu arbeiten oder besser auf die Kundenwünsche einzugehen. Ohne politische Unterstützung werden die notwendigen organisatorischen Veränderungen – wie die Verknüpfung der Managergehälter mit dem finanziellen Ergebnis der staatlichen Behörde oder des öffentlichen Versorgungsunternehmens – nicht ausreichen.

KOSTENDECKUNG UND DIE ARMEN. Viele Regierungen fürchten, daß volle Kostendeckung die Armen trifft. Tatsächlich dürften die Armen aber von Preiserhöhungen profitieren, die dazu dienen, die Kosten der bereitgestellten Leistungen zu decken. Sie zahlen nämlich oft viel höhere Preise pro Einheit für privat angebotenes Wasser und Licht, da sie nicht an das öffentliche Leistungsnetz angeschlossen sind, das mit niedrigeren Stückkosten arbeitet, und weil sie nicht an den Subventionen teilhaben, die den Benutzern des öffentlichen Systems – gewöhnlich die Bessergestellten – zufließen. Verbesserte Zugangsmöglichkeiten nützen den Armen, sie erlauben ihnen, sich aus weniger kostspieligen Wasser- und Energiequellen zu versorgen. (Fälle, in denen Subventionen notwendig sind, werden im Kapitel 4 diskutiert.)

Dieser Effekt hat sich am deutlichsten bei der Wasserversorgung gezeigt, wo die Belange der Armen besonders gefährdet sind. In der Stadt Grande Vitorio im brasilianischen Bundesstaat Espirito Santo übertraf im Jahre 1993 die Zahlungsbereitschaft für neue Wasseranschlüsse die Bereitstellungskosten um das Vierfache, und die Zahlungsbereitschaft für die Abwasserentsorgung und -aufbereitung überstieg die Kosten um das 2,3fache. Ohne Aufbereitung verringert sich die Zahlungsbereitschaft auf das 1,4fache der Kosten, da nicht aufbereitete Abwässer gesundheitsgefährdend sind und den Wert der Gewässer mindern, in welche sie eingeleitet werden (vor allem beim Fischfang).

Die Zahlungsbereitschaft für die Wasserversorgung ist aus guten Gründen hoch. Ein einfacher Zugang zur Wasserversorgung kann den Armen viel Zeit ersparen, die sie zur Einkommenserzielung nutzen können. Im ländlichen Pakistan verbringen Frauen, die Zugang zu einer verbesserten Wasserversorgung haben, fast eineinhalb Stunden weniger am Tag mit dem Wasserholen als Frauen, die diese Möglichkeiten nicht besitzen. Solche Spareffekte spiegeln sich in dem Wert wider, den die Verbraucher den Leistungen beimessen. In Haiti steigt die Zahlungsbereitschaft für einen neuen privaten

Anschluß bei den Haushalten, deren Wasserstelle einen Kilometer oder weiter entfernt liegt, um nicht weniger als 40 Prozent.

Die Armen sind nicht bloß theoretisch bereit zu zahlen, sie zahlen auch tatsächlich. Mitte der siebziger Jahre bis Anfang der achtziger Jahre zahlten Menschen in siebzehn untersuchten Großstädten privaten Wasserverkäufern im Durchschnitt den 25fachen Betrag dessen, was die staatlichen Versorgungsbetriebe verlangten. In Nouakchott, Mauretanien, und Port-au-Prince, Haiti, verlangten die Verkäufer bis zum Hundertfachen des Preises öffentlicher Versorgungsunternehmen. Eine Ausweitung des öffentlichen Versorgungsnetzes mit dem Ziel, den Armen den Zugang zu verschaffen, würde bedeuten, daß sie weniger ausgeben müßten, als sie derzeit privaten Anbietern zu zahlen bereit und in der Lage sind.

Staatliche Tiefbaubehörden und finanzielle Unabhängigkeit

Die Schaffung finanziell unabhängiger staatlicher Baubehörden bedeutet nicht, daß diese zur Deckung ihrer Betriebskosten die Einnahmen direkt bei den Nutzern erzielen können. Im staatlichen Tiefbau ist es schwierig bis unmöglich, die individuelle Nutzung zu messen und somit einen Preis festzulegen. Trotzdem ist ein vorhersehbarer und transparenter Einkommensstrom notwendig, der auf Benutzungsgebühren und normalen Budgetzuweisungen des Staates basiert. In gewisser Weise geht es um finanzielle Verantwortlichkeit und nicht um finanzielle Autonomie, da vor allem eine vorhersehbare und adäquate Finanzierung anzustreben ist. Für den Erfolg des koreanischen Straßenbauamtes lag der Schlüssel darin, die Leistung der Organisation transparenter zu machen (ein Prozeß, der im Sonderbeitrag 2.4 beschrieben wird) und die staatlichen Mittelzuweisungen an die Leistungen zu knüpfen. Aber in vielen Entwicklungsländern erlaubt der Prozeß der Haushaltsplanung keine solche klare Verknüpfung zwischen den eingesetzten Ressourcen und der Leistung, und viele staatliche Baubehörden haben versucht, ihre eigenen Einnahmequellen zu verbessern. Dies ist für lokale Bauämter leichter als für Straßenbaubehörden, die für Fernstraßen zuständig sind, da die Nutznießer lokaler Leistungen einfacher zu identifizieren sind.

FINANZIELLE UNABHÄNGIGKEIT FÜR STRASSENBAUBEHÖRDEN. Im Prinzip können die Behörden ihren Anteil an eigenen Einnahmequellen erhöhen, indem sie die Nutzer der Straßen entweder direkt oder indirekt zu Zahlungen heranziehen. Die Autofahrer zahlen viele straßenbezogene Gebühren für den Besitz eines Fahrzeugs, wie KFZ-Steuern sowie Gebühren beim Fahrzeugkauf, der Anmeldung und der technischen Überwachung. Außerdem zahlen sie Gebühren für die Nutzung, wie Mineralölsteuern, Maut- oder Parkgebühren. Diese Gebühren für die Straßenbenutzer liegen jedoch gewöhnlich weit unter den Kosten. In Sambia deckten 1991 die Gebühren für die Straßenbenutzer (vor allem Betriebsgenehmigungen und Mautgebühren) nur 10 Prozent der Gesamtausgaben für Straßen, wobei Einnahmen aus dem allgemeinen Haushalt das Defizit ausglichen.

Die Kluft zwischen den Zahlungen der Nutzer und den Ausgaben entsteht, weil die Gebühren für die Straßenbenutzer oft nicht die Kosten decken, die verschiedene Kraftfahrzeugtypen verursachen. In Ghana verbrauchen schwere Lastkraftfahrzeuge vier- bis fünfmal mehr Benzin als Personenwagen, aber ihre oft zehnmal höhere Achsladung verursacht im Vergleich zu PKWs viel mehr Straßenschäden. Zusätzliche Steuern, wie jährliche KFZ-Steuern, die vom Fahrzeuggewicht abhängen, können diese Unterschiede ausgleichen. Bei Sattelschleppern hat man in Tansania eine adäquate gewichtsabhängige KFZ-Steuer in Höhe von 2.250 Dollar errechnet, und in Tunesien von 3.000 Dollar. Doch die Straßenbenutzer weigern sich, solch hohe Straßengebühren zu zahlen, wenn sich die Straßen in schlechtem Zustand befinden.

Einige Länder haben zur Finanzierung von Straßen Fonds errichtet, die aus bestimmten Nutzungsgebühren (wie Mautgebühren oder Einnahmen aus der Mineralölsteuer) gespeist werden und nur für ganz bestimmte Aktivitäten wie Wartungsarbeiten verwendet werden. Die enge Zweckbindung bestimmter Steuern und Gebühren, die mit der Nutzung von Einrichtungen verbunden ist, trägt dazu bei, den Steuerwiderstand zu überwinden. Diese Praxis ist in Lateinamerika, den Vereinigten Staaten (bei Straßen) und einigen asiatischen Ländern (insbesondere in Japan, Korea und den Philippinen) weitverbreitet. Ob sie wünschenswert ist, hängt in den meisten Entwicklungsländern eher von praktischen als von theoretischen Gesichtspunkten ab. Im allgemeinen sollte eine Zweckbestimmung vermieden werden, wenn der Prozeß der Haushaltserstellung gut funktioniert (Sonderbeitrag 2.8 gibt Leitlinien).

> **Sonderbeitrag 2.8 Kann Zweckbindung die Straßen verbessern?**
>
> Bei einem gut funktionierenden Budgetprozeß werden denjenigen Aktivitäten Mittel zugewiesen, die einen hohen wirtschaftlichen Ertrag erzielen oder eine hohe Priorität genießen. In solchen Fällen sollte die Zweckbindung – das heißt die Zuordnung von Einnahmen aus einer bestimmten Gebühr oder Steuer zu einer bestimmten Aktivität oder Ausgabe, wie die Instandhaltung von Straßen – vermieden werden, da hierdurch eine Mittelverschiebung von einer Aktivität auf eine andere während des Budgetprozesses erschwert wird. In Zeiten knapper Haushalte sichert die Zweckbindung die Ausgaben in geschützten Bereichen ab und lenkt Budgetkürzungen auf ungeschützte Aktivitäten. In Ländern mit einer schmalen Steuerbasis kann die Zweckbindung einen großen Teil der Steuereinnahmen auf sich ziehen.
>
> In vielen Ländern werden die Mittel durch den Haushaltsprozeß jedoch nicht systematisch den Aktivitäten mit hohen Erträgen zugewiesen. Im Straßenverkehrswesen werden mit hohem Ertrag verbundene Instandhaltungsmaßnahmen oft mit zu geringen Ressourcen ausgestattet, da die Haushaltsmittel jeweils nur für ein Jahr vergeben werden. Dies führt zu einer Unterausstattung, obwohl eine Verpflichtung besteht, Instandhaltungsmaßnahmen für mehrere aufeinanderfolgende Jahre zu finanzieren, die implizit bei der Beurteilung der Investitionsentscheidung eingegangen wurde. Berechnungen der Ertragsraten gehen davon aus, daß für Instandhaltungsmaßnahmen Jahr für Jahr Mittel in einer Mindesthöhe erforderlich sind. Die Verschlechterung vieler nationaler Straßenverkehrsnetze erklärt sich zu einem großen Teil damit, daß man versäumt, der Instandhaltung eine angemessene Priorität einzuräumen. Zweckbindung kann sicherstellen, daß die notwendige Instandhaltung von Straßen zuverlässig finanziert wird.
>
> In den letzten Jahren hat die Bank viele afrikanische Länder, in denen zu knappe und unbeständige Mittel die Instandhaltung beeinträchtigen, dazu ermutigt, Fonds für Straßen einzurichten. Zweckbindung ist dort vernünftig, da sie auf den hohen Ertragsraten der Instandhaltung basiert, die zu den höchsten im öffentlichen Sektor gehören. So lange wie schlechte Haushaltspraktiken und Politiken zu einer Präferenz für Neuinvestitionen anstelle von Instandhaltungsmaßnahmen führen, und solange die Ertragsraten für die Instandhaltung hoch sind, wird durch Zweckbindung eine Unterausstattung der Instandhaltung vermieden und die Allokation der Ressourcen kurzfristig verbessert. Dies dürfte aber eine kurzfristige Lösung für ein langfristiges Problem sein und muß von Zeit zu Zeit überprüft werden.
>
> Die Einrichtung neuer Fonds für Straßen beinhaltet mehr als die einfache Zweckbindung von Einnahmen für die Instandhaltung von Straßen. Sie schließt außerdem Reformen zur Steigerung der Effizienz von Straßenverkehrsbehörden sowie die Gründung von Aufsichtsbehörden ein, die sich aus technischen Experten und Vertretern der Nutzergemeinschaft zusammensetzen und die Allokation der Einnahmen und die Festlegung der Prioritäten überwachen. Länder in Afrika beginnen damit, einen vielversprechenden Weg zur „Kommerzialisierung" einzuschlagen, um den Betrieb von Straßenfonds auf eine wirtschaftlichere Basis zu stellen und ihre Benutzerfreundlichkeit zu verbessern. Tansania stellt ein bemerkenswertes Beispiel für beste Leistungen auf diesem Gebiet dar. Überdies sind die automatischen Einnahmeströme so gestaltet worden, daß der Aufbau eines Fondsüberschusses und damit ein verschwenderisches Ausgabeverhalten vermieden wird. Diese zusätzlichen Reformen sind nötig, weil zweckgebundene Straßenfonds erfahrungsgemäß nicht sicherstellen können, daß eine Regierung ihre Instandhaltungsverpflichtungen wahrnimmt. Noch wird dadurch eine effiziente Instandhaltung gewährleistet. Kolumbien besaß mehr als zwanzig Jahre lang einen Straßenfonds, gab ihn aber im Jahre 1991 auf, weil die Mittel in andere Sektoren als den Straßenbau geflossen sind.

KOSTENDECKUNG BEI AUSGABEN FÜR LOKALE INFRASTRUKTURPROJEKTE. Lokale staatliche Stellen sind erfolgreicher darin, die Kosten indirekt zu decken – wie beispielsweise in Kolumbien, wo Straßenausbesserungsarbeiten, die Wasserversorgung und andere örtliche Leistungen durch sogenannte „Wertsteigerungssteuern" finanziert werden. Mit diesen Steuern werden die Kosten öffentlicher Tiefbauarbeiten auf die betreffenden Liegenschaften im Verhältnis zu den Wertsteigerungen aufgeteilt, die die Arbeiten wahrscheinlich bringen. Wichtig für den Erfolg sind die Beteiligung der voraussichtlichen Nutznießer bei der Planung und Verwaltung der Projekte, Sorgfalt bei der Planung und Umsetzung, ein effektives Inkassosystem, und – in vielen Fällen – eine bedeutende Vorfinanzierung aus allgemeinen Staatseinnahmen, damit die Arbeiten rechtzeitig gestartet werden können. In Korea und Nordamerika ist die Entwicklung von lokalen Infrastrukturprojekten in jüngster Zeit durch Forderungseintreibungen, Grundstücksabgaben, Entwicklungsgebühren und ähnliche Mechanismen zur Erhebung von Gebühren bei prospektiven Eigentumsverbesserungen eingesetzt worden, um die zusätzlichen Anforderungen zu decken, die diese der städtischen Infrastruktur auferlegen. Der Erfolg von lokalen Steuern als Beitrag zur Finanzierung von Infrastruktur hängt außerdem von der Qualität der institutionellen Infrastruktur einer Stadt ab – wie dem Kataster-, Bewertungs- und Inkassowesen. Jede lokale Steuer erfordert technischen Sachverstand und den politischen Willen zu ihrer Einführung.

Zur Durchführung von Reformen ist politisches Engagement nötig

Dieses Kapitel hat sich auf ein fundamentales Element bei der effektiven öffentlichen Bereitstellung von Infrastrukturleistungen konzentriert: die Übernahme unternehmerischer Prinzipien. Es wird jedoch nicht möglich sein, diese Prinzipien dauerhaft beizubehalten, wenn sie nicht eine politische Verpflichtung zur Verbesserung des Leistungsangebots des öffentlichen Sektors widerspiegeln. Politisches Engagement unterliegt den guten Leistungen des öffentlichen Sektors in Singapur und der Nachhaltigkeit der Reformen der öffentlichen Unternehmen in Korea. Es erklärt auch, warum Botsuana gewillt war, nicht nur im eigenen Land, sondern international die besten Manager für seine öffentlichen Einrichtungen zu suchen.

Explizite oder implizite Verträge zwischen Politikern und Managern oder Betreibern sind wirksam dazu genutzt worden, politische Verbindlichkeit zu erzeugen. Ein herausragendes gemeinsames Element der von den erfolgreichsten Ländern angewandten Verträge besteht darin, daß sie klaren Regeln unterliegen. Unter den Verträgen, bei denen das Eigentum im öffentlichen Sektor bleibt, scheinen Dienstleistungsverträge in dieser Beziehung am erfolgversprechendsten zu sein. Darüber hinaus testen sie die Fähigkeiten des privaten Sektors zur Bereitstellung von Infrastrukturleistungen. Dienstleistungsverträge dürften damit die nützlichste Ergänzung zur Unternehmensumwandlung sein und können ein rasch einsetzbares Instrument zur Veränderung der Beziehung zwischen dem öffentlichen und dem privaten Sektor darstellen. Leistungsvereinbarungen sind am wenigsten erfolgreich gewesen, da sie oft auf willkürlichen Entscheidungen beruhen, die von vielen widersprüchlichen oder sich verändernden staatlichen Interessen geprägt sind.

Um den Erfolg kommerziell geführter Unternehmen sicherzustellen, reicht es jedoch nicht aus, unternehmerische Prinzipien einzuführen und diese über politische Verpflichtungen einzuhalten. Was zum Erfolg fehlt, ist die Einführung eines angemessen regulierten Wettbewerbs. Darauf konzentriert sich das nächste Kapitel.

3

Bereitstellung der Infrastruktur unter Einschaltung der Märkte

Die Produktion und das Angebot an Infrastrukturleistungen können durch die Marktkräfte und den Wettbewerb verbessert werden. Dieser übereinstimmende Konsens ergibt sich durch die Neubewertung des Infrastruktursektors auf der Basis von Erfahrungen, technologischem Wandel und neuen Erkenntnissen über die Gestaltung des regulatorischen Umfelds.

Der neue Konsens verdrängt die lange vertretene Ansicht, daß Infrastrukturleistungen am besten von Monopolen erzeugt und bereitgestellt werden. Da die Stückkosten der Bereitstellung von Infrastrukturleistungen – eine Gallone Wasser, eine Kilowatt-Stunde Strom, ein Ortsgespräch – bei einer Zunahme der Produktionsmenge in der Regel sinken, schien die Produktion durch ein einziges Unternehmen ökonomisch sinnvoll zu sein. Um die unerwünschte Ausübung von Marktmacht zu begrenzen, erwartete man vom Staat, daß er als alleiniger Anbieter auftritt beziehungsweise das private Monopol streng reguliert.

Der technologische Wandel und, noch wichtiger, Innovationen im Bereich der Regulierung ermöglichen Wettbewerb in vielen Formen. Auch wenn sie bei manchen Tätigkeiten im Infrastrukturbereich noch wichtig sind, haben steigende Skalenerträge bei Produktion und Lieferung großer Stückzahlen im allgemeinen eine abnehmende Bedeutung. Dies gilt insbesondere in der Telekommunikation und bei der Energieerzeugung. Regulatorische Neuerungen haben die Entflechtung von unterschiedlichen Tätigkeiten ermöglicht – die Trennung von Aktivitäten mit steigenden Skalenerträgen von Aktivitäten, bei denen Skalenerträge keine Rolle spielen. Die Entflechtung fördert den Wettbewerb, indem Tätigkeiten, die früher in monolithischen Organisationen ausgeübt wurden, herausgelöst und so für verschiedene Formen des wettbewerblichen Angebots geöffnet werden. Selbst wenn Infrastrukturleistungen am wirtschaftlichsten von einem einzigen Unternehmen angeboten werden – und ein Wettbewerb *in* diesem Markt sich nicht empfiehlt oder sogar unmöglich ist, kann Wettbewerb zwischen alternativen Anbietern *um* das Recht zur Versorgung des Marktes die Effizienz erhöhen.

Die Marktkräfte können die Regulierung von Preisen und Gewinnen zum Schutz der Konsumenten nicht ersetzen. Wo jedoch eine ausgeprägte Unterversorgung mit Leistungen die Regel ist, wie in vielen Entwicklungsländern, dürften Bedenken über einen privaten Monopolisten, der die Produktion zum Zweck der Erhöhung von Preisen und Gewinnen beschränkt, nicht so schwer wiegen, wie im Fall besser entwickelter Leistungsnetze. Die Regulierungsmechanismen müssen somit Effizienz und Investitionen fördern. Dazu ist es nötig, veraltete Restriktionen, die das Recht zur Leistungsbereitstellung regeln, abzuschaffen und neuen Wettbewerbern einen fairen Zugang zum Leistungsnetz zu ermöglichen.

Beim Übergang von einem staatlichen Monopol zu einem System mit mehr Wettbewerb sind durchsetzbare Verträge notwendig, um die verschiedenen Gruppeninteressen bei konkreten Projekten auszugleichen und für die Stabilität zu sorgen, die für langfristige Investitionen erforderlich ist. Außerdem müssen umfassende, transparente und nichtdiskriminierende Spielregeln aufgestellt werden. Wenngleich solche Regeln langfristig wünschenswert sind, lehrt die Erfahrung, daß mit dem Übergang zum privaten Angebot und Wettbewerb nicht gewartet werden muß, bis die Regeln in ein vollentwickeltes gesetzliches Regulierungssystem integriert sind.

Die Regulierung an sich kann nicht perfekt sein, da die „richtigen" regulatorischen Mechanismen nicht immer evident sind. Regulatorische Maßnahmen sind außerdem unvollkommen, weil ihre effektive Umsetzung einen Informationsstand und eine Perfektion erfordern, die kaum (wenn überhaupt jemals) erreichbar sind. Die Regulierungsinstanzen sind daher anfällig für Manipulationen. Die Regulierung kann außerdem widersinnige, unbeabsichtigte Folgen haben, wenn Wettbewerb durch Substitutionsgüter und -dienstleistungen möglich ist. Die zunehmende Beachtung von Regulierungsfehlern führte zu Fortschritten bei der Gestaltung einfacher Regeln, zu deren Einhaltung sich die Verantwortlichen verpflichten können und die abschätzbare und konsistente Ergebnisse liefern. Durch die Beteiligung anderer interessierter Parteien, insbesondere der Konsumenten, kann der Regulierungsprozeß außerdem effektiver gestaltet werden.

Die Entflechtung von Leistungen zur Erhöhung des Wettbewerbs

Sollte eine Gesellschaft alle Telefondienste – Ortsgespräche, Ferngespräche, Mobilfunk, Datenübertragung – bereitstellen oder sollten die Bereiche im Telekommunikationsgeschäft in getrennte Unternehmen zerlegt werden? Ist die Stromversorgung am effizientesten, wenn Erzeugung, Übertragung und Verteilung innerhalb einer einzigen Einrichtung koordiniert werden, oder sollten die bei der Energielieferung beteiligten Stufen getrennt werden? Sollte die Eisenbahn eine einheitliche Organisation sein, die alle Anlagen besitzt und eine Vielfalt von Personen- und Güterverkehrsleistungen anbietet, oder sollten die Leistungen als getrennte Geschäftsbereiche betrieben werden, möglicherweise bei unabhängiger Eigentümerschaft.

Im Mittelpunkt dieser Diskussion steht das Konzept des natürlichen Monopols. Von einem natürlichen Monopol spricht man dann, wenn ein Anbieter allein den Markt zu niedrigeren Kosten bedienen könnte als zwei oder mehrere Anbieter. Dies ist der Fall, wenn die Kosten der Produktion und des Angebots einer Leistung mit zunehmender Produktionsmenge sinken (man spricht oft auch von steigenden Skalenerträgen). Im Infrastrukturbereich wird gewöhnlich eine Reihe von Leistungen angeboten, von denen einige ein natürliches Monopol bilden und andere nicht. Ein natürliches Monopol bei einer Leistung kann jedoch einem Anbieter auch einen Vorteil bei einer anderen Leistung verschaffen, die wettbewerbsmäßig angeboten werden kann. Dies ist dann der Fall, wenn ein einziger Anbieter zwei oder mehr Leistungen gemeinsam billiger erstellen und anbieten kann, als verschiedene Anbieter, die diese Leistungen einzeln erstellen (in solchen Fällen spricht man von „Verbundeffekten" beziehungsweise „economies of scope").

Durch die Isolierung der natürlichen Monopolsegmente einer Industrie fördert Entflechtung den Neueintritt und die Konkurrenz in den Bereichen, die dem Wettbewerb potentiell zugänglich sind. Unterläßt man die Entflechtung, so kann der gesamte Sektor einem monopolistischen Angebot unterworfen werden, selbst wenn zahlreiche Tätigkeiten in Konkurrenz ausgeübt werden könnten. In der Vergangenheit hat man das Festhalten an zusammenhängenden Sektoren mit zwei Argumenten gerechtfertigt. Erstens erhöht die Entflechtung die Kosten der Bereitstellung, wenn nennenswerte Verbundvorteile bestehen. Die eventuell auftretenden Gewinne aus Verbundeffekten müssen jedoch gegen die Vorteile eines kostenminimierenden Verhaltens unter Konkurrenzdruck abgewogen werden. Zweitens wurde in Unternehmen mit einer breiten Angebotspalette die Subventionierung von Leistungen durch andere Leistungskomponenten intensiv praktiziert. Dies war der wichtigste Mechanismus, um die Leistungen an arme Kunden oder Verbraucher in entlegenen Gebieten zu subventionieren. Eine Entflechtung ist jedoch auch in diesen Fällen wünschenswert, denn dadurch werden die Subventionen zwischen verschiedenen Geschäftssparten transparenter, die zur Leistungsbereitstellung für die Armen benötigten Subventionen können genauer identifiziert werden, und die Verantwortlichkeit des Managements wird verbessert. Der Trend ist klar: Die Entflechtung von Infrastrukturleistungen schreitet mit raschem Tempo voran.

Vertikale Entflechtung

Die Energiewirtschaft illustriert die wechselseitigen Beziehungen zwischen regulatorischen und technologischen Innovationen. Im Jahre 1978 verpflichtete das Gesetz zur Regulierung öffentlicher Versorgungsunternehmen (PURPA) Stromversorgungsunternehmen in den Vereinigten Staaten, Energie von unabhängigen Erzeugern zu beziehen. Dadurch öffnete sich die Stromindustrie effizienteren Erzeugern, einschließlich solcher Unternehmen, die Energie aus der überschüssigen Wärme gewinnen, die in der industriellen Fertigung anfällt (Kuppelerzeugung). Kombinierte Kreislauf-Gas-Turbinen, die reines Erdgas verwenden und geringe Investitionen erfordern, wurden ebenfalls populär, obgleich viele unabhängige Energieprojekte weiterhin konventionelle Technologien nutzen.

Viele Entwicklungsländer haben seitdem eine solche vertikale Entflechtung – durch Trennung der Stromerzeugung von der Übertragung und Verteilung – in effektiver Weise vorgenommen. Dadurch wurde ein beachtlicher Eintritt neuer Stromerzeuger ermöglicht. Argentinien, Chile, Kolumbien, Guatemala und die Philippinen gehören zu den Ländern, in denen unabhängige Stromerzeuger operieren. Unabhängige Energieprojekte werden außerdem in Côte d'Ivoire, Indien, der Demokratischen Volksrepublik Laos, Pakistan, Sri Lanka und Tansania aufgebaut oder erwogen. (Zur Finanzierung von unabhängigen Energieerzeugern siehe Kapitel 5.) Außerdem wurden die Stromübertragung und -verteilung in mehreren Ländern entflochten, um den Wettbewerb bei der Stromverteilung zu erleichtern. Die Übertragungsfirma ist für den Stromtransfer zuständig, während Erzeuger und Verteiler direkt Verträge über die Stromlieferungen abschließen. Die Stromübertragung wird wahrscheinlich ein natürliches Monopol bleiben. Während das physische Verteilungsnetzwerk ebenfalls Monopolcharakter behalten wird – es wäre unwirtschaftlich, mehr als eine Stromleitung zu einem Haus oder einem Betrieb zu verlegen –, können alternative Anbieter um das Recht konkurrieren, über den einzigen Stromanschluß anzubieten, was auch bereits geschieht.

In ähnlicher Weise können in der Erdgas-Industrie der Bohrturm, die Pipeline und die lokalen Verteilungssysteme verschiedenen Einrichtungen gehören und von diesen betrieben werden. Bis vor kurzem war Gas del Estado in Argentinien ein integriertes Monopolunternehmen, das als alleiniger Händler von Erdgas die Übertragung und Verteilung vornahm. Heute bieten zehn unterschiedliche Betriebe – zwei Transportunternehmen und acht Verteilungsgesellschaften – diese Leistungen sowie die Gasaufbereitung und -lagerung an. Um die Erdgas-Industrie in Ungarn zu entmonopolisieren, wurde die OKGT – ein Trust, der den gesamten Öl- und Gassektor kontrollierte – in sechs regionale Gasanbieter und ein Unternehmen aufgespalten, dem die Raffinerien, die Lagereinrichtungen und die Transport-Pipelines gehören. Der Unternehmensbereich flüssiges Propangas, der zur OKGT gehörte, wurde getrennt privatisiert.

Ein wesentlicher Bestandteil vieler Reformen des Schienentransportwesens ist die Trennung der Verwaltung der Gleisanlagen von dem Betrieb der Eisenbahn. Beispielsweise wurden 1988 in Schweden zwei Organisationen im Schienenwesen geschaffen: Baverket ist verantwortlich für Investitionen in das Schienennetz und seine Instandhaltung, während Statens Järnvägar die Frachtkonzession besitzt und den Personenverkehr auf den Hauptlinien betreibt. Für seine Schienendienste erhält Baverket eine fixe Gebühr pro Einheit rollenden Materials plus einer variablen Gebühr, die die sozialen Grenzkosten des Betriebs widerspiegelt (einschließlich der Kosten für Umweltverschmutzung und Unfälle). Eine Trennung zwischen Gleisanlagen und Eisenbahnbetrieb ist die Basis vieler Reformen im Eisenbahnsektor von Entwicklungsländern, wo bestimmte Leistungen, wie Personen- und Frachtverkehr, getrennt werden (siehe die folgende Diskussion der horizontalen Entflechtung). Um erfolgreich zu sein, müssen solche Reformen den Betreibern einen fairen Zugang zur Gleisbenutzung auch außerhalb ihres Zuständigkeitsbereichs ermöglichen.

Horizontale Entflechtung

Die zweite Art der Entflechtung trennt die Aktivitäten nach Märkten – entweder geographisch oder anhand von Leistungskategorien. In Japan wurde die nationale Eisenbahngesellschaft reorganisiert und in sechs regionale Anbieter für die Personenbeförderung und einen Betreiber von Frachtdiensten aufgespalten, der Gleiszeiten von den regionalen Eisenbahngesellschaften mietet. Die Umstrukturierung brachte erhebliche Gewinne – das vor der Umstrukturierung gesunkene Frachtvolumen hat wieder zugenommen, während die vorher gestiegenen Stückkosten gesunken sind. Folglich nahm der Bedarf an staatlichen Subventionen ab. Andere Länder ahmen nun das japanische Modell nach. Argentinien hat seine monopolistische Eisenbahngesellschaft Argentina Railways in fünf Konzessionsbetriebe für den Frachtverkehr und sieben Konzessionsbetriebe für den städtischen Personennahverkehr aufgespalten. Die erzielten Effizienzgewinne schlagen sich in einer beträchtlichen Abnahme der staatlichen Subventionen für den laufenden Betrieb nieder. Die polnische nationale Eisenbahngesellschaft wird nach Regionen und Leistungsarten zerlegt (Sonderbeitrag 3.1).

Sonderbeitrag 3.1   Getrennt sind sie stark: Die Entflechtung der Eisenbahnen

Durch die Entwicklung der Märkte, Technologien und Betriebsabläufe im Infrastruktursektor müssen selbst solche traditionellen Großbetriebe wie die Eisenbahnen nicht mehr einem einzigen Eigentümer gehören.

Argentinien. Nach Jahren schlechter Leistungen, hoher Verluste und staatlicher Subventionen von nicht weniger als 1 Prozent des BIP (9 Prozent des öffentlichen Haushalts) begann die argentinische Eisenbahn 1989 die operationelle Verantwortung für viele Leistungen auf den privaten Sektor zu übertragen.

Alle Dienste wurden auf der Basis von Konzessionen vergeben. Die meisten unrentablen Linien und Dienste wurden aufgegeben, und die gewinnbringenden Anlagen der Eisenbahn wurden verkauft. Es wurden fünf Fracht-Konzessionen, sieben Konzessionen für den städtischen Nahverkehr (einschließlich der U-Bahn von Buenos Aires) vergeben. Der verbliebene Rest des Intercity-Personenverkehrs wurde auf die Provinzregierungen übertragen. Das neue Unternehmen in Buenos Aires, das zum Zweck der Übernahme des städtischen Nahverkehrs von der argentinischen Eisenbahn gegründet worden war, vergab die betreffenden Strecken an neue Konzessionäre und regulierte und koordinierte das gesamte Transportwesen in diesem Gebiet. Eine städtische Behörde wurde ebenfalls eingerichtet.

In den ersten zwei Jahren ihres Betriebs war das Verkehrsaufkommen der neuen Eisenbahnen etwa so hoch wie vorher (der rückläufige Trend im Verkehrsaufkommen wurde umgekehrt), und dies mit nur 30 Prozent der ehemaligen Belegschaft. Die Frachtraten fallen, die Dienstleistungen verbessern sich, und das Niveau der jährlichen staatlichen Subventionen ist von 800 Millionen auf 150 Millionen Dollar gefallen. Einige Konzessionen werden bei zunehmender Nachfrage nach Leistungen erneuert werden müssen. Außerdem werden nicht alle in den Verträgen enthaltenen Verpflichtungen zu erfüllen sein, da einige Vertragsbedingungen vermutlich nicht auf Dauer zu halten sind.

Polen. Die Polnische Eisenbahn (PKP) strukturiert ihr monolithisches Eisenbahnsystem nach den Hauptgeschäftsbereichen um: kommerzieller Frachtverkehr (hauptsächlich Kohle), Intercity-Personenverkehr, grenzüberschreitender Personenverkehr sowie lokaler und städtischer Nahverkehr. Schließlich ist PKP im Begriff, eine Infrastrukturabteilung einzurichten, die ihre Dienste den Hauptgeschäftsbereichen anbieten soll. Dafür ist von jeder Geschäftssparte eine angemessene nicht-diskriminierende Vergütung für die Schienenbenutzung zu entrichten (entsprechend den Direktiven der Europäischen Union). Der städtische Personenverkehr wird auf lokale Einrichtungen übertragen oder über „Verträge" mit nationalen oder lokalen öffentlichen Stellen abgedeckt, damit unrentable öffentliche Leistungen gegen ein angemessenes Entgelt bereitgestellt werden. PKP wird seine Lasten (hauptsächlich den Überschuß an Arbeitskräften) und seine nicht eisenbahnbezogenen Vermögenswerte (hauptsächlich städtische Liegenschaften) auf eine neue Behörde übertragen. Ebenso wird PKP versuchen, seine nicht mit dem Eisenbahnbetrieb verbundenen Aktivitäten auf den privaten Sektor zu übertragen.

Diese Reorganisation wird kommerzielle Dienste (unregulierte und nicht-subventionierte) trennen von öffentlichen Leistungen, wie Personenbeförderung im innerstädtischen und im Nahverkehr, ländliche Strecken und bestimmte Eisenbahnlinien von strategischer Bedeutung. Die öffentlichen Leistungen müssen von staatlichen Stellen geplant und angemessen vergütet werden.

Die Telekommunikation eignet sich ebenfalls für diese Art der Entflechtung. Meistens wird der Betrieb der schnell wachsenden Mobilfunk-Leistungen von den traditionellen Telefondiensten getrennt. In manchen Fällen ermöglicht die horizontale Entflechtung oder Zerlegung in eine Reihe von Produzenten den direkten Wettbewerb; in anderen Fällen, wenn die Zerlegung beispielsweise zu regionalen Monopolen führt, erlaubt sie bessere Leistungsvergleiche und somit eine effizientere regulatorische Überwachung.

In anderen Telekommunikationsbereichen besteht nicht immer ein klarer Unterschied zwischen vertikaler und horizontaler Entflechtung. Spezialisierte Anbieter verkaufen Informationsdienste, indem sie Kommunikationslinien nutzen, die traditionellen Netzwerkbetreibern gehören. In solchen Fällen ist es nötig, die Netzwerkbetreiber und die Anbieter der Informationsdienste vertikal zu entflechten, um einen fairen Wettbewerb zwischen den horizontal getrennten Leistungsanbietern sicherzustellen.

Praktische Ansätze zur Entflechtung

Es gibt sowohl technische als auch wirtschaftliche Einschränkungen bei der Entflechtung. Der Versuch, eng verbundene Aktivitäten zu trennen, kann zu hohen Transaktionskosten führen, wenn die zuvor innerhalb einer einzigen Firma reibungslos funktionierende Koordination zwischen verschiedenen Firmen schwieriger und ineffizienter wird. Und wenn bei getrennten, vertikal verbundenen

Monopolen jeder mit einem Preisaufschlag auf die Kosten kalkuliert, kann das zu Gebühren führen, die höher sind als bei einer einzigen vertikal integrierten Firma.

Dies bedeutet jedoch keineswegs, daß die amtierenden Monopolisten – die immer argumentieren werden, daß die Entflechtung zu einem Kostenanstieg führt – nicht herausgefordert werden sollten. Unter bestimmten Bedingungen dürfte es einer vertikal nicht integrierten Firma (zum Beispiel einem Energieerzeuger) möglich sein, mit einem Betrieb zu konkurrieren, der die gesamte Spannweite von Aktivitäten ausübt. Dafür ist jedoch ein regulatorisches Rahmenwerk erforderlich, das den Stromverbund sicherstellt. Wenn ein fairer Wettbewerb herrscht, wird das Marktergebnis zeigen, ob wirklich wichtige Verbundvorteile existieren oder nicht.

Aber auch da, wo die Technologie eine Entflechtung erlaubt, gibt es oft Einschränkungen aufgrund gewachsener historischer und institutioneller Strukturen. In Ungarn trennte ein 1992 erlassenes Telekommunikations-Gesetz Leistungen im Fernbereich (einschließlich internationaler Leistungen) von lokalen Telefondiensten, die in den rechtlichen Zuständigkeitsbereich städtischer Behörden fallen. Nach diesem Gesetz wurden private Konzessionen für lokale Dienste unter Wettbewerbsbedingungen vergeben. Es traten aber praktische Probleme auf. Wie in anderen Ländern sind die Gebühren für Ortsgespräche sehr niedrig, so daß sich nur wenige Investoren für diesen Teil des Netzwerks interessierten. Und die Investoren im Fernbereich mußten damit rechnen, mit Vertretern vieler Gemeinden über die Anschlußmodalitäten an die lokalen Netzwerke zu verhandeln. Als Kompromiß wurde eine einzige Konzession für den Fernbereich und 60 Prozent des lokalen Netzwerkes vergeben. Der Wettbewerb um das übrige lokale Netzwerk wurde für Unternehmen freigegeben, die nachweisbar finanziell gesund waren und solide Geschäftspläne vorweisen konnten.

Die Bandbreite der Marktalternativen

Sobald Sektoren entflochten sind, kann der Wettbewerb die Effizienz erhöhen und neue Investitionen fördern. Bei Infrastrukturleistungen besteht die Wahl nicht einfach zwischen dem freien Angebot des Marktes und dem Monopolangebot des Staates. Vier Zwischenlösungen für eine Bereitstellung auf marktwirtschaftlicher Basis sind möglich und oft ratsam. Drei von ihnen fördern den Wettbewerb. Das private Monopol als vierte Möglichkeit schafft die Basis für eine größere Verantwortlichkeit, indem es die Budgetrestriktion verschärft und eine ausgeprägtere Regulierung als bei einem staatlichen Monopol erlaubt.

- *Wettbewerb durch Substitute.* Die Gefahr des Verlustes von Kunden an Anbieter von Substitutionsprodukten führt zu Motivation und Disziplin.
- *Wettbewerb auf Märkten für Infrastruktur.* Mehrere Anbieter konkurrieren direkt miteinander, während die regulatorische Kontrolle des Staates einen fairen Wettbewerb gewährleistet.
- *Wettbewerb um den Markt.* Der Staat schafft durch Leasingvereinbarungen oder Konzessionsvergabe wettbewerbsmäßige Bedingungen, und die Firmen konkurrieren nicht um den einzelnen Konsumenten auf dem Markt, sondern um das *Recht*, den gesamten Markt zu beliefern.
- *Privatisierung von Monopolen.* Wo Monopole erhalten bleiben, bringt die Überführung in Privateigentum im allgemeinen Effizienzgewinne mit sich. Regulatorische Neuerungen, die Leistung belohnen (wie Preisobergrenzen und andere Anreiz-Mechanismen, die im folgenden diskutiert werden) schaffen die Basis für ein anhaltendes Produktivitätswachstum.

Bringt man ein bestehendes Unternehmen dazu, seine Produkte stärker marktorientiert anzubieten, so können sich daraus eine oder mehrere dieser Alternativen ergeben (Schaubild 3.1). Wettbewerb um den Markt ist Option B, d. h. staatliches Eigentum und private Betriebsführung (siehe Kapitel 1); die verbleibenden drei Alternativen sind Variationen von Option C, nämlich Privateigentum und private Betriebsführung.

Wettbewerb durch Substitute

In der Diskussion über natürliche Monopole im Infrastrukturbereich wird die Konkurrenz durch Substitute häufig übersehen. Dies kann zu widersinnigen Resultaten führen. Die Energieübertragung und das Transportwesen zu Lande sind die beiden wichtigsten Bereiche, in denen der Wettbewerb durch Substitute Druck auf einen Monopolanbieter ausübt.

Ein Anbieter von Erdgas kann ein Monopolist sein, aber Erdgas ist nur ein möglicher Brennstoff zur Stromerzeugung. Ebenso können Öl und Kohle verwendet werden, und der von den Öl- und

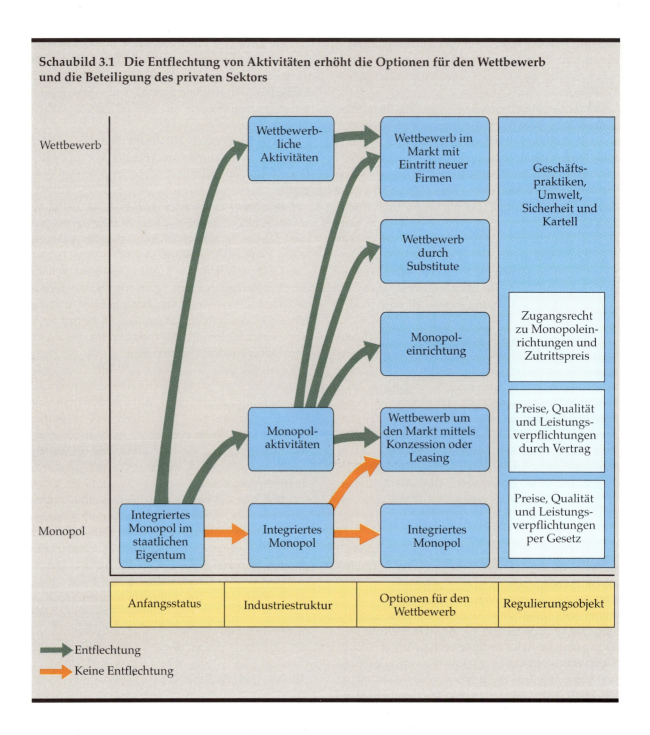

Schaubild 3.1 Die Entflechtung von Aktivitäten erhöht die Optionen für den Wettbewerb und die Beteiligung des privaten Sektors

Kohleproduzenten ausgehende Wettbewerbsdruck kann die Anbieter von Erdgas disziplinieren. Deutschland sieht diesen Wettbewerbsdruck als stark genug an, um die Deregulierung der Erdgasindustrie zu rechtfertigen, auch wenn einige Bereiche der Gaswirtschaft hohe Skalenerträge aufweisen.

Wo Eisenbahnen als Monopol betrieben werden, haben Speditionsfirmen oft die Wahl zwischen einem Transport auf der Schiene, auf der Straße oder zu Wasser. In den Vereinigten Staaten regulierte der Interstate Commerce Act aus dem Jahre 1887 die Eisenbahnen. Um aber die Regulierung durchzuhalten, ohne die Rentabilität der Eisenbahnen zu untergraben, mußte bald auch der ansonsten konkurrenzfähigere LKW-Transport reguliert werden, wodurch das Wachstum dieses Industriezweigs beschränkt wurde. In den siebziger und achtziger Jahren dieses Jahrhunderts wurden sowohl die Eisenbahnen als auch der LKW-Transport dereguliert, was zu einem raschen Produktivitätswachstum führte.

Die Erfahrungen von Hongkong im städtischen Transportwesen illustrieren weiter, was passieren kann, wenn Leistungen reguliert werden und Substitute verfügbar sind. Als ein staatseigenes U-Bahn-System den Betrieb aufnahm, wurden große Busse weniger profitabel, und die den Busgesellschaften zuvor durch Regulierung garantierten Ertragsraten konnten nicht mehr realisiert werden. Anstrengungen zur Sicherung der Ertragsraten durch eine Anhebung der Fahrpreise für große Busse veranlaßten die Fahrgäste, das Busfahren aufzugeben. Dies führte wiederum zu einer Taxiknappheit, zu einer übermäßigen Nutzung von Autos und fortgesetzten Staus.

Wenn es Substitute gibt, kann Regulierung besonders kontraproduktive Auswirkungen haben. Um die Erträge im regulierten Sektor zu sichern, greift die Regulierung oft auf andere Sektoren über, in denen die Elemente eines natürlichen Monopols schwach ausgeprägt sind. Unter solchen Umständen ist es weitaus besser, den Wettbewerb durch Substitute zu erlauben, um das Verhalten des vorgeblichen Monopolisten zu disziplinieren.

Wettbewerb auf den Märkten für Infrastruktur

Obgleich Infrastrukturmärkte mit zahlreichen Anbietern selten sind, kann der Wettbewerb unter wenigen konkurrierenden Anbietern die Kosten und Preise senken. Die Theorie der potentiellen Wettbewerbsmärkte besagt, daß die Existenz von rivalisierenden Anbietern, die auf dem Markt als Konkurrenten auftreten könnten, auch da die Risiken des Mißbrauchs einer Monopolstellung begrenzt, wo steigende Skalenerträge und Verbundeffekte einen einzigen Anbieter begünstigen. Falls es keine zwingenden Gegenargumente gibt, impliziert dies, daß man allen neu in den Markt eintretenden Unternehmen erlauben sollte, Leistungen anzubieten, und es dem Markt überläßt, wie viele Anbieter profitabel arbeiten können. Potentieller Wettbewerb ist am effektivsten, wo die fixen Markteintrittskosten für neue Anbieter begrenzt sind. Das ist dann der Fall, wenn neu eingetretene Anbieter ihre Investitionskosten durch den Verkauf ihrer Vermögenswerte decken können, falls sie sich wieder zum Rückzug aus dem Markt entschließen. Technologischer Wandel und die Lockerung der regulatorischen Beschränkungen lassen einen größeren potentiellen Wettbewerbsgrad zu.

Viele der Erfahrungen mit direktem Wettbewerb im Infrastruktursektor sind relativ neu, aber die Ergebnisse bestätigen die Vorteile des Wettbewerbs. Schlüssige Evidenz für Effizienzgewinne durch größeren Wettbewerb kommt vor allem aus den Vereinigten Staaten, die nach Jahren der Regulierung im Verlauf der letzten beiden Jahrzehnte eine Reihe von wichtigen Initiativen zur Deregulierung gestartet haben. In praktisch allen Sektoren hat ein größerer Wettbewerb zu niedrigeren Preisen oder besseren Leistungen für die Konsumenten geführt – während Effizienzgewinne und neue Technologien oder Geschäftspraktiken die Rentabilität dauerhaft gesichert haben (Sonderbeitrag 3.2).

Teilweise unterstützt durch die sektorale Entflechtung hat der Wettbewerb in den Infrastrukturbereichen im letzten Jahrzehnt zugenommen. Die Möglichkeiten und Bedingungen für effizienten Wettbewerb werden im folgenden für das städtische Beförderungswesen, die Telekommunikation und den Energiesektor aufgezeigt.

STADTBUSBEFÖRDERUNG. Im öffentlichen städtischen Verkehrswesen wurden durch den Wettbewerb Innovationen und Kostensenkungen gefördert. So ermöglichte in Sri Lanka die Deregulierung den rentablen Betrieb kleinerer Fahrzeuge durch Kleinbetriebe, die das Leistungsangebot beträchtlich verbesserten. Die wettbewerbsmäßige Versteigerung von Konzessionen oder die Gewährung von überlappenden Konzessionen an konkurrierende Zusammenschlüsse von Betreibern werden in mehreren großen Städten Lateinamerikas und Afrikas erfolgreich praktiziert.

Die Herausforderung besteht darin, den Wettbewerb – wegen seiner kostensenkenden Effekte – mit einem Minimum an Kontrolle zu verknüpfen, um die Qualität der Leistungen zu sichern und die Disziplin des Betriebsablaufs aufrechtzuerhalten. Die Aufspaltung der Eigentumsverhältnisse hat in manchen Fällen zu Schwierigkeiten bei der Koordination der Busrouten geführt sowie zeitweise zu übermäßigen Staus und unsicheren Praktiken. In einigen Ländern ist zumindest ein Teil der organisatorischen oder regulatorischen Funktionen von einer Vereinigung der Betreiber übernommen worden. Die Erfahrungen mit solchen Zusammenschlüssen zeigen, daß zwar einige Regulierungsbereiche erfolgreich an den privaten Sektor delegiert werden können, daß aber Vorkehrungen getroffen werden müssen, um sicherzustellen, daß die Regulierungsbefugnisse nicht zur Verhinderung von Neueintritten mißbraucht werden. Ferner muß der

> **Sonderbeitrag 3.2 Regulierungszyklen in den Vereinigten Staaten**
>
> Mit ihrer langen Geschichte der privaten Bereitstellung von Infrastruktur veranschaulichen die Vereinigten Staaten den Wandel in den regulatorischen Zielen und deren Umsetzung sowie die folgenden Zyklen der Regulierungspolitik. Im späten 19. Jahrhundert und bis in das frühe 20. Jahrhundert hinein herrschte ein reger Wettbewerb, vor allem in den Bereichen Energie und Telekommunikation.
>
> Ein frühes Beispiel für die wirtschaftliche Regulierung – der Interstate Commerce Act von 1887 – befaßte sich mit dem Eisenbahnmonopol. Die Reichweite der Regulierung der Wirtschaft wurde allmählich – insbesondere aber während der dreißiger Jahre und der Großen Depression – auf praktisch alle Infrastruktursektoren und andere Bereiche von öffentlichem Interesse ausgedehnt (beispielsweise durch Leistungsverpflichtungen und Publikationspflichten).
>
> Die Bereitstellung von Infrastruktur wurde damit zunehmend auf die Basis eines Sozialvertrags gestellt. Der Leistungsanbieter war meistens mit Exklusiv-Rechten für bestimmte Märkte ausgestattet. Im Gegenzug übernahm der Staat die öffentliche Verantwortung dafür, daß die Leistungsverpflichtungen zu „vernünftigen und gerechten" Preisen erfüllt wurden. Anfang der siebziger Jahre veranlaßte inflationärer Druck die Regulierungsbehörden, noch stärker in die Aktivitäten der Leistungsanbieter einzugreifen. Etwa zur selben Zeit gewann die Regulierung von Gesundheits-, Sicherheits- und Umweltfragen an Bedeutung.
>
> Die öffentliche Unzufriedenheit mit den Ergebnissen der Regulierung führte in den späten siebziger und achtziger Jahren dazu, daß man die Regulierung der Wirtschaft in vielen Sektoren wieder abbaute. Einer Schätzung zufolge wurden 1977 rund 17 Prozent des Bruttosozialprodukts (BSP) der Vereinigten Staaten durch vollständig regulierte Industriezweige erwirtschaftet; bis 1988 war dieser Anteil auf 6,6 Prozent gefallen, nachdem große Teile des Transport-, Kommunikations-, Energie- und Finanzsektors von der wirtschaftlichen Regulierung befreit wurden. Größere Handlungsfreiheit und der Wettbewerbsdruck motivierten die Leistungsanbieter dazu, neue Marketingpraktiken sowie neue technologische und organisatorische Methoden anzuwenden. Die Erfahrungen der Vereinigten Staaten deuten auf beträchtliche wirtschaftliche Gewinne durch die Deregulierung hin, wie in Tabelle 3.2 A gezeigt wird.
>
> **Tabelle 3.2 A   Geschätzte Gewinne durch den Wettbewerb infolge der Deregulierung von Infrastruktursektoren in den Vereinigten Staaten**
>
> | Sektor | Ausmaß der Deregulierung | Geschätzte jährliche Gewinne infolge der Deregulierung (Mrd US-Dollar in Preisen von 1990) |
> |---|---|---|
> | Fluggesellschaften | Vollständig | 13,7–19,7 |
> | Speditionen | Beträchtlich | 10,6 |
> | Eisenbahnen | Teilweise | 10,4–12,9 |
> | Telekommunikation | Beträchtlich | 0,7–1,6 |
> | Erdgas | Teilweise | Beträchtliche Gewinne für die Verbraucher |
>
> *Anmerkung:* Die Gewinne durch den Wettbewerb umfassen die Nettogewinne von Produzenten (in der Form von Unternehmensgewinnen), Konsumenten (Preise und Leistungsqualität) und Beschäftigten des Industriezweiges (Löhne und Beschäftigung).
> *Quelle:* Viscusi, Vernon und Harrington 1992; Winston 1993.

Staat in diesem vom Wettbewerb geprägten Sektor bestimmte Kontroll- und Regulierungsaufgaben bei solchen Fragen wie Sicherheit der Fahrgäste, Leistungsverpflichtungen und Umweltverschmutzung übernehmen.

TELEKOMMUNIKATION. Das Aufkommen von funkgestützten Mobilfunk-Netzwerken stellt für die Entwicklungsländer ein wichtiges wettbewerbliches Element von besonderer Bedeutung dar. Die Kapitalkosten zum Aufbau solcher Netzwerke sind relativ niedrig, so daß dieser Markt potentiellem Wettbewerb leicht zugänglich ist. Funkgestützte Telefone konkurrieren mit bestehenden lokalen Netzwerken und – in vielen Ländern – auch untereinander. Bis zum Jahr 1993 hatte Sri Lanka an vier Betreiber Lizenzen für Mobilfunknetze vergeben. Dies führte zu Gebühren, die zu den niedrigsten in der Welt gehören: Anschlußkosten von 100 Dollar und Betriebskosten von 16 Cents pro Minute, verglichen mit den eher typischen Kosten in El Salvador, wo es nur einen Anbieter gibt, von 1.000 Dollar pro Anschluß und 35 Cents pro Minute. Regulierung ist jedoch wichtig, um den Wettbewerb aufrechtzuerhalten. So waren in Mexiko regulatorische Maßnahmen notwendig, um Betreibern von Mobilfunk einen fairen Zugang zu konventionellen Netzwerken zu garantieren.

Der Ferngesprächs-Sektor wird der nächste Wettbewerbs-Schauplatz in Entwicklungsländern sein. Korea läßt bereits den Wettbewerb bei internationalen Diensten zu. Andere Länder haben sich verpflichtet, neuen Anbietern den Eintritt in den heimischen Markt für Ferngespräche zu erlauben (Chile und Mexiko bis zum Jahr 1996 und Hongkong bis 1997).

Auch wenn sich bei der Einführung von Wettbewerb Übergangsprobleme ergeben, können pragmatische Lösungen gefunden werden. In der Vergangenheit wurden hohe Gebühren für Telefon-Ferngespräche verlangt, die es den Monopol-Anbietern von Telekommunikationsdiensten erlaubten, angemessene Gewinne zu erzielen und die Anschlußkosten sowie die Gebühren für Ortsgespräche niedrig zu halten. Durch Entflechtung und zunehmenden Wettbewerb ist diese Preisstruktur nicht mehr zu realisieren, und es muß ein neues Gleichgewicht für die Gebühren gefunden werden. In der Übergangszeit ist der am Markt befindliche Betreiber jedoch mit der alten Gebührenstruktur belastet und muß die Leistungsverpflichtungen erfüllen. Falls neu in den Markt tretende Unternehmen von solchen Verpflichtungen frei sind, werden sie in diese Sektoren mit ihrer künstlich überhöhten Rentabilität hereinströmen, um den „Rahm" abzuschöpfen, was ökonomisch ineffizient sein kann.

Mexiko und die Philippinen haben zwei unterschiedliche Ansätze zur Lösung solcher Konflikte gewählt. In Mexiko wurde Teléfonos de México (Telmex) 1990 durch eine Konzessionsvereinbarung ein Monopol für sechs Jahre gewährt. Die Gebühren für lokale Dienste wurden auf das Drei- oder Vierfache ihres ursprünglichen Niveaus angehoben, um die Preise den Kosten anzupassen. Für die Dauer der Konzession wurde Telmex dazu verpflichtet, die Gebühren fortlaufend weiter anzugleichen; die Gebühren für Ferngespräche sind gesunken, während die Gebühren für Ortsgespräche stetig gestiegen sind. Dagegen entschieden sich die Philippinen dafür, sofort den Neueintritt zu fördern. Neue Betreiber wurden davon abgehalten, nur den lukrativen Markt für internationale Leistungen zu bedienen, und man verpflichtete sie, für jede Leitung ihres internationalen Netzes 300 Leitungen für Ortsverbindungen bereitzustellen.

Das entgegengesetzte Problem entsteht, wenn der eingesessene Betreiber versucht, die Konkurrenz zum Nachteil neu in den Markt strebender Anbieter zu beschränken. Das ist vor allem dann der Fall, wenn das neu eintretende Unternehmen das von dem alten Betreiber errichtete Netzwerk nur eingeschränkt nutzen kann. Dadurch hat der neue Anbieter nur eine begrenzte Reichweite, bis er Investitionen in möglicherweise dann doppelt vorhandene Netzwerkeinrichtungen vornimmt. Ein solcher „Engpaß"-Effekt in bezug auf die Einrichtungen des eingesessenen Unternehmens ergibt sich auch in Bereichen, die vertikal nicht entflochten sind. So ist es erforderlich, daß alle Leistungsanbieter den Zugang zu den Gleisanlagen haben, und konkurrierende Stromerzeuger müssen das Recht besitzen, Strom über Monopolanlagen zu übertragen und zu verteilen. Beim effizienten Anschluß von neu in den Markt eintretenden Unternehmen müssen zwei unterschiedliche Fragen gelöst werden: das physische Zugangsrecht und, was mindestens ebenso wichtig ist, der Preis für den Zugang. Es gibt keine etablierten Normen zur Festlegung der Preise für die „Zusammenschaltung", obgleich man eine Vielzahl von Ansätzen ausprobiert hat. Für das eingesessene Unternehmen ist eine Vereinbarung am günstigsten, bei der sich der Preis für den Anschluß zwischen einem Punkt des Netzwerkes und dem Kunden aus dem von dem Unternehmen erhobenen Abgabepreis abzüglich der direkten Kosten für den Betrieb dieses Anschlusses ergibt. Dies sichert dem alten Unternehmen nicht nur den vollen Gewinn, es ist auch gesamtwirtschaftlich optimal, wenn das Netzwerk technisch und ökonomisch effizient betrieben wird. In Neuseeland hat eine solche Regel zu einem Neueintritt in den Markt geführt, obwohl die Regel von dem neuen Anbieter als nicht wettbewerbskonform in Frage gestellt wurde. Andere Ansätze versuchen den Eintritt zu fördern, indem sie die Anschlußgebühren auf die Gesamtkosten begrenzen, die beim bestehenden Unternehmen anfallen (ohne die diesem Anschluß zuzurechnenden Gewinne). Solche Gebühren (wie die in Australien) beinhalten ein Fixkostenelement für das Netzwerk sowie Kosten, die sich aufgrund der generellen Leistungsverpflichtungen ergeben.

Die Frage der Zusammenschaltung gewinnt in Entwicklungsländern zunehmende Bedeutung, und insbesondere in Osteuropa, wo mehrere Betreiber Lizenzen besitzen. In Polen gab beispielsweise ein Telekommunikationsgesetz im Jahre 1990 unabhängigen Betreibern das Recht, Netzwerke in solchen Regionen aufzubauen, die von dem staatseigenen Anbieter Telekomunikacja (TP SA) nicht bedient wurden. Drei große unabhängige Betreiber haben neben fast sechzig anderen kleinen Anbietern eine Lizenz zur Bereitstellung von lokalen Diensten erhalten. Die Zusammenschaltung zwischen TP SA und den unabhängigen Betreibern beinhaltet den Zugang zum Netzwerk jedes Unternehmens und die Aufteilung der daraus entstehenden Einnahmen. Bis heute gibt es keinen Standardvertrag über die Zusammenschaltung zwischen TP SA und den unabhängigen Unternehmen. Das Telekommunikationsgesetz legt fest, daß jedes unabhängige Unternehmen eine eigene Vereinbarung mit TP SA aushandeln muß. Das Fehlen einer Standardvereinbarung hat die Mehrheit der unabhängigen Unternehmen davon abgehalten, die Entwicklung ihres eigenen lokalen Netzwerkes weiter zu verfolgen. Ohne eine Zusammenschaltung zögern außenstehende Investoren solange damit, irgendwelche Ressourcen aufzubringen, bis ein fester und fairer Vertrag in Kraft getreten ist. Alternative Modelle werden untersucht, um eine Zusammenschaltung auf fairer Basis herzustellen. Entwicklungsländer, die Netzwerke ausweiten und neue Leistungen anbieten möchten, dürften ein Preissystem bevorzugen, das den Markteintritt begünstigt. Außerdem werden sie wahrscheinlich für eine effektive Antimonopolgesetzgebung optieren und nach Verfahren zur Umsetzung dieser beiden Ziele suchen.

ENERGIE. Die Stromerzeugung ist ein anderer Bereich, in dem die Entflechtung zu Wettbewerb führen kann. Argentinien, Chile, Norwegen und Großbritannien, die ähnliche Ansätze bei der Stromerzeugung verfolgen, haben Strom-Pools geschaffen, die Wettbewerbsmärkte simulieren. Stromerzeuger bewerben sich um das Recht, Strom in größeren „Losen" für bestimmte Zeitabschnitte einzuspeisen (die in Großbritannien nur eine halbe Stunde dauern können), indem sie in einem Angebotskatalog festlegen, zu welchen Preisen sie welche Mengen anbieten. Der Manager des Strom-Pools faßt diese Offerten zusammen und errechnet auf der Basis der für den bestimmten Zeitabschnitt geschätzten Nachfrage einen Preis für den gesamten Pool. Alle Angebote, die unter diesem „Pool-Preis" liegen, werden dann akzeptiert. Nicht der gesamte Strom wird in dieser Form angeboten. Da die Pool-Preise in der Regel stark schwanken und schwer zu prognostizieren sind, tendieren die Anbieter und Käufer (vor allem regionale Verteiler) dazu, auch langfristige Verträge einzugehen, so daß sie nur einen relativ kleinen Teil ihrer Transaktionen über den Spotmarkt abwickeln. Da eine Auswahl von Anbietern vorhanden ist, wenn die Verträge neu ausgehandelt werden, wird die Disziplinierung durch den Wettbewerb aufrechterhalten.

Wenn die Kapazitäten zur Stromerzeugung auf ein oder zwei Firmen konzentriert sind, können diese versuchen, ihren Abgabepreis zu beeinflussen. Kartellgesetze können monopolistisches Verhalten oder geheime Absprachen verhindern. Um einen effektiven Wettbewerb zu gewährleisten, dürfte es jedoch notwendig sein, große Energieerzeuger in neue Unternehmen aufzuspalten.

Der Wettbewerb im Elektrizitätssektor wird in Großbritannien auf die Verteilerstufe ausgedehnt, angefangen bei großen Konsumenten. Verbraucher mit einer Spitzennachfrage von 100 Kilowatt Energie oder mehr sind nicht an ihren lokalen Verteiler gebunden, sondern können mit anderen Verteilern oder direkt mit dem Energieerzeuger Verträge abschließen. Etwa 45.000 Unternehmen können auf diese Weise Strom beziehen. Bis 1998 wird dies für alle Kunden möglich sein.

In vielen Entwicklungsländern besteht eine Erblast eines schlecht funktionierenden öffentlichen Sektors in umfangreichen, nicht ausgelasteten Stromerzeugungskapazitäten vieler großer Industrieunternehmen. Der potentielle Wettbewerb auf dem Strommarkt kann dadurch gesteigert werden, daß man großen Industriebetrieben mit eigenen Kapazitäten zur Stromerzeugung erlaubt, Strom an das öffentliche Netzwerk zu verkaufen. Dies schafft eine wettbewerbliche Disziplin und fördert Kostensenkungen. Eine systematische Studie zeigt, daß Betriebe in Nigeria ihre Kosten pro Einheit erzeugter Energie beträchtlich senken könnten, wenn sie in der Lage wären, Strom aus unterausgelasteten Erzeugungskapazitäten zu verkaufen. Informelle Evidenz spricht dafür, daß in vielen anderen Entwicklungsländern wahrscheinlich das gleiche gilt.

Wettbewerb um den Markt

Wo direkter Wettbewerb nicht möglich ist, kann die Effizienz durch Wettbewerb um vertragliche Vereinbarungen gesteigert werden. Solche Vereinbarungen reichen von einfachen Verträgen für bestimmte Leistungen bis zu langfristigen Konzessionen, die Betrieb, Instandhaltung und Erweiterung der Anlagen beinhalten. Auch wenn es zu einem bestimmten Zeitpunkt immer nur einen einzigen Anbieter für eine Leistung gibt, findet Wettbewerb vor der Vertragsunterzeichnung statt und im Prinzip auch dann, wenn der Vertrag (oder die Konzession) ausläuft und erneuert werden muß. Somit gibt es einen Wettbewerb *um* den Markt, selbst wenn kein direkter Wettbewerb *in* dem Markt stattfindet, solange die Konzession läuft. Innerhalb gewisser Grenzen können die in dem Vertrag enthaltenen Verpflichtungen ein vollständiges unabhängiges Regulierungswerk ersetzen.

Im Infrastrukturbereich gibt es immer mehr Leasing- und Konzessionsvereinbarungen. In 37 Ländern, darunter 18 Länder mit niedrigem Einkommen, bestehen bereits solche Vereinbarungen, oder sie werden gerade eingeführt (Schaubild 3.2). Im Transportwesen eignen sich Konzessionen vor-

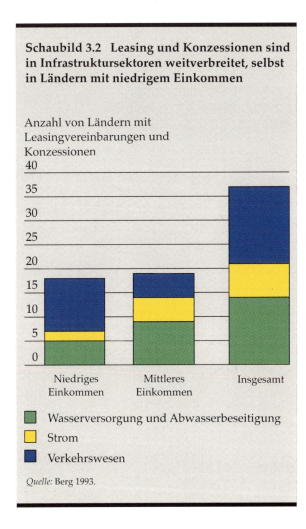

Schaubild 3.2 Leasing und Konzessionen sind in Infrastruktursektoren weitverbreitet, selbst in Ländern mit niedrigem Einkommen

Anzahl von Ländern mit Leasingvereinbarungen und Konzessionen

- Wasserversorgung und Abwasserbeseitigung
- Strom
- Verkehrswesen

Quelle: Berg 1993.

nehmlich für große, unbewegliche Einrichtungen, wie Häfen und gebührenpflichtige Straßen. Die Konzessionsvergabe ist außerdem im Wasserwirtschaftssektor weit verbreitet. Da steigende Skalenerträge bei der Wasserversorgung weiterhin wichtig sind, haben sich die meisten Länder auf Mechanismen gestützt, die einen Wettbewerb um den Markt herstellen (Tabelle 3.1). Selbst unter diesen Vereinbarungen gibt es einen großen Gestaltungsspielraum.

Die Effektivität von Franchise-Abkommen hängt von einer Reihe von Faktoren ab. Für den Franchisenehmer hängen die Anreize für einen effizienten Betrieb von den Vergabekriterien ab, die wiederum mit den sektoralen Besonderheiten und den staatlichen Zielen variieren (Sonderbeitrag 3.3). Die Bereitstellung der vereinbarten Leistungen gelingt am ehesten, wenn der Vertrag Transparenz und Verantwortlichkeit erhöht, indem er die Bedingungen für den Betrieb im Detail festlegt. Wichtig für den Erfolg ist außerdem die Art der Vertragsvergabe. Dies zeigt sich bei der erfolgreichen Vergabe einer Konzession für die Wasser- und Abwasserwirtschaft in Buenos Aires, im Gegensatz zur Ausschreibung einer Konzession in Caracas, auf die keine attraktiven Gebote eingegangen sind. Buenos Aires profitierte von einer Reihe von Vorteilen, auf die Caracas nicht bauen konnte, dazu gehörten eine stärkere Unterstützung durch die staatlichen Behörden, eine bessere technische und finanzielle Vorbereitung, attraktivere Anfangsgebühren und geringere wirtschaftliche Risiken für die Investoren.

In der Praxis wird der ursprüngliche Franchisenehmer selten verdrängt. In Hongkong, das sich bei der Bereitstellung von Infrastruktur häufig des Franchising bedient, hat nur eine Busgesellschaft in den letzten Jahrzehnten ihren Vertrag verloren. In Frankreich werden Franchise-Abkommen gewöhnlich immer wieder erneuert. Das Vertragsunternehmen genießt bei der Erneuerung der Gebote bedeutende Vorteile, so daß Anstrengungen unternommen werden müssen, um den Markt potentiellem Wettbewerb zu öffnen.

LEASING. Bei einer Leasingvereinbarung nimmt der Staat die wichtigsten Investitionen in die Produktionseinrichtungen vor, und ein privater Vertragspartner zahlt dann für das Recht, die öffentlichen Einrichtungen für die Bereitstellung von Leistungen zu nutzen. Eine Leasingvereinbarung verleiht dem Vertragspartner im allgemeinen die ausschließlichen Rechte auf die Einnahmen für einen Zeitraum von sechs bis zehn Jahren. Der Vertragspartner trägt die meisten oder alle wirtschaftlichen Risiken, aber nicht die finanziellen Risiken, die mit großen Investitionen verbunden sind. Solche Vereinbarungen eignen sich am besten bei Aktivitäten, die große Investitionen in unregelmäßigen Zeitabständen erfordern, so daß die Zuständigkeit für den Betrieb der Anlagen von der Verantwortung für die Investitionen getrennt werden kann. In Frankreich hat man Leasing seit Jahrzehnten bei der städtischen Wasserversorgung und Abwasserwirtschaft eingesetzt. Dieses Modell wurde kürzlich in Guinea übernommen (Sonderbeitrag 3.4).

Leasing erlaubt gemischte Eigentumsverhältnisse. Bei sogenannten „landlord ports" befinden sich das Land und die Infrastrukturanlagen des Hafens im Staatseigentum, während die übrigen Einrichtungen einer privaten Firma gehören und von ihr betrieben werden. Im Jahre 1986 übertrug Malaysia den Betrieb des Container-Terminals und der Schiffsliegeplätze von Port Kelang durch Leasing-

Tabelle 3.1 Vertragliche Vereinbarungen bei der privaten Wasserversorgung

Vertrag	Einsatz	Anreize	Beispiele
Leistungsvertrag	Zähler ablesen, Fakturierung und Inkasso sowie Wartung privater Anschlüsse	Erlaubt Wettbewerb unter mehreren Anbietern, jeder erhält kurzfristige und genau spezifizierte Verträge	Eine öffentliche Wassergesellschaft, EMOS, in Santiago, Chile, ermutigte 1977 die Beschäftigten, das Unternehmen zu verlassen und sich um Leistungsverträge für Aufgaben zu bewerben, die vorher intern ausgeführt wurden – es ergaben sich große Produktivitätsgewinne
Managementvertrag	Betrieb und Instandhaltung des Wasserversorgungssystems oder bedeutender Teilsysteme	Erneuerung des Vertrages alle ein bis drei Jahre, wobei die Vergütung auf physischen Parametern basiert, wie produzierte Wassermenge und Steigerung der Inkassoraten	Elektrizitäts- und Wassergesellschaft von Guinea-Bissau (EAGB); an Electricité de France vergebener Vertrag, wobei 75 Prozent der Vergütung garantiert und bis zu 25 Prozent erfolgsabhängig sind
Leasing	Erweiterter Betriebsvertrag	Abgabe von Geboten für den Vertrag, mit einer Vertragsdauer von ungefähr zehn Jahren; Anbieter übernimmt das Betriebsrisiko	Wasserversorgung in Guinea im Eigentum des Staatsunternehmens (SONEG) und 1989 durch Leasingvertrag an Betreibergesellschaft (SEEG) für zehn Jahre vergeben; erzielte große Zunahmen beim Inkasso
Konzession	Alle Eigenschaften des Leasingvertrages, zusätzlich Finanzierung bestimmten Anlagevermögens	Abgabe von Geboten für den Vertrag, mit einer Vertragsdauer bis zu dreißig Jahren; Anbieter übernimmt das Betriebs- und Investitionsrisiko	Die Konzession für die städtische Wasserversorgung von Côte d'Ivoire ging an SODECI, ein Konsortium von einheimischen und französischen Unternehmen; SODECI erhält keine Subventionen für den Betrieb, und alle Investitionen sind selbst-finanziert

Quelle: Triche 1993.

vereinbarungen auf zwei Konsortien. Die privaten Betreiber erzielten beträchtliche Produktivitätsverbesserungen, da sie vielen Beschränkungen öffentlicher Anbieter nicht unterliegen. Ähnliche Erfolge in Hongkong, Japan und Malaysia führten zu einer Leasing-Welle in Asien. Leasing wird nun in China, den Philippinen und Thailand eingeführt und in Korea, Pakistan und Vietnam erwogen. Manchmal werden nur Teile des Hafens, wie Liegeplätze oder Container-Terminals, durch Leasing vergeben, während Vereinbarungen für andere Teile des Hafens davon nicht berührt werden.

Sonderbeitrag 3.3   Auf Sektoren und staatliche Ziele zugeschnittene Konzessionen

Die Methode, Konzessionen oder Betriebsrechte zu vergeben, ist extrem wichtig, um die Anreize für private Geldgeber zu bestimmen. Wenn die Rendite der Geldgeber in keiner oder nur in einer schwachen Beziehung zum Erfolg des Unternehmens steht, gehen die Vorteile der privaten Sponsortätigkeit verloren.

Worauf es ankommt, ist die Sicherstellung eines attraktiven finanziellen Ertrages für die Investoren unter Wahrung der öffentlichen Interessen. Eine Schlüsselrolle in den Verhandlungen spielt der Preis, den der Investor für das Recht bezahlt, eine Leistung bereitzustellen. Es kann aber auch die Höhe des Kapitals oder die Höhe der Subventionen für den laufenden Betrieb sein, die die Regierung bereitstellen kann. Weitere Verhandlungspunkte sind der Preis, der für die Leistungen berechnet wird, die Dauer der Konzession sowie die Rechte und Pflichten am Ende der Vertragsperiode.

Dies ist ein komplexes Gemisch, in dem jedes Element vom anderen abhängt. Es besteht immer die Gefahr, daß die Modalitäten einer Konzession den Investoren zu einer überhöhten Rendite verhelfen, oder daß sie nicht genug Anreize für eine ausreichende Instandhaltung der Anlagen und Bereitstellung von Leistungen bieten.

Um die Dinge zu vereinfachen, wurden bestimmte Normen und Konventionen eingeführt. Die Dauer der Konzession hängt im allgemeinen mit der Lebensdauer der zugrundeliegenden Anlagen zusammen. Beispielsweise sind dreißigjährige Konzessionen bei Mautstraßen normal, und bei Kraftwerksprojekten sind fünfzehn Jahre üblich (obwohl bei Wasserkraftwerken eher mit dreißig Jahren zu rechnen ist). Die Verträge zur Beseitigung von Festmüll liegen bei vier Jahren, ein Zeitraum, in dem die Müllfahrzeuge weitgehend abgenutzt werden.

Da aber Fahrzeuge leichter verkauft werden können als das in einer Straße oder einem Kraftwerk verkörperte Vermögen, kann die Vertragslänge auch nur wenige Monate betragen.

Eine interessante Variante wird in der Telekommunikation angewendet, obwohl sie auch bei unabhängigen Energieprojekten eingesetzt werden könnte. Nicht die Konzessionsdauer, die unbegrenzt sein kann, ist hier entscheidend, sondern die Dauer der Exklusiv-Rechte. In Mexiko und Argentinien wurden an die zuletzt privatisierten Unternehmen exklusive Lizenzen für sechs bis zehn Jahre vergeben. In diesem Zeitraum müssen die Unternehmen bestimmte Investitionen vornehmen. Nach Ablauf dieser Periode kann die Regierung den Eintritt neuer Unternehmen zulassen.

Um den Preis für das Recht zur Erstellung von Leistungen festzulegen, gibt es verschiedene Methoden. Theoretisch ist es am effizientesten, eine Konzession an denjenigen zu vergeben, der vorneweg den größten Pauschalbetrag geboten hat. Nach der Zahlung einer hohen Anfangsgebühr wird der Betreiber motiviert sein, die Einrichtung mit der größtmöglichen Effizienz zu betreiben. Bei großen Projekten mit unsicheren Kosten und Erlösen kann das Risiko jedoch durch Vereinbarungen mit Erlös- oder Gewinnbeteiligungen gestreut werden (wie bei der Guangzhou-Shenzen Autobahn in China). Wo sich die Regierung hauptsächlich als Hüter der Verbraucherinteressen versteht, kann sie auf eine Gebühr verzichten und den Vertrag statt dessen auf der Basis des niedrigsten Abgabepreises an die Konsumenten vergeben (was später zu Problemen bei der Leistungsqualität führen kann und die Aufstellung von Mindest-Leistungsstandards erfordert).

KONZESSIONEN. Konzessionen enthalten alle Merkmale einer Leasingvereinbarung, der Vertragspartner ist aber zusätzlich für die Investitionen verantwortlich. Dazu gehören genau festgelegte Erweiterungen und „Verbreiterungen" der Kapazitäten oder Ersatzinvestitionen für das Anlagevermögen. Konzessionsvereinbarungen gibt es bei Eisenbahnen, der Telekommunikation, im städtischen Verkehrswesen sowie bei der Wasserversorgung und der Abwasserklärung. SODECI, die private Wassergesellschaft in Côte d'Ivoire, besitzt einen etablierten und erfolgreichen Konzessionsvertrag (Sonderbeitrag 3.5).

In Argentinien gab es kürzlich eine wahre Flut von Konzessionsvereinbarungen, einige wurden durch eine vorangegangene sektorale Entflechtung ermöglicht. Zusätzlich zu den oben beschriebenen Konzessionen im Eisenbahn- und Wasserwirtschaftssektor wurde eine Konzession für den Betrieb des U-Bahn-Systems von Buenos Aires ausgeschrieben. Die Zuteilung erfolgte an den Bieter, der die geringsten Subventionen für den laufenden Betrieb und die Investitionen in das System forderte. Die Straßeninstandhaltung wurde ebenfalls für Konzessionen geöffnet, sie wird aus den Mautgebühren finanziert, die im Jahre 1992 auf vielen Straßen eingeführt wurden.

Ein mögliches Problem bei Leasingvereinbarungen und Konzessionen besteht darin, daß sie keine ausreichenden Anreize zur Instandhaltung und Erweiterung der ihnen übertragenen Einrichtungen beinhalten. Ein privater Anbieter, der nicht Eigentümer ist oder keine Vertragsverlängerung erwartet, könnte die Anlagen aus einem kurzfristigen Gewinnstreben heraus schnell herunterwirtschaften und bei routinemäßigen Wartungsarbeiten sparen.

> **Sonderbeitrag 3.4   Erfolg mit einem Leasingvertrag – Guineas Wasserversorgung**
>
> Als in der Republik Guinea im Jahre 1989 der Wasserversorgungssektor umstrukturiert wurde, war er einer der rückständigsten in Westafrika. Zu dieser Zeit übernahm eine neue autonome Wasserbehörde, SONEG, das Eigentum an der Infrastruktur für die städtische Wasserversorgung und die Verantwortung für Planung und Investitionen in diesem Bereich. SEEG, zu 49 Prozent im Staatseigentum und zu 51 Prozent im Eigentum eines ausländischen Konsortiums, wurde gegründet, um die Einrichtungen des Systems zu betreiben und zu unterhalten.
>
> Mit einem zehnjährigen Leasingvertrag mit SONEG versehen, betreibt und wartet SEEG das System auf eigenes wirtschaftliches Risiko. Ihre Vergütung basiert auf den tatsächlich erzielten Verbraucherpreisen und den Gebühren für neue Anschlüsse. SEEG profitiert auch davon, ob es ihr gelingt, die Inkassoquote zu verbessern, die Betriebskosten zu senken und die Wasserverluste zu reduzieren. Da SONEG die letztendliche Finanzierungsverantwortung für das Kapital trägt, ist sie sehr an angemessenen Gebühren und fundierten Investitionsentscheidungen auf der Basis realistischer Nachfrageschätzungen interessiert.
>
> Damit die notwendigen Tariferhöhungen bezahlbar bleiben, enthält der Leasingvertrag von Guinea eine neuartige Vereinbarung zur Kostenbeteiligung. Nach der von der Regierung, den beiden sektoralen Einrichtungen und dem externen Geldgeber (die Weltbank) ausgehandelten Vereinbarung mußten die Verbrauchertarife schrittweise vom ersten bis zum zehnten Vertragsjahr angepaßt werden. Während dieses Zeitraums übernahm die Weltbank einen abnehmenden Anteil der Devisenausgaben für den Betrieb, während die Zentralregierung einen sinkenden Anteil des Schuldendienstes abdeckte. Man erwartete, daß die Gebühren nach zehn Jahren die gesamten Wasserkosten decken würden. Derzeit haben die tatsächlichen Gebührenanhebungen die geplanten bereits überschritten, sie stiegen von 0,12 Dollar pro Kubikmeter im Jahr 1989 auf ungefähr 0,75 Dollar im Jahr 1993. Trotz der höheren Gebühren ist die Inkassoquote bei den privaten Verbrauchern drastisch gestiegen – von weniger als 20 Prozent auf über 75 Prozent im Jahr 1993 – und die technische Effizienz sowie der Versorgungsgrad haben sich verbessert.

Die meisten dieser Probleme können allerdings vermieden werden. Ausdrückliche Vereinbarungen über notwendige Instandhaltungsarbeiten können in den Verträgen schriftlich fixiert, und die Einhaltung der Vereinbarungen kann überwacht werden. Private Anbieter können für eine nachweisliche Verschlechterung des Kapitalstocks verantwortlich gemacht werden (obwohl dies problematisch sein kann, da ein Teil der Schäden auf Baumängeln beruhen kann). Die Notwendigkeit einer Erneuerung kann vom tatsächlichen Zustand des Kapitalstocks abhängig gemacht werden.

Privatisierung von Monopolen

Die Privatisierung ist ein anderer Weg zur Einführung von marktwirtschaftlichen Prinzipien im Infrastrukturbereich. Dabei erfolgt eine Übertragung von Vermögenswerten aus dem öffentlichen Sektor heraus. Privatisierungen breiten sich in Entwicklungsländern rasch aus – der Wert der Transaktionen lag sowohl 1991 wie auch 1992 bei mehr als 6 Mrd Dollar (Tabelle 3.2). Im Telekommunikationsbereich ist die Privatisierung am weitesten fortgeschritten. Argentinien, Chile, Jamaika, Malaysia, Mexiko, Ungarn und Venezuela haben die Telekommunikationsdienste weitgehend privatisiert. In der Energiewirtschaft wurden in jüngster Zeit ebenfalls einige große Privatisierungen durchgeführt.

Obwohl die Privatisierung von Industrieunternehmen eine relativ lange Geschichte hat – die die positiven Auswirkungen auf die Unternehmensergebnisse belegt – sind Privatisierungen im Infrastruktursektor vergleichsweise neu. Privatisierte öffentliche Versorgungsunternehmen durchlaufen im allgemeinen eine größere Umstrukturierung, und die unmittelbaren Gewinne aus der Privatisierung sind beeindruckend gewesen. Eine Studie der gesamten Wohlfahrtsgewinne (finanzielle Nettogewinne von Produzenten, Konsumenten und Beschäftigten) fand heraus, daß die Gewinne (in Prozent des Umsatzes) in drei Fällen (allesamt im Telekommunikationsbereich) zwischen 12 Prozent (Großbritannien) und 155 Prozent (Chile) lagen (Schaubild 3.3). In Venezuela war das gesamte Netzwerk zwei Jahre nach Abschluß der Privatisierung um 50 Prozent größer, und praktisch alle angestrebten Leistungsverbesserungen wurden erreicht (Sonderbeitrag 3.6). In vielen Sektoren ist es jedoch noch nicht möglich, die Effekte der Privatisierung von denen eines erhöhten Wettbewerbs zu

Sonderbeitrag 3.5 Die Erfahrung von Côte d'Ivoire mit einer Konzession für die Wasserversorgung

Ein hervorragendes Beispiel für ein Privatunternehmen, das öffentliche Leistungen in Westafrika anbietet, ist SODECI in Côte d'Ivoire. SODECI ist ein einheimisches Unternehmen, dessen Kapital (ungefähr 15 Millionen Dollar) zu 52 Prozent von lokalen Interessengruppen, zu 46 Prozent von Saur, dem französischen Wasseranbieter, und zu 2 Prozent von einem staatlichen Investmentfonds gehalten wird. Der Betrieb wurde vor 30 Jahren mit der Wasserversorgung von Abidjan aufgenommen. Heute verwaltet SODECI mehr als 300 über das gesamte Land verteilte Rohrleitungs-Netzwerke. Bis vor kurzem arbeitete SODECI unter einem Konzessionsvertrag für die Wasserproduktion in der Hauptstadt Abidjan und hatte Leasingverträge für die Wasserproduktion und -verteilung in allen anderen städtischen Zentren, für die Wasserverteilung in Abidjan und das Management der Abwasserkanalisation von Abidjan.

Um mit finanziellen Schwierigkeiten fertig zu werden, die durch die staatliche Investitions- und Gebührenpolitik in den achtziger Jahren entstanden waren, nahm man eine Reorganisation des städtischen Wassersektors vor. Der Vertrag für die städtische Wasserversorgung mit SODECI wurde in einen Konzessionsvertrag für das gesamte Land umgewandelt, wobei SODECI sowohl die Verantwortung für den Betrieb wie auch für die Investitionen übernahm. Heute hat das Unternehmen 300.000 Einzelanschlüsse, die 70 Prozent der 4,5 Millionen Stadtbewohner von Côte d'Ivoire versorgen – 2 Millionen in Abidjan und die übrigen in Orten mit 5.000 bis 400.000 Einwohnern. Aufgrund einer Politik, den Haushalten mit niedrigem Einkommen direkten Zugang zu Wasser zu ermöglichen, wurden 75 Prozent der Hausanschlüsse von SODECI ohne eine direkte Anschlußgebühr bereitgestellt. Die Zahl der Anschlüsse wächst pro Jahr um 5 bis 6 Prozent.

Seit den frühen siebziger Jahren ist volle Kostendeckung die Regel gewesen, und die Erlöse aus dem Verkauf von Wasser haben die Kapital-, Betriebs- und Wartungskosten vollständig gedeckt. Während der letzten zehn Jahre überstiegen die ungeklärten Wasserverluste niemals 15 Prozent, und die Inkassoquote bei den privaten Verbrauchern ist nie unter 98 Prozent gefallen (der Gebühreneinzug von staatlichen Stellen ist dagegen problematischer). Trotz der Ausweitung der Aktivitäten kommen nur vier Beschäftigte auf jeweils 1.000 Anschlüsse, was einem hohen Standard entspricht. Das Unternehmen konnte selbst in der Expansionsphase das ausländische Personal abbauen.

SODECI behält einen Teil der eingezogenen Gebühren, um seine Betriebskosten zu decken, die Abschreibung der Anlagen zu finanzieren, das Verteilungsnetz zu erweitern und zu erneuern sowie Dividenden an die Aktionäre zu zahlen. Außerdem zahlt es an die Regierung eine Leihgebühr, um die Schulden für frühere vom Staat finanzierte Projekte zu bedienen.

SODECI stellt Leistungen bereit, die an die Standards von Industrieländern heranreichen. Die Kosten für die Verbraucher sind dennoch nicht höher als in Nachbarstaaten mit ähnlichen wirtschaftlichen Verhältnissen oder in den Mitgliedsländern der CFA Franc-Zone, in denen die Gebühren selten die Kapital-, Betriebs- und Instandhaltungskosten decken und die Leistungen schlechter sind. Die Aktienmehrheit von SODECI wird nun von privaten Interessengruppen in Côte d'Ivoire gehalten. Seine Anleihen zählen zu den wichtigsten auf dem Finanzmarkt von Abidjan gehandelten Papieren, und es wurden Dividenden an die Aktionäre ausgeschüttet. Das Unternehmen hat auch von Anfang an Steuern gezahlt.

---

trennen. Ebensowenig konnte bisher eine nachhaltige Zunahme des langfristigen Produktivitätswachstums nachgewiesen werden.

Privatisierungen von Versorgungsunternehmen werden oft von Vereinbarungen zur Durchführung bestimmter Mindestinvestitionen begleitet. Diese sogenannten „roll-out"-Verpflichtungen werden durch die Leistungsbedingungen veranschaulicht, die der privatisierten mexikanischen Telekommunikationsgesellschaft Telmex auferlegt wurden. In den Konzessionsvertrag integrierte Ziele zur Entwicklung des Netzwerkes verpflichten Telmex, das Telefonleitungsnetz um mindestens 12 Prozent pro Jahr auszuweiten – dies ist eine doppelt so hohe Zuwachsrate, wie sie in den späten achtziger Jahren erreicht wurde. Die vertraglich vereinbarten Investitionsverpflichtungen von Telmex werden durch steuerliche Anreize gefördert. Neben dem notwendigen Ausbau des Leitungsnetzes erfordert die Konzession Verbesserungen der Leistungsqualität. Telmex hat die Zielsetzungen mehr als erfüllt und Pläne bekanntgegeben, über 13 Mrd Dollar im Verlauf von fünf Jahren zu investieren, um die Anlagen zu verbessern, zusätzliche Anschlüsse zu schaffen und das Leistungsniveau zu steigern.

Diesen Verpflichtungen liegen die Bedenken zugrunde, daß ein monopolistischer Leistungsanbieter wie Telmex die Produktionsmenge unter das sozial gewünschte Niveau absenken könnte. Während solche Befürchtungen längerfristig legitim sein

Tabelle 3.2   Wert der Privatisierungen im Infrastrukturbereich in Entwicklungsländern, 1988–92
(Millionen US-Dollar)

Teilsektor	1988	1989	1990	1991	1992	Insgesamt 1988–92	Anzahl der Länder
Telekommunikation	325	212	4.036	5.743	1.504	11.821	14
Stromerzeugung	106	2.100	20	248	1.689	4.164	9
Stromvertrieb	0	0	0	98	1.037	1.135	2
Gasvertrieb	0	0	0	0	1.906	1.906	2
Eisenbahnen	0	0	0	110	217	327	1
Straßeninfrastruktur	0	0	250	0	0	250	1
Häfen	0	0	0	0	7	7	2
Wasserversorgung	0	0	0	0	175	175	2
Insgesamt	**431**	**2.312**	**4,307**	**6.200**	**6.535**	**19.785**	**15**
Eng zusammenhängende Privatisierungen:							
Fluggesellschaften	367	42	775	168	1.461	2.813	14
Schiffstransporte	0	0	0	135	1	136	2
Straßengüterverkehr	0	0	0	1	12	13	3
Gesamte Privatisierungen der Entwicklungsländer	2.587	5.188	8.618	22.049	23.187	61.629	25

Anmerkung: Länder, die Privatisierungen im Infrastruktursektor vornehmen:
1988: Strom – Mexiko; Telekommunikation – Belize, Chile, Jamaika, Türkei; Fluggesellschaften – Argentinien, Mexiko.
1989: Strom – Korea; Telekommunikation – Chile, Jamaika; Fluggesellschaften – Chile.
1990: Strom – Malaysia, Türkei; Telekommunikation – Argentinien, Belize, Chile, Jamaika, Malaysia, Mexiko, Polen; Straßen: Argentinien; Fluggesellschaften – Argentinien, Brasilien, Mexiko, Pakistan.
1991: Stromerzeugung – Chile, Ungarn; Stromvertrieb – Philippinen; Eisenbahnen – Argentinien; Telekommunikation – Argentinien, Barbados, Belize, Jamaika, Mexiko, Peru, Philippinen, Ungarn, Venezuela; Fluggesellschaften – Honduras, Panama, Türkei, Ungarn, Venezuela; Schiffstransporte – Malaysia; Straßengüterverkehr – Togo.
1992: Stromerzeugung – Argentinien, Belize, Malaysia, Polen; Stromvertrieb – Argentinien, Philippinen; Gasvertrieb – Argentinien, Türkei; Telekommunikation – Argentinien, Estland, Malaysia, Türkei; Eisenbahnen – Argentinien; Häfen – Kolumbien, Pakistan; Wasser – Argentinien, Malaysia; Fluggesellschaften – Malaysia, Mexiko, Panama, Philippinen, Thailand, Tschechoslowakei, Ungarn; Schiffstransporte – Sri Lanka; Straßengüterverkehr – China, Peru.
Quelle: Sader 1993.

mögen, passen sie nicht zur aktuellen Situation in vielen, wenn nicht den meisten Entwicklungsländern. Das Niveau der Leistungsbereitstellung ist derzeit so niedrig, daß selbst für einen unbeschränkten Monopolisten starke Anreize zur Ausweitung des Angebots bestünden – und zwar zu niedrigeren Kosten als für die öffentlichen Anbieter in der Vergangenheit. „Roll-out"-Verpflichtungen dürften somit nicht notwendig sein. Falls sie dazu dienen, die unwirtschaftliche Bereitstellung von Leistungen für bestimmte Gebiete oder Konsumenten zu sichern, können sie die Verzerrungen der Preise fortschreiben.

Wege zur marktmäßigen Bereitstellung

Der Übergang von einem staatlichen Monopol zur wettbewerbsmäßigen Bereitstellung durch den Markt wurde auf unterschiedliche Weise vorgenommen. Unabhängig vom jeweiligen Weg kann sich der Erfolg aber nur dann einstellen, wenn der Eintritt von privaten Anbietern dauerhaft gesichert wird. In der Übergangsphase können durchsetzbare Verträge die Anreize schaffen, die nötig sind, um das Unternehmen zu effizientem Arbeiten zu veranlassen, und die gleichzeitig das öffentliche Interesse berücksichtigen.

Ebenso ist ein gesetzlich verankertes Regulierungssystem notwendig, das für eine klare und offene Durchsetzung der Vertragsbedingungen sorgt, obwohl fehlende Regulierungen den privaten Marktzutritt nicht aufgehalten haben. Die Gestaltung eines solchen regulatorischen Rahmens kann von den Erfahrungen mit den zuerst in den Markt eingetretenen Unternehmen profitieren. Eine effektive gesetzliche Regulierung erfordert vorhersehbare und nicht-diskriminierende Regeln sowie die Schaffung von Interessengruppen der Verbraucher.

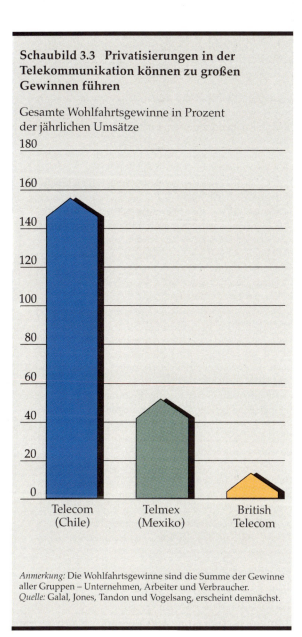

Schaubild 3.3 Privatisierungen in der Telekommunikation können zu großen Gewinnen führen

Gesamte Wohlfahrtsgewinne in Prozent der jährlichen Umsätze

Anmerkung: Die Wohlfahrtsgewinne sind die Summe der Gewinne aller Gruppen – Unternehmen, Arbeiter und Verbraucher.
Quelle: Galal, Jones, Tandon und Vogelsang, erscheint demnächst.

Transformation der Marktstrukturen

Soll der Übergang zu einem marktwirtschaftlichen System in einem einzigen Schritt erfolgen, oder kann dies eher allmählich geschehen? Darauf gibt es keine einfache Antwort. Wichtig ist, daß der Übergang zu einer marktmäßigen Bereitstellung glaubwürdig ist, denn sonst werden private Unternehmer wahrscheinlich keine neuen Investitionen tätigen. Das Engagement des Staates ist am glaubwürdigsten, wenn sämtliche Maßnahmen, die für den Zutritt Privater und die marktmäßige Bereitstellung notwendig sind, innerhalb einer kurzen Zeitspanne als Teil eines konsistent ausgestalteten Programms ergriffen werden. Da wo institutionelle Erblasten – wie beispielsweise die Sorge um nicht mehr benötigte Arbeitskräfte – eine sofortige Privatisierung verhindern, dürfte die Öffnung des Sektors für substantielle Neuzutritte deutlich signalisieren, daß der Staat die Reform des Sektors ernsthaft betreibt.

Eine empfehlenswerte Strategie zur Abfolge der Maßnahmen beginnt mit der Gestaltung eines gesetzlichen Regulierungsrahmens, der die Spielregeln festlegt. Dann sollte die geeignete Industriestruktur bestimmt werden (der Grad der Entflechtung, das Ausmaß der Neuzutritte sowie die Zerlegung bestehender Unternehmen zur Vermeidung wirtschaftlicher Dominanz), und am Schluß steht die Privatisierung. Chile hat sich bei der Privatisierung, die sich über ein Jahrzehnt erstreckte, am engsten an dieses Modell gehalten, obwohl sich die Industriestruktur auch nach der Privatisierung weiterentwickelt hat. Andere Länder haben mit pragmatischen Strategien, die sich nach ihren jeweiligen Besonderheiten richteten, beeindruckende Ergebnisse erzielt. Drei Beispiele illustrieren Optionen und Probleme beim Übergang.

ARGENTINIEN. Argentinien hat das weitreichendste Privatisierungsprogramm zur Schaffung von Wettbewerbsbedingungen in der Wirtschaft übernommen. Alle größeren Infrastrukturanbieter wurden zwischen 1989 und 1993 privatisiert, und zur Wettbewerbsförderung wurden Aktivitäten entflochten. Im Energiesektor hat man Stromerzeugung, -übertragung und -vertrieb getrennt. In der Telekommunikation wurden zwei Konzessionen für die Bedienung des Nordens und des Südens vergeben; und die Eisenbahnen hat man nach unterschiedlichen Geschäftssparten aufgeteilt.

Obwohl die Privatisierung rasch fortgeschritten ist, wurden die Kapazitäten für die regulatorische Aufsicht langsamer angepaßt (wie in den meisten Entwicklungsländern mit Ausnahme von Chile, wo ausgeklügelte Regulierungssysteme vor der Privatisierung eingeführt wurden). Das Fehlen der regulatorischen Aufsicht hat sich bislang nicht als ein Hindernis erwiesen; wo die Marktkräfte jedoch nicht für eine angemessene Disziplinierung sorgen, wird die Regulierung für ein reibungsloses Funktionieren benötigt. Insbesondere müssen angesichts der starken Konzentration des Eigentums Kartellbestimmungen in Erwägung gezogen werden. Die chilenische Erfahrung, wo einer privaten Firma 65 Prozent der Kapazitäten zur Stromerzeugung gehören, zeigt, daß ein dominanter Anbieter die Marktergebnisse beeinflussen kann. In Chile sind

> **Sonderbeitrag 3.6 Privatisierung in der Telekommunikationsindustrie: Der Fall von Venezuela**
>
> Als Venezuela seine staatliche Telefongesellschaft (CANTV) im Dezember 1991 privatisierte, gab es 1,6 Millionen Anschlüsse (8,2 Anschlüsse je 100 Einwohner, verglichen mit 35 Anschlüssen in Korea). Die Wartezeit für ein neues Telefon betrug gewöhnlich acht Jahre, und nur 20 Prozent der internationalen Verbindungen kamen zustande.
>
> Die Regierung beabsichtigte, die Standardleistungen durch Übergabe der Gesellschaft an einen privaten Betreiber mit erstrangigen internationalen Erfahrungen rasch auszuweiten und zu verbessern. Obwohl die Regierung die Notwendigkeit einer kräftigen Gebührenerhöhung für Ortsgespräche einsah, schreckte sie vor einem möglichen politischen Rückschlag zurück, der mit einem „Gebührenschock" verbunden ist. Deswegen beschloß sie, die Gebührenerhöhung über einen Zeitraum von neun Jahren zu strecken. Während dieses Zeitraums wurde dem neuen Betreiber eine Exklusiv-Konzession für Orts- und Ferngespräche sowie den internationalen Dienst gewährt. Die Gewinne im internationalen Fernsprechdienst waren zur Subventionierung der lokalen Dienste und zur angestrebten Netzerweiterung zu verwenden. Der Konzessionsvertrag beinhaltete jährliche Verpflichtungen zur Ausweitung und Verbesserung der Standardleistungen (einschließlich der Installation von 3,6 Millionen zusätzlichen Leitungen im Zeitraum von neun Jahren) und eine Obergrenze für den Preisanstieg bei den grundlegenden Telefondiensten. Alle anderen Leistungen waren für den Wettbewerb offen – einschließlich Mobilfunk, Privatleitungen, Informationsdienste und Zubehör. Dieses Modell gleicht Privatisierungen im Telekommunikationsbereich in Mexiko und Argentinien, wo privatisierten Betreibern ein begrenztes Monopol für Standardleistungen gewährt wurde (sechs Jahre in Mexiko; sieben Jahre in Argentinien, mit einer möglichen Verlängerung bis zu zehn Jahren).
>
> In Venezuela gipfelte dieser Prozeß in dem erfolgreichen Verkauf im öffentlichen Tenderverfahren. Auf diese Weise wurde ein 40-Prozent-Anteil (aber mit Mehrheitsstimmrecht) an ein international operierendes Konsortium für 1,9 Mrd Dollar übertragen. Bis zur Verabschiedung eines neuen Telekommunikations-Gesetzes erließ der Staat eine Reihe von Verordnungen zur Einrichtung der Regulierungsbehörde, CONATEL, und definierte die Richtlinien für die verschiedenen Leistungsbereiche. Bis das neue Gesetz verabschiedet ist, müssen Gebührenerhöhungen von der Regierung genehmigt werden.
>
> In den zwei Jahren nach der Privatisierung investierte CANTV mehr als 1,1 Mrd Dollar und installierte bzw. ersetzte 850.000 Leitungen, was bei weitem über die in dem Konzessionsvertrag festgelegten Verpflichtungen hinausging. Praktisch alle anvisierten Leistungsverbesserungen wurden erreicht.
>
> Aus den Erfahrungen von Venezuela lassen sich verschiedene Lehren ziehen. Selbst ohne einen vollständig definierten gesetzlichen Rahmen kann die Privatisierung der Telekommunikation aufgrund zunehmender Investitionen unmittelbar vorteilhaft sein. Obwohl die Tarife etwas umgestaltet wurden, sind nachhaltige Gebührenanhebungen erforderlich. Bei dem raschen technologischen Wandel wird es zunehmend schwieriger, Monopolrechte zu definieren und durchzusetzen, die zur Subventionierung bestimmter Dienste durch andere und zur Ausweitung der Leistungen vergeben wurden.

Bedenken laut geworden, daß das installierte große Leitungsnetz der lokalen Telefongesellschaft einen fairen Wettbewerb verhindern kann, wenn die Gesellschaft auch überregionale Dienste anbietet. Schließlich erfordert die Bereitstellung durch den Markt überall einen verbesserten Zugang zu Informationen und ein öffentliches Feedback.

PHILIPPINEN. Im philippinischen Energiesektor basierte das private Angebot vollständig auf dem Markteintritt neuer Stromerzeuger. Die Öffnung der Stromerzeugung für neue Anbieter erforderte die Beseitigung des Monopols der nationalen Energiegesellschaft, ein staatseigenes Versorgungsunternehmen, das nicht privatisiert worden war.

Diese Reformen stellten die Reaktion auf eine fast erdrückende Stromknappheit dar. Das Problem drängte so sehr, daß der Neueintritt auf vertraglichen Vereinbarungen zwischen dem Staat und privaten Erzeugern basieren mußte, da eine Reform der Elektrizitäts-Regulierungsbehörde zu lange gedauert hätte. Bis zum August 1993 wurden sieben neue Projekte mit einer Gesamtkapazität von 800 Megawatt fertiggestellt, und fünf zusätzliche Generatoren wurden auf der Grundlage privater Verträge instandgesetzt und in Betrieb genommen. Über fünfzehn weitere Projekte (mit einer Kapazität von 2.000 Megawatt) wird derzeit verhandelt. Im Verlauf dieses Prozesses sind außerdem neue Gesetze und Verwaltungsverfahren in Kraft getreten (Sonderbeitrag 3.7).

Obwohl durch die Regulierung mit individuellen Verträgen neue Investitionen in den Energiesektor gelenkt wurden, erfordert die weitere Entwicklung

Sonderbeitrag 3.7   Die Entfaltung des privaten Stromangebots auf den Philippinen

Der evolutionäre Ansatz der Philippinen zur Gewinnung von Privatunternehmen für die Stromerzeugung ist lehrreich. Im Juli 1987 wurde die private Stromerzeugung ein erklärtes Element der Regierungspolitik und signalisierte damit effektiv das Ende des Stromerzeugungsmonopols der staatseigenen Nationalen Energiegesellschaft. Obwohl das erste Projekt, Hopewell Navotas 1, nach erfolgreichen Verhandlungen den Betrieb im Jahre 1991 aufnahm, sind vorausgegangene Auseinandersetzungen mit anderen privaten Vorschlägen im allgemeinen unfruchtbar gewesen. Ein Vorschlag zur Koproduktion mit einem 220-Megawatt-Kraftwerk kam 1989 über die Verhandlungsphase nicht hinaus, teilweise aufgrund von Unzulänglichkeiten und Inkonsistenzen bei der Durchführung der Regulierungsrichtlinien. Die Lehren aus den gescheiterten Anstrengungen waren bei den laufenden Bemühungen zur Verbesserung der Verfahren bei der Regulierung und Abrechnung hilfreich.

Nach 1989 begannen die mit der privaten Stromerzeugung befaßten philippinischen Behörden in einer besser abgestimmen Weise zusammenzuarbeiten. Die Nationale Behörde für Wirtschaftliche Entwicklung (die eine Schlüsselrolle bei der Initiierung des privaten Energieprogramms gespielt hatte) beteiligte sich stärker, und das Komitee zur Koordinierung der Investitionen stellte eine genauere Rangliste der Prioritäten auf. Eine wichtige Verbesserung des Rahmenwerks für die Überprüfungs- und Koordinierungsvorschläge war das 1990 verabschiedete Bau-Betrieb-Transfer Gesetz und seine begleitenden Ausführungsregeln und -richtlinien. Durch das Gesetz wurde eine Rechtsgrundlage für den Eintritt privaten Kapitals geschaffen, obgleich weiterhin verlangt wurde, daß das Eigentum am Ende der Konzessionsperiode an den Staat zurückfällt.

Die Philippinen streben außerdem danach, den Prozeß der Werbung um private Stromerzeuger zu rationalisieren. Unter den derzeitigen Vereinbarungen hängt die Effektivität der Projektverträge von verschiedenen Bedingungen ab, die nach Vertragsabschluß zu erfüllen sind. Verzögerungen oder Fehlschläge bei der Erfüllung bestimmter Bedingungen können ein Projekt gefährden. Um die private Beteiligung zu erleichtern, versucht die Nationale Energiegesellschaft, Modellverträge zu etablieren, die von den entsprechenden staatlichen Stellen vorgeprüft sind. Dieses Verfahren soll es den privaten Investoren ermöglichen, sofort nach der Vertragsunterzeichnung den Finanzierungsplan zu beschließen.

Die dringende Notwendigkeit, auf den Philippinen neue Kapazitäten zu errichten, hat die Kosten der Stromerzeugung in die Höhe getrieben. In den ersten Projekten wurden Kraftwerke für den Spitzenbedarf eingesetzt, die zwar schnell installiert werden können, dafür aber mit sehr hohen Kosten arbeiten und nur für die wenigen Betriebsstunden am Tag mit hoher Nachfrage ausgelegt waren. Nachfolgende Projekte, die unter geringerem Zeitdruck vorbereitet wurden, haben dieses Problem berücksichtigt. Gleichzeitig erlaubten es die inzwischen gesammelten Erfahrungen, die Größe der Projekte zu steigern.

---

sektorale Regeln, um einen fairen Wettbewerb zu garantieren. Wie in den meisten Entwicklungsländern sind neue Stromerzeugungskapazitäten entstanden, ohne daß man sich richtig über die Anschluß- und Abgabeprinzipien zwischen den Anbietern einigte. Bislang hat sich daraus noch kein Problem ergeben, und zwar teilweise deswegen, weil das private Angebot große Nachfragelücken füllte. Wenn sich jedoch die Lücken schließen, werden die verschiedenen Anbieter immer mehr zu Konkurrenten. Dann muß die Aufsichtsbehörde klare Regeln definieren, um zu bestimmen, von wem und zu welchen Bedingungen Strom bezogen wird.

MALAYSIA. Die Vorgehensweise ist irgendwo zwischen den Ansätzen in Argentinien und den Philippinen einzuordnen. Die Versorgungsunternehmen sind schrittweise privatisiert worden, und Neueintritte wurden in den Bereichen Energie und Wasser ermöglicht. Da die gesetzlichen Regulierungsbemühungen nicht Schritt halten konnten, wird die Ordnung der Betriebsabläufe durch vertragliche Vereinbarungen durchgesetzt. Außerdem hat der Staat die direkte regulatorische Aufsicht über große Versorgungsunternehmen behalten, entweder durch den fortgesetzten Aktienbesitz oder durch „goldene Anteile", die dem Staat Vetorechte verleihen, insbesondere im Zusammenhang mit den sozialen Verpflichtungen der Versorgungsunternehmen (Sonderbeitrag 3.8).

Der Umgang mit regulatorischen Mängeln

Die Regulierung muß sich mit vielen potentiellen Mängeln beschäftigen: So wie sie die Ausübung von Monopolmacht kontrolliert, muß sie Leistungsqualität, Sicherheit, Umweltschutz, Einhaltung der Leistungsverpflichtungen und Zugangsrechte zum

> **Sonderbeitrag 3.8   Regulierung oder Privatisierung: was kommt zuerst?**
> **Der Fall von Malaysia**
>
> Die Privatisierung des Infrastruktursektors ist in Malaysia seit Mitte der achtziger Jahre rasch vorangekommen. In allen Fällen haben das Ministerium oder die gesetzlich zuständige Körperschaft, die zuvor die Leistungen anbot, die Regulierung des privaten Anbieters per Gesetz übernommen. Zum Beispiel fungiert die Hafenbehörde von Kelang nun als Regulierungsinstanz zur Überwachung von zwei privaten Firmen, die den Hafen betreiben; und das Ministerium für Telekommunikation reguliert den Telekommunikationssektor. (Die veränderte Funktion der Ministerien oder gesetzlichen Körperschaften machte in jedem Fall deren Ermächtigung durch ein Gesetzgebungsverfahren erforderlich.)
>
> Der umfangreiche Aktienbesitz des Staates in bereits früher privatisierten Unternehmen und der Mechanismus des „Goldenen Anteils" haben auch eine der Regulierung ähnliche Funktion. (Der Goldene Anteil, der der Regierung Vetorechte in wichtigen Angelegenheiten der Firmenpolitik des privatisierten Unternehmens verleiht, wurde zuerst bei der Privatisierung der Fluggesellschaften und der Internationalen Schiffahrtsgesellschaft Malaysias eingeführt.) Staatlicher Aktienbesitz und Goldene Anteile sollen sicherstellen, daß die Geschäftspolitik der privatisierten Firmen mit der Regierungspolitik und nationalen Zielen konform geht.
>
> Regulierung bedeutete in Malaysia tatsächlich die Überwachung der Tarife und die Aufrechterhaltung von Leistungsstandards. Der Spielraum für regulierende Aktivitäten ist in Malaysia jedoch ziemlich gering. Zum Beispiel gibt es keinen deutlichen Zusammenhang zwischen den Funktionen der Regulierungsbehörden und der Schaffung von Anreizen für die privaten Infrastrukturanbieter zum effizienten Arbeiten.
>
> Obwohl es Regulierungsbehörden gibt, haben die betreffenden Minister anscheinend immer noch beträchtlichen Einfluß auf die Politik der privatisierten Anbieter von Infrastrukturleistungen. Die Entscheidungen über Gebührenrevisionen sind beispielsweise nicht alleine Angelegenheit der Regulierungsbehörde, sondern scheinen fast immer der ministeriellen Zustimmung zu bedürfen. Es besteht außerdem die ausgeprägte Gefahr, daß sich die Industrie in einigen Fällen der Regulierungsbehörde „bemächtigen" könnte. Zur Zeit bestehen begründete Zweifel an der Unabhängigkeit der Regulierungsbehörden von ministeriellen oder politischen Eingriffen.
>
> Obwohl immer noch in der Entwicklung, scheint der regulatorische Apparat weder den Eintritt neuer Unternehmen noch die Investitionen behindert zu haben. Die Lehre aus der Erfahrung Malaysias besteht darin, daß man nicht auf ein umfassendes formales Regulierungswerk warten muß, um Schritte zur Privatisierung und privaten Bereitstellung von Infrastrukturleistungen zu unternehmen.

Netzwerk sicherstellen (Schaubild 3.1). Die Gewichtung jedes dieser Ziele variiert mit der Industriestruktur, die sich im Laufe der Zeit verändert. Flexibilität muß deshalb mit der Einhaltung fester Regeln in Einklang gebracht werden. Zuviel Flexibilität erlaubt es gut organisierten Interessengruppen, die Kontrolle über den regulatorischen Prozeß zu gewinnen. Eine zu starre regulatorische Struktur schränkt die Möglichkeit zur Korrektur von Fehlern und zur Anpassung an Veränderungen ein. Sie kann außerdem Initiativen lähmen. Die Regulierung weist manchmal schlechtere Ergebnisse als unvollkommene Märkte auf.

Die Erfahrung spricht dafür, die Regulierung auf ein Minimum zu beschränken. Drei Überlegungen beeinflussen die regulatorische Aufgabe, die mit der Beteiligung des privaten Sektors verbunden ist:
- Die regulierende Stelle muß mit ausreichenden Ressourcen, Unabhängigkeit und Glaubwürdigkeit ausgestattet werden.
- Wo die Regulierung der Preise notwendig ist, müssen die Instrumente so gewählt werden, daß sie die Kosteneffizienz im regulierten Unternehmen fördern.
- Schaffung von Interessengruppen der Verbraucher im regulatorischen Prozeß.

REGULATORISCHE RESSOURCEN, UNABHÄNGIGKEIT UND GLAUBWÜRDIGKEIT. Regulierung erfordert genaue Kenntnisse und eine fortdauernde Überwachung der betreffenden Aktivitäten. Das regulatorische Einmaleins umfaßt die Identifikation des Problems, die Suche nach Fakten sowie die Aufstellung von Regeln und deren Durchsetzung. Die regulierenden Stellen müssen in der Lage sein, ihren Kurs zu ändern, um ein sich wandelndes Umfeld in der Industrie zu antizipieren oder darauf zu reagieren. Innerhalb eines breiten politischen Mandats benötigen sie außerdem operationelle Unabhängigkeit, um ihre Effektivität zu gewährleisten. Da dies alles detaillierte Praxiskenntnisse über die Industrie erfordert, spricht viel für spezialisierte autonome öffentliche Stellen und gegen allgemeine Bürokratien als Regulierungsinstanzen. Da sektoral spezialisierte Einrichtungen leichter dem Einfluß der Industrie erliegen können – und daher eher an Bestimmungen festhalten, die die eingesessenen Unternehmen begünstigen –, ist es notwendig, auch die Aufsichtsbehörde selbst zu überwachen.

Ein großer Teil der Erfahrungen mit der gesetzlichen Regulierung stammt aus Nordamerika, wo die private (wenn auch oft monopolistische) Bereitstellung von Infrastrukturleistungen die Norm gewesen ist. In den Vereinigten Staaten, die sich auf bundes- und einzelstaatliche Kommissionen stützen, sind bedeutende Kapazitäten für eine unabhängige Regulierung entstanden. Obwohl der Prozeß bemerkenswert offen ist, kommt es oft zu Rivalitätsbeziehungen und Rechtsstreitigkeiten. Europa und Japan haben weniger Erfahrungen mit expliziter Regulierung aufzuweisen, da sie sich auf öffentliche Monopole in Verbindung mit regulatorischer und operationeller Verantwortung stützen. Selbst wenn regulatorische Instrumente wie Preiskontrollen, technische Standards und Lizenzgebühren für den Markteintritt angewendet worden sind, wurden sie eher von den zuständigen Ministerien oder interministeriellen Ausschüssen eingeführt als von speziellen regulierenden Stellen. Großbritannien ist kürzlich zur Privatisierung und einer unabhängigen Regulierung übergegangen, und ähnliche Reformen finden auch anderswo in Europa statt. Die Entwicklungsländer haben praktisch keine Erfahrung mit der Regulierung von privaten Anbietern, da ihre Infrastrukturunternehmen meistens in öffentlichem Eigentum stehen und vom Staat betrieben werden. Eine Ausnahme ist Hongkong, das für seine Förderung von Privatinitiativen bekannt ist, gleichzeitig aber ein Regulierungssystem zum Schutz der Verbraucherinteressen besitzt.

Entwicklungsländer stehen vor dem Problem, erfahrene Fachleute zur Besetzung einer Regulierungsbehörde zu gewinnen. Solche Behörden besitzen begrenzte Mittel und sind oft nicht in der Lage, qualifiziertes Personal anzuziehen. Selbst in Argentinien, das ein Reservoir von hochqualifizierten Fachleuten hat, haben niedrige Gehälter im öffentlichen Dienst und knappe Mittel die Regulierungsinstanzen geschwächt (Sonderbeitrag 3.9).

Es ist nicht ganz einfach, die Balance zwischen der Autonomie einer regulierenden Stelle und der Aufrechterhaltung ihrer Verantwortlichkeit zu halten. Wenn die mit der Regulierung betrauten Beamten einfach ersetzt, in kurzen Abständen direkt gewählt oder leicht von bestimmten Interessengruppen beeinflußt werden können, dürften sie nicht dazu bereit sein, sozial erwünschte, aber politisch nicht

---

Sonderbeitrag 3.9   Zur Entwicklung der Regulierungskapazität in Argentinien

Obwohl nach der Privatisierung der Telekommunikation ein klar definiertes gesetzliches Regulierungswerk existierte, bewegte sich die regulatorische Praxis nicht innerhalb dieses Rahmens. Im November 1990 wurde die Regulierungsverantwortung auf die Nationale Telekommunikationskommission (CNT) übertragen, doch diese tat bis Ende 1991 nur wenig. Sie entwickelte keine klaren regulatorischen Prozesse, und Entscheidungen wurden auf die lange Bank geschoben. Es fehlte an erfahrenen Mitarbeitern, ebensowenig gab es Mittel, um die vorhandene Belegschaft auf regulärer Basis zu bezahlen oder gar zusätzliches Personal anzuwerben.

Das Ergebnis dieser Regulierungs- und Personallücken war, daß die Entwicklung von neuen Telekommunikationsdiensten nur langsam voranschritt. Teilweise lag dies daran, daß CNT versäumt hatte, Standards und Verfahren zur Vergabe von Lizenzen zu erarbeiten, was die meisten Leistungen unwirtschaftlich machte. In der Zwischenzeit begann eine Anzahl von Radiosendern und Telefongesellschaften, die keiner oder nur geringer Regulierung unterworfen waren, den Betrieb, ohne Lizenzen aufzunehmen. Die Benutzer litten auch unter der Unfähigkeit von CNT, Beschwerden über mangelnde Leistungen effektiv nachzugehen.

Seit Mitte 1993 – fast drei Jahre nach Beginn des Reformprozesses – hat CNT seine Leistungen verbessert, speziell im Hinblick auf die Bedürfnisse der Konsumenten. Ein Team von externen, mit CNT kooperierenden Beratern erreichte Fortschritte bei der Entwicklung von Strategien und Verfahrensweisen. Außerdem ist jetzt, nach einigen anfänglichen Schwierigkeiten im Auswahlverfahren, die oberste Führungsebene von CNT (sechs Direktoren) besetzt. Die Auswahl wurde von einem unabhängigen privaten Personalunternehmen nach einem harten Test unter 125 Bewerbern vorgenommen. Die dabei ausgewählten fünf Kandidaten wurden schließlich als Direktoren bestätigt, einschließlich des Präsidenten. Der letzte Direktor wurde von den Provinzen vorgeschlagen.

Der im argentinischen Telekommunikationssektor erzielte Fortschritt ist beachtlich, und die Privatisierung konnte trotz der Verzögerungen bei der Umsetzung der regulatorischen Veränderungen voranschreiten.

ratsame Maßnahmen umzusetzen. Umgekehrt kann ein Beamter mit einem zu großen Ermessensspielraum beispielsweise neue Investitionen behindern. Die Erfahrungen Jamaikas spiegeln einige dieser Probleme wider (Sonderbeitrag 3.10).

Einige Prinzipien scheinen allgemein akzeptiert zu sein. Es ist wichtig, daß eine Regulierungsbehörde direkt an die Legislative berichtet, anstatt nur an (oder über) einen Minister. Eine parlamentarische Kontrolle ist gewöhnlich transparenter, obgleich sich informelle Zwänge einschleichen können. Der Leiter der regulierenden Behörde sollte für einen festen Zeitraum ernannt werden, der vorzugsweise nicht mit dem politischen Wahlzyklus zusammenfällt. Die Überprüfung muß regelmäßig stattfinden. Dabei sollte systematisch beurteilt werden, ob die Behörde ihre Ziele erreicht hat und ob die Regulierung klar ausgerichtet ist. Für die Verantwortlichkeit ist Transparenz ein kritischer Punkt, da nur dann richtig beurteilt werden kann, wenn der Regulierungsprozeß und die Politik bekannt und veröffentlicht sind.

Als Reaktion auf eine weitgehend ineffiziente Regulierung in der Vergangenheit haben die Philippinen in jüngster Zeit eine größere Autonomie und Verantwortlichkeit im Regulierungsprozeß eingeführt. Ein im Unterhaus des Kongresses eingebrachter Gesetzesentwurf definiert die Rolle der nationalen Telekommunikations-Kommission klarer, erhöht die Zahl der Kommissionsbeauftragten, bestimmt feste Amtszeiten und stärkt die Mittel der Kommission für die Ausübung operationaler Aufgaben.

Sobald Regulierungsbehörden eine stärkere Stellung einnehmen, dürfte nach den Erfahrungen der Industrieländer eine „Regulierung der Regulatoren" wünschenswert sein. In Großbritannien überwacht beispielsweise der Nationale Rechnungshof die Deregulierungsbehörden als Teil seines Mandats, den „Gegenwert" der im öffentlichen Dienst eingesetzten Mittel zu bestimmen. Bei der Monopol- und Fusions-Kommission können Einsprüche gegen Entscheidungen von sektoralen Regulierungsstellen vorgebracht werden.

REGULIERUNGSINSTRUMENTE. Während Regulatoren nach „vernünftigen" und „gerechten" Preisen zum Schutz der Verbraucher streben, müssen die

---

Sonderbeitrag 3.10 Jamaikas regulatorische Achterbahn bei der Telekommunikation

Die Telekommunikation in Jamaika wurde zunächst privat betrieben, 1975 verstaatlicht und 1987 reprivatisiert. Unter privaten Eigentumsverhältnissen war die Investitionstätigkeit bis in die sechziger Jahre hoch gewesen und lebte seit 1987 wieder stärker auf. Doch zwischen 1962 und 1975 waren die Beziehungen zwischen den Versorgungsunternehmen und dem Staat turbulent, und das Investitionsniveau niedrig.

Wiederholte Machtverschiebungen zwischen zwei oppositionellen politischen Parteien mit unterschiedlichen Ansichten erschwerten die Etablierung eines glaubwürdigen regulatorischen Regimes, auf das sich die Investoren über die nächste Wahl hinaus verlassen konnten. Bis 1962 waren die Regulierungsziele – einschließlich genauer, durchsetzbarer Vorschriften über die realisierbare Rendite – in der Betriebslizenz des Versorgungsunternehmens verankert. Wegen der starken und unabhängigen Justiz in Jamaika waren private Teilhaber bereit, Investitionen zu tätigen, im Vertrauen darauf, daß das Parlament die Modalitäten einer Lizenz nicht einseitig verändern würde.

Die neue, unabhängige Regierung Jamaikas entschied 1962, daß eine genau spezifizierte Betriebslizenz den demokratischen Prozeß auf nicht akzeptable Weise behindern würde. Nach dem Vorbild der Vereinigten Staaten richtete die Regierung 1966 die Kommission für Öffentliche Versorgungsunternehmen Jamaikas ein. Die Kommission war nicht nur für Repräsentanten aller interessierten Gruppen offen, das neue System legte auch keine Mindesthöhe für die Erträge fest, die der Versorgungsbetrieb erzielen konnte. In den Vereinigten Staaten bieten konstitutionelle Schutzeinrichtungen und eingefahrene Regeln im Verwaltungsprozeß den privaten Versorgungsunternehmen beachtliche Sicherheiten, obwohl das Kommissionssystem für private Versorgungsunternehmen den Regulierungsstellen einen beträchtlichen Ermessensspielraum gibt. Aber in Jamaika fehlten diese Grundlagen. Außerdem mangelte es an gut ausgebildeten Regulierungsfachleuten, und es fehlte an Erfahrung bei der Übertragung der Autorität an eine quasi-unabhängige Kommission. Konflikte zwischen dem Versorgungsunternehmen und der Kommission waren die Folge, sie gipfelten 1975 in der Verstaatlichung des Telekommunikationssektors.

Nach der Privatisierung von 1987 kehrte Jamaika zu dem Regulierungssystem zurück, das vor 1962 bestanden hatte. In die Betriebslizenz des erneut privatisierten Versorgungsunternehmens wurde eine Garantie für eine jährliche Aktienrendite zwischen 17,5 Prozent und 20 Prozent verankert. Änderungen dieser juristisch einklagbaren Rendite wurden von der Zustimmung des Versorgungsunternehmens abhängig gemacht. Das Ergebnis waren ein Investitionsschub und beträchtliche Wohlfahrtsgewinne für Jamaika.

Gewinne angemessen sein und dürfen nicht politischen Risiken oder Unsicherheiten unterworfen sein. Das universelle Instrument der Regulierung, das in allen Sektoren – vom städischen Verkehrswesen bis zur Stromversorgung – zur Ausbalancierung dieser Ziele verwendet wurde, ist die Kostenaufschlags- oder Ertragsratenmethode. Diese Methode stellt sicher, daß die Erlöse des Anbieters alle Kosten decken (für Betrieb und Instandhaltung, Abschreibung und Steuern) und zusätzlich eine ausgehandelte Rendite für die Investition garantieren.

In den letzten Jahren wurde dieses Instrument heftig kritisiert. Die Regulierung der Ertragsraten ist schwierig umzusetzen – es ist eine kaum lösbare Aufgabe, genaue Informationen über die Produktionskosten und die Zuordnung dieser Kosten zu verschiedenen Leistungen zu bekommen. Die Bestimmung der angemessenen Rendite ist außerdem eine Quelle vieler Streitigkeiten zwischen den Regulierungsbehörden und den Regulierten. Diese Probleme fördern die Verbreitung verzerrter Informationen und den Einsatz ineffizienter Technologien, so daß die Basis für die Rentabilitätsberechnung überhöht wird; außerdem wird das unproduktive Lobbywesen gefördert. Am wichtigsten ist jedoch, daß das private Management bei der Wahl der richtigen Investitionen selbstgefällig und bei der Kostenkontrolle nachlässig werden kann, wenn alle Kosten gedeckt werden und ein bestimmter Gewinn garantiert ist.

Als Reaktion auf diese Probleme wurde eine neue Regulierungsmethode entwickelt, die auf der Schaffung von Anreizen beruht. Dabei darf der von einem Anbieter verlangte Preis nicht von den entstandenen Kosten abhängen. Wenn also die Kosten steigen, dann sinken die Gewinne; wenn die Kosten aber fallen, erzielen die Anbieter und Investoren höhere Gewinne. Die Regulierung durch Anreize versucht daher, die Anbieter zu motivieren, ihre überlegenen Kenntnisse der Betriebsbedingungen zu Kostensenkungen und zur Einführung neuer Leistungen zu nutzen.

Preisobergrenzen. Ein Beispiel für die Anreiz-Regulierung ist die zunehmend gebräuchliche Methode der Festlegung von Preisobergrenzen bzw. „RPI-X"-Methode, mit deren Hilfe man den zulässigen Preisanstieg der Leistungen berechnet. Dabei bezeichnet RPI die prozentuale Zunahme des „Einzelhandelspreisindex" (andere Kostenindices, die nicht der Kontrolle der Anbieter unterliegen, können ebenfalls verwendet werden), und X ist der (vorher bestimmte) erwartete prozentuale Produktivitätszuwachs beim Anbieter. Für den Infrastrukturanbieter besteht ein Anreiz zu Kostensenkungen, da der Gewinn steigt, wenn der Produktivitätszuwachs die erwarteten X Prozent übersteigt. Der X-Faktor sollte über einen Zeitraum von mehreren Jahren nicht verändert werden, um die Anreize für eine effiziente Produktion aufrechtzuerhalten.

Von Preisobergrenzen, die zuerst in der Telekommunikation eingesetzt wurden, wird zunehmend in verschiedenen Ländern und allmählich auch in anderen Sektoren Gebrauch gemacht. Großbritannien ist vorangegangen, indem es Preisobergrenzen bei Flughäfen, in der Telekommunikation, bei der Stromverteilung und bei der Gas- und Wasserversorgung einführte. Andere Länder haben sie jedoch überwiegend im Telekommunikationssektor angewendet, mit weitem Abstand gefolgt von der Stromverteilung. In Mexiko zum Beispiel führte die Regierung im Januar 1992 eine Regulierung mit Preisobergrenzen für Telmex ein. Danach wird eine Obergrenze für den gesamten gewogenen Durchschnittspreis der Telmex-Dienste festgelegt, anstelle einer bestimmten Preisobergrenze für jede einzelne Leistung. In den Vereinigten Staaten sind viele bundesstaatliche Regulierungskommissionen von der Regulierung der Rentabilität zu Preisobergrenzen übergegangen. Wo Vergleiche möglich sind, wie zwischen verschiedenen US-Bundesstaaten, zeigt sich, daß Preisobergrenzen zu niedrigeren Preisen führen als die Regulierung über die Rentabilität.

Es gibt aber auch einige erste Anzeichen dafür, daß die Unterschiede zwischen der Preisobergrenzen- und der Rentabilitäts-Methode nicht so groß sein dürften, wie ursprünglich angenommen. Preisobergrenzen in ihrer reinen Form sind selten zu beobachten. Die meisten Regulierungsbehörden halten es weiterhin für notwendig, die Rentabilität zu beurteilen und setzen daher Preisobergrenzen auf der Basis von Rentabilitätsschätzungen fest, was wiederum den Informationsbedarf einer effektiven Regulierung erhöht. Dies gilt jedoch nicht, wenn Wettbewerbskräfte die Gewinne unter Kontrolle halten. Im US-Markt für Telefon-Ferngespräche werden beispielsweise Preisobergrenzen für den dominierenden Anbieter, AT&T, als das einzig notwendige Instrument angesehen, da die Gewinne durch konkurrierende Anbieter begrenzt werden. Wo jedoch lokale Monopole bestehen (wie bei Telefon-Ortsgesprächen), können Rentabilitätsüberlegungen wieder relevant werden, so daß Regelungen mit Preisobergrenzen im Lauf der Zeit gegen die früheren Rentabilitäts-Regelungen konvergieren können. Trotz allem haben Preisobergrenzen den Vorteil, daß sie einen größeren Teil des finanziellen Risikos auf die Anbieter von Infrastrukturleistungen verlagern, die sich nicht sicher sein können, daß die regulierende Stelle ihnen erlaubt, die Mehrkosten wieder hereinzuholen. Dieses Risiko fördert eine straffere Selbstkontrolle der Leistungen.

Referenz-Wettbewerb. Wenn der direkte Wettbewerb oder der Wettbewerb durch Anbieter von Substitutionsgütern nicht funktioniert, kann der Konkurrenzdruck durch Erfolgsvergleiche mit anderen Bereichen erzeugt werden. Ein Versorgungsunternehmen in einer Region kann zu einer besseren Leistung motiviert werden, wenn ihm größere Prämien für den Fall in Aussicht gestellt werden, daß seine Leistung diejenige eines ähnlichen Unternehmens in einer anderen Region übertrifft. Eine bessere Leistung kann jedoch nur dann den Anstrengungen des Versorgungsunternehmens zugerechnet werden, wenn sich die Faktorpreise, die Marktnachfrage und die staatlichen Regulierungen der betrachteten Unternehmen gleichen.

Eine Reihe von Ländern nutzt formell oder informell den vergleichenden Wettbewerb. In Frankreich hängen die Verträge lokaler Wassergesellschaften oft von der Leistungsqualität und den Produktionskosten im Vergleich zu anderen französischen Wasserwerken ab. Die regulierende Stelle im Wasserwirtschaftssektor von Großbritannien stützt sich explizit auf Kostenvergleiche. Die Telekommunikationsindustrie in Chile verwendet eine wichtige Variante des Referenz-Wettbewerbs. Eine hypothetische „effiziente" Firma, und nicht andere chilenische Betriebe, dient als Maßstab für die Preise, die von den Telekommunikationsanbietern berechnet werden können. Internationale Kosten- und Preistrends werden herangezogen, um die Leistungen zu schätzen, die eine effiziente Firma erreichen sollte. Die Preise werden dann auf Basis dieser Schätzung festgelegt. Je effizienter eine chilenische Firma arbeitet, desto größer ist bei diesem Ansatz ihr finanzieller Erfolg. Bei der Stromversorgung werden angemessene Kosten für drei „Referenz-Systeme" geschätzt, die von bestimmten Schlüsselfaktoren wie Verteilungskosten, Bevölkerungsdichte und Spitzennachfrage abhängen. Einzelne Stromverteiler werden einem dieser drei Systeme zugeordnet, und die Lieferpreise werden entsprechend reguliert. Ein Verteiler profitiert, wenn er den Strom billiger anbietet als der durchschnittliche Anbieter in seinem Referenz-System. Die Manipulation der Kosten im „Referenz-System" durch die wenigen Anbieter im Markt hat die Regierung jedoch dazu veranlaßt, nach Verbesserungen bei der Anwendung von Referenzgrößen zu suchen.

Obwohl der Referenz-Wettbewerb durch die Verfügbarkeit hinreichend genauer und vergleichbarer Informationen begrenzt ist, wird diese Restriktion teilweise durch zunehmende internationale Vergleichsmöglichkeiten gemildert. Spezialisierte Industrieorganisationen und internationale Entwicklungsbanken können nützliche Funktionen erfüllen, indem sie Daten über Produktionskosten verbreiten. Regelmäßige Überprüfungen können zudem Informationen für die Regulierung liefern.

Neue Instrumente. Die Grenzen der bestehenden Regulierungsinstrumente (wie Rentabilitäts-, Preisobergrenzen- und Referenz-Regulierung) haben die Suche nach neuen Instrumenten verstärkt. Es wurden Instrumente entwickelt, die die Informationsbedürfnisse der regulierenden Stellen minimieren, die es erlauben, besser auf die Verbraucherwünsche einzugehen und die, jedenfalls im Prinzip, besser auf die Bedürfnisse der Entwicklungsländer zugeschnitten sind. Allerdings sind viele dieser Instrumente in der Praxis noch nicht genügend erprobt. In den Vereinigten Staaten gleicht eine Zwischenform der Regulierung das Risiko von Zufallsgewinnen (oder -verlusten) aus, das mit der Auswahl einer ungeeigneten Variablen X in der Formel zur Bestimmung der Preisobergrenze verbunden ist. Falls die Rentabilität ein vorher bestimmtes Limit übersteigt, muß die Firma den Differenzbetrag an die Kunden zurückzahlen. Wenn die Erträge niedriger sind als eine bestimmte Untergrenze, sind in manchen Fällen Preiserhöhungen über die gesetzte Preisobergrenze hinaus erlaubt.

Ein anderer Regulierungsansatz läßt dem Anbieter eine Wahl zwischen verschiedenen Optionen (eine feste Preisobergrenze ohne Überwachung der Gewinne, oder größere Preiserhöhungen bei scharfer Kontrolle der Gewinne). Man hofft, daß das regulierte Unternehmen dadurch seine Fähigkeit zu signifikanten Kostensenkungen (und damit auch Preissenkungen) sowie seine Risikobereitschaft offenbart.

Eine Form der Regulierung, die sogar noch weniger restriktiv ist, aber trotzdem eine sinnvolle Disziplin schaffen kann, ist als „potentielle Regulierung" bekannt. Die Regulierungsbehörden überwachen die Resultate der Anbieter und greifen ein, sobald Probleme auftreten. Solange die Kunden mit den Leistungen der Anbieter weitgehend zufrieden sind, verzichtet die regulierende Behörde darauf, die Aktivitäten der Anbieter zu beschränken.

DIE SCHAFFUNG VON INTERESSENGRUPPEN DER VERBRAUCHER. Die Verbraucher, Private wie Unternehmen, sind im allgemeinen in den regulatorischen Prozeß nur wenig eingebunden, obwohl ihr Beitrag dort kritisch für eine effiziente Regulierung sein kann, wo die regulierende Stelle nur über begrenzte Mittel zur Informationsbeschaffung verfügt. Die Endverbraucher sind oft die besten „Kontrolleure" der Leistungsqualität. Rückmeldungen der Konsumenten können die Anbieter direkt zur Bereitstellung von Leistungen hoher Qualität motivieren. So können die Erträge der Anbieter an die Leistungsbeurteilungen der Verbraucher geknüpft werden. In Bangalore, Indien, wurden erste Schritte zur Schaffung einer Informationsbasis unternommen, die für das Problembewußtsein der Verbraucher und die Entscheidungsfindung relevant ist (Sonderbeitrag 3.11).

Einige Hinweise auf eine Konsumentenbeteiligung an der Regulierung sind in den Industrieländern zu finden. Großbritannien besitzt zehn Konsumentenvereinigungen, eine für jeden der zehn Wasserversorgungsbezirke. Jede wird von einem Vorsitzenden geleitet, der dem Amt für Wasserwirtschaft über die Bedürfnisse und Sorgen der Konsumenten und die Ergebnisse formeller Umfragen und öffentlicher Anhörungen berichtet. In Frankreich, wo die Wasserwirtschaft von kommunalen Gremien, denen auch Verbrauchervertreter angehören, kontrolliert wird, sehen private Anbieter die guten Beziehungen zu den Kunden als Voraussetzung dafür an, daß ihr Ansehen bei den kommunalen Behörden erhalten bleibt.

Schlußfolgerung

Das letzte Jahrzehnt markiert einen Wendepunkt. Mutige innovative Maßnahmen wurden ergriffen, um Einblicke in monolithische Infrastruktursektoren zu gewinnen. Der Wettbewerb breitet sich aus, und die Entflechtung unterschiedlicher Geschäftsaktivitäten schreitet voran. Der technologische Wandel (wie in der Telekommunikation und bei der Stromerzeugung) hängt eng mit diesen Neuerungen zusammen. Doch noch fundamentalere Kräfte sind am Werk, die die neuen Initiativen in so unterschiedliche Bereiche wie Landtransporte, Abfallverwertung und -management sowie Trinkwasserversorgung hineintragen. Die Summe der Erfahrungen zeigt, daß der Wettbewerb in einem Markt oder um einen Markt für Dienstleistungen im allgemeinen ein effektiveres Mittel ist, um auf den Verbraucherbedarf einzugehen, als Mechanismen zur Erhöhung der Rechenschaftspflicht öffentlicher Unternehmen. Wir befinden uns an einem Wendepunkt. Vertraute Gewohnheiten verschwinden, bisher nie dagewesene Möglichkeiten für das Produktivitätswachstum und das Entstehen neuer Produkte und Dienstleistungen nehmen ihren Platz ein.

Die Verbreitung neuer Ideen von den Industrieländern in die Entwicklungsländer, wie die sekto-

---

Sonderbeitrag 3.11   Regulierung durch Beteiligung: Ein erster Schritt in Bangalore

Ein ernster Nachteil für den individuellen Verbraucher, der mit einem öffentlichen Versorgungsunternehmen zu tun hat, ist die mangelnde Kenntnis der „Spielregeln" und des Rechts auf Dienstleistungen. Die Erwartungen sind oft niedrig und die Anreize für gemeinsames Handeln begrenzt.

Eine Zufallsstichprobe von 800 Haushalten in der Industriestadt Bangalore in Indien deckte große Unzufriedenheit mit der Qualität der Leistungen von den Telefon-, Strom- und Wasserversorgungsunternehmen auf. Nur 9 Prozent der Befragten waren mit dem Telefondienst und noch weniger mit der Strom- und Wasserversorgung zufrieden. Die genannten Probleme umfassen Angebotsengpässe, überzogene Rechnungen, die Unfähigkeit zur Korrektur von Irrtümern und ein genereller Mangel an Kommunikation mit dem Dienstleistungsunternehmen.

Die Schlußfolgerungen aus einer umfassenderen Untersuchung der Qualität der Leistungen waren klar: Mehr Wettbewerb und bessere Informationen sind notwendig. Die zwei Gruppen von Einrichtungen, die nach Einschätzung der Verbraucher vergleichsweise gute Leistungen hervorbrachten – Banken und Krankenhäuser – arbeiten in einem Umfeld, in dem der Konkurrenzdruck relativ höher ist.

Eine andere Schlußfolgerung war, daß die „Stimmen" der Verbraucher, die durch solche Gruppen wie Anwohner-Vereinigungen mobilisiert werden, eine wichtige Kraft bei der sektoralen Reform und Reorganisation sein können. Diese Vereinigungen können für eine kritische Überwachung sorgen und Rückmeldungen geben, um den Mißbrauch zu minimieren und die öffentlichen Beamten zur Verantwortung zu ziehen. Gut dokumentierte Vergleiche der Leistungsqualität zwischen verschiedenen Städten können eine Informationsbasis schaffen, auf deren Grundlage die Verbrauchervereinigungen arbeiten können.

rale Entflechtung, der Marktzutritt unter Wettbewerbsbedingungen und die Anreiz-Regulierung, hat sich in einem bemerkenswerten Tempo vollzogen. Einige Entwicklungsländer haben beim Übergang zu einer mehr marktorientierten Bereitstellung von Infrastruktur, wie bei der Privatisierung von Versorgungsunternehmen, sogar eine Vorreiterrolle eingenommen. Setzt man diesen Weg fort, so werden sich zusätzliche Gewinne einstellen. Insbesondere müssen die Entwicklungsländer stärker auf Marktzutritte und den Wettbewerb vertrauen, um die Investitionen anzuregen, die Effizienz zu steigern und die Fähigkeiten zu mobilisieren, die zur Erreichung sozialer Ziele notwendig sind. Die in diesem Kapitel dargestellten Erfahrungen zeigen, daß dort, wo die regulatorischen Schranken gesenkt wurden, selbst ein begrenzter Marktzutritt oder ein glaubwürdiger potentieller Wettbewerb zu niedrigeren Preisen und beträchtlichen Kostensenkungen geführt haben.

Maßgeschneiderte Verträge, die das öffentliche Interesse berücksichtigen und die private Initiative fördern, waren das am häufigsten eingesetzte Mittel, um bestimmte Investitionen anzuziehen. Verträge sind nicht nur ein Instrument der Regulierung, sondern auch ein grundlegender Mechanismus, um Risiken zu teilen und so private Projekte zu finanzieren (Kapitel 5). Obwohl kurzfristig attraktiv, ist nicht zu erwarten, daß individuell ausgehandelte Verträge die stetige Last der Politikformulierung und Regulierung tragen können. Da die Vertragsbedingungen nicht immer konsistent und transparent fixiert werden können, eröffnen sich stets Möglichkeiten des Mißbrauchs.

Langfristig ist ein gesetzlicher Rahmen für die Regulierung notwendig, der in jedem Sektor die Spielregeln definiert und sie offen durchsetzt. Die Möglichkeiten eines Mißbrauchs können damit nicht ausgeschlossen werden. Aber sie können durch ein System von Kontroll- und Ausgleichsregeln minimiert werden, das die Anreize für alle Parteien stärkt, im gesellschaftlichen Interesse zu handeln. Den Stimmen der Konsumenten im regulatorischen Prozeß in innovativer Weise Gehör zu verschaffen, sollte für die Regulierungsbehörden höchste Priorität genießen.

4 Über Marktlösungen für Infrastruktur hinaus

Das kommerzielle und marktmäßige Angebot von Infrastruktur kann auf effektive Weise die Leistungen erbringen, die nötig sind, um soziale Ziele zu erreichen, wie Wirtschaftswachstum, Verminderung der Armut und Umweltschutz. Es gibt aber eine Reihe von Problemen, für die die Märkte keine Lösungen versprechen. Viele Infrastrukturleistungen, insbesondere solche mit dem Charakter öffentlicher Güter, werden (wie in Kapitel 1 erläutert ist) in unzureichendem Umfang angeboten, wenn ihre Bereitstellung allein den Märkten überlassen bleibt. Bei marktmäßiger Allokation dürften auf die sozial Schwachen weniger Infrastrukturleistungen entfallen, als dies gesellschaftlich wünschenswert ist. Es ist auch nicht anzunehmen, daß bei der marktmäßigen Allokation von Infrastrukturleistungen deren umweltpolitische Konsequenzen voll antizipiert und internalisiert werden. Die Koordination innerhalb und zwischen den Sektoren dürfte ebenfalls nicht genügend beachtet werden. Obwohl diese Probleme wenig gemein haben, scheint staatliches Handeln in jedem Einzelfall die naheliegende Lösung zu sein. Es ist zwar richtig, daß Regierungen sich häufig nicht gerade dadurch ausgezeichnet haben, daß sie genügend öffentliche Güter bereitgestellt, die Interessen der Armen vertreten, den Umweltschutz beachtet oder die Sektoren koordiniert hätten. Der Staat hat jedoch nicht überall versagt, und ein solches Versagen ist auch nicht unvermeidlich.

Ein Spektrum von Reaktionen und Politikinitiativen kann dazu beitragen, die Beschränkungen sowohl des Marktes als auch des Staates zu überwinden. In diesem Kapitel werden fünf solcher Ansätze diskutiert:

• *Dezentralisierung und lokale Partizipation*, um den Nutzen lokaler öffentlicher Güter, wie beispielsweise Zubringerstraßen, zu erhöhen und kollektive Aktivitäten, wie deren Instandhaltung, zu verbessern.

• *Eine sinnvolle Zuweisung von Haushaltsmitteln auf landesweite Ausgabenprogramme*, um den sozialen Wert wichtiger Infrastruktur-Netzwerke, wie nationaler Hauptverkehrsstraßen oder ausgedehnter Bewässerungssysteme, zu steigern.

• *Gezielte Subventionen*, um Leistungen für die Armen erschwinglich zu machen.

• *Veränderungen in der Preisgestaltung, Regulierung und im Projektdesign*, um externe Effekte zu berücksichtigen und negative umweltpolitische Konsequenzen von Infrastrukturvorhaben zu vermindern.

• *Projektplanungstechniken*, um ökonomische, umweltpolitische, soziale und sektorale Fragen zu berücksichtigen, die in den einzelnen unternehmerischen oder lokalen Entscheidungen vernachlässigt werden.

Dezentralisierung und Partizipation: Einbeziehung der Nutzer

Bevor öffentliche Güter, wie örtliche Zubringerstraßen, erstellt werden, sind drei Probleme zu lösen. Erstens muß eine Entscheidung über Art und Umfang des Infrastrukturprojekts getroffen werden. Da die Einrichtungen von allen in Anspruch genommen werden können, kann man sich auf die sich am Markt bildenden individuellen Präferenzen im Entscheidungsprozeß nicht verlassen. Zweitens müssen die erforderlichen Investitionen vorgenommen und die Infrastrukturleistungen angeboten werden. Da kostendeckende Nutzungsgebühren nicht immer möglich sind, kann man nicht auf private Investoren vertrauen. Drittens muß für die Instandhaltung der Infrastruktur gesorgt werden. Da viele Infrastruktureinrichtungen der Öffentlichkeit insgesamt zugute kommen, kann nicht erwartet werden, daß diese Aufgabe von einzelnen marktmäßig erfüllt wird.

Obwohl der Markt bei diesen Aufgaben klar versagen würde, sind sie auch von zentralisierten Infrastrukturbürokratien nicht besonders gut erfüllt worden. Häufig wird zu wenig in die Infrastruktur ländlicher Gebiete investiert. Bei der Erstellung ländlicher Infrastruktur werden die Prioritäten oft zentral gesetzt – mit dem Ergebnis, daß die lokalen Erfordernisse nicht hinreichend berücksichtigt und die Einrichtungen nicht genügend an die örtlichen Gegebenheiten angepaßt werden. So orientiert sich die Straßenplanung in den Verkehrsministerien Afrikas beispielsweise oft mehr an technischen Fragen und weniger an den benötigten Leistungen. Das führt zu übermäßig breiten und teuren Landstraßen, von denen dann zu wenige gebaut werden. Ohne eine hinreichende Einbindung örtlicher Stellen wird die vorhandene Infrastruktur zudem nicht gepflegt, so daß sich ihr Zustand rapide verschlechtert. Kurz nachdem Côte d'Ivoire (Elfenbeinküste) 115 Millionen Dollar für den Bau von 13.000 Wasserstellen ausgegeben hatte, ergab eine Umfrage, daß kaum die Hälfte der Handpumpen funktionierte – eine nur allzu häufige Erfahrung im Sektor der ländlichen Wasserversorgung.

In den meisten Fällen haben Infrastruktureinrichtungen den Charakter lokaler öffentlicher Güter. Dezentralisierte Verantwortung, bei der nationale staatliche Zuständigkeiten auf untergeordnete Behörden übertragen werden, verspricht ein verbessertes Angebot solcher Güter. Die Bereitstellung lokaler, in gewissem Umfang sogar nationaler, öffentlicher Güter wird effektiver, wenn den Stimmen der Nutzer und Betroffenen durch Partizipation Gehör verschafft wird.

Dezentralisierung

Die mexikanischen Erfahrungen mit einem kommunalen Förderungsprogramm zeigen das Potential für Leistungsverbesserungen auf, das sich durch Dezentralisierung und Übertragung staatlicher

---

Sonderbeitrag 4.1   Mexikos *municipios* helfen sich selbst

Bis 1990 waren die Erfahrungen Mexikos mit der ländlichen Infrastruktur typisch für viele andere Länder, die versuchten, die Entwicklung in ländlichen Gebieten zu fördern. Von Landes- und Bundesbehörden verwaltete Projekte waren häufig schlecht ausgewählt und konzipiert; und ihre Umsetzung wurde nicht genügend überwacht. Außerdem waren weder diese Behörden noch die lokal zuständigen Regierungsstellen *(municipios)* oder die Gemeinwesen verpflichtet, für den laufenden Betrieb und die Instandhaltung zu sorgen. Im Ergebnis übertrafen die Erwartungen häufig die Leistungen.

Viele der vorrangigen Projekte in Mexiko sind relativ klein und an unzugänglichen Orten angesiedelt. Doch das 1990 eingeführte kommunale Förderungsprogramm hat demonstriert, daß örtlich verwaltete Fördermittel eine vielversprechende Alternative darstellen, um in ländlichen Regionen Investitionen in einfache Infrastrukturvorhaben zu tätigen, wie örtliche Wasserversorgungssysteme, Landstraßen, Brücken und Schulbauten.

Das kommunale Förderungsprogramm erfordert die Beteiligung der Kommunen bei Projektwahl und -ausführung. Alljährlich erhält jedes *municipio* eine Mittelzuweisung zur Finanzierung von Projekten, die unter Beteiligung ihrer Kommunen ausgewählt wurden. Die Durchführung obliegt gewöhnlich Gemeindeausschüssen *(Comites de Solidaridad),* die örtliche Fachleute einstellen und beaufsichtigen sowie das erforderliche Material beschaffen. Die Gemeinwesen müssen auch einen Kostenbeitrag von mindestens 20 Prozent leisten (gewöhnlich in der Form ungelernter Arbeitskräfte und örtlicher Materialien). Das trägt dazu bei, daß nur Projekte mit örtlicher Priorität ausgesucht werden. Studien haben ergeben, daß die Projekte des kommunalen Förderungsprogramms häufig nur zwischen der Hälfte und zwei Dritteln der Kosten verursachten wie ähnliche Vorhaben, die von Landes- oder Bundesbehörden durchgeführt wurden. In Mexiko ist dieser Erfolg sicherlich zum Teil darin begründet, daß in vielen Gemeinden ausgebildete Arbeitskräfte vorhanden sind und eine Tradition freiwilliger Gemeindearbeit besteht.

In den vergangenen vier Jahren wurden durch das Programm, das zur Zeit 29 der 31 mexikanischen Länder umfaßt, ungefähr 75.000 Projekte finanziert, wobei sich die durchschnittlichen Kosten auf 11.000 Dollar beliefen. Die vier ärmsten Länder Mexikos haben 32,5 Millionen Dollar kommunaler Fördermittel erhalten – dies entspricht durchschnittlichen Investitionen von 8 Dollar pro Kopf der Bevölkerung, verteilt auf 653 ländliche *municipios*.

Befugnisse auf unabhängige untergeordnete Behörden ergibt. Dabei erhalten lokale Regierungsstellen Mittel für Projekte, die von den jeweiligen Kommunen ausgewählt, geplant und ausgeführt werden. Viele dieser Projekte enthalten Infrastrukturmaßnahmen, wie Straßen, Brücken und Wasserversorgungssysteme. Eine Untersuchung weist aus, daß diese Projekte nur zwischen der Hälfte und zwei Dritteln der Kosten verursachen, die bei zentralen Stellen anfallen. Seit 1990 wurde das kommunale Förderungsprogramm auf nahezu alle mexikanischen Länder, mit Ausnahme von zwei Bundesstaaten, ausgeweitet (Sonderbeitrag 4.1). Da die lokalen Behörden die Präferenzen vor Ort besser einzuschätzen und darauf einzugehen wissen, kann Dezentralisierung auch die Zufriedenheit der Verbraucher erhöhen.

Die Gruppe der Länder, die Dezentralisierungsreformen vornimmt, wird größer und ist auch nicht auf Industrie- oder große Entwicklungsländer (wie Brasilien oder Indien) beschränkt. Eine Studie, der vergleichbare Daten für zwanzig Industrie- und Entwicklungsländer zugrunde liegen, hat ergeben, daß die dezentralisierten Ausgaben in den Industrieländern die Hälfte der Infrastrukturinvestitionen ausmachen, in den Entwicklungsländern aber nur ein Viertel. Manche Sektoren, wie die kommunale Müllabfuhr, wurden seit jeher lokal betrieben. Der Rahmen für eine dezentralisierte Verwaltung ist aber größer und umfaßt auch andere Sektoren, wie den Straßenbau und die Wasserversorgung. Das gilt vor allem dann, wenn sich die Verantwortung für die verschiedenen Aktivitäten zwischen nationalen, regionalen (provinziellen) und lokalen Behörden aufteilen läßt.

DEZENTRALISIERUNG DES STRASSENWESENS. Da die Straßen in einer Stadt oder in einer ländlichen Region vor allem den dortigen Einwohnern dienen, während der Nutzen eines Fernstraßennetzes weiter gestreut ist, bietet sich eine Dezentralisierung der Verantwortung für die lokalen Verkehrswege geradezu an. Dezentralisierung sollte sowohl die Instandhaltung als auch die Finanzierung einschließen, um sicherzustellen, daß die Kommunen für die Qualität der Straßen zu zahlen bereit sind. Werden alle Kosten von übergeordneten Regierungsebenen getragen, dann ziehen die Anwohner befestigte Straßen vor. Eine Untersuchung für zweiundvierzig Entwicklungsländer ergab, daß bei dezentralisierter Straßenverwaltung die Arbeitsrückstände geringer und der Straßenzustand besser waren (obwohl der Einfluß der Finanzierung der Dezentralisation nicht

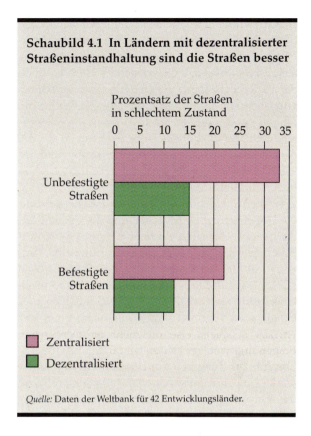

Schaubild 4.1 In Ländern mit dezentralisierter Straßeninstandhaltung sind die Straßen besser

Quelle: Daten der Weltbank für 42 Entwicklungsländer.

berücksichtigt war) (Schaubild 4.1). Beim dezentralisierten Straßenbau war außerdem der Anteil befestigter Straßen höher. Dezentralisierung war aber auch mit höheren Stückkosten für die Unterhaltung verbunden (was teilweise den höheren Anteil befestigter Straßen widerspiegelt) sowie mit größeren Qualitätsunterschieden zwischen den Regionen (aufgrund interregionaler Unterschiede in den institutionellen Kapazitäten und menschlichen Fähigkeiten).

DEZENTRALISIERUNG IM WASSERVERSORGUNGS- UND ABWASSERSEKTOR. Eine Analyse von Weltbankfinanzierten Projekten zeigt, daß eine Aufteilung der Zuständigkeiten im Wasser- und Sanitärbereich zu höheren Leistungen und einer besseren Erhaltung der Anlagen führt als im zentralisierten Rahmen, vorausgesetzt, es findet eine entsprechende Koordination statt. Daten für eine Gruppe von Entwicklungsländern weisen ferner aus, daß die Pro-Kopf-Ausgaben einer zentralisierten Wasserproduktion viermal so hoch sind wie in einem vollständig dezentralisierten System. Am geringsten sind die Kosten, wenn Dezentralisierung mit einer zentralisierten Koordination einhergeht. Die meisten Studien auf dem Wassersektor empfehlen eine dreistufige Organisation mit einer nationalen Behörde an der Spitze, die für Finanzierung, langfristige Planung, Festlegung von Standards sowie technische Unterstützung zuständig ist. Unterhalb der nationalen Ebene fungieren regionale Versorgungsbetriebe als Betreiber, zu deren Aufgaben die Einhaltung der nationalen Normen und Vorschriften, die Überwachung lokaler Systeme sowie die Ausbildung von örtlichen Führungskräften und des technischen Personals gehören. Die dritte Stufe bilden örtliche Stellen, die die lokalen Systeme verwalten, die Gebühren einziehen, den Betrieb und die Unterhaltung überwachen und die lokale Budgetplanung vornehmen. Ein alternatives Dezentralisierungskonzept, bei dem die Leitung jeder Aktivität auf der untersten noch geeigneten Ebene erfolgt, wird in Frankreich und Deutschland praktiziert (und entwickelt sich auch in Brasilien und Polen). Zum Beispiel liegt das Management der Wasserressourcen – einschließlich Regulierung, Festlegung von Emissionsstandards und Investitionsentscheidungen – auf der Ebene der Wasserwerke (und nicht auf nationaler Ebene), während das Leistungsangebot durch die Kommunen erfolgt.

Auch technische Überlegungen können die Art der Zusammenarbeit und Planung zwischen den Regierungsebenen bestimmen. So müssen beispielsweise die von regionalen Versorgungsbetrieben getroffenen Investitionsentscheidungen im Wasser- und Sanitärbereich mit der lokalen Flächennutzungsplanung abgestimmt werden. Beschränkungen ergeben sich häufig auch durch die örtlichen Kapazitäten. Nach der brasilianischen Verfassung sind die Städte für die Wasserversorgung zuständig. Häufig übernehmen jedoch regionale öffentliche Versorgungsbetriebe diese Aufgabe auf vertraglicher Basis von jenen Städten, die wegen ihrer Größe die Leistungen nicht wirtschaftlich erbringen können.

Dezentralisierung an sich ist weder gut noch schlecht. Wie bei allen Konzepten ist der Erfolg von verschiedenen Faktoren abhängig: von den geschaffenen Anreizen, von den vorhandenen Fähigkeiten sowie von den verursachten Kosten. Rechenschaftspflichten gegenüber der Öffentlichkeit sind ein wesentlicher Faktor, um die Anreize zu verbessern. Dies kann etwa durch die lokale Wahl des Führungspersonals, die lokale Kontrolle der Finanzen und andere Formen lokaler Verantwortung geschehen. Wahlen sind ebenfalls ein Mechanismus, um die Bürger einzubeziehen. Wahlreformen in Kolumbien und Venezuela haben zu einem Wiederaufleben lokaler Führungsqualitäten geführt. Neu gewählte Bürgermeister haben es geschafft, den privaten Sektor zur Finanzierung von Investitionsprogrammen zu gewinnen. Sollen die örtlichen Führungspersonen verantwortlich gemacht werden können, so muß man ihnen Einflußmöglichkeiten einräumen. Das schließt auch die Kontrolle über die Einnahmen ein, was wiederum geeignete lokale Finanzierungsgrundsätze bedingt (dazu gehören Haushaltsplanung, Finanzberichterstattung, Besteuerung, das Vertragswesen und die Konfliktregelung). In vielen Ländern können elementare Zuständigkeiten lokaler Verwaltungen – einschließlich des Rechts, Steuern zu erheben oder Nutzungsgebühren einzuführen – von der zentralen Behörde ohne weitere Anhörung aufgehoben werden. Dieser Mangel an Autonomie entmutigt lokale Verwaltungsbeamte und trägt zu dem populären Image von Ineffizienz oder gar Korruption in den örtlichen Gebietskörperschaften bei. Rechenschaftsberichte und Buchprüfungen sind wichtige Informationsquellen und notwendig, um den Rechenschaftspflichten gegenüber den Bürgern der Region nachzukommen.

Ungleichgewichte zwischen Einnahmequellen und Ausgabenzuweisungen drohen die Erfolge subnationaler Behörden zu verringern. Eine Studie anhand vergleichbarer Daten für zehn Entwicklungsländer hat ergeben, daß die subnationalen Einnahmen nur 55 Prozent der Ausgaben decken. Der Schlüssel zum Ausgleich von Einnahmen und Ausgaben liegt in der Erschließung lokaler Einnahmequellen durch die Heranziehung der Benutzer, die am meisten von den lokalen öffentlichen Gütern profitieren. Wenn nationale Regierungsstellen Transfers an untergeordnete Ebenen leisten, um regionale Unterschiede in der Fähigkeit zur Mobilisierung von Ressourcen auszugleichen, dann sollten diese transparent bleiben. Transfers, die den lokalen Benutzern nicht genügend offengelegt werden, können die Rechenschaftspflichten der Gebietskörperschaften unterminieren und die mit der Dezentralisierung verbundenen Anreize aufs Spiel setzen.

Die Freisetzung lokaler Anstrengungen durch Dezentralisierung erfordert die Schaffung neuer technischer und institutioneller Kapazitäten. Viele arme Gemeinwesen besitzen nicht die erforderlichen Erfahrungen zur Nutzung der Möglichkeiten, die die Dezentralisierung ihnen bietet. Da darin eine wichtige Einschränkung liegt, ist adäquate technische Unterstützung notwendig. Dazu gehören der Zugang zum Ingenieurwesen, zum Projektdesign und zur Administration. Organisationen wie

AGETIP (Agences d'Exécution des Travaux d'Intérêt Public) in Afrika oder das in Brasilien angesiedelte IBAM (Instituto Brasileiro de Administracão Municipal) helfen dabei, solche Fähigkeiten auf lokaler Ebene zu entwickeln, bereiten Projekte vor und überwachen deren Durchführung und Betrieb.

Partizipation

Die Bedeutung von Partizipation bei der effektiven Versorgung mit lokalen öffentlichen Gütern ist wohlbekannt und spielt eine zentrale Rolle beim kommunalen Angebot solcher Leistungen (Option D in Kapitel 1). Eine Weltbankstudie aus dem Jahre 1985 über fünfundzwanzig Projekte (die meisten aus dem Agrarbereich und der ländlichen Entwicklung), die fünf bis zehn Jahre nach deren Abschluß durchgeführt worden war, fand heraus, daß die Partizipation der Nutznießer und der „Basis"-Institutionen den Schlüssel zum langfristigen Erfolg dieser Projekte darstellte. Ohne lokale Partizipation scheiterten die Projekte oft schon in der Phase der Umsetzung oder ihre Unterhaltung war nicht gesichert, so daß sie keinen dauerhaften Nutzen abwarfen. Diese Erfahrung wurde nicht nur mit Weltbank-Projekten gemacht; andere Entwicklungshilfeorganisationen wissen Ähnliches zu berichten. Statistische Untersuchungen unterstreichen den Eindruck, der sich aus Projektstudien ergibt: Eine Analyse neuerer Weltbank-Projekte aus dem Jahre 1987 und eine Untersuchung von USAID-finanzierten Projekten aus dem Jahr 1990 unterstreichen die große Bedeutung der Partizipation in der Praxis.

Partizipation bei der Projektformulierung ist vor allem für die Unterhaltung der Einrichtungen wichtig. Das bestätigt eine Studie von 121 abgeschlossenen ländlichen Wasserversorgungsprojekten in Afrika, Asien und Lateinamerika, die von unterschiedlichen Organisationen finanziert worden waren. Projekte mit hoher Partizipation bei der Projektauswahl und -gestaltung befanden sich sehr viel häufiger in einem guten Zustand als solche mit stärker zentralisierten Entscheidungsstrukturen (Schaubild 4.2). Eine Analyse von acht ländlichen Wasserprojekten in Nepal, bei der zentral gestaltete Projekte mit solchen verglichen wurden, die mit (und nicht nur für) Kommunen durchgeführt wurden, hat ergeben, daß letztere kleiner sind, die örtlichen Ressourcen stärker einsetzen und einen anhaltenden Ertrag erbringen.

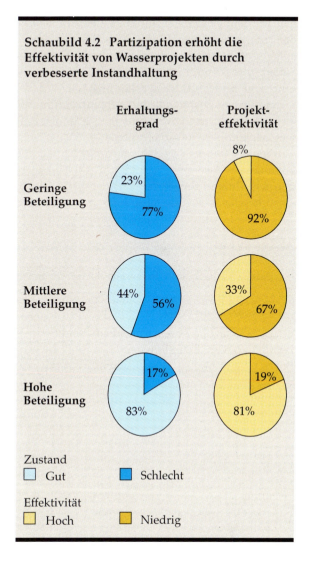

Schaubild 4.2 Partizipation erhöht die Effektivität von Wasserprojekten durch verbesserte Instandhaltung

Es gibt drei Schlüsselelemente, um durch Partizipation die Projektqualität zu erhöhen: Beteilige die Nutzer direkt, versuche mit ihnen frühzeitig einen Konsens über das Projekt zu erzielen und veranlasse sie zu Geld- oder Sachbeiträgen. Die Konsultation von offiziellen Stellen oder freiwilligen Organisationen ist kein Ersatz für die direkte Beteiligung der letztendlichen Nutznießer, zum Beispiel durch Versammlungen am Ort. Für die untersuchten Wasserversorgungsprojekte war der Effekt eines verstärkten Rückgriffs auf zwischengeschaltete nichtstaatliche Organisationen oder lokale Regierungsstellen, die die Nutzer nicht direkt einbezogen, entweder insignifikant oder negativ. Dagegen hatte der direkte Einsatz lokaler Organisationen (zu denen auch die Nutzer gehörten) einen positiven Einfluß auf das Projektergebnis. Es ist besonders wichtig, daß alle Nutzergruppen in den Beteiligungsprozeß einbezogen werden, einschließlich der Frauen (die häufig die Hauptnutzer von Wasser und Bewässerungsanlagen sind) und anderer Gruppen, die Probleme haben, ihre Bürgerrechte durchzusetzen, wie die sehr arme und landlose Bevölkerung.

Ein Konsens über den Bedarf der Nutzer führt oft zu Infrastruktur, die kostengünstiger, technologisch weniger komplex und arbeitsintensiver ist. In Korea wurden als Teil der *saemaul undong*-Bewegung der kommunalen Selbsthilfe seit 1971 52.400 Kilometer dörfliche Zufahrtswege gebaut. Diese Wege weisen einen bescheidenen Standard auf – sie haben eine Schotterdecke, sind nur 2 bis 3 Meter breit, und ihre Abzugskanäle und Brücken sind serienmäßig gestaltet. Erfahrungen in Brasilien und Indonesien haben gelehrt, daß Beteiligungskonzepte zur Identifikation geeigneter kostengünstiger Technologien nicht nur Flexibilität in der Planung und Ausführung erfordern, sondern auch im Verhalten der Geberinstitutionen (Sonderbeitrag 4.2).

Ein erhöhter Konsens über ein Projekt zwischen den künftigen Nutzern erhöht nicht nur ihre Zufriedenheit und Bereitschaft, Beiträge zu leisten, sondern hilft auch, ihren Einsatz bei der Konstruktion

---

Sonderbeitrag 4.2 Innovative Ansätze bei der Planung im Wasser- und Sanitärbereich

Zwei von der Weltbank finanzierte Projekte in Brasilien und Indonesien machen deutlich, daß die nachfrageorientierte Planung kostengünstiger Einrichtungen im Wasser- und Sanitärbereich ein beträchtliches Ausmaß an Anpassungsfähigkeit verlangt, und zwar seitens der zuständigen Regierungsbehörden, der ausführenden Ingenieure und der externen Geldgeber (wie der Weltbank). Das Wasser- und Sanitärprogramm für die Stadtbevölkerung mit niedrigem Einkommen (PROSANAER) in Brasilien investiert 100 Millionen Dollar, um Infrastruktur im Wasser- und Sanitärbereich für etwa 800.000 Menschen bereitzustellen, die in einkommensschwachen Vierteln von elf Städten unterschiedlicher Regionen leben. In Indonesien investiert das Wasser- und Sanitärprojekt für einkommensschwache Kommunen (WSSSLIC) etwa 120 Millionen Dollar in eine ähnliche Infrastruktur, wobei 1.440 einkommensschwache Dörfer in sechs Provinzen einbezogen sind und insgesamt etwa 1,5 Millionen Einwohner erreicht werden.

Partizipation muß auf die Bevölkerung zugeschnitten sein. Das PROSANAER-Projekt – das seit nunmehr zwei Jahren läuft – hat verschiedene Maßnahmen ergriffen, um die Nutznießer bei der Gestaltung von Teilprojekten zu beteiligen. In einem Ansatz werden die Führungskräfte kommunaler Organisationen zu grundlegenden Fragen konsultiert, deren Details dann mit den jeweiligen Nutzern auszuarbeiten sind. In einem anderen Ansatz wird zwischen den Entwicklungsingenieuren und den Nutzern auf direktem Wege eine Übereinstimmung gesucht, wobei kommunale Führungsspitzen und Organisationen konsultiert werden. In beiden Modellen werden Interessenkonflikte zwischen dem Wasserversorgungsunternehmen und kommunalen Organisationen durch Verhandlungen gelöst, wobei der Projektberater die Funktion eines Vermittlers übernimmt. Vorläufige Daten deuten darauf hin, daß diese beiden Ansätze die Pro-Kopf-Investitionskosten dramatisch reduziert und bei den Kommunen den Sinn für ihre Rolle als Projekteigentümer geschärft haben.

In einem weiteren Ansatz in Indonesien, wo dörfliche Organisationen traditionell öffentliche Dienstleistungen anbieten, werden dörfliche Wasser- und Sanitärkomitees ermutigt, Funktionen der dezentralisierten Wasserversorgung zu übernehmen. Diese Komitees können aus alternativen Leistungsniveaus und einem Bündel geprüfter technischer Lösungen auswählen, je nachdem, wieviel das Dorf bereit ist, zu dem Grundfonds beizutragen, der vom WSSSLIC-Projekt für die Investitionen zur Verfügung gestellt wird.

Ingenieure müssen sich anpassen. Beim PROSANAER-Projekt beeinflußte das Beteiligungssystem direkt die Art und Weise der Inanspruchnahme der technischen Beratung. Beispielsweise wurden Wasserversorgungsbetriebe angehalten, die Beratung für die Projektgestaltung an ein Konsortium von Ingenieurbüros oder Firmen zu vergeben, die mit nichtstaatlichen, auf kommunale Partizipation spezialisierten Organisationen zusammenarbeiten. Die kontrollierende Arbeitsgruppe auf nationalem Niveau ermutigte die Projektberater und die Ingenieure der Wasserversorgungsbetriebe, ihre Pläne vor dem endgültigen Projektvorschlag mit den Nutznießern zu besprechen. In Indonesien helfen nichtstaatliche Organisationen mit Erfahrungen im relevanten Sektor der Projektleitung und den Technikern, auf die Bedürfnisse einkommensschwacher Kommunen einzugehen.

Geber müssen ihre Praxis anpassen. Die Projekte in Brasilien und Indonesien wurden von der Weltbank genehmigt, ohne daß Pläne für das angestrebte Versorgungsniveau oder das Zuliefersystem vorlagen. Die Projektanträge enthielten vielmehr allgemeine Prinzipien für die Projektausführung und grobe Ziele für Nutzen und Kosten, so daß ein Großteil der Gestaltung während der Implementierungsphase zu entwickeln war. Der externe Geber muß dabei die Ausarbeitung von Details der von den Kommunen gewählten Teilprojekte intensiv kontrollieren und die Implementierung überwachen und evaluieren. Die bisherigen Erfahrungen zeigen, daß diese lernintensiven Beteiligungsprojekte die Kapitalkosten senken können, wenngleich sie einen höheren Personaleinsatz seitens der Geber erfordern.

und Unterhaltung zu mobilisieren. In vielen ländlichen Regionen erfolgen die Beiträge häufig nicht durch Barzahlungen, sondern in anderer Form. Im Banglung-Distrikt in Nepal haben die örtlichen Gemeinden beispielsweise 62 Hängebrücken gebaut und dabei sowohl lokale Arbeitskräfte und Materialien wie auch staatliche Mittel eingesetzt. Haushalte, die sich nicht direkt beim Bau beteiligen konnten, waren aufgefordert, ihren Beitrag in Form von Lebensmitteln oder Geld zu leisten. Während sich die Gesamtkosten für den Staat nur auf ungefähr 50.000 Dollar beliefen, waren die vor Ort aufgebrachten Summen bedeutend höher. Ähnliche Selbsthilfe-Initiativen liefern Energie im ländlichen Purang, Nepal, und bauen Straßen in Äthiopien (Sonderbeitrag 4.3).

Geld- oder Naturalbeiträge der Nutznießer erhöhen auch dadurch die Effektivität von Projekten, daß sie diese stärker in die Pflicht nehmen. Statistische Studien der oben erwähnten ländlichen Wasserversorgungsprojekte zeigen, daß die Effektivität des Gesamtprojekts um so größer ist, je höher der von den Wasserverbrauchern geleistete Investitionskostenanteil ist. Bis 1990 befand sich das mexikanische Bewässerungssystem in einem Teufelskreis – Betrieb und Unterhaltung durch eine quasistaatliche Unternehmung waren schlecht organisiert, so daß die Bauern die (hoch subventionierten) Gebühren selten zahlten. Dadurch geriet das Unternehmen immer stärker in finanzielle Schwierigkeiten, und das Leistungsniveau verringerte sich noch mehr. Die Zahlungsunwilligkeit der Bauern stieg weiter. Seit 1990 wurde die Verantwortung für mehr als 2 Millionen Hektar vom Staat auf Genossenschaften der Wasserverbraucher übertragen. Um die Wartung der Anlagen zu verbessern, haben die Genossenschaften die Gebühren freiwillig verdreifacht. Durch die höheren Beiträge wurde der Betrieb der Anlagen in den meisten Bezirken finanziell tragfähig, und die Effizienz der Wassernutzung stieg.

Selbsthilfe bei der Konstruktion und Unterhaltung von Infrastruktur funktioniert am besten bei relativ kleinen Projekten, die auf Initiative einer eng

---

Sonderbeitrag 4.3 Energie in Purang und Straßen in Äthiopien

In Purang, einem Dorf im Mustang Distrikt von Nepal, besteht ein dringender Energiebedarf – nicht nur, weil die Winter dunkel und kalt sind und Feuerholz knapp ist. Wenn die Dorfbewohner wegen des schlechten Wetters in den Wintermonaten an ihr Haus gebunden sind, ermöglicht elektrische Beleuchtung Aktivitäten zur Einkommenserzielung, wie das Knüpfen von Teppichen.

Zunächst ohne externe Hilfe, nicht einmal in Form eines Bankkredits, hat Purang eine 12-Kilowatt-Anlage zur Stromerzeugung installiert, die im Gemeindebesitz ist und durch sie betrieben wird. Die Anlage ist 24 Stunden am Tag in Betrieb und versorgt 100 Häuser mit durchschnittlich 120 Watt. Die Verbraucher zahlen Gebühren, um die Betriebs- und Instandhaltungskosten zu decken. Unter den eiskalten Wetterbedingungen bietet das erhitzte Abwasser einen zusätzlichen Vorteil.

Warum ist das Purang-Projekt erfolgreich? Weil das Management der Anlage durch kommunale Partizipation gut in die sozialen, politischen und ökonomischen Strukturen integriert ist, so daß alle Beteiligten am Entscheidungsprozeß mitwirken können. Die Gemeinde ist nicht nur Eigentümerin der Anlage, sie fühlt sich dafür auch verantwortlich. Die Techniker stammen aus dem Dorf und werden von einer örtlichen Firma ausgebildet.

Die äthiopische Gurage Roads Construction Organization (GRCO) ist eine kommunale Organisation, die finanzielle Ressourcen mobilisiert hat, um Straßen und andere Infrastruktur zu verbessern und instandzuhalten, die von den staatlichen Stellen vernachlässigt wurden. Als nichtstaatliche Organisation wurde GRCO 1962 gegründet, um die Straßen und Brücken in der Sebat Bet Gurage Region südwestlich von Addis Abeba zu verbessern und zu unterhalten. GRCO mobilisierte Finanzmittel sowohl in den Dörfern und Städten der Gurage Region als auch von abgewanderten Bewohnern, die in Addis Abeba leben. Seit ihrer Gründung hat GRCO die Verbesserung von mehr als 350 Kilometer Straßen finanziert und etwa 7,2 Millionen Birr (3,5 Millionen Dollar) ausgegeben. Darüber hinaus haben die Mitglieder schätzungsweise 8 Millionen Birr in Form von Leistungen durch Fachleute und Arbeitskräfte beigesteuert. Insgesamt belief sich der Kostenbeitrag der GRCO auf 70 Prozent. Der Beitrag der Regierung in Höhe von 30 Prozent wurde dem nationalen Straßenbauamt zugewiesen, das auch die Arbeiten ausführte.

Private Bürgerbeteiligung bei der Straßenverbesserung und -erhaltung durch die GRCO war erfolgreich, weil die ortsansässigen Bewohner adäquat informiert wurden, weil sie die Möglichkeit hatten, ihre eigenen Entwicklungspräferenzen zu setzen, und weil sie sowohl finanzielle als auch materielle Beiträge leisten konnten, wodurch ihr Engagement und ihre Eigentumsbindung erhalten blieben. Die Regierung unterstützte auch lokale Initiativen mit Finanzmitteln und technischer Hilfe.

definierten Gruppe oder Kommune zurückgehen und dieser direkt und ausschließlich Nutzen stiften. Für Arbeiten, die einer größeren Öffentlichkeit dienen, wie Zubringerstraßen, ist es schwieriger, die Selbsthilfe über einen längeren Zeitraum aufrechtzuerhalten, insbesondere, wenn in hohem Umfang unbezahlte Arbeit eingesetzt wird. Unter dem Banner von Selbsthilfe und Freiwilligkeit können sich Ausbeutung der Armen und niedrige Arbeitsproduktivität verbergen. Manche Arten von Infrastruktur, wie Dämme, wichtige Kanäle, Energie- und Telekommunikationssysteme, Verbindungsstraßen, Wasser- und Abwasserkanalisation sind technologisch komplexe Netzwerke. Die lokale Partizipation kann bei solchen Vorhaben weder die angemessene Konstruktion noch deren entsprechende Umsetzung garantieren.

Partizipation ist kein Allheilmittel, nicht einmal in den Sektoren, wo sie am wichtigsten ist, noch ist sie kosten- und risikolos. Beteiligungsprozesse sind zeitraubend und erfordern häufig den Einsatz professioneller Vermittler, die mit den zuständigen Stellen Kontakt aufnehmen, technologische Optionen erklären und helfen, Konflikte zu schlichten. Partizipation funktioniert am besten, wenn sie mit einer fähigen Regierungstätigkeit einhergeht, kann diese aber nicht ersetzen. Gruppeninteressen, lokale Eliten oder mächtige Minoritäten können sich des Prozesses bemächtigen und andere ausschließen. Von lokalen Gemeinwesen kann ebensowenig wie von privaten Unternehmen erwartet werden, daß sie automatisch die umweltpolitischen Folgekosten adäquat berücksichtigen, die sie anderen aufbürden.

Verbesserung der Mittelallokation

Dezentralisierung und Partizipation können nützliche Instrumente zur Überwindung von Marktversagen sein, insbesondere, wenn es sich um lokale öffentliche Güter handelt. Bei nationalen öffentlichen Gütern, wie beispielsweise einem Fernstraßennetz, behalten sich die Zentralregierungen die direkte Beteiligung bei der Ressourcenallokation sowie bei der Planung und Auswahl von Projekten vor. In diesem Abschnitt werden die Abläufe und Kriterien erläutert, die den Entscheidungen der Zentralregierungen zur Verwendung der Haushaltsmittel für nationale öffentliche Güter zugrunde liegen. Die strategische Planung und die Projektplanung werden in einem späteren Abschnitt diskutiert.

In vielen Entwicklungsländern sind die grundlegenden Prozesse der Allokation und Kontrolle öffentlicher Mittel für große Investitionsvorhaben und den laufenden Betrieb oft nur schwer mit den erklärten Entwicklungszielen in Einklang zu bringen. Eine Analyse der Budgetallokation in Uganda hat ergeben, daß die Haushaltspläne überwiegend historisch gewachsene Verteilungsmuster aufweisen und nicht erlauben, einzelne Aktivitäten hervorzuheben oder andere schrittweise abzubauen. In Kamerun, Nepal und Sambia wurde bei Mittelzuweisungen im Verkehrsbereich der Bau neuer Straßen betont, obwohl die Unterhaltung oder Sanierung bestehender Straßennetze hohe Priorität besitzt.

In vielen Entwicklungsländern wurde in den späten fünfziger und sechziger Jahren eine umfassende und zentralisierte mittelfristige Planung angestrebt, die starken Rückhalt bei den Politikern hatte, jedoch ohne sichtbare Erfolge. Vielmehr entstanden aus übermäßigem Ehrgeiz öffentliche Großprojekte, welche die betroffenen Volkswirtschaften noch lange mit ihren Folgekosten belasten.

In einigen Volkswirtschaften, darunter verschiedenen in Ostasien, wurde ein eher gemischt-strukturierter staatlicher Entscheidungsprozeß praktiziert. In Japan, Malaysia, der Republik Korea, Singapur und Taiwan, China, konzentrieren sich die Behörden auf die Steuerung der öffentlichen Ausgaben und arbeiten aktiv mit einem starken privaten Sektor zusammen. Charakteristisch dafür sind Flexibilität und Anpassungsfähigkeit an veränderte Umstände; formale Pläne werden hier mehr als Leitlinien denn als verbindliche Vorschriften verstanden. In Malaysia bezieht der staatliche Entscheidungsprozeß verschiedene Regierungsebenen ein, wobei sich jede Ebene auf die Fragen konzentriert, für die sie am besten qualifiziert ist (Sonderbeitrag 4.4).

Entscheidungen über Mittelzuweisungen, sowohl innerhalb als auch zwischen einzelnen Infrastrukturbereichen, sollten von Erwägungen über die zugrunde liegenden Entwicklungsziele des betreffenden Landes geleitet werden. Der Staat muß sich zwischen der Errichtung neuer und der Instandhaltung vorhandener Anlagen sowie zwischen ländlichen und städtischen Gebieten innerhalb der Regionen entscheiden. Eine wichtige Methode der Prioritätensetzung ist die Ausgabenzuweisung an verschiedene Aktivitäten auf der Basis sozialer Ertragsraten. In den meisten Entwicklungsländern zeigen Analysen auf der Basis sozialer

Sonderbeitrag 4.4 Zentralisierte und dezentralisierte Infrastrukturplanung in Malaysia

Der malayische Ansatz der Infrastrukturplanung verbindet zentralisierte und dezentralisierte Elemente. Auf der zentralen Ebene werden zunächst nationale Entwicklungsobjekte und -ziele vom Nationalen Wirtschaftsrat (eine Ministerrunde unter dem Vorsitz des Premierministers) und dem Nationalen Entwicklungsplanungskomitee (das sich aus hohen Beamten der Bundesministerien zusammensetzt) formuliert. Neben diesen beiden Gruppen fungiert der Wirtschaftsplanungsrat, der dem Premierminister zugeordnet ist, mehr als koordinierende und integrierende Stabsstelle denn als Initiator für sektorale Planungen.

Den Überlegungen dieser beiden Gruppen folgend, werden nun die Grundlinien der bundesstaatlichen Entwicklungspolitik und die sektoralen Prioritäten den Ministerien, den gesetzlichen Körperschaften und den Länderregierungen übermittelt, die sodann aufgefordert werden, ihre Programme für den nächsten Fünfjahresplan vorzulegen. In dieser zweiten Stufe setzt der dezentralisierte Planungsansatz ein. In den einzelnen Ländern angesiedelte Bundesbehörden müssen ihre Entwicklungsprogramme mit dem jeweiligen Landes-Wirtschaftsplanungsrat diskutieren, bevor sie dem zuständigen Bundesministerium vorgelegt werden. Diese Vorgehensweise bietet die Gewähr, daß die Landesregierungen von den Entwicklungsvorschlägen der Bundesbehörden in ihrem Bereich Kenntnis erhalten. Die letztendliche Zuständigkeit für die Auswahl von Ausgabenprogrammen in den Fünfjahresplänen liegt beim Nationalen Entwicklungsplanungskomitee.

Die institutionellen Rahmenbedingungen der Infrastrukturentwicklung in Malaysia konnten erfolgreich sicherstellen, daß beim öffentlichen Angebot von Infrastruktur sowohl die allgemeinen nationalen Prioritäten als auch die lokalen Bedürfnisse berücksichtigt wurden. Das Infrastrukturangebot war ausreichend, um bis in die achtziger Jahre ein kräftiges Wirtschaftswachstum zu gewährleisten.

Da der private Sektor zu dieser Zeit jedoch genügend Kapazitäten aufgebaut hatte, erkannte die Regierung, daß eine direkte staatliche Beteiligung in einigen Sektoren und bei verschiedenen Aktivitäten nicht länger notwendig war. Zudem empfand man, daß neue Ansätze wünschenswert wären, um mit den wachsenden infrastrukturellen Engpässen fertig zu werden. Die Regierung reagierte flexibel auf die veränderten Gegebenheiten und setzte den Infrastruktursektor an die Spitze ihres Privatisierungsprogramms. Bis heute wurden 85 Projekte ganz oder teilweise privatisiert, darunter die 900 Kilometer lange Nord-Süd-Straße, der Container-Terminal in Port Kelang, Telekom Malaysia und die Nationale Elektrizitätsgesellschaft. Die Privatisierung von Infrastrukturen wird als ein anderes Mittel zur Realisierung der grundlegenden staatlichen Entwicklungsstrategien angesehen, wie deutlich aus den 1985 veröffentlichten „Privatisierungsrichtlinien" sowie dem 1989 formulierten „Privatisierungs-Gesamtplan" hervorgeht.

Ertragsraten klar, daß Erhaltungsmaßnahmen Vorrang vor dem Neubau verdienen. In einer Studie von Bewässerungsausgaben in Indien stellte sich heraus, daß die Erhaltung von Bewässerungskanälen höchste Priorität genießt, mit Ertragsraten bis zu 40 Prozent. Entwässerung und Fertigstellung unvollendeter Projekte sind weitere Aktivitäten, die Vorrang vor Neuinvestitionen genießen. Für Indonesien wurden für den Betrieb und die Instandhaltung von Bewässerungssystemen und Straßen Ertragsraten bis zu einer Höhe von 100 Prozent ermittelt, was verdeutlicht, daß die Unterhaltung der Objekte vernachlässigt worden war.

Zunehmende Ausgaben für grundlegende ländliche Infrastruktur haben in vielen Ländern wirtschaftliche Priorität und könnten wirksam zur Verringerung der Armut beitragen. China hat erfolgreich die landwirtschaftliche und industrielle Entwicklung miteinander verknüpft, indem es industrielle Infrastrukturen auf dem Land aufbaute. Folglich prosperierten auch die ländlichen Gewerbezweige, und die Landbevölkerung fand zum großen Teil in nahegelegenen Industrien Arbeit. In China sind derzeit mehr als 100 Millionen Menschen in kleinstädtischen und ländlichen Unternehmen beschäftigt und produzieren mehr als ein Drittel des gesamten Sozialprodukts. Eine ausbalancierte Politik der Regionalentwicklung und Armutsverringerung hat für die Regierungen von Indonesien und Malaysia seit den späten sechziger Jahren hohe Priorität. Zu diesem Zweck flossen Ausgaben für Infrastruktur, hauptsächlich im Verkehrs- und Bewässerungssektor, in ländliche Gebiete. 1965 hatten in Malaysia Lehm- und Schotterstraßen einen Anteil von 18 Prozent an der Gesamtlänge des Straßennetzes (15.356 Kilometer); 1990 stellten solche Straßen 32 Prozent des 50.186 Kilometer langen Straßennetzes des Landes. In dieser Zeit verringerte sich die Armut in Malaysia dramatisch. Die Armut auf dem Lande ging von 55,3 Prozent der Bevölkerung im Jahr 1973 auf 19,3 Prozent in 1989 zurück. Nach einer Weltbankstudie über Armut in Malaysia waren die Regierungsprogramme zur Steigerung der Bodenproduktivität in ländlichen Gebieten ein

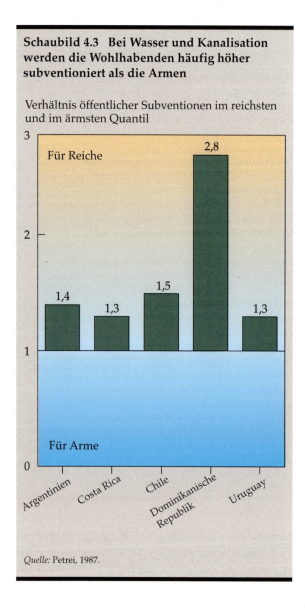

Schaubild 4.3 Bei Wasser und Kanalisation werden die Wohlhabenden häufig höher subventioniert als die Armen

Verhältnis öffentlicher Subventionen im reichsten und im ärmsten Quantil

Quelle: Petrei, 1987.

nen Standards und Entwürfen kann im allgemeinen am effektivsten gewährleistet werden, daß das Infrastrukturpotential ausgeschöpft wird, um arbeitsintensives Wachstum zu fördern und die Armen daran zu beteiligen. Ein subventioniertes Infrastrukturangebot wird häufig als Instrument zur Ressourcen-Umverteilung von Haushalten mit höherem Einkommen zu den Armen vorgeschlagen. Dessen Effizienz hängt jedoch davon ab, ob mit den Subventionen wirklich die armen Haushalte erreicht werden, welche Verwaltungskosten damit verbunden sind und ob der Spielraum ausreicht, für diese Zwecke Haushaltsmittel zu verwenden, ohne auf andere sozial nützliche öffentliche Ausgaben zu verzichten.

Durch Preissubventionen für Infrastruktur werden fast immer die Besserverdienenden unangemessen begünstigt. In Entwicklungsländern verwenden die Armen eher Kerosin oder Kerzen anstelle von Elektrizität für die Beleuchtung, sie sind mangels eines eigenen Wasseranschlusses im Haus von privaten Wasserverkäufern oder öffentlichen Zapfstellen abhängig, und sie besitzen nur selten einen Anschluß an die Abwasserkanalisation. In Ecuador wurde festgestellt, daß die Subvention des Stromverbrauchs für die 37 Prozent der Einwohner mit dem geringsten Verbrauch bei 36 Dollar pro Jahr lag, für die bessergestellten Haushalte mit dem höchsten Verbrauch aber 500 Dollar betrug. In Bangladesch werden die Infrastrukturleistungen für die Wohlhabenden etwa sechsmal so hoch subventioniert wie für die Armen. Obwohl arme Leute im allgemeinen mehr Wasser und sanitäre Dienste konsumieren als Energie, zeigte sich in einer Studie für fünf lateinamerikanische Länder, daß die Subventionen für Wasser und Kanalisation die reichen Haushalte stärker begünstigten als die ärmeren (Schaubild 4.3). Selbst in den ehemaligen Planwirtschaften Algeriens und Ungarns haben die Wohlhabenden von subventionierten Infrastrukturdienstleistungen stärker profitiert als die Armen (Schaubild 4.4).

Es gibt jedoch Möglichkeiten, die Infrastruktursubventionen so zu gestalten, daß sie die Armen effektiver erreichen. Beim Wasserverbrauch können zum Beispiel ansteigende Blocktarife angewendet werden; für den Mindestbedarf (etwa 25 bis 50 Liter pro Person und Tag) wird ein besonders niedriger Satz erhoben und höhere Gebühren für Bereiche zusätzlichen Verbrauchs. Ein solcher Blocktarif verknüpft Preise mit Mengen und begünstigt die Armen effizienter als eine allgemeine Subvention, da der subventionierte Konsum beschränkt ist. Die

wesentlicher Faktor bei dieser eindrucksvollen Verbesserung; die Studie wies auch auf die Bedeutung der ländlichen Straßen- und Bewässerungsinfrastruktur hin.

Subventionen und Transfers für die Armen

Obwohl Infrastruktur und Armut in einem direkten Zusammenhang stehen, ist Infrastrukturpolitik ein stumpfes Instrument, wenn es darum geht, direkt zugunsten der sozial Schwachen zu intervenieren. Durch geeignete Mittelzuweisungen an bestimmte Sektoren oder arme Regionen, durch die Beseitigung von Preisverzerrungen, die die Armen benachteiligen, sowie durch die Wahl von angemesse-

ansteigenden Blocktarife belasten einen höheren Verbrauch mit höheren Gebühren und fördern so auch den sparsamen Verbrauch und die effiziente Nutzung des Wassers. Diese Tarifgestaltung ist am effektivsten, wenn alle an das System angeschlossen sind. Wenn aber, wie es häufig der Fall ist, die Armen gar keinen Wasseranschluß haben, dann kommen sie nicht in den Genuß des niedrigen Satzes für den Mindestbedarf und zahlen letztendlich viel höhere Preise für Infrastrukturleistungen oder deren Substitute.

Eine Subventionierung des Anschlusses an öffentliche Infrastrukturleistungen ist für die Armen oft nützlicher als Preissubventionen. In Kolumbien differenzierten in den frühen achtziger Jahren die Wasserversorgungsbetriebe in Bogotá und Medellín aufgrund von Haushaltsdaten zwischen reichen und armen Haushalten und verwendeten spezifische Anschlußgebühren und ansteigende Blocktarife, um die Armen zu begünstigen. Nach diesem Subventionssystem wurden die ärmsten 20 Prozent der Haushalte in Höhe von 3,4 Prozent ihres Einkommens begünstigt, während die reichsten 20 Prozent der Haushalte in Höhe von 0,1 Prozent ihres Einkommens „besteuert" wurden. Viele Haushalte mit niedrigem Einkommen sind nicht in der Lage, die Mittel für die hohen Anschlußkosten an öffentliche Dienstleistungen aufzubringen, insbesondere wenn die Zahlung im voraus zu leisten ist. Unter diesen Umständen kann die Möglichkeit einer Kreditaufnahme wichtiger sein als subventionierte Preise. Häufig ist es sinnvoll, die Darlehensvergaben zur Finanzierung der Anschlußkosten über die Versorgungsbetriebe abzuwickeln, da diese über ihr reguläres Fakturierungsverfahren die Tilgung sicherstellen können. In Bangladesch vergibt die Grameen Bank Kredite an über zwei Millionen Arme ohne Landbesitz – die meisten von ihnen Frauen. Die Bank verbindet Gruppendarlehen, die es den Armen erlauben, finanzielle Sicherheiten durch soziale Bürgschaften auf der Grundlage von Gruppendruck zu ersetzen, mit Finanzierungsmechanismen zur Erweiterung von Krediten für Rohrbrunnen und hygienische Toiletten. Im Jahr 1993 vergab die Grameen Bank 18 Millionen Dollar für diesen Zweck, seit 1992 hat sie Kredite für etwa 70.000 Saugbrunnen bereitgestellt.

Unter bestimmten Umständen sind Arbeitsbeschaffungsmaßnahmen für Arme ein sehr effizientes Mittel, um Verteilungsziele zu erreichen. Solche Maßnahmen funktionieren, weil sie sehr schnell hohe Einkommenstransfers auslösen und weil diese

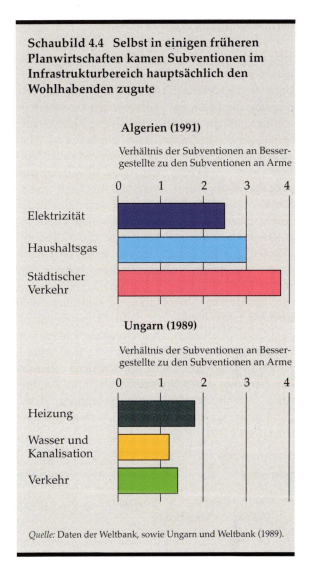

Schaubild 4.4 Selbst in einigen früheren Planwirtschaften kamen Subventionen im Infrastrukturbereich hauptsächlich den Wohlhabenden zugute

Quelle: Daten der Weltbank, sowie Ungarn und Weltbank (1989).

aufgrund der relativ niedrigen Löhne für ungelernte körperliche Arbeit tatsächlich nur denen zufließen, die keine besseren Alternativen haben. Ausgelöst durch die schwere Dürreperiode in den Jahren 1972 bis 1973 wurde in dem indischen Staat Maharashtra das Beschäftigungssicherungsprogramm (Employment Guarantee Scheme) aufgebaut, das auf Anfrage Arbeit für Ungelernte in der Landwirtschaft anbietet. Dieses Programm hat fast 1,7 Milliarden Arbeitstage bereitgestellt; ihm wird eine wichtige Rolle bei der Verhinderung von Katastrophen während verschiedener Dürreperioden zugeschrieben. Die vorhandene Evidenz reicht jedoch nicht aus, um zu beurteilen, ob solche Programme die ökonomisch sinnvollste Infrastruktur hervorbringen. Ihr ökonomischer Einfluß dürfte größer werden, wenn sie mit den allgemeinen Infrastrukturprioritäten koordiniert würden.

Berücksichtigung externer Effekte

Infrastruktureinrichtungen haben oft weitgestreute indirekte Auswirkungen, vielfach auch auf die Umwelt, die vorteilhaft oder schädlich sein können. Bewässerungsanlagen können Landressourcen schonen, indem sie eine intensivere Kultivierung bereits genutzter Anbauflächen ermöglichen. Aber sie können auch exzessivem Wasserverbrauch Vorschub leisten, was zur Grundwasserversalzung und Landabsenkung führt. Infrastruktur kann außerdem die öffentliche Sicherheit beeinträchtigen oder erhöhen. Bessere Straßen erlauben höhere Verkehrsgeschwindigkeiten und können so die nichtmotorisierten Straßenbenutzer einem größeren Unfallrisiko aussetzen; Verkehrszeichen können die Sicherheit der Fußgänger erhöhen. Da solche externen Effekte von den Märkten gewöhnlich nicht berücksichtigt werden, wird ihr Management oft dem Staat überlassen. Umweltverträglichkeit von Infrastruktur erfordert technologische und organisatorische Innovationen ebenso wie deren effizientere Nutzung durch Preisgestaltung und Regulierung. Vorschriften sind auch notwendig, damit die Infrastrukturleistungen in Übereinstimmung mit den öffentlichen Sicherheitsnormen angeboten werden.

Innovatives Design für bezahlbare Lösungen

Weltweit haben rund 1 Milliarde Menschen keinen Anschluß an sauberes Wasser, und mehr als 1,7 Milliarden Menschen fehlen adäquate sanitäre Anlagen. Durchfallerkrankungen, zumeist durch verunreinigtes Wasser verursacht, verkörpern ein Sechstel der globalen Krankheitsbelastung (*Weltentwicklungsbericht 1993*). Mit Krankheitserregern verseuchte menschliche Abfälle sind die am weitesten verbreitete Ursache der Wasserverschmutzung. Der Nutzen der Wasserversorgung für die Umwelt hängt nicht nur von sauberem Trinkwasser ab, sondern auch davon, ob genügend Wasser für die Körperhygiene zur Verfügung steht. Ebenso wichtig ist es, durch Grubenlatrinen, Toiletten und Abwasserkanäle die Kontakte mit menschlichen Exkrementen zu reduzieren (Sonderbeitrag 4.5).

Obwohl selbst bei den Armen die Zahlungsbereitschaft für die Wasserversorgung meist ausreicht, um die Kosten zu decken, ist dies bei der Abwasser-

---

Sonderbeitrag 4.5   Einschätzung der Reichweite eines Projekts: Wasser in Katmandu

Die Bewertung von Infrastrukturprojekten kann bestenfalls als schwierig bezeichnet werden. Die Umweltkosten müssen bestimmt und bewertet werden, die Höhe der individuellen Nutzungsgebühren muß festgelegt werden, und die Auswirkungen auf andere Infrastrukturbereiche sind abzuschätzen. Die Wasserversorgung, die Abwasserklärung, die Kanalisation, die Behandlung von Abfall und Sondermüll sowie die Wasserqualität in der Umgebung sind eng verflochten. Mängel in einem Sektor wirken sich auf die Anforderungen an die Infrastrukturen in anderen Bereichen aus.

In der nepalesischen Hauptstadt Katmandu haben offizielle Stellen die Auswirkungen eines verbesserten Wasserangebots auf der Basis des „Leistungsniveau"-Ansatzes evaluiert, einer Erweiterung der traditionellen Nutzen-Kosten-Analyse. Dieser Ansatz berücksichtigt zum einen, daß Leistungen für den Umweltschutz von verschiedenen Verbrauchern unterschiedlich eingeschätzt werden, und versucht zum anderen, die indirekten Effekte der Wasserversorgung zu bewerten.

Katmandu hat 1,1 Millionen Einwohner. Schätzungen aufgrund eng definierter Projektbewertungsmethoden ergaben als Vorteile des neuen, 150 Millionen Dollar teuren städtischen Wasserverteilungssystems direkte finanzielle Einsparungen in Höhe von 500.000 Dollar pro Jahr aufgrund geringerer Unterhaltungskosten. Hinzu kommen beträchtliche jährliche Einnahmen (geschätzt aufgrund der Zahlungsbereitschaft der verschiedenen Nutzer, diese reichen von 10 Dollar für die Benutzung von Zapfstellen bis zu 250 Dollar für gewerbliche Nutzer). Der Gesamtnutzen wurde auf 19,1 Millionen Dollar pro Jahr geschätzt. Bei einem Diskontsatz von 12 Prozent pro Jahr wies das Projekt einen geringen positiven Nettonutzen in Höhe von 5,2 Millionen Dollar auf.

Auf der Grundlage des detaillierteren Leistungsniveau-Ansatzes zur Projektbewertung wurde errechnet, daß die Reduzierung der Wasserverunreinigung mit Kolibakterien eine Verbesserung des Gesundheitszustandes bewirkte, die in einigen Fällen 1.000 Dollar pro gelieferte Einheit erreichte. Ein Ausbildungsprogramm, das die Wassernutzung verbesserte, führte zu einer weiteren Verminderung der Krankheits- und Transportkosten. Nach Einbeziehung dieser indirekten Vorteile erhöhte sich der Nettonutzen des Projekts auf etwa 275 Millionen Dollar.

entsorgung nicht immer der Fall. Zum einen sind herkömmliche Kanalisationssysteme oft teuer, und zum anderen fallen bestimmte Kosten unzureichender Sanitäranlagen nicht innerhalb der Haushalte an. Da die öffentlichen Finanzierungsmittel oft nicht ausreichen, um große Bevölkerungsmassen zu versorgen, müssen technische und organisatorische Innovationen genutzt werden, um preisgünstige Sanitäranlagen zu installieren. Nach einer Studie in Kumasi, Ghana, waren die Haushalte zwar nicht bereit, für eine konventionelle Kanalisation zu zahlen, geringe Subventionen würden jedoch ausreichen, um einen relativ hohen Versorgungsgrad mit belüfteten und verbesserten Grubenlatrinen zu erzielen.

In den achtziger Jahren wurden im Rahmen des Orangi-Pilotprojekts in Karachi, Pakistan, arme Leute zu Bau, Finanzierung und Wartung ihrer eigenen Abwasserkanäle veranlaßt. Auf diese Weise wurden 600.000 Menschen zu Kosten von weniger als 50 Dollar pro Haushalt mit einer Kanalisation versorgt. Die geringen Kosten waren auf neuartige technische Lösungen zurückzuführen, verbunden mit einem Beteiligungsansatz, der die Korruption verminderte und in dem die Kommunen ihre eigenen Ressourcen beisteuerten. Ähnliches geschah in Nord-Brasilien, wo durch die Nutzung eines technisch neuartigen Abwassersystems auf Eigentumsbasis – ein von örtlichen Organisationen errichtetes kollektives Verbundsystem – die Kapitalkosten gegenüber einem konventionellen System um bis zu 40 Prozent gesenkt werden konnten.

Anreize für effiziente Nutzung

Bemühungen, die Umwelteffekte durch energiesparende Investitionen seitens der Konsumenten abzuschwächen, werden durch die in Kapitel 2 beschriebenen niedrigen Verbraucherpreise und Subventionen behindert. Im Mittel verbrauchen Entwicklungsländer 20 Prozent mehr Strom als es der Fall wäre, wenn sie die variablen Kosten der Energieerzeugung selbst zahlen müßten. Ist eine ökonomische Preisgestaltung erst einmal eingeführt, sind die Regierungen in der Lage, die Nutzung von energieeffizienteren Technologien zu fördern.

Ähnliche Preiserhöhungen wären im Verkehrssektor angebracht, sie sind dort aber schwieriger umzusetzen. Der Autoverkehr in Stadtzentren verursacht in den Stoßzeiten weit höhere Kosten als außerhalb der Verkehrsspitzen, und die Umweltbelastungen durch den Kraftverkehr sind in Städten höher als auf dem Lande. Durch Einführung von Parkgebühren, Bereichslizenzen und Abgaben können solche Kosten den städtischen Autofahrern bewußt gemacht werden. Wachsendes Umweltbewußtsein und technologischer Wandel dürften in naher Zukunft die Erhebung von Gebühren und Abgaben weiter begünstigen, was die Nutzung öffentlicher und nichtmotorisierter Verkehrsmittel fördern wird.

Im Wassersektor führen zu niedrige Wasserpreise zu einer ineffizienten Nutzung. Haushaltskonsum, Sanitärwesen, Bewässerung, Stromerzeugung in Wasserkraftwerken und der Verkehr, sie alle erzeugen Nachfrage nach Wasser und rufen Probleme bezüglich des Gesamtangebots und der sektoralen Allokation hervor. 1985 wurden in Indien 94 Prozent des gesamten Wassers für landwirtschaftliche Zwecke genutzt. In einigen Gebieten entstanden Konflikte zwischen der Industrie und dem Bewässerungssektor, und in Städten wie Bombay, Delhi und Madras kam es zur Wasserverknappung. In vielen Ländern werden die Wasserpreise angehoben, um dessen Knappheit (insbesondere in der Landwirtschaft) zu signalisieren und die Preise mit dem Verbrauch zu verknüpfen. Dies sind wichtige erste Schritte, um mit den knappen Wasservorräten umzugehen und die Probleme mit Versalzung, zunehmender Fluorkonzentration und Landabsenkung zu entschärfen. Die Beeinflussung der Nachfrage durch die Preisgestaltung gibt dem Nutzer die Möglichkeit, selbst zu entscheiden, wieviel Wasser er verbraucht und wie er zu einer Erhaltung der Ressourcen beitragen kann.

Regulierung

Regulierung ist ein weiteres Mittel zur Verminderung nachteiliger Umweltauswirkungen, und sie ist auch ein wichtiges Instrument, um zu gewährleisten, daß Infrastrukturleistungen die öffentlichen Sicherheitsnormen einhalten. Die beiden wichtigsten Regulierungsmethoden sind Gebote und Verbote sowie ökonomische Anreize. Gebote und Verbote – direkte Regulierung in Verbindung mit Überwachungs- und Vollstreckungsmethoden – sind die in Entwicklungsländern bei weitem gebräuchlichste Regulierungstechnik. Sie haben den Vorteil, daß die Regulierungsinstanz mit einer gewissen Sicherheit abschätzen kann, in welchem Ausmaß sich beispielsweise die Umweltverschmutzung verringern wird. Wenn die Grenzwerte erst einmal erreicht sind, bieten sie allerdings nur noch wenig Anreize, innovative Technologien zur Emissionskontrolle einzusetzen. In den vergangenen Jahren haben viele Länder auch ökonomische Instrumente eingeführt. Das wirksamste und naheliegendste dieser Instrumente ist die Festsetzung von Preisen, die die vollen Kosten reflektieren (Verursacherprinzip). In einigen Ländern werden Versuche mit weiteren Regulierungsmethoden durchgeführt, wie zum Beispiel Emissionsgebühren, Vergabe von marktfähigen Lizenzen, Subventionen, Pfand- und Rückgabesysteme sowie Anreize zur Einhaltung der Vorgaben. Dadurch sollen die Maßnahmen zur Emissionskontrolle flexibler, effizienter und kostengünstiger gestaltet werden. Einige dieser Bemühungen erscheinen vielversprechend.

Umweltschutzvorschriften beginnen mit der Festlegung von Standards zur Verminderung der Emissionen auf der Basis der verfügbaren technischen Möglichkeiten. So entstehen im Energiesektor bei der Kohleverstromung Technologien, die den Anfall gefährlicher Schadstoffe deutlich reduzieren; Regulierung kann den Schadstoffanfall somit beträchtlich vermindern. Saubere Technologien erhöhen aber in der Regel die Kosten der Energieerzeugung aus Kohle (die Kapitalkosten um 10 bis 20 Prozent, die Betriebskosten um 5 Prozent). Folglich sind solche Technologien in den Entwicklungsländern noch weit von einer universellen Nutzung entfernt. Wo die Umstellung auf Gas eine wirtschaftliche Alternative darstellt, hat dies für die Umwelt zahlreiche Vorteile. Polen gibt ein Beispiel für marktmäßige Anreize zur Reduzierung schädlicher Emissionen. Der 1980 ins Leben gerufene Nationale Umweltfonds belegt alle Umweltverschmutzer mit Abgaben und erhebt zusätzliche Bußgelder von den Industrieeignern, die die gebietsspezifischen Grenzwerte überschreiten. Die Erlöse werden als verbilligte Darlehen zur Anschaffung schadstoffsenkender Ausrüstungen an die Industrie vergeben. 1992 betrugen die Einnahmen dieses Fonds 188,5 Millionen Dollar, doppelt so viel wie im Jahr zuvor. Obwohl die Eintreibungsquoten bei den Emissionsgebühren und Bußgeldern in den achtziger und frühen neunziger Jahren anstiegen, gibt der seit kurzem zu beobachtende Rückgang der Quoten zu denken.

Der Autoverkehr verursacht in Zentral- und Osteuropa schwerwiegende Probleme, obwohl die Fahrzeugdichte pro Kopf der Bevölkerung nur ein Drittel bis die Hälfte des westeuropäischen Niveaus erreicht. Das Erbe zu niedriger Treibstoff- und Fahrzeugpreise, das hohe Durchschnittsalter der Autos, veraltete Bauweisen, unzureichende Abgaskontrollen, unsauberes Benzin und die ungenügende Wartung der Autos – all diese Faktoren tragen zur Verschlechterung der Umweltbedingungen bei. So wurden den betreffenden Ländern direkte Maßnahmen empfohlen, um Transporte von der Straße auf die Schiene oder Wasserstraßen zu verlagern. Eine für die Weltbank unternommene Studie über Ungarn legt jedoch nahe, daß auch alternative Ansätze die Emissionen des Kraftverkehrs reduzieren können. Wenn alle Neufahrzeuge die gängigen Emissionsstandards einhalten würden, könnte die mit dem Wirtschaftswachstum einhergehende Zunahme des Verkehrsaufkommens (bis hin zum Jahr 2020) verkraftet werden, ohne daß die Gesamtemissionen über das heutige Niveau ansteigen würden. Eine Beschränkung des Verkehrsaufkommens kann jedoch notwendig werden, um einen Verkehrskollaps zu vermeiden.

In den Niederlanden versucht das Verkehrsministerium durch eine Mischung regulativer und marktorientierter Maßnahmen die Umweltbelastungen zu minimieren und unnötige Investitionen zu vermeiden. So wurden beispielsweise Abgasprämien für Straßenbenutzer eingeführt, die Nutzung von Fahrrädern und öffentlichen Verkehrsmitteln gefördert, autofreie Zonen für Fußgänger geschaffen, Anreize für eine bessere Ausnutzung der PKW-Kapazitäten gegeben und Parkkontrollen eingerichtet. In Japan und in einigen Entwicklungsländern, darunter China, Ghana und Indonesien, werden ähnliche Methoden in Erwägung gezogen, um den nichtmotorisierten Verkehr zu fördern und Einrichtungen für Fußgänger zu schaffen.

Vorschriften zur Erhaltung von Sicherheitsstandards bei der Bereitstellung und Nutzung von Infrastruktur haben hohe Priorität. Studien haben ergeben, daß Verkehrsunfälle an erster oder zweiter Stelle bei den Todesursachen in vielen Entwicklungsländern stehen. Um die Sicherheit auf den Straßen zu erhöhen, reicht es nicht aus, die Geschwindigkeit und das Verkehrsaufkommen zu begrenzen. Sicherheitserwägungen müssen vielmehr bereits bei der Gestaltung und Sammlung von Informationen zur Überwachung und Analyse des Verkehrs berücksichtigt werden. Auch die Konstruktion von Verkehrseinrichtungen erfordert gezielte Überlegungen. Da die Arbeiter bereits bei der Errichtung der Anlagen einem hohen Verletzungs- oder Todesfallrisiko ausgesetzt sind, müssen wirksame Sicherheitsstandards schon bei der Konstruktion gelten und nicht erst beim Betrieb.

Elemente einer Infrastrukturplanung

Da die meisten Infrastrukturprojekte geographisch verteilte Netzwerke nutzen, sind räumliche, sektorale und intersektorale Koordination und Planung der staatlichen Aktivitäten notwendig. Hinzu kommen Projektauswahl, Design und Evaluierung als wichtige Schritte im allgemeinen Entscheidungsprozeß. Wichtig ist auch die Einbeziehung der sozialen und umweltpolitischen Implikationen schon zu Beginn des Prozesses.

Sektorale und sektorübergreifende Strategien

Da Infrastrukturinvestitionen häufig weitgestreute Auswirkungen auf viele Gruppen haben, sollten sich Planungsstrategien darauf konzentrieren, die Entscheidungen der Investoren, einschließlich der Geldgeber, zu koordinieren und eine breite Akzeptanz der übrigen Beteiligten anzustreben. Besondere Vorkehrungen dürften nötig sein, um zu gewährleisten, daß die Belange der Frauen nicht übersehen werden (Sonderbeitrag 4.6). Die Beamten und tech-

---

Sonderbeitrag 4.6   Frauen können von der Infrastruktur profitieren, doch der Erfolg liegt im Detail

Die positiven Auswirkungen von Infrastruktur auf Frauen können bedeutend sein; sie gehen oft über die gemeinhin angeführten Auswirkungen der Infrastruktur im Wasser- und Sanitärwesen auf die Gesundheit der Haushaltsmitglieder oder die Zeitallokation der Frauen hinaus. Doch um solche Ergebnisse zu erzielen, sind Voraussicht und Umsicht bei der Projektplanung nötig.

In vielen afrikanischen Ländern profitieren die Frauen als hauptsächliche Produzentinnen und Vermarkterinnen von Lebensmitteln von dem verbesserten Marktzugang durch Straßen in ländlichen Gebieten. Solange sie es sich jedoch nicht leisten können, die Produkte in Lastwagen zu transportieren, müssen die Landfrauen die Güter selbst zum Markt tragen, was den Nutzen von Landstraßen erheblich mindert. Nicht-motorisierte Transportmittel wie Fahrräder oder Karren sind attraktive Alternativen zur Beförderung auf dem Kopf, doch sie erfordern hohe Anfangsinvestitionen. Eine Pilotkomponente des Second Transport Rehabilitation Projects der NGO in Ghana leitet Teile der Lohneinkommen aus arbeitsintensiven Straßenbauarbeiten in ein Miet- und Anschaffungsprogramm für nicht-motorisierte Transportmittel um.

In vielen Ländern sind verarmte Frauen eifrig darauf bedacht, bei Straßenbauprogrammen mitzuarbeiten, die ihnen Verdienstmöglichkeiten bieten. In einem der wichtigsten Straßen-Instandhaltungsprogramme von Bangladesch stellen Frauen den Großteil der Beschäftigten, während in Kenias Programm zur Erschließung abgelegener Regionen (Rural Access Roads Program), eines der ältesten und erfolgreichsten Programme dieser Art in Afrika, weniger als 20 Prozent der Beschäftigten Frauen sind. Ähnlich niedrige Partizipationsquoten der Frauen wurden in anderen afrikanischen Ländern beobachtet. Obwohl manchmal behauptet wird, die geringe Beteiligung afrikanischer Frauen beruhe auf ihren bereits erdrückenden Belastungen durch die Pflichten im Haus-

halt und im Ackerbau für den Eigenbedarf, zeigt die Evidenz aus verschiedenen Ländern, darunter Botsuana, Kenia, Lesotho, Madagaskar und Tansania, daß viele arme Frauen solche Arbeitsmöglichkeiten begrüßen und in der Lage sind, dieselben Aufgaben zu ähnlichen Löhnen zu erfüllen wie die Männer. Um die Frauenbeteiligung bei diesen Projekten zu erhöhen, müssen die Eignungsvoraussetzungen erweitert und die Arbeitsmöglichkeiten in einem weiteren Umkreis bekannt gemacht werden. Außerdem sollten den Frauen Beförderungsaussichten in leitende Positionen eröffnet werden. Wo Instandhaltungsarbeiten ausgelagert werden, müssen Frauengruppen ermutigt werden, sich um solche Kontrakte zu bewerben.

Den Einfluß der Infrastruktur auf Frauen abzuschätzen, kann schwierig sein, und erfordert ein gutes Detailverständnis ihrer Aktivitäten, Möglichkeiten und Grenzen. Im zentralen Gambia wird die Landwirtschaft traditionell von Männern und Frauen innerhalb eines dualen Systems kommunaler und individueller Kultivierung betrieben. Die Männer waren für die Organisation des kommunalen Anbaus von Hochland-Getreide für den Eigenbedarf verantwortlich, wobei sowohl Männer als auch Frauen mitarbeiteten, während die Frauen allein für die Kultivierung und Vermarktung von Reis auf individuellen Anbauflächen zuständig waren. Ein Projekt zur Reisbewässerung wurde durchgeführt, das 1.500 Hektar bewässerten Landes an Bauernfamilien verteilte. Ein erklärtes Ziel des Projekts war es, den ökonomischen Status der Frauen durch höhere Einkommen aus dem Reisanbau zu verbessern. Männliche Farmer interessierten sich jedoch plötzlich für den kommerziellen Reisanbau und forderten bewässertes Land für ihre kommunal bearbeiteten Flächen. Während die Frauen von dem Projekt durch die höheren Haushaltseinkommen profitierten, wurde ihre Position als Produzentinnen und Vermarkterinnen von Reis untergraben.

nischen Spezialisten, die im allgemeinen den Planungsprozeß leiten, sollten sich mit den Nutzergruppen und anderen Interessierten beraten; Mechanismen zur Konfliktlösung sind ebenfalls notwendig.

Zum Schutz von Wassereinzugsgebieten in der Region um São Paulo in Brasilien wurde zum Beispiel eine Arbeitsgruppe gebildet, die sich aus Vertretern der Stadtverwaltungen, der Wasserwerke und der Umweltschutzbehörden zusammensetzte. Vor dem Hintergrund einer rasch wachsenden Wassernachfrage bestand ihre Aufgabe darin, die Probleme mit der Wasserqualität im Reservoir von Guarapiringa zu lösen. Als Teil dieses Beratungsprozesses wurde ein Bürgerforum mit mehr als 120 Beamten der Länder und Städte, Mitgliedern nichtstaatlicher Organisationen und Kommunen, Akademikern und Wissenschaftlern, Leitern professioneller Organisationen sowie der Presse abgehalten. Lokale Berater erstellten ein Umweltprofil der Region und befragten führende Persönlichkeiten aus Städten, Gemeinden und der Wirtschaft. Das Resultat waren eine Entwicklungsstrategie für das Wasserreservoir und ein Aktionsplan, der öffentliches und politisches Engagement verband.

Steht ein Infrastruktursystem im Eigentum einer einzigen Stelle, so ist diese im allgemeinen für die Planung verantwortlich. Sobald die Eigentumsverhältnisse aber breiter gefächert sind (wie in Kapitel 3 beschrieben), erfolgt die strategische Planung dezentralisiert. Um den Nutzen einer solchen Streuung zu erhalten, sollte die Entwicklung der natürlichen Monopolsegmente – meistens die primären (Stamm-)Einrichtungen – und die Setzung von technischen Standards wegen der mit dem Recht zur Ausübung dieser Funktionen verbundenen Marktmacht auf sektoraler Ebene koordiniert werden. In einem aufgefächerten Netzwerk könnte diese Verantwortung einem Koordinierungsausschuß aus Repräsentanten von Regierung, Anbietern und Nutzern übertragen werden.

KOORDINATION DER PLANUNG. Die Koordination der Pläne für konkurrierende oder komplementäre Sektoren ist ebenfalls wichtig. Wo die Programm- und Projektfinanzierung viele Hilfseinrichtungen

---

Sonderbeitrag 4.7   Koordination der Geldgeber für Infrastruktur: Erfahrungen in Afrika

Die Weltbank-Abteilung für Afrika fördert die Koordination der Geldgeber hauptsächlich auf zwei Wegen. Zum ersten wurden regionale Partnerschaften von Gebern gebildet, um ein politisches Rahmenwerk zu entwickeln und einen Konsens der in den verschiedenen Infrastrukturbereichen Tätigen zu erreichen. Zu diesen Initiativen gehört auch das „Sub-Saharan Africa Transport Policy Program" (SSATP), das als gemeinsames Unternehmen der Weltbank und der UN-Wirtschaftskommission für Afrika (UNECA) gestartet wurde. Eine Gruppe von Finanziers fördert das SSATP, indem es personelle und finanzielle Unterstützung gewährt; auch afrikanische Institutionen wie die „Union of African Railways" und die „Maritime Conference for West and Central Africa" sind beteiligt. Die SSATP war insbesondere darin erfolgreich, einen gemeinsamen Ansatz der Geldgeber in den Bereichen Verkehrsreform, Eisenbahnumstrukturierung, Verkehrssicherheit und Verbesserung des städtischen Nahverkehrs zu entwickeln. Die Straßenkomponenten dieses Programms – die „Road Maintenance Initiative" (RMI) und das „Rural Travel and Transport Program" – erarbeiteten einen Verhaltenskodex für die Geldgeber dieses Subsektors (der zur Zeit ratifiziert wird), in welchem sich die beteiligten Finanziers verpflichten, vor der Bewilligung wichtiger Neuinvestitionen zunächst die anderen zu konsultieren.

Zum zweiten ermöglicht die Koordination zwischen den Geldgebern in Afrika die Umsetzung dieses Konsens über politische Reformen und Investitionsprioritäten in konzertierte Aktionen. Dies geschieht im Rahmen großer Dachprojekte, die von einer Koalition der Geldgeber unterstützt werden. Die Weltbank fungiert als federführender Geldgeber dieser Projekte, andere Geber beteiligen sich als Kofinanziers und arbeiten manchmal auch bei den Vorbereitungen mit. Die beiden größten Dachprojekte sind das „Integrated Road Project" in Tansania (an dem in der ersten Projektphase sechzehn und in der zweiten voraussichtlich zwölf Geldgeber beteiligt sind) und das „Roads and Coastal Shipping Project" in Mosambik (mit fünfzehn Geldgebern). Beide Projekte haben sich darauf konzentriert, Straßen dauerhaft zu finanzieren, besser qualifiziertes und höher bezahltes Personal bereitzustellen und günstigere Verträge für die Vergabe von Straßenarbeiten auszuhandeln. Durch dieses integrative Projektdesign können die Regierungen leichter die externen Hilfen verwerten, indem die Berichts-, Beschaffungs-, Abrechnungs- und Budgetsysteme standardisiert werden. Solche Ansätze finden derzeit in den Straßenbausektoren von Burkina Faso, Kamerun, Kenia, Madagaskar, Ruanda, Senegal und Uganda Anwendung.

involviert, stellt Koordination die Kohärenz der verschiedenen Aktivitäten sicher. In Afrika wurden Bemühungen zur besseren Koordination von Finanzierungsquellen im Verkehrssektor in verschiedene jüngere Initiativen einbezogen (Sonderbeitrag 4.7). Im Verkehrssektor ist oft eine Koordination über verschiedene Verkehrsarten hinweg erforderlich. Die wachsenden Anforderungen an Geschwindigkeit und Zuverlässigkeit im modernen Güterverkehr machen es für die Spediteure zunehmend wichtiger, einen Haus-zu-Haus-Service anbieten zu können, was im allgemeinen den Einsatz unterschiedlicher Verkehrsmittel erfordert. Durch Schaffung der gesetzlichen Grundlagen sollte es den Spediteuren ermöglicht werden, die Verpflichtung für die gesamte Transportkette zu übernehmen. Außerdem müssen die Zollformalitäten in den Häfen vieler Entwicklungsländer vereinfacht werden, da die hierdurch entstehenden Verzögerungen die Transportkosten deutlich erhöhen und die internationale Wettbewerbsfähigkeit lokaler Anbieter untergraben können.

Obwohl der Staat oft dazu neigt, in die Preisbildung über Sachgebiete und Sektoren hinweg einzugreifen, bieten doch Preise, die die Kosten widerspiegeln, wertvolle Informationen für den Entscheidungsprozeß über die sektorale Allokation. Als die lokale Straßenverwaltung beabsichtigte, die Kapazitäten für Lastwagentransporte zum Hafen von Santos in Brasilien zu erweitern, haben die Spediteure darauf hingewiesen, daß Bahntransporte billiger wären. So wurden statt dessen die Bahnverbindungen ausgebaut und die Kapazität des Verladebahnhofs am Flußhafen vergrößert. In China hat die Henan Elektrizitätsgesellschaft ihre Planung geändert, nachdem sie die Kosten einer Erweiterung der Energieerzeugungskapazität im Yanshi Wärmekraftwerk-Projekt evaluiert hatte. Die ursprüngliche Absicht, das Kohlekraftwerk neben zentralen Laststationen zu errichten und es per Bahn mit Kohle zu versorgen, wurde zugunsten einer Plazierung des Kraftwerks nahe den Kohlegruben und der Weiterleitung des Stroms zu den Laststationen aufgegeben.

Sonderbeitrag 4.8 Erfahrungen der Weltbank mit der Projektevaluierung

Die Erfahrungen mit Weltbankprojekten zeigen, daß vorgeschaltete Projektbeurteilungen allein nicht den Erfolg eines Projekts gewährleisten können.

In den siebziger und frühen achtziger Jahren repräsentierten integrierte ländliche Entwicklungsprojekte die konzentrierten Bemühungen, den Lebensstandard der Landbevölkerung zu erhöhen. Dazu dienten – unter anderem – koordinierte Infrastrukturinvestitionen in den Bereichen Bewässerung, Straßenbau und soziale Dienste. Eine Untersuchung der Weltbankerfahrungen durch das Operations Evaluation Department (die interne Wirtschaftsprüfungsabteilung) zeigte häufig enttäuschende Ergebnisse. Zu den relativ niedrigen Erfolgsquoten trug unter anderem die Überbetonung von Projektdetails in dem vorangehenden Beurteilungsprozeß bei, ferner eine Tendenz, große und komplexe Projekte auszuwählen sowie übermäßig optimistische Vorausschätzungen der Projektergebnisse. Der Bericht hob hervor, daß die Implementierungskapazitäten eines Landes eine kritische Voraussetzung für den Projekterfolg darstellen.

Ein neuerer Bericht über das gesamte Projekt-Portfolio der Weltbank (Wapenhans-Report) dokumentiert eine zunehmende Zahl von Infrastrukturprojekten mit unbefriedigenden Ergebnissen. Einer der im Bericht angeführten Gründe für diese Zunahme liegt in einer Tendenz, sich im Antragsverfahren auf die Frage der Kreditbewilligung zu konzentrieren, was zu überhöhten Schätzungen der Ertragsraten führen kann. Außerdem wies der Bericht nach, daß die Projekte gemessen an den Durchführungskapazitäten häufig zu komplex angelegt waren. Schließlich sollten dem Bericht zufolge Unsicherheiten und Risiken bei der Projektvorbereitung stärker beachtet werden.

Beide Berichte lenken die Aufmerksamkeit auf Komponenten des Projektplanungsprozesses, die nicht durch Verbesserungen standardmäßiger Beurteilungsverfahren in den Griff zu bekommen sind. Die Objektivität und interne Konsistenz, die solche Techniken erlauben, müssen durch eine sorgfältige Beurteilung der Implementierungskapazitäten und eine rigorose Analyse der Projektrisiken ergänzt werden. Wie in der offiziellen Reaktion der Weltbank auf den Wapenhans-Report ausgeführt ist, erhöht das Engagement der betroffenen Gruppen zusätzlich die Wahrscheinlichkeit des Projekterfolgs. Die Beteiligung der Nutzer bei Auswahl, Gestaltung und Implementierung eines Projekts zu suchen, und gleichzeitig die Koordination und den Konsens der Regierungsstellen zu erreichen, sind nützliche Schritte, um ein solches Engagement bei den Beteiligten zu erzielen. Eine gewisse Flexibilität beim Projektinhalt und im Projektdesign zu bewahren, ist ebenfalls wünschenswert; dies erfordert eine sorgfältige Kontrolle während der Umsetzung des Projekts und ein Lernen aus den Erfahrungen beim Fortschritt des Projekts.

PROJEKTBEURTEILUNG. Es gibt erprobte und gut dokumentierte Methoden zur Projektbeurteilung, die aber in der Praxis nur selten angewandt werden. Obwohl formale Nutzen-Kosten-Analysen von Projekten hohe Anforderungen an Daten und Analysemethoden stellen, bringen diese Techniken rationale, objektive und, soweit möglich, quantitative Elemente in den Entscheidungsprozeß ein. Die Beurteilung geplanter Projekte ist zwar wichtig, doch läßt die Evaluierung fertiggestellter Projekte darauf schließen, daß für den Projekterfolg sowohl eine qualifizierte Projektbeurteilung als auch eine ständige Überwachung der Durchführung ausschlaggebend sind (Sonderbeitrag 4.8).

Erfahrungen mit kapitalintensiven Projekten, viele davon im Infrastrukturbereich, weisen auf die entscheidende Bedeutung des Managements der ökonomischen und finanziellen Risiken hin. Wegen der inhärenten Unsicherheit bei Prognosen über zukünftige Bedingungen sollten Projekte auf der Basis sorgfältiger Sensitivitätsanalysen ausgewählt werden. Bei der Beurteilung von Infrastrukturprojekten durch die Weltbank haben Planungsprognosen die Nachfrage manchmal überschätzt (Kapitel 1). Überhöhte Nachfrageprognosen führen zu überdimensionierten Anlagen, so daß kapitalintensivere Investitionsoptionen gewählt werden. Techniken, die die Risikoanalyse bei komplexen Infrastrukturprojekten erleichtern, werden zur Zeit entwickelt. Dazu gehören Methoden, die verschiedene Kriterien anwenden und – beispielsweise – der Rückgriff auf Ansätze aus der Theorie der Finanzoptionen.

Umweltpolitische und soziale Fragen

BEWERTUNG DER UMWELTEFFEKTE. Bestimmungen zum Schutz der Umwelt und die Förderung einer effizienten Infrastrukturnutzung tragen dazu bei, nachteilige Auswirkungen bereits *bestehender* Infrastruktursysteme zu reduzieren; Fragen, die ausführlich im *Weltentwicklungsbericht 1992* behandelt wurden. Bei *neuen* Projekten ist die Zahl der Optionen größer. Allerdings können die Investitionsentscheidungen nur dann mit den umweltpolitischen Zielen konsistent sein, wenn die Umwelteinflüsse bestimmt und bewertet werden. Die Erfahrung mit umweltpolitischen Bewertungen zeigt, daß die Umweltbelastungen durch Infrastrukturprojekte dann am geringsten sind, wenn solche Bewertungen früh genug vorgenommen werden und die Inhalte einzelner Projekte beeinflussen – nicht nur die Auswahl eines bestimmten Projekts aus mehreren Alternativen. Eine kürzlich in Sri Lanka erstellte Studie über Energieplanung befaßte sich nicht nur mit der Auswahl unter mehreren fossilen Brennstoffen und anderen Optionen der Energieerzeugung, sondern bezog auch die Frage notwendiger Energieeinsparungen ein (Sonderbeitrag 4.9).

In dem Maße, wie Infrastrukturprojekte größer werden, gewinnen deren Umweltauswirkungen an Bedeutung. Eine Studie über mehrere große Weltbank-finanzierte Projekte in Brasilien (mit einem insgesamt zugesagten Finanzierungsvolumen der Bank in Höhe von 1,15 Milliarden Dollar) befaßte sich mit Umweltauswirkungen von Infrastrukturvorhaben. Der Bericht hob hervor, daß Umweltbewertungen eine weitgefaßte Perspektive haben sollten, um sowohl regionale Effekte und induzierte ökonomische Auswirkungen zu erkennen als auch die möglichen Einflüsse der allgemeinen Wirtschaftslage auf das Projekt zu berücksichtigen. Mehr noch, selbst wenn umfangreiche Investitionsvorhaben oft in verschiedene Teilkomponenten aufgespalten werden können, die der Reihe nach ausgeführt werden, sollte die umweltpolitische Bewertung im allgemeinen auf der Basis des Gesamtprogramms durchgeführt werden.

UMSIEDLUNG. Infrastruktur im physischen Sinn erfordert gewöhnlich ein ausgedehntes und zusammenhängendes Gebiet, sei es für Straßen, Schienen und Stromleitungen oder für Wegerechte für Wasserleitungen und Wasserreservoirs. Da es sich als extrem schwierig erwies, dabei mit allen Eigentümern einzeln zu verhandeln, gingen Regierungen dazu über, sich ein Enteignungsrecht vorzubehalten, um den Zwangsverkauf durchzusetzen. Häufig führen solche Maßnahmen zu einer Vertreibung der jeweiligen Bevölkerung. Von den 146 Weltbankprojekten, die zwischen 1986 und 1993 mit einer Umsiedlung von Menschen verbunden waren, waren mehr als drei Viertel Infrastrukturprojekte.

Umsiedlung ist am erfolgreichsten, wenn die Notwendigkeit frühzeitig erkannt wird und Maßnahmen ergriffen werden, die das Ausmaß der Verdrängung minimieren. In Thailands Pak Mun-Wasserkraftprojekt konnte durch eine frühzeitige Modifikation der Gesamtplanung die Zahl der von der Überflutung betroffenen Haushalte von 3.300 (20.000 Personen) auf nur 241 (1.500 Personen) gesenkt und dabei noch eine akzeptable Ertragsrate für das Projekt erzielt werden (Sonderbeitrag 4.10). Im Gegensatz dazu werden manche Projekte aufgrund einer unzureichenden Umsiedlungsplanung

Sonderbeitrag 4.9 Frühzeitige Einbeziehung von Umweltfragen in den Planungsprozeß: neuere Erfahrungen aus Sri Lanka

Während des letzten Jahrzehnts haben sowohl die Entwicklungsländer als auch die Weltbank begonnen, eine umfassende Einbeziehung der Umweltwirkungen als routinemäßige Komponente im Rahmen der Projektentwicklung zu verlangen. Hierdurch wurde eine bessere Integration von Umweltfragen in das Projektdesign unter adäquater Berücksichtigung der Optionen zur Eindämmung von Belastungen erreicht. Doch die Analyse der Umweltwirkungen auf Projektebene kann nur die Belastungsoptionen des Projekts angemessen berücksichtigen. Ohne die Beachtung von Umweltfragen in der Langfrist-Planung ist es zweifelhaft, ob die Bewertung der Umwelteffekte auf der Projektebene die Entwicklung in einem Sektor nachhaltig auf einen umweltpolitisch verträglichen Weg bringen kann. Da zum Beispiel die Umwelteffekte von Wasserkraft- und von Wärmekraftwerken recht unterschiedlich sind, kann die Frage, wie Luftverschmutzung und Überflutungswirkungen abgewogen werden, nicht durch eine Umweltbewertung auf Projektebene entschieden werden. Der zusätzliche Einfluß eines einzelnen Kraftwerks kann fast immer rational begründet werden – was aber zählt, sind die Umwelteffekte einer Reihe von Anlagen innerhalb eines Investitionsprogramms für den Energiesektor.

Eine neuere Weltbankstudie über den Energiesektor in Sri Lanka befaßt sich zum einen mit Möglichkeiten, Umweltfolgen bereits im Frühstadium von Investitionsplanungen im Energiesektor einzubeziehen. Zum anderen untersucht sie die Grundproblematik des Vergleichs verschiedener Arten von Umweltwirkungen, die mit unterschiedlichen Technologien verbunden sind. In Zusammenarbeit mit Stromerzeugungsbetrieben von Sri Lanka sowie einer Gruppe von Wissenschaftlern und Umweltexperten untersuchte die Studie langfristige Entwicklungsoptionen für diesen Sektor unter Einbeziehung von Umweltfragen. Sie verglich alternative Strategien im Hinblick auf Systemkosten, Artenvielfalt, Gesundheitseffekte, Systemverläßlichkeit und Emission von Treibhausgasen. Die Technik der „Multiattribute"-Entscheidungsanalyse erlaubt die Bewertung des trade-off zwischen verschiedenen Zielen. Sie erweist sich insbesondere bei den Beurteilungsverfahren als hilfreich, wo eine ökonomische Bewertung von externen Umwelteffekten schwierig ist.

Aus dieser Analyse ergab sich eine Anzahl von „nicht-dominierten" Optionen, die zumindest in einem Punkt (wie Kosten, Emissionen, Verläßlichkeit) besser waren als alle übrigen und gleichzeitig bei keinem Kriterium schlechter abschnitten. Diese Menge repräsentierte die den Entscheidungsträgern vorzulegenden Optionen und umfaßte zum Beispiel nicht nur alternative Brennstoffkombinationen in Kraftwerken, sondern auch eine verbesserte Angebotseffizienz im Übertragungs- und Verteilungssystem, sowie nachfrageorientierte Managementoptionen wie die Einführung kompakter Leuchtstoffröhren.

Im Einklang mit dieser Studie wurde damit begonnen, solche Bewertungsmethoden in den Planungszyklen der Versorgungsbetriebe in Sri Lanka institutionell zu verankern. Im Jahr 1993 enthielt die Studie zur Planung von Erweiterungen der Stromerzeugungskapazitäten zum ersten Mal eine systematische Untersuchung von nachfrageorientierten Management- und Privatisierungsoptionen sowie einen umweltpolitischen Überblick über konventionelle Angebotsoptionen.

---

verschoben oder aufgegeben. Die Bauzeit des Wasserkraftwerk-Projekts Guatape II in Kolumbien verlängerte sich um drei Jahre, und die Kosten verdoppelten sich, weil das Umsiedlungsproblem nicht rechtzeitig angegangen wurde. Erfolgreiche Umsiedlungen erfordern eine intensive Überwachung während und nach der Fertigstellung des Projekts; es muß auch möglich sein, flexibel auf unvorhergesehene Ereignisse zu reagieren. In Indonesien mußten in den späten achtziger Jahren wegen des Baus der Saguling- und Cirata-Staudämme im westlichen Java mehr als 120.000 Menschen umgesiedelt werden, und trotz finanzieller Kompensationen verringerten sich die langfristigen Einkommensperspektiven vieler Haushalte. Daraufhin wurde an dem Wasserreservoir ein Fischereiunternehmen gegründet, das 7.500 Arbeitsplätze für umgesiedelte Personen bot. Die Haushaltseinkommen erhöhten sich dadurch beträchtlich, und das ganze Gemeinwesen profitierte von diesen Arbeitsplätzen. Eine kürzlich in Cirata erstellte Studie ergab, daß es 59 Prozent der Menschen, die wegen des Staudamms umgesiedelt wurden, nach ihrer Selbsteinschätzung besser ging als vorher.

Schlußfolgerungen

Eine Verbesserung der Infrastruktur ist oftmals schwierig – in politischer, technischer, organisatorischer und administrativer Hinsicht. Ohne die Grundprinzipien einer guten Regierungstätigkeit – zu denen Rechenschaftspflicht, ein durchschaubarer und stabiler gesetzlicher Rahmen, Offenheit und

> **Sonderbeitrag 4.10 Bevölkerungsumsiedlung und Projektdesign: Das Pak Mun-Wasserkraftprojekt in Thailand**
>
> Wegen ihrer zerrüttenden und verarmenden Effekte sollten unfreiwillige Umsiedlungen von Menschen vermieden oder so weit wie möglich eingeschränkt werden – was oft durch Modifikation des Projektdesigns möglich ist. Das Pak Mun-Wasserkraftwerk in Thailand ist ein Projekt zum Bau eines 300 Meter langen und 17 Meter hohen Staudamms, der 60 Quadratkilometer Land unter Wasser setzen sollte. Nach den ursprünglichen Plänen für den Damm, die eine Maximierung der Stromerzeugungskapazität anstrebten, hätten 3.300 Haushalte überflutet werden müssen. Um diese Belastungen zu mindern, wurden Gestaltung und Lage des Projekts geändert. Das maximale Rückhalteniveau wurde von 112 Meter auf 108 Meter reduziert, und der Damm wurde von den Kaeng Tana-Stromschnellen weiter stromaufwärts nach Ban Hua Heo verlegt. Diese Änderungen reduzierten die Stromerzeugungskapazität geringfügig, aber die Anzahl der umzusiedelnden Haushalte sank auf 241. Selbst nach diesen Änderungen bleibt das Pak Mun-Projekt der kostengünstigste Entwicklungsplan der thailändischen Energiebehörde. Verglichen mit Opportunitätskosten des Kapitals in Höhe von 10 Prozent, muß das Projekt mit 12,5 Prozent abdiskontiert werden, bevor es unrentabel wird.
>
> Der Erfolg des Pak Mun-Projekts wurde durch vier institutionelle Besonderheiten der thailändischen Umweltpolitik unterstützt. Erstens sind die Regierung und die Energiebehörde zu einer umweltbewußten Politik verpflichtet. Zweitens haben einige lokale Institutionen Erfahrungen mit unfreiwilligen Umsiedlungen. Drittens vertreten lokale und internationale nichtstaatliche Organisationen aktiv – und lautstark – die Interessen der betroffenen Gruppen. Und viertens sind die Projektplaner bereit, Projekte vor deren Ausführung einer genauen öffentlichen Prüfung zu unterziehen.

Transparenz gehören – können selbst die besten Bemühungen fehlschlagen. Die oben diskutierten institutionellen Ansätze sind nicht universell anwendbar, aber sie sprechen bestimmte Belange spezifischer Infrastrukturbereiche an. Die umweltpolitischen Probleme sind zum Beispiel von Sektor zu Sektor stark verschieden. Im Wasser-, Sanitär- und Energiesektor sind die Umweltwirkungen sehr unterschiedlich, und selbst innerhalb des Energiesektors sind beispielsweise die Umwelteffekte der Energieerzeugung mittels fossiler Brennstoffe andere als bei Wasserkraftwerken.

Schließlich ist es notwendig, ein Gleichgewicht zwischen Fachleuten und Nutzern, zwischen direkter und indirekter Kontrolle und zwischen eng und weit definierten Zielen herzustellen. Die Bereitstellung von Infrastrukturleistungen ist häufig mit komplexen, hochtechnisierten Systemen verbunden, die einerseits technisches Wissen erfordern, die aber andererseits nur dann effizient sind, wenn sie auch auf die Bedürfnisse der Nutzer eingehen. Direkte Kontrollen, wie zum Beispiel anlagenspezifische, quantifizierte Emissionsstandards, erweisen sich häufig als umständlich und kostspielig, während indirekte Kontrollen, wie Preisanreize, möglicherweise nicht genügend Einflußmöglichkeiten bieten. Die Infrastruktur sollte einerseits die grundlegenden sozialen Ziele unterstützen, andererseits ist sie unter Umständen nur effizient, wenn sich die Anstrengungen auf eng umrissene Vorgaben konzentrieren. Die Wahl der Instrumente und Ansätze muß beides berücksichtigen, die sektoralen Bedürfnisse und die Kapazitäten der ausführenden Stellen.

5

Die Finanzierung notwendiger Investitionen

Um die beschleunigte Übertragung der Unternehmensrisiken im Bereich der Infrastruktur von der öffentlichen Hand auf den Privatsektor zu fördern, werden innovative und vielgestaltige Finanzierungstechniken angewendet. Dabei tragen Mechanismen zur Finanzierung spezifischer Einzelprojekte zu dem Lernprozeß bei, wobei sich die Rolle des Staates als Anbieter von Infrastruktur dahingehend verändert, daß er mehr fördernd eingreift und die privaten Unternehmer und Kreditgeber eine direktere Rolle übernehmen. Im Falle größerer Risikoübernahmen und Infrastrukturinvestitionen durch die Privaten sind jedoch parallel laufende, weitreichende Maßnahmen zur Reformierung der rechtlichen und finanziellen Institutionen zur Entwicklung von Kapitalmärkten erforderlich, die die Ersparnis effizient in Investitionen umsetzen.

Gegenwärtig erfolgt der Großteil der Infrastrukturfinanzierung über oder durch den Staat: Etwa 90 Prozent der Finanzströme für den Bereich der Infrastruktur werden durch staatliche Geberstellen geleitet, wobei die öffentliche Hand fast alle Projektrisiken trägt. Um die Belastung der Staatsfinanzen zu reduzieren, sind private Mittel erforderlich, die – was noch stärker zu Buche schlägt – eine bessere Risikoverteilung, Rechenschaftslegung, Überwachung und Verwaltung bei der Bereitstellung von Infrastruktur fördern. In einigen Sektoren, wie etwa in der Energieerzeugung oder der Telekommunikation, bieten sich große Möglichkeiten für die private Finanzierung. In anderen Bereichen, wie im Falle von Straßennetzen sowie in einigen Ländern mit niedrigem Einkommen, sind die Chancen geringer, wenngleich auch hier zunehmend Raum für eine größere Disziplinierung durch die Finanzmärkte besteht.

Die zukünftige Herausforderung besteht darin, private Ersparnisse direkt zu privaten Wirtschaftssubjekten zu leiten, die durch langfristige Investitionen in Infrastrukturprojekte Unternehmensrisiken übernehmen. Dies wird Institutionen und Finanzierungsinstrumente erfordern, die den unterschiedlichen Bedürfnissen der Investoren angepaßt sind – je nach Projekttypen und Zeitabschnitten im Verlauf der Nutzungsperiode eines Projekts. Die Vorteile eines so finanzierten privaten Engagements auf dem Gebiet der Infrastruktur erstrecken sich nicht nur auf die betreffenden Projekte selbst. Weil die Infrastrukturinvestitionen einen derart großen Teil der gesamten Finanzierungsströme auf sich vereinen, wird die Verbesserung der Effizienz bei der Infrastrukturfinanzierung die allgemeine Entwicklung der Kapitalmärkte fördern. Und indem die Regierungen mehr die Rolle eines Förderers anstatt Finanziers übernehmen, müssen die internationalen Entwicklungsbanken – die seit langem Partner der Regierungen bei der Unterstützung traditioneller Finanzierungssysteme sind – bei ihrer Geschäftstätigkeit mit neuen Wegen experimentieren.

Alte und neue Wege der Infrastrukturfinanzierung

Die Staaten haben eine zu große Last an Infrastrukturausgaben übernommen, als daß man vernünftigerweise erwarten kann, daß sie damit fertig werden. Im Rahmen des gegenwärtigen Systems sind Steuereinnahmen und öffentliche Kreditaufnahmen die vorrangigen Quellen der Infrastrukturfinanzierung. Hinter der Kreditaufnahme, sei es bei öffentlichen oder privaten Quellen, steht die gesamte

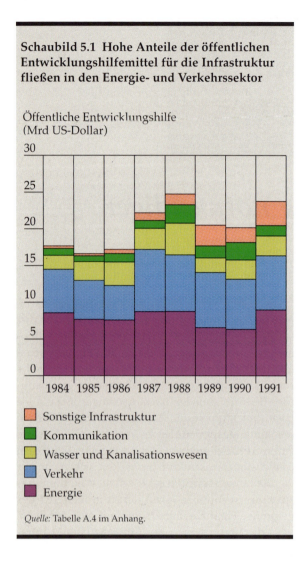

Schaubild 5.1 Hohe Anteile der öffentlichen Entwicklungshilfemittel für die Infrastruktur fließen in den Energie- und Verkehrssektor

Öffentliche Entwicklungshilfe (Mrd US-Dollar)

- Sonstige Infrastruktur
- Kommunikation
- Wasser und Kanalisationswesen
- Verkehr
- Energie

Quelle: Tabelle A.4 im Anhang.

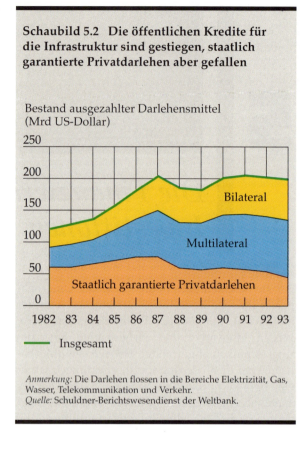

Schaubild 5.2 Die öffentlichen Kredite für die Infrastruktur sind gestiegen, staatlich garantierte Privatdarlehen aber gefallen

Bestand ausgezahlter Darlehensmittel (Mrd US-Dollar)

— Insgesamt

Anmerkung: Die Darlehen flossen in die Bereiche Elektrizität, Gas, Wasser, Telekommunikation und Verkehr.
Quelle: Schuldner-Berichtswesendienst der Weltbank.

Glaub- und Kreditwürdigkeit eines Staates und damit seine Steuerkraft. Im Rahmen dieses Systems trägt der Staat praktisch alle mit Infrastrukturfinanzierungen verbundenen Risiken. Eine private Unterstützung und Finanzierung im Infrastrukturbereich bietet den doppelten Vorteil zusätzlicher Mittel und einer effizienteren Bereitstellung. Dies wirkt sich besonders vorteilhaft aus, weil erhebliche Neuinvestitionen in Gang gebracht werden müssen, um einen ansteigenden Bedarf zu decken.

Heutige Finanzierungsstrukturen

Die Entwicklungsländer geben heutzutage etwa 200 Mrd Dollar jährlich für Infrastrukturinvestitionen aus; davon werden etwa 90 Prozent oder mehr aus Steuereinnahmen aufgebracht oder durch Mittel, die durch die öffentlichen Haushalte geleitet werden. Die davon ausgehende Belastung der Staatsfinanzen ist enorm. Im Durchschnitt machen die Infrastrukturausgaben für die in diesem Bericht betrachteten Sektoren die Hälfte der staatlichen Investitionsausgaben aus. Der Anteil der Infrastruktur an den gesamten staatlichen Investitionsausgaben beläuft sich in den seltensten Fällen auf weniger als 30 Prozent und gelegentlich sogar auf 70 Prozent (Kapitel 1). Zusätzlich absorbieren die Instandhaltungs- und Betriebsausgaben einen hohen Anteil der laufenden Ausgaben.

In unterschiedlichem Ausmaß haben sich die Staaten bei der Finanzierung der Infrastrukturinvestitionen auf ausländisches Kapital gestützt. Die öffentliche Entwicklungsfinanzierung (einschließlich von Mitteln zu konzessionären und marktüblichen Bedingungen aus multilateralen und bilateralen Quellen) ist im Laufe des letzten Jahrzehnts stetig gewachsen und belief sich in der jüngeren Zeit auf fast 24 Mrd Dollar jährlich; damit trug sie im Durchschnitt mit 12 Prozent zur gesamten Finanzierung der Infrastruktur in diesen Sektoren bei. Der weit überwiegende Teil dieser Mittel floß in die Bereiche Energie und Verkehrswesen (Schaubild 5.1). Im Gegensatz zum Anstieg öffent-

> **Sonderbeitrag 5.1 „Zwei Fliegen auf einen Streich"? – Grenzen der staatlichen Finanzierung**
>
> Bei Infrastrukturprojekten müssen der günstigeren Verschuldungsmöglichkeit des Staates die Verwerfungen gegenübergestellt werden, die bei der Durchleitung der Mittel durch staatliche Kanäle entstehen können. Solche Verwerfungen entstehen, wenn infolge der staatlichen Einbindung die finanzielle Disziplin nachläßt.
>
> Bei einem Kraftwerk mit Baukosten in Höhe von 70 Prozent der Gesamtkosten und einem Zinssatz von 10 Prozent führen eine Überschreitung der Baukosten um 20 Prozent und eine Bauzeitverzögerung von zwei Jahren jeweils zu einem Anstieg der Stückkosten der erzeugten Energie um 15 Prozent. Die Erfahrungen mit staatlich betriebenen Projekten zeigen, daß solche Kosten- und Zeitüberschreitungen an der Tagesordnung sind; hierdurch kommt es zu kumulativen Mehrkosten von etwa 35 Prozent. Dies ist zu vergleichen mit dem Zinsvorteil des Staates, der sich, beispielsweise, zu 10 Prozent verschulden kann, gegenüber 13 Prozent, die ein privater Investor aufbringen muß. Dieser Zinsvorteil von drei Prozentpunkten führt zu einer Verringerung der Stückkosten um 20 Prozent. Mit anderen Worten bedürfte es eines Zinsvorteils von fast sechs Prozentpunkten, um die beschriebenen Verzerrungen auszugleichen.
>
> Die Verbraucher würden ohne Zweifel davon profitieren, wenn eine Kombination von niedrigen Schuldzinsen und effizienter Bereitstellung möglich wäre. Das Ziel, „zwei Fliegen auf einen Streich" zu schlagen, mag aber illusorisch sein. Selbst kreditwürdige Staaten können sich nicht unbegrenzt zu niedrigen Zinsen verschulden. Alles spricht dafür, daß die Kosten der staatlichen Kreditaufnahme mit zunehmendem Schuldenstand steigen. Außerdem erhöhen hohe Kreditaufnahmen zu einem bestimmten Zeitpunkt die Schuldenniveaus und begrenzen den Verschuldungsspielraum in späteren Zeiten, womit sich die Liquidität des Staates verschlechtert. Dies sind weitere Gründe dafür, daß die Regierungen gut beraten wären, solche Infrastrukturinvestitionen, die von Privatunternehmern in Angriff genommen werden können, privaten Betreibern zu überantworten.

licher Kreditmittel für die Infrastruktur ist die staatlich garantierte Finanzierung aus kommerziellen Quellen dagegen zurückgegangen (Schaubild 5.2).

Ausländische Finanzmittel werden vor allem dazu eingesetzt, um notwendige Ausrüstungen zu importieren (insbesondere im Bereich der Stromerzeugung und der Telekommunikation), da der Großteil von Dienstleistungen aus Infrastrukturbereichen nicht exportiert werden kann und daher nicht direkt Deviseneinkünfte erwirtschaftet, die notwendig sind, um die Fremdwährungsdarlehen zurückzuzahlen. Oft spiegelt die Auslandskreditaufnahme jedoch gesamtwirtschaftliche Engpässe wider, und sie wird auch zur Finanzierung inländischer Ausgaben für Bauarbeiten, Anlagen und Instandhaltung verwendet, wenn Ersparnisse des öffentlichen Sektors nur eingeschränkt vorhanden sind. Die Dominikanische Republik ist eines von mehreren Ländern mit sehr hoher Abhängigkeit von Auslandsmitteln zur Finanzierung von Infrastrukturprojekten; im Jahr 1991 wurden 70 bis 80 Prozent der Infrastrukturinvestitionen durch Auslandsmittel finanziert. Gegen Ende der achtziger Jahre wies das Land ein hohes Staatsdefizit auf (teilweise aufgrund niedriger Preise für Infrastrukturleistungen), und ein Einfrieren der Inanspruchnahme inländischer Kreditmittel durch die öffentliche Hand zielte darauf ab, die Inflationserwartungen zu dämpfen und eine Ausweitung der Kreditvergabe an den Privatsektor zu ermöglichen.

GRENZEN DES GEGENWÄRTIGEN SYSTEMS. Der Hauptvorteil des gegenwärtigen Systems ist, daß in den meisten Ländern der Staat die kreditwürdigste Adresse darstellt und in der Lage ist, sich zu den niedrigsten Zinsen zu verschulden; hierdurch werden Infrastrukturprojekte ermöglicht, die ansonsten finanziell nicht tragfähig sein könnten. Diesem Vorteil gegenüberzustellen ist die Schwierigkeit, die Rechenschaftslegung aufrechtzuerhalten, was beim Verbraucher oft zu hohen Leistungskosten führt (Sonderbeitrag 5.1). Zudem bedeutet Kreditwürdigkeit nicht, daß der Staat unbegrenzten Zugang zu Finanzmitteln besitzt.

Die öffentliche Hand war zunehmend weniger in der Lage, Ausgaben für die Infrastruktur zu tätigen, und zwar teilweise, weil deren mangelnde Leistungskraft und das unzureichende Preisgefüge die staatlichen Haushalte belastet haben (wie in Kapitel 2 beschrieben). In Fällen, in denen die Haushalte aus gesamtwirtschaftlichen Gründen gestrafft wurden, führte der hohe Anteil der Infrastruktur an den öffentlichen Investitionen zu entsprechend scharfen Ausgabenkürzungen in diesem Sektor. So gingen zum Beispiel auf den Philippinen die öffentlichen Investitionen im Infrastrukturbereich von 5 Prozent des BIP zwischen 1979 und 1983 auf weniger als 2 Prozent während des verbleibenden Zeitraums in den achtziger Jahren zurück. Solche scharfen Rückgänge sind dort angemessen, wo unnötige oder ineffiziente Infrastrukturausgaben die Ursache des Haushaltsproblems darstellen oder wo gesamtwirtschaftliche Anpassungen erforderlich sind. Auf Dauer ist ein anhaltend niedriges Niveau von Infrastrukturausgaben aber nicht tragfähig – eine Wiederbelebung des Wirtschaftswachstums bedarf begleitender Infrastrukturinvestitionen.

Die Politik und die Praxis internationaler Geberstellen haben manchmal zu weiteren Verzerrungen in den Empfängerländern beigetragen. Viele Geber haben sich auf die Finanzierung neuer physischer Objekte konzentriert, anstatt die bestehende Infrastruktur instand zu halten oder zu verbessern. Ebenso wie staatlichen Bauministerien fällt es Geberstellen leichter, ihre Erfolge in neuen Projektgenehmigungen auszudrücken. Der Bau neuer Objekte kann sich darüber hinaus auf eingeschliffene technische Fähigkeiten der Geberstellen stützen. Im Gegensatz dazu erfordern politische oder institutionelle Reformen oder Verfahrensweisen, die eine langfristige Tragfähigkeit entwickeln (wie Instandhaltungsmaßnahmen oder die Beteiligung der Benutzer), eine größere Verpflichtung der Geber zur dauerhaften Unterstützung während eines längeren Vorbereitungs- und Implementierungszeitraums.

Eine Untersuchung der Weltbank über städtische Wasserversorgungsprojekte und Sanitäreinrichtungen identifizierte die typischen Probleme. Ernsthafte Kostenüberschreitungen (die Gesamtgruppe der Projekte kostete 33 Prozent mehr als die Bewertungsschätzung) und Zeitüberschreitungen (46 Prozent der Projekte benötigten zwei bis vier zusätzliche Jahre für ihre Fertigstellung) steigerten die Kosten der Leistungserstellung erheblich. Die Instandhaltung wurde erheblich vernachlässigt, weil fehlende Mittel zu Engpässen an ausgebildeten Arbeitskräften und Ersatzteilen beitrugen. Die Untersuchung ergab, daß die Kreditnehmer oft den Kreditvertragsklauseln nicht nachkamen, insbesondere hinsichtlich der Preisgestaltung und der finanziellen Leistungsvorgaben.

Im Falle bilateraler Hilfe entsteht ein zusätzliches Problem, das vor allem die Infrastruktur nachteilig beeinflußt, dadurch, daß die Hilfe ganz oder teilweise gebunden ist – und zwar wird gefordert, die Mittel für Güter- oder Dienstleistungskäufe nur in bestimmten Ländern zu verwenden. In den letzten Jahren waren zwischen zwei Drittel und drei Viertel der öffentlichen Entwicklungshilfe für die Infrastruktur in diesem Sinne gebunden. Im Gegensatz dazu sind nur 20 Prozent der öffentlichen Entwicklungshilfe für andere Bereiche außerhalb der Infrastruktur gebunden. Per Definition schließt eine Bindung der Hilfsmittel einen internationalen Wettbewerb in der Beschaffung aus. Die Grundsätze für eine leistungsfähige Hilfe, auf die sich der Ausschuß für Entwicklungshilfe (DAC) der OECD im Jahr 1992 geeinigt hatte, bestätigten aufs neue die Überlegenheit ungebundener Hilfe und führten im Speziellen aus, daß, mit Ausnahme der am wenigsten entwickelten Länder, eine gebundene Hilfe nicht für Projekte gewährt werden sollte, die bei Finanzierung zu Marktbedingungen kommerziell tragfähig wären.

DIE NOTWENDIGKEIT NEUER ANSÄTZE. Im kommenden Jahrzehnt wird sich die Nachfrage nach Infrastrukturinvestitionen in zwei unterschiedlichen Länderkategorien gleichermaßen erhöhen: zum einen in Ländern, die eine gesamtwirtschaftliche Anpassung mit konsequent niedrigen Investitionsniveaus ertragen haben, und zum anderen in solchen Ländern, in denen ein starkes Wachstum die bestehende Infrastruktur nun erheblich belastet. Infrastrukturinvestitionen in Entwicklungsländern machen im Durchschnitt 4 Prozent des BIP aus – sie müßten aber oft beträchtlich höher sein. In Fällen, in denen der Telekommunikationsbereich oder die Energieversorgungsnetze rasch expandieren, können die jährlichen Investitionen im jeweiligen Sektor durchaus 2 Prozent des BIP erreichen. Ein die Investitionsnachfrage belebender Sonderfaktor ist in vielen Ländern die rasche Zunahme der Verstädterung, wodurch Investitionen in die Wasserversorgung, die Müllbehandlung und -beseitigung notwendig werden.

Für Asien wird geschätzt, daß sich der Anteil der Infrastrukturinvestitionen am BIP von gegenwärtig 4 Prozent bis zur Jahrtausendwende auf über 7 Prozent steigert; hierbei dürften das Transportwesen und der Energiesektor voraussichtlich den Großteil der Ressourcen beanspruchen, gefolgt von der Telekommunikation und der Umweltinfrastruktur. Einige der geplanten Investitionen sind beispiellos. So hat sich zum Beispiel China das Ziel gesetzt, bis 1995 jährlich zumindest 5 Millionen Telefonanschlüsse zu installieren und in den Folgejahren zumindest 8 Millionen; damit soll sich der 1992 vorhandene Bestand von 18 Millionen Anschlüssen bis zum Jahr 2000 mehr als verdreifachen.

Privates Unternehmertum: Tendenzen und Chancen

Die gegenwärtigen Bemühungen um eine größere Unterstützung und Risikoübernahme der Privaten bei Infrastrukturprojekten spiegeln diese verschiedenen Herausforderungen wider. Nach Jahrzehnten erheblicher regulativer Einschränkungen hat gegen Ende der achtziger Jahre das private Unternehmertum im Bereich der Infrastruktur neues Gewicht erlangt, und zwar auf zweierlei Weise: erstens infolge der Privatisierung staatseigener Versorgungsbetriebe und zweitens durch Reformen des regulativen Rahmens, die es ermöglichten, daß neue Einrichtungen im Wettbewerb mit bestehenden Betrieben – oder komplementär zu ihnen – errichtet werden konnten.

Die bedeutendsten neuen Privatanbieter im Bereich der Infrastruktur sind internationale Unternehmen, die in Entwicklungsländern Geschäftsmöglichkeiten suchen und oft in Zusammenarbeit mit örtlichen Gesellschaften operieren. Diese Unternehmen bringen nicht nur ihre Managementerfahrungen und technischen Fertigkeiten ein, sondern auch ihre Kreditwürdigkeit und ihre Fähigkeit, Investitionen in Entwicklungsländern finanzieren zu können. Bedeutende Elektrizitäts-, Telekommunikations- und Wasserversorgungsbetriebe in den Industrieländern sehen sich einer nur langsam wachsenden Nachfrage und größer werdendem Wettbewerb (infolge der Deregulierung) auf ihren Heimatmärkten gegenüber. Infolgedessen suchen sie angestrengt nach hochrentablen Investitionsmöglichkeiten in Entwicklungsländern. Baukonsortien betätigen sich im Bau von gebührenpflichtigen Straßen und der Errichtung von Energieprojekten, wobei sie sich in manchen Fällen auch am Kapital beteiligen. Einige Gesellschaften oder Gesellschaftszusammenschlüsse spezialisieren sich auch auf Einzelobjekte der Infrastruktur; sie stellen dabei Finanzierungspakete zusammen und überwachen die Projektentwicklung und den Betrieb.

Die meisten Indikatoren über Infrastrukturinvestitionen mit privater Beteiligung zeigen ein rasches Wachstum. Privatisierte Telekommunikations- und Elektrizitätseinrichtungen in Lateinamerika und Asien tätigen große und zunehmende Neuinvestitionen. Die Anzahl dieser sogenannten Projekte „auf der grünen Wiese" – insbesondere im Straßenbau und im Bereich der Stromversorgung – ist stark gewachsen (wie weiter unten dargelegt wird). Die Infrastrukturinvestitionen der internationalen Finanzkorporation (International Finance Corporation – IFC), eine Tochtergesellschaft der Weltbank,

Tabelle 5.1 Ausländische Portfolio- und Direktinvestitionen in Entwicklungsländern, 1990 bis 1993
(Nettozuflüsse in Mrd US-Dollar)

Art	1990	1991	1992	1993[a]
Ausländische Aktienkäufe	3,78	7,55	13,07	13,1
Geschlossene Investmentfonds[b]	2,78	1,20	1,34	2,7
ADRs und GDRs[c]	0,14	4,90	5,93	7,2
Direkte Aktienkäufe	0,77	1,45	5,80	3,2
Schuldeninstrumente	5,56	12,72	23,73	42,6
Anleihen	4,68	10,19	21,24	39,1
Wechsel	0,23	1,38	0,85	1,6
Einlagenzertifikate	0,65	1,15	1,64	1,8
Gesamte Portfolioinvestitionen[d]	9,34	20,27	36,80	55,7
Ausländische Direktinvestitionen	26,30	36,90	47,30	56,3
Insgesamt	35,64	57,17	84,10	112,0

Anmerkung: Diese Tabelle enthält alle Portfolio- und Direktinvestitionsströme. Separate Angaben für die Infrastruktur stehen nicht zur Verfügung.
a. Die Angaben für 1993 sind Schätzungen oder Projektionen.
b. Ein geschlossener Investmentfonds verfügt über einen beschränkten Umfang der auszugebenden Anteile und in manchen Fällen auch über einen festgelegten Anlagezeitraum.
c. ADR = American depository receipts (Amerikanisches Hinterlegungszertifikat); GDR = global depository receipts (Globales Hinterlegungszertifikat). Ein ADR ist ein Instrument, das von einer Off shore-Gesellschaft zur Eigenkapitalaufnahme in den Vereinigten Staaten genutzt wird, ohne formelle Notierung an einer amerikanischen Aktienbörse. Bei GDRs handelt es sich um ähnliche Instrumente, die in Europa und anderswo eingesetzt werden.
d. Portfolioinvestitionen errechnen sich als Summe der Käufe von Aktien und Schuldeninstrumenten.
Quelle: Weltbank (1993i), S. 10, 21.

die ausschließlich in Privatobjekte investiert, haben stark zugenommen, und zwar von bescheidenen Beträgen gegen Ende der achtziger Jahre auf 330 Mio Dollar im Fiskaljahr 1993. Der von der IFC investierte Betrag zog zehnmal höhere Fremdmittel nach sich, so daß die IFC 1993 an privaten Investitionen in Höhe von 3,5 Mrd Dollar partizipierte.

Die wichtigste Entwicklung während der letzten vier Jahre lag in der explosiven Zunahme ausländischer, langfristiger Mittelzuflüsse privater Geldgeber in die Entwicklungsländer – insbesondere in Form von ausländischen Direkt- und Portfolioinvestitionen. Im Jahr 1992 beliefen sich diese Kapitalströme insgesamt auf mehr als 80 Mrd Dollar, und es wird für das Jahr 1993 ein Anstieg auf 112 Mrd Dollar erwartet (Tabelle 5.1). Der Infrastrukturbereich war ein bedeutender Empfänger solcher Mittel (Sonderbeitrag 5.2).

Die Privatinvestitionen in der Entwicklung der Infrastruktur belaufen sich gegenwärtig auf insgesamt 15 Mrd Dollar pro Jahr oder auf 7 Prozent der

Sonderbeitrag 5.2 Inanspruchnahme internationaler Kapitalmärkte

Zur Inanspruchnahme internationaler Kapitalmärkte stehen mehrere Kanäle zur Verfügung. Die größeren Privatbetriebe in Entwicklungsländern verfügen über direkten Zugang zu den Anleihe- und Aktienmärkten. Im Oktober 1993 plazierte Telecom Argentina einen erheblichen Anteil seiner Anleiheemission in Höhe von 500 Mio Dollar und mit einer Laufzeit von sieben Jahren bei Investoren in den USA und in Asien. Auch die argentinische Telefonika hat Anleihen plaziert, um Mittel für die weitere Expansion aufzunehmen.

Ausländische Direktinvestitionen eröffnen einen anderen Weg auf die internationalen Kapitalmärkte. Die General Electric Corporation, ein internationaler Mischkonzern, hat großes Interesse am Aufbau von Infrastrukturprojekten in Entwicklungsländern. Ihre Tochtergesellschaft, die General Electric Capital Corporation (GECC), begibt Anleihen auf den Märkten der USA und Europas und investiert diese Mittel in ausgewählte Projekte. So hat sich die GECC zum Beispiel mit Eigenkapital am Northern Mindanao-Energieprojekt beteiligt – einem 108 Megawatt starken, dieselbetriebenen Kraftwerk auf den Philippinen. Gestützt auf das gesamte Geschäftsvolumen der Unternehmensgruppe fällt die Plazierung von Emissionen der GECC leichter, als dies bei einer allein vom Kraftwerkprojekt eines Entwicklungslandes aufgelegten Anleihe der Fall wäre.

Ein verbreitet genutztes Instrument zur Inanspruchnahme des US-amerikanischen Kapitalmarktes sind Amerikanische Hinterlegungszertifikate (American depository receipt – ADR). ADRs sind Einlagen-Zertifikate, die es ausländischen Gesellschaften ermöglichen, auf US-amerikanischen Märkten Eigenkapital aufzunehmen, und zwar ohne Zulassungsnotwendigkeit an einer Börse in den Vereinigten Staaten und ohne komplexe Abrechnungs- und Transfermechanismen. Sie werden von einer Einlagenbank in den Vereinigten Staaten emittiert, und die zugrundeliegenden Anteile der Gesellschaft werden von einer Depotbank im Heimatland treuhänderisch gehalten. Im Jahr 1990 nahm die Compañía de Teléfonos de Chile (CTC) 92 Mio Dollar an der New Yorker Börse durch Eigenkapitalemissionen in Form von ADRs auf; dies war die erste bedeutende Eigenkapitalemission aus Lateinamerika in drei Jahrzehnten.

Im April 1990 genehmigte die US-amerikanische Wertpapier- und Börsenkommission Regel 144a, womit Privatplazierungen von Wertpapieren, darunter auch Plazierungen in Form von ADRs, erleichtert wurden. Vor diesem Schritt konnten privat plazierte Wertpapiere, die von bestimmten Käufergruppen gehalten wurden (Institutionen, deren verwalteter Vermögensbestand bei mindestens 100 Mio Dollar lag), nur nach Ablauf einer zwei- oder dreijährigen Halteperiode gehandelt werden. Regel 144a erlaubt den sofortigen Handel, vorausgesetzt, daß der neue Käufer auch zur Gruppe berechtigter Käufer zählt. Zudem können die Wertpapiere nach Ablauf von drei Jahren an alle Käufergruppen weiterveräußert werden. Regel 144a wurde 1992 in Anspruch genommen, um eine 207,5 Mio Dollar umfassende, internationale Anleiheemission für die gebührenpflichtige Straße Mexiko-Stadt/Toluca zu ermöglichen. Seither haben weitere Projekte für gebührenpflichtige Straßen in Mexiko und das Subic Bay-Kraftwerk auf den Philippinen Mittel unter Inanspruchnahme der Regel 144a aufgenommen.

---

jährlich 200 Mrd Dollar, die in Entwicklungsländern für die Infrastruktur ausgegeben werden. Der Anteil privater Investitionen im Bereich der Infrastruktur ist zwar gering, gleichwohl aber erheblich höher als noch vor wenigen Jahren, und die Wahrscheinlichkeit ist groß, daß die Privatinvestitionen weiter wachsen werden, womit sich ihr Anteil am Gesamtvolumen bis zum Jahr 2000 verdoppeln könnte. Ein Anzeichen hierfür ist das sich gegenwärtig bei der IFC in Vorbereitung befindliche Investitionsvolumen, das fast so hoch ist wie der gesamte bislang finanzierte Projektbestand.

Der geringe Gesamtanteil privater Finanzierungen im Bereich der Infrastruktur verdeckt große regionale und sektorale Unterschiede. Die Privatfinanzierung spielt in Lateinamerika eine viel größere Rolle als in anderen Teilen der Welt und hat in den Bereichen Telekommunikation und Stromerzeugung einen größeren Umfang als in anderen Sektoren. Die Ausbreitung der aktuellen Erfahrungen auf alle Regionen und Sektoren wird zu einem steigenden Anteil privater Engagements und Finanzierungen, gemessen am Gesamtvolumen, führen. So werden zum Beispiel die Privatisierung im Telekommunikationsbereich und eine unabhängige Energieerzeugung in allen Regionen der Welt erörtert, auch in Afrika südlich der Sahara, und stetige technische und finanzielle Innovationen werden ohne Zweifel eine private Finanzierung attraktiver machen. So könnten zum Beispiel elektronische Methoden zur Identifizierung von Fahrzeugen und zur Erhebung von Straßenbenutzungsgebühren dazu führen, daß das Straßennetz mehr einem öffentlichen Versorgungsbetrieb ähnelt, womit auch der Anteil privater Finanzierungen des Fernstraßennetzes in die Höhe schnellen könnte.

Sonderbeitrag 5.3   Warnzeichen aus Erfahrungen des neunzehnten Jahrhunderts

Während des gesamten neunzehnten Jahrhunderts, als sich die bestehende Infrastruktur weitgehend in privater Hand befand, führten Zeitgenossen Klage, daß viele lohnende Projekte aus Mangel an Finanzierungsmitteln nicht verfolgt wurden. Einige dieser Beschwerden spiegelten die Schwierigkeiten bei der Finanzierung von Pionierprojekten im Verkehrswesen (insbesondere des Eisenbahnbaus) wider. Andere Klagen wiederum waren im eigenen Interesse, um dadurch die gesamten Risiken auf die Staatshaushalte zu verlagern, und in vielen Fällen hatte der finanzielle Zusammenbruch von Unternehmen ernsthafte Folgen für die Staatsfinanzen.

Die Regierungen auf der ganzen Welt unterstützten private Infrastrukturprojekte in verschiedener Form, darunter auch mit direkten Subventionen. Zwei damals genutzte Instrumente, die auch heute von Interesse sind, sind Finanzbürgschaften und die kostenlose Übertragung von Grund und Boden.

Bürgschaften. Wenn in Indien eine Eisenbahngesellschaft nicht eine Mindestrendite von zum Beispiel 5 Prozent erzielte, glich der Staat die Lücke aus, und zwar im Rahmen einer Bürgschaft, hinter der die gesamte Steuerkraft des Landes stand. Solche Bürgschaften spielten auch beim Bau der Kanadischen Eisenbahn eine entscheidende Rolle. Diese Bürgschaften hatten jedoch zur Folge, daß die Investoren ihre Aufsicht über das Management vernachlässigten, und sie machten den Weg dafür frei, daß die Betreiber mit Bau- oder Zulieferbetrieben sogenannte „Gefälligkeitsverträge" eingingen. Da viele Infrastrukturprojekte von gleicher Art waren, konnte diese Praxis ohne weiteres verschleiert werden. Aus heutiger Sicht erscheint es so, als ob Anleihebürgschaften zu höheren Baukosten geführt haben.

Kostenlose Übertragung von Grund und Boden. Während des neunzehnten Jahrhunderts wurde der Boden um Eisenbahnlinien und Kanäle oft auf die Unternehmer übertragen, womit diese in der Lage waren, vom vielfältigen Gewerbe zu profitieren, das sich im Umfeld ihrer Investitionen entwickelte. Übertragener Grund und Boden konnte als Sicherheit für die Aufnahme von Kreditmitteln mittels Anleihebegebung dienen, und dies stellte – wie Zinsbürgschaften – einen Korrekturfaktor für die Unvollkommenheit der Kapitalmärkte dar. In den fünfziger und sechziger Jahren des letzten Jahrhunderts führten Zahlungseinstellungen bei staatsgarantierten Anleihen in Kanada zu einer starken Belastung der öffentlichen Haushalte. Im Jahr 1871 griff das kanadische Unterhaus daher zu der Maßnahme, den Eisenbahnbau durch kostenlose Übertragung von Grund und Boden zu subventionieren, ohne die Steuern erhöhen zu müssen. Solche Landübertragungen erwiesen sich bei großen spekulativen Unternehmungen, wie dem Bau der indischen Eisenbahn und den transkontinentalen Verbindungen in den Vereinigten Staaten, als äußerst wirkungsvoll.

Selbst bei einem ansteigenden Anteil privat finanzierter Infrastruktureinrichtungen wird der Staat auch weiterhin eine wichtige Finanzierungsquelle bleiben. Oft wird er Partner privater Unternehmer sein müssen. Eine Partnerschaft zwischen öffentlicher Hand und privatem Sektor bedeutet in mancher Hinsicht eine Rückkehr ins neunzehnte Jahrhundert, als in großen Teilen der Welt Infrastrukturprojekte privat finanziert wurden, während gleichzeitig die staatliche Unterstützung stimulierend wirkte. Von den Erfahrungen während des neunzehnten Jahrhunderts gehen aber auch wichtige Warnsignale aus (Sonderbeitrag 5.3).

Die Ausbreitung der Projektfinanzierung: Erfolge und Erfahrungen

Viele neue Infrastrukturprojekte des Privatsektors werden durch „zweckgerichtete Gesellschaften" erbaut, in denen sich private Geldgeber und anderen Kapitaleigner zusammenfinden. Trotz bisher fehlender Erfahrungen im Hinblick auf ihre Kreditwürdigkeit konnten verschiedene solcher Unternehmungen mit Erfolg Eigen- und Fremdmittel an sich ziehen, und der hohe in Vorbereitung befindliche Umfang solcher Projekte verspricht, die Wege und Instrumente der Infrastrukturfinanzierung in der Zukunft nachhaltig zu verändern.

Die Projektfinanzierung, die es den Unternehmern erlaubt, Mittel aufzunehmen, denen als Sicherheit die Erträge und Vermögenswerte eines speziellen Projekts gegenüberstehen, wird oft in den Fällen angewendet, in denen keine Vergangenheitserfahrungen vorliegen. Diese Technik erfordert eine klarere Abgrenzung der Risiken als bei traditionellen öffentlichen Projekten. Die Verteilung der Risiken zwischen den Beteiligten war oft ein schwieriger und zeitaufwendiger Prozeß, es entwickeln sich aber neue Schutzklauseln und Konventionen, um den Projektrisiken und einhergehenden komplexen Eigenschaften gerecht zu werden.

Die Bereitstellung von Mitteln für ein Projekt ist bereits für sich betrachtet ein wichtiges Ziel, der

Finanzierungsprozeß dient aber auch einem anderen Zweck. Die Kontrolle durch die Finanzmärkte und die finanziellen Institutionen vervollständigt die Regulierung und den Wettbewerb bei der Bereitstellung der Leistungen. Somit stellt sie einen weiteren Disziplinierungsmechanismus für Investoren dar. Normen für die Anwendung von Anreiz- und Bestrafungsmechanismen, die die erfolgreiche Leistungserstellung durch Privatinvestoren sicherstellen, werden klarer. Der Erfolg privat betriebener und finanzierter Projekte wird an vertraglich vereinbarten Zielgrößen für neu errichtete Betriebseinheiten, sowie anhand der Baukosten, der Zeitüberschreitungen und an Indikatoren über die Qualität der Leistung gemessen.

Die fortbestehende Rolle des Staates liegt darin, den Privatinvestor gegen politisch verursachte Risiken zu schützen. Darüber hinaus dürften verschiedene Formen der Infrastruktur – wie ländliche Straßen und, in geringerem Maße, Abwasser- und Kanalisationsanlagen – kaum durch Benutzergebühren selbstfinanzierend errichtet werden können. Die Unterstützung durch den Staat wird also weiterhin erforderlich sein. Einmalige Übertragungen von Kapital oder Grund und Boden sind die bevorzugten Mechanismen, um einen leistungsfähigen Betrieb zu sichern.

Konzepte und Tendenzen in der Projektfinanzierung

Etablierte Unternehmen – wie privatisierte Telekommunikationsbetriebe oder Stromversorger – besitzen Kreditwürdigkeit aufgrund langjähriger Bankverbindungen, verfügen über einen Kundenbestand und ein materielles Anlagevermögen, das den Geldgebern als Sicherheit geboten werden kann. Neue Gesellschaften – etwa im Bereich der Elektrizitätserzeugung, gebührenpflichtiger Straßen oder der Umweltinfrastruktur – besitzen nur die Aussicht auf zukünftige Erträge, die sie bei Kreditwünschen geltend machen können. Sie sehen sich der wichtigen Frage gegenübergestellt, welchen Rückgriff die Kreditgeber nehmen können, wenn die Investitionen nicht den erwarteten Erfolg bringen.

Man spricht von einer *regreßlosen* Projektfinanzierung, wenn die Kreditgeber ausschließlich aus dem Cash Flow eines Projekts bedient werden oder – im Falle eines vollständigen Scheiterns – aus dem Sachvermögenswert des Projekts. Daneben gibt es die Möglichkeit eines *beschränkten Regreßumfangs* mittels Zugriff auf Vermögenswerte einer Muttergesellschaft, die das Projekt betreibt. Eine wichtige wirtschaftspolitische Frage ist, ob staatliche Steuergelder zur Abdeckung von Ersatzansprüchen verwendet werden sollten, und zwar in Form von Bürgschaften gegenüber dem Kreditgeber.

Der Einsatz einer regreßlosen oder einer Finanzierung mit beschränktem Regreßumfang, auch bekannt unter dem Namen *Projektfinanzierung*, bedeutet eine Übergangsreaktion auf neue Anforderungen, die im Zusammenhang mit Aktivitäten entstanden, in die sich in jüngerer Zeit der Privatsektor eingeschaltet hat. Diese Finanzierungsform kann komplex und zeitaufwendig sein, da die Interessen verschiedener Parteien durch vertragliche Vereinbarungen sichergestellt werden müssen. Die Eigenkapitalbeteiligung privater Investoren beläuft sich üblicherweise auf 30 Prozent der Projektkosten und stellt für gewöhnlich die Obergrenze ihrer Haftungssummen dar. Private Kreditgeber (insbesondere Geschäftsbanken) nehmen Einfluß auf das Gelingen des Projekts, indem sie von den Privatinvestoren Erfolgsgarantien bezüglich des Projekts verlangen. In solchen Fällen, in denen der Projekterfolg von der staatlichen Politik abhängt, werden solche Garantien vom Staat eingeholt. Die Erwartung ist, daß Projekte, die auf Basis eines beschränkten Regreßumfangs finanziert sind, auf Dauer eine eigenständige Reputation gewinnen, die sich günstig auf zukünftige Investitionen auswirkt.

FORTSCHRITTE IN DER PROJEKTFINANZIERUNG. Ein im Oktober 1993 veröffentlichter Überblick gibt Einzelheiten über fast 150 private Infrastrukturprojekte mit Gesamtkosten von über 60 Mrd Dollar, die seit Beginn der achtziger Jahre weltweit auf Grundlage eines beschränkten Regreßumfangs finanziert worden waren (Tabelle 5.2). Sowohl die Anzahl als auch das erfaßte Mittelvolumen hatte sich im Vergleich zu einer früheren Untersuchung (September 1992) verdoppelt. Hierin illustriert sich die starke Dynamik privater Projekte, die vor fünf Jahren großenteils Seltenheitswert hatten.

Etwa die Hälfte der in den Überblick einbezogenen Projekte (nach Anzahl und Mittelaufkommen) wurde in Entwicklungsländern getätigt, wobei eine starke Konzentration auf Länder mit mittlerem Einkommen zu beobachten war. Das einzige Land mit niedrigem Einkommen und mehr als einem finanzierten Projekt war China (obgleich dort viele weitere Projekte in Vorbereitung sind). Auf Argentinien, Malaysia, Mexiko und die Philippinen konzentrierten sich die meisten Projekte. Zusammen mit China vereinigten sie 80 Prozent der Projekte auf sich, für die Mittelzusagen erfolgt sind. Mexiko ragte mit der größten Zahl der Projekte deutlich heraus. Im Vergleich zu seiner Größe war auch Malaysia ein Fall, in dem die Projektfinanzierung besonders zu Buche schlug.

In Ländern mit hohem Einkommen und in Entwicklungsländern waren es die Verkehrsprojekte, und zwar vor allem gebührenpflichtige Straßen, die sowohl zahlen- als auch betragsmäßig den Großteil der Projekte ausmachten (Tabelle 5.3). In dem Anteil von mehr als zwei Dritteln, die Verkehrsprojekte in Ländern mit mittlerem Einkommen auf sich vereinigten, spiegeln sich die umfassenden Programme zum Bau von gebührenpflichtigen Straßen in Argentinien, Malaysia und Mexiko wider. Aufgrund der erwähnten Untersuchung wurde geschätzt, daß in Ländern mit mittlerem Einkommen zwölf Projekte im Energieversorgungsbereich finanziert wurden (mit einem Anteil von 16 Prozent am Gesamtumfang aller Projekte). Diese Schätzung ist jedoch bereits wieder veraltet, da sich allein in den Philippinen die Zahl der Projekte auf acht beläuft. Die sektorale Zusammensetzung der in Vorbereitung befindlichen Projekte ändert sich ständig. Im Falle der Länder mit mittlerem Einkommen, und besonders der Länder mit niedrigem Einkommen, sind es die eigenständigen Energieversorgungsprojekte, die für die zukünftige Projektfinanzierung eine wichtige Rolle spielen könnten. Die Wasser- und die Umwelt-Infrastruktur sind weitere Wachstumsbereiche; hier laufen Projekte in vielen Ländern mit mittlerem Einkommen (vor allem im Bereich der Abwasserbehandlung), und ihre Ausbreitung in Ländern mit niedrigem Einkommen steht bevor. Ein gemeinsames Projekt von privater und staatlicher Seite hat den Bau einer Anlage zur Behandlung und Beseitigung chemischer Abfälle südlich von Jakarta (Indonesien) ermöglicht.

Die Anzahl der in Vorbereitung befindlichen Projekte, deren Umsetzung ernsthaft erwogen wird, ist erheblich. Von *Public Works Financing* wird geschätzt, daß in Entwicklungsländern 250 Projekte näher ins Auge gefaßt werden – davon zweiundsiebzig in Ländern mit niedrigem Einkommen. Die Länder Ostasiens und des Pazifischen Beckens werden den Erwartungen zufolge in den nächsten zehn Jahren am meisten Gebrauch von eigenständigen Projekten auf Basis eines beschränkten Regreßumfangs machen. In dieser Region befinden sich

Tabelle 5.2 Projektfinanzierung im Bereich der Infrastruktur für finanzierte und in Vorbereitung befindliche Projekte, Oktober 1993
(Mrd US-Dollar)

Ländergruppe	Anzahl der Projekte		Gesamtwert der Projekte		Durchschnittswert der Projekte	
	Finanziert	In Vorbereitung	Finanziert	In Vorbereitung	Finanziert	In Vorbereitung
Welt	148	358	63,1	235,4	0,44	0,71
Länder mit hohem Einkommen	64	107	34,3	112,0	0,54	1,05
Länder mit mittlerem Einkommen	77	179	25,7	77,1	0,33	0,43
Länder mit niedrigem Einkommen	7	72	3,1	46,3	0,44	0,64

Quelle: Public Works Financing, Oktober 1993.

Tabelle 5.3 Projektfinanzierung im Bereich der Infrastruktur für finanzierte Projekte, nach Sektoren, Oktober 1993

Ländergruppe	Anzahl der finanzierten Projekte	Prozentuale Verteilung der Projekte					
		Alle Projekte	Energie	Verkehr	Wasser und Umweltinfrastruktur	Telekommunikation	Sonstige
Welt	148	100	13	60	16	2	10
Länder mit hohem Einkommen	64	100	8	48	25	2	17
Länder mit mittlerem Einkommen	77	100	16	69	10	3	3
Länder mit niedrigem Einkommen	7	100	29	57	0	0	14

Quelle: Public Works Financing, Oktober 1993.

150 Projekte in Vorbereitung, mit einem Gesamtkostenumfang von schätzungsweise 114 Mrd Dollar. Für China allein wird geschätzt, daß nicht weniger als fünfzig Projekte auf den Weg gebracht sind. In den nächsten Jahren könnten Indien, Indonesien und Pakistan jeweils über fünf Projekte auf sich vereinigen, und auch in Afrika südlich der Sahara werden verschiedene Projekte in Erwägung gezogen.

Die Techniken im Bereich Projektfinanzierung anpassen

Unterschiede bei den Projekten, den Ländern und den besonderen Merkmalen der Sektoren beeinflussen die Verfügbarkeit von Finanzmitteln, die Instrumente der Risikoverteilung und den Umfang und die Art der Staatsbeteiligung. Die wichtigste sektorale Trennungslinie verläuft zwischen gebührenpflichtigen Straßen (und städtischen Transitsystemen) und allen anderen Projektarten. Eine Finanzierung über Straßenbenutzungsgebühren erfordert eine größere Rolle des Staates als bei anderen Infrastrukturprojekten (hinsichtlich der besonderen Probleme innerhalb dieses Sektors siehe auch Kapitel 2).

PROJEKTGRÖSSE. Mit der zunehmenden Größe der Projekte nimmt auch die Komplexität bei der Risikoverteilung rasch zu, was viele schwierige Vereinbarungen zwischen Kapitaleignern, Kreditgebern, Lieferanten und Abnehmern der Leistungen erforderlich macht. Das Motto „Fange klein an" hat daher seine Anziehungskraft. Viele vertragliche Vereinbarungen sind jedoch unabhängig von der Projektgröße erforderlich, und die damit oft verbundenen Transaktionskosten bringen es mit sich, daß Investoren nicht an Projekten interessiert sind, die unter einer bestimmten Mindestgröße liegen. Die durchschnittliche Projektgröße lag in Ländern mit mittlerem Einkommen bei 440 Mio Dollar, und die in Vorbereitung befindlichen Projekte erreichten sogar einen noch höheren Durchschnittswert von 640 Mio Dollar (siehe Tabelle 5.2). In Ländern mit mittlerem Einkommen sind die durchschnittlichen Projektgrößen etwa um 25 Prozent kleiner. Die daraus zu ziehende Schlußfolgerung lautet, daß die Transaktionskosten in Ländern mit mittlerem Einkommen niedriger sind, so daß kleinere Projekte leichter durchführbar sind.

Großprojekte können in Ländern mit niedrigem Einkommen ernsthafte Probleme verursachen. Ein frühes und innovatives Beispiel für den Einsatz der Projektfinanzierung bei einem Stromversorgungsunternehmen ist das 1,8 Mrd Dollar umfassende Hub River-Projekt in Pakistan, dem ersten privaten Projekt des Landes im Bereich der Stromversorgung. Wenn es fertiggestellt sein wird, stellt dieses Projekt eines der größten privaten Energieerzeugungsunternehmen der Welt dar. Es litt jedoch unter einigen beträchtlichen Verzögerungen, wofür die komplexen Verhandlungen über die Aufteilung der Verantwortlichkeiten und der Risiken zwischen den zahlreichen involvierten Parteien ursächlich waren. Diese Erfahrung scheint die allgemeine Erkenntnis zu stützen, daß man mit kleineren Projekten durch einen Lernprozeß gehen sollte, bevor dann größere in Angriff genommen werden.

Ein Energieprojekt in Sri Lanka ist ein gutes Beispiel dafür, was erforderlich ist, wenn ein Land damit beginnt, nach privaten Infrastrukturinvestitionen Ausschau zu halten. Das betreffende Projekt ist klein (44 Megawatt), und die beteiligten aus- und inländischen Unternehmer sind technisch und finanziell leistungsfähig. Der Staat hat sich für die Zahlungen des staatseigenen Stromaufkäufers verbürgt, wobei während der ersten zehn Jahre ein Tarif auf Dollarbasis vereinbart wurde, nach Ablauf dieser Zehnjahresfrist besteht freie Konvertibilität im Devisenverkehr; zudem hat der Staat bestimmte *Basisrisiken* abgedeckt.

ProElectrica, eine 100 Megawatt Gasturbinenanlage mit Kosten von 70 Mio Dollar nahe der Stadt Cartagena in Kolumbien, die vollständig durch den Privatsektor finanziert wurde, bietet ein weiteres gutes Beispiel für eine sorgfältig strukturierte Projektfinanzierung eines kleineren Projekts. Eine Gruppe von industriellen Großkunden hat sich vertraglich verpflichtet, für einen Zeitraum von vierzehn Jahren Strom von ProElectrica zu beziehen. Durch Vorauszahlungen auf ein internationales Treuhandkonto wurden Zahlungen in Devisen gewährleistet. Neben der nur kurzen Verhandlungsdauer und der frühzeitigen Implementierung dürften sich die positiven Effekte von ProElectrica auch auf die regulative Reform erstrecken, die durch sie ausgelöst wurde. Die kolumbianische Regierung hat nämlich auf die Errichtung von ProElectrica mit Maßnahmen reagiert, die sicherstellen, daß die lokale Umschaltstation die Energie vom Erzeuger zum Verbraucher leitet; dieser Schritt ist ein Beispiel und ein Modell für weitere Neueintritte in diesen Markt durch Privaterzeuger.

GLAUBWÜRDIGE VERTRÄGE. Die Glaubwürdigkeit des regulativen Rahmens bestimmt den Umfang der

Sonderbeitrag 5.4 Ein erster Schritt vorwärts in Guatemala

Im Januar 1992 vereinbarte die Empresa Eléctrica de Guatemala S.A. (EEGSA) – der wichtigste Energienetzbetreiber in Guatemala – einen fünfzehnjährigen Abnahmevertrag mit einer lokalen Kraftwerksgesellschaft. Fast unmittelbar danach verkaufte die Gesellschaft diese Projektrechte an die Enron Power Development Corporation, dem Tochterunternehmen einer großen US-amerikanischen Erdgasgesellschaft mit Beteiligungen an verschiedenen unabhängigen Energieprojekten. Das Projekt besteht aus zwanzig 5,5-Megawatt-Generatoren, die auf einem Lastkahn in Puerto Quetzal in Stellung gebracht sind, der als Kraftwerk für die Grundversorgung fungiert. Mit dem Projekt vergrößert sich die Erzeugungskapazität Guatemalas um 12 Prozent, und seine effektive Kapazität um etwa 15 Prozent.

Die Preise in der Energieabnahmevereinbarung sind in US-Dollar ausgedrückt. Aufgrund der Vereinbarung muß die EEGSA der Projektgesellschaft, der Puerto Quetzal Power Corporation (PQP), wöchentlich festgelegte Zahlungen für die Bereitstellung der Kapazität leisten, vorausgesetzt, daß die PQP Mindestnormen hinsichtlich der Verfügbarkeit erfüllt. Darüber hinaus hat die EEGSA wöchentliche Zahlungen für die Energie zu leisten, wobei die Abnahme von mindestens 50 Prozent der Energieerzeugung garantiert wird, und die EEGSA bietet zusätzliche Unterstützung hinsichtlich der Stellung von Sicherheiten und Dokumentation, um ihre Verpflichtungen gegenüber der PQP zu untermauern. Die EEGSA hat die Wahl, die PQP in US-Dollar zu bezahlen oder in Quetzals (auf Grundlage des aktuellen Wechselkurses). Für den Fall eines Abfalls der Energieleistung auf unter 50 Prozent zahlt die PQP der EEGSA eine Strafgebühr. Entsprechend der Vereinbarung muß das Projekt die Energie zu wettbewerbsfähigen Preisen liefern. Unter den gegenwärtigen Annahmen über die Kapazitätsausnutzung, die eine Leistungsverschlechterung im Zeitablauf unterstellen, bezahlt die EEGSA durchschnittlich 0,07 Dollar je Kilowattstunde während der gesamten Laufzeit des Projekts; dies entspricht in etwa den langfristigen Grenzkosten für den Großteil der Energieversorgung in Guatemala.

Die PQP hat einen Teil der Risiken dadurch eliminiert, daß sie Verträge über die schlüsselfertige Herstellung, den Betrieb und die Wartung sowie die Brennstofflieferung abschloß. Das Kraftwerk nahm den Betrieb Ende Februar 1993 auf, und zwar termingerecht und ohne Kostenüberschreitung. Eine Überprüfung des Betriebs in der Anfangszeit deutet darauf hin, daß die PQP einen hohen Nutzungsgrad der vorhandenen Kapazität erreicht hat, die Einnahmen und der Nettogewinn mit den Prognosen übereinstimmen und die Konversion von Quetzals in US-Dollar kein Problem darstellte. Nach der Beobachtung der Erfahrungen der EEGSA mit der PQP hat das Instituto Nacional de Electrificación – ein staatseigenes Unternehmen, das für die Energieerzeugung, die Übertragung und die Verteilung auf die Haushalte außerhalb von Guatemala-Stadt verantwortlich ist – damit begonnen, andere Energieabnahmevereinbarungen mit unabhängigen Erzeugern auszuhandeln.

---

verfügbaren Finanzmittel (wenngleich der Erfolg bei der Finanzierung eines bestimmten Projekts einen Bestand an Fakten schafft, der seinerseits dazu beiträgt, das Regulierungssystem zu verbessern). Die Projektfinanzierung ist ein entscheidender Mechanismus für die Ingangsetzung eines Wandlungsprozesses in Ländern oder Sektoren mit nur geringen Erfahrungswerten in der Infrastrukturbereitstellung durch Private.

Wie in Kapitel 3 ausgeführt, verfügen die Philippinen über erhebliche Erfahrungen mit privat finanzierten Energieprojekten. Die erreichten Ergebnisse sind beträchtlich, insbesondere bei der Mobilisierung ausländischer Investitionen und wenn man bedenkt, welche Probleme das Land in den späten achtziger Jahren hatte, Auslandsinvestitionen hereinzuholen. Zwar verfügen die Philippinen jetzt über einen umfangreichen und ausgebauten Rechts- und Verwaltungsrahmen für unabhängige Energieprojekte, die früheren Erfahrungen des Landes zeigen jedoch, daß sich auch unter weniger günstigen Umständen viel erreichen läßt. Voraussetzung hierfür ist, daß man in der Lage ist, glaubwürdige Verträge abzuschließen. Diese Lehre wird auch durch die Erfahrungen mit einem Versorgungsbetrieb in Guatemala untermauert (Sonderbeitrag 5.4).

Ein wichtiges Zusatzelement der Vertragseffizienz ist der Mechanismus, mittels dessen sich Streitigkeiten beilegen lassen. Internationale Schlichtungsverfahren sind weit verbreitet – zum Beispiel kann die Schlichtung im Rahmen einer neutralen Rechtsordnung erfolgen, die international anerkannte Rechtsnormen anwendet, wie sie etwa von der Internationalen Handelskammer zugrunde gelegt werden. Die Investoren und Kreditgeber können auch danach streben, entscheidende Vertragselemente entsprechend dem rechtlichen Rahmen eines gegenseitig akzeptierten Drittlandes festzulegen. So wurden zum Beispiel die Verträge für das Hopewell Shajiao Elektrizitätswerk in China

> **Sonderbeitrag 5.5 Übertragung von Grund und Boden und das Enteignungsrecht des Staates**
>
> Die kostenlose Übertragung von Grund und Boden hat sich als eine nützliche Form zur Schaffung von Kreditsicherheiten für innovative Projekte erwiesen, die ansonsten nicht hätten finanziert werden können, weil die Kreditgeber keine Erfahrungen mit vergleichbaren Projekten hatten. Die Umsetzung einer Politik der kostenlosen Übertragung von Grund und Boden beinhaltet aber das Risiko, daß die Transfers verschwenderischer Natur sein können, wenn sie Projekten zugute kommen, die in jedem Falle durchgeführt würden.
>
> Insgesamt betrachtet hat die Übertragung von Grund und Boden aber größere Vorzüge als die Zinsbürgschaft, da sie eine einmalige Einbringung von Ressourcen darstellt und die Anreize für einen leistungsfähigen Betrieb nicht schwächt. Sie dürfte sich besonders gut für Projekte mit spekulativerem Charakter eignen – etwa im Falle von Hochgeschwindigkeitszügen in Industrieländern oder besonders risikoreichen Verkehrsinvestitionen in Entwicklungsländern.
>
> Die kostenlose Vergabe von Grund und Boden wirft komplexe Fragen über die Erwerbsverfahren und die Entschädigung der Landeigner auf. Der Landerwerb kann sich über mehrere Jahre hinstrecken und Infrastrukturprojekte erheblich verzögern; ein Teil der Schwierigkeiten des Second Stage Expressway in Bangkok ist auf solche Verzögerungen zurückzuführen. Es ist nicht nur ein geeignetes Gesetz über das Enteignungsrecht des Staates im öffentlichen Interesse erforderlich, das die Bedingungen festlegt, unter denen der Staat das Land erwerben kann; wie sich im Falle des Narita Flughafens außerhalb von Tokio gezeigt hat, kann auch eine mangelnde Sensitivität bei der Umsetzung des Gesetzes zu anhaltenden und kostspieligen Verzögerungen führen.
>
> In der Erwartung eines staatlichen Landerwerbs gibt es Anreize für die Grundeigentümer, ihre Grundstücke übermäßig zu entwickeln oder andere Maßnahmen zu ergreifen, um zu einer Überbewertung ihres Grund und Bodens zu gelangen. Eine praktische Lösung besteht darin, die allgemein geltenden Marktpreise und Gemeindestandards für die Landentwicklung als Norm zugrundezulegen. Ein schwieriges Problem ist die Entschädigung derjenigen, deren Grundstückswerte fallen, weil sich im Gefolge neuer Infrastrukturentwicklungen die kommerziellen Schwerpunkte verlagern. Im allgemeinen haben die Regierungen solche Verluste nicht ausgeglichen.

entsprechend den Gesetzen in Hongkong abgeschlossen.

GEBÜHRENPFLICHTIGE STRASSEN. Der gegenwärtig wieder an Bedeutung gewinnende Bau von gebührenpflichtigen Straßen spiegelt die praktischen Erfordernisse wider: Straßen sind für die wirtschaftliche Entwicklung notwendig, das finanzielle und verwaltungsmäßige Leistungsvermögen des öffentlichen Sektors ist jedoch begrenzt. In den vergangenen fünf Jahren hat Mexiko das vorhandene Netz um die beeindruckende Strecke von 4.000 Kilometern an neuen gebührenpflichtigen Straßen ausgebaut, und zwar zu Kosten von 10 Mrd Dollar. Malaysia verfügt über das teuerste öffentlich-private Projekt in der Dritten Welt – die gebührenpflichtige Autobahn von Nord nach Süd mit einem Kostenumfang von 2,3 Mrd Dollar. China plant viele ehrgeizige gebührenpflichtige Straßenprojekte, wobei die 123 Kilometer lange Autobahn der Superlative von Guangzhou nach Shenzen, mit einem Kostenvolumen von 1 Mrd Dollar, durch das Zentrum der sich rasch entwickelnden Provinz von Guangdong führt. Daneben werden viele kleinere gebührenpflichtige Straßen, Brücken und Tunnels gebaut.

In den meisten Fällen decken die direkt den Benutzern auferlegten Gebühren nicht die Gesamtkosten der Straßen. Die Regierungen überlassen die Bodenrechte, um dazu beizutragen, daß der Entwicklungsprozeß durch den Straßenbau tragfähig wird (so gibt es zum Beispiel an der Autobahn von Guangzhou nach Shenzen Einkaufszentren; siehe Sonderbeitrag 5.5). Darüber hinaus beteiligt der Staat die privaten Betreiber von gebührenpflichtigen Straßen an den Einnahmen bestehender gebührenpflichtiger Straßen im Eigentum der öffentlichen Hand (wie etwa im Falle des Sydney Harbor Tunnel und des „Second Stage Expressway" in Bangkok). Der Staat kann auch Kapitalzuschüsse geben, um Projekte für Privatunternehmen finanziell attraktiv zu machen, und er kann den Privatbetreibern „Schattengebühren" anbieten (Gebühren, die aus Staatseinnahmen bezahlt werden, und zwar auf Grundlage des Verkehrsaufkommens). Letzteres wurde in Australien und Großbritannien vorgeschlagen.

Der Staat und der Privatsektor besitzen nur begrenzte Erfahrungen darüber, wie sie als gleichrangige Partner im Rahmen komplexer Projekte zur Erstellung gebührenpflichtiger Straßen miteinander kooperieren sollen. Wenn die ehrgeizigen Ur-

Sonderbeitrag 5.6 Die gebührenpflichtigen Straßen Mexikos: Ein starker Anstoß, der ins Stocken geriet

Unter Infrastrukturprojekten stellt man sich oft Objekte vor, die hohe Baukosten verursachen und nur begrenzt produktiven Nutzen spenden. Dies kann unter privater wie öffentlicher Regie gleichermaßen der Fall sein, wenn nicht die richtige Anreizstruktur angewendet wird.

In Vorbereitung auf ein ehrgeiziges Straßenbauprogramm mit einer Länge von 6.000 Kilometer stellte eine mexikanische Regierungsbehörde hastige Verkehrs- und Kostenprognosen auf und bereitete die Straßenkonzeption vor. Die Qualität dieser Schätzungen und Konzepte reichte bei weitem nicht an die Standards heran, die für solche Projekte erforderlich sind. Gleichzeitig war die Kreditvergabe der staatseigenen Banken an die Projektbetriebe zur Errichtung gebührenpflichtiger Straßen nicht mit der üblichen Projektüberprüfung und -bewertung verbunden.

Zwar wurden die Konzessionen für den Bau und Betrieb der Straßen aufgrund verschiedener Kriterien vergeben; die Investoren, die zusagten, die Straßen innerhalb kürzester Zeit an den Staat rückzuübertragen, wurden jedoch besonders bevorzugt. Kurzfristige Konzessionen wurden zum Teil deshalb begünstigt, weil die Sorge bestand, daß nur kurzfristige Finanzmittel zur Verfügung stehen würden. Der Versuch, Erfolge innerhalb der Legislaturperiode der neuen Regierung zu erzielen, schuf ebenfalls das Gefühl besonderer Dringlichkeit. Auf der anderen Seite handelten die Anleger Gebührensätze heraus, die eine Rendite innerhalb der Konzessionsperiode versprachen. Die Gebühren waren daher in aller Regel fünf- bis zehnmal höher als für vergleichbare Strecken in den Vereinigten Staaten.

Bei derartig hohen Gebühren stellte sich nicht das Verkehrsaufkommen ein – den alten, gebührenfreien Straßen wurde der Vorzug gegeben, obwohl die Reisezeit üblicherweise doppelt so lang war. Darüber hinaus lagen die Kostenüberschreitungen im Durchschnitt bei über 50 Prozent der projektierten Kosten. (Der Highway of the Sun von Cuernavaca nach Acapulco kostete zum Beispiel 2,1 Mrd Dollar und damit mehr als das Doppelte als ursprünglich geschätzt.)

Um die Lage zu verbessern, hat die mexikanische Regierung verschiedene Schritte ergriffen. In vielen Fällen wurden die Konzessionsperioden von zehn oder fünfzehn Jahren auf dreißig Jahre verlängert. Wo Gemeinschaftsunternehmen größere Aussichten auf finanzielle Tragfähigkeit boten, wurden Abschnitte der gebührenpflichtigen Straße unter einheitlicher Leitung zusammengefaßt. Schwereren Fahrzeugen kann der Zugang zum alten Straßennetz verwehrt werden, da Gewichtsbegrenzungen auferlegt und durchgesetzt werden.

Es gibt Anzeichen dafür, daß die schwierigste Periode vorüber ist. Auf lange Sicht sollten die Zusammenlegung gebührenpflichtiger Straßen, längere Konzessionszeiträume und realistischere Verkehrs- und Kostenprojektionen, im Verein mit wirtschaftlichem Wachstum und größerer finanzieller Verantwortung auf seiten der Privatbetreiber der Projekte, beträchtliche Renditen für diese Infrastrukturinvestitionen erbringen.

---

sprungsziele eines Projekts nicht durch eine angemessene Vorbereitung untermauert waren, mußten mitten in den Arbeiten die Verpflichtungen neu ausgehandelt werden. In manchen Fällen wurde nicht erkannt, daß bestimmte Straßenabschnitte von der Qualität anderer Straßen abhingen, und miteinander konkurrierende Ministerien waren nicht zur Zusammenarbeit in der Lage.

Das Programm Mexikos zum Bau gebührenpflichtiger Straßen illustriert die Gefahren eines groß angelegten Projekts mit vielfältigen Zielen und unzureichender Vorbereitung. Bei der Ausgestaltung der Vertragsbedingungen wurde versäumt, dem privaten Projektbetreiber die Verantwortung für Bauzeit und Baukosten aufzuerlegen; dieses Versäumnis bei der Festlegung der Bedingungen ist seither zur Norm geworden. Die de facto-Flexibilität hinsichtlich des Konzessionszeitraums erlaubte es dem Betreiber, Kostensteigerungen auf die Konsumenten oder den Staat abzuwälzen. Die Kreditgeber (hauptsächlich staatseigene Banken) vernachlässigten ihre normalen Aufgaben der Projektbewertung und Überwachung. Die daraus resultierenden hohen Straßenbenutzungsgebühren führten zu einer reduzierten Straßennutzung, wenngleich jetzt Maßnahmen ergriffen wurden, um die Auslastung zu steigern (Sonderbeitrag 5.6).

Wie sorgfältig die Vorbereitung auch ausfallen mag – Konflikte können immer aufkommen. Im Falle des „Second Stage Expressway" in Bangkok konnten das japanisch geführte Privatkonsortium und die Verkehrsbehörde zunächst keine Einigung über die bereits gemeinsam beschlossenen Gebührensätze erzielen und später, was schwerer wog, darüber, wer die Betriebsrechte erhalten sollte. Die Verzögerungen, die durch solche Streitigkeiten und infolge nur zögerlicher Fortschritte beim Landerwerb entstehen, haben die wirtschaftliche Grundlage der gebührenpflichtigen Straße von Don Muang beeinträchtigt, die eine Verbindung zwischen dem „Second Stage Expressway" und dem Flughafen herstellen sollte.

Die für gebührenpflichtige Straßen und für die Stromerzeugung daraus zu ziehende Lehre dürfte sein, daß sich Vertragsunklarheiten am ehesten in kleineren und überschaubareren Projekten klären und beseitigen lassen. Argentinien hat ein umfangreiches System privater Konzessionen entwickelt, wobei Gebühren für die Finanzierung der Instandhaltung erhoben werden. Zunächst gab es einen Aufschrei gegen die Gebührenerhebung auf bestehenden Straßen, und die Gebühren mußten gesenkt werden; die stark verbesserte Qualität der Straßen hat jedoch die Akzeptanz der Gebühren erhöht. Im indischen Staat Madhya Pradesh wurde eine 11,5 Kilometer lange Straße gebaut, die ein Gewerbegebiet mit einer Bundesautobahn verband; die Kosten beliefen sich auf 2 Mrd Dollar, und sie wurde im November 1993 dem Konzessionsnehmer übergeben. Die zugrundeliegende Gesetzgebung und die hierbei verwendeten Finanzierungsmechanismen werden in anderen Landesteilen übernommen und verfeinert.

Verteilung des Risikos: Die gezogenen Lehren

Den Kern der Projektfinanzierung bildet ein Vertrag, der die mit dem Projekt verbundenen Risiken verteilt und die Ansprüche auf die Erträge festlegt. Da Fragen der Risikoverteilung oft Ursache von Verzögerungen und hohen Kosten für Rechtsstreitigkeiten waren, kommt ihrer wirkungsvollen Ausgestaltung eine zentrale Bedeutung dafür zu, Projekte finanzierungsfähig zu machen und die Anreize zur Leistungserbringung intakt zu halten. Die Risiken verteilen sich nicht nur auf staatliche und private Stellen, sondern auch auf verschiedene private Vertragsparteien. Es lassen sich vier Risikoarten unterscheiden – das währungsmäßige, kommerzielle, politisch induzierte und ländermäßige Risiko –, wenngleich die Unterscheidungslinien zwischen den verschiedenen Risikoformen nicht immer präzise abgrenzbar verlaufen.

WÄHRUNGSRISIKO. Zu einem Großteil wurde die in jüngerer Zeit privat finanzierte Infrastruktur aus Auslandsmitteln aufgebracht, und sie ist daher dem Risiko einer Abwertung der heimischen Währung ausgesetzt. Die internationalen Kreditgeber übernehmen solche Risiken nur in den seltensten Fällen; vielmehr ziehen sie es vor, die Schuldenbedienung in ausländischer Währung festzulegen. In der Vergangenheit haben staatliche Unternehmen oder die Regierungen das Währungsrisiko getragen; im Zuge der wachsenden Hinwendung zur privaten Finanzierung fällt das Risiko der Währungsabwertung jedoch auf den Projektbetreiber und letztendlich auf den Nutzer der Leistungen zurück. Bei vielen Privatprojekten aus jüngerer Zeit wurden die Leistungsgebühren an die Entwicklung der heimischen Währung gegenüber einer international verwendeten Währung gekoppelt.

Einen Sonderfall bilden die unabhängigen Energieversorgungsunternehmen. Zwar setzten die meisten Stromerzeuger ihre Gebühren in US-Dollar fest, und diese Gebühren werden vom Netzbetreiber bezahlt. Der Endverbraucher wird jedoch oft in heimischer Währung belastet, und zwar ohne Bindung an Wechselkursbewegungen. Von den Netzbetreibern kann nicht erwartet werden, daß sie das Wechselkursrisiko weiterhin langfristig tragen.

Die Länder könnten darauf abzielen, Absicherungsmöglichkeiten gegen Wechselkursschwankungen zu schaffen (Absicherung per Termin), und damit ein kurzfristiges Risikomanagement zuzulassen. So bietet zum Beispiel die Zentralbank von Pakistan Termingeschäfte zu einem durchschnittlichen Report von 8 Prozent an. Mit der Zeit könnten private Finanzinstitute ähnliche Leistungen anbieten. Selbst im Falle solcher Arrangements übernimmt jedoch der Verbraucher zumindest einen Teil der Lasten im Zusammenhang mit Währungsrisiken, da die Absicherungskosten für die Termingeschäfte auf ihn weitergewälzt werden.

KOMMERZIELLES RISIKO. Es lassen sich zwei Arten von kommerziellen Risiken unterscheiden, und zwar zum einen das Risiko im Zusammenhang mit den Produktionskosten und zum anderen bezüglich der Unsicherheit der Nachfrage nach Leistungen. Beträchtliche Fortschritte sind dabei erzielt worden, kostenbezogene Risiken auf private Investoren und andere private Vertragsparteien zu verlagern. Typischerweise beinhalten die Verträge Sonderprämien für die frühzeitige Inbetriebnahme des Projekts und Strafzahlungen für eine verspätete Fertigstellung. Bei einem Projekt zur Errichtung eines Kraftwerks in Indien müßte der Privatunternehmer eine Strafe von 30.000 Dollar zahlen, und zwar für jeden Tag nach der Überschreitung des vereinbarten Übergabetermins während der ersten sechs Monate; danach wäre eine höhere Strafzahlung pro Tag fällig. Die Vereinbarung eines Festbetrags für die Erstellung der Gesamtanlage verlagert das Risiko von Kostenüberschreitungen ebenfalls auf den Privatunternehmer. In den Vertrag aufgenommen werden können auch genaue Regelungen über die Betriebsverpflichtungen, wie etwa die Instandhaltung oder die Aufrechterhaltung der Kapazität. Im Falle von Versorgungsbetrieben wird ein Anbieter von Strom oder Wasser in manchen Fällen belangt, wenn er eine geringere Kapazität als zuvor vereinbart zur Verfügung stellt (siehe Sonderbeitrag 5.4 über das Kraftwerk in Guatemala). Darüber hinaus kann der Vertrag auch fordern, daß ein Kraftwerk für einen bestimmten Zeitraum in leistungsfähigem Zustand zur Verfügung steht.

Die Projektbetreiber haben die Möglichkeit, einen Teil dieser Risiken auf andere Privatparteien zu übertragen. So ist es zum Beispiel üblich, das Baurisiko vertraglich auf Bauunternehmen zu transferieren, die auf die schlüsselfertige Erstellung spezialisiert sind. Daneben können die Projektbetreiber langfristige Verträge mit Vorleistungsanbietern abschließen.

In den Fällen, in denen sektorale Aspekte der Politik keine Rolle spielen, übernehmen die Investoren auch Marktrisiken; die Fortschritte auf diesem Gebiet vollzogen sich aber langsamer. Damit Privatunternehmen in der Lage sind, sämtliche Marktrisiken zu übernehmen, sind kostendeckende Gebührensätze erforderlich; es muß eine Entflechtung innerhalb des Sektors geben, um den Markteintritt neuer Anbieter zu ermöglichen (wie in Kapitel 3 beschrieben), und es bedarf eines Zugangs zu den Übertragungsnetzen. Bei Projekten im Bereich der Telekommunikation wird das Marktrisiko in der Regel vom Betreiber übernommen. In der Elektrizitäts- und Wasserversorgung kommt es dagegen zu einer nur beschränkt möglichen Übernahme der Marktrisiken, da kostendeckende Zahlungen nicht sichergestellt sind. Darüber hinaus müssen die Regierungen auch ganz entschieden dafür Vorsorge treffen, daß die Investoren im Falle ungünstiger Umstände nicht annehmen, sie könnten die Haftung abwälzen. Bei Verkehrsprojekten, wie etwa den gebührenpflichtigen Straßen in Mexiko und bestimmten Eisenbahnkonzessionen in Argentinien, willigten die Regierungen in vertragliche Veränderungen ein, als sich das Verkehrsaufkommen nicht den Erwartungen entsprechend entwickelte.

Die Erwartung fairer kostenmäßiger Risiken von seiten der Privaten schafft Anreize für eine hohe Leistungserbringung. So haben die Investoren nicht nur Eigenmittel in das Projekt eingebracht, sondern auch als Kreditgeber spielen sie eine zentrale Rolle im Überwachungsprozeß. Als Teil des Vertrages werden bestimmte finanzielle Nebenvereinbarungen getroffen. In diesem Umfeld haben Geschäftsbanken eine größere Neigung zur Projektüberwachung als Kreditgeber, die über staatliche Bürgschaften abgesichert sind.

Die verfügbaren (wenn auch nur begrenzten) Belege sprechen dafür, daß die Übernahme kostenbezogener Risiken durch private Projektbetreiber und die Erfolgsüberwachung durch Banken ihre Wirkung nicht verfehlen. Die Erfahrungen, zum Beispiel im Zusammenhang mit privaten Bauprojekten, sind günstig, und sie spiegeln die strengen Vertragsbedingungen und erheblichen Strafen für Kosten- und Zeitüberschreitungen wider. Eine vorläufige Überprüfung der Infrastrukturprojekte der IFC zeigt, daß die Zeitüberschreitungen beim Bau sich auf durchschnittlich nur sieben Monate beliefen und die Kostenentwicklung etwa zielgemäß verlief. Solche Erfolge lassen sich jedoch nur dann erzielen, wenn die kommerziellen Risiken auch tatsächlich auf den privaten Projektbetreiber übertragen wurden. Das Beispiel der gebührenpflichtigen Straßen in Mexiko zeigt, daß im Falle einer – praktisch möglichen – Rückübertragung der Risiken auf den Staat die Leistungsanreize erheblich geschwächt werden.

Die Privatinvestoren können wiederum selbst Anlaß sehen, sich gegen kommerzielle Risiken abzusichern. Die Bereitstellung einer solchen Absicherungsmöglichkeit überläßt man am besten dem Privatsektor, wenngleich die Regierungen bei der Förderung inländischer Garantiefazilitäten eine Rolle spielen – etwa indem sie im Rahmen eines Bürgschaftsfonds einen anfänglichen Kapitalanteil übernehmen (Sonderbeitrag 5.7). Im Bereich der Risikovorsorge für internationale Transaktionen ist der private Markt klein. Zwar gibt es kurzfristige Absicherungsmöglichkeiten für Handelskredite, eine private Absicherung für Infrastrukturprojekte ist jedoch kaum verbreitet, wenngleich der Londoner Versicherungsmarkt eine Absicherung der Risiken hinsichtlich des Verkehrsaufkommens auf einer gebührenpflichtigen Straße in Mexiko übernehmen wird.

POLITISCH INDUZIERTE SEKTORALE RISIKEN. Besonders wichtige Fragen stellen sich im energieerzeugenden Sektor, da die Projektbetreiber der Verläßlichkeit und der Solvenz ihrer Abnehmer eine zentrale Rolle beimessen; diese sind in der Regel staatliche Versorgungsbetriebe, die die Energie übertragen und verteilen. Der Energielieferant schützt sich dabei mittels eines Vertrages, der entweder die Abnahme oder die Bezahlung verlangt, oder mit Hilfe einer Vereinbarung über den Ankauf der Energielieferung. Im Rahmen eines

> **Sonderbeitrag 5.7 Multiplikation der Mittel durch Bürgschaften in Thailand**
>
> Zur Anregung der privaten Kreditvergabe entwickelt die thailändische Regierung die Thai-Bürgschafts-Fazilität; diese sichert Darlehen ab, die private Finanzinstitute an kommunale und private Betreiber von städtischer Umwelt-Infrastruktur vergeben. Die Fazilität soll als Gesellschaft mit öffentlicher und privater Beteiligung errichtet werden und unter privater Leitung stehen. Das angestrebte Datum für die Aufnahme der Tätigkeit der Einrichtung ist der Juni 1994.
>
> Aufgrund mangelnder Erfahrungen mit der Kreditvergabe an Kommunen, sind diese in den Augen der Kreditinstitute Schuldner mit hohem Risiko. Angesichts der Annahme hoher Projektrisiken sind die Kreditgeber zurückhaltend bei der Vergabe von Darlehen mit einer Laufzeit von mehr als acht Jahren; dieser Zeitraum ist zu kurz, um die Investitionen in die Umwelt-Infrastruktur zu amortisieren.
>
> Indem die staatliche Kreditsicherungsstelle zugunsten privater Betreiber und Kommunen Bürgschaften abgibt und ihnen damit zu Darlehen von kommerziellen Geldgebern verhilft, schafft sie langfristige Kreditfinanzierungen. Mit zunehmender Kreditvergabe an die Kommunen wird es bald möglich sein, die Kreditwürdigkeit von Städten einzustufen und ihnen den Weg zu bahnen, Anleihen zu begeben. Zehn Provinzstädte, die fünf Städte der Großregion von Bangkok und Bangkok selbst dürften aller Erwartung nach die Hauptnutznießer von Darlehensbürgschaften für Investitionen in die Abwasseraufbereitung, die Abfuhr und Beseitigung von Müll und die Versorgung mit Trinkwasser sein.
>
> Für die ersten beiden Betriebsjahre wird erwartet, daß die Bürgschafts-Fazilität 75 Mio Dollar erhält. Die Kreditvergabe wird fünf- bis achtmal so hoch sein wie diese Garantiemittel. Über einen Zeitraum von fünf Jahren soll die Einrichtung den Projektionen zufolge mit Mitteln von 150 Mio Dollar ausgestattet sein und ein Darlehensvolumen von bis zu 1,2 Mrd Dollar für städtische Umwelt-Infrastrukturprojekte mobilisieren. Ihre Mittel bezieht sie vorwiegend von der thailändischen Regierung und durch Gelder, die sie teilweise beim USAID Housing Guaranty Program und teilweise bei thailändischen Finanzinstituten aufnimmt.
>
> Um die Leistungsfähigkeit dieser Einrichtung zu gewährleisten, wurde auch ein staatliches Maßnahmenpaket geschnürt; hierzu gehören der Schwenk zum „Verursacherprinzip" bei der Umweltverschmutzung, Veränderungen in den Verwaltungsverfahren und eine größere Dezentralisierung im Entscheidungsprozeß.

solchen Vertrages verpflichtet sich der Energiekäufer, einen festgelegten Betrag zu zahlen, ungeachtet dessen, ob er die Leistung bezieht oder nicht. Der Staat garantiert damit die Einhaltung des Vertrages; dies ist eine nützliche Maßnahme für die Übergangsphase, während gleichzeitig das langfristige Ziel der sektoralen Reform verfolgt wird (Sonderbeitrag 5.8).

Ähnliche Fragen stellen sich im Zusammenhang mit Infrastrukturprojekten im Bereich Wasser und anderer umweltbezogener Aktivitäten (wie Wasserversorgung, Abwasserbehandlung und Müllbeseitigung, die üblicherweise auf Gemeindeebene von einem örtlichen Monopolbetrieb durchgeführt werden). In diesen Fällen sind die staatlichen Stellen (oder die Gemeinden) nicht Direktkäufer der angebotenen Leistungen. Wohl aber können sie Einfluß nehmen (und tun dies auch) auf die Effizienz des Anbieters bei der Erfassung der gelieferten Leistungen, der Rechnungsstellung und dem Inkasso. Wenn die Gemeindeverwaltung dazu nicht in der Lage ist, bedarf es einer Inkassogarantie der Zentralregierung.

Im Falle solcher Projekte sind die „Marktrisiken" oder die Risiken aufgrund schwankender Nachfrage letztendlich durch die Formel „Abnahme oder Bezahlung" auf den Staat übergegangen. Erforderlich ist dies, weil sich das Marktrisiko mit dem Risiko vermischt, daß in Finanzschwierigkeiten geratene Energieabnehmer (Versorgungsbetriebe, die für die Energieübertragung zuständig sind) oder Wasserverbraucher ihre Verpflichtungen möglicherweise nicht einhalten. Um politisch induzierte Risiken zu beseitigen und damit die echten Marktrisiken zum Vorschein kommen zu lassen, bedarf es einer Gesamtreform des Sektors.

LÄNDERRISIKEN. Auch wenn der Staat eine Absicherung gegen sektorpolitische oder gar kommerzielle Risiken anbietet, muß dies nicht immer ausreichen, um den ausländischen Privatgläubiger zufriedenzustellen. Vielmehr kann er nach einer Absicherung des „Länderrisikos" durch den Staat des Kreditgebers oder durch multilaterale Banken streben. Die staatlichen Stellen des Kreditnehmers sind dabei nicht aus dem Spiel, da in diesen Fällen üblicherweise eine Rückbürgschaft verlangt wird.

Die Exportfinanzierungsstellen in den OECD-Ländern bieten ihren nationalen Exporteuren oder Banken, die Kredite an ausländische Importeure von Gütern und Dienstleistungen geben, Bürgschaften für den Fall des Zahlungsausfalls. In der Regel

Sonderbeitrag 5.8 Drum prüfe, wer sich bindet: Beschränkung der Risiken des Staates aus Eventualverbindlichkeiten

Wenn sich die staatliche Garantieverpflichtung auf die Vertragseinhaltung durch öffentliche Stellen beschränkt, hat der Staat den Ablauf der Ereignisse zu großen Teilen unter Kontrolle. Solche Garantieleistungen können dann fällig werden, wenn zum Beispiel staatliche Stellen die Lieferung von Vorleistungen für ein Projekt verhindern, Ankaufsverpflichtungen nicht nachkommen, Preisregelungen verändern oder die Überweisung von Devisen zur Bedienung eines Privatdarlehens für das Projekt untersagen. Im Gegensatz zu pauschalen Darlehensbürgschaften verpflichtet diese Art von Vereinbarungen den Staat nicht, die Kreditgeber und Investoren vor solchen kommerziellen Risiken wie Kosten- und Zeitüberschreitungen, nachteiligen Entwicklungen der Wechselkurse und ineffizienten Betriebsleistungen zu schützen. Garantiezusagen für die Erfüllung vertraglicher Verpflichtungen haben den zusätzlichen Vorteil, daß sie staatliche Stellen zur Vertragstreue anhalten und die Verpflichtungen des Staates auf die Zeiten begrenzen, zu denen staatliche Stellen ihren Verpflichtungen nicht nachkommen.

Die staatlichen Stellen können auch Bürgschaften übernehmen, die eine bestimmte Rendite sicherstellen – eine Bürgschaftsform, die zu schlimmsten Anreizen führt – oder die Laufzeit des Darlehens verlängern. In beiden Fällen übernimmt der Staat ein kommerzielles Risiko.

Die Erfahrungen während eines ganzen Jahrhunderts zeigen, daß staatliche Garantieleistungen zwar manchmal wünschenswert sind, aber gleichzeitig auch unzuträgliche Anreize schaffen, die zu einem Mißmanagement des Projekts führen. Die staatliche Garantieverpflichtung ist sinnvoll, wenn das Länderrisiko in den Augen internationaler Investoren größer eingestuft wird, als es aufgrund der wirtschaftlichen Bedingungen angezeigt wäre; somit wären Garantieverpflichtungen reine Übergangsmaßnahmen zur Weckung eines breiten und sich selbst tragenden Interesses der Anleger.

Staatliche Garantieleistungen sind nicht immer notwendig, wie die Finanzierung von ProElectrica, dem kolumbianischen Kraftwerk, zeigt. Ein beträchtlicher Teil ausländischer Direkt- und Portfolioinvestitionen in Entwicklungsländern ist nicht durch Bürgschaften abgesichert; vielmehr war es das zugrundeliegende wirtschaftliche Umfeld, das diese Mittelzuflüsse mobilisierte.

Wenn also der Staat privaten Geldgebern Garantiezusagen anbietet, muß er feststellen, ob solche Garantien wirklich erforderlich sind, welche Art der Garantie abgegeben werden sollte und wie diese in der staatlichen Haushaltsrechnung zu berücksichtigen ist. Gleichzeitig müssen die Regierungen zu Maßnahmen greifen, die die Entwicklung privater Versicherungsmärkte ermöglichen.

übernehmen diese Stellen das Länderrisiko, indem sie kommerzielle Kredite absichern oder Finanzmittel direkt vergeben. Im Zeitraum von 1983 bis 1991 belief sich das Geschäftsvolumen von Exportfinanzierungsstellen auf 53,1 Mrd Dollar, wobei sich die Laufzeiten auf fünf Jahre und mehr erstreckten. Davon entfielen 60 Prozent auf die Infrastrukturfinanzierung, und zwar hauptsächlich im Zusammenhang mit der Einfuhr von Investitionsgütern. In ihrer engsten Form beschränkt sich die Bürgschaft oder Absicherung der Exportfinanzierungsstelle ausschließlich auf das Länderrisiko, und die Exporteure oder die Banken tragen die kommerziellen Risiken. In den meisten Fällen erstrecken sich die Garantieleistungen aber auf beide Risikoarten, und zwar nicht zuletzt, weil sich Länder- und kommerzielle Risiken nur schwer voneinander abgrenzen lassen. Da das Hauptmotiv für die Schaffung solcher Versicherungsmöglichkeiten darin liegt, die heimische Exportindustrie zu unterstützen (und damit die Beschäftigung im eigenen Land), haben die Prämien für die Exportfinanzierung erheblichen Subventionscharakter, obgleich sie im Gefolge von Verlusten während der achtziger Jahre angehoben wurden.

Beim unabhängigen Energieprojekt von Hopewell-Pagbilao auf den Philippinen trat zum ersten Mal der Fall auf, daß ein Darlehen von einer Außenhandelsbank nicht durch eine staatliche Rückbürgschaft gesichert war, womit die Bank unter gleichen Bedingungen arbeiten mußte wie private Kreditgeber. Die Kreditvergabe ohne Bürgschaftsabsicherung setzt die Außenhandelsbanken den gleichen Risiken aus wie andere Kreditgeber, wodurch sie angehalten werden, die Prüfung der Projekte und der Kreditwürdigkeit des Schuldners sowie die Projektüberwachung zu verbessern.

Um die Anziehungskraft der Entwicklungsländer für ausländisches Privatkapital zu vergrößern, haben verschiedene multilaterale Entwicklungsbanken, darunter die Weltbank und die Asiatische Entwicklungsbank, ein Bürgschaftssystem entwickelt. Die Kapitalmarkt-Bürgschaften der Weltbank werden eingesetzt, um den Zugang der Entwicklungsländer zu den internationalen Kapitalmärkten zu erleichtern; dies erfolgt durch eine Laufzeitenverlängerung entsprechender Kreditaufnahmen. Die Darlehensmittel können für Infrastrukturinvestitionen eingesetzt werden. Die Weltbank übernimmt auch Bürgschaften für die Projektfinanzierung – im Rahmen der Erweiterten Mitfinanzierungsfazilität (Extended Cofinancing Facility – ECO) –, um Länderrisiken im Zusammenhang mit Infrastrukturprojekten abzudecken. Die Fazilität dient dem verbesserten Zugang der Entwicklungsländer zu den internationalen Kapitalmärkten, und sie wurde beim Hub River-Projekt in Pakistan und beim Projekt eines Wärmekraftwerks in China eingesetzt. Die Multilaterale Investitions-Garantie-Agentur (Multilateral Investment Guarantee Agency – MIGA) – eine weitere Tochtergesellschaft der Weltbank – hat ebenfalls Bürgschaften für verschiedene Infrastrukturprojekte übernommen.

Institutionen und Instrumente zur Ressourcenmobilisierung

Wenn sich die Tendenz in Richtung privater Investitionen im Infrastrukturbereich fortsetzen soll, müssen die Finanzmärkte mit einer Bereitstellung der notwendigen langfristigen Mittel reagieren. Parallel zu den oben beschriebenen Innovationen bei der Strukturierung vertraglicher Vereinbarungen – die entscheidend für die Finanzierbarkeit des Projekts sind – sind einige Lehren für die Bereitstellung langfristiger Finanzierungsmittel durch alternative Institutionen und Instrumente gezogen worden.

Es wird notwendig sein, sowohl auf ausländische als auch auf inländische Kapitalquellen zurückzugreifen. Für viele Länder mit unzureichender Inlandsersparnis wird es auch weiterhin notwendig sein, sich auf ausländische Ersparnisse zu stützen. Die Möglichkeiten eines Landes, Zugang zu Auslandsmitteln zu erlangen, sind jedoch begrenzt, insbesondere im Falle der Kreditfinanzierung. Die Auslandskreditaufnahme muß überwiegend durch inländische Mittel bedient werden. Die Zahlungsbilanzrestriktionen insgesamt und die schiere Größe von Infrastrukturinvestitionen bedeuten für die Mehrzahl der Länder, daß ein dauerhaftes Infrastrukturprogramm durch eine Strategie zur Mobilisierung inländischer Mittel begleitet werden muß. Des weiteren wird ein wachsender Teil der Inlandsersparnisse aus privaten Quellen kommen müssen, da der Staat sein Engagement im Bereich der Infrastruktur zurückführt.

Als dominierender Eigentümer und Anbieter von Infrastruktur wird der Staat aber auch weiterhin ein Hauptnutzer von Finanzmitteln sein, ebenso wie er als Durchleitstelle für Mittel von multilateralen Entwicklungsbanken eine fortgesetzt wichtige Rolle spielen wird. Die Gemeindeverwaltungen (verantwortlich für die umfangreiche und wachsende städtische Infrastruktur) sind ein bedeutender Nachfrager nach Finanzmitteln. Um deren Bedürfnisse zu befriedigen, geht man neue Wege; hierzu gehört auch die Revitalisierung bestehender Finanzierungsinstitute im Bereich der Infrastruktur. Von staatlicher Seite werden auch spezielle Infrastrukturfonds gegründet (sie werden weiter unten besprochen); sie dienen als Übergangsmaßnahme zur Mobilisierung langfristiger Mittel in den Fällen, in denen die Privatfinanzierung aller Wahrscheinlichkeit nach nicht ausreichend ist. Spezialisierte Infrastrukturbanken und -fonds sind keine idealen Mechanismen; sie müssen sich zunehmend eine marktähnliche Disziplin aneignen, und ihre Nützlichkeit bedarf einer regelmäßigen Überprüfung.

Über die Kapitalmärkte können sich zwischen privaten Infrastrukturprojekten und inländischen Finanzintermediären Synergiebeziehungen entwickeln. Die Infrastrukturbetriebe und private Sparer (insbesondere Vertragssparer) haben gemeinsam, daß sie in einen langfristigen Zeithorizont eingebunden sind. In der Zusammenführung von Sparern und Investoren mit kompatiblen Erwartungen liegt die Aufgabe der Kapitalmärkte. Gleichzeitig verbessert die Finanzierung von Infrastrukturprojekten die Fähigkeit zur Projektbewertung, und sie vergrößert die Möglichkeiten zur Risikostreuung durch lokale Geschäftsbanken, durch Aktien- und Anleihemärkte sowie durch institutionelle Anleger (beispielsweise Versicherungsgesellschaften und Pensionsfonds). Die Ausnutzung solcher Verbindungen läßt sich dadurch steigern, daß ein solider Regulierungsrahmen geschaffen, die Offenlegungs- und Berichtsnormen verbessert sowie die Möglichkeiten zur Überprüfung der Kreditwürdigkeit und zur Absicherung von Kreditrisiken vergrößert werden.

Entwicklungsbanken im Infrastrukturbereich

In vielen Ländern spielen spezialisierte Entwicklungsbanken die Rolle einer Durchleitstelle für Mittel, die im Infrastrukturbereich eingesetzt werden; dies gilt vor allem für Infrastrukturobjekte auf Gemeindeebene, d.h. auf dem Gebiet der Wasserwirtschaft, der Abfuhr und Beseitigung von Festmüll und des örtlichen Straßenbaus. Für die

Gemeinden stellt die Kreditaufnahme bei solchen Instituten eine Aufstockung der sonstigen Mittel (aus Gemeindesteuern und Zuweisungen des Zentralstaates) dar, und sie soll einem Ausgleich der Ausgabenschwankungen oder der Vorsorge gegen starke Ausschläge der Einnahmen dienen.

In den Entwicklungsländern haben solche spezialisierten Entwicklungsbanken im Bereich der Infrastruktur unter allen Negativerscheinungen gelitten, die mit dem staatlichen Eigentum verbunden sind: Hierzu gehören eine unzureichende Zielorientierung der Mittel und eine Subventionierung der Kreditvergabe, die Einmischung in die betrieblichen Angelegenheiten und die Korruption. Eine unsachgemäße Risikostreuung führte gleichzeitig dazu, daß auf Zeiträume mit sehr starkem Bedarf eine Periode äußerst mangelhafter Nachfrage folgte. Darüber hinaus ist die traditionelle Funktion dieser Banken als Durchleitstelle für staatliche Mittel nicht vereinbar mit dem Trend in Richtung einer geringeren Inanspruchnahme öffentlicher Gelder und einer stärkeren Verwendung privater Ersparnisse zur Finanzierung der Infrastruktur.

In den Industrieländern mit einer gefestigteren Tradition hinsichtlich der Eigenverantwortlichkeit und Fähigkeit zur soliden Projektbewertung haben die Banken im Bereich der Infrastruktur bessere Ergebnisse aufzuweisen. In Japan bilden die Postsparkassen die wichtigste Quelle langfristiger Mittel, die von Instituten wie der Japanischen Entwicklungsbank zur Infrastrukturfinanzierung eingesetzt werden. Die Japanische Entwicklungsbank spielte in der Vergangenheit eine entscheidende Rolle in der Infrastrukturentwicklung, und selbst heute, im Zuge der Hinwendung zu öffentlich-privaten Partnerschaften, nimmt sie weiterhin eine vorrangige Stellung in der Finanzierung ein, und zwar meist zu erheblich subventionierten Zinssätzen. In Europa haben die Gemeindebanken – die ihre Mittel von Institutionen, die sich auf vertragliche Sparformen konzentrieren, sowie aus anderen langfristigen Quellen beziehen – im allgemeinen dort gut abgeschnitten, wo die Gemeinden im Tagesgeschäft ohne Einfluß von außen operieren können.

In den Entwicklungsländern gibt es dagegen nur wenige Gemeindebanken, die zu anhaltenden Investitionen in der Lage waren; Ursache hierfür waren überwiegend eine zu geringe Kapitalausstattung, mangelhafte finanzielle Disziplin und erhebliche Zahlungsrückstände. Zwar haben diese Banken dazu beigetragen, die bestehende Infrastruktur auszubauen; sie haben jedoch nur wenig getan, um die Gemeinden stärker in die Lage zu versetzen oder willens zu machen, diese zu erweitern und leistungsfähig zu betreiben. Zu den Ausnahmen gehört eine Einrichtung in Kolumbien, die Kreditvergaben von Geschäftsbanken für kommunale Infrastrukturprojekte refinanziert (Sonderbeitrag 5.9).

Aufgrund der bislang gewonnenen Erfahrungen lassen sich bestimmte pragmatische Grundsätze ableiten. Ein Spezialkreditinstitut läßt sich nur dann rechtfertigen, wenn die geschäftliche Seite seine Existenz erfordert und die damit einhergehenden technischen und verwaltungsmäßigen Kapazitäten vorhanden sind. Eine praktischere Alternative liegt in der Entwicklung und Verbesserung bestehender Finanzierungswege im Bereich der Geschäfts- und Entwicklungsbanken. In Argentinien war die Schaffung eines neuen Kreditinstituts für den Bereich der Wasserwirtschaft (COFAPyS) ein Fehlschlag. Neben Planungsfehlern, die ihre Refinanzierungsmög-

---

Sonderbeitrag 5.9 Erfolgreiche Kommunalkredite in Kolumbien

Die Erfahrungen Kolumbiens mit seinem Kommunalkreditinstitut markieren eine Erfolgsgeschichte mit einer mehr als zwanzigjährigen Vergangenheit. Das Kommunalkreditinstitut hat sich über mehrere Zwischenstufen zum Financiera de Desarrollo Territorial (FINDETER) fortentwickelt und arbeitet als selbständige Behörde unter dem Finanzministerium.

FINDETER vergibt keine Direktkredite an die Kommunen, sondern fungiert als Diskontierungsstelle für private und staatseigene Geschäftsbanken, die Darlehen herauslegen, Projekte bewerten und die Geschäftsentwicklung überwachen. Der Erfolg dieses Systems beruht auf der Qualität der Mitarbeiter von FINDETER und der kreditvergebenden Intermediäre. Unter der Kontrolle des Finanzministeriums war es relativ gut gegen politischen Druck abgeschirmt.

Zwischen 1975 und 1990 wurden über 1.300 Projekte im Wert von mehr als 1 Mrd Dollar finanziert und damit 600 Kommunen unterstützt. Die Finanzierung des Systems hängt nicht von Mittelbewilligungen aus dem Staatshaushalt ab, sondern stützt sich vielmehr auf die Begebung von Anleihen, die Darlehensrückflüsse und auf ausländische Kredite aus bilateralen und multilateralen Quellen.

lichkeiten einschränkten, war nicht zu erkennen, welche Vorteile die Bank im Vergleich zu den bestehenden Möglichkeiten zur Kanalisierung öffentlicher Entwicklungshilfe bieten konnte.

Ein langfristiges Ziel bestehender Spezialbanken im Bereich der Infrastruktur muß – im Zuge einer stärkeren kommerziellen Orientierung und Rechenschaftslegung – sein, daß sie ihr Portefeuille diversifizieren und künftig in privaten Besitz übergehen und einer privaten Kontrolle unterliegen; dabei würden sie, wenn möglich, als Universalbanken agieren. Bis dahin können sie einer stärkeren Disziplin unterworfen werden. So gibt es zum Beispiel in Marokko Bemühungen, um den Fond d'Equippement Communal (FEC) zu reformieren; hierbei handelt es sich um ein 1959 gegründetes Institut zur Finanzierung kommunaler Investitionen. Der FEC wird in eine eigenständige Agentur umgewandelt, die der Überwachung durch das Finanzministerium und die Zentralbank unterliegt; die Unternehmensleitung setzt sich hauptsächlich aus Beamten der Zentralregierung zusammen. Mit den Reformen erhält der FEC neue Richtlinien für den Geschäftsbetrieb, Kriterien für die Auswahl der Finanzierungsobjekte und finanzielle Zielvorgaben. Dies bedeutet keine Ideallösung; bis die Kapitalmärkte aber stärker entwickelt oder alternative Finanzierungsmechanismen verfügbar sind, ist die Revitalisierung von Institutionen, indem man sie stärkeren Rechenschaftspflichten unterwirft, ein gangbarer, pragmatischer Weg.

Blickt man nach vorn, so könnten Spezialinstitute im Bereich der Infrastrukturfinanzierung die Rolle eines Katalysators bei der Entwicklung der Kapitalmärkte spielen. In Indien wollen das neue und innovative Leasing- und Finanzierungsinstitut für Infrastruktur (Infrastructure Leasing and Financial Services) und die traditionellere Gesellschaft für Wohnungsbau und städtische Entwicklung (Housing and Urban Development Corporation, die dabei ist, ihre Rolle neu zu definieren), ihre Darlehen zu einem späteren Zeitpunkt an andere private Finanzierungsinstitute verkaufen, sobald die Projekte über eine eigene „Kreditgeschichte" verfügen. Geplant wird von ihnen auch, die ausstehenden Forderungen aus verschiedenen Projekten zu einem Paket zusammenzufassen und Investoren dann Anteile an diesen Paketen anzubieten. Ein anderes Spezialkreditinstitut im Bereich der Infrastruktur, BANOBRAS in Mexiko, sucht ebenfalls nach neuen Aufgabenbereichen, die mit einer stärkeren Privatisierung der kommunalen Infrastruktur in Einklang stehen. BANOBRAS spielt eine wichtige Rolle dabei, private Wasser- und Abwasserprojekte zu erleichtern, indem sie dafür bürgt, daß die Gemeinden für bereitgestellte Leistungen bezahlen (oder die Erstellung von Wasserrechnungen und deren Eintreibung erlauben). Gleichzeitig arbeitet BANOBRAS auf die Stärkung der Gemeindefinanzen hin; zu diesem Zweck verlangt sie als Vorbedingung für ihre Unterstützung eine bessere betriebliche und finanzielle Effizienz.

Für den Ausbau und die Instandhaltung der Infrastruktur sind die Kapazitäten der heimischen Bauindustrie ganz entscheidend; allerdings ist die Finanzierung von Baubetrieben recht schwierig, weil ihr Cash-flow starken Schwankungen unterliegt und sie nur begrenzt über Aktiva verfügen, die die Banken als Sicherheit anerkennen. In aller Regel liegt die Beleihungsgrenze von Zahlungszertifikaten, die von staatlichen Stellen ausgegeben werden, bei höchstens 60 Prozent. Häufige Zahlungsverzögerungen von seiten der öffentlichen Hand belasten die ohnehin schwierige Finanzposition von Bauunternehmen, die oft gezwungen sind, hochverzinsliche informelle Finanzquellen in Anspruch zu nehmen. Der Finanzbedarf der Bauindustrie läßt sich zum Teil durch örtliche Entwicklungs-Finanzgesellschaften decken, die Mittel an Baubetriebe weiterverleihen, die im Straßenbau oder ähnlichen Bauaktivitäten engagiert sind.

Auch spezialisierte Infrastruktur-Banken sind in die Finanzierung eingeschaltet. So bietet zum Beispiel BANOBRAS kurzfristige Darlehen für öffentliche Bautätigkeiten, wobei sie als Sicherheit die Außenstände des Bauunternehmens gegenüber der öffentlichen Stelle akzeptiert, die das Projekt betreibt; diese Praxis, so die Auffassung, habe erheblich zu der Entwicklung der mexikanischen Bauindustrie beigetragen. Im Rahmen ihrer treuhänderischen Aktivitäten unterhält BANOBRAS auch einen Spezialfonds, der bis zu 25 Prozent der Gesamtkosten eines Projekts bereitstellen kann, um die Anfangskosten eines Bauobjekts zu finanzieren. Eine derartige Finanzierung kann jedoch kein Ersatz für reguläre Zahlungen der staatlichen Stellen an die Bauunternehmen sein.

Neue Infrastrukturfonds

In den letzten Jahren sind zwei Arten von Infrastrukturfonds aufgekommen. Staatlich betriebene Infrastruktur-Entwicklungs-Fonds sind als Übergangsmechanismen konzipiert, die langfristige Finanzierungsmittel bereitstellen sollen, solange die

Kapitalmärkte noch nicht besser entwickelt sind. Private Fonds, deren Anzahl steigt, haben die wirtschaftlich nützliche Funktion, die Risiken der Anleger zu streuen. Als Übergangsform dienen diese Fonds zwei Zwecken. Sie ermöglichen eine Aufstockung der staatlichen Mittel oder der öffentlichen Entwicklungshilfe, indem sie Kofinanzierungen aus privaten Quellen mobilisieren. Daneben können sie auch Kreditnehmern, die als risikoreich angesehen werden, zu einer besseren Kreditwürdigkeit verhelfen; sie geben ihnen Gelegenheit, sich als verläßliche Schuldner zu erweisen. Mit der Zeit können diese Schuldner einen direkten Zugang zu den Kapitalmärkten gewinnen.

Der private Energie-Entwicklungsfonds in Pakistan und der private Energiefonds in Jamaika sind als Katalysatoren für die Privatfinanzierung von Energieprojekten konzipiert. In Reaktion auf das unterstellte Länderrisiko und einen Mangel an langfristigen Finanzierungsmitteln, die den Erfordernissen des Energiesektors entsprechen, stellt die jamaikanische Regierung durch den Energiefonds langfristige Mittel zur Verfügung (bis zu maximal 70 Prozent der Projektkosten); hiermit sollen private Investitionen angeregt werden. Zu den Fondsanlegern zählen die Weltbank und die Interamerikanische Entwicklungsbank. Ein weiteres Beispiel für Fonds in Entwicklungsländern, die zusätzliche Mittel mobilisieren sollen, ist die vorgeschlagene Thai-Garantie-Fazilität zur Finanzierung von Umwelt-Infrastruktur (siehe Sonderbeitrag 5.7). Diese Einrichtung vergibt keine Direktkredite für Infrastrukturprojekte, verbürgt aber Privatdarlehen an Kommunen und Privatunternehmen. Das Regional Development Account (RDA) in Indonesien ist ein Kreditsystem mit Übergangscharakter; es stellt darauf ab, die Finanzierung von Infrastrukturprojekten durch staatliche Transfers abzubauen und statt dessen stärker auf die Kreditfinanzierung zu verlagern. Hierdurch wird es den Kreditnehmern (hauptsächlich Kommunen) ermöglicht, sich als verläßliche Schuldner zu erweisen und an Kreditwürdigkeit zu gewinnen. Das RDA vergibt seine Mittel zu marktnahen Sätzen. Zielsetzung ist, den Kommunen drei bis fünf Jahre Zeit zu geben, um Maßnahmen zur Kostendeckung festzuschreiben und ein angemessenes Finanzmanagement unter Beweis zu stellen; damit würden sie in die Lage versetzt, direkt von Finanzinstituten oder Kapitalmärkten Mittel aufzunehmen.

Zu einer guten Konzeption solcher Inlandsfonds gehört, daß sie ihre Darlehen nach marktmäßigen Kriterien bewerten. Wichtig ist auch, Anreize für Privatinvestoren zu schaffen, eine kommerzielle Finanzierung anzustreben oder sich bei einer größeren Zahl von Aktienfonds zu engagieren und sicherzustellen, daß der Fondsmanager oder das eingeschaltete Finanzinstitut ein Interesse am Erfolg der finanzierten Projekte haben. Zwar können entsprechend konzipierte Fonds ein nützliches Instrument sein, solange sich die Kapitalmärkte noch in einer Entwicklungsphase befinden, das langfristige Ziel sollte jedoch sein, den Finanzsektor zu reformieren und die Kreditwürdigkeit der Schuldner zu verbessern.

In jüngerer Zeit sind eine Reihe privater Fonds gegründet worden, um internationales Kapital in den Infrastrukturbereich der Entwicklungsländer zu leiten. Sie bündeln das Risiko verschiedener Projekte, steigern damit die Verfügbarkeit der Mittel und senken die Kosten der Finanzierung. Diese Fonds mobilisieren Mittel durch Privatplazierungen bei institutionellen Anlegern, darunter auch Pensionsfonds. So könnte zum Beispiel ein Pensionsfonds, der wenig Interesse hat, sich direkt an einer gebührenpflichtigen Straße in Mexiko zu beteiligen, durchaus Interesse haben, sich an einem Fonds zu beteiligen, der in eine Vielzahl solcher gebührenpflichtiger Straßen investiert. Entsprechend der Praxis staatsgeförderter Fonds haben sich auch private Fonds bislang ganz überwiegend auf Energieprojekte konzentriert. Ein anhaltender Mittelzufluß in solche Fonds wird davon abhängen, ob die Investitionsmittel in solide Projekte mit glaubwürdigen Betreibern fließen und ob die regulativen Hürden für institutionelle Investoren schnell abgebaut werden.

Entwicklung der inländischen Kapitalmärkte

Das langfristige Ziel muß darin liegen, die inländischen Kapitalmärkte zu verbreitern und zu vertiefen, so daß sie als verläßliche und leistungsfähige Durchleitstellen für die Finanzierung der Infrastruktur dienen können. Um dorthin zu gelangen, bedarf es einer umfassenden Beteiligung der Investoren, einer Vielzahl von Marktmachern (Brokern, Händlern, Konsortialbanken) und einer breiten Palette von Finanzinstrumenten. Zudem benötigen die Märkte eine angemessene Offenlegung von Informationen, um die Effizienz sicherzustellen, sowie wirksame Gesetze, um die Anleger zu schützen.

In den meisten Entwicklungsländern sind die Voraussetzungen für eine effiziente und kommer-

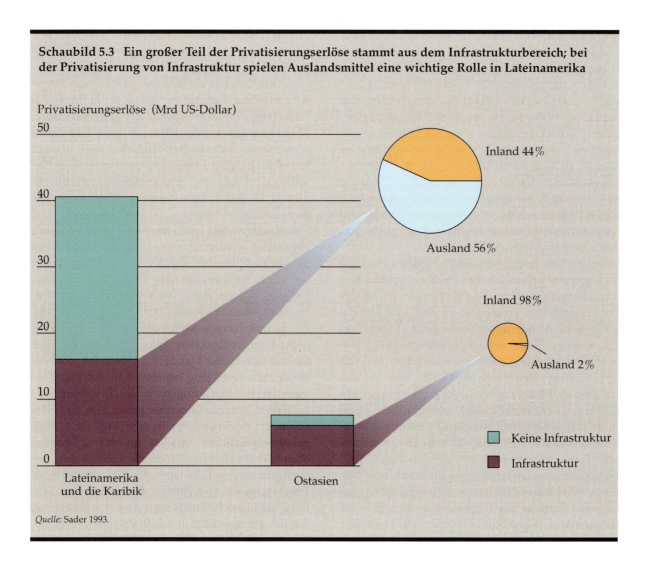

Schaubild 5.3 Ein großer Teil der Privatisierungserlöse stammt aus dem Infrastrukturbereich; bei der Privatisierung von Infrastruktur spielen Auslandsmittel eine wichtige Rolle in Lateinamerika

Quelle: Sader 1993.

zielle Finanzierung von Infrastrukturprojekten im Hinblick auf die Informationen und die vertraglichen Aspekte nicht gegeben. Private Institutionen wie Kreditbewertungsagenturen und öffentliche Stellen wie Regulierungs- und Aufsichtsbehörden sind notwendig, um einen angemessenen Informationsfluß zu den Anlegern zu gewährleisten, die Überwachung zu erleichtern und das Management zu disziplinieren. Die Liberalisierung im Finanzwesen und Maßnahmen zur Förderung des Wachstums des formellen Finanzsektors werden im Laufe der Zeit dazu beitragen, solche Versäumnisse zu überwinden.

Die Erfahrungen zeigen jedoch, daß eine Aktiennotierung und Anleiheemission durch Gesellschaften aus dem Infrastruktursektor oder zur Finanzierung von Projekten die Entwicklung des Kapitalmarktes vorantreiben kann, weil sie die Palette der Anlagemöglichkeiten vergrößert. Die Ausführungen an dieser Stelle verdeutlichen, daß die Entwicklung der Infrastruktur, die Strategien zur privaten Leistungsbereitstellung und die Entwicklung der Kapitalmärkte am besten im Rahmen einer integrierten Betrachtungsweise erfolgen sollten.

PRIVATISIERUNG. Die Privatisierung von Infrastrukturobjekten hat zu einem starken Aufschwung der örtlichen Aktienmärkte geführt. Von den Einnahmen in Höhe von insgesamt 61,6 Mrd Dollar, die die Entwicklungsländer im Zeitraum von 1988 bis 1992 durch die Privatisierung von staatseigenen Unternehmen erzielen konnten, stammten etwa ein Drittel (21 Mrd Dollar) aus der Privatisierung von Unternehmen des Infrastruktursektors. Die Gesamterlöse aus der Privatisierung im Bereich der Infrastruktur waren am höchsten in Lateinamerika, und zwar mit Schwerpunkt im Bereich der Telekommunikation (Schaubild 5.3). Einige asiatische Län-

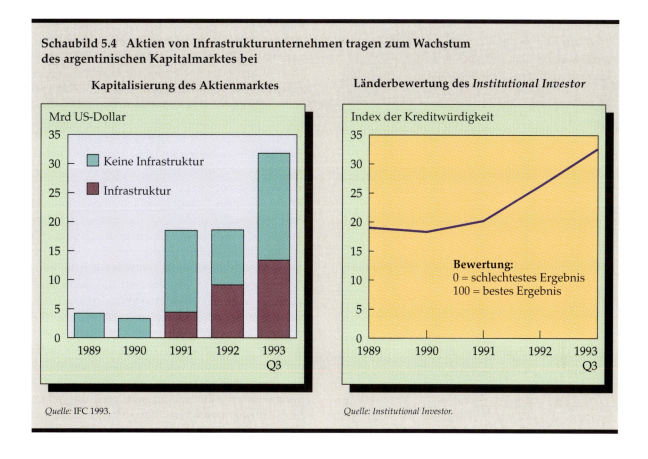

Schaubild 5.4 Aktien von Infrastrukturunternehmen tragen zum Wachstum des argentinischen Kapitalmarktes bei

Quelle: IFC 1993.

Quelle: Institutional Investor.

der, wie Malaysia und Korea, entschieden sich für eine Teilprivatisierung. Außerhalb von Lateinamerika und Asien spielte die Privatisierung aber bislang nur eine eingeschränkte Rolle.

Die Techniken, die für die Finanzierung der Privatisierung angewendet werden, haben Implikationen in Richtung einer Verbreitung des Aktienbesitzes und zugunsten der allgemeinen Entwicklung der Kapitalmärkte. Drei Privatisierungen im Telekommunikationsbereich – Empresa Nacional de Telecommunicaciones (ENTel) in Argentinien, Compañía de Teléfonos de Chile (CTC) in Chile und Teléfonos de Mexico (Telmex) in Mexiko – und eine im Bereich der Stromerzeugung (Chilgener in Chile) illustrieren die Implikationen der Privatisierung für die Finanzmärkte.

• Alle Unternehmen, mit Ausnahme von Chilgener, suchten nach einem strategischen (oder Haupt-) Investor, um damit Managementerfahrungen zu gewinnen und die Verpflichtung zu weiterem Wachstum zu schaffen.

• Ein erheblicher Teil der Aktien wurde der breiten Öffentlichkeit zum Kauf angeboten, und in allen Fällen wurden Aktien an die Belegschaft abgegeben.

• Erhebliche Erlöse durch das Angebot der Aktienbeteiligung in der ersten Runde und sich daran anschließende Kurssteigerungen an den Aktienmärkten haben diesen Unternehmen eine dominierende Stellung auf den jeweiligen inländischen Kapitalmärkten verschafft.

Die beiden argentinischen Telefongesellschaften vereinigen fast 40 Prozent der Marktkapitalisierung in Buenos Aires auf sich (Schaubild 5.4), und Telmex dominiert in Mexiko mit einem Anteil von 20 Prozent. Die umfangreichen Kapitalisierungen haben Finanzmittel von Pensionsfonds angelockt, wodurch die Grundlage für langfristige Kapitalzuflüsse in diese Märkte geschaffen wurde. Beträchtliche Renditen (insbesondere im Bereich Telekommunikation und Stromversorgung), wachsende Marktanteile für Infrastruktur-Unternehmen und ein zunehmendes Vertrauen der Investoren verstärken sich gegenseitig (Schaubilder 5.4 und 5.5).

Explizite und implizite Wachstumsverpflichtungen haben zu ehrgeizigen Investitionsprogrammen geführt, die zum Teil durch neue Aktienemissionen finanziert wurden; dies trug weiter zum Ausbau des heimischen Kapitalmarktes bei. Wie die zusammengefaßten Angaben belegen, waren solche Privatisie-

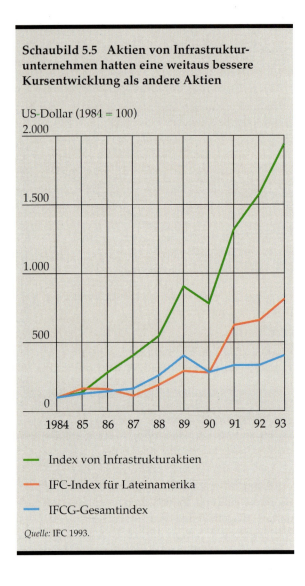

Schaubild 5.5 Aktien von Infrastrukturunternehmen hatten eine weitaus bessere Kursentwicklung als andere Aktien

— Index von Infrastrukturaktien
— IFC-Index für Lateinamerika
— IFCG-Gesamtindex

Quelle: IFC 1993.

rungen Ausgangspunkt beträchtlicher Devisenzuflüsse nach Lateinamerika. Die argentinische Regierung stützte sich bei der Privatisierung von ENTel auf das Instrument des Tauschs von Schulden gegen Eigenkapital (Debt-Equity-Swap), wodurch liquide Mittel in Höhe von 2,2 Mrd Dollar zuflossen und der Schuldenstand gegenüber Geschäftsbanken (zum Nennwert) um etwa 14 Prozent bzw. die gesamte Auslandsschuld um 7,7 Prozent zurückgeführt wurde. Diese privatisierten Gesellschaften haben auch erhebliche Portfolioinvestitionen angezogen, und zwar direkt in Form eines Anteilserwerbs an den Gesellschaften und indirekt mittels Instrumenten wie amerikanische Einlagen-Papiere (American depository receipts; siehe Sonderbeitrag 5.2).

ANLEIHEMÄRKTE. Über Anleihen zur Finanzierung von Infrastruktur läßt sich eine ganz neue Gruppe von Investoren gewinnen – etwa Pensionsfonds und Versicherungsgesellschaften, die langfristige, stabile Renditen anstreben. Im allgemeinen war es Aufgabe der Regierung, die Entwicklung der Rentenmärkte voranzutreiben. Die Anleihen des Staates markieren den Orientierungspunkt – hinsichtlich der Preisbewertung und der Fälligkeitsstruktur – für den Rentenmarkt insgesamt.

In den Entwicklungsländern steckt das Instrument der Anleihefinanzierung noch in den Kinderschuhen. Sogenannte Ertragsbonds (die zur Finanzierung von Infrastrukturprojekten „auf der grünen Wiese" eingesetzt und durch die Erträge des Projekts getilgt werden) sind eine neue Erscheinung in der Infrastrukturfinanzierung der Entwicklungsländer. Mittels dieser Anleihen wurden gebührenpflichtige Straßen in Mexiko und das Subic Bay-Kraftwerk auf den Philippinen teilweise finanziert. Unternehmens- oder Kommunalanleihen, die sich auf die Kreditwürdigkeit einer Gesellschaft oder einer Gebietskörperschaft stützen, gehören auch zum Instrumentarium von Infrastruktureinrichtungen; die Anleihen wurden aber meist auf den internationalen Märkten plaziert, weil die heimischen Anleihemärkte nicht ausreichend entwickelt sind.

Die Erfahrungen der Industrieländer bieten eine gewisse Orientierung. In den Industrieländern wird die kommunale Infrastruktur in weiten Teilen durch Anleihen finanziert. Dies hat auch zur Belebung der lokalen Anleihemärkte beigetragen. Die Kommunalbehörden emittieren die Anleihen direkt. In manchen Fällen tun sie sich mit anderen Kommunen zusammen, insbesondere wenn ihr Finanzierungsbedarf gering ist und sie nicht über eine besonders gute Kreditwürdigkeit verfügen. Aus Sicht des Anlegers waren Kommunalanleihen hoch rentierlich – teils, weil sie oft steuerbefreit sind. Doch auch die Risiken waren hoch, und oft verfügten die Märkte über nur geringe Liquidität. Mit Hilfe der Finanzierung über Kommunalanleihen lassen sich auch die Zwänge der Haushaltsdisziplin umgehen, und folglich entsteht die Gefahr, daß die Kommunen sich übermäßig verschulden und es dann zum Zahlungsausfall kommt; der Zentralregierung bleibt dann nichts anderes übrig, als in die Bresche zu springen. Neben der Disziplinierung durch die Märkte bedarf es daher auch einer strengeren Überwachung und rechtlicher Beschränkungen bei der kommunalen Verschuldung.

VERTRAGSSPAREN. Durch Infrastruktur-Gesellschaften und -Projekte wird das Angebot von langfristigen Anleihen auf dem Kapitalmarkt vergrößert. Damit der Markt aber gut funktioniert, bedarf es auch einer ausgleichenden Nachfrage nach solchen Rentenpapieren. Institutionen des Vertragssparens, wie Pensionsfonds oder Lebensversicherungsgesellschaften, eignen sich ganz besonders dafür, solche langfristigen Anlagen zu tätigen. Diese Institutionen vereinnahmen festgelegte Prämienzahlungen, verfügen über einen stetigen und verläßlichen Cash-flow und gehen langfristige Verbindlichkeiten ein; hierdurch werden sie zu idealen Anbietern langfristiger Finanzierungsmittel für Infrastrukturprojekte.

Chile hat auf sein System der Pensionsfonds zurückgegriffen, um die Privatisierung von öffentlichen Versorgungsbetrieben zu fördern; zu den Gesellschaften zählten das U-Bahn-System von Santiago, Soquimich (ein Chemie- und Bergbaubetrieb) und die CTC. Der Anteil der Pensionsfonds am Kapital dieser Gesellschaften beläuft sich auf 10 bis 35 Prozent, obwohl die Pensionsfonds weniger als 10 Prozent ihrer Mittel in Form von Aktienanteilen an Privatgesellschaften halten.

Das philippinische Sozialversicherungssystem errichtete kürzlich einen Darlehensfonds in Höhe von 4 Mrd Peso; der Fonds ist auf philippinische Energieprojekte ausgerichtet und wird von einheimischen Banken verwaltet. Mit dem Fonds werden Kredite bis zu einer Höhe von 200 Mio Peso und mit einer Laufzeit von fünfzehn Jahren an eine Bank herausgelegt, die diese Mittel dann an eine Gesellschaft des Energiesektors weiterleitet. Das Sozialversicherungssystem trägt somit nur das Ausfallrisiko seitens der Bank. Die Banken sind zuständig für die Projektbewertung und -überwachung, und sie können die Mittel auch durch Inanspruchnahme weiterer Quellen aufstocken. Auch auf den Philippinen tätige internationale Versicherungsgesellschaften mit nur mangelhaften Möglichkeiten zur langfristigen Anlage im Lande selbst ziehen nunmehr private Infrastrukturprojekte als ernstzunehmende Option zur Eingliederung in ihre Darlehensportefeuilles in Betracht. Sie vergeben jetzt Darlehen mit Laufzeiten von bis zu fünfzehn Jahren (wobei die Genehmigung der philippinischen Aufsichtsbehörde für das Versicherungswesen erforderlich ist).

In der Vergangenheit litten staatsbetriebene Pensionsfonds oft unter Mißwirtschaft und Mißbrauch. Damit solche Fonds auf den heimischen Kapitalmärkten eine wichtige Rolle spielen können, brauchen sie eine größere Selbständigkeit und ein professionelleres Management. Erfahrungen aus Lateinamerika zeigen, daß der öffentlichen Hand zugehörige Pensionsfonds, selbst wenn sie technisch selbständig sind, oft unter Druck geraten, staatliche Konsumausgaben und wenig rentable Investitionen zu finanzieren.

Es ist wenig wahrscheinlich, daß die Beschränkungen im Hinblick auf die Investitionen der Pensionsfonds entfallen. Um die individuellen Beitragszahler zu schützen, verbürgt sich der Staat für die Sicherheit der Pensionsfonds. Als Gegenstück wird verlangt, daß die Mittel solide investiert werden. Die chilenischen Regelungen schreiben Investitionsobergrenzen vor – hinsichtlich der Art der Investition und des Umfangs; gleichwohl werden diese Obergrenzen mit zunehmender Erfahrung gelockert. Das chilenische Modell von privat verwalteten, aber staatlich autorisierten und überwachten Pensionsfonds findet in Lateinamerika zunehmendere Verbreitung.

Von Bedeutung sind auch die Einstellungen und Möglichkeiten der Pensionsfonds in den Industrieländern zur Risikoübernahme; diese haben bislang nur begrenzte Investitionen in die Infrastruktur der Entwicklungsländer vorgenommen. Die Verfügbarkeit von Finanzierungsmitteln würde sich erheblich vergrößern, wenn die Regulierungs- und Aufsichtsbehörden in den Industrieländern die beträchtlichen Restriktionen lockern würden, die im Hinblick auf Anteile und Art von Vermögensanlagen bestehen, in die Pensionsfonds und andere institutionelle Anleger auf den Kapitalmärkten der Entwicklungsländer investieren dürfen.

Aussichten

Der Weg von der nach wie vor großen Abhängigkeit von staatlicher Finanzierung zum zukünftigen System einer stärkeren Privatfinanzierung wird wahrscheinlich lang und manchmal mühsam sein. Im Hinblick auf wichtige Tatbestände war die traditionelle Art der Infrastrukturfinanzierung zu einfach: Die Mittel flossen durch Kanäle, in denen oft wenig Sorgfalt waltete, weil die staatliche Einbindung den Kreditgebern ein gutes Ruhekissen bot. Die Entwicklung in Richtung auf ein offeneres und transparenteres System verlangt eine stärkere Kontrolle, und es muß mehr Aufwand geleistet werden, um zahlreiche unterschiedliche Interessen in Einklang miteinander zu bringen. Der Lohn dafür liegt in der Aussicht auf eine größere Rechenschaftslegung.

Die Möglichkeiten, die einem Land bei der Vielzahl der neuen Ansätze offenstehen, hängen von

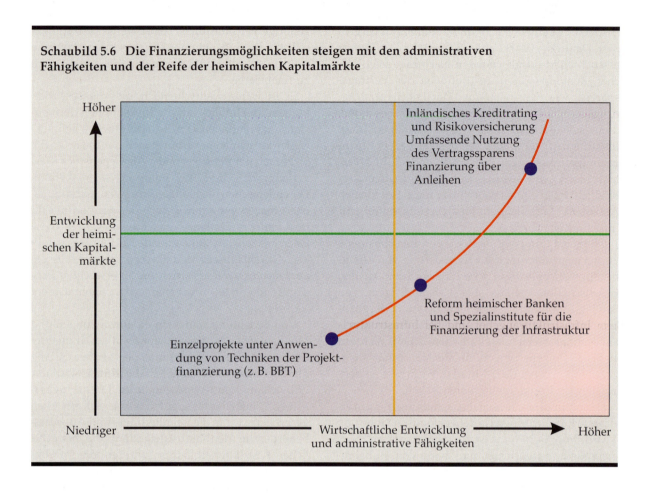

Schaubild 5.6 Die Finanzierungsmöglichkeiten steigen mit den administrativen Fähigkeiten und der Reife der heimischen Kapitalmärkte

seinen verwaltungsmäßigen Fähigkeiten und dem Zustand seiner Kapitalmärkte ab (Schaubild 5.6). Die Projektfinanzierung bildet die erste Sprosse auf der Leiter, und sie sollte grundsätzlich in allen Ländern erreichbar sein. In den Fällen, in denen die Fähigkeiten nicht ausreichend entwickelt sind, kann die Konzipierung eigenständiger Projekte mittels der Projektfinanzierung beträchtliche Anstrengungen und technische Hilfe durch internationale Stellen erfordern. Wo die Kapitalmärkte unterentwickelt sind und die Stellung der Finanzintermediäre schwach ist, mag die einzig offenstehende Alternative darin liegen, die Spezialkreditinstitute für den Bereich der Infrastruktur zu stärken. Wenn sich die Finanzintermediäre erst einmal gut entwickelt haben, können sie die Aufgabe übernehmen, die Entwicklung der inländischen Kapitalmärkte durch Bewertungs- und Konsortialaktivitäten voranzutreiben. Und sind schließlich Kreditbewertungsstellen errichtet und eine staatliche Rahmengesetzgebung für die Finanzmärkte in Kraft, so eröffnen sich andere Möglichkeiten; der Einsatz der langfristigen Ersparnisse über Institute des Vertragssparens sowie die Entwicklung einer Vielzahl von Finanzinstrumenten sollte ermöglicht werden können.

Die gute Nachricht ist, daß sich private Unternehmen in einer breiten Palette von Ländern und Projekten engagiert haben. Die Reform der Gesetze und Regulierungen ist bereits im Gange. Betriebe im Bereich der Infrastruktur werden privatisiert. Die ausländischen Direktinvestitionen durch Neuunternehmer auf dem Gebiet der Infrastruktur steigen; gleiches gilt für ausländische Portfolioinvestitionen. Schließlich stimmt auch das Wachstum der inländischen Kapitalmärkte optimistisch. Der Finanzbereich folgt dem Unternehmensbereich.

6

Prioritätensetzung und Reformpolitik

Beim Infrastrukturangebot und bei Infrastrukturinvestitionen besteht ein beträchtliches Potential für Leistungsverbesserungen, beträchtlich sind aber auch die Ressourcen, die in die Infrastruktur fließen. Die Notwendigkeit und die Zielrichtung von Reformen sind somit klar vorgegeben. Mehr Investitionen sind offensichtlich nötig, doch das allein wird die Verschwendung und Ineffizienz nicht vermeiden, die Instandhaltung nicht verbessern und die Zufriedenheit der Nutzer nicht erhöhen. Um solche Verbesserungen zu erreichen, sind vielmehr drei grundlegende Maßnahmen nötig: die Anwendung von unternehmerischen Grundsätzen beim Betrieb der Infrastruktureinrichtungen, die Anregung des Wettbewerbs durch Anbieter eines angemessen regulierten privaten Sektors und eine verstärkte Beteiligung der Nutzer und anderer Betroffener bei der Planung, Erstellung und Überwachung der Infrastrukturdienste. Diese Maßnahmen erfordern nicht nur Politikänderungen, sie verlangen auch nach fundamentalen institutionellen Reformen im „Geschäft" der Infrastruktur. Es gibt vier Hauptoptionen (vorgestellt in Kapitel 1), um Veränderungen durchzusetzen, die die Quantität und Qualität der Infrastruktur verbessern und die Kapazität der Infrastrukturdienste erweitern können.

Auswahl von Alternativen: Institutionelle Optionen und landesspezifische Verhältnisse

Institutionelle Optionen

Die vier institutionellen Optionen verkörpern verschiedene Möglichkeiten, wie Eigentumsrechte, Finanzierung, Betrieb und Unterhaltung sowie Risiken zwischen dem Staat und dem privaten Sektor aufgeteilt werden können (Tabelle 6.1). Diese Optionen stellen keine erschöpfende, wohl aber eine repräsentative Auswahl aus einem breiten Spektrum institutioneller Alternativen dar.

OPTION A: STAATLICHES EIGENTUM UND STAATLICHE BETRIEBSFÜHRUNG. In fast allen Sektoren liegen Eigentum und Betrieb von Infrastruktur gewöhnlich bei öffentlichen Einrichtungen, wie quasi-staatlichen öffentlichen Unternehmen, staatlichen Behörden oder Regierungsressorts. Diese sind wiederum Eigentum zentraler, regionaler oder lokaler Regierungsstellen, von denen sie auch kontrolliert werden. Wie in Kapitel 2 beschrieben, werden Dienstleistungen besser ausgeführt, wenn öffentliche Organisationen nach betriebswirtschaftlichen Grundsätzen geführt werden, unabhängig von Haushaltsplänen und dienstrechtlichen Beschränkungen arbeiten und nur den üblichen Regeln und Normen des Geschäftslebens unterworfen sind. Konkurrenz von privaten Unternehmen zwingt die öffentlichen Anbieter, ihre Leistungen zu steigern; sie sollte daher nicht durch regulatorische oder andere Barrieren eingeschränkt werden. Durch die Inanspruchnahme privater Vertragsunternehmer für klar definierte Leistungsbereiche, wie zum Beispiel die Unterhaltung öffentlicher Versorgungsbetriebe, gewinnt der private Sektor Erfahrungen, die bis hin zu einer Übernahme des gesamten Betriebs durch Leasing oder Konzession erweitert werden können (Option B), und zwar in dem Maß, wie das gegenseitige Vertrauensverhältnis im Rahmen der Partnerschaft zunimmt.

Tabelle 6.1 Die wichtigsten institutionellen Optionen für die Bereitstellung von Infrastruktur

Funktion	Option A – Öffentliches Unternehmen					Option B		Option C	Option D
	Regierungsabteilung	Traditionell	In eine Kapitalgesellschaft umgewandelt und kommerzialisiert	Mit Dienstleistungsvertrag	Mit Managementvertrag	Leasing	Konzession	Privates (einschließlich genossenschaftliches) Eigentum und privater Betrieb	Bereitstellung durch Nutzer oder Gemeinwesen („Selbsthilfe")
Eigentum des Anlagevermögens	Öffentlich	Öffentlich (mehrheitlich)				Öffentlich (mehrheitlich)		Privat (mehrheitlich)	Privat oder gemeinschaftlich
Sektorale Investitionsplanung, Koordination, Politik, Regulierung	Innerhalb der Regierung	Stamm-Ministerium	Stamm-Ministerium oder separate öffentliche Behörde			Öffentliche Behörde in Einvernehmen mit privatem Betreiber		Keine oder öffentliche Behörde	Keine oder öffentliche Behörde
Kapitalfinanzierung (Anlagevermögen)	Staatshaushalt	Subventionen und öffentliche Darlehen	Vorwiegend marktmäßige Finanzierung			Öffentlich	Privater Betreiber	Privat	Privat
Laufende Finanzierung (Umlaufvermögen)	Staatshaushalt	Vorwiegend Subventionen	Vorwiegend Betriebseinnahmen			Privater Betreiber		Privat (Regierung zahlt ggf. für Verbindlichkeiten des öffentlichen Dienstes)	Privat
Betrieb und Unterhaltung	Regierung	Öffentliches Unternehmen		Privater Betreiber für bestimmte Dienste	Privater Betreiber	Privater Betreiber		Privat	Privat
Gebühreneinzug	Regierung	Regierung oder öffentliches Unternehmen	Öffentliches Unternehmen			Privater Betreiber		Privat	Privat
Weitere Merkmale: Leitungsbefugnis	Regierung	Öffentliches Unternehmen			Privater Betreiber	Privater Betreiber		Privat	Privat
Träger des Geschäftsrisikos	Regierung	Öffentliches Unternehmen			Vorwiegend öffentlich	Privater Betreiber		Privat	Privat
Grundlage für die Abgeltung privater Gruppen	Nicht zutreffend			Feste Vergütung für geleistete Dienste	Basierend auf Dienstleistungen und Ergebnissen	Abhängig vom Erfolg abzüglich einer Grundgebühr für die Nutzung vorhandener Anlagen		Privat bestimmt	Privat bestimmt
Typischer Zeithorizont	Keine Begrenzung			Weniger als 5 Jahre	Etwa 3–5 Jahre	5–10 Jahre	10–30 Jahre	Keine Begrenzung	Keine Begrenzung

OPTION B: STAATLICHES EIGENTUM BEI PRIVATER BETRIEBSFÜHRUNG. Durch Konzession oder Leasing kann der öffentliche Sektor den Betrieb von Infrastruktureinrichtungen (einschließlich der unternehmerischen Risiken) und die Verantwortung für Neuinvestitionen dem privaten Sektor übertragen. Wie weiter unten genauer ausgeführt wird, variieren die Rechte zur Nutzung von öffentlichem Eigentum oder zum exklusiven Angebot bestimmter Dienstleistungen zwischen den Infrastruktursektoren. Leasing von Hafenanlagen schließt die Nutzung der öffentlichen Einrichtungen ein, während in kommunalen Müllbeseitigungsverträgen zwar Dienstleistungsrechte gewährt werden, aber üblicherweise nicht die exklusive Nutzung öffentlicher Einrichtungen. Leasingvereinbarungen und Konzessionen erlauben privatwirtschaftliches Management und privatwirtschaftliche Finanzierung, ohne daß bestehende Organisationen aufgelöst oder sofort neue Regulierungsgrundsätze erstellt werden müßten.

OPTION C: PRIVATEIGENTUM UND PRIVATE BETRIEBSFÜHRUNG. Privates (einschließlich genossenschaftliches) Eigentum und privater Betrieb sind für den privaten Sektor am attraktivsten, wenn zum einen sichere Einkünfte aus Nutzungsgebühren erwartet werden und zum anderen die unternehmerischen und politischen Risiken gering sind. Diese Option kommt am ehesten bei Aktivitäten zur Anwendung, die für ein wettbewerbsmäßiges Angebot geeignet sind, wie in den Bereichen Telekommunikation, Strom, Gas, Eisenbahnen und Häfen (mit einer adäquaten Gebührenpolitik); sie eignet sich weniger für die Abfallbeseitigung und am allerwenigsten für Landstraßen.

OPTION D: LEISTUNGSBEREITSTELLUNG DURCH DAS GEMEINWESEN UND DIE BENUTZER. Für städtische und lokale Dienste kann die Bereitstellung kleinerer Infrastrukturen – wie dörfliche Zubringerwege, Wasser- und Sanitäranlagen, Kanäle oder kleine, vom nationalen Netz unabhängige Kraftwerke – durch die Nutzer oder kommunale Selbsthilfe-Einrichtungen effektive und preiswerte Leistungen in vielen Bereichen bieten. Voraussetzung ist, daß diejenigen, die zu den Kosten beitragen, gleichzeitig die hauptsächlichen Nutznießer sind. Kommunale Selbsthilfe-Einrichtungen müssen vor Ort gewählt, gestaltet und implementiert werden – sie dürfen nicht von außen aufgezwungen werden. Sie stellen außerdem in informellen, randstädtischen Ansiedlungen oder ländlichen Gegenden oft den einzig gangbaren Weg dar, jedenfalls solange, bis formelle Angebotssysteme ihr Netzwerk entsprechend erweitert haben.

In den vorangegangenen Kapiteln wurden die Erfahrungen mit jedem dieser institutionellen Arrangements diskutiert und die Faktoren erläutert, die zu ihrem Erfolg oder Mißerfolg beitragen. Die wichtigsten Erfolgsbedingungen in jedem dieser Fälle sind in Sonderbeitrag 6.1 zusammengefaßt.

Länderbedingungen

Letztendlich werden die Reformoptionen eines jeden Landes dadurch bestimmt, was nötig und was möglich ist. Quantität, Reichweite und Qualität der bestehenden Infrastruktureinrichtungen sowie ihre Fähigkeit, die gegenwärtigen und zukünftigen Bedürfnisse der Nutzer zu befriedigen, definieren das, was nötig ist. Was möglich ist, wird durch die institutionelle Kapazität eines Landes bestimmt, kommerzielle und konkurrenzfähige Infrastrukturleistungen anzubieten. Dazu gehören die organisatorischen und technischen Fähigkeiten im öffentlichen und im privaten Sektor, die Fähigkeit des Staates, ein Umfeld für erfolgreiche private Aktivitäten zu schaffen sowie das Interesse und die Reaktionen des privaten Sektors. Die Reformimplikationen werden hier für vier Ländertypen illustriert: Länder mit niedrigem Einkommen; Länder, die sich im Übergangsprozeß aus der Planwirtschaft befinden (Übergangsländer); Länder mit mittlerem Einkommen, die Wirtschaftsreformen durchführen (darunter viele, die Phasen schwachen Wachstums hinter sich haben) (Reformländer); wachstumsstarke Länder.

WAS WIRD BENÖTIGT? Das aktuelle Leistungsangebot und dessen voraussichtliche Zunahme, aber auch Veränderungen der Nachfrage, bestimmen die Prioritäten im Bereich der Infrastruktur. Die Angebotsindikatoren (Versorgungsgrad und Infrastrukturleistung) und die Nachfrage (Wirtschaftswachstum und demographische Verschiebungen) variieren innerhalb der vier Ländertypen beträchtlich (Tabelle 6.2) – ebenso unterschiedlich ist auch ihr Infrastrukturbedarf. In Ländern mit niedrigem Einkommen ist der Versorgungsgrad meist unzureichend, und die Leistungsfähigkeit der Infrastruktur ist tendenziell schwach; fast jeder Leistungsindikator ist im Durchschnitt dreimal schlechter als in den OECD-Ländern. Zudem wird bei einem Wachstum der Stadtbevölkerung von 6 Prozent die Nachfrage nach Infrastruktur rasch zunehmen. Im Gegensatz

> **Sonderbeitrag 6.1 Erfolgsbedingungen bei alternativen institutionellen Lösungen**
>
> **Option A:**
> **Staatliches Eigentum und staatliche Betriebsführung**
>
> • Die Funktionen des Staates als Eigentumer, Regulierungsinstanz und Betreiber sind klar getrennt.
> • Es erfolgen keine staatlichen Eingriffe in die einzelnen Bereiche der Betriebsführung.
> • Die öffentlichen Unternehmen unterliegen den allgemeinen Handelsgesetzen, Rechnungslegungs- und Rechnungsprüfungsgrundsätzen (der Betrieb erfolgt „auf gleicher Ebene" mit privaten Unternehmen).
> • Die Tarifgestaltung erfolgt – soweit angebracht – nach dem Kostendeckungsprinzip, das Unternehmen unterliegt „harten" Budgetrestriktionen.
> • Sofern Verpflichtungen für öffentliche Dienstleistungen bestehen, werden diese geplant und explizit durch staatliche Transferzahlungen vergütet.
> • Manager werden anhand der beruflichen Qualifikationen ausgewählt und angemessen entlohnt.
> • Es gibt geeignete Mechanismen, die für Rückmeldungen der Benutzer sorgen.
> • Bestimmte Aktivitäten und Funktionen, die getrennt („entflochten") werden können, stehen privaten Unternehmen offen (z. B. durch Leistungsauslagerungen).
> • Bei Bedarf werden privatwirtschaftliche Managementfertigkeiten eingesetzt (z. B. durch Managementverträge).
> • Der private Sektor wird an Eigentum und Kontrolle beteiligt (z. B. als Minderheitsaktionär).
>
> **Option B:**
> **Staatliches Eigentum bei privater Betriebsführung**
>
> • Es bestehen gesetzliche Grundlagen für die Vertragsgestaltung, einschließlich glaubwürdiger Durchsetzungsmechanismen.
> • Die Verträge legen kontrollierbare Leistungsziele genau fest, mit Verantwortlichkeiten für die Eigner und Betreiber; es gibt Verfahren für regelmäßige Prüfungen (insbesondere zur Berücksichtigung unvorhergesehener Änderungen der Produktionskosten) sowie Mechanismen zur Konfliktlösung und Sanktionen bei Nichterfüllung vertraglicher Leistungen.
> • Die Vertragszuteilung beruht auf einem transparenten Auswahlprozeß, vorzugsweise aus konkurrierenden Angeboten.
>
> **Option C:**
> **Privateigentum und private Betriebsführung**
>
> • Eine geeignete Umstrukturierung von Subsektoren auf wettbewerbsmäßige Bedingungen ist erfolgt.
> • Faktische und satzungsgemäße Beschränkungen des Marktzugangs für Private (z. B. Rationierung von Krediten und ausländischen Zahlungsmitteln) sind beseitigt.
> • Regulierungen zum Schutz des öffentlichen Interesses sind in Kraft, für den Fall, daß die Disziplinierung durch den Wettbewerb nicht ausreicht und um den Zugang neuer privater Anbieter zu Netzwerkeinrichtungen zu sichern.
>
> **Option D:**
> **Leistungsbereitstellung durch das Gemeinwesen und die Nutzer**
>
> • Beteiligung der Nutzer oder Kommunen bereits im frühesten Planungsstadium, um die Zahlungsbereitschaft zu sichern und die Eigentumsbindung herzustellen.
> • Die Beteiligung der Begünstigten erfolgt durch geeignete organisatorische Regelungen sowie durch Natural- oder Geldbeiträge.
> • Unterstützung der Nutzergruppe durch Ausbildung und technische Hilfe seitens sektoraler Instanzen oder nichtstaatlicher Organisationen.
> • Den technischen Erfordernissen einer Verknüpfung mit primären oder sekundären Infrastruktur-Netzwerken wird – sofern relevant – angemessene Beachtung geschenkt.
> • Es wird gut ausgebildetes, angemessen entlohntes und zuverlässiges Personal eingesetzt.

dazu erfreuen sich die Übergangsländer eines hohen Versorgungsgrades und relativ guter technischer Leistungen. Die wesentliche Herausforderung besteht hier darin, das Angebot umzuorientieren, um es den durch die ökonomische Umstrukturierung veränderten Nachfragestrukturen anzupassen. Die Reformländer weisen einen relativ hohen Versorgungsgrad bei schwächeren Infrastrukturleistungen auf, vornehmlich im Bereich der Instandhaltung. Höchste Priorität hat hier eine Effizienzsteigerung, damit die für eine Wachstumsbelebung benötigten Dienstleistungen bereitgestellt werden können. Die wachstumsstarken Länder weisen einen vergleichsweise guten Versorgungsgrad und eine leistungsfähige Infrastruktur auf. Für sie besteht die Herausforderung darin, möglichst schnell die wachsenden Ansprüche an Infrastruktur jeden Typs zu befriedigen, um so zum einen ihr durchschnittliches jährliches Wachstum von 7 Prozent nachhaltig zu sichern und zum anderen die Bedürfnisse einer um 4 Prozent pro Jahr wachsenden Stadtbevölkerung zu erfüllen.

WAS IST MÖGLICH? Die Grenzen des Möglichen werden durch die Fähigkeiten eines jeden Landes gezogen, Reformen durchzuführen, die sich durch drei Charakteristika auszeichnen. Das sind erstens die organisatorischen und technischen Kapazitäten des Landes. Die Bereitstellung von Infrastruktur stellt eine komplexe technische Aktivität dar, für die Ingenieure und andere Fachleute ebenso benötigt werden wie Manager, die sich an den Bedürfnissen der Konsumenten zu orientieren vermögen. Zweitens ist ein für die Beteiligung des privaten Sektors förderliches Umfeld notwendig, das Investitionen attraktiv erscheinen läßt und sie in produktive Bahnen lenkt. Engagement und Integrität der Regierung sowie die Stärke der vorhandenen Institutionen definieren dieses Umfeld. Die Attraktivität für langfristige Investitionen hängt von einem stabilen makroökonomischen und strukturpolitischen Klima ab. Ebenso wichtig sind wirtschaftsfördernde Institutionen und Strukturen, wie zum Beispiel ein gut funktionierendes Rechts- und Finanzsystem. Die regulatorischen und institutionellen Kapazitäten zur Förderung des öffentlichen Interesses (wie in den Kapiteln 3 und 4 diskutiert) sind ein unerläßlicher Bestandteil eines guten Klimas für privates Engagement. Drittens muß der private Sektor willens und in der Lage sein, die für die Erstellung, die Finanzierung und den Betrieb von Infrastruktur benötigten Ressourcen zu kombinieren.

In Ländern mit niedrigem Einkommen sind alle drei Dimensionen der Leistungsfähigkeit – technische Kapazität, günstiges Umfeld und Privatinteresse – gewöhnlich nur in geringem Maß vorhanden. Aber einige Länder in dieser Gruppe, wie zum Beispiel Indien, weisen schon aufgrund ihrer Größe umfassendere technische Kapazitäten und ein größeres Engagement des privaten Sektors auf, wodurch sie sich in gewisser Weise von den anderen Ländern unterscheiden. In den Übergangsländern sind die technischen Fähigkeiten groß, ein für marktwirtschaftliche Aktivitäten günstiges Umfeld ist jedoch erst im Entstehen begriffen (und die Kapazitäten des privaten Sektors müssen sich neu entwickeln). Die Reformländer weisen im allgemeinen hohe technische und organisatorische Fähigkeiten sowie ein relativ stabiles und günstiges Umfeld auf. In vielen dieser Länder ist jedoch die Leistungsfähigkeit des privaten Sektors durch ein niedriges Wirtschaftswachstum eingeschränkt. Die wachstumsstarken Länder haben im allgemeinen hochentwickelte technische Kapazitäten, ein günstiges Geschäftsklima, und es besteht ein lebhaftes Interesse des privaten Sektors, so daß sie alle institutionellen Optionen nutzen können.

Unterschiede in der Leistungsfähigkeit der Länder wirken sich auf die Wahl der Reformen aus. Die

Tabelle 6.2   Länderspezifische Versorgungsniveaus und Infrastrukturleistungen

Indikator	Länder mit niedrigem Einkommen	Übergangsländer	Reformländer mit mittlerem Einkommen	Wachstumsstarke Länder	OECD-Länder
Versorgungsgrad mit Infrastruktur					
Telefon-Hauptanschlüsse je 1.000 Personen	3	95	73	122	475
Haushalte mit Trinkwasserversorgung (Prozent)	47	95	76	86	99
Haushalte mit Stromversorgung (Prozent)	21	85	62	61	98
Infrastrukturleistungen					
Fehlende Diesel-Lokomotiven (Prozent)	55	27	36	26	16
Ungeklärtes Wasser (Prozent)	35	28	37	39	13
Befestigte Straßen in schlechtem Zustand (Prozent)	59	50	63	46	15
Verlustrate von Energiesystemen (Prozent)	22	14	17	13	7
Basisindikatoren					
BSP pro Kopf, 1991 (U.S. Dollar)	293	2.042	1.941	3.145	20.535
BSP pro Kopf, durchschnittliche jährliche Wachstumsrate 1980–91 (Prozent)	–0,2	1	–0,6	5	2
Bevölkerung, durchschnittliche jährliche Wachstumsrate 1980–91 (Prozent)					
In Stadtregionen	6	1	3	4	1
Insgesamt	3	0,3	2	2	0,5

Quellen: Anhang Tabelle A.1; Kennzahlen der Weltentwicklung, Tabellen 1, 25, 31, 32.

institutionellen Arrangements unterscheiden sich sowohl in den Anforderungen, die sie an die administrativen und regulatorischen Ressourcen des Staates stellen als auch in dem Grad ihrer Abhängigkeit von einer Beteiligung des privaten Sektors. Wie in Kapitel 3 diskutiert, hängt die Wahl zwischen Konzessionsvergabe und Privatisierung in hohem Maß davon ab, ob die Beteiligung des privaten Sektors auf Vertragsbasis oder besser durch eine Behörde reguliert werden soll. Wo das ökonomische Umfeld unsicher oder erst im Entstehen begriffen ist (wie in den Ländern mit niedrigem Einkommen oder in den Übergangsländern), dürfte es einfacher sein, den privaten Sektor durch vertragliche Vereinbarungen zu beteiligen, weil diese im voraus ausgehandelt werden können und die Eigentumsverhältnisse unverändert bleiben. Auf diese Weise wird das private Kapital einem geringeren Risiko ausgesetzt. Außerdem können private Investitionen für eine Ausweitung des Systems gewonnen werden. Wie in Kapitel 5 erläutert, sind zur Induzierung privater Investitionen im allgemeinen entweder Privateigentum oder langfristige Konzessionen erforderlich. Die administrativen Kapazitäten, die für Verträge oder die Überführung in Privateigentum notwendig sind, hängen davon ab, wie groß der Regulierungsbedarf ist. Wo freier Marktzugang in einem wettbewerblichen Umfeld zugelassen werden kann, würde die Einbeziehung des privaten Sektors lediglich – allen Sektoren gemeinsame – Regulierungen erfordern, um faire Geschäftspraktiken sicherzustellen, die Sicherheit zu gewährleisten sowie die Gesundheit und die Umwelt zu schützen.

Die Wahl zwischen den Alternativen ist nicht einfach. Ein schlechtes Dienstleistungsangebot des öffentlichen Sektors legt oft eine umfangreichere private Beteiligung nahe. In dem Ausmaß, wie unbefriedigende Ergebnisse des öffentlichen Sektors bei Aktivitäten in natürlichen Monopolen auftreten, mag eine private Beteiligung beim Fehlen geeigneter Kontrollvorschriften nicht wünschenswert sein. Wenn die öffentlichen Stellen aber administrativ nicht in der Lage sind, solche Vorschriften zu erlassen oder – grundsätzlicher – die Regierungstätigkeit unglaubwürdig ist, dann ist eine wohlgeordnete privatwirtschaftliche Alternative nicht möglich. Ist eine Wahl zwischen höchst unbefriedigenden Optionen zu treffen, dann müssen die Länder abwägen, ob sie ein minimal reguliertes privates Monopol, das seine Leistungen ausweiten und einen halbwegs effizienten Betrieb führen kann, oder ein öffentliches Monopol vorziehen, das einen unbefriedigenden Service zu hohen Kosten für den Steuerzahler bietet. Zur Minimierung der mit Konzessionen und Privatisierungen einhergehenden Risiken für die öffentliche Wohlfahrt sind öffentliche Kontrollen und Transparenz nötig, um bei privater Beteiligung „Vetternwirtschaft" zu vermeiden, die schnell einen bitteren Nachgeschmack hinterlassen kann. Die Schaffung von Wettbewerb ist in vielen Fällen der wichtigste Schritt, um größere Effizienz bei privaten und öffentlichen Betreibern zu erreichen; die Ergebnisse der verbleibenden öffentlichen Unternehmen können durch Instrumente wie Leistungsauslagerungen bei bestimmten Diensten weiter verbessert werden. In den wachstumsstarken Ländern sind die Leistungen öffentlicher Stellen oft recht zufriedenstellend. Obwohl das private Beteiligungspotential in diesen Ländern größer ist, mag die Dringlichkeit von Reformen geringer sein.

Die Wahl der institutionellen Option kann die Entwicklung der heimischen Kapazitäten beeinflussen. Durch Konzessionen oder Managementverträge können spezifische – intern nicht vorhandene – Fachkenntnisse ins Land geholt werden. Thailand hat bei der Entwicklung seiner Bewässerungssysteme, der Eisenbahn und der Luftfahrt ausländische Erfahrungen in Anspruch genommen; Côte d'Ivoire hat durch Vergabe von Wasserversorgungskonzessionen die Fertigkeiten von im Ausland lebenden Bürgern an einheimisches Personal weitergeben können. Verträge und Leistungsauslagerungen können auch einen Beitrag zur Entwicklung einer gesunden einheimischen Bau- und Consultingindustrie leisten und dabei die Fähigkeiten ehemaliger öffentlicher Angestellter umsetzen. Durch eine sorgfältige Vertragsgestaltung und -kontrolle lassen sich oft Kompetenz und Erfahrung in den heimischen privaten Sektor selbst der ärmsten Länder einbringen. So liegt jetzt in vielen afrikanischen Ländern die Unterhaltung von Straßen in privaten Händen.

Sektoraler Reformkatalog

Trotz der Bedeutung der Ländercharakteristika sind die sektoralen Merkmale für die Wahl zwischen institutionellen Optionen entscheidend. Folgende Merkmale bestimmen die „Marktfähigkeit" von Infrastrukturaktivitäten: Produktionstechnologien, die auf ein natürliches Monopol hinauslaufen, die öffentliche Natur des Konsums, beschränkte Kostendeckung, Verteilungsbelange und die Bedeutung von „Spillover-Effekten". In Tabelle 6.3 ist die

Tabelle 6.3 Die Angebotsmöglichkeiten für den privaten Sektor unterscheiden sich innerhalb der Infrastrukturbereiche

		Wettbewerbspotential[a]	Charakteristika der Güter und Dienste	Potential für Kostenerstattung durch Nutzungsgebühren	Verpflichtungen zu öffentlichen Dienstleistungen (Verteilungsbelange)	Externe Umwelteffekte	Marktfähigkeitsindex[b]
Telekom	Lokale Dienstleistungen	Mittel	Privat	Hoch	Mittel	Niedrig	2,6
Telekom	Ferngespräche und zuschlagpflichtige Dienste	Hoch	Privat	Hoch	Wenige	Niedrig	3,0
Energie/Gas	Wärmekraftwerke	Hoch	Privat	Hoch	Wenige	Hoch	2,6
Energie/Gas	Übertragung	Niedrig	Gemeinsam (Klub)	Hoch	Wenige	Niedrig	2,4
Energie/Gas	Verteilung	Mittel	Privat	Hoch	Viele	Niedrig	2,4
Energie/Gas	Gasgewinnung und -übertragung	Hoch	Privat	Hoch	Wenige	Niedrig	3,0
Verkehr	Schienennetz und Bahnhöfe	Niedrig	Gemeinsam (Klub)	Hoch	Mittel	Mittel	2,0
Verkehr	Bahnfracht und Passagierdienste	Hoch	Privat	Hoch	Mittel	Mittel	2,6
Verkehr	Stadtbusse	Hoch	Privat	Hoch	Viele	Mittel	2,4
Verkehr	Stadtbahnen	Hoch	Privat	Mittel	Mittel	Mittel	2,4
Verkehr	Landstraßen	Niedrig	Öffentlich	Niedrig	Viele	Hoch	1,0
Verkehr	Primäre und sekundäre Straßen	Mittel	Gemeinsam (Klub)	Mittel	Wenige	Niedrig	2,4
Verkehr	Städtische Straßen	Niedrig	Gemeineigentum	Mittel	Wenige	Hoch	1,8
Verkehr	Hafen- und Flughafenanlagen	Niedrig	Gemeinsam (Klub)	Hoch	Wenige	Hoch	2,0
Verkehr	Hafen- und Flughafendienste[c]	Hoch	Privat	Hoch	Wenige	Hoch	2,6
Wasser	Städtische Leitungsnetze	Mittel	Privat	Hoch	Viele	Hoch	2,0
Wasser	Systeme ohne Rohrleitungen	Hoch	Privat	Hoch	Mittel	Hoch	2,4
Sanitärwesen	Abwasserkanäle und Klärung	Niedrig	Gemeinsam (Klub)	Mittel	Wenige	Hoch	1,8
Sanitärwesen	Haushaltseigene Systeme	Mittel	Gemeinsam (Klub)	Hoch	Mittel	Hoch	2,0
Sanitärwesen	Entsorgung an Ort und Stelle	Hoch	Privat	Hoch	Mittel	Hoch	2,4
Abfall	Abfallsammlung	Hoch	Privat	Mittel	Wenige	Niedrig	2,8
Abfall	Hygienische Entsorgung	Mittel	Gemeineigentum	Mittel	Wenige	Hoch	2,0
Bewässerung	Primäre und sekundäre Netzwerke	Niedrig	Gemeinsam (Klub)	Niedrig	Mittel	Hoch	1,4
Bewässerung	Tertiäre Systeme (zum Betrieb gehörig)	Mittel	Privat	Hoch	Mittel	Mittel	2,4

Zeichenerklärung zum Grad der Marktfähigkeit:
- = 1,0 (am wenigsten marktfähig)
- = 2,0
- = 3,0 (am ehesten marktfähig)

a. Aufgrund fehlender Skalenerträge oder einmaliger Produktionskosten oder wegen vorhandener Dienstleistungssubstitute.
b. Der Marktfähigkeits-Index ist der Durchschnitt der Zeilenwerte.
c. Einschließlich Beförderung von Frachtgut, Verschiffung und Fluggesellschaften.

unterschiedliche Marktfähigkeit von Infrastrukturaktivitäten sowohl innerhalb als auch zwischen den Sektoren dargestellt. Jeder Aktivität ist eine Ziffer zwischen 1 (am wenigsten marktfähig) und 3 (am ehesten marktfähig) zugeordnet, entsprechend den oben angeführten fünf Charakteristika (je dunkler die Schattierung, desto marktfähiger die Aktivität). Zum Beispiel besitzen umfangreiche, netzwerkartige Einrichtungen wie Verteilernetze, Hauptbewässerungskanäle und Schienenstränge nur ein geringes Wettbewerbspotential, während Aktivitäten wie die städtische Müllabfuhr oder ein städtischer Busdienst potentiell wettbewerbsfähig sind. Bei einigen Infrastrukturgütern, wie Telefondiensten oder Wasser für Bewässerungszwecke, hat der Konsum einen vollständig privaten Charakter, während andere, darunter viele Straßen, öffentliche Güter sind. In der letzten Spalte von Tabelle 6.3 wird ein Index für das Marktfähigkeitspotential ausgewiesen (ein einfacher Durchschnitt der anderen fünf Spalten).

Diese Ausführungen lassen darauf schließen, daß im Infrastrukturbereich ein weit größeres Potential für Kommerzialisierung und Wettbewerb besteht, als im allgemeinen vermutet wird. Einige Aktivitäten, wie Ferngespräche, städtische Busdienste oder die Sammlung von Festmüll, können an eine marktmäßige Versorgung angepaßt werden, sobald sie von anderen damit verbundenen Aktivitäten getrennt („entflochten") werden. Andere Aktivitäten, wie städtisches Leitungswasser und Energieübertragung, sind zwar monopolistischer Natur, sie produzieren aber private Güter, die einer kommerziellen Bereitstellung nach dem Prinzip der Kostendeckung zugänglich sind. Landstraßen gehören grundsätzlich zur öffentlichen Infrastruktur, da sie Monopolcharakter haben und öffentliche Güter mit geringer Aussicht auf Kostendeckung sind.

Die folgenden Abschnitte verknüpfen die Hauptoptionen mit unterschiedlichen Infrastrukturbereichen, wobei drei Hauptgruppen unterschieden werden: Telekommunikation und Energie, Wasser und Abfall sowie Verkehr. Die vorgeschlagenen Optionen sind als wichtige Hinweise auf relevante Zusammenhänge zu verstehen und nicht als einschränkende Vorschriften bezüglich eines einzelnen oder des besten Ansatzes für jeden Ländertyp.

Telekommunikation und Energie

Dieser Infrastrukturbereich umfaßt Einrichtungen, für die Benutzungsgebühren erhoben werden, meistens nach direkter Maßgabe des Verbrauchs, und die im allgemeinen umfangreiche Verteilernetze benötigen. Die meisten Elemente dieser Dienste sind in hohem Grade marktfähig und können durch Wettbewerb innerhalb eines Marktes oder im Wettbewerb um das Recht zur Bedienung des Marktes bereitgestellt werden (Tabelle 6.4). Die wichtigsten Ausnahmen weisen hohe Skaleneffekte auf (Energietransfer), oder sie erfordern spezifische Standorte und haben signifikante Umweltwirkungen (große Wasserkraftwerke).

TELEKOMMUNIKATION. Telekommunikationsdienste sind in hohem Maße marktfähig, besonders bei Fernverbindungen und bei zuschlagspflichtigen Dienstleistungen wie zum Beispiel Datenübertragungen. Sinkende Übertragungs- und Umschaltkosten, technologische Innovationen (wie drahtlose Verbindungen) und eine veränderte Nachfragestruktur haben das Wettbewerbspotential der Telekommunikationsindustrie für die meisten Leistungen stark erweitert, in vielen Fällen sogar einschließlich des örtlichen Fernsprechwesens. Private Bereitstellung ist in den Ländern zweckmäßig, die in der Lage sind, das notwendige regulatorische Rahmenwerk zu errichten. Konzessionen mit vertraglich festgelegten regulativen Beschränkungen bilden in jenen Ländern eine attraktive Alternative, in denen eine effiziente Regulierung nicht zu erwarten ist.

Um den heutigen Herausforderungen durch die große und wachsende Nachfrage begegnen zu können, ist eine pluralistische und wettbewerbsmäßige Sektorstruktur anzustreben, innerhalb derer private und öffentliche Anbieter ihre Dienstleistungen unter Verwendung unterschiedlicher Technologien und zugeschnitten auf die vielfältigen Nutzerbedürfnisse anbieten. Freier Marktzugang ist das wirkungsvollste Instrument zur Förderung der Telekommunikationsentwicklung, denn Monopole befriedigen selten die gesamte Nachfrage. Eine Lizensierung vieler Anbieter ist der beste Weg, um die Investitionen zur Errichtung eines ausgedehnten nationalen Netzwerks zu beschleunigen. Zusätzliche Anbieter erweitern auch die Wahlmöglichkeiten der Kunden, senken die Kosten und bringen Kapital und Managementfertigkeiten in den Sektor ein. Die Liberalisierung der Märkte setzt, ebenso wie Privatisierung, bereits existierende Leistungsanbieter unter Druck, effizienter zu arbeiten und stärker auf die Konsumentenwünsche einzugehen.

Bei der Überführung staatlicher Monopole in die Hände einer Vielzahl von Betreibern müssen erneut

Tabelle 6.4 Optionen in den Bereichen Telekommunikation und Energie

Sektor und Aktivität	Marktfähig-keitsindex	Länder mit niedrigem Einkommen	Länder mit mittlerem Einkommen		
			Übergangs-länder	Reform-länder	Wachstums-starke Länder
Telekommunikation					
Lokale Vermittlung	2,6	B, C_2	B, C_2	C_2	C_2
Ferngespräche und zuschlagpflichtige Dienste	3,0	B, C_1	B, C_1	C_1	C_1
Energie					
Wärme- und kleine Wasserkraftwerke	2,6	B, C_1	B, C_1	B, C_1	C_1
Große Wasserkraftwerke	1,4	A, B	A, B	A, B	A, B
Übertragung	2,4	A, B	A, B	B, C_1	B, C_1
Verteilung	2,4	B	B, C_2	C_2	C_2
Gas					
Gewinnung/Verteilung	3,0	B	B, C_1	C_1	C_1

Bezeichnung der Optionen:
- A – Kommerzialisierte öffentliche Stelle
- B – Konzession oder Leasingvereinbarung
- C_1 – Privater Sektor, nur Anbindungs- oder Zugangsregulierung
- C_2 – Privater Sektor, mit Preisregulierung

Regulierungsfragen beachtet werden. Um zu verhindern, daß der dominante Anbieter seine Marktmacht mißbraucht (indem er die Produktion einschränkt oder Konkurrenten unterbietet), sind geeignete Rechnungslegungs- und Publikationsvorschriften, Leistungsziele sowie anreizgestützte Preiskontrollen erforderlich. Die Erfahrung zeigt, daß neue Anbieter ohne unterstützende Regulierungsmechanismen nicht in der Lage sind, sich zu angemessenen Bedingungen mit dem Marktführer zusammenzuschließen. Sowohl öffentliche als auch private Anbieter sollten ihre Tätigkeit in „Reichweite" des Staates ausüben und kaufmännischer Disziplin sowie der Aufsicht einer unabhängigen Regulierungsinstanz unterworfen sein.

Die Politikoptionen im Bereich Telekommunikation sind für alle Länder ähnlich (Tabelle 6.4). In Ländern mit niedrigem Einkommen verlangt der extrem begrenzte Zugang zur Telekommunikation nach einer liberalen Politik, um den Marktzutritt privater Anbieter zu erleichtern. Diese Anbieter können auf die Nachfrager eingehen, die für die regulären Dienste zu zahlen bereit sind, und sie können alternative Kommunikationstechnologien (Radio- oder Satelliten-gestützt) installieren, um einen Grundservice für ländliche Regionen einzurichten. In den meisten Ländern mit mittlerem Einkommen ermöglicht das regulatorische Umfeld sowohl den Zutritt neuer Anbieter als auch die Privatisierung oder Kommerzialisierung (durch Konzessionen) bereits bestehender Dienste.

ENERGIE. Das größte Wettbewerbspotential auf dem Energiesektor weisen die Bereiche Wärmeerzeugung und -verteilung auf; diese Aktivitäten können von dem bestehenden vertikal integrierten Energieversorgungssystem getrennt und über Konzessionen betrieben werden. Alternativ können diese Aktivitäten auch privat angeboten werden. Eine Mindestgröße des Marktes dürfte jedoch erforderlich sein, damit sich eine solche Entflechtung lohnt; und auf den sehr kleinen Märkten vieler Länder mit niedrigem Einkommen dürfte eine vertikale Trennung der Energiegewinnung von der Übertragung und Verteilung nicht genügend Effizienzgewinne versprechen, um die damit verbundenen zusätzlichen Koordinierungskosten zu kompensieren. In praktisch allen Ländern wird die Energieerzeugung in großen Wasserkraftwerken (wegen der besonderen Umwelt- und Risikomerkmale) wohl im Staatseigentum bleiben. Doch der Betrieb kann nach wirtschaftlichen Grundsätzen erfolgen, zum Beispiel durch Managementverträge. Kleinere Wasserkraftwerke können im Privateigentum betrieben werden.

Sektorale Strategien, die von den Wettbewerbsmöglichkeiten bei der Energieerzeugung Gebrauch machen, können effizienter sein und die Kosten senken. Konzessionen sind ein etabliertes Mittel zur sektoralen Effizienzsteigerung. Um miteinander konkurrieren zu können, müssen private Stromerzeuger an das nationale Versorgungsnetz angeschlossen sein, und ihre Produktion muß von einem Netzwerk-Manager koordiniert werden. Für die absehbare Zukunft wird der nationale Energietransfer Elemente eines natürlichen Monopols behalten und muß im Fall der Privatisierung reguliert werden.

Eine Reform der in vielen Ländern auch weiterhin dominierenden öffentlichen Versorgungseinrichtungen, insbesondere beim Energietransfer, sollte vor allem Autonomie bei der Finanzierung und Leitung herstellen und kommerzielles Verhalten fördern. Dies wird häufig eine private Eigentumsbeteiligung erfordern – etwa durch gemischte Unternehmen (joint ventures) oder das Institut der Rechtsabtretung – sowie privates Management oder Konzessionsverträge. Dabei sollten die im Bereich der Energieübertragung tätigen privaten Firmen von den mit der Energieerzeugung befaßten Unternehmen getrennt werden. Institutionelle Veränderungen sind auch nötig, um die Anbieter zu einer wirtschaftlichen Tarifgestaltung zu veranlassen. Diese ist erforderlich, um die Selbstfinanzierung der Investitionen zu fördern, um den sparsamen Umgang mit Energie anzuregen und um die vorhandenen Kapazitäten effizienter zu nutzen. Solche Tarife müssen auch sämtliche von den Energieunternehmen zu zahlenden Umweltabgaben einschließen, gemäß dem Prinzip, wonach der Verursacher für alle Umweltkosten aufzukommen hat, die er anderen aufbürdet.

GAS. Erdgas könnte in vielen Ländern wettbewerbsmäßig angeboten werden. Häufig sind die Erdgasgewinnung und die im öffentlichen Eigentum befindliche Erdölförderung vertikal integriert. Eine wettbewerbsmäßige Produktion über Konzessionen, Verträge oder Privateigentum erfordert eine Entflechtung dieser Struktur. Das wichtigste Regulierungserfordernis besteht darin, allen Anbietern Zugang zu den Erdgasleitungen zu sichern. Dies kann durch eine regulierende Körperschaft oder durch Vertragsgestaltung im Rahmen von Leasingvereinbarungen oder Konzessionsvergaben erfolgen. Die Konkurrenz von Ersatzbrennstoffen (sofern sie zu realistischen Preisen angeboten werden) kann eine ausreichende Marktdisziplin begründen, die es zuläßt, auf die sonst notwendige Regulierung der Gaspreise zu verzichten. Private (ausländische) Investitionen weisen ein beträchtliches Potential zur Bedarfsdeckung im Bereich der Erdgasgewinnung und -verteilung auf, vorausgesetzt, daß die nichtkommerziellen Risiken reduziert werden können, die mit dem hohen Devisenbedarf solcher Projekte verbunden sind.

Wasser und Abfall

Die Aktivitäten im Bereich der Wasser- und Abfallwirtschaft haben alle große Auswirkungen auf die Umwelt, wodurch sie weniger marktfähig sind als Aktivitäten im Telekommunikations- oder Energiesektor. Durch ihre lokale Natur eignen sich einige dieser Aktivitäten für eine kommunale Bereitstellung (Tabelle 6.5). In diesen Sektoren werden im allgemeinen Nutzungsgebühren erhoben, wenngleich sie selten die gesamten Kosten der Dienstleistungen decken.

WASSERVERSORGUNG UND KANALISATION. Leitungswasser- und Abwassersysteme in Städten und Großstädten sollten von Unternehmen nach wirtschaftlichen Prinzipien geführt werden. Ebenfalls erstrebenswert sind ein professionelles, den Nutzern gegenüber verantwortliches Management, mit klaren Anreizen für einen zuverlässigen Service von hoher Qualität und eine effiziente Verwaltung des Betriebsvermögens. Der Staat muß in diesen Fällen zumindest für einen Betrieb nach unternehmerischen Grundsätzen sorgen, was durch Delegation an eine private Unternehmung via Management-, Leasing- oder Konzessionsvertrag geschehen kann. Öffentliche Kontrolle ist erforderlich, um Nutzern mit geringem Einkommen einen Anschluß zu er-

Tabelle 6.5 Optionen in den Bereichen Wasser und Abfall

Sektor und Aktivität	Marktfähig-keitsindex	Länder mit niedrigem Einkommen	Länder mit mittlerem Einkommen		
			Übergangs-länder	Reform-länder	Wachstums-starke Länder
Wasserversorgung					
Städtische Leitungssysteme	2,0	●B	●B	●A, ●B	●A, ●B
Ländliche Leitungssysteme oder Versorgung ohne Rohrleitungen	2,4	●D	●D	●D	●D
Sanitärwesen und Kanalisation					
Abwasser-Kanalisation und Klärung	1,8	●A, ●B	●A, ●B	●A, ●B	●A, ●B
Haushaltseigene Systeme	2,0	●D	●D	●D	●D
Entsorgung an Ort und Stelle	2,4	●C, ●D	●C, ●D	●C, ●D	●C, ●D
Bewässerung					
Primäre und sekundäre Netzwerke	1,4	●A, ●B	●A, ●B	●A, ●B	●A, ●B
Tertiäre Systeme	2,4	●D	●D	●D	●D
Festmüll					
Abfallsammlung	2,8	●C_1	●C_1	●C_1	●C_1
Hygienische Entsorgung	2,0	●A, ●B	●B, ●C_1	●B, ●C_1	●B, ●C_1

Bezeichnung der Optionen:
- ● A – Kommerzialisierte öffentliche Stelle
- ● B – Konzession oder Leasingvereinbarung
- ● C – Privater Sektor ohne Regulierung
- ● C_1 – Privater Sektor mit Zugangsregulierung oder exklusive Dienstleistungsverträge
- ● D – Lokale Gemeinwesen oder Nutzer-Selbsthilfe (mit technischer Unterstützung)

möglichen und die öffentliche Gesundheit und die Umwelt zu schützen. Länder mit geringen technischen Kapazitäten können durch Vergabe von Konzessionen erfolgreich ausländisches Fachwissen anziehen. Um die Grundlagen für ein erweitertes Leistungsangebot und eine effiziente Nutzung zu schaffen, ist es unerläßlich, das Wasser zu einem Preis zu verkaufen, der die gesamten finanziellen, umweltbedingten und ökonomischen Kosten des Angebots widerspiegelt.

SANITÄRWESEN. Länder mit geringem Einkommen sollten bei der Entwicklung des Sanitärwesens einen zweistufigen Ansatz in Erwägung ziehen. Erstens kann durch vertragliche Regelungen wie Konzessionen kommerzielles Management auf sanitäre Einrichtungen in städtischen Gebieten angewandt werden. In ärmeren kleinstädtischen und ländlichen Kommunen, für die ein Anschluß an das allgemeine Versorgungssystem in absehbarer Zukunft nicht zu erwarten ist, kann zweitens eine mittlere Technologie verwendet werden, die dem Bedarf und der Zahlungsbereitschaft der Nutzer entspricht. Diese kostengünstigeren Tertiärsysteme (das sind Einrichtungen, die dem Endnutzer direkt dienen – siehe Kapitel 4) können mit technischer Unterstützung von dem Gemeinwesen selbst ausgewählt, finanziert und betrieben werden. Die Haupt-Infrastruktur, an die die tertiären Systeme angeschlossen sind, sowie die dazugehörigen Anlagen zur Abwasserklärung unterstehen, was Planung, Finanzierung und Betrieb angeht, weiterhin direkt den betreffenden sektoralen Versorgungsbetrieben.

BEWÄSSERUNG UND DRAINAGE. Der Maßnahmenkatalog für Bewässerungsanlagen hängt von der Größe und den Eigenschaften der betreffenden Systeme ab, die sich aber in allen Ländergruppen ziemlich ähnlich sind. Die Haupt- und Zulieferanlagen können zunehmend von finanziell autonomen Einheiten betrieben werden, während Eigentum und Betrieb der tertiären Systeme am besten auf Nutzergemeinschaften oder Genossenschaften übertragen werden. Diese Lösung erleichtert sowohl die Instandhaltung als auch den Einzug der Wassergebühren – zwei hartnäckige Probleme bei vielen Bewässerungssystemen.

Nutzergemeinschaften für den Betrieb und die Unterhaltung kleiner Bewässerungsanlagen und tertiärer Kanalnetze erwiesen sich in so unterschiedlichen Ländern wie Argentinien, Nepal, Philippinen und Sri Lanka als erfolgreich. In Kolumbien, Indonesien und Mexiko wurde die Verantwortung für den Betrieb und die Unterhaltung selbst größerer staatseigener Systeme erfolgreich an Bauern übergeben. Um den Bauern ein Gefühl für das Eigentum zu vermitteln und die Probleme mit vernachlässigten Instandhaltungsmaßnahmen seitens öffentlicher Stellen zu lösen, war eine sorgfältige Vorbereitung erforderlich. Auch ist eine ökonomische Preisgestaltung unentbehrlich, damit die Bauern das Wasser effizient nutzen, so wie es in Mexiko getan (und im Kapitel 4 beschrieben) wurde.

ABFALLWIRTSCHAFT. In vielen Entwicklungsländern sind Ämter für die Stadtreinigung in allen Stufen der Festmüllbeseitigung beteiligt. Ein großer Teil der lokalen Haushaltsmittel wird für diesen Zweck verwendet, trotzdem werden aber nur 50 bis 70 Prozent des Festmülls gesammelt, der zudem nicht einmal umweltverträglich entsorgt wird. In allen Ländergruppen kann der städtische Abfall effizienter auf Vertragsbasis durch den privaten Sektor beseitigt werden. Die Aktivitäten informeller Gruppen, die sich in vielen Ländern traditionell mit dem Recycling oder der Ressourcenrückgewinnung befassen, können sicherer und effizienter gemacht werden. Zum Beispiel wurden in Kairo die traditionellen Müllmänner (*Zabbaleen*) in ein Privatunternehmen übernommen, das laut Vertrag für Sammlung, Transport und Wiederverwertung von Abfall zuständig ist.

Eine umweltverträgliche, sichere Entsorgung in geschlossenen Deponien oder durch Verbrennung erfordert ein stärkeres direktes Engagement der öffentlichen Hand bei der Planung und Regulierung, denn bei der Müllentsorgung treten erhebliche externe Effekte und Skalenerträge auf, die eine wettbewerbsmäßige Bereitstellung der Leistungen wenig aussichtsreich erscheinen lassen. Die Stadtverwaltungen können bei der Abfallentsorgung durch Einrichtungen auf großstädtischer oder regionaler Basis (deren Betrieb über Verträge durch den privaten Sektor erfolgt) zusammenarbeiten, so wie in Caracas, São Paulo und anderen Städten Lateinamerikas. Konzessionen sind sinnvoll, um technische Kenntnisse im Bereich der Abfallentsorgungs-Technologie zu erwerben.

Verkehr

Der Verkehrssektor erlaubt vielfältige Optionen für die Bereitstellung von Diensten. Straßen eignen sich am wenigsten für eine Einbeziehung des privaten Sektors (aufgrund von Problemen mit der Preisgestaltung), und in anderen Sektoren wie dem Eisenbahnwesen ist wegen der hohen einmaligen Kosten am Anfang, und um die Vernetzung zu gewährleisten, ein gewisses Maß an Regulierung unumgänglich (Tabelle 6.6).

EISENBAHNEN. Das Hauptelement einer Reform des Eisenbahnwesens ist die Verleihung der Autonomie, die zum Handeln nach kommerziellen Maßstäben berechtigt. Diese kann durch die Einbringung privaten Aktienkapitals und ein privates Management noch verstärkt werden. Das Eisenbahnwesen war in Entwicklungsländern traditionell stark reguliert, monolithisch organisiert und mit unwirtschaftlichen Strecken sowie Überbeschäftigung belastet. Die daraus resultierenden öffentlichen Subventionen sowie der unzuverlässige Service bringen es mit sich, daß die Eisenbahnen nur schwer zu modernisieren sind und kaum mit anderen Transportmitteln konkurrieren können. Der bestehende Wettbewerb zwischen den verschiedenen Verkehrsmitteln um Fracht und Passagiere erfordert eine Reformstrategie, die die Preisregulierung weitgehend abschafft und der Eisenbahn genügend strukturelle Flexibilität einräumt, um unwirtschaftliche Strecken stillzulegen. Eine Ausnahme bei der Deregulierung der Bahndienste sollte für solche Gütertransporte gemacht werden, die auf die Bahn angewiesen sind, weil andere Transportmittel nicht benutzt werden können.

Die vertikale Trennung des Schienennetzes und der übrigen Anlagen von den Bahndienstleistungen – wobei letztere auf Vertragsbasis und nicht vom Eigentümer der Bahn-Infrastruktur betrieben werden sollten – ist eine Strategie, die in einigen Ländern erwogen oder übernommen wird, darunter Argentinien, Chile, Côte d'Ivoire und Mexiko. Eine solche Trennung setzt wohldefinierte Zugangsregeln sowie Vereinbarungen über Investitionen und Instandhaltung voraus; sie dürfte in Ländern mit bescheidenen institutionellen Kapazitäten kaum anwendbar sein.

Die Übergangsländer sind dabei, ihren Bestand an Eisenbahnkapital dem zukünftigen Bedarf eines umstrukturierten (und geographisch neu-orientierten) industriellen Sektors anzupassen. Um die Kosten zu decken und die Energieeffizienz ihrer Lokomotivenflotte zu erhöhen, müssen diese Länder auch die Frachttarife erhöhen.

STÄDTISCHER VERKEHR. Städtische Verkehrsdienste können von privaten Unternehmen oder im Rahmen von Konzessionen angeboten werden. Marktzugang und -abgang sind bei Bus- und Taxidiensten relativ einfach, so daß der Wettbewerb in allen Ländergruppen florieren kann. Zusätzlich zur Regulierung der Sicherheits- und Umweltbelange kann eine gewisse Kontrolle der Routenstruktur sowie der Zuordnung der Busdienste zu bestimmten Fahrstrecken angebracht sein. Generelle Zu-

Tabelle 6.6 Optionen im Verkehrsbereich

			Länder mit mittlerem Einkommen		
Sektor und Aktivität	Marktfähig-keitsindex	Länder mit niedrigem Einkommen	Übergangs-länder	Reform-länder	Wachstums-starke Länder
Eisenbahnen					
Schienennetze und Bahnhöfe	2,0	A	A	A, B	B
Bahnfracht	2,6	A, C_1	A, C_1	C_1	C_1
Passagierdienste	2,6	A, B	A, B	B, C_2	B, C_2
Städtische Verkehrsdienste					
Stadtbusse	2,4	C_1	C_1	C_1	C_1
Stadtbahnen	2,4	B	B	B	B
Straßen					
Primäre und sekundäre Straßen	2,4	A	A, B-Gebühr	A, B-Gebühr	A, B-Gebühr
Landstraßen	1,0	D	D	D	D
Städtische Straßen	1,8	A	A	A	A
Häfen und Flughäfen					
Anlagen	2,0	A, B	A, B	A, B	A, B
Dienstleistungen	2,6	B, C_1	B, C_1	B, C_1	B, C_1

Bezeichnung der Optionen:
- A – Kommerzialisierte öffentliche Stelle
- B – Konzession oder Leasingvereinbarung
- C_1 – Privater Sektor, nur Zugangs- oder Streckenregulierung
- C_2 – Privater Sektor, mit Preisregulierung
- D – Lokale Gemeinwesen oder Nutzer-Selbsthilfe (mit technischer Unterstützung)

gangs- oder Fahrpreisrestriktionen sind gewöhnlich nicht nötig. Städtische Bahndienste eignen sich für den Betrieb durch Leasingvereinbarungen, Konzessionen oder Dienstverträge.

Eine umfassende städtische Transportstrategie erfordert die Prüfung aller verfügbaren Verkehrsmittel, einschließlich von Untergrundbahnen oder anderen Schnellverkehrssystemen, von Privatfahrzeugen sowie nicht-motorisierten Transportmitteln (die Geh- und Fahrradwege erfordern würden). Strategien zur Bestimmung der relativen Bedeutung von Individual- und öffentlichem Verkehr setzen eine umfassende Bewertung von Kosten und Nutzen voraus – einschließlich der ökonomischen, finanziellen, umweltpolitischen und die Landnutzung betreffenden Effekte. Das Verkehrsmanagement hat eine hohe Priorität, weil ein besserer Verkehrsfluß effizienter, sicherer und umweltverträglicher ist. Der Erfolg einer solchen Politik hängt von den Durchsetzungsmöglichkeiten ab. Eine ökonomische Preisgestaltung für Benzin und städtisches Land (insbesondere Parkraum) sowie die Steuerung der Nachfrage über Straßenzugangsgebühren für städtisches Gebiet sind zunehmend wichtigere Maßnahmen für Länder mit einem wachsenden Verkehrsaufkommen in den Städten.

STRASSEN. Im Bereich der Straßen-Infrastruktur ist die Schaffung von Institutionen, die das Straßennetz adäquat verwalten und unterhalten, und die dazu auch finanziell in die Lage versetzt werden, ein zentrales Problem. Dies gilt insbesondere für die Teile des Straßennetzes, zu deren Finanzierung die Nutzer nicht herangezogen werden können – darunter fällt die große Mehrzahl der nationalen, ländlichen und städtischen Straßennetze, die sich nicht für eine Erhebung von Straßenbenutzungsgebühren eignen. Eine Verwaltungsreform für diese Straßen erfordert die Zuweisung klar definierter Verantwortungsbereiche für den Betrieb und die Unterhaltung an geeignete Behörden. Hierzu zählt auch die Entwicklung eines wirtschaftlichen Gebührensystems für Straßenbenutzer (idealerweise sollten hier auch die von den unterschiedlichen Nutzern verursachten achslastabhängigen Kosten berücksichtigt werden). Der zu schaffende Finanzierungsrahmen sollte die Zahlungen der Nutzer an die Unterhaltungskosten knüpfen (um so eine Rechenschaftspflicht der Straßenverwaltungsbehörde gegenüber den Nutzern herzustellen). Außerdem sollte es den Nutzern möglich sein, die Höhe der Instandhaltungsausgaben zu beeinflussen. Die kürzlich umstrukturierten Straßenverwaltungsbehörden von Sierra Leone und Tansania geben ein gutes Vorbild für solche Reformen ab. In beiden Ländern sind darin sowohl Vertreter der Nutzergruppen (wie Handelskammern, Automobilvereine, Transportunternehmen und andere Bürgergruppen) als auch Ingenieure und Regierungsbeamte vertreten.

Wie in Kapitel 2 diskutiert wurde, werden periodische Straßeninstandhaltungsarbeiten (für die Leistungsstandards leichter zu definieren und zu überwachen sind als für Routinearbeiten) in zunehmendem Maße effizienter von privaten Firmen auf vertraglicher Basis ausgeführt als von öffentlichen Angestellten. Auf dem Land können landwirtschaftliche Zubringerstraßen teilweise von örtlichen Organisationen und Kommunen instandgehalten werden. Am erfolgreichsten erwies sich eine Kombination lokaler Unterhaltung mit finanzieller und materieller Unterstützung durch die Regierung. In Ländern mit niedrigem Einkommen sollten vornehmlich kosteneffiziente und arbeitsintensive Ansätze für die Instandhaltung und den Bau von Straßen gefördert werden. Privat finanzierte, gebührenpflichtige Straßen können für bestimmte Verbindungen ausgebaut werden, insbesondere für wichtige Städteverbindungen mit hohem Verkehrsaufkommen.

HÄFEN UND FLUGHÄFEN. Häfen und der Luftverkehr weisen ähnliche Probleme – und Möglichkeiten – auf wie Eisenbahnen. Obwohl eine wettbewerbsmäßige Bereitstellung der Einrichtungen (Hafeninfrastruktur sowie Flughafenstartbahnen und Flugsteige) unwirtschaftlich ist (wegen der hohen Fixkosten, die durch die Anfangsinvestitionen verursacht werden), können Ausstattung und Betrieb solcher Anlagen durchaus dem Wettbewerb unterworfen werden. Leasingvereinbarungen und Konzessionen sind geeignete Optionen für den Betrieb von Häfen und Flugplätzen. Ebenso ist es möglich, Ankerplätze in Häfen unter wettbewerbsmäßigen Bedingungen anzubieten.

Sofern Häfen und Flughäfen der Konkurrenz anderer Verkehrsmittel oder benachbarter Anlagen ausgesetzt sind, können die Preise für Hafen- und Flughafendienste dereguliert werden. Um den qualitativ hochwertigen und zuverlässigen Service zu gewährleisten, der für den internationalen Handel erforderlich ist, ist es gleichermaßen wichtig, daß institutionelle Aktivitäten wie die Zollabfertigung und die internationalen Kommunikationseinrichtungen dazu beitragen, die Güterabfertigung zu erleichtern, statt sie zu blockieren.

Potentielle Gewinne durch die Reformen

Die Durchführung der Reformen wird nicht einfach sein. Wie bereits in Kapitel 2 diskutiert, erfordert eine Produktivitätssteigerung häufig, daß die Firmen ihre Belegschaften verringern. Die Schaffung kommerzieller Unternehmen wird auch in vielen Sektoren zu Preissteigerungen führen, vor allem in der Energie- und Wasserversorgung, was häufig den Widerstand der mächtigen Wählerschaft aus der Mittelklasse hervorruft, die am meisten von den Subventionen profitiert. Aber in vielen Ländern ist die Unzufriedenheit mit dem vorhandenen Dienstleistungsangebot so groß, daß anfänglich unpopuläre Maßnahmen akzeptabel werden, sofern sie von ernsthaften Bemühungen um Leistungsverbesserungen begleitet sind. Das versetzt kluge Führungspersönlichkeiten in die Lage, Reformen umzusetzen. Erfahrungsgemäß hängt der Erfolg sowohl vom Engagement des Staates als auch von sorgfältig angelegten Durchführungsstrategien zur Senkung der Reformkosten ab.

Die Geldgeber können eine über die Finanzierung von Infrastrukturinvestitionen hinausgehende Rolle spielen, indem sie die Länder beim Ausbau ihrer institutionellen Kapazitäten zur Durchführung dauerhafter Reformen und sektoraler Entwicklung unterstützen. Der Aufbau institutioneller Kapazitäten schließt ein, daß angemessene Politikstrategien formuliert und Mechanismen zu ihrer Umsetzung installiert werden, daß wirkungsvolle gesetzliche und regulatorische Rahmenwerke erstellt und die menschlichen Ressourcen gestärkt werden. Dazu gehören die Erfahrungen des Managements im privaten Sektor und die Fähigkeiten der öffentlichen Verwaltung. Die Erweiterung der institutionellen Kapazitäten in allen diesen Bereichen impliziert die Schaffung eines positiven Umfeldes für eine effiziente und verantwortungsbewußte Bereitstellung von Infrastrukturdiensten.

Externe Hilfsprogramme können die institutionellen Kapazitäten eines Landes erweitern, indem relevante Fachkenntnisse verfügbar gemacht werden, politische Beratung durch sorgsam gestaltete Programme für technische Kooperation und Ausbildung geboten wird und die Investitionen und Reformen finanziell unterstützt werden. Was den ersten Punkt anbelangt, so können die finanzierenden Stellen helfen, den Bedarf und die Reformprioritäten festzustellen – durch sektorale Analysen und Forschungen und durch Verbreitung der besten Verfahren in allen Ländern. Sie können auch das systematische Sammeln von Daten und die Analyse sektorspezifischer Leistungen fördern, um so die Reformpolitik in den Ländern zu verbessern und anzuregen, aus den Erfolgen und Mißerfolgen anderer zu lernen. Zweitens kann externe Hilfe Ausbildung und technische Kooperation bieten, um die Bemühungen der Entwicklungsländer bei der Gestaltung und Durchsetzung der Reformen sowie bei dem Management von Infrastrukturleistungen zu unterstützen. Drittens können externe Hilfsprogramme Finanzmittel zur Verfügung stellen, um sektorale Reformen zu unterstützen sowie eine dauerhafte Entwicklung zu fördern, zum Beispiel, indem der Instandhaltung und Sanierung eine höhere Priorität eingeräumt und dafür gesorgt wird, daß die effektive Nachfrage der Begünstigten und die Belange Dritter bereits bei der Projektauswahl berücksichtigt werden. Die Schaffung solcher Institutionen, ihr Aufbau und ihre Gestaltung, wird länger dauern, und die Ergebnisse werden weniger vorhersehbar sein als im Falle traditioneller Entwicklungshilfe, doch damit werden die Grundlagen für notwendige Verbesserungen in den Infrastruktursektoren geschaffen.

Die Länder können zwar die benötigten Kenntnisse, Fertigkeiten und Finanzmittel für Reformen von außen erhalten, aber das Reformengagement muß aus dem Lande selbst kommen. Die potentiellen Gewinne sind jedoch hoch und der Mühe wert.

Reformen haben drei Gewinnquellen: Verringerung der Subventionen, technische Vorteile für die Anbieter und Gewinne für die Nutzer. Obwohl die Reformgewinne von Land zu Land deutlich verschieden sein werden, ist es möglich, den Gewinn aus den ersten beiden Quellen ungefähr abzuschätzen. Die Tabelle 6.7 zeigt Schätzungen der fiskalischen Belastung durch Infrastrukturdienste – Kosten, die nicht von den Nutzern gedeckt werden. Obgleich (vorsichtige) Schätzungen nur für drei Sektoren vorgenommen werden können (Energie, Wasserversorgung und Eisenbahnen), ergibt sich eine Einsparung in Höhe von 123 Milliarden Dollar pro Jahr – das sind fast 10 Prozent der gesamten Staatseinnahmen der Entwicklungsländer. In einigen Ländern erreichen die Verluste bemerkenswerte Ausmaße. Vor den Reformen betrug allein die Subvention der argentinischen Eisenbahn neun Prozent des gesamten öffentlichen Haushalts oder ein Prozent des Bruttoinlandsprodukts. Obwohl die Abschaffung zu niedriger Preise keine direkten Einsparungen für die Wirtschaft bedeutet (da die Kosten auf die Nutzer verlagert werden), wäre die fiskalische Entlastung doch beträchtlich.

Tabelle 6.7 Fiskalische Belastung durch zu niedrige Preise für Infrastruktur
(Milliarden U.S. Dollar)

Sektor	Einsparungen durch bessere Preisgestaltung	Ursache
Energie	90	Zu niedrige Preise
Wasser	13	Zu niedrige Preise
	5	Illegale Anschlüsse
Eisenbahnen	15	Zu niedrige Preise im Passagierverkehr
Insgesamt	123	

Quelle: Ingram und Fay 1994.

Die zweite Gewinnquelle sind die jährlichen Ersparnisse der Dienstleistungsanbieter durch verbesserte technische Effizienz. Die Einsparungen, die sich durch Anhebung der betrieblichen Leistungsfähigkeit vom gegenwärtigen auf ein bestmögliches Niveau ergeben, werden auf etwa 55 Milliarden Dollar geschätzt (Tabelle 6.8). Diese Summe stellt eine reine Ressourcenersparnis für die Wirtschaft dar. Obwohl bei den Schätzungen nur bestimmte Sektoren und nur wenige der technischen Verluste erfaßt werden, machen die Kosten der Ineffizienz etwa ein Prozent des Bruttoinlandsprodukts der Entwicklungsländer aus und sind mehr als doppelt so hoch wie die jährlichen Entwicklungshilfeströme für Infrastruktur. Ein Viertel der jährlichen Infrastrukturinvestitionen der Entwicklungsländer in Höhe von 200 Milliarden Dollar könnte allein durch praktikable technische Verbesserungen eingespart werden. Nicht nur Länder mit niedrigem Einkommen würden davon profitieren. Obwohl sich die Ausstattung mit Infrastruktur mit steigendem Einkommen verbessert, ist die Effizienz von Infrastrukturen nicht eng mit dem Einkommensniveau verknüpft, und somit existiert in praktisch allen Ländern ein erhebliches Gewinnpotential.

Auf diese Gewinne zu verzichten, hat auch direkte humanitäre Kosten; es bedeutet geringere Fortschritte für die eine Milliarde Menschen, die immer noch nicht über sauberes Wasser verfügen, und für die zwei Milliarden Menschen ohne einen Stromanschluß und adäquate sanitäre Einrichtungen. Gemessen an den derzeitigen Kosten von etwa 150 Dollar pro Person für ein Wasserversorgungssystem könnten eine Milliarde Menschen mit sauberem Wasser versorgt werden, wenn lediglich über drei Jahre hinweg die quantifizierbaren technischen Verluste in Höhe von 55 Milliarden Dollar umgeleitet würden.

Wenngleich eine globale Quantifizierung unmöglich ist, läßt sich doch feststellen, daß die wichtigsten potentiellen Gewinne mit hoher Wahrscheinlichkeit über die Begrenzung der finanziellen Verluste und die technische Effizienzverbesserung hinausgehen. Gewinne ergäben sich auch aus dem ökonomischen Fortschritt, und die Armen würden ebenfalls profitieren. Bessere Infrastrukturdienste erhöhen die Produktivität und die nationale Wohlfahrt. Zuverlässigere Energie- und Telekommunikationsdienste vermeiden Verluste und überflüssige Investitionen in den Unternehmen. Bessere Straßen senken die Kosten des Kraftverkehrs. Eine bessere Infrastruktur auf dem Lande kann die Einkommen der Armen aus landwirtschaftlicher und nicht-landwirtschaftlicher Arbeit steigern. Sauberes Wasser und bessere Sanitäranlagen sind für die Armen entscheidend, die viel Zeit und Geld aufwenden müssen, um mit einer unzureichenden Infrastruktur zu leben. All diese Verbesserungen tragen zu einer Erhöhung des Lebensstandards bei – indem die Löhne in produktiveren Unternehmen steigen, die Preise durch effizientere Verkehrsmittel sinken und die individuelle Lebensqualität steigt.

Tabelle 6.8 Einsparungen durch Effizienzsteigerung
(Milliarden U.S. Dollar)

Sektor	Einsparungen	Ursache der Ineffizienz
Straßen	15	Jährlicher Investitionsbedarf aufgrund unzureichender Instandhaltung
Energie	30	Übertragungs-, Verteilungs- und Erzeugungsverluste
Wasser	4	Lecks
Eisenbahnen	6	Übermäßiger Treibstoffverbrauch, personelle Überbesetzung und fehlende Lokomotiven
Insgesamt	55	

Quelle: Ingram und Fay 1994.

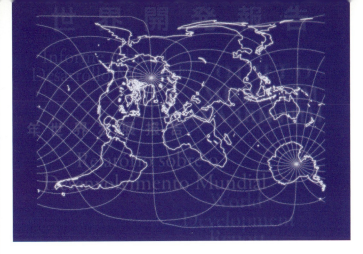

Anmerkungen zu den verwendeten Quellen

Dieser Bericht stützt sich auf vielfältige Quellen der Weltbank – darunter Länderstudien, sektorale Untersuchungen und projektbezogene Arbeiten sowie auf Forschungspapiere und zahlreiche externe Quellen. Die verwendeten Hauptquellen werden unten aufgeführt und sind nach Autor oder Organisation in zwei Gruppen aufgelistet: Hintergrundpapiere, die für diesen Bericht in Auftrag gegeben wurden, sowie ausgewählte Literatur. Die Hintergrundpapiere sind auf Anfrage vom „World Development Report Office" erhältlich. Die in ihnen zum Ausdruck gebrachten Auffassungen stimmen nicht notwendigerweise mit denen der Weltbank oder den in diesem Bericht enthaltenen Ansichten überein.

Zusätzlich zu den unten aufgeführten Quellen haben viele Personen innerhalb und außerhalb der Weltbank zum Entstehen dieses Berichts beigetragen. Die Kern-Arbeitsgruppe möchte sich vor allem bedanken bei Sri-Ram Aiyer, Gary Bond, John Briscoe, Robert Burns, Laurence Carter, Michael Cohen, Jean Doyen, Nissim Ezekiel, Ian Heggie, Arturo Israel, Emmanuel Jimenez, Shinichiro Kawamata, Johannes Linn, Gobind Nankani, Guy Pfeffermann, Louis Pouliquen, Andres Rigo, Everett Santos, Zmarak Shalizi, John Shilling, Warrick Smith, Andrew Steer, Richard Stern, Inder Sud, Vinod Thomas, Louis Thompson, Michael Walton und Hans Wyss.

Zu denen, die Vermerke anfertigten und detaillierte Kommentare abgaben, gehörten Dennis Anderson, Robert Anderson, Hans Apitz, Ephrem Asebe, Mark Baird, Zeljko Bogetic, Richard Brun, José Carbajo, Krishna Challa, Armeane Choksi, Anthony Churchill, Sergio Contreras, Dennis de Tray, Shantayanan Devarajan, Istvan Dobozi, Gunnar Eskeland, Asif Faiz, John Flora, Louise Fox, Hernan Garcia, Amnon Golan, Orville Grimes, Luis Guasch, Jeffrey Gutman, Kenneth Gwilliam, Ricardo Halperin, Roger Heath, Norman Hicks, Vijay Jagannathan, Frida Johansen, Ali Khadr, Homi Kharas, Michael Klein, Pierre Landell-Mills, Kyu Sik Lee, Andres Liebenthal, Alain Locussol, David Lomax, Millard Long, Sergio Margulis, Costas Michalopoulos, Pradeep Mitra, Mohan Munasinghe, Sheoli Pargall, Anthony Pellegrini, Sanjay Pradhan, D. C. Rao, John Redwood III, Ali Sabeti, Mary Shirley, Jerry Silverman, Martin Staab, Pedro Taborga, Mateen Thobani, Thomas Walton, Peter Watson, Steven Webb, Jim Wright und Guillermo Yepes.

Viele Personen außerhalb der Weltbank leisteten Beiträge in Form von Ratschlägen, Kommentaren und Material. Zu den Mitarbeitern und Teilnehmern an Beratungstreffen, die *Regierungsangehörige und Angehörige von bilateralen Hilfsorganisationen* sind, gehörten Mueen Afzal, pakistanisches Finanzministerium; Joy Barret, Friedenskorps der Vereinigten Staaten; Henk Bosch, niederländisches Generaldirektorium für internationale Kooperation; Emmanuel de Calan, Mme. Chedeville-Murray, M. Gardin und M. Perelman, Außenministerium, Frankreich; Anne Charreyron-Perchet und Claude Martinand, Ministerium für Bau, Verkehr und Tourismus, Frankreich; John Crook, Telecom House, Neuseeland; Zou Deci, Chinesische Akademie für Stadtplanung und -entwicklung; Gabor Demszky, Bürgermeister von Budapest; Michio Fukai und Koichiro Fukui, Japanische Entwicklungsbank; Yoshitaro Fuwa, Fonds für internationale wirtschaftliche Zusammenarbeit, Japan; Tøre Gjos, Norwegische Behörde für Entwicklungszusammenarbeit; Eilif

Gundersen, Außenministerium, Norwegen; Bruno Gurtner, Schweizer Verband der Entwicklungshilfeorganisationen; Cielito Habito, Nationale Wirtschafts- und Entwicklungsbehörde der Philippinen; Ameur Horchani, Landwirtschaftsministerium, Tunesien; C. K. Hyder, Handels- und Industriekammer, Bangladesch; Yves Jorlin, Caisse Française de Développement; Peter J. Kalas, Schweizerisches Bundesamt für internationale Wirtschaftsfragen; Patrick Lansman und Jean-Michele Severino, Ministerium für wirtschaftliche Zusammenarbeit, Frankreich; Boguslaw Liberadzki, Minister für Verkehr und Seewirtschaft, Polen; Aladar Madrarasz, Berater, Budapest; Pekka Metso, Außenministerium, Finnland; Michael Morfit, U.S. Agency for International Development; Yukio Nishida, Japanisches Entwicklungshilfeinstitut für Küstengebiete; Paul Peter, Schweizerische Entwicklungshilfegesellschaft; Anna Maria Pinchera, Außenministerium, Italien; Masihur Rahman, Ministerium für Öffentlichkeitsarbeit, Bangladesch; Gedeon Rajaonson, Ministerium für staatliche Bauangelegenheiten, Madagaskar; Prathap Ramanujam, Ministerium für politische Planung und Durchführung, Sri Lanka; Jens Erik Bendix Rasmussen, Internationale Entwicklungsgesellschaft Dänemarks (DANIDA); Jacques Rogozinski, Nationale Bank für staatliche Bauarbeiten und Dienstleistungen, Mexiko; João Salomão, Minister für Bau- und Wasserangelegenheiten, Mosambik; Wongcha-um Sansern, Nationales Amt für wirtschaftliche und soziale Entwicklung, Thailand; Eduard V. Sjerp, Berater für Verkehrsfragen, Königlich-Niederländische Botschaft; Mikael Söderbäck, Internationale Entwicklungsbehörde Schwedens (SIDA); Sugijanto Soegijoko, Nationales Amt für Entwicklungsplanung, Indonesien; Juha Suonenlahti, Internationale Entwicklungsbehörde Finnlands; Jon Wilmshurst, U.K. Overseas Development Administration (ODA), Großbritannien; und Tony Zeitoun, Canadian International Development Agency (CIDA), Kanada.

Zu den Mitarbeitern und Teilnehmern an Beratungstreffen, die Angehörige von *multilateralen Stellen* sind, gehörten Fabio Ballerin, OECD; Ananda Covindassamy und Clell Harral, Europäische Bank für Wiederaufbau und Entwicklung (EBRD); Shashi Desai und M. Oketokoun, Afrikanische Entwicklungsbank (AfDB); Jules A. Frippiat, UNDP; Lucio Gueratto, EG-Kommission; Federick Jaspersen, Interamerikanische Entwicklungsbank; Richard Jolly, Santosh K. Mehrotra und Ashok K. Nigam, UNICEF; Jens Lorentzen, UN Centre for Human Settlements (UNCHS); Stephen J. McCarthy, Europäische Investitionsbank; Steven K. Miller und Tom Strandberg, Internationale Arbeitsorganisation (ILO); Eustace Nonis und Nigel Rayner, Asiatische Entwicklungsbank (ADB) und J. Bruce Thompson, EG-Kommission.

Zu den Mitarbeitern und Teilnehmern an Beratungstreffen, die *privaten oder staatlichen Unternehmen, Universitäten und Forschungsinstituten sowie nichtstaatlichen Organisationen* angehören, zählten Yuzo Akatsuka, Saitama University; Kazumi Asako, Yokohama National University; Iwan Jaya Azis, University of Indonesia; Michael Beesley, London Business School; William Cosgrove, Ecoconsult, Inc.; Dan Craun-Selka, National Telephone Cooperative Association, U.S.A.; Henry Ergas, Harvard University; François Georges, Electricité de France; Bard Jackson, National Rural Electric Cooperative Association, U.S.A.; Tim Kelly, International Telecommunication Union; Kiwhan Kim, Kim & Chang, Republik Korea; David Kinnersley, Water Aid, Großbritannien; Pierre Laconte, International Union of Public Transport; D. Lorrain, Centre National de Recherches Scientifiques, Frankreich; Rolf Luders, Universidad Católica de Chile; John R. Meyer, Harvard University; Bridger Mitchell, RAND Corporation; Rakesh Mohan, United Nations University, Niederlande; Nobuichi Nomoto, International Engineering Consultants Association; Iqbal Noor Ali und Patricia Schied, Ali Khan Foundation, U.S.A.; Remy Prud'homme, Université de Paris; Colin Relf, Intermediate Technology Development Group and International Forum for Rural Transport and Development, Großbritannien; Annick Salomon, National Wildlife Federation; Ammar Siamwalla, Thai Development Research Institute; Byung-Nak Song, Seoul National University; Tatsu Sunami, Electric Power Development Company, Japan; Hideyuki Suzuki, All Japan Prefectural and Municipal Workers Union; Hisao Takahashi, Japan Airport Terminal Company; Kunio Takase, International Development Center of Japan; Yasushi Tanahashi, Japan Freight Railways Company; Kimimasa Tarumizu, Tokio Marine and Fire Insurance Company; Marie-Aimée Tourres, SOFRERAIL; Alex Wood, World Wildlife Association; Gordon Wu, Hopewell Holdings Ltd.; Shuichiro Yamanouchi, East Japan Railway Company sowie Susumu Yoda, Central Research Institute of Electric Power Industry, Japan.

Kapitel 1

Dieses Kapitel stützt sich auf eine breite Palette veröffentlichter und unveröffentlichter Quellen, darunter auch auf Dokumente der Weltbank hinsichtlich der projekt- und sektorbezogenen Arbeiten sowie auf wissenschaftliche Literatur. Die Wertschöpfungsangaben in Tabelle 1.1 wurden aus den offiziellen volkswirtschaftlichen Gesamtrechnungen abgeleitet, wie sie bei der Weltbank vorliegen. Die Diskussion über die Bedeutung der Infrastruktur für die Volkswirtschaft stützt sich auf Bennathan und Johnson (1987), Galenson (1989), Government of Japan (1984) und U.S. Department of Commerce (1984).

Der Abschnitt über die Schätzung der Produktivität von Infrastrukturinvestitionen bezieht sich auf länderübergreifende Untersuchungen, darunter Canning und Fay (1993) und Easterly und Rebelo (1993). Sonderbeitrag 1.1 wurde von Marianne Fay entworfen. Die in Sonderbeitrag 1.1 genannten Studien, welche zeigen, daß die Kausalität zwischen Bereitstellung der Infrastruktur und wirtschaftlichem Wachstum in beide Richtungen verlaufen kann, stammen von Duffy-Deno und Eberts (1991) und Holtz-Eakin (1988). Untersuchungen, die bei Anwendung verfeinerter ökonometrischer Methoden keinen meßbaren Einfluß der Infrastruktur auf das Wachstum feststellten, stammen von Holtz-Eakin (1992); diejenigen Autoren, die ihre positiven Ergebnisse nicht sehr stark beeinflußt sahen, sind Bregman und Marom (1993), Duffy-Deno und Eberts (1991), Mera (1973) und Uchimura und Gao (1993). Eine Literaturübersicht zum Thema des Einflusses der Infrastruktur auf die Produktionskosten findet sich in Aschauer (1993). Die genannte Studie über den Fernlastverkehr ist von Keeler und Ying (1988). Zu anderen nützlichen Untersuchungen über den wirtschaftlichen Einfluß der Infrastruktur gehören Argimon und andere (1993), Ford und Poret (1991), Hulten und Schwab (1991 und 1993), Munnell (1990) und Uribe (1993).

Die Diskussion der Effekte der ländlichen Infrastruktur stützt sich auf Ahmed und Hossain (1990) und Binswanger, Khandker und Rosenzweig (1989). Die Erörterung des Wertes und der Zusammensetzung der bestehenden Infrastruktur basiert auf Daten der Weltbank und auf Summers und Heston (1991). Der Abschnitt über die Renditen von Projekten der Weltbank greift zurück auf Galenson (1993), Galenson und Thompson (erscheint demnächst), Garn (1987), Kaufmann (1991) sowie Sanghvi, Vernstrom und Besant-Jones (1989). Bei der Forschungsstudie der Brookings Institution handelt es sich um Kresge und Roberts (1971). Die Tabelle 1.2 basiert auf der Datenbank der Abteilung der Weltbank für die Betriebsanalyse.

Die Diskussion der verschiedenen wirtschaftlichen Effekte der Infrastruktur basiert auf Doyen (1993), IMF (1993b), Kessides (1993a), Mody und Wang (1994), Mody und Yilmaz (1994), Peters (1990) und (1992), Rebelo (1992), Wheeler und Mody (1992) und World Bank (1992a). Sonderbeitrag 1.2 wurde von Thawat Watanatada entworfen. Der Abschnitt über die Infrastruktur in Mittel- und Osteuropa stützt sich auf verschiedene Sektorstudien der Weltbank, darunter die von Bennathan und Thompson (1992) und Blackshaw und Thompson (1993).

Sonderbeitrag 1.3 wurde von Marianne Fay entworfen, gestützt auf die Arbeiten von Hicks (1991), Meyers (1986), IMF (1993b), World Bank (1993a) sowie auf Daten über die Defizite der öffentlichen Hand von Easterly, Rodriguez und Schmidt-Hebbel (erscheint demnächst).

Die Diskussion über die Armut in Indien stützt sich auf Lanjouw und Stern (1993) und National Housing Bank of India (1992). Sonderbeitrag 1.4 basiert auf Epstein (1962) und (1973) und Lanjouw und Stern (1993). Die Erörterung der Infrastruktureffekte auf die Armen in städtischen Gebieten stützt sich auf Kranton (1991). Caroline O. N. Moser lieferte Informationen zu Ecuador aus laufenden Forschungsarbeiten. Die erwähnten Bauprogramme werden bei Drèze und Sen (1989) diskutiert. Der Abschnitt über die Umweltbezüge stützt sich auf das Hintergrundpapier von Ruitenbeek, auf Rabinovitch und Leitmann (1993), USAID (1991) und World Bank (1992c) sowie auf Sektorarbeiten der Weltbank über Thailand.

Die Bezugnahme auf die historischen Entwicklungen im Bereich der Infrastruktur und die Rolle des Privatsektors stützt sich auf die Hintergrundpapiere von Eichengreen, Jacobson und Tarr und Kirwan. Das Konzept der „Kontestabilität" ist bei Baumol, Panzar und Willig (1988) ausgearbeitet, und seine Bedeutung für die Infrastruktur wurde weiterentwickelt bei Baumol und Lee (1991).

Der Abschnitt über den erreichten Deckungsgrad im Bereich der Infrastruktur basiert auf Daten, die im Anhang und in der Datenbank über wirtschaftliche und soziale Indikatoren der Weltbank zu finden sind. OECD (1993) bietet einen Überblick über Fragen der Leistungsentwicklung der Infrastruktur in OECD-Ländern.

Der Abschnitt über betriebliche Ineffizienzen stützt sich auf Galenson (1989), Gyamfi, Gutierrez und Yepes (1992), Howe und Dixon (1993), World Bank (1991b) und (1993h), die Datenbank der Weltbank über den Energiesektor sowie auf Yepes (1990).

Guy Le Moigne lieferte Informationen über die Effizienz im Bewässerungsbereich. John Nebiker lieferte Daten für die Erörterung der Beschaffungsfragen, und von Jean-Jacques Raoul und Francesco Sarno kamen hierzu ebenfalls relevante Beiträge.

Der Abschnitt über die Instandhaltung stützt sich auf Gyamfi, Gutierrez und Yepes (1992), Heggie (erscheint demnächst), Mason und Thriscutt (1991), Postel (1993), World Bank (1988) und das Hintergrundpapier von Basu. Die Verweise auf Kamerun stammen von John Schwartz. Zurückgegriffen wurde auch auf die Datenbank der Weltbank über das Eisenbahnwesen und den Energiesektor.

Einzelheiten über finanzielle Ineffizienzen wurden bezogen von Besant-Jones (1990b), Galenson und Thompson (erscheint demnächst), Heggie und Quick (1990), World Bank (1993h) und Gyamfi, Gutierrez und Yepes (1992).

Zu den Quellen im Hinblick auf die mangelnde Reagibilität auf die Benutzernachfrage gehören Besant-Jones (1993), Singh und andere (1993) und das World Bank Water Demand Research Team (1993). Sonderbeitrag 1.5 basiert auf Bell und anderen (erscheint demnächst), Humplick, Kudat und Madanat (1993), Madanat und Humplick (1993) und Sethi (erscheint demnächst). Kavita Sethi schrieb einen ersten Entwurf für den Sonderbeitrag. Sonderbeitrag 1.6 bezieht sich auf Lee und Anas (1992) und auf Lee, Anas und Verma (1993). Die Angaben über Fehlverbindungen im Telefonverkehr und Wartezeiten bis zur Herstellung einer Verbindung stammen von der International Telecommunication Union (1994).

Der Abschnitt über die Leistungserstellung für die Armen stützt sich auf Bhatia (1992), Cámara und Banister (1993) und Sektorarbeiten der Weltbank über Brasilien. Das Beispiel über die Einschätzung der Nachfrage im Verkehrswesen in Tansania stammt von Steven K. Miller.

Der Abschnitt über die Umwelteffekte basiert auf vielen Umweltstudien und Umweltgutachten, die innerhalb und außerhalb der Weltbank erstellt wurden. Zu zusätzlich herangezogenem Material gehörten Bartone und Bernstein (1992) und Bartone und andere (1994). Sonderbeitrag 1.7 wurde von Peter Whitford entworfen.

Der Abschnitt über neue Chancen stützt sich auf zahlreiche wissenschaftliche Studien und andere veröffentlichte und nicht veröffentlichte Quellen.

Die Hinweise auf die Digitalisierung in Brasilien stammen von Hobday (1990). Albert Wright und John Courtney lieferten Informationen über alternative Technologien im Kanalisationswesen. Riverson und Carapetis (1991) und Colin Relf lieferten Beispiele für eine Verbesserung im nichtmotorisierten Verkehrswesen.

Wertvolle Vorschläge zum Entwurf für dieses Kapitel wurden unter anderem von Jean Baneth, William Easterly, Harvey A. Garn und Gregory Staple gemacht. Zu dem Abschnitt über die Umweltbezüge lieferten Carl Bartone und Josef Leitmann Beiträge, und zusätzliche Kommentare zu diesem Thema kamen von Carter Brandon, Maureen Cropper, Alfred Duda und Rogier van den Brink. Zu denen, die zu früheren Entwürfen sehr hilfreiche Kommentare abgaben, zählten Marc Juhel, Guy Le Moigne, Hervé Plusquellec und Yan Wang.

Kapitel 2

Die in diesem Kapitel verwendeten Daten für sektorübergreifende Vergleiche stammen aus der Datenbank der Weltbank über Konditionalität und Implementierung von Anpassungsdarlehen (ALCID) für die Struktur- und Sektoranpassung. Die meisten Beispiele und anekdotischen Schilderungen sind Beurteilungsberichte, Abschlußberichten oder anderen Projektbewertungen durch die Bank während der letzten zwanzig Jahre entnommen. Die jüngste Untersuchung der Bank über Betrieb und Instandhaltung von Infrastruktureinrichtungen in Lateinamerika durch Gyamfi, Gutierrez und Yepes (1992) erbrachte kaum zu überschätzende Informationen über Qualität, Quantität und Charakteristika eines staatlichen Engagements im Bereich der Infrastruktur, insbesondere auf den Gebieten des Straßen-, Energie- und Wasserwesens.

Die Quantifizierung der Gewinne durch eine Privatisierung des chilenischen Energiesektors wird diskutiert bei Galal und anderen (erscheint demnächst). Sonderbeitrag 2.1 stützt sich auf eine 1992 erstellte interne Bewertung der Erfahrungen der Bank während der letzten zwanzig Jahre im Wasser- und Kanalisationswesen. Sonderbeitrag 2.2 wurde von Stefan Alber entworfen, Tabelle 2.1 aus detaillierten Daten erstellt, die aus dem ALCID entnommen wurden. Die Beispiele bezüglich Brasilien, Ghana und Indonesien im Sonderbeitrag 2.3 stammen aus internen Dokumenten der Weltbank. Die

Erörterungen über die Neuseeland und die Straßengesellschaften betreffenden Aspekte wurden von Ian Heggie angeregt. Die Angaben über den großen Wasserversorgungsbetrieb in Ostasien stammen aus den eigenen Beurteilungen der Weltbank im Jahr 1992 hinsichtlich ihrer Erfahrungen in diesem Sektor. Das Beispiel über die Gewinne durch eine Veränderung in der Straßenbautechnik in Ruanda sind Martens (1990) entnommen. Die Gesamtdiskussion des Abschnitts über die Umwandlung der Rechtsformen und die Leistungsvereinbarungen stützt sich auf Cissé (erscheint demnächst), Galal und andere (erscheint demnächst), Nellis (1988) und Shirley und Nellis (1991). Trivedi (1990) lieferte nützliche Einzelheiten über die Erfahrungen der Entwicklungsländer mit Leistungsvereinbarungen, und Debande (1993) und Debande und Drumaux (Hintergrundpapier) lieferten detaillierte Einsichten in die europäischen Erfahrungen mit Leistungsvereinbarungen.

Viele der konzeptionellen Einsichten in der Diskussion über die Rolle von Anreizen bei der staatlichen Selbstorganisation wurden durch Laffont und Tirole (1993) und Milgrom und Roberts (1992) angeregt. Sonderbeitrag 2.4 und die Erörterungen über Korea im gesamten Kapitel stützen sich auf Materialien von Cissé (erscheint demnächst), Shirley und Nellis (1991) und Trivedi (1990).

Die Informationen über die brasilianischen Fernstraßenbehörden beruhen auf internen Dokumenten der Bank und zusätzlichen Angaben von Jacques Cellier. Die Angaben über die mexikanische Bundeskommission für Elektrizität stammen von deren Mitarbeitern. Die Erörterung von Managementverträgen profitierte von der laufenden Arbeit von Mazi Minovi, Hafeez Shaikh, Thelma Triche und spezifischen Vorschlägen von John Nellis und Louis Thompson. Die Quellen für Sonderbeitrag 2.5 sind Electicité de France, Philippe Durand und Weltbank (1993h). Der Sonderbeitrag 2.6 über AGETIPs stützt sich auf Péan (1993). Die Beispiele über Subunternehmer stammen von Galenson und Thompson (erscheint demnächst), Miguel und Condron (1991) und Yepes (1992). Die Zahlenangaben für Schaubild 2.1 über Togo sind internen Dokumenten der Bank entnommen.

Der Überblick über die Kostendeckung und Preissetzungsfragen profitierte von der Diskussion in Bahl und Linn (1992), Julius und Alicbusan (1989) und von laufenden Arbeiten von Carlos Veles über Brasilien und Zmarak Shalizi über das Straßenwesen.

Viele der Beispiele über die Konsequenzen einer nicht erfolgten Kostenminimierung stammen von Gyamfi, Gutierrez und Yepes (1992); von Bhatia und Falkenmark (1993) sind die Beispiele für Asien, Haiti und Mauretanien entnommen und von Yepes (1992) für Lateinamerika. Die Untersuchung über die Zahlungsbereitschaft in Espirito Santo beruht auf internen Dokumenten der Weltbank. Heggie (erscheint demnächst) lieferte Daten über Straßenbenutzungsgebühren in Tansania. Die Quelle der Daten über Tunesien ist Newbery und andere (1988). Sonderbeitrag 2.7 basiert auf Arbeiten von John Besant-Jones. Sonderbeitrag 2.8 spiegelt umfassende Kommentare der Weltbankmitarbeiter in der Abteilung für Verkehrswesen, Wasserwirtschaft und städtische Entwicklung und von den mit Infrastrukturfragen befaßten Mitarbeitern in der Afrikaabteilung wider. Nützliche Hintergrundinformationen fanden sich bei Altaf, Jamal und Whittington (1992), Hau (1990), Johansen (1989a) und (1989b) sowie bei Whittington und anderen (1990).

Schließlich enthalten folgende Quellen zusätzliches Material, das die Ausführungen in diesem Kapitel ergänzt. Bouttes und Haag (1992) diskutieren die wirtschaftlichen Aspekte von Netzwerken im Bereich der Infrastruktur und erklären die Bedeutung der Infrastruktur im Zusammenhang der europäischen Integration. Lefèvre (1989) bietet eine breiter angelegte Diskussion im Hinblick auf die OECD-Länder und konzentriert sich dabei auf das Verkehrswesen. Caillaud und Quinet (1991) und (1992) schlagen eine nützliche Methodologie vor, um die Wirksamkeit von Anreizen bei der Ausgestaltung verschiedener Vertragsarten zwischen dem französischen Staat und Busbetreibern beurteilen zu können. Mougeot und Naegellen (1992) weiten einige dieser Diskussionspunkte auf allgemeinere Fragen der öffentlichen Beschaffung aus. Pestieau und Tulkens (1992) erstellen einen Überblick über die Bestimmungsfaktoren der Leistungsentwicklung öffentlicher Unternehmen. Seabright (1993) bietet wichtige Einblicke in die öffentliche Bereitstellung von Infrastrukturleistungen in Südasien. Tirole (1992) legt eine allgemeine Theorie der internen staatlichen Organisation vor und bietet Erklärungen für einige der in diesem Kapitel erörterten Fragen. Nützliches Material, das die Vorteile bei der Wahl angemessener Technologien aufzeigt, finden sich bei Edmonds und de Veen (1992), Gaude und Miller (1992), Guichaoua (1987) und bei von Braun, Teklu und Webb (1992). Informationen über die Überausstattung mit Arbeitskräften wurden Svejnar und Terrell (1991) entnommen.

Insgesamt betrachtet profitierte das Kapitel von detaillierten Kommentaren, Vorschlägen und Zulieferungen von Yao Badjo, John Blaxall, José Carbajo, Jacques Cellier, Nichola Cissé, Pierre Guislain, Timothy Hau, John Nellis, Zmarak Shalizi, Sudhir Shetty, Vinaya Swaroop, Louis Thompson, Kazuko Uchimura, Joris Van Der Ven und Carlos Velez innerhalb der Weltbank und von Jacques Crémer (Institut d'Economie Industrielle, Toulouse), Mathias Dewatripont und Richard Schlirf (Université Libre de Bruxelles), Paul Seabright (Cambridge University) und Barrie Stevens (OECD).

Kapitel 3

Dieses Kapitel stützt sich auf wissenschaftliche Quellen, Hintergrundpapiere, Veröffentlichungen in wissenschaftlichen Zeitschriften, Dokumente der Weltbank und der Internationalen Finanzkorporation, persönliche Gespräche und Kommentare sowie auf die Konsultation von Experten innerhalb und außerhalb der Weltbank.

Die sektorale „Entbündelung" oder „Entflechtung" im stromerzeugenden Sektor wird diskutiert bei Bernstein (1988), hinsichtlich Chile, bei Littlechild (1992), hinsichtlich Großbritanniens, und bei Tenenbaum, Lock und Barker (1992). Bezüglich des Eisenbahnwesens siehe Moyer und Thompson (1992) und Nilsson (1993), bezüglich der Telekommunikation siehe Bruce, Harrell und Kovacs (1993).

Die unbeabsichtigten Folgen von Regulierungsmaßnahmen bei Existenz von substituierenden Leistungen sind beschrieben bei Viscusi, Vernon und Harrington (1992), und zwar für den Fall der Vereinigten Staaten, und in dem Hintergrundpapier von Kwong für den Fall Hongkong.

Der Vorschlag zur Gestattung des Neueintritts in den Markt und des Abbaus von Hindernissen für den Ausstieg aus einem Markt kam von Baumol, Panzar und Willig (1988). Das Beispiel über den Wettbewerb beim Angebot von Mobilfunktelefonen stammt vom Hintergrundpapier der Internationalen Finanzkorporation. Baumol und Lee (1991) wiesen auf die Wünschbarkeit hin, daß Großerzeuger ihre Überschußkapazitäten bei der Stromerzeugung verkaufen dürfen. Triche, Mejia und Idelovitch (1993) lieferten die Beispiele über die Konzessionsvergaben in Buenos Aires und Caracas.

Was für den Wettbewerb um den Markt spricht, wurde nachdrücklich bei Demsetz (1968) dargelegt. Williamson (1976) warnte davor, daß der Franchisenehmer (der Gewinner der Ausschreibung) dazu neigen würde, die Instandhaltung der Vermögenswerte gegen Ende der Vertragsperiode zu vernachlässigen. Kühn, Seabright und Smith (1992) geben einen Überblick über die Wettbewerbsforschung.

Die Gewinne durch eine Privatisierung sind dokumentiert bei Galal und anderen (erscheint demnächst) und Vickers und Yarrow (1988). Informative Fallstudien und eine Übersicht über die Erfahrungen mit der Privatisierung und dem Wettbewerb finden sich bei Alexander und Corti (1993), Baumol und Sidak (1994), Fukui (1992), Im, Jalali und Saghir (1993), Ramamurti und Vernon (1991), Roland und Verdier (1993) und Takano (1992). Verbindungslinien zwischen Reform, Privatisierung und Investition werden beschrieben bei Besant-Jones (1990a), Churchill (1993) sowie Helm und Thompson (1991).

Die Diskussion über die Finanzierung von Telefonnetzen stützt sich auf einen Hintergrundvermerk von Mitchell, auf Baumol und Sidak (1994) und auf ein persönliches Schreiben von Henry Ergas und Dan Craun-Selka.

Es besteht eine umfangreiche Literatur über die unterschiedlichen Instrumente bei Preis- und Gewinnregulierungen. Jüngere Zusammenfassungen der zugrundeliegenden Theorie und der Erfahrungen finden sich bei Braeutigam und Panzar (1993), Liston (1993) und dem Hintergrundpapier von Sappington. Willig und Baumol (1987) erörtern, wie der Wettbewerb genutzt werden kann, um als Leitlinie für die Regulierung zu dienen. Die Theorie des Referenzwettbewerbs wird bei Shleifer (1985) diskutiert, das Beispiel über den chilenischen Energiebereich stammt von Covarrubias und Maia (1993), das Beispiel über die chilenische Telecom ist Galal (1994) entnommen, und das Beispiel bezüglich Frankreich stammt von Lorrain (1992). Ein Überblick über die Erfahrungen mit der Regulierung und der Regulierungsreform findet sich bei Bennathan, Escobar und Panagakos (1989), Carbajo (1993), Churchill (1992), Cordukes (1990), Guasch und Spiller (1993) und Vogel (1986).

Hinsichtlich der Methoden zur Einbeziehung der Verbraucher in die Regulierung in Industrieländern siehe Triche (1993) und im Zusammenhang mit Entwicklungsländern Paul (1993). Bezüglich der Selbstregulierung durch die Industrie siehe Gwilliam (1993) für den Fall des städtischen Verkehrswesens. Die Regulierung der Qualität der Leistung wird bei Rovizzi und Thompson (1992) diskutiert.

Sonderbeitrag 3.1 basiert auf Moyer und Thompson (1992) und auf dem Hintergrundpapier von Stewart-Smith. Sonderbeitrag 3.2 und die Tabelle in diesem Sonderbeitrag basieren auf Viscusi, Vernon und Harrington (1992) und auf Winston (1993). Sonderbeitrag 3.3 stammt von Ashoka Mody. Quelle des Sonderbeitrags 3.4 ist Triche (1990). Sonderbeitrag 3.5 beruht auf persönlichen Geprächen mit Alain Locussol. Sonderbeitrag 3.6 wurde von Robert Taylor entworfen. Das Material für Sonderbeitrag 3.7 wurde aus dem Hintergrundpapier der Internationalen Finanzkorporation entnommen. Quelle des Sonderbeitrags 3.8 ist das Hintergrundpapier von Naidu und Lee. Das Material für Sonderbeitrag 3.9 wurde Hill und Abdala (1993) entnommen, und das für Sonderbeitrag 3.10 stammt von Levy und Spiller (1993). Die Quelle für Sonderbeitrag 3.11 ist Paul (1993).

Zusätzlich lieferten viele Personen wertvolle Kommentare zu diesem Entwurf. Hierzu gehörten unter anderen Veronique Bishop, Robert Bruce, Michael Einhorn, Ray Hartman, David Haug, Hugh Landzke, Subodh Mathur, Barbara Opper, David Sappington, Mark Schankerman, Richard Scurfield, Mark Segal, Claude Sorel, Martin Stewart-Smith und Thelma Triche.

Kapitel 4

Dieses Kapitel stützt sich besonders auf zahlreiche interne Berichte der Weltbank. Nützliche Diskussionen fanden mit vielen Personen innerhalb und außerhalb der Weltbank statt, und diese gaben hilfreiche Kommentare ab. Zu ihnen zählten Carter Brandon, Michael Cernea, David Coady, Maureen Cropper, Lionel Demery, Jean Drèze, Stephen Howes, William Jack, Valerie Kozel, Jean Lanjouw, Hervé Plusquellec, David Steers, Lyn Squire, Nicholas Stern, Elaine Sun und Vinaya Swaroop.

Darüber hinaus kamen nützliche schriftliche Materialien und sachdienliche Hinweise von der Canadian International Development Administration, dem International Forum for Rural Transport and Development, der Internationalen Arbeitsorganisation, dem niederländischen Ministerium für die internationale Zusammenarbeit, der UNICEF und von Water Aid (Großbritannien).

Der Abschnitt über die Dezentralisierung stützt sich auf eine Datenbank, die von Frannie Humplick zusammengestellt wurde und bei Humplick (1992) erörtert wird. Die Daten über die Entwicklung der Dezentralisierung basieren auf Statistiken des IWF, und die Diskussion stützt sich auf Hintergrundpapiere von Bird, von Crémer, Estache und Seabright sowie von Estache und Sinha. Der Abschnitt profitierte auch von jüngeren Informationen über die Dezentralisierung von seiten der EG-Kommission, die der Arbeitsgruppe von Horst Reichenbach zur Verfügung gestellt wurden. Weitere Quellen für diesen Abschnitt sind interne Dokumente der Weltbank und Briscoe (1992), Campbell (1991) und (1992), Dillinger (1993), Narayan (erscheint demnächst) und Silverman (1992). Kommentare zu früheren Textentwürfen von Tim Campbell, Rui Coutinho, Bob Ebel, Jim Hicks, Maureen Lewis, Julio Linares, Rémy Prud'homme, David Sewell, Anwar Shah, Sudhir Shetty, Andrea Silverman, Jerry Silverman, Kazuko Uchimura und Yoshine Uchimura – allesamt von der Weltbank – zusammen mit den Kommentaren von Richard Bird (Universität Toronto), Jacques Crémer (Universität Toulouse) und George Zodrow (Rice Universität) verbesserten den Text erheblich. Zu nützlichen Arbeiten über diesen Bereich gehörten Afonso (1989), Castells (1988), Derycke und Gilbert (1988), Kirwan (1989), Kitchen (1993), Ostrom, Schroeder und Wynne (1993), Prud'homme (1992), Rondinelli (1991) und Wunsch (1990), (1991a) und (1991b).

Der Abschnitt über die Beteiligung stützt sich besonders auf Narayan (erscheint demnächst) und auf Dokumente der Weltbank, darunter Bhatnagar und Williams (1992) und auf einen jüngeren Überblick von Gerson (1993). Analytische Arbeiten basierten auf einer Datenbank, die von Deepa Narayan zusammengestellt wurde, der auch Kommentare lieferte. Zudem profitierte der Abschnitt von schriftlichen Beiträgen von Alain Ballereau. Die Herren Kroh und Pichke von den deutschen Entwicklungshilfeorganisationen „Gesellschaft für Technische Zusammenarbeit (GTZ)" und „Kreditanstalt für Wiederaufbau (KfW)" lieferten wichtige Hintergrundmaterialien über die Erfahrungen ihrer Organisationen, und gleiches trifft auf Müller-Glodde (1991) zu.

Ein großer Teil des Materials über die Verteilung der Haushaltsmittel stützte sich auf Überprüfungen der Weltbank hinsichtlich der öffentlichen Ausgaben verschiedener Länder sowie auf andere interne Dokumente. Die Hintergrundpapiere von Asako, von Naidu und Lee, von Reinfeld, von Swaroop und von Uzawa lieferten nützliches Material, ebenso wie Lacey (1989). Qian und Xu (1993) lieferten Belegmaterial über städtische und ländliche Unternehmen in China. Anand (1983) lieferte eine Analyse der Armut in Malaysia während der siebziger Jahre.

Außer auf interne Dokumente stützte sich der Abschnitt über Subventionen auf eine Untersuchung über fünf lateinamerikanische Länder von

Petrei (1987) und auf der Arbeitsgruppe zugänglich gemachtes Material von Gaurav Datt, Richard Jolly und Kollegen bei der UNICEF sowie von Carlos Veles.

Der Abschnitt über Externalitäten stützt sich auf interne Dokumente der Weltbank und auf Bakalian und Jagannathan (1991), Bernstein (1993), Blackshaw (1992) sowie Whittington und andere (1992). Piotr Wilczynskis Informationen über Polen, Vaandragers Hintergrundpapier über den Verkehrssektor in den Niederlanden und das Hintergrundpapier von Ruitenbeek über die Umwelt waren ebenfalls nützlich.

Der abschließende Abschnitt über die Planung stützt sich nicht nur auf Materialien aus internen Dokumenten der Weltbank, sondern auch auf Bartone und Rodriguez (1993), Besant-Jones (1993), Drèze und Stern (1987), Goldstein (1993), Jack (1993), Little und Mirrlees (1990), das Hintergrundpapier von Meier und Munasinghe, auf Redwood (1993), Ruitenbeek und Cartier (1993), Squire (1990) und das Hintergrundpapier von Ruitenbeek.

Sonderbeitrag 4.1 basiert auf Material, das von Andrea Silverman geliefert wurde. Sonderbeitrag 4.2 wurde von Vijay Jagannathan und Albert Wright erstellt. Sonderbeitrag 4.3 wurde teilweise von John Riverson entworfen (über Äthiopien) und stützt sich auf Material von Aitken, Cromwell und Wishart (1991) (über Nepal). Sonderbeitrag 4.4 basiert auf dem Hintergrundpapier von Naidu und Lee. Das Hintergrundpapier von Ruitenbeek war Quelle des Sonderbeitrags 4.5. Sonderbeitrag 4.6 stützt sich auf Bryceson und Howe (1993), Pankaj (1991) und von Braun (1988). Ian Heggie, John Roome und Joel Maweni lieferten Material für Sonderbeitrag 4.7. Sonderbeitrag 4.8 stützt sich auf interne Berichte der Weltbankabteilungen für Betrieb und Bewertung und Betriebspolitik sowie auf eine zusammenfassende Untersuchung des Projektportefeuilles der Weltbank. Sonderbeitrag 4.9 ist dem Hintergrundpapier von Meier und Munasinghe entnommen. Sonderbeitrag 4.10 schließlich basiert auf internen Berichten der Weltbank.

Kapitel 5

Dieses Kapitel stützt sich auf wissenschaftliche Quellen, Hintergrundpapiere, Veröffentlichungen in wissenschaftlichen Zeitschriften sowie auf Dokumente der IFC, des IWF, der OECD, der Regierung der Vereinigten Staaten und der Weltbank. Des weiteren auf persönliche schriftliche Stellungnahmen und Kommentare sowie auf die Konsultation von Experten sowohl innerhalb als auch außerhalb der Weltbank.

Die Diskussion der Theorie, daß der Staat zwar in der Lage sein kann, Finanzmittel zu günstigeren Bedingungen zu mobilisieren als private Investoren – diese Vorteile aber der größeren Effizienz bei der Leistungsbereitstellung bei privatem Eigentum gegenübergestellt werden müßten – stammt von Kay (1993). Lane (1992) bildet die Quelle für den Tatbestand, daß sich die staatlichen Schuldner steigenden Finanzierungskosten und auch potentiellen Liquiditätsproblemen gegenübersehen, wenn sich die Verschuldung übermäßig kumuliert. Die Diskussion über die gebundene Entwicklungshilfe basiert auf OECD (1992) und auf anderen Dokumenten des Entwicklungshilfeausschusses der OECD sowie auf Kommentaren von Fabio Ballerin.

Die Projektionen über Infrastrukturinvestitionen in Asien stammen von CS First Boston (1993). Das Hintergrundpapier der IFC bildet die Quelle für die Schätzungen über die Infrastrukturkredite der IFC. Die allgemeine Beschreibung der Tendenzen bei den privaten internationalen Kapitalbewegungen und insbesondere des Umschwungs bei den Direktinvestitionen hin zur Bereitstellung von Dienstleistungen sind ausgeführt in World Bank (1993i) und IMF (1993).

Allgemeine Grundsätze der Projektfinanzierung finden sich bei Nevitt (1989). Eine Diskussion von Fallstudien über die Aufteilung von Risiken in der Projektfinanzierung enthält IFC (1993) und Pyle (1994). Material über neue Projekte ist verschiedenen Ausgaben der Zeitschriften *Public Works Financing* und *Latin Finance* entnommen. Informationen über Privatprojekte im Verkehrswesen basieren auf Gómez-Ibáñez und Meyer (1993). Die Abdeckung des Länderrisikos und insbesondere die Rolle von Exportkreditstellen bei der Absicherung gegen solche Risiken wird im Hintergrundpapier von Zhu beschrieben.

Die Banken für die kommunale Infrastruktur in Entwicklungsländern werden beschrieben in Davey (1988) sowie in persönlichen Stellungnahmen von Sergio Contreras und Myrna Alexander. Die Fallstudie über FEC in Marokko stammt von Linares (1993). Die Finanzierung von Vertragsnehmern wird bei Kirmani (1988) erörtert. Die Beschreibung von neuen Infrastrukturfonds wurde durch persönliche Stellungnahmen von Per Ljung (Pakistan) und Krishna Challa (Jamaika) bereitgestellt.

Die Verbindungen zwischen Privatisierung und Entwicklung der Kapitalmärkte sind in dem Hintergrundvermerk von Joyita Mukherjee beschrieben. Die Märkte für Kommunalanleihen werden diskutiert in U.S. Municipal Securities Rulemaking Board (1993), Shilling (1992) und U.S. Securities and Exchange Commission (1933). Mesa-Lago (1991) sowie Vittas und Skully (1991) beschreiben die Entwicklung von Institutionen des Vertragssparens in Entwicklungsländern.

Quelle für Sonderbeitrag 5.1 und Sonderbeitrag 5.8 ist Ashoka Mody. Das Material für Sonderbeitrag 5.2 und für Sonderbeitrag 5.4 stammt aus dem Hintergrundpapier der Internationalen Finanzkorporation. Sonderbeitrag 5.3 kommt von dem Hintergrundpapier von Eichengreen. Die Quellen für Sonderbeitrag 5.5 sind Miceli (1991) und Williams (1993). Oks (1993) ist Fundus für Sonderbeitrag 5.6. Das Material für Sonderbeitrag 5.7 stammt von USAID (1993). Die Quelle für Sonderbeitrag 5.9 ist Garzon (1992). Schaubild 5.6 wurde von Ashoka Mody zusammengestellt.

Zu diesem Kapitel haben viele Mitarbeiter weitere wertvolle Beiträge geleistet. Hierzu gehörten Myrna Alexander, Mark Augenblick, Anand Chandavarkar, Stijn Claessens, Asli Demirguc-Kunt, David Haug, John Giraudo, George Kappaz, Sunita Kikeri, Timothy Lane, Kenneth Lay, Julio Linares, Laurie Mahon, Subodh Mathur, Barbara Opper, Robert Palacios, Thomas Pyle, William Reinhardt, Jean-François Rischard, Hari Sankaran, Anita Schwarz, Mark Segal, Claude Sorel, James Stein, Martin Stewart-Smith, Jane Walker, Al Watkins und Ning Zhu.

Kapitel 6

Dieses Kapitel stützt sich auf Analysen der vorangegangenen Kapitel und auf die dort verwendeten Quellen. Weitere Quellen werden hier vermerkt. Tabelle 6.1 wurde aus früheren Ergebnissen abgeleitet, die bei Coyaud (1988) und bei Kessides (1993b) zu finden sind. Sonderbeitrag 6.1 über die Bedingungen für eine gute Leistungsentwicklung einer jeden institutionellen Option und die damit zusammenhängende Diskussion stützt sich auf Dia (1993), Lorrain (1992) und Martinand (1993) sowie auf Kommentare von Colin Relf. Hilfreiche Kommentare und Vorschläge für diese Erörterungen kamen unter anderem von Abhay Deshpande und Thelma Triche.

Zu den Quellen für den Abschnitt über die sektoralen Prioritäten gehörten Bartone (1991a) und (1991b), Bartone und andere (1994), Cointreau-Levine (1994), World Bank (1992c), World Bank (1993g) sowie Wellenius und andere (1992). Zu den Personen, die zu spezifischen Sektorfragen beitrugen, gehören Carl Bartone und Joe Leitmann (Festmüll), John Biscoe (Wasserversorgung), Anthony Churchill (Energie), Eric Daffern (Gas), John Flora, Jeffrey Gutman, Kenneth Gwilliam, Ian Heggie, Zmarak Shalizi, Antti Talvitie und Louis Thompson (Verkehrswesen), Nikola Holcer, Timothy Nulty, Peter Smith und Gregory Staples (Telekommunikation) sowie Guy Le Moigne und David Steeds (Bewässerung).

Die Schätzungen über die Gewinne infolge einer verbesserten Leistungsfähigkeit und einer Korrektur der falschen Preissetzung stammen aus dem Hintergrundpapier von Ingram und Fay, mit Ausnahme der Schätzungen über den Energiesektor. Die Angaben über die Ineffizienzen, die Übertragungs- und Verteilungsverluste im Energiesektor basieren auf Schätzungen der Weltbank (1993c); gleiches trifft auf die geschätzten Gewinne aus einer Korrektur der falschen Preise in diesem Sektor zu. Zusätzliche Materialien kamen von Dennis Anderson und Edwin Moore.

Hintergrundpapiere

Asako, Kazumi. "Infrastructure Investment in Japan."
Basu, Ritu. "Background Note: Rates of Return for Construction and Maintenance Projects."
Basu, Ritu, and Lant Pritchett. "Background Note: Channels of Effective Participation."
Bird, Richard M. "Decentralizing Infrastructure: For Good or for Ill?"
Chandavarkar, Anand. "Infrastructure Finance: Issues, Institutions and Policies."
Crémer, Jacques, Antonio Estache, and Paul Seabright. "Lessons of the Theory of the Firm for the Decentralization of Public Services."
Darbéra, Richard. "Bus Public Transport Franchising in French Urban Areas: Efficiency Implications."
de Lucia, Russell J. "Background Note: Poverty and Infrastructure Linkages, Issues and Questions."
Debande, Olivier, and Drumaux, Anne. "Infrastructure Regulation Policies in Europe."
Eichengreen, Barry. "Financing Infrastructure in Developing Countries: An Historical Perspective from the 19th Century."
Estache, Antonio, and Frannie Humplick. "Background Note: Does Decentralization Improve Infrastructure Performance?"
Estache, Antonio, and Sarbajit Sinha. "The Effect of Decentralization on the Level of Public Infrastructure Expenditures."
Ingram, Gregory, and Marianne Fay. "Valuing Infrastructure Stocks and Gains from Improved Performance."

International Finance Corporation. "Financing Private Infrastructure Projects: Emerging Trends from IFC's Experience."

Isham, Jonathan, Deepa Narayan, and Lant Pritchett. "Background Note: Participation and Performance—Econometric Issues with Project Data."

Jacobson, Charles D., and Joel A. Tarr. "Public or Private? Some Notes from the History of Infrastructure."

Kerr, Christine, and Lesley Citroen. "Background Note: Household Expenditures on Infrastructure Services."

Kirwan, Richard. "Private Sector Involvement in Infrastructure in Europe and Australia."

Kuninori, Morio. "Methods of Financing Infrastructure: The Case of Japanese System."

Kwong, Sunny Kai-Sun. "Infrastructural and Economic Development in Hong Kong."

Meier, Peter, and Mohan Munasinghe. "Power Sector Planning for the Public Interest."

Mitchell, Bridger. "Background Note: Network Interconnection—A Primer."

Mukherjee, Joyita. "Background Note: Privatization and Capital Market Development."

Naidu, G., and Cassey Lee. "Infrastructure in the Economic Development of Malaysia."

Peskin, Henry M., and Douglas Barnes. "Background Note: What Is the Value of Electricity Access for Poor Urban Consumers?"

Reinfeld, William. "Infrastructure and Its Relation to Economic Development: The Cases of Korea and Taiwan, China."

Ruitenbeek, H. Jack. "Infrastructure and the Environment: Lessons and Directions."

Sappington, David E. M. "Principles of Regulatory Policy Design."

Schlirf, Richard. "Background Note: Introduction to the European Community Financing Policy for Infrastructure."

Stewart-Smith, Martin. "Industry Structure and Regulation."

Swaroop, Vinaya. "The Public Finance of Infrastructure: Issues and Options."

Uzawa, Hirofumi. "The Environment and Infrastructure."

Vaandrager, René. "A Transport Structure Plan."

Wade, Robert. "Public Bureaucracy and the Incentive Problem: Organizational Determinants of a `High-Quality Civil Service,' India and Korea."

Yuan, Lee Tsao. "The Development of Economic Infrastructure: The Singapore Experience."

Zhu, Ning. "Managing Country Risk: The Role of Export Credit Agencies."

Ausgewählte Literatur

Afonso, José Roberto. 1989. *Despesas Federais com Transferencias Intergovernamentais: Uma Revisão de Conceitos, Estatisticas e Diagnóstico*. Rio de Janeiro: Instituto de Planejamento Econômico e Social, Instituto de Pesquisas.

Ahmed, Raisuddin, and Mahabub Hossain. 1990. *Developmental Impact of Rural Infrastructure in Bangladesh*. Research Report 83. Washington, D.C.: International Food Policy Research Institute.

Aitken, J., G. Cromwell, and G. Wishart. 1991. "Mini- and Micro-Hydropower in Nepal." International Centre for Integrated Mountain Development, Kathmandu.

Alexander, Myrna, and Carlos Corti. 1993. "Argentina's Privatization Program." CFS Discussion Paper 103. World Bank, Cofinancing and Financial Advisory Services Department, Washington, D.C.

Altaf, Mir Anjum, Haroon Jamal, and Dale Whittington. 1992. "Willingness to Pay for Water in Rural Punjab, Pakistan." Water and Sanitation Report 4. World Bank, Transport, Water, and Urban Development Department, UNDP–World Bank Water and Sanitation Program, Washington, D.C.

Anand, Sudhir. 1983. *Inequality and Poverty in Malaysia: Measurement and Decomposition*. New York: Oxford University Press.

Argimón, Isabel, José Manuel González-Páramo, Maria Jesús Martin, and José M. Roldán. 1993. "El Papel de las Infraestructuras en la Producción Privada." *Boletín Económico* (Banco de España) June.

Aschauer, David Alan. 1989. "Is Public Expenditure Productive?" *Journal of Monetary Economics* 23: 177–200.

———. 1993. "Public Infrastructure Investment: A Bridge to Productivity Growth?" Public Policy Brief 4. Bard College, Jerome Levy Economic Institute, Annandale-on-Hudson, N.Y.

Baffes, John, and Anwar Shah. 1993. "Productivity of Public Spending, Sectoral Allocation Choices, and Economic Growth." Policy Research Working Paper 1178. World Bank, Policy Research Department, Washington, D.C.

Bahl, Roy W., and Johannes F. Linn. 1992. *Urban Public Finance in Developing Countries*. New York: Oxford University Press.

Bakalian, Alex, and N. Vijay Jagannathan. 1991. "Institutional Aspects of the Condominial Sewer System." *Infrastructure Notes* SW-6. World Bank, Infrastructure and Urban Development Department, Washington, D.C.

Bartone, Carl R. 1991a. "Institutional and Management Approaches to Solid Waste Disposal in Large Metropolitan Areas." *Waste Management and Research* 9: 525–36.

———. 1991b. "Private Sector Participation in Municipal Solid Waste Service: Experiences in Latin America." *Waste Management and Research* 9: 459–509.

Bartone, Carl R., and Janis D. Bernstein. 1992. "Improving Municipal Solid Waste Management in Third World Countries." *Resources, Conservation, and Recycling* 8: 43–54.

Bartone, Carl R., Janis Bernstein, Josef Leitmann, and Jochen Eigen. 1994. "Toward Environmental Strategies for Cities: Policy Considerations for Urban Environmental Management in Developing Countries." Discussion Paper 18. UNDP/UNCHS/World Bank Urban Management Program, Washington, D.C.

Bartone, Carl R., and Emilio Rodriguez. 1993. "Watershed Protection in the São Paulo Metropolitan Region: A Case Study of an Issue-Specific Urban Environmental Management Strategy." *Infrastructure Notes* UE-9. World Bank, Transport, Water, and Urban Development Department, Washington, D.C.

Baumol, William J., and Kyu Sik Lee. 1991. "Contestable Markets, Trade, and Development." *World Bank Research Observer* 6 (1): 1–17.

Baumol, William J., John C. Panzar, and Robert D. Willig. 1988. *Contestable Markets and the Theory of Industry Structure*. San Diego: Harcourt Brace Jovanovich.

Baumol, William J., and J. Gregory Sidak. 1994. *Toward Competition in Local Telephony*. Cambridge, Mass.: MIT Press.

Bell, Michael, John Boland, Frannie Humplick, Ayse Kudat, Samer Madanat, and Natasha Mukherjee. Forthcoming. "Reliability of Urban Water Supply in Developing Countries: The Emperor Has No Clothes." *World Bank Research Observer*.

Bennathan, Esra, and Mark Johnson. 1987. "Transport in the Input-Output System." INU Report 2. World Bank, Infrastructure and Urban Development Department, Washington, D.C.

Bennathan, Esra, and Louis S. Thompson. 1992. *Privatization Problems at Industry Level: Road Haulage in Central Europe*. World Bank Discussion Paper 182. Washington, D.C.

Bennathan, Esra, Luis Escobar, and George Panagakos. 1989. *Deregulation of Shipping: What Is to Be Learned from Chile*. World Bank Discussion Paper 67. Washington, D.C.

Berg, Elliot. 1993. *Privatization in Sub-Saharan Africa: Results, Prospects, and New Approaches*. Bethesda, Md.: Development Alternatives.

Bernstein, Janis D. 1993. "Alternative Approaches to Pollution Control and Waste Management." Discussion Paper 3. UNDP/UNCHS/World Bank Urban Management Program, Washington, D.C.

Bernstein, Sebastian. 1988. "Competition, Marginal Cost Tariffs, and Spot Pricing in the Chilean Electric Power Sector." *Energy Policy* 16 (August): 369–77.

Besant-Jones, John E., ed. 1990a. "Private Sector Participation in Power through BOOT Schemes." Working Paper 33. World Bank, Industry and Energy Department, Washington, D.C.

———. 1990b. "Review of Electricity Tariffs in Developing Countries During the 1980s." Energy Series Paper 32. World Bank, Industry and Energy Department, Washington, D.C.

———, ed. 1993. "Reforming the Policies for Electric Power in Developing Countries." World Bank, Industry and Energy Department, Washington, D.C.

Bhatia, Bela. 1992. *Lush Fields and Parched Throats: The Political Economy of Groundwater in Gujarat*. Working Paper 100. Helsinki: United Nations University, World Institute for Development Economic Research.

Bhatia, Ramesh, and Malin Falkenmark. 1993. "Water Resource Policies and the Urban Poor: Innovative Approaches and Policy Imperatives." World Bank, Transport, Water, and Urban Development Department, UNDP–World Bank Water and Sanitation Program, Washington, D.C.

Bhatnagar, Bhuvan, and Aubrey C. Williams, eds. 1992. *Participatory Development and the World Bank*. World Bank Discussion Paper 183. Washington, D.C.

Binswanger, Hans P., Shahidur R. Khandker, and Mark R. Rosenzweig. 1989. "How Infrastructure and Financial Institutions Affect Agricultural Output and Investment in India." World Bank Working Paper 163. Washington, D.C.

Blackshaw, Philip W. 1992. "Road Transport and the Environment." Paper presented to the 23rd IRU World Congress, Barcelona, Spain, April 29–May 2.

Blackshaw, Philip W., and Louis S. Thompson. 1993. "Railway Reform in the Central and East European (CEE) Economies." Policy Research Working Paper 1137. World Bank, Transport, Water, and Urban Development Department, Washington, D.C.

Bouttes, Jean-Paul, and Denis Haag. 1992. "Economie des Réseaux d'Infrastructure." In N. Curien, ed., *Economie et Management des Enterprises de Réseau*. Paris: Economica.

Braeutigam, Ronald R., and John C. Panzar. 1993. "Effects of the Change from Rate-of-Return to Price-Cap Regulation." *American Economic Review* 83 (2): 191–98.

Bregman, A., and A. Marom. 1993. "Growth Factors in Israel's Business Sector, 1958–1988." Bank of Israel, Tel Aviv.

Briscoe, John. 1992. "Poverty and Water Supply: How to Move Forward." *Finance and Development* 29 (4): 16–19.

Bruce, Robert, Michael Harrell, and Zsuzsa Kovacs. 1993. "Who Will Win the Battle for Hungary's Telecoms Company?" *International Financial Law Review* 7 (5): 25–27.

Bryceson, D., and Howe, J. 1993. "Women and Labor-Based Road Works in Sub-Saharan Africa". IHE Working Paper IP-4. International Institute for Infrastructural, Hydraulic and Environmental Engineering, Amsterdam.

Caillaud, B., and E. Quinet. 1991. "Les Relations Contractuelles Etat-SNCF: Une Analyse sous l'Angle de la Théorie des Incitations." Centre d'Etudes Prospectives d'Economie Mathématique Appliquées a la Planification, Paris.

———. 1992. "Analyse du Caractère Incitatif des Contrats de Transport Urbain." Programme de Recherche et de Développement Technologique dans les Transports Terrestres, Paris.

Cámara, Paulo, and David Banister. 1993. "Spatial Inequalities in the Provision of Public Transport in Latin American Cities." *Transport Reviews* 13 (4): 351–73.

Campbell, Tim. 1991. "Decentralization to Local Government in LAC: National Strategies and Local Response in Planning, Spending and Management." Report 5. World Bank, Latin America and the Caribbean Technical Department, Washington, D.C.

———. 1992. "Modes of Accountability in Local Governments of LAC." World Bank, Latin America and the Caribbean Technical Department, Washington, D.C.

Canning, David, and Marianne Fay. 1993. "The Effect of Transportation Networks on Economic Growth." Columbia University Working Paper. New York.

Carbajo, José, ed. 1993. *Regulatory Reform in Transport: Some Recent Experiences*. Washington, D.C.: World Bank.

Castells, Antonio. 1988. *Hacienda Autonómica: Una Perspectiva de Federalismo Fiscal*. Barcelona: Ariel Economía.

Cernea, Michael M., ed. 1991. *Putting People First: Sociological Variables in Rural Development*. 2d ed. New York: Oxford University Press.

Churchill, Anthony. 1972. *Road User Charges in Central America*. World Bank Staff Occasional Paper 15. Baltimore, Md.: Johns Hopkins University Press.

———. 1992. "Private Power: The Regulatory Implications." Paper presented at the ASEAN Energy Conference, Singapore, June 4–5, 1992.

———. 1993. "Private Power Generation: Investment and Pricing Problems." Paper presented at the Fourth Annual Jakarta International Energy Conference, October 12.

Cissé, Nichola. Forthcoming. "The Impact of Performance Contracts on Public Enterprise Performance." Paper presented at the World Bank Working Conference on the Changing Role of the State: Strategies for Reforming Public Enterprises, Washington, D.C.

Cointreau-Levine, Sandra. 1994. "Private Sector Participation in Municipal Solid Waste Services in Developing Countries." Working Paper 13. UNDP/UNCHS/World Bank Urban Management Program, Washington, D.C.

Commission of the European Communities. 1993. *Stable Money—Sound Finances: Community Public Finance in the Perspective of EMU*, vol. 53. Brussels: Directorate-General for European Economic and Financial Affairs.

Cordukes, Peter A. 1990. "A Review of Regulation of the Power Sectors in the Developing Countries." World Bank, Industry and Energy Department, Washington, D.C.

Cotton, A., and R. Franceys. 1993. "Infrastructure for the Urban Poor in Developing Countries." Proceedings of the Institution of Civil Engineers. *Municipal Engineer* 98 (September): 129–38.

Covarrubias, Alvaro, and Suzanne Maia. 1993. "Reforms and Private Participation in the Power Sector of Selected Industrialized and Latin American and Caribbean Countries." Latin America Technical Paper Series. World Bank, Latin American and the Caribbean Technical Department, Washington, D.C.

Coyaud, Daniel. 1988. "Private and Public Alternatives for Providing Water Supply and Sewerage Services." INU Report 31. World Bank, Infrastructure and Urban Development Department, Washington, D.C.

CS First Boston. 1993. *The Asian Miracle Part II: Reversal of Fortune*. Hong Kong.

Davey, Kenneth. 1988. "Municipal Development Funds and Intermediaries." PRE Working Paper 32. World Bank, Washington, D.C.

Deaton, Angus, with Duncan Thomas, Janet Neelin, and Nikhilesh Bhattacharya. 1987. "The Demand for Personal Travel in Developing Countries." INU Discussion Paper 1. World Bank, Infrastructure and Urban Development Department, Washington, D.C.

Debande, Olivier. 1993. *Formalisation des Contrats de Gestion de la SNCB et de la RVA/SNVA sur Base de la Théorie des Incitations*. Brussels: Ecole de Commerce Solvay, Université Libre de Bruxelles.

Demsetz, Harold. 1968. "Why Regulate Utilities?" *Journal of Law and Economics* 11 (April): 55–65.

Derycke, Pierre-Henri, and Guy Gilbert. 1988. *Economie Publique Locale*. Paris: Economica.

Dia, Mamadou. 1993. *A Governance Approach to Civil Service Reform in Sub-Saharan Africa*. Washington, D.C.: World Bank.

Dillinger, William. 1993. "Decentralization and Its Implications for Urban Service Delivery." Discussion Paper 16. UNDP/UNCHS/World Bank Urban Management Program, Washington, D.C.

Doyen, Jean H. 1993. "Implementation of the Objectives of the Second Transport Decade: The Primacy of Policy Reform and Local Resource Management." Comments from the United Nations Economic Commission for Africa, Conference of African Ministers of Transport, Planning, and Communications, March 10–12.

Drèze, J. P., and A. P. Sen. 1989. *Hunger and Public Action*. Oxford: Clarendon Press.

Drèze, Jean, and Nicholas Stern. 1987. "The Theory of Cost-Benefit Analysis." In A. J. Auerback and M. Feldstein, eds., *Handbook of Public Economics*, 2d ed. Amsterdam: Elsevier Science.

Drumaux, Anne. 1993. *Rapport de Recherche Intermediaire: Observatoire des Enterprises Publiques*. Brussels: Ecole de Commerce Solvay, Université Libre de Bruxelles.

Duffy-Deno, Kevin T., and Randall W. Eberts. 1991. "Public Infrastructure and Regional Economic Development: A Simultaneous Equations Approach." *Journal of Urban Economics* 30: 329–43.

Easterly, William, and Sergio Rebelo. 1993. "Fiscal Policy and Economic Growth: An Empirical Investigation." *Journal of Monetary Economics* 32 (2): 417–58.

Easterly, William, Carlos Rodríguez, and Klaus Schmidt-Hebbel, eds. Forthcoming. *Public Sector Deficits and Macroeconomic Performance*. New York: Oxford University Press.

Edmonds, G. A., and J. J. de Veen. 1992. "A Labour-Based Approach to Roads and Rural Transport in Developing Countries." *International Labour Review* 131 (1): 95–110.

Epstein, T. Scarlett. 1962. *Economic Development and Social Change in South India*. Manchester: Manchester University Press.

———. 1973. *South India: Yesterday, Today and Tomorrow*. London: Macmillan.

Ford, Robert, and Pierre Poret. 1991. "Infrastructure and Private-Sector Productivity." *OECD Economic Studies* 17: 63–89.

Fukui, Koichiro. 1992. *Japanese National Railways Privatization Study*. World Bank Discussion Paper 172. Washington, D.C.

Galal, Ahmed. 1994. "Regulation and Commitment in the Development of Telecommunications in Chile." Policy Research Working Paper 1278. World Bank, Policy Research Department, Washington, D.C.

Galal, Ahmed, Leroy P. Jones, Pankaj Tandon, and Ingo Vogelsang. Forthcoming. *Welfare Consequences of Selling Public Enterprises*. New York: Oxford University Press.

Galenson, Alice. 1989. "Labor Redundancy in the Transport Sector." INU paper 36. World Bank, Transport, Water, and Urban Development Department, Washington, D.C.

———. 1993. "The Evolution of Bank Lending for Infrastructure." World Bank, Transport, Water, and Urban Development Department, Washington, D.C.

Galenson, Alice, and Louis Thompson. Forthcoming. "The Bank's Evolving Policy toward Railway Lending." World Bank, Transport, Water, and Urban Development Department, Washington, D.C.

Garn, Harvey A. 1987. "Patterns in the Data Reported on Completed Water Supply Projects." World Bank, Transport, Water, and Urban Development Department, Washington, D.C.

Garzon, R. Hernando. 1992. "Municipal Credit Institutions: The Case of Colombia." Working Paper 17. World Bank, Transportation, Water, and Urban Development Department, Washington, D.C.

Gaude, Jacques, and H. Watzlawick. 1992. "Employment Creation and Poverty Alleviation through Labor-Intensive Public Works in Least Developed Countries." *International Labour Review* 131 (1): 3–18.

Gerson, Philip R. 1993. "Popular Participation in Economic Theory and Practice." Human Resources and Operations Policy Working Paper 18. World Bank, Washington, D.C.

Gleick, Peter H., ed. 1993. *Water in Crisis: A Guide to the World's Fresh Water Resources*. Pacific Institute for Studies in Development, Environment, and Security. New York: Oxford University Press.

Glewwe, Paul. 1987a. "The Distribution of Welfare in the Republic of Côte d'Ivoire in 1985." LSMS Working Paper 29. World Bank, Washington, D.C.

———. 1987b. "The Distribution of Welfare in Peru, 1985–86." LSMS Working Paper 42. World Bank, Washington, D.C.

Glewwe, Paul, and Kwaku A. Twum-Baah. 1991. "The Distribution of Welfare in Ghana, 1987–88." LSMS Working Paper 75. World Bank, Washington, D.C.

Goldstein, Ellen. 1993. *The Impact of Rural Infrastructure on Rural Poverty: Lessons for South Asia.* World Bank Discussion Paper 131. Washington, D.C.

Gómez-Ibañez, José, and John R. Meyer. 1993. *Going Private: The International Experience with Transport Privatization.* Washington, D.C.: Brookings Institution.

Grübler, Arnulf. 1990. *The Rise and Fall of Infrastructures: Dynamics of Evolution and Technological Change in Transport.* New York: Springer-Verlag.

Guasch, J. Luis, and Pablo Spiller. 1993. "Utility Regulation and Private Sector Development." World Bank, Latin America and the Caribbean Technical Department Advisory Group, Washington, D.C.

Guichaoua, A. 1987. *Les Paysans et l'Investissement-Travail au Burundi et au Rwanda.* Geneva: International Labour Organisation.

Guislain, Pierre. 1992. *Divestiture of State Enterprises. An Overview of the Legal Framework.* Technical Paper 186. Washington, D.C.: World Bank.

Gwilliam, K. M. 1993. "Urban Bus Operators' Associations." *Infrastructure Notes.* World Bank, Transport, Water, and Urban Development Department, Washington, D.C.

Gyamfi, Peter, Luis Gutierrez, and Guillermo Yepes. 1992. "Infrastructure Maintenance in LAC: The Costs of Neglect and Options for Improvement." 3 vols. Regional Studies Program Report 17. World Bank, Latin America and the Caribbean Technical Department, Washington, D.C.

Harral, Clell G., ed. 1992. *Transport Development in Southern China.* World Bank Discussion Paper 151. Washington, D.C.

Hau, Timothy D. 1990. "Electronic Road Pricing: Developments in Hong Kong 1983–1989." *Journal of Transport Economics and Policy* 24 (2): 203–14.

Hazell, Peter, and Steven Haggblade. 1993. "Farm-Nonfarm Growth Linkages and the Welfare of the Poor." In Michael Lipton and Jacques van der Gaag, eds., *Including the Poor.* New York: Oxford University Press.

Heggie, Ian. Forthcoming. "Management and Financing of Roads: An Agenda for Reform." SSATP Working Paper 8. World Bank and United Nations Economic Commission for Africa, Sub-Saharan Africa Transport Policy Program. Washington, D.C.

Heggie, Ian, and Michael Quick. 1990. "A Framework for Analyzing Financial Performance of the Transport Sector." Working Paper 356. World Bank, Infrastructure and Urban Development Department, Washington, D.C.

Heidarian, Jamshid, and Gary Wu. 1993. "Power Sector: Statistics of Developing Countries (1987–1991)." World Bank, Industry and Energy Department, Washington, D.C.

Helm, Dieter, and Louis Thompson. 1991. "Privatised Transport Infrastructure and Incentives to Invest." *Journal of Transport Economics and Policy* 25 (3): 247–58.

Hicks, Norman L. 1991. "Expenditure Reductions in Developing Countries Revisited." *Journal of International Development* 3 (1): 29–37.

Hieronymi, O. 1993. "Decision Making for Infrastructure: Environmental and Planning Issues." Paper presented to the OECD Forum for the Future conference on "Infrastructure Policies for the 1990s," Paris, January 18.

Hill, Alice, and Manuel Angel Abdala. 1993. "Regulation, Institutions, and Commitment: Privatization and Regulation in the Argentine Telecommunications Sector." Policy Research Working Paper 1216. World Bank, Washington, D.C.

Hobday, Michael. 1990. *Telecommunications in Developing Countries: The Challenge from Brazil.* London: Routledge.

Holtz-Eakin, Douglas. 1988. "Private Output, Government Capital, and the Infrastructure Crisis." Discussion Paper 394. New York: Columbia University.

———. 1992. "Public-Sector Capital and the Productivity Puzzle." Working Paper 4122. Cambridge, Mass: National Bureau of Economic Research.

Howe, Charles W., and John A. Dixon. 1993. "Inefficiencies in Water Project Design and Operation in the Third World: An Economic Perspective." *Water Resources Research* 29 (7): 1889–94.

Hulten, Charles, and Robert M. Schwab. 1991. *Is There Too Little Public Capital?* Washington, D.C.: American Enterprise Institute.

———. 1993. *Optimal Growth with Public Infrastructure Capital: Implications for Empirical Modeling.* College Park, Md.: University of Maryland.

Humplick, Frannie. 1992. "Private Ownership, Competition, and Decentralization: Impacts on Infrastructure Performance." World Bank, Latin America and the Caribbean Department, Washington, D.C.

Humplick, F., A. Kudat, and S. Madanat. 1993. "Modeling Household Responses to Water Supply: A Service Quality Approach." Working Paper 4. World Bank, Transport, Water, and Urban Development Department, Washington, D.C.

Hungary, Government of, Central Statistics Office and Ministry of Finance, and World Bank. 1989. "Incidence Analysis: The Impact of Consumer and Housing Subsidies on Household Income Distribution." Budapest, Hungary.

Im, Soo J., Robert Jalali, and Jamal Saghir. 1993. "Privatization in the Republics of the Former Soviet Union." World Bank, Legal Department, Private Sector Development and Privatization Group, Washington, D.C.

IFC (International Finance Corporation). 1993. *Emerging Stock Markets Factbook.* Washington, D.C.

IMF (International Monetary Fund). 1993a. *Private Market Financing for Developing Countries.* World Economic and Financial Surveys. Washington, D.C.

———. 1993b. *Direction of Trade Statistics.* Washington, D.C.

———. Various years. *Government Finance Statistics.* Washington, D.C.

International Road Transport Union (IRTU). Various years. *World Transport Data.* Geneva.

International Roads Federation (IRF). Various years. *World Road Statistics.* Washington, D.C.

International Telecommunication Union (ITU). 1994. *World Telecommunications Development Report.* Geneva.

Israel, Arturo. 1992. *Issues for Infrastructure Management in the 1990s.* World Bank Discussion Paper 171. Washington, D.C.

Jack, William. 1993. "Some Guidelines for the Appraisal of Large Projects." Discussion Paper 126. World Bank, Office of the Chief Economist, South Asia Region, Washington, D.C.

Jaiswal, Shailendra N. 1992. "The Role of Transport and Communication in Resource Conserving Urban Settlements." Punjab, India.

Japan, Government of. 1984. *1980 Input-Output Tables.* Tokyo: Administrative Management Agency.

Jimenez, Emmanuel. Forthcoming. "Human and Physical Infrastructure: Public Investment and Pricing Policies in Developing Countries." In J. Behrman and T. N. Srinivasan, eds., *Handbook of Development Economics,* vol. 3. New York: North Holland.

Johansen, Frida. 1989a. "Earmarking, Road Funds and Toll Roads." INU Report 45. World Bank, Infrastructure and Urban Development Department, Washington, D.C.

———. 1989b. "Toll Road Characteristics and Toll Road Experience in Selected South East Asia Countries." *Transportation Research* 23A (6): 463–66.

Julius, DeAnne S., and Adelaida P. Alicbusan. 1989. "Public Sector Pricing Policies: A Review of Bank Policy and Practice." PRE Working Paper 49. World Bank, Washington, D.C.

Kain, John F. 1990. *A Critical Assessment of Public Transport Investment in Latin America*. Washington, D.C.: Inter-American Development Bank.

Kaufmann, D. 1991. "The Forgotten Rationale for Policy Reform: The Productivity of Investment Projects." Background paper for *World Development Report 1991*. World Bank, Washington, D.C.

Kay, John. 1993. "Efficiency and Private Capital in the Provision of Infrastructure." Paper presented to OECD Forum for the Future conference on "Infrastructure Policies for the 1990s," Paris, January 18.

Keeler, Theodore E., and John S. Ying. 1988. "Measuring the Benefits of a Large Public Investment: The Case of the U.S. Federal-Aid Highway System." *Journal of Public Economics* 6: 69–85.

Kessides, Christine. 1993a. *The Contributions of Infrastructure to Economic Development: A Review of Experience and Policy Implications*. World Bank Discussion Paper 213. Washington, D.C.

———. 1993b. *Institutional Options for the Provision of Infrastructure*. World Bank Discussion Paper 212. Washington, D.C.

Kikeri, Sunita, John Nellis, and Mary Shirley. 1992. *Privatization: The Lessons of Experience*. Washington, D.C.: World Bank.

Kirmani, Syed S. 1988. "The Construction Industry in Development: Issues and Options." INU Report 10. World Bank, Infrastructure and Urban Development Department, Washington, D.C.

Kirwan, R. M. 1989. "Finance for Urban Public Infrastructure." *Urban Studies* 26: 285–300.

Kitchen, H. 1993. "Efficient Delivery of Local Government Services." Queen's University, Government and Competitiveness School of Policy Studies, Kingston, Ontario.

Kranton, Rachel E. 1991. "Transport and the Mobility Needs of the Urban Poor." INU Report 86. World Bank, Infrastructure and Urban Development Department, Washington, D.C.

Kresge, David T., and Paul O. Roberts. 1971. "Systems Analysis and Simulation Models." In J. R. Meyer, ed., *Techniques of Transport Planning*, vol. 2. Washington, D.C.: Brookings Institution.

Kühn, Kai-Uwe, Paul Seabright, and Alasdair Smith. 1992. *Competition Policy Research: Where Do We Stand?* CEPR Occasional Paper 8. London: Centre for Economic Policy Research.

Kurian, G. T. 1991. *The New Book of World Ranking*. New York: Facts on File.

Lacey, Robert. 1989. "The Management of Public Expenditures: An Evolving Bank Approach." Background paper for *World Development Report 1988*. World Bank, Washington, D.C.

Laffont, Jean-Jacques, and Jean Tirole. 1993. *A Theory of Incentives in Procurement and Regulation*. Cambridge, Mass.: MIT Press.

Lane, Timothy D. 1992. "Market Discipline." *IMF Staff Papers* 40 (1): 53–88. Washington, D.C.

Lanjouw, Peter, and N. H. Stern. 1993. "Agricultural Change and Inequality in Palanpur, 1957–84." In K. A. Hoff and J. Stiglitz, eds., *The Economics of Rural Organization*. Oxford: Oxford University Press.

Latin Finance. Various years.

Lee, Kyu Sik, and Alex Anas. 1992. "Costs of Deficient Infrastructure: The Case of Nigerian Manufacturing." *Urban Studies* 29 (7): 1071–92.

Lee, Kyu Sik, Alex Anas, and Satyendra Verma. 1993. "Infrastructure Bottlenecks, Private Provision, and Industrial Productivity: A Study of Indonesian and Thai Cities." World Bank, Transport, Water, and Urban Development Department, Washington, D.C.

Lefèvre, Christian. 1989. *La Crise des Transports Publics (France, Etats-Unis, Royaume-Uni, Italie, Pays-Bas)*. No. 4900. Paris: La Documentation Française.

Levy, Brian, and Pablo Spiller. 1993. "Utility Regulation—Getting the Fit Right." *Outreach* 14. World Bank, Policy Research Department, Washington, D.C.

Linares, Julio. 1993. "Reforming Municipal Finance: Morocco." *Infrastructure Notes* FM-5. World Bank, Transport, Water, and Urban Development Department, Washington, D.C.

Liston, Catherine. 1993. "Price-Cap versus Rate-of-Return Regulation." *Journal of Regulatory Economics* 5 (1): 25–48.

Little, I. M. D., and J. A. Mirrlees. 1990. "Project Appraisal and Planning Twenty Years On." In *Proceedings of the World Bank Annual Conference on Development Economics 1989*. Washington, D.C.: World Bank.

Littlechild, S. C. 1992. "Competition and Regulation in the British Electricity Industry." *Utilities Policy* 2(4): 270–75.

Lorrain, Dominique. 1992. "The French Model of Urban Services." *West European Politics* 15 (2): 77–92.

Madanat, Samer, and Frannie Humplick. 1993. "A Model of Household Choice of Water Supply Systems in Developing Countries." *Water Resources Research* 29 (5): 1353–58.

Martens, Bertin. 1990. "Etude Comparée de l'Efficacité Economique des Techniques à Haute Intensité du Main-d'Oeuvre et à Haute Intensité d'Equipement pour la Construction de Routes Secondaires au Rwanda." Geneva: International Labour Organisation.

Martinand, Claude, ed. 1993. "Private Financing of Public Infrastructure: The French Experience." Ministry of Public Works, Transportation, and Tourism, Paris.

Mason, Melody, and Sydney Thriscutt. 1991. "Road Deterioration in Sub-Saharan Africa." In World Bank, *The Road Maintenance Initiative: Building Capacity for Policy Reform*. Vol. 2, *Readings and Case Studies*, EDI Seminar Series. Washington, D.C.

Mera, Koichi. 1973. "Regional Production Functions and Social Overhead Capital: An Analysis of the Japanese Case." *Regional and Urban Economics* 3 (May): 157–85.

Mesa-Lago, Carmelo. 1991. *Portfolio Performance of Selected Social Institutions in Latin America*. World Bank Discussion Paper 139. Washington, D.C.

Meyers, Kenneth. 1986. "A Reappraisal of the Sectoral Incidence of Government Expenditure Cutbacks." CPD Discussion Paper 1986–11. International Finance Corporation, Washington, D.C.

Miceli, Thomas J. 1991. "Compensation for the Taking of Land under Eminent Domain." *Journal of Institutional and Theoretical Economics* 147 (2): 354–63.

Miguel, Sergio, and James Condron. 1991. "Assessment of Road Maintenance by Contract." INU Report 91. World Bank, Infrastructure and Urban Development Department, Washington, D.C.

Milgrom, Paul, and John Roberts. 1992. *Economics, Organization and Management*. Englewood Cliffs, N.J.: Prentice-Hall.

Mody, Ashoka, and Fang Yi Wang. 1994. "Explaining Industrial Growth in Coastal China: Economic Reforms . . . and What Else?" World Bank, Private Sector Development Department, Washington, D.C.

Mody, Ashoka, and Kamil Yilmaz. 1994. "Is There Persistence in the Growth of Manufactured Exports?" Policy Research Working Paper 1276. World Bank, Washington, D.C.

Moser, Carolyn. 1989. "Community Participation in Urban Projects in the Third World." *Progress in Planning* 32: 73–134.

Mougeot, Michel, and Florence Naegellen. 1992. *Mécanismes Incitatifs et Formation des Prix*. Paris: Economica.

Moyer, Neil E., and Louis S. Thompson. 1992. "Options for Reshaping the Railway." Policy Research Working Paper 926. World Bank, Infrastructure and Urban Development Department, Washington, D.C.

Müller-Glodde, Ulrike, ed. 1991. "Where There Is No Participation." Eschborn, Germany: Deutsche Gesellschaft für Technische Zusammenarbeit (GTZ).

Munnell, Alicia H. 1990. "Why Has Productivity Declined? Productivity and Public Investment." *New England Economic Review* January/February: 3–22.

———. 1992. "Infrastructure Investment and Economic Growth." *Journal of Economic Perspectives* 6 (4): 189–98.

Narayan, Deepa. Forthcoming. "Contribution of People's Participation: Evidence." ESD Occasional Paper. World Bank, Washington, D.C.

National Housing Bank of India. 1992. *Report on Trend and Progress of Housing in India*. Central Government Reserve Bank of India, New Delhi.

Nellis, John. 1988. "Contract Plans and Public Enterprise Performance." Working Paper 118. World Bank, Country Economics Department, Washington, D.C.

Nevitt, Peter K. 1989. *Project Financing*. London: Euromoney.

Newbery, David, Gordon Hughes, William D. Paterson, and Esra Bennathan. 1988. *Road Transport Taxation in Developing Countries: The Design of User Charges and Taxes for Tunisia*. World Bank Discussion Paper 26. Washington, D.C.

Nilsson, Jan-Eric. 1993. *Regulatory Reform in Swedish Railways: Policy Review with Emphasis on Track Allocation Issues*. Stockholm: Stockholm University, Department of Economics.

OECD (Organization for Economic Cooperation and Development). 1991. *Urban Infrastructure: Finance and Management*. Paris.

———. 1992. *DAC Principles for Effective Aid: Development Assistance Manual*. Paris.

———. 1993. *Infrastructure Policies for the 1990s*. Paris.

Oks, Daniel. 1993. "Mexico: Private Sector Participation in Infrastructure Development." Paper presented at Infrastructure Symposium, World Bank, Washington, D.C., September.

Ostrom, Elinor, Larry Schroeder, and Susan Wynne. 1993. *Institutional Incentives and Sustainable Development: Infrastructure Policies in Perspective*. San Francisco: Westview Press.

Pankaj, T. 1991. "Designing Low-Cost Rural Transport Components to Reach the Poor." *Infrastructure Notes* RD-3. World Bank, Transport, Water, and Urban Development Department, Washington, D.C.

Paul, Samuel. 1991a. "Accountability in Public Services: Exit, Voice and Capture." Policy Research Working Paper 614. World Bank, Washington, D.C.

———. 1991b. *Strengthening Public Service Accountability*. World Bank Discussion Paper 136. Washington, D.C.

———. 1993. "Bangalore's Public Services: A Report Card." *Economic and Political Weekly* 28 (52): 2901–09.

Péan, Leslie. 1993. "AGETIP: A New Resource to Meet the Urban Challenge." *Infrastructure Notes* OU-8 (February). World Bank, Washington, D.C.

Pestieau, Pierre, and Henry Tulkens. 1992. *Assessing and Explaining the Performance of Public Enterprises: Some Recent Evidence from the Productive Efficiency Viewpoint*. Louvain-la-Neuve, Belgium: Center for Operations Research and Econometrics, Université Catholique de Louvain.

Peters, Hans Jürgen. 1990. "India's Growing Conflict between Trade and Transport: Issues and Options." Policy, Planning, and Research Paper 346. World Bank, Washington, D.C.

———. 1992. "Service: The New Focus in International Manufacturing and Trade." Policy Research Working Paper 950. World Bank, Infrastructure and Urban Development Department, Washington, D.C.

Petrei, A. Humberto. 1987. *El Gasto Público Social y sus Efectos Distributivos*. Rio de Janeiro: Estudios Conjuntos de Integracão Econômica da America Latina.

Pickrell, Don H. 1989. "Urban Rail Transit Projects: Forecast Versus Actual Ridership and Costs." U.S. Department of Transportation, Transport Systems Center, Cambridge, Mass.

Platteau, Jean-Phillipe. 1993. "Sub-Saharan Africa as a Special Case: The Crucial Role of Structural Constraints." University of Namur, Belgium.

Postel, Sandra. 1993. "Water and Agriculture." In Peter H. Gleick, ed., *Water in Crisis: A Guide to the World's Fresh Water Resources*. Pacific Institute for Studies in Development, Environment, and Security. New York: Oxford University Press.

Prud'homme, Rémy. 1992. "On the Dangers of Decentralization." World Bank, Infrastructure and Urban Development Department, Washington, D.C.

———. 1993. "Assessing the Role of Infrastructure in France by Means of Regionally Estimated Production Functions." Observatoire de l'Economie et des Institutions Locales, Paris.

Public Works Financing. 1993. Various issues.

Pyle, Thomas. 1994. *Private Financing of Infrastructure: Understanding the New Hidden Key to Development Success*. Princeton, N.J.: Princeton Pacific Group.

Qian, Yingyi, and Chenggang Xu. 1993. *Why China's Economic Reforms Differ*. Development Economics Research Programme. London: London School of Economics, Suntory-Toyota International Centre for Economics and Related Disciplines.

Rabinovitch, Jonas, and Josef Leitmann. 1993. "Environmental Innovation and Management in Curitiba, Brazil." Discussion Paper 1. UNDP/UNCHS/World Bank Urban Management Program, Washington, D.C.

Ramamurti, Ravi, and Raymond Vernon, eds. 1991. *Privatization and Control of State-Owned Enterprises*. EDI Development Studies. Washington, D.C.: World Bank.

Rebelo, Jorge M. 1992. "Landlocked Countries: Evaluating Alternative Routes to the Sea." *Infrastructure Notes* OT-2. World Bank, Infrastructure and Urban Development Department, Washington, D.C.

Redwood, John, III. 1993. *World Bank Approaches to the Environment in Brazil: A Review of Selected Projects*. World Bank Operations Evaluation Study. Washington, D.C.

Riverson, John, and Steve Carapetis. 1991. *Intermediate Means of Transport in Sub-Saharan Africa: Its Potential for Improving Rural Travel and Transport*. World Bank Technical Paper 161. Washington, D.C.

Riverson, John, Juan Gaviria, and Sydney Thriscutt. 1991. *Rural Roads in Sub-Saharan Africa: Lessons from World Bank Experience*. World Bank Technical Paper 141. Washington, D.C.

Roland, Gérard, and Thierry Verdier. 1993. *Privatisation in Eastern Europe: Irreversibility and Critical Mass Effects*. Brussels: ECARE, Université Libre de Bruxelles.

Rondinelli, D. A. 1991. "Decentralizing Water Supply Services in Developing Countries: Factors Affecting the Success of Community Management." *Public Administration and Development* 11 (5): 415–30.

Rovizzi, Laura, and David Thompson. 1992. "The Regulation of Product Quality in the Public Utilities and the Citizen's Charter." *Fiscal Studies* 13 (3): 74–95.

Ruitenbeek, H. Jack, and Cynthia M. Cartier. 1993. "A Critical Perspective on the Evaluation of the Narmada Projects from the Discipline of Ecological Economics." Paper presented to the Narmada Forum: Workshop on the Narmada Sagar and Sardar Sarovar, New Delhi, India, December 21–23.

Sader, Frank. 1993. "Privatization and Foreign Investment in the Developing World, 1988–92." Policy Research Working Paper 1202. World Bank, International Economics Department, Washington, D.C.

Sanghvi, Arun, Robert Vernstrom, and John Besant-Jones. 1989. "Review and Evaluation of Historic Electricity Forecasting Experience (1960–1985)." Energy Series Paper 18. World Bank, Industry and Energy Department, Washington, D.C.

Saunders, Robert J., Jeremy Warford, and Björn Wellenius. Forthcoming. *Telecommunications and Economic Development*, 2d ed. Baltimore, Md.: Johns Hopkins University Press.

Seabright, Paul. 1993. "Infrastructure and Industrial Policy in South Asia: Achieving the Transition to a New Regulatory Environment." South Asia Regional Seminar Series. World Bank, Washington, D.C.

Serageldin, Ismail. 1993. "Environmentally Sustainable Urban Transport: Defining a Global Policy." International Union of Public Transport, Brussels.

Sethi, Kavita. 1992. "Households' Responses to Unreliable Water Supply in Jamshedpur, India." Draft working paper. World Bank, Transport, Water, and Urban Development Department, Water and Sanitation Division, Washington, D.C.

Shah, Anwar. 1988. "Public Infrastructure and Private Sector Profitability and Productivity in Mexico." Policy, Planning, and Research Working Paper 100. World Bank, Country Economics Department, Washington, D.C.

———. 1992. "Dynamics of Public Infrastructure, Industrial Productivity and Profitability." *Review of Economics and Statistics* 74 (1): February.

———. 1994. *The Reform of Intergovernmental Fiscal Relations in Developing and Emerging Market Economies*. Policy and Series Research 23. Washington, D.C.: World Bank.

Shilling, John D., ed. 1992. *Beyond Syndicated Loans*. World Bank Technical Paper 163. Cofinancing and Financial Advisory Services Department, Washington, D.C.

Shirley, Mary, and John Nellis. 1991. *Public Enterprise Reform: The Lessons of Experience*. EDI Development Study. Washington, D.C.: World Bank.

Shleifer, Andrei. 1985. "A Theory of Yardstick Competition." *Rand Journal of Economics* 16 (3): 319–27.

Silverman, Jerry M. 1992. *Public Sector Decentralization: Economic Policy and Sector Investment Programs*. World Bank, Technical Paper series, Africa Technical Department Paper 188. Washington, D.C.

Singh, Branwar, Radhika Ramasubban, Ramesh Bhatia, John Briscoe, Charles Griffin, and Chongchun Kim. 1993. "Rural Water Supply in Kerala, India: How to Emerge from a Low-Level Equilibrium Trap." *Water Resources Research* 29 (7): 1931–42.

Squire, Lyn. 1990. "Comment on 'Project Appraisal and Planning Twenty Years On,' by Little and Mirlees." In *Proceedings of the World Bank Annual Conference on Development Economics 1989*. Washington, D.C.: World Bank.

Summers, Robert, and Alan Heston. 1991. "The Penn World Table (Mark 5): An Expanded Set of International Comparisons, 1950–1988." *Quarterly Journal of Economics* 56 (2) (May).

Svejnar, Jan, and Katherine Terrell. 1991. "Reducing Labor Redundancy in State-Owned Enterprises." PRE Working Paper 792. World Bank, Infrastructure and Urban Development Department, Washington, D.C.

Takano, Yoshiro. 1992. *Nippon Telegraph and Telephone Privatization Study: Experiences of Japan and Lessons for Developing Countries*. World Bank Discussion Paper 179. Washington, D.C.

Tenenbaum, Bernard, Reinier Lock, and James V. Barker. 1992. "Electricity Privatization: Structural, Competitive, and Regulatory Options." *Energy Policy* 20: 1134–60.

Tirole, J. 1992. *The Internal Organization of Government*. Washington, D.C.: Institute for Policy Reform.

Triche, Thelma. 1990. "Private Participation in the Delivery of Guinea's Water Supply." Policy Research Working Paper 477. World Bank, Transport, Water, and Urban Development Department, Washington, D.C.

———. 1993. "The Institutional and Regulatory Framework for Water Supply and Sewerage: Public and Private Roles." *Infrastructure Notes* WS-9. World Bank, Transport, Water, and Urban Development Department, Washington, D.C.

Triche, Thelma, Abel Mejia, and Emanuel Idelovitch. 1993. "Arranging Concessions for Water Supply and Sewerage Services: Lessons Learned from Buenos Aires and Caracas." *Infrastructure Notes* WS-10. World Bank, Transport, Water, and Urban Development Department, Washington, D.C.

Trivedi, Prajapati. 1990. *Memorandum of Understanding: An Approach to Improving Public Enterprise Performance*. New Delhi: International Management Publishers.

Uchimura, Kazuko, and Hong Gao. 1993. "The Importance of Infrastructure on Economic Development." World Bank, Latin America and the Caribbean Regional Office, Washington, D.C.

United Nations. 1991. *Energy Statistics Yearbook*. New York.

United Nations Conference on Environment and Development. 1992. *Agenda 21*. New York.

Uribe, José Darió. 1993. "Infraestructura Física, Clubs de Convergencia, y Crecimiento Económico: Alguna Evidencia Empírica." *Coyuntura Económica* 23 (1): 139–67.

USAID (U.S. Agency for International Development). 1991. *Cholera in Peru: A Rapid Assessment of the Country's Water and Sanitation Infrastructure and Its Role in the Epidemic.* Field Report 331. Water and Sanitation for Health Project, Washington, D.C.

———. 1993. "Urban Environmental Infrastructure Support Project." Washington, D.C.

U.S. Central Intelligence Agency. 1991. *World Factbook.* Washington, D.C.

U.S. Department of Commerce. 1984. *The Detailed Input-Output Structure of the U.S. Economy, 1977.* Washington, D.C.: Bureau of Economic Analysis.

U.S. Municipal Securities Rulemaking Board. 1993. Hearing on Regulation of the Municipal Securities Market. Subcommittee on Telecommunications and Finance. U.S. Congress, Washington, D.C., September 9.

U.S. Securities and Exchange Commission. 1993. *Staff Report on the Municipal Securities Market.* Washington, D.C.

Vickers, John, and George Yarrow. 1988. *Privatization: An Economic Analysis.* Cambridge, Mass.: MIT Press.

Viscusi, W. Kip, John M. Vernon, and Joseph E. Harrington. 1992. *Economics of Regulation and Antitrust.* Lexington, Mass.: D. C. Heath.

Vittas, Dimitri, and Michael Skully. 1991. "Overview of Contractual Savings Institutions." World Bank Working Paper 605. Washington, D.C.

Vogel, David. 1986. *National Styles of Regulation: Environmental Policy in Great Britain and the United States.* Cornell Studies in Political Economy. Ithaca, N.Y.: Cornell University Press.

von Braun, J. 1988. "Effects of Technological Change in Agriculture on Food Consumption and Nutrition: Rice in a West African Setting." *World Development* 16 (9): 1083-98.

von Braun, Joachim, Tesfaye Teklu, and Patrick Webb. 1992. "Labour-Intensive Public Works for Food Security in Africa: Past Experience and Future Potential." *International Labour Review* 131 (1): 19–34.

Wade, Robert. 1987. *Village Republics: Economic Conditions for Collective Action in South India.* New York: Cambridge University Press.

———. 1993. *The Operations and Maintenance of Infrastructure: Organizational Issues in Canal Irrigation.* Sussex, England: Sussex University, Institute of Development Studies.

Wellenius, Björn, and others. 1992. *Telecommunications: World Bank Experience and Strategy.* World Bank Discussion Paper 192. Washington, D.C.

Wheeler, David, and Ashoka Mody. 1992. "International Investment Location Decisions: The Case of U.S. Firms." *Journal of International Economics* 33 (August): 57–76.

Whittington, Dale, John Briscoe, Xinming Mu, and William Barron. 1990. "Estimating the Willingness to Pay for Water Services in Developing Countries: A Case Study of the Use of Contingent Valuation Surveys in Southern Haiti." *Economic Development and Cultural Change* 38 (2): 293–312.

Whittington, Dale, Donald T. Lauria, Albert M. Wright, Kyeongae Choe, Jeffrey A. Hughes, and Venkateswarlu Swarna. 1992. "Household Demand for Improved Sanitation Services: A Case Study of Kumasi, Ghana." Water and Sanitation Report 3. UNDP–World Bank Water and Sanitation Program, Washington, D.C.

WHO (World Health Organization). 1980 and 1990. *The International Drinking Water Supply and Sanitation Decade* series. Geneva.

Wiesner Duran, Eduardo. 1982. *Memoria del Departamento Nacional de Planeación, 1978–1980.* Bogotá, Colombia: Banco de la República.

Williams, A. W. 1993. "Transport, Rights-of-Way and Compensation: Injurious Affection from an Economic Perspective and Some Australian Evidence of Freeway Impacts." *International Journal of Transport Economics* 20 (3): 285–95.

Williamson, Oliver E. 1976. "Franchise Bidding for Natural Monopolies—in General and with Respect to CATV." *Bell Journal of Economics* 7 (1): 73–104.

Willig, Robert D., and William J. Baumol. 1987. "Using Competition as a Guide." *Regulation* (1): 28–35.

Winston, Clifford. 1993. "Economic Deregulation: Days of Reckoning for Microeconomists." *Journal of Economic Literature* 31: 1263–89.

World Bank. 1988. *Road Deterioration in Developing Countries: Causes and Remedies.* World Bank Policy Study. Washington, D.C.

———. 1990. *World Development Report 1990.* New York: Oxford University Press.

———. 1991a. *The Reform of Public Sector Management: Lessons from Experience.* Policy and Research Series 18. World Bank, Washington, D.C.

———. 1991b. *The Road Maintenance Initiative: Building Capacity for Policy Reform.* Vol. 2, *Reading and Case Studies.* EDI Seminar Series. Washington, D.C.

———. 1992a. *Export Processing Zones.* Policy and Research Series 20. Washington, D.C.

———. 1992b. *Urban Policy and Economic Development: An Agenda for the 1990s.* Washington, D.C.

———. 1992c. *World Development Report 1992.* New York: Oxford University Press.

———. 1993a. *Adjustment Lending and Mobilization of Private and Public Resources for Growth.* Policy and Research Series 22. Washington, D.C.

———. 1993b. "The Aral Sea Crisis: Proposed Framework of Activities." Central Asia Region 3, Washington, D.C.

———. 1993c. *Energy Efficiency and Conservation in the Developing World: The World Bank's Role.* Washington, D.C.

———. 1993d. "Portfolio Management: Next Steps, a Program of Actions." Operations Policy Department, Washington, D.C.

———. 1993e. "Poverty and Income Distribution in Latin America: The Story of the 1980s." Latin America and the Caribbean Technical Department, Washington, D.C.

———. 1993f. "Power Supply in Developing Countries: Will Reform Work?" Occasional Paper 1. Industry and Energy Department, Washington, D.C.

———. 1993g. *Water Resources Management.* World Bank Policy Paper. Washington, D.C.

———. 1993h. *The World Bank's Role in the Electric Power Sector: Policies for Effective Institutional, Regulatory, and Financial Reform.* World Bank Policy Paper. Washington, D.C.

———. 1993i. *World Debt Tables 1993–94. External Finance for Developing Countries.* Washington, D.C.

———. Forthcoming. "An Agenda for Infrastructure Reform and Development: Responding to the Market for Services." World Bank Discussion Paper. Transport, Water, and Urban Development Department, Washington, D.C.

World Bank Water Demand Research Team. 1993. "The Demand for Water in Rural Areas: Determinants and Policy Implications." *World Bank Research Observer* 8 (1): 47–70.

World Resources Institute. 1992. *World Resources 1992–93*. New York: Oxford University Press.

Wunsch, James S., ed. 1990. *The Failure of the Centralized State: Institutions and Self-Governance in Africa*. Boulder, Colo.: Westview Press.

———. 1991a. "Institutional Analysis and Decentralization: Developing an Analytical Framework for Effective Third World Administrative Reform." *Public Administration and Development* 11 (5): 431–52.

———. 1991b. "Sustaining Third World Infrastructure Investments: Decentralizing and Alternative Strategies." *Public Administration and Development* 11 (1): 5–24.

Yepes, Guillermo. 1990. "Management and Operational Practices of Municipal and Regional Water and Sewerage Companies in Latin America and the Caribbean." World Bank, Infrastructure and Urban Development Department, Washington, D.C.

Anhang: Daten zur Infrastruktur

Tabelle A.1 enthält zusammenfassende Informationen über die bestehende Infrastruktur (Infrastrukturbestand) sowie die Erzeugung von Elektrizität und die Flächen bewässerten Landes. Tabelle A.2 liefert Angaben über die Versorgung mit Trinkwasser und Sanitäreinrichtungen. Die beiden weiteren Tabellen enthalten Angaben über die finanziellen Engagements und die finanzielle Unterstützung für den Bereich der Infrastruktur. Bezüglich der Erläuterungen über die in diesen Tabellen verwendeten Ländergruppen wird auf die „Definitionen und statistischen Anmerkungen" verwiesen. In den Tabellen A.1 und A.2 werden die Länder in gleicher Reihenfolge aufgeführt wie in den Kennzahlen der Weltentwicklung.

Obwohl die hier aufgeführten Daten den Quellen entnommen wurden, die unter den verfügbaren als am verläßlichsten gelten können, kann die Vergleichbarkeit durch Unterschiede in der Datenerhebung, in den statistischen Methoden und Definitionen eingeschränkt sein.

Tabelle A.1
Physische Maße für die bereitstehende Infrastruktur

Die Angaben über *befestigte Straßen* für den Zeitraum vor 1990 stammen von Canning und Fay (1993). Die Angaben für das Jahr 1990 wurden aus folgenden Quellen zusammengestellt: Central Intelligence Agency der USA (1991), Hauptquelle, International Roads Federation (IRF), verschiedene Jahrgänge, und International Road Transport Union (IRTU), verschiedene Jahrgänge. In den Fällen, in denen keine Angaben für das Jahr 1990 vorlagen, wurden Daten aus den Jahren 1988 und 1989 verwendet. Von 1960 bis 1990 sind Daten für Fünfjahresabschnitte verfügbar; die Daten werden aber von der IRF und der IRTU jährlich bereitgestellt.

Die Angaben zur installierten Netto-Kapazität *elektrizitätserzeugender Anlagen* und zur *Stromerzeugung* stammen für die Jahre vor 1990 von Canning und Fay (1993). Die Angaben für 1990 kommen von den Vereinten Nationen (1991). Für den Zeitraum 1960 bis 1990 sind Daten für Fünfjahresabschnitte verfügbar; die Daten werden von den Vereinten Nationen jährlich bereitgestellt.

Eine *Haupttelefonleitung* ist eine Telefonverbindung, die die Telefoneinrichtung des Telefonkunden mit der öffentlichen Schaltstelle verbindet und die einen eigenen Anschluß in der Telefonzentrale hat. Der Begriff wird synonym verwendet zu dem Ausdruck *Hauptanschluß,* der im allgemeinen in Unterlagen zum Bereich Telekommunikation verwendet wird. Die Angaben über die Hauptanschlüsse stammen von der International Telecommunication Union (ITU) (1994). Es werden Daten für Fünfjahresabschnitte genannt, jährliche Angaben werden aber für die Jahre 1975 bis 1992 auf der elektronischen Datenbank der ITU zur Verfügung gestellt.

Die Informationen über die Länge der *Eisenbahnlinien* in Kilometern für den Zeitraum vor 1990 stammen von Canning und Fay (1993). Die Zahlen für 1990 stammen von der Weltbank. Für den Zeitraum von 1960 bis 1990 stehen Angaben für Fünfjahresabschnitte zur Verfügung.

Die Zahlen über *bewässertes Land* wurden aus den Datenverzeichnissen der Organisation für Ernährung und Landwirtschaft (Food and Agricultural Organization, FAO) gewonnen. Für den Zeitraum ab 1961 stehen bei der FAO Jahresangaben zur Verfügung.

Tabelle A.2
Versorgung mit Trinkwasser und Sanitäreinrichtungen

Versorgung mit Trinkwasser steht für den Zugang zu sauberem Wasser, und zwar entweder mittels eines Zentralbrunnens oder einer Wasserleitung im Hause. Sauberes Wasser wird hier definiert als behandeltes Oberflächenwasser oder unbehandeltes, aber unverseuchtes Wasser, wie es etwa aus geschützten Quellen entspringt, aus Bohrlöchern gewonnen oder aus Ziehbrunnen geholt wird. Zur Versorgung mit *Sanitäreinrichtungen* zählen der Zugang zu einer Abwasserleitung oder der Zugang zu solchen Einrichtungen wie Faulgruben, Gemeinschaftstoiletten, Abortgruben, Latrinen mit Spülung etc. Die Angaben stammen hauptsächlich von der Weltgesundheitsorganisation (World Health Organisation, 1980 und 1990), die durch Gleick (1993) und vom World Resources Institute (1992) vervollständigt wurden. (Die Angaben der WHO werden durch die Regierungen geliefert und nicht eigenständig nachgeprüft.) Daten für Fünfjahresabschnitte sind für den Zeitraum von 1970 bis 1990 für die Gesamtangaben verfügbar; von 1980 bis 1990 liegt eine Untergliederung nach ländlichen und städtischen Gebieten vor.

Tabelle A.3
Finanzielle Engagements der IBRD und der IDA im Bereich der Infrastruktur

Quelle der Jahresangaben für den Zeitraum von 1950 bis 1993 ist die zentrale Darlehensdatenbank der Weltbank (ALCID). In die Angaben über das finanzielle Engagement im Bereich der *Infrastruktur* aufgenommen wurden Engagements in den folgenden Sektoren: Bewässerung und Entwässerung, Energieerzeugung, Telekommunikation, Wasserversorgung und Kanalisation sowie das gesamte Transportwesen. Zum *gesamten Transportwesen* zählen der Luftverkehr, die Fernstraßen, die Häfen, die Eisenbahnen, die städtischen Verkehrsbetriebe sowie auch Engagements im Transportbereich als Ganzem. Sektoranpassungsdarlehen (SECALs) sind in diesen Zahlen enthalten. In diesen Angaben nicht enthalten sind kleinere Infrastrukturkomponenten von Projekten in anderen Sektoren, zum Beispiel von Projekten im Bereich der ländlichen Entwicklung oder im Umweltbereich.

Tabelle A.4
Öffentliche Entwicklungshilfefinanzierung im Bereich der Infrastruktur

Für die Jahre 1984 bis 1992 hat die OECD Daten zur Verfügung gestellt. Die hier angegebenen Zahlen basieren auf den gesamten öffentlichen Hilfsmittelbeträgen, wie sie durch den Ausschuß für Entwicklungshilfe der OECD definiert sind. Zur *Infrastruktur insgesamt* zählen der Kommunikationsbereich, der Energiesektor, das Verkehrswesen, die Wasserversorgung und die Kanalisation sowie die Flußregulierung und andere Infrastrukturbereiche, die nicht in die genannten Kategorien einbezogen sind.

Tabelle A.1 Physische Maße der Infrastrukturbereitstellung

Land	Befestigte Straßen (Kilometer)				Kapazität der Stromerzeugung (Tsd Kilowatt)				Stromerzeugung (Mio Kilowattstunden)			
	1960	1970	1980	1990	1960	1970	1980	1990	1960	1970	1980	1990
Länder mit niedrigem Einkommen												
1 Mosambik	..	2.152	3.860	4.949	122	355	1.800	2.358	226	682	4.000	486
2 Äthiopien	..	1.935	11.320	13.198	95	167	316	393	102	520	675	906
3 Tansania	..	3.314	3.376	3.506	44	143	258	439	155	479	710	885
4 Sierra Leone	401	1.034	1.201	1.510	21	76	95	126	41	197	235	224
5 Nepal	599	1.380	2.045	2.805	10	46	78	277	11	76	213	739
6 Uganda	1.200	2.218	3.871	2.416	141	162	163	162	421	778	650	603
7 Bhutan	..	..	..	..	..	..	..	..	..	..	..	..
8 Burundi	..	80	365	1.011	..	7	8	43	..	1	1	106
9 Malawi	485	750	1.905	2.320	..	49	106	..	..	145	434	..
10 Bangladesch	..	3.610	4.283	6.617	..	..	990	2.520	..	..	2.653	8.056
11 Tschad	..	3.315	270	378	3	16	38	31	8	42	64	82
12 Guinea-Bissau	..	..	..	..	..	..	..	..	..	..	..	..
13 Madagaskar	..	3.474	10.124	10.503	66	90	100	220	107	246	426	566
14 Laos, Dem. VR	..	..	..	..	..	..	..	..	..	..	..	..
15 Ruanda	43	78	405	720	..	23	39	60	..	81	163	176
16 Niger	..	486	2.672	4.000	3	15	23	63	8	39	60	163
17 Burkina Faso	..	666	706	1.347	4	14	38	59	8	27	113	155
18 Indien	254.466	324.758	623.998	759.764	5.580	16.271	33.300	75.995	20.123	61.212	119.150	286.045
19 Kenia	..	2.570	5.558	6.901	82	174	463	723	222	583	1.490	3.044
20 Mali	..	1.596	1.795	5.959	..	27	42	87	..	57	110	214
21 Nigeria	..	15.216	30.021	31.002	173	805	2.230	4.040	554	1.550	6.899	9.946
22 Nicaragua	620	1.235	1.612	..	79	170	356	395	187	627	1.049	1.038
23 Togo	..	516	1.480	1.833	2	20	35	34	5	68	76	41
24 Benin	..	..	893	1.037	6	10	15	15	10	33	5	5
25 Zentralafrikanische Republik	0	63	410	486	6	14	30	43	8	47	67	95
26 Pakistan	16.860	24.776	38.035	86.839	..	..	3.518	9.137	..	..	15.277	43.903
27 Ghana	..	4.620	8.050	8.250	103	665	860	1.187	374	2.920	5.317	5.444
28 China	..	..	..	..	..	24.180	67.000	137.891	58.500	107.000	300.600	621.200
29 Tadschikistan	..	..	..	..	..	..	..	..	..	..	..	..
30 Guinea	..	512	3.636	4.424	..	100	175	176	..	388	500	518
31 Mauretanien	..	6	744	800	..	25	55	105	..	73	102	140
32 Sri Lanka	..	..	17.704	..	94	281	422	1.289	302	816	1.668	3.150
33 Simbabwe	..	8.474	11.788	12.896	..	1.192	1.192	2.038	..	6.410	4.541	9.558
34 Honduras	110	844	1.737	2.400	33	89	234	290	91	315	928	1.105
35 Lesotho	..	..	276	530	..	..	..	..	..	..	..	..
36 Ägypten, Arab. Rep.	..	10.059	12.658	14.601	1.167	4.357	3.583	11.738	2.639	7.591	16.910	39.545
37 Indonesien	10.973	21.073	56.500	116.460	391	907	2.786	11.480	1.400	2.300	6.981	44.255
38 Myanmar	..	6.153	..	..	250	256	636	1.116	432	600	1.340	2.601
39 Somalia	..	887	4.600	6.199	8	15	30	60	10	28	75	230
40 Sudan	..	332	2.975	3.419	44	117	300	500	94	392	1.000	1.327
41 Jemen, Rep.	..	533	1.389	2.360	..	..	..	275	..	..	..	910
42 Sambia	..	2.877	5.576	6.198	..	1.025	1.728	2.436	..	949	9.204	7.771
Länder mit mittlerem Einkommen (Untere Einkommenskategorie)												
43 Côte d'Ivoire	829	1.258	3.057	4.216	32	175	953	1.173	67	517	1.743	2.365
44 Bolivien	569	947	1.391	1.769	147	267	489	735	446	787	1.564	1.955
45 Aserbaidschan	..	..	..	..	..	..	..	..	..	..	..	..
46 Philippinen	6.356	15.523	27.649	22.238	765	2.176	4.632	6.869	2.731	8.666	18.032	26.329
47 Armenien	..	..	..	..	..	..	..	..	..	..	..	..
48 Senegal	..	2.097	3.445	4.000	56	108	165	231	127	330	559	684
49 Kamerun	..	931	2.496	3.593	160	179	339	627	908	1.163	1.452	2.705
50 Kirgisistan	..	..	..	..	..	..	..	..	..	..	..	..
51 Georgien	..	..	..	..	..	..	..	..	..	..	..	..
52 Usbekistan	..	..	..	..	..	..	..	..	..	..	..	..
53 Papua-Neuguinea	..	211	828	..	16	69	313	490	57	191	1.252	1.790

	Land	Befestigte Straßen (Kilometer)				Kapazität der Stromerzeugung (Tsd Kilowatt)				Stromerzeugung (Mio Kilowattstunden)			
		1960	1970	1980	1990	1960	1970	1980	1990	1960	1970	1980	1990
54	Peru	4.016	4.855	6.299	7.500	841	1.677	3.192	4.137	2.656	5.529	9.805	13.818
55	Guatemala	1.279	2.333	2.850	3.485	83	216	392	696	281	759	1.617	2.325
56	Kongo	..	378	561	985	..	32	118	149	..	76	155	398
57	Marokko	17.633	21.058	25.358	29.130	366	582	1.593	2.362	1.012	1.935	4.924	9.628
58	Dominikanische Rep.	4.248	5.163	14.126	..	108	327	970	1.447	350	1.003	2.743	5.325
59	Ecuador	719	2.910	4.290	6.322	118	304	1.118	1.657	387	949	3.090	6.326
60	Jordanien	1.488	2.420	3.950	5.680	..	80	400	1.048	..	200	1.070	3.688
61	Rumänien	..	..	..	..	1.779	7.346	16.050	22.479	7.650	35.088	67.500	64.307
62	El Salvador	984	1.208	1.588	1.739	74	205	501	740	250	671	1.543	2.296
63	Turkmenistan	..	..	..	..	..	..	..	..	..	..	..	..
64	Moldau	..	..	..	..	..	..	..	..	..	..	..	..
65	Litauen	..	..	..	..	..	..	..	..	..	..	..	..
66	Bulgarien	..	..	..	..	925	4.117	8.249	11.129	4.657	19.513	34.835	38.917
67	Kolumbien	2.998	5.980	11.980	10.329	911	2.427	5.130	9.407	3.750	8.651	22.935	36.001
68	Jamaika	1.861	1.867	..	..	142	405	725	732	508	1.542	2.245	2.730
69	Paraguay	254	816	1.518	3.000	44	155	338	5.800	96	218	930	2.436
70	Namibia	..	..	..	..	..	..	..	..	..	..	..	..
71	Kasachstan	..	..	..	..	..	..	..	..	..	..	..	..
72	Tunesien	6.845	9.106	12.278	17.509	129	258	928	1.524	316	794	2.797	5.537
73	Ukraine	..	..	..	..	..	..	..	..	..	..	..	..
74	Algerien	..	32.963	38.929	44.191	439	750	2.006	4.657	1.325	1.979	7.123	15.992
75	Thailand	2.740	9.656	23.613	39.910	191	1.336	4.010	9.722	594	4.545	15.112	46.180
76	Polen	..	..	..	..	6.316	13.710	28.000	30.703	29.307	64.533	121.860	136.311
77	Lettland	..	..	..	..	..	..	..	..	..	..	..	..
78	Slowakei	..	..	..	..	..	..	..	..	..	..	..	..
79	Costa Rica	..	1.400	2.424	5.600	109	244	646	933	438	1.028	2.226	3.609
80	Türkei	..	18.990	35.632	45.527	1.672	2.312	5.119	16.316	2.815	8.624	23.275	57.547
81	Iran, Islam. Rep.	2.312	10.484	33.780	..	..	2.197	5.300	17.554	..	6.758	17.150	55.997
82	Panama	602	1.531	2.129	2.360	136	347	745	992	504	1.724	2.454	2.901
83	Tschechische Rep.	..	..	..	..	..	..	..	..	..	..	..	..
84	Russische Föderation	..	..	..	..	..	..	..	..	..	..	..	..
85	Chile	2.604	7.411	9.823	10.983	1.142	2.143	2.940	4.079	4.592	7.550	11.750	18.372
86	Albanien	..	..	..	..	..	..	..	755	194	944	2.450	3.198
87	Mongolei	..	..	..	..	..	..	..	..	..	..	..	..
88	Syrien, Arab. Rep.	2.956	8.095	13.001	24.118	130	301	1.112	3.717	368	947	3.837	10.601

Länder mit mittlerem Einkommen
  (Obere Einkommenskategorie)

	Land	1960	1970	1980	1990	1960	1970	1980	1990	1960	1970	1980	1990
89	Südafrika	..	33.115	46.634	51.469	..	..	..	..	..	..	..	..
90	Mauritius	..	1.593	1.633	1.699	68	102	220	313	150	220	438	770
91	Estland	..	..	..	..	..	..	..	..	..	..	..	..
92	Brasilien	12.703	50.568	87.045	161.503	4.800	11.233	33.293	52.892	22.865	45.460	139.485	222.199
93	Botsuana	..	23	1.148	2.311	..	..	..	..	..	..	..	..
94	Malaysia	9.646	15.351	20.461	27.720	..	936	2.430	5.037	..	3.543	10.186	24.722
95	Venezuela	8.204	17.999	22.879	26.295	1.353	3.172	8.471	18.647	4.651	12.707	35.935	60.994
96	Weißrußland	..	..	..	..	..	..	..	..	..	..	..	..
97	Ungarn	..	..	..	..	1.465	2.497	4.642	6.603	7.617	14.541	23.873	28.411
98	Uruguay	1.473	6.002	9.792	..	406	560	835	1.681	1.244	2.200	4.559	7.371
99	Mexiko	25.667	42.674	66.920	82.022	3.048	7.318	16.985	29.274	10.812	28.704	66.950	122.482
100	Trinidad und Tobago	4.344	3.984	..	..	129	334	756	985	470	1.202	2.033	3.480
101	Gabun	..	150	481	609	8	40	175	279	20	97	530	915
102	Argentinien	22.712	33.375	52.194	57.280	3.474	6.691	11.988	17.128	10.460	21.730	39.679	50.904
103	Oman	..	10	2.177	..	..	33	392	1.531	..	105	957	5.345
104	Slowenien	..	..	..	..	..	..	..	..	..	..	..	..
105	Puerto Rico	..	..	..	..	..	..	..	..	..	..	..	..
106	Korea, Rep.	733	3.618	15.587	34.248	439	2.764	10.272	24.056	1.758	9.597	39.979	118.740
107	Griechenland	9.504	15.393	22.279	28.887	615	2.488	5.324	8.508	2.277	9.821	22.652	35.002
108	Portugal	17.013	32.424	44.819	60.347	1.335	2.129	4.440	7.381	3.264	7.488	15.263	28.528
109	Saudi-Arabien	3.808	8.652	22.180	..	..	316	5.904	18.510	..	1.060	18.907	47.404

(Fortsetzung nächste Seite)

Tabelle A.1 (Fortsetzung)

Land	Befestigte Straßen (Kilometer)				Kapazität der Stromerzeugung (Tsd Kilowatt)				Stromerzeugung (Mio Kilowattstunden)			
	1960	1970	1980	1990	1960	1970	1980	1990	1960	1970	1980	1990
Länder mit hohem Einkommen												
110 Irland	33.315	71.593	87.679	86.764	725	1.630	3.085	3.807	2.262	6.091	10.883	14.516
111 Neuseeland	22.277	40.599	47.703	52.400	1.566	3.793	5.927	7.504	6.835	13.706	21.982	30.159
112 †Israel	..	4.118	4.596	..	425	1.270	2.832	4.135	2.313	6.885	12.528	20.729
113 Spanien	..	94.656	150.831	239.882	6.567	17.912	29.353	43.273	18.615	56.490	110.483	150.633
114 †Hongkong	948	907	1.161	1.484	365	1.341	3.227	8.342	1.301	5.097	12.649	28.938
115 †Singapur	323	1.209	2.180	2.757	152	644	1.900	3.400	659	2.205	6.940	15.620
116 Australien	80.800	167.920	244.086	263.527	5.906	15.584	25.746	36.782	23.197	53.890	95.891	154.558
117 Großbritannien	319.314	334.132	339.804	356.517	36.702	62.060	73.643	73.059	136.970	249.016	284.937	318.976
118 Italien	..	262.188	285.319	303.906	17.686	30.408	46.824	56.549	56.240	117.421	185.741	216.922
119 Niederlande	70.000	78.551	92.525	92.039	5.262	10.163	18.323	17.441	16.516	40.859	64.806	71.874
120 Kanada	138.515	186.939	164.160	289.010	23.035	42.826	81.999	104.140	114.375	204.723	377.518	481.752
121 Belgien	23.343	94.000	119.152	129.603	4.520	6.257	11.005	14.140	15.152	30.522	53.642	70.219
122 Finnland	..	23.174	35.980	46.608	2.834	4.312	10.422	13.220	8.628	21.186	38.710	54.506
123 †Verein. Arab. Emirate	..	..	..	..	..	..	..	..	..	..	..	..
124 Frankreich	626.400	690.950	730.697	741.152	21.851	36.219	62.711	103.410	72.118	146.966	246.415	419.534
125 Österreich	32.063	94.832	106.303	125.000	4.088	7.976	12.930	16.839	15.965	30.036	41.966	50.416
126 Deutschland	118.976	412.600	466.675	495.985	28.393	47.540	82.585	99.750	118.986	242.611	368.785	454.661
127 Vereinigte Staaten	2.202.101	4.687.350	5.169.092	..	186.534	360.327	630.111	775.396	844.188	1.639.771	2.354.384	3.031.023
128 Norwegen	..	12.284	46.579	61.356	6.607	12.910	20.238	27.195	31.121	57.606	84.099	121.589
129 Dänemark	41.283	50.676	68.909	71.063	1.953	4.488	6.768	9.133	5.179	20.024	25.438	25.728
130 Schweden	57.689	80.022	78.700	94.907	..	15.307	27.416	34.189	..	60.646	96.985	146.534
131 Japan	37.785	152.033	511.044	782.041	23.770	68.710	143.698	194.763	115.498	359.539	577.521	857.347
132 Schweiz	56.583	59.233	64.029	71.106	5.840	10.540	13.990	16.300	19.073	33.173	48.133	55.844
Ausgewählte Länder, die nicht in den Haupttabellen der KdW aufgeführt sind												
Angola	..	5.351	..	7.914	88	312	600	617	143	644	1.500	1.840
Barbados	1.086	1.158	1.453	1.399	12	39	94	140	38	146	332	468
Zypern	1.719	3.596	5.097	5.452	85	185	269	471	236	610	1.034	1.975
Fidschi	..	267	1.201	..	19	54	117	200	55	158	306	435
Gambia	..	282	462	549	4	9	11	13	5	13	40	67
Guayana	223	713	4.829	..	52	160	162	114	92	323	419	220
Haiti	442	551	585	629	28	43	121	153	90	118	315	475
Island	..	..	362	2.264	142	353	743	957	551	1.470	3.155	4.610
Irak	7.316	4.773	14.166	26.040	350	680	1.200	9.000	852	2.750	8.000	29.160
Kuwait	..	..	2.854	..	..	..	..	6.790	..	..	..	20.608
Liberia	..	322	1.800	2.279	22	224	305	332	100	502	900	565
Luxemburg	..	4.447	5.037	5.045	269	1.157	1.389	1.238	1.537	2.148	1.111	1.374
Malta	..	..	1.233	..	25	110	122	250	67	285	527	1.100
Surinam	459	..	..	2.379	29	260	395	415	79	1.322	1.610	1.504
Swasiland	..	182	447	688	..	..	..	..	..	..	..	..
Zaire	..	2.110	2.175	2.800	650	867	1.716	2.831	2.456	3.230	4.160	6.155

(Fortsetzung gegenüberstehende Seite)

	Telefonhauptanschlüsse (Zahl der Anschlüsse)			Eisenbahnstrecken (Kilometer)				Bewässerte Landfläche (Tsd Hektar)		
Land	1975	1980	1990	1960	1970	1980	1990	1970	1980	1990
Länder mit niedrigem Einkommen										
1 Mosambik	29.700	35.400	47.439	3.218	3.703	3.845	3.150	26	65	115
2 Äthiopien	52.100	64.080	125.398	1.090	1.090	987	781	155	160	162
3 Tansania	28.500	39.770	73.011	3.545	5.895	2.600	2.600	38	120	150
4 Sierra Leone	..	11.450	26.550	500	449	84	84	6	20	34
5 Nepal	7.700	..	57.320	..	..	101	52	117	520	1.000
6 Uganda	20.000	19.600	27.886	1.300	5.895	1.145	1.241	4	6	9
7 Bhutan	..	..	..	..	..	..	..	..	..	..
8 Burundi	..	2.000	10.263	0	0	0	612	27	56	72
9 Malawi	9.300	14.374	26.170	509	566	782	782	4	18	20
10 Bangladesch	..	89.000	241.824	..	..	..	2.892	1.058	1.569	2.936
11 Tschad	2.400	..	4.015	0	0	0	0	5	6	10
12 Guinea-Bissau	..	..	..	..	..	..	..	..	..	..
13 Madagaskar	15.100	19.100	30.000	864	864	883	1.030	330	645	920
14 Laos, Dem. VR	..	..	..	..	..	..	..	..	..	..
15 Ruanda	2.300	3.300	10.381	0	0	0	0	4	4	4
16 Niger	3.800	5.870	9.272	0	0	0	0	18	23	40
17 Burkina Faso	2.600	4.000	..	517	517	517	504	4	10	20
18 Indien	1.465.000	2.295.530	5.074.734	56.962	59.997	61.240	75.333	30.440	38.478	45.500
19 Kenia	57.000	80.200	183.240	6.558	6.933	4.531	2.652	29	40	54
20 Mali	..	5.380	11.169	645	646	641	642	80	152	205
21 Nigeria	..	163.360	260.000	2.864	3.504	3.523	3.557	802	825	870
22 Nicaragua	25.300	30.900	47.000	403	403	345	331	40	80	85
23 Togo	4.800	5.800	10.516	445	491	442	514	4	6	7
24 Benin	6.900	11.410	14.778	579	579	579	579	2	5	6
25 Zentralafrikanische Republik	..	2.617	5.000	0	0	0	0	..	..	..
26 Pakistan	227.000	303.000	843.346	8.574	8.564	8.815	12.624	12.950	14.680	16.960
27 Ghana	33.900	37.000	44.243	951	952	925	950	7	7	8
28 China	3.262.000	4.186.000[a]	6.850.300	..	..	..	..	37.630	44.888	47.403
29 Tadschikistan	..	140.000[a]	240.000	..	..	..	..	..	617	690
30 Guinea	6.600	10.380	12.100	805	819	662	940	5	8	25
31 Mauretanien	..	2.500	6.248	675	675	650	650	8	11	12
32 Sri Lanka	..	54.200	121.388	1.445	1.535	1.453	1.555	465	525	520
33 Simbabwe	84.600	95.600	123.665	3.100	3.239	3.415	2.745	46	157	220
34 Honduras	..	31.726	88.038	1.230	1.028	205	955	70	82	90
35 Lesotho	..	4.470	13.000	0	0	0	0	..	..	..
36 Ägypten, Arab. Rep.	353.000	430.000	1.717.498	4.419	4.234	4.667	5.110	2.843	2.445	2.648
37 Indonesien	219.400	375.800	1.069.015	6.640	6.640	6.637	6.964	4.370	5.418	8.177
38 Myanmar	25.900	28.200	..	2.991	3.098	4.345	4.664	839	999	1.005
39 Somalia	..	8.000	15.000	0	0	0	0	95	105	118
40 Sudan	43.200	45.355	62000	4.232	4.756	4.787	4.784	1.625	1.770	1.900
41 Jemen, Rep.	..	24.171	124.516	0	0	0	0	..	..	..
42 Sambia	28.400	30.400	65.057	1.158	1.044	1.609	1.894	9	19	32
Länder mit mittlerem Einkommen (Untere Einkommenskategorie)										
43 Côte d'Ivoire	24.600	32.180	64.177	624	656	680	650	20	44	64
44 Bolivien	..	142.000	183.880	3.470	3.524	3.328	3.462	80	140	165
45 Aserbaidschan	..	390.000[a]	620.000	..	..	..	..	..	1.195	1.401
46 Philippinen	304.000	420.000	610.032	1.020	1.052	1.059	478	826	1.219	1.560
47 Armenien	..	340.000[a]	560.000	..	..	..	..	..	274	305
48 Senegal	..	18.900	44.326	977	1.186	1.034	1.180	110	170	180
49 Kamerun	..	18.300	37.414	517	925	1.168	1.104	7	14	30
50 Kirgisistan	..	..	..	..	..	..	..	..	955	1.030
51 Georgien	..	..	..	..	..	..	..	..	409	466
52 Usbekistan	..	660.000[a]	1.402.844	..	..	..	..	..	3.476	4.159
53 Papua-Neuguinea	17.800	25.400	30.187	0	0	0	0	..	..	..

(Fortsetzung nächste Seite)

Tabelle A.1 (Fortsetzung)

Land		Telefonhauptanschlüsse (Zahl der Anschlüsse)			Eisenbahnstrecken (Kilometer)				Bewässerte Landfläche (Tsd Hektar)		
		1975	1980	1990	1960	1970	1980	1990	1970	1980	1990
54	Peru	254.00	321.651	564.504	2.559	2.235	2.099	2.505	1.106	1.160	1.260
55	Guatemala	..	97.670	191.938	1.159	819	927	1.139	56	68	78
56	Kongo	6.300	8.500	15.852	515	802	795	510	1	3	4
57	Marokko	123.000	167.000	402.410	1.785	1.796	1.756	1.901	920	1.217	1.270
58	Dominikanische Rep.	..	113.900	341.201	270	270	590	1.655	125	165	225
59	Ecuador	176.000	227.000	490.508	1.152	990	965	965	470	520	552
60	Jordanien	..	71.641	245.500	371	371	618	618	34	37	63
61	Rumänien	..	1.700.000[a]	2.365.830	..	..	..	..	731	2.301	3.216
62	El Salvador	55.000	75.500	124.969	618	618	602	674	20	110	120
63	Turkmenistan	..	120.000	220.000	..	..	..	..	..	927	1.240
64	Moldau	..	240.000[a]	462.082	..	..	..	..	..	217	290
65	Litauen	..	420.316[a]	780.965	..	..	..	..	..	..	..
66	Bulgarien	..	1.144.300[a]	2.175.423	..	..	..	..	1.001	1.197	1.263
67	Kolumbien	861.220	1.075.700	2.414.726	3.161	3.436	3.403	3.239	250	400	520
68	Jamaika	49.700	56.204	106.152	330	330	293	339	24	33	35
69	Paraguay	32.000	49.500	112.452	441	441	441	441	40	60	67
70	Namibia	..	..	..	..	..	..	..	..	..	..
71	Kasachstan	..	900.000[a]	1.740.000	..	..	..	..	..	1.961	2.300
72	Tunesien	71.300	112.000	303.318	2.014	1.523	2.013	2.270	90	156	232
73	Ukraine	..	3.400.000[a]	7.028.300	..	..	..	..	..	2.013	2.600
74	Algerien	172.400	311.400	794.311	4.075	3.933	3.907	4.653	238	253	384
75	Thailand	237.000	366.000	1.324.522	2.100	2.160	3.735	3.940	1.960	3.015	4.300
76	Polen	..	..	..	..	..	..	..	213	100	100
77	Lettland	..	470.000[a]	620.000	..	..	..	..	..	..	..
78	Slowakei	..	..	..	..	..	..	..	..	..	..
79	Costa Rica	90.800	157.400	281.433	665	622	865	696	26	61	118
80	Türkei	770.000	1.301.558	6.893.267	7.895	7.985	8.193	8.695	1.800	2.090	2.370
81	Iran, Islam. Rep.	814.000	1.025.403	2.254.944	3.577	4.412	4.567	4.996	5.200	4.948	5.750
82	Panama	..	126.700	216.026	158	158	118	238	20	28	32
83	Tschechische Rep.	..	..	..	..	..	..	..	..	..	..
84	Russische Föderation	..	..	..	..	..	..	..	..	..	..
85	Chile	308.000	363.000	860.075	8.415	8.281	6.302	7.998	1.180	1.255	1.265
86	Albanien	..	..	..	..	..	..	..	284	371	423
87	Mongolei	..	..	66.357	..	..	..	..	10	35	77
88	Syrien, Arab. Rep.	137.000	239.000	496.360	844	1.040	2.017	2.398	451	539	693

Länder mit mittlerem Einkommen
(Obere Einkommenskategorie)

89	Südafrika	1.229.000	1.632.000	3.315.022	20.553	21.391	20.499	23.507	1.000	1.128	1.128
90	Mauritius	16.300	23.600	59.927	0	0	0	0	15	16	17
91	Estland	..	..	..	..	..	..	..	..	..	..
92	Brasilien	2.457.000	4.677.000	9.409.230	38.287	31.847	28.671	22.123	796	1.600	2.700
93	Botsuana	5.000	7.817	26.367	634	634	714	714	1	2	2
94	Malaysia	194.000	396.000	1.585.744	2.100	2.160	2.082	2.222	262	320	342
95	Venezuela	578.000	859.739	1.494.776	474	295	280	445	70	137	180
96	Weißrußland	..	..	..	..	..	..	..	..	163	149
97	Ungarn	..	..	..	..	..	..	..	109	134	204
98	Uruguay	193.000	220.000	415.403	3.004	2.975	3.005	3.002	52	79	120
99	Mexiko	1.853.000	2.576.000	5.354.500	23.369	24.468	20.058	26.334	3.583	4.980	5.180
100	Trinidad und Tobago	42.200	44.000	173.965	175	0	0	0	15	21	22
101	Gabun	..	10.440	20.754	0	0	224	683	..	..	..
102	Argentinien	1.678.000	1.879.000	3.086.964	43.905	39.905	34.077	35.754	1.280	1.580	1.680
103	Oman	6.800	13.200	104.324	0	0	0	0	29	38	58
104	Slowenien	..	..	..	..	..	..	..	..	..	..
105	Puerto Rico	..	..	..	..	..	..	..	..	..	..
106	Korea, Rep.	..	3.325.000	13.276.449	2.976	3.193	3.135	3.091	1.184	1.307	1.345
107	Griechenland	1.806.000	2.270.000	3.948.654	2.583	2.571	2.461	2.784	730	961	1.195
108	Portugal	820.602	989.470	2.379.265	3.597	3.563	3.588	3.598	622	630	631
109	Saudi-Arabien	141.000	407.000	1.234.000	402	577	747	1.380	365	555	900

Land	Telefonhauptanschlüsse (Zahl der Anschlüsse)			Eisenbahnstrecken (Kilometer)				Bewässerte Landfläche (Tsd Hektar)		
	1975	1980	1990	1960	1970	1980	1990	1970	1980	1990
Länder mit hohem Einkommen										
110 Irland	357.000	483.000	983.000	2.911	2.190	1.987	2.464	..	..	..
111 Neuseeland	1.054.996	1.102.740	1.469.000	5.364	4.847	4.449	..	111	183	280
112 †Israel	642.000	860.000	1.626.449	420	470	827	1.148	172	203	200
113 Spanien	5.118.000	7.229.000	12.602.600	18.033	16.592	15.728	19.089	2.379	3.029	3.402
114 †Hongkong	910.000	1.279.000	2.474.998	56	61	92	..	8	3	2
115 †Singapur	249.600	523.400	1.040.187	..	..	38	38	..	..	..
116 Australien	3.700.000	4.743.000	7.786.889	42.376	43.380	39.463	40.478	1.476	1.500	1.832
117 Großbritannien	14.059.000	17.696.000	25.368.000	29.562	18.969	18.028	16.629	88	140	164
118 Italien	10.166.000	13.017.000	22.350.000	21.277	20.212	16.133	25.858	2.561	2.870	3.120
119 Niederlande	3.612.100	4.892.000	6.940.000	3.253	3.148	2.880	3.138	380	480	555
120 Kanada	8.614.000	9.979.000	15.295.819	70.858	70.784	67.066	93.544	421	596	860
121 Belgien	1.941.000	2.463.000	3.912.600	4.632	4.263	3.978	3.568	..	..	..
122 Finnland	1.430.000	1.740.000	2.670.000	5.323	5.841	6.096	5.054	16	60	64
123 †Verein. Arab. Emirate	..	..	..	..	..	..	..	..	..	..
124 Frankreich	8.444.000	15.898.000	28.084.922	39.000	36.532	34.382	34.593	539	870	1.170
125 Österreich	1.623.000	2.191.000	3.223.161	6.596	6.506	6.482	6.875	4	4	4
126 Deutschland	14.212.000	20.535.000	29.981.000	36.019	33.010	28.517	41.828	284	315	332
127 Vereinigte Staaten	82.802.000	94.282.000	136.336.992	350.116	331.174	288.073	205.000	16.000	20.582	18.771
128 Norwegen	939.000	1.171.000	2.132.290	4.493	4.292	4.242	4.168	30	74	97
129 Dänemark	1.835.000	2.226.000	2.911.198	4.301	2.890	2.461	3.272	90	391	430
130 Schweden	4.356.000	4.820.000	5.848.700	15.399	12.203	12.010	12.000	33	70	114
131 Japan	34.444.000	39.934.000	54.523.952	27.902	27.104	22.235	23.962	3.415	3.055	2.846
132 Schweiz	2.523.000	2.839.000	3.942.701	5.117	5.010	5.041	5.020	25	25	25
Ausgewählte Länder, die nicht in den Haupttabellen der KdW aufgeführt sind										
Angola	..	36.700	70.000	3.110	3.043	2.952	2.523	..	..	..
Barbados	29.200	49.600	83.366	0	0	0	0	..	..	..
Zypern	51.500	86.140	254.510	0	0	0	0	30	30	36
Fidschi	17.400	23.900	42.425	644	644	650	644	1	1	1
Gambia	..	1.980	10.700	0	0	0	0	8	10	12
Guayana	15.300	16.243	16.003	127	127	188	187	115	125	130
Haiti	..	20.000	47.470	254	121	250	..	60	70	75
Island	73.900	84.800	130.500	0	0	0	0	..	..	..
Irak	..	275.000	675.000	2.019	2.528	1.589	2.372	1.480	1.750	2.550
Kuwait	103.000	157.000	331.406	0	0	0	0	1	1	2
Liberia	..	7.000	..	493	450	493	493	2	2	2
Luxemburg	111.000	132.000	183.700	393	271	270	270	..	..	..
Malta	28.500	51.100	128.249	0	0	0	0	1	1	1
Surinam	..	16.174	36.812	136	86	167	166	28	42	59
Swasiland	3.550	5.210	13.524	225	220	295	316	47	58	62
Zaire	26.900	26.600	34.000	5.074	5.024	4.508	5.088	..	7	10

† Länder, die von den Vereinten Nationen oder von ihren eigenen Behörden als Entwicklungsländer eingestuft werden.
a. Daten beziehen sich auf 1981.

Tabelle A.2 Versorgung mit Trinkwasser und sanitären Einrichtungen
(in Prozent der Bevölkerung)

| | | Versorgung mit sauberem Trinkwasser | | | | | | Versorgung mit sanitären Einrichtungen | | | | | | |
| | | Insgesamt | | | Städtisch | | Ländlich | | Insgesamt | | | Städtisch | | Ländlich | |
Land		1970	1980	1990	1980	1990	1980	1990	1970	1980	1990	1980	1990	1980	1990
Länder mit niedrigem Einkommen															
1	Mosambik[a]	..	..	22	..	44	..	17	..	..	21	..	61	..	11
2	Äthiopien[a]	6	..	18	..	70	..	11	12	..	17	..	97	..	7
3	Tansania[a]	13	..	52	..	75	..	46	..	..	77	..	76	..	77
4	Sierra Leone	12	14	39	50	80	2	20	..	12	39	31	55	6	31
5	Nepal	2	11	37	83	66	7	34	1	2	6	16	34	1	3
6	Uganda	22	11	33	45	60	8	30	78	13	60	40[b]	32	10	60
7	Bhutan	..	7	34	50	60	5	30	..	..	43	..	80	..	37
8	Burundi	..	23	46	90	92	20	43	..	35	19	40	64	35	16
9	Malawi[a]	..	41	51	77	66	37	49	..	83	..	100	..	81	..
10	Bangladesch	45	39	78	26	39	40	89	6	3	12	21	40	1	4
11	Tschad	27	..	57	..	..	..	..	1	..	..	..	..	..	..
12	Guinea-Bissau[a]	..	10	25	18	18	8	27	..	15	21	21	30	13	18
13	Madagaskar[a]	11	21	21	80	62	7	10	..	2	..	9	..	..	..
14	Laos, Dem. VR	48	21	28	21	47	12	25	..	4	11	11	30	3	8
15	Ruanda	67	55	69	48	84	55	67	..	51	23	60	88	50	17
16	Niger	20	33	53	41	98	32	45	..	7	14	36	71	3	4
17	Burkina Faso[a]	12	31	70	27	44	31	70	..	7	7	38[b]	35	5	5
18	Indien	17	42	73	77	86	31	69	18	7	14	27	44	1	3
19	Kenia	15	26	49	85	..	15	..	49	30	..	89	..	19	..
20	Mali	..	6	11	37	41	0	4	..	14	24	79	81	0	10
21	Nigeria	..	36	42	60	100	30[b]	22	..	..	28	..	80	..	11
22	Nicaragua	35	39	..	91	76	10	21	18	18	..	35	..	..	..
23	Togo[a]	17	38	55	70	100	31	61	..	13	22	24	42	10	16
24	Benin	29	18	70	26	73	15	43	14	16	45	48	60	4	35
25	Zentralafrik. Rep.	..	..	55	..	19	..	26	..	..	46	..	45	..	46
26	Pakistan	21	35	24	72	82	20	42	..	13	25	42	53	2	12
27	Ghana	35	45	55	72	63	33	..	55	26	61	47	63	17	60
28	China[a]	..	..	..	..	87	..	68	..	..	85	..	100	..	81
29	Tadschikistan	..	..	72	..	..	..	..	..	..	..	..	..	..	..
30	Guinea	..	15	52	69	100	2	37	11	11	..	54	..	1	0
31	Mauretanien	17	..	66	80	..	85	..	..	1	..	5	..	..	..
32	Sri Lanka	21	28	60	65	80	18	55	65	67	50	80	68	63	45
33	Simbabwe	..	..	84	..	95	..	80	..	..	40	..	95	..	22
34	Honduras	34	59	64	50	85	40	48	24	31	62	40	89	26	42
35	Lesotho[a]	3	15	47	37	59	11	45	11	14	21	13	14	14	23
36	Ägypten, Arab. Rep.	93	84	90	88	95	64	86	..	26	50	45	80	10	26
37	Indonesien	3	23	34	35	35	19	33	13	23	45	29	79	21	30
38	Myanmar	18	21	74	38	79	15	72	36	20	22	38	50	15	13
39	Somalia[a]	15	32	36	60[b]	50	20	29	..	17	17	45[b]	41	5	5
40	Sudan[a]	19	51	34	..	90	31[b]	20[b]	..	12	12	63[b]	40	0	5
41	Jemen, Rep.	14	24	..	100	..	18	..	..	..	..	..	..	..	..
42	Sambia[a]	37	46	59	65	76	32	43	17	70	55	100[b]	77	48[b]	34
Länder mit mittlerem Einkommen (Untere Einkommenskategorie)															
43	Côte d'Ivoire	44	..	69	..	57	..	80	..	..	91	..	81	..	100
44	Bolivien	33	36	53	69	76	10	30	13	19	26	37	38	4	14
45	Aserbaidschan	..	..	..[c]	..	..	..	..	..	..	..	..	..	..	..
46	Philippinen	36	45	81	65	93	43	72	58	72	70	81	79	67	63
47	Armenien	..	..	..[c]	..	..	..	..	..	..	..	..	..	..	..
48	Senegal	..	43	44	33	65	25	26	..	3	47	5	57	2	38
49	Kamerun	32	..	44	..	42	..	45	..	..	..	..	..	..	..
50	Kirgisistan	..	..	..[c]	..	..	..	..	..	..	..	..	..	..	..
51	Georgien	..	..	..[c]	..	..	..	..	..	..	..	..	..	..	..
52	Usbekistan	..	..	..[c]	..	..	..	..	..	..	..	..	..	..	..
53	Papua-Neuguinea	70	16	33	55	94	0	20	14	15	56	96	57	3	56

		Versorgung mit sauberem Trinkwasser						Versorgung mit sanitären Einrichtungen						
		Insgesamt			Städtisch		Ländlich		Insgesamt			Städtisch		Ländlich	
Land		1970	1980	1990	1980	1990	1980	1990	1970	1980	1990	1980	1990	1980	1990
54	Peru	35	50	53	68	68	21	24	36	37	56	47	76	0	20
55	Guatemala	38	46	62	89	92	18	43	22	30	60	45	72	20	52
56	Kongo[a]	27	20	38	36	92	3[b]	2	..	6	..	17	..	0	2
57	Marokko	51	..	56	100	100	..	18	30	..	..	..	100	..	..
58	Dominikanische Rep.	37	60	68	85	82	33	45	57	15	87	25	95	4	75
59	Ecuador	34	50	54	82	63	16	44	..	26	48	39	56	14	38
60	Jordanien	77	86	99	100	100	65	97	..	70	100	94	100	34	100
61	Rumänien[a]	..	..	95	..	100	..	90	..	..	97	..	100	..	95
62	El Salvador	40	50	47	67	87	40	15	37	47	59	80	85	26	38
63	Turkmenistan	..	..	..[c]	..	..	..	..	..	..	..	..	..	..	..
64	Moldau	..	..	..[c]	..	..	..	..	..	..	..	..	..	..	..
65	Litauen	..	..	..[c]	..	..	..	..	..	..	..	..	..	..	..
66	Bulgarien[a]	..	..	99	..	100	..	96	..	..	100	..	100	..	100
67	Kolumbien	63	86	86	..	87	79	82	50	66	64	100	84	4	18
68	Jamaika[a]	62	51	72	..	95	..	46	94	..	..	..	14	..	..
69	Paraguay	11	21	..	39	61	10	..	..	92	47	95	31	89	60
70	Namibia	..	..	47	..	90	..	37	..	..	13	..	24	..	11
71	Kasachstan	..	..	..[c]	..	..	..	..	..	..	..	..	..	..	..
72	Tunesien[a]	49	60	70	100	100	17	31	63	55	47	100	71	..	15
73	Ukraine	..	..	..[c]	..	..	..	..	..	..	..	..	..	..	..
74	Algerien	..	..	..	..	..	..	..	10	..	..	..	..	..	..
75	Thailand	17	63	77	65	..	63	85	..	45	..	64	..	41	86
76	Polen[a]	..	..	89	..	94	..	82	..	..	100	..	100	..	100
77	Lettland	..	..	..[c]	..	..	..	..	..	..	..	..	..	..	..
78	Slowakei	..	..	..	..	..	..	..	..	..	..	..	..	..	..
79	Costa Rica[a]	74	90	92	100	100	68	84	53	87	96	93	100	82	93
80	Türkei[a]	53	76	84	95	100	62	70	..	..	92	56	95	..	90
81	Iran, Islam. Rep.	35	66	89	82	100	50	75	74	..	71	..	100	..	35
82	Panama[a]	69	81	84	100	100	65	66	73	45	85	62	100	28	68
83	Tschechische Rep.	..	..	..	..	..	..	..	..	..	..	..	..	..	..
84	Russische Föderation	..	..	..[c]	..	..	..	..	..	..	..	..	..	..	..
85	Chile[a]	56	84	87	100	100	17	21	29	..	85	99	100	..	6
86	Albanien	..	..	97	..	100	..	95	..	..	100	..	100	..	100
87	Mongolei	..	..	80	..	100	..	58	..	..	75	..	100	..	47
88	Syrien, Arab. Rep.[a]	71	74	79	98	91	54	68	..	50	63	74	72[b]	28	55

Länder mit mittlerem Einkommen
(Obere Einkommenskategorie)

89	Südafrika	..	..	..[c]	..	..	..	..	..	..	..	..	..	..	..
90	Mauritius	61	99	95	100	100	98	92	78	94	94	100	92	90	96
91	Estland	..	..	..[c]	..	..	..	..	..	..	..	..	..	..	..
92	Brasilien	55	72	87	80	95	51	61	55	21	72	32	84	..	32
93	Botsuana	29	..	90	..	100	..	88	..	..	88	..	100	..	85
94	Malaysia	29	63	78	90	96	49	66	57	70	94	100	94	55	94
95	Venezuela	75	86	92	91	..	50	36	45	87	..	90	..	70	72
96	Weißrußland	..	..	..[c]	..	..	..	..	..	..	..	..	..	..	..
97	Ungarn[a]	..	..	98	..	100	..	95	..	..	100	..	100	..	100
98	Uruguay	92	81	95	96	100	2	..	78	59	..	59	..	60	..
99	Mexiko	54	73	89	64	94	43	..	23	38	..	51	85	12	..
100	Trinidad und Tobago	96	97	96	100	100	93	88	..	92	98	95	100	88	92
101	Gabun[a]	..	..	66	..	90	..	50	..	..	..	..	..	..	..
102	Argentinien[a]	56	54	64	65	73	17	17	85	79	89	89	100	32	29
103	Oman[a]	..	..	46	..	87	..	42	..	..	40	..	100	..	34
104	Slowenien	..	..	..	..	..	..	..	..	..	..	..	..	..	..
105	Puerto Rico	..	..	..	..	..	..	..	..	..	..	..	..	..	..
106	Korea, Rep.	58	75	93	86	100	61	76	..	..	90	..	..	..	..
107	Griechenland[a]	..	..	98	..	100	..	95	..	..	98	..	100	..	95
108	Portugal[a]	..	..	92	..	97	..	90	..	..	97	..	100	..	95
109	Saudi-Arabien[a]	49	90	83	92	100	87	95	29	70	81	81	100	50	30

(Fortsetzung nächste Seite)

Tabelle A.2 *(Fortsetzung)*

| | Versorgung mit sauberem Trinkwasser | | | | | | | Versorgung mit sanitären Einrichtungen | | | | | | |
| | Insgesamt | | | Städtisch | | Ländlich | | Insgesamt | | | Städtisch | | Ländlich | |
Land	1970	1980	1990	1980	1990	1980	1990	1970	1980	1990	1980	1990	1980	1990
Länder mit hohem Einkommen														
110 Irland	..	96	100	..	100	..	100	..	94	100	..	100	..	100
111 Neuseeland	..	..	97	..	100	..	82	..	..	..	..	..	..	88
112 †Israel	..	96	100	..	100	..	97	..	..	99	..	99	..	95
113 Spanien	82	90	100	..	100	..	100	..	90	100	..	100	..	100
114 †Hongkong	..	100	100	100	100	95	96	..	94	88	100	90	..	50
115 †Singapur	..	100	100	100	100	..	..	..	80	..	80	97	..	..
116 Australien	99	..	..	..	100	..	100	..	..	..	..	100	..	100
117 Großbritannien	99	99	100	..	100	..	100	..	85	100	..	100	..	100
118 Italien	85	90	100	..	100	..	100	..	99	100	..	100	..	100
119 Niederlande	99	100	100	..	100	..	100	..	100	100	..	100	..	100
120 Kanada	96	98	100	..	100	..	100	..	..	..	..	..	..	..
121 Belgien	95	98	100	..	100	..	100	..	99	100	..	100	..	100
122 Finnland	53	70	96	..	99	..	90	..	72	100	..	100	..	100
123 †Verein. Arab. Emirate	..	92	100	95	100	81	100	..	80	95	93	100	22	77
124 Frankreich	92	98	100	..	100	..	100	..	85	100	..	100	..	100
125 Österreich	..	80	100	..	100	..	100	..	85	100	..	100	..	100
126 Deutschland	..	100	100	..	100	..	100	..	..	100	..	100	..	100
127 Vereinigte Staaten	..	100	..	..	..	..	..	..	98	..	..	..	..	..
128 Norwegen	98	..	100	..	100	..	100	..	85	100	..	100	..	100
129 Dänemark	90	100	100	..	100	..	100	..	100	100	..	100	..	100
130 Schweden	78	86	100	..	100	..	100	..	85	100	..	100	..	100
131 Japan	..	..	96	..	100	..	85	..	..	..	..	..	..	..
132 Schweiz	97	98	100	..	100	..	100	..	85	100	..	100	..	100
Ausgewählte Länder, die nicht in den Haupttabellen der KdW aufgeführt sind														
Angola	..	26	40	85	73	10	20	..	20	22	40	25	15	20
Barbados	98	99	100	100	100	28	100	..	..	100	..	100	..	100
Zypern	100	100	100	100	100	100	100	..	100	97	100[b]	96	100	100
Fidschi	37	77	80	94	96	66	69	..	70	75	85	91	60	65
Gambia	12	..	77	85	100	..	48	..	..	67	..	100	..	27
Guayana	75	72	79	..	100	60	71	100	86	85	100	97	80	81
Haiti	..	19	41	48	56	8	35	..	..	25	..	44	..	17
Island	..	..	100	..	100	..	100	..	..	100	..	100	..	100
Irak	51	..	77	..	93	..	41	48	..	..	..	96	..	..
Kuwait	51	87	..	..	100	..	..	..	..	..	..	100	..	..
Liberia[a]	15	..	50	..	93	16	22	16	..	6	..	4	..	8
Luxemburg	..	..	100	..	100	..	100	..	..	100	..	100	..	100
Malta	..	100	100	100	100	100	100	..	97	100	100	100	84	100
Surinam[a]	..	88	68	..	82	79[b]	56	..	..	49	..	64	..	36
Swasiland[a]	..	..	31	..	100	..	7	..	..	45	..	100	..	25
Zaire	11	..	39	..	68	..	24	6	..	23	..	46	..	11

† Länder, die von den Vereinten Nationen oder von ihren eigenen Behörden als Entwicklungsländer eingestuft werden.
a. Daten für 1990 beziehen sich auf 1988; World Resources Institute 1992.
b. World Resources Institute 1992.
c. Für Bereichsschätzungen siehe Karte über Zugang zu sauberem Wasser in der Einleitung zu den KdW.

Tabelle A.3 Finanzielles Engagement der IBRD und der IDA
(in Mio US-$)

Fiskal-jahr	IBRD Infra-struktur	IBRD Ins-gesamt	IDA Infra-struktur	IDA Ins-gesamt	Be- und Entwässe-rung	Energie	Tele-kommu-nikation	Wasser und Kanali-sation	Städti-sche Entwick-lung	Verkehrs-wesen ins-gesamt	Eisen-bahn	Fern-straßen	Häfen	Städti-sches Verkehrs-wesen	Sonstige Bereiche
1950	132	179	..	..	26	72	0	0	0	34	34	0	0	0	0
1951	171	297	..	..	18	87	2	0	0	65	23	25	17	0	0
1952	161	299	..	..	1	110	0	0	0	49	40	0	3	0	6
1953	62	179	..	..	20	0	0	0	0	42	39	3	0	0	0
1954	187	324	..	..	0	107	0	0	0	80	50	26	4	0	0
1955	226	410	..	..	18	76	0	0	0	132	101	11	20	0	0
1956	302	396	..	..	0	175	0	0	0	127	43	52	32	0	0
1957	121	388	..	..	0	83	0	0	0	38	0	15	8	0	15
1958	559	711	..	..	7	230	0	0	0	322	209	60	53	0	0
1959	543	703	..	..	0	286	0	0	0	257	161	77	20	0	0
1960	432	659	..	..	16	225	0	0	0	192	63	40	62	0	37
1961	561	610	101	101	138	125	0	0	0	399	191	180	28	0	0
1962	739	882	139	149	70	512	3	13	0	281	61	184	36	0	0
1963	354	464	244	260	62	179	42	3	0	312	148	132	32	0	0
1964	703	825	169	283	9	394	10	54	0	405	70	300	35	0	0
1965	837	1.065	241	309	109	360	33	34	0	542	237	300	5	0	0
1966	672	839	96	284	64	255	42	22	0	386	179	153	54	0	0
1967	647	839	37	356	19	345	40	2	0	278	32	208	39	0	0
1968	633	935	68	107	75	300	47	14	0	265	146	119	0	0	0
1969	1.039	1.507	159	385	134	440	81	41	0	503	112	302	89	0	0
1970	1.211	1.688	327	606	218	572	96	33	0	621	158	391	48	0	24
1971	1.371	2.030	311	584	78	561	196	189	5	659	220	312	97	0	30
1972	1.088	2.041	497	1.000	148	521	114	55	10	748	258	275	150	0	65
1973	1.133	2.154	641	1.357	289	322	248	279	20	637	134	266	215	16	6
1974	2.093	3.302	422	1.095	427	777	108	186	53	1.017	248	449	230	60	30
1975	1.782	4.415	456	1.577	507	504	199	120	93	909	437	295	164	0	13
1976	2.489	5.047	727	1.655	528	949	64	297	54	1.378	325	768	230	26	29
1977	2.800	5.830	536	1.307	835	952	140	337	133	1.073	126	651	247	25	24
1978	2.889	6.208	991	2.313	940	1.146	221	375	264	1.197	259	656	163	105	14
1979	3.887	7.335	1.633	3.022	946	1.375	110	1.169	294	1.920	383	1.365	89	16	67
1980	4.363	8.307	1.998	3.933	1.319	2.670	131	640	303	1.601	337	796	312	56	100
1981	3.375	8.899	1.394	3.482	1.356	1.323	329	590	411	1.172	290	570	58	90	164
1982	4.030	10.333	1.378	2.686	826	2.131	396	441	375	1.614	103	1.055	331	0	125
1983	3.704	11.136	1.810	3.351	984	1.768	57	781	529	1.924	450	1.008	258	0	208
1984	5.683	11.947	1.384	3.575	869	2.649	167	641	344	2.742	677	1.583	334	146	2
1985	5.280	11.356	1.145	3.028	1.081	2.250	122	781	325	2.192	755	823	382	53	179
1986	5.098	13.179	1.222	3.140	1.405	2.787	50	580	573	1.498	330	782	385	0	1
1987	5.893	14.188	1.316	3.486	418	3.017	682	969	1.093	2.122	380	1.218	148	376	0
1988	5.189	14.762	1.133	4.459	942	2.007	36	515	672	2.823	856	1.314	260	180	213
1989	4.790	16.433	1.682	4.934	580	3.033	161	791	937	1.906	332	774	175	75	550
1990	6.934	15.180	1.306	5.522	714	3.218	617	906	556	2.785	40	2.352	37	0	356
1991	3.722	16.392	1.660	6.293	980	1.344	340	1.225	306	1.492	115	910	268	104	95
1992	6.245	15.156	1.444	6.550	1.010	3.042	430	911	624	2.296	550	1.220	15	186	325
1993	6.903	16.945	1.974	6.751	920	2.613	353	1.154	148	3.837	701	2.146	159	669	162

Tabelle A.4 Finanzielles Engagement der öffentlichen Entwicklungshilfe
(in Mio US-$)

Jahr	Wasserversorgung und Kanalisation	Verkehrswesen	Kommunikation	Energie	Andere Infrastrukturbereiche	Infrastruktur insgesamt	Gesamt-engagements
1984	1.893	5.938	940	8.565	330	17.666	59.485
1985	2.558	5.303	786	7.675	286	16.608	56.183
1986	3.213	4.690	1.141	7.598	572	17.214	67.092
1987	2.858	8.466	1.080	8.733	1.030	22.167	82.306
1988	4.319	7.697	2.519	8.759	1.454	24.748	87.072
1989	1.979	7.503	1.628	6.570	2.817	20.497	75.115
1990	2.642	6.816	2.373	6.322	2.015	20.168	92.396
1991	2.690	7.380	1.421	8.969	3.298	23.758	101.589

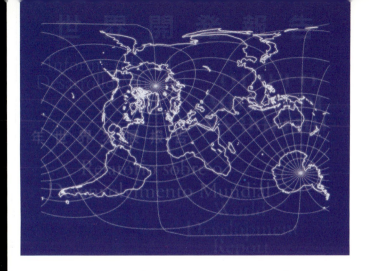

Kennzahlen der Weltentwicklung

Inhaltsverzeichnis

Länderschlüssel *190*

Einführung *193*

Tabellen
   1 Grundlegende Kennzahlen *200*

   Produktion
   2 Wachstum der Produktion *202*
   3 Produktionsstruktur *204*
   4 Landwirtschaft und Nahrungsmittel *206*
   5 Kommerzielle Energie *208*
   6 Struktur des Verarbeitenden Gewerbes *210*
   7 Einkommen und Produktion im Verarbeitenden Gewerbe *212*

   Inländische Absorption
   8 Wachstum von Verbrauch und Investitionen *214*
   9 Struktur der Nachfrage *216*

   Finanzwirtschaft und monetäre Statistiken
   10 Ausgaben der Zentralregierung *218*
   11 Laufende Einnahmen der Zentralregierung *220*
   12 Geldbestände und Zinssätze *222*

   Wichtigste internationale Transaktionen
   13 Wachstum des Warenhandels *224*
   14 Struktur der Wareneinfuhr *226*
   15 Struktur der Warenausfuhr *228*
   16 OECD-Importe von Industrieprodukten *230*
   17 Zahlungsbilanzen und Währungsreserven *232*

   Auslandsfinanzierung
   18 Öffentliche Entwicklungshilfe der Mitglieder von OECD und OPEC *234*
   19 Einnahmen aus öffentlicher Entwicklungshilfe *236*
   20 Gesamte Auslandsschulden *238*
   21 Zufluß von öffentlichem und privatem Auslandskapital *240*
   22 Gesamte Nettomittelzuflüsse und Nettotransfers *242*
   23 Kennziffern der gesamten Auslandsschulden *244*
   24 Konditionen der öffentlichen Auslandskreditaufnahme *246*

   Entwicklung menschlicher Ressourcen
   25 Bevölkerung und Erwerbstätige *248*
   26 Demographie und Fruchtbarkeit *250*
   27 Gesundheit und Ernährung *252*
   28 Erziehungswesen *254*
   29 Vergleiche nach Geschlechtern *256*
   30 Einkommensverteilung und KKP-Schätzungen des BSP *258*

   Ökologisch tragfähige Entwicklung
   31 Verstädterung *260*
   32 Infrastruktur *262*
   33 Natürliche Ressourcen *264*

   Tabelle 1a Grundlegende Kennzahlen für Übrige Länder *266*

Technische Erläuterungen *267*

Datenquellen *294*

Klassifikation der Länder *295*

Länderschlüssel

In jeder Tabelle sind die Länder innerhalb ihrer Gruppen in steigender Rangfolge nach der Höhe ihres BSP pro Kopf aufgeführt, ausgenommen jene Länder, für die sich ein BSP pro Kopf nicht berechnen läßt und die am Ende ihrer Gruppe kursiv in alphabetischer Reihenfolge aufgeführt sind. Die unten ausgewiesenen Ordnungsnummern entsprechen der Reihenfolge in den Tabellen.

Der Länderschlüssel enthält die Jahre der aktuellsten Volkszählungen und der neuesten demographischen Erhebungen oder wichtiger amtlicher Schätzungen. Diese Informationen wurden einbezogen, um die Aktualität der Quellen für die demographischen Kennzahlen zu zeigen, die ein Indiz für die allgemeine Qualität der Kennzahlen eines Landes sein kann. Für andere als die angegebenen Jahre können demographische Schätzungen mit Hilfe von Projektionsmodellen, Extrapolationsverfahren oder anderen Methoden gewonnen worden sein. Andere demographische Kennzahlen wie die Lebenserwartung, Geburts- und Sterberaten sowie Sterberaten unter 5 Jahren werden üblicherweise aus den gleichen Quellen abgeleitet. Erläuterungen, wie die Weltbank Schätzungen und Projektionen aus den Quellen ableitet, sowie weitere Informationen über die Quellen selbst sind enthalten in *World Population Projections, Ausgabe 1994–95* (erscheint demnächst).

Die Zahlen in den farbigen Zwischenzeilen der Tabellen sind zusammenfassende Kennzahlen für Ländergruppen.

Der Buchstabe *w* bedeutet gewogener Durchschnitt, *m* Medianwert und *s* Summe.

Alle Wachstumsraten sind reale Größen.

Abschlußdatum ist der 29. April 1994.

Das Zeichen .. bedeutet nicht verfügbar.

Die Zahlen 0 und 0,0 bedeuten Null oder weniger als die Hälfte der angegebenen Einheit.

Ein Leerfeld bedeutet „nicht anwendbar".

Kursive Zahlen gelten für andere als die angegebenen Jahre oder Zeiträume.

Das Zeichen † gibt an, daß Länder von den Vereinten Nationen als Entwicklungsländer eingestuft oder von ihren nationalen Behörden als solche betrachtet werden.

Land	Länder-rangfolge in den Tabellen	Volks-zählung	Säuglings-sterblichkeit	Zusammen-gefaßte Geburtenziffer
Ägypten, Arab. Republik	36	1986[a]	1988	1992
Albanien	86	1989	1991	1991
Algerien	74	1987[a]	1992	1992
Argentinien	102	1991	1990	1990
Armenien	47	1989	1991	1991
Aserbaidschan	45	1989	1991	1991
Äthiopien[b]	2	1984	..	1988
Australien	116	1991	1992	1992
Bangladesch	10	1991	1991	1991
Belgien	121	1991	1992	1992
Benin	24	1992	1981–82	1981–82
Bhutan	7	1969	..	1984
Bolivien	44	1992	1989	1989
Botsuana	93	1991	1988	1988
Brasilien	92	1991	1986	1986

Land	Länder-rangfolge in den Tabellen	Volks-zählung	Säuglings-sterblichkeit	Zusammen-gefaßte Geburtenziffer
Bulgarien	66	1992	1992	1992
Burkina Faso	17	1985[a]	1976	1992
Burundi	8	1990	1987	1987
Chile	85	1992	1991	1991
China	28	1990	1992	1992
Costa Rica	79	1984	1991	1991
Côte d'Ivoire	43	1988	1979	1988
Dänemark	129	1981[a]	1992	1992
Deutschland[c]	126	1991	1992	1992
Dominikanische Republik	58	1981	1991	1991
Ecuador	59	1990	1989	1989
El Salvador	62	1992	1988	1988
Estland	91	1989	1991	1991
Finnland	122	1990	1991	1992
Frankreich	124	1990	1992	1992
Gabun	101	1980	1960–61	1960–61
Georgien	51	1989	1991	1991
Ghana	27	1984[a]	1988	1988
Griechenland	107	1991	1992	1992
Großbritannien	117	1991	1992	1992
Guatemala	55	1981[a]	1987	1987
Guinea	30	1983	1954–55	1954–55
Guinea-Bissau	12	1979[a]	..	1950
Honduras	34	1988	1987–88	1987–88
†Hongkong	114	1991	1992	1992
Indien	18	1991	1992	1992
Indonesien	37	1990	1991	1991
Iran, Islamische Republik	81	1991	1991	1991
Irland	110	1991	1991	1992
†Israel	112	1983[a]	1992	1991
Italien	118	1991	1992	1992
Jamaika	68	1991	1989	1990
Japan	131	1990	1992	1992
Jemen, Republik	41	1986/1988	1991–92	1991–92
Jordanien	60	1979[a]	1990–91	1990–91
Kamerun	49	1987[a]	1991	1991
Kanada	120	1991	1992	1991
Kasachstan	71	1989	1991	1991
Kenia	19	1989	1989	1993
Kirgisistan	50	1989	1991	1991
Kolumbien	67	1985[a]	1990	1990
Kongo	56	1984	1974	1974
Korea, Republik	106	1990	1992	1991
Laos, Demokr. Volksrepublik	14	1985[a]	1988	1988
Lesotho	35	1986[a]	1991	1991
Lettland	77	1989	1990	1990
Litauen	65	1989	1991	1991
Madagaskar	13	1974–75[a]	1992	1992
Malawi	9	1987	1992	1992
Malaysia	94	1991	1991	1984
Mali	20	1987	1987	1987
Marokko	57	1982	1992	1992
Mauretanien	31	1988	1975	1987–88
Mauritius	90	1990	1992	1992
Mexiko	99	1990	1987	1987
Moldau	64	1989	1991	1991
Mongolei	87	1989	1989	..
Mosambik	1	1980[a]	1980	1980
Myanmar	38	1983	1983	1983
Namibia	70	1991	1992	1992

Land	Länder-rangfolge in den Tabellen	Volks-zählung	Säuglings-sterblichkeit	Zusammen-gefaßte Geburtenziffer
Nepal	5	1991	1987	1987
Neuseeland	111	1991	1991	1991
Nicaragua	22	1971	1985	1985
Niederlande	119	1971[a]	1992	1992
Niger	16	1988	1992	1992
Nigeria	21	1991	1990	1990
Norwegen	128	1990	1991	1992
Oman	103	..	1989	1989
Österreich	125	1991	1992	1992
Pakistan	26	1981	1990–91	1990–91
Panama	82	1990	1985–87	1990
Papua-Neuguinea	53	1990	1980	1980
Paraguay	69	1992	1990	1990
Peru	54	1981	1991–92	1991–92
Philippinen	46	1990	..	1988
Polen	76	1988	1991	1992
Portugal	108	1991	1992	1992
Puerto Rico	105	1990	1991	1991
Ruanda	15	1991	1983	1992
Rumänien	61	1992	1990	1991
Russische Föderation	84	1989	1992	1992
Sambia	42	1990	1992	1992
Saudi-Arabien	109	1992	1990	1990
Schweden	130	1990	1992	1992
Schweiz	132	1990	1991	1991
Senegal	48	1988	1992–93	1992–93
Sierra Leone	4	1985[a]	1971	1975
Simbabwe	33	1992	1988–89	1988–89
†Singapur	115	1990	1991	1991
Slowakei	78	1991	1991	1991
Slowenien	104	1991	1990	1990
Somalia	39	1987	1980	1980
Spanien	113	1991	1992	1992
Sri Lanka	32	1981[a]	1988	1989
Südafrika	89	1991	1980	1981
Sudan	40	1983	1989–90	1989–90
Syrien, Arab. Republik	88	1981[a]	1990	1981
Tadschikistan	29	1989	1991	1991
Tansania	3	1988	1991–92	1991–92
Thailand	75	1990	1989	1987
Togo	23	1981[a]	1988	1988
Trinidad und Tobago	100	1990	1989	1989
Tschad	11	1993	1964	1964
Tschechische Republik	83	1991	1991	1991
Tunesien	72	1984[a]	1988	1990
Türkei	80	1990	1988	1988
Turkmenistan	63	1989	1991	1991
Uganda	6	1991	1991	1991
Ukraine	73	1989	1991	1991
Ungarn	97	1990	1992	1992
Uruguay	98	1985[a]	1990	1990
Usbekistan	52	1989	1991	1991
Venezuela	95	1990	1989	1990
†Vereinigte Arab. Emirate	123	1985	1987	1987
Vereinigte Staaten	127	1990	1992	1992
Weißrußland	96	1989	1991	1991
Zentralafrikanische Republik	25	1988	1975	1959

Anmerkung: Länder mit unzureichenden Daten oder mit einer Bevölkerung von mehr als 30.000 und weniger als 1 Million sind in den Haupttabellen als Teil der Ländergruppen enthalten, werden aber ausführlicher in Tabelle 1a gezeigt. Zur Vergleichbarkeit der Daten und ihrer Abgrenzung in den Tabellen vgl. Technische Erläuterungen.

a. Ergänzt durch neuere amtliche demographische Schätzungen.
b. Die Daten schließen in sämtlichen Tabellen Eritrea ein, sofern nichts anderes angegeben ist.
c. Die Daten beziehen sich in sämtlichen Tabellen auf das vereinigte Deutschland, sofern nichts anderes angegeben ist.

Einführung

Diese siebzehnte Ausgabe der Kennzahlen der Weltentwicklung enthält wirtschaftliche und soziale Kennzahlen sowie solche über natürliche Ressourcen für ausgewählte Zeiträume oder Jahre für 207 Länder und verschiedene analytische und geographische Ländergruppen. Obwohl die von der Weltbank gesammelten Daten überwiegend Länder mit niedrigem und mittlerem Einkommen betreffen, enthalten die Tabellen aber auch vergleichbare Angaben für Länder mit hohem Einkommen, die ohne weiteres verfügbar sind. Zusätzliche Informationen finden sich im *World Bank Atlas*, den *World Tables*, den *World Debt Tables* und den *Social Indicators of Development*. Diese Daten sind nun auch auf Diskette verfügbar, und zwar im Socioeconomic Time-series Access and Retrieval-System ☆STARS☆ der Weltbank.

Veränderungen in dieser Ausgabe

Wegen der Raumbeschränkungen in den Haupttabellen muß ein dort aufgeführtes Land einen hinreichenden Umfang an sozio-ökonomischen Schlüsselkennzahlen aufweisen. Zusätzliche grundlegende Kennzahlen für Länder mit unzureichenden Angaben (Afghanistan, Angola, Bosnien-Herzegowina, Eritrea, Haiti, Irak, Jugoslawien (Bundesrepublik), Kambodscha, Kroatien, Kuba, Kuwait, Libanon, Liberia, Libyen, Mazedonien, Nordkorea, Vietnam und Zaire) werden zusammen mit Ländern mit weniger als 1 Million Einwohnern in Tabelle 1a gezeigt.

Andere Veränderungen wurden in einer Reihe von Tabellen vorgenommen. Obwohl diese in den Technischen Erläuterungen ausführlicher beschrieben werden, dürfte eine Skizzierung der Änderungen von Interesse sein.

Mit Tabelle 32, *Infrastruktur*, ist eine neue Tabelle aufgenommen worden, um Schlüssel-Kennzahlen über das Leistungsniveau von und den Versorgungsgrad mit Infrastruktur zu präsentieren (siehe die Technischen Erläuterungen).

Die Tabelle über die Struktur des Verbrauchs wurde weggelassen, da für die meisten Länder seit 1985 keine neueren Daten zur Verfügung standen.

Die Tabelle 23, *Kennziffern der gesamten Auslandsschulden*, zeigt den Netto-Gegenwartswert der Auslandsschulden in Prozent der gesamten Exporte von Waren und Dienstleistungen und des BSP (anstelle der gesamten Auslandsschulden in Prozent der Exporte von Waren und Dienstleistungen und des BSP).

Die Tabelle 25, *Bevölkerung und Erwerbstätige*, enthält die Bevölkerung im Alter von 15 bis 64 Jahre im Jahr 1992 und die Wachstumsraten der Erwerbsbevölkerung für die Jahre 1970–80, 1980–92 sowie 1990–2000.

Länderklassifikation

Wie im Bericht selbst ist das zur Ländereinteilung und zur allgemeinen Unterscheidung unterschiedlicher ökonomischer Entwicklungsstadien angewandte Hauptkriterium das BSP pro Kopf. Dieses Jahr werden folgende Pro-Kopf-Einkommensgruppen verwendet: Länder mit niedrigem Einkommen, bis zu 675 Dollar im Jahr 1992 (42 Länder); mit mittlerem Einkommen, 676 bis 8.355 Dollar (67 Länder); mit hohem Einkommen, 8.356 Dollar und mehr (23 Länder). Volkswirtschaften mit einer Bevölkerung von weniger als einer Million Einwohnern und solche mit unzureichenden Daten werden in den Haupttabellen nicht gesondert gezeigt, sind aber in den Gruppenkennzahlen enthalten. Grundlegende Kennzahlen für diese Länder sind auch in Tabelle 1a enthalten.

Eine weitere Einteilung der Länder erfolgt nach der geographischen Lage. Die Länderlisten für jede Gruppe finden sich in den Tabellen über die Länderklassifikation am Ende des Berichts. Aggregierte Angaben über Länder mit mittlerem Einkommen und gravierenden Schuldenproblemen werden ebenfalls dort gezeigt.

Verfahren

In dem Bemühen, die internationale Vergleichbarkeit und die analytische Bedeutung der Kennzahlen zu verbessern, überprüft die Weltbank laufend ihre Verfahren. Die Abweichungen zwischen den hier ausgewiesenen Daten und den letztjährigen Angaben beruhen nicht nur auf der Revision vorläufiger Daten für die betreffenden Länder, sondern auch auf der Revision historischer Zeitreihen und auf methodischen Änderungen.

Alle Dollar-Angaben beziehen sich auf laufende US-Dollar, soweit nicht anders angegeben. Die verschiedenen Verfahren, die bei der Umrechnung von Angaben in nationaler Währung angewandt wurden, werden in den Technischen Erläuterungen beschrieben.

Zusammenfassende Kennzahlen

Die zusammenfassenden Kennzahlen in den farbigen Zwischenzeilen jeder Tabelle sind für Ländergruppen errechnete Summen (angezeigt durch s),

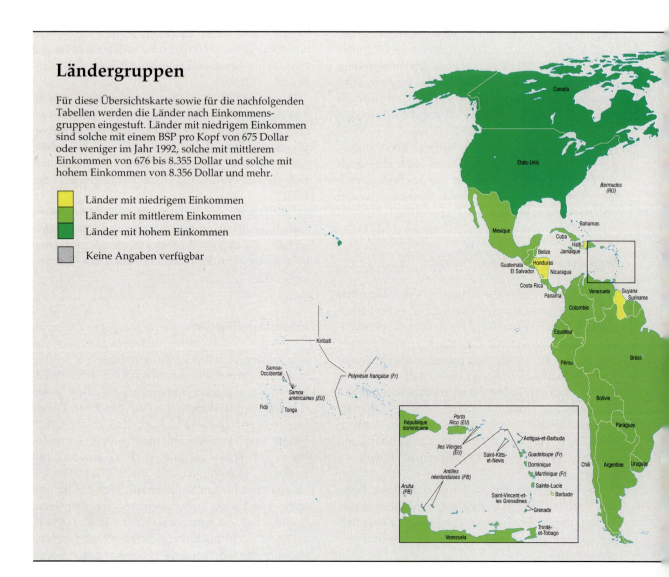

gewogene Durchschnitte *(w)* oder Medianwerte *(m)*. Länder, für die wegen geringer Größe, fehlender Berichterstattung oder zu kurzer Geschichte Einzelschätzungen nicht gezeigt werden, sind unter der Annahme berücksichtigt worden, daß sie dem Trend der berichtenden Länder während des betreffenden Zeitabschnitts folgen. Dies führt zu einer konsistenteren Gesamtkennzahl, da der Kreis der erfaßten Länder für jeden gezeigten Zeitraum einheitlich ist. Gruppenkennzahlen schließen Länder ein, für die keine länderspezifischen Angaben in den Tabellen erscheinen. Wenn aufgrund fehlender Informationen jedoch ein Drittel oder mehr des Gruppenschätzwertes nicht belegt ist, wird das Gruppenmaß als nicht verfügbar ausgewiesen. Die zur Berechnung der zusammenfassenden Kennzahlen verwendeten Gewichtungen werden in der jeweiligen technischen Erläuterung angegeben.

Terminologie und Datenumfang

In diesen Anmerkungen bedeutet der Begriff „Land" nicht immer ein politisch unabhängiges Gebiet, sondern er kann sich auf jedes Territorium beziehen, dessen Behörden gesonderte soziale oder ökonomische Statistiken vorlegen.

Das vereinigte Deutschland verfügt noch nicht über ein vollständig integriertes statistisches System. In den Tabellen wird der Geltungsbereich der Angaben für Deutschland in den Fußnoten erklärt; die meisten Wirtschaftsdaten beziehen sich auf die Bundesrepublik Deutschland vor der Vereinigung, während demographische und soziale Daten sich im allgemeinen auf das vereinigte Deutschland beziehen. Die Angaben über China enthalten nicht Taiwan (China), aber die Fußnoten zu den Tabellen 13, 14, 15 und 17 bieten Schätzun-

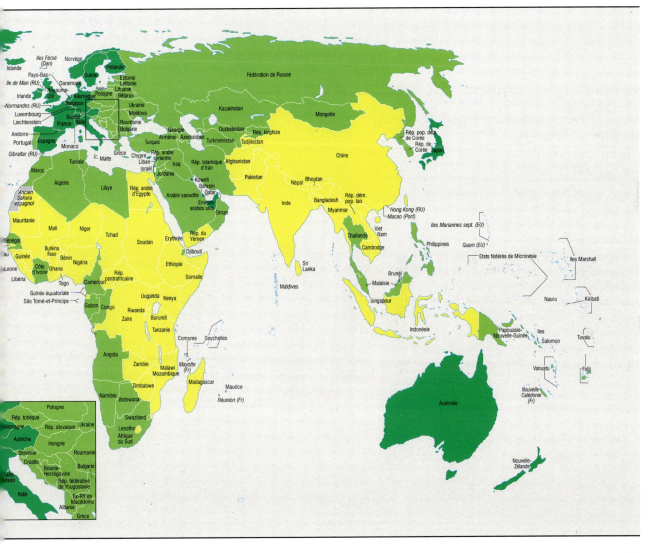

Bevölkerungsdichte

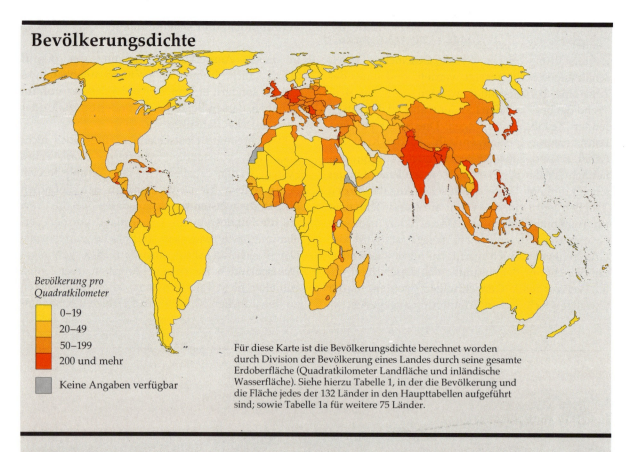

Bevölkerung pro Quadratkilometer
- 0–19
- 20–49
- 50–199
- 200 und mehr
- Keine Angaben verfügbar

Für diese Karte ist die Bevölkerungsdichte berechnet worden durch Division der Bevölkerung eines Landes durch seine gesamte Erdoberfläche (Quadratkilometer Landfläche und inländische Wasserfläche). Siehe hierzu Tabelle 1, in der die Bevölkerung und die Fläche jedes der 132 Länder in den Haupttabellen aufgeführt sind; sowie Tabelle 1a für weitere 75 Länder.

Fruchtbarkeit und Sterblichkeit

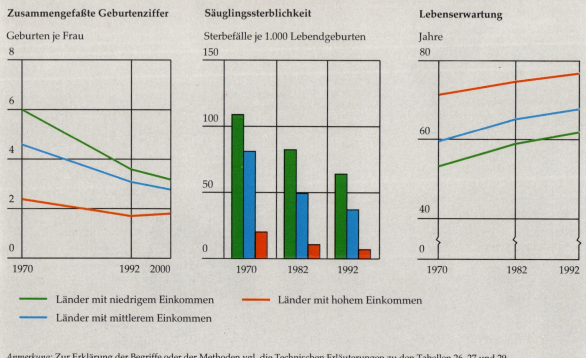

— Länder mit niedrigem Einkommen
— Länder mit hohem Einkommen
— Länder mit mittlerem Einkommen

Anmerkung: Zur Erklärung der Begriffe oder der Methoden vgl. die Technischen Erläuterungen zu den Tabellen 26, 27 und 29.

Anteil der Landwirtschaft am BIP

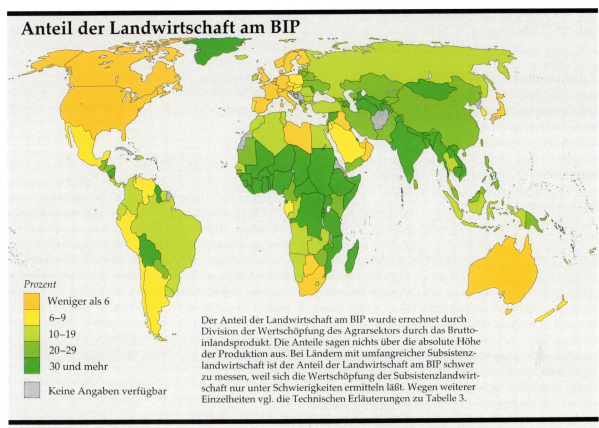

Prozent
- Weniger als 6
- 6–9
- 10–19
- 20–29
- 30 und mehr
- Keine Angaben verfügbar

Der Anteil der Landwirtschaft am BIP wurde errechnet durch Division der Wertschöpfung des Agrarsektors durch das Bruttoinlandsprodukt. Die Anteile sagen nichts über die absolute Höhe der Produktion aus. Bei Ländern mit umfangreicher Subsistenzlandwirtschaft ist der Anteil der Landwirtschaft am BIP schwer zu messen, weil sich die Wertschöpfung der Subsistenzlandwirtschaft nur unter Schwierigkeiten ermitteln läßt. Wegen weiterer Einzelheiten vgl. die Technischen Erläuterungen zu Tabelle 3.

Bevölkerung mit Zugang zu Trinkwasser, 1990

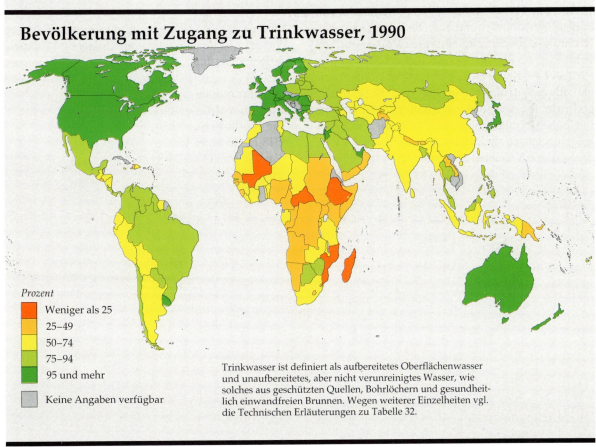

Prozent
- Weniger als 25
- 25–49
- 50–74
- 75–94
- 95 und mehr
- Keine Angaben verfügbar

Trinkwasser ist definiert als aufbereitetes Oberflächenwasser und unaufbereitetes, aber nicht verunreinigtes Wasser, wie solches aus geschützten Quellen, Bohrlöchern und gesundheitlich einwandfreien Brunnen. Wegen weiterer Einzelheiten vgl. die Technischen Erläuterungen zu Tabelle 32.

gen der außenwirtschaftlichen Transaktionen von Taiwan (China).

Tabelleninhalt

Die Kennzahlen in den Tabellen 1 und 1a geben eine zusammenfassende Übersicht über die einzelnen Volkswirtschaften. Die Angaben in den übrigen Tabellen betreffen die folgenden allgemeinen Bereiche: Produktion, inländische Absorption, finanzwirtschaftliche und monetäre Größen, wichtigste internationale Transaktionen, Auslandsfinanzierung, Entwicklung menschlicher Ressourcen sowie ökologisch tragfähige Entwicklung. Das Tabellenformat dieser Ausgabe entspricht dem der vorangegangenen Jahre. In jeder Gruppe werden die Volkswirtschaften nach der Höhe des Pro-Kopf-Einkommens in steigender Reihenfolge erfaßt – mit Ausnahme jener, für die solche Angaben nicht berechnet werden können und die jeweils am Ende der Gruppe, der sie vermutlich zuzurechnen sind, in alphabetischer Reihenfolge und kursiver Schreibweise aufgeführt werden. Diese Anordnung wird in allen Tabellen angewendet, ausgenommen Tabelle 18, die nur OPEC-Länder und OECD-Länder mit hohem Einkommen enthält. Die entsprechenden Ordnungsnummern der einzelnen Volkswirtschaften sind in der alphabetischen Übersicht im Länderschlüssel ausgewiesen; auch hier sind Länder ohne aktuelle Schätzungen des BSP pro Kopf kursiv gedruckt. Bei den Volkswirtschaften in der Gruppe mit hohem Einkommen, die durch das Zeichen † gekennzeichnet sind, handelt es sich um Länder, die von den Vereinten Nationen als Entwicklungsländer klassifiziert oder von ihren Regierungen als in der Entwicklung begriffen betrachtet werden.

Technische Erläuterungen

Bei der Verwendung der Daten sollten in jedem Fall die Technischen Erläuterungen und die Fußnoten der Tabellen zu Rate gezogen werden. Die Erläuterungen skizzieren die bei der Aufstellung der Tabellen verwendeten Methoden, Begriffe, Definitionen und Datenquellen. Eine Bibliographie am Ende der Erläuterungen führt die Datenquellen auf, die einige umfassende Definitionen und Beschreibungen der angewandten Konzepte enthalten. Die Länder-Anmerkungen in den *World Tables* enthalten zusätzliche Erläuterungen der verwendeten Quellen, der statistischen Brüche, die die Vergleichbarkeit einschränken, sowie andere Abweichungen von üblichen statistischen Praktiken, die vom Weltbankstab in den Volkswirtschaftlichen Gesamtrechnungen und den Zahlungsbilanzen ausgemacht wurden.

Kommentare und Fragen zu den Kennzahlen der Weltentwicklung sollten an folgende Adresse gerichtet werden:

Socio-Economic Data Division
International Economics Department
The World Bank
1818 H Street, N.W.
Washington, D.C. 20433 / USA

Tabelle 1 Grundlegende Kennzahlen

		Bevölkerung (in Mio) Mitte 1992	Fläche (in Tsd. Quadratkilometern)	BSP pro Kopf In $ 1992	BSP pro Kopf Durchschnittl. jährliche Wachstumsrate (in %) 1980-92	Durchschnittliche jährliche Inflationsrate (in %) 1970-80	Durchschnittliche jährliche Inflationsrate (in %) 1980-92	Lebenserwartung bei der Geburt (in Jahren) 1992	Analphabetenquote der Erwachsenen (in %) Frauen 1990	Analphabetenquote der Erwachsenen (in %) Insgesamt 1990
	Länder mit niedrigem Einkommen	3.191,3s	38.929s	390w	3,9w	..	12,2w	62w	52w	40w
	Ohne China und Indien	1.145,6s	26.080s	370w	1,2w	15,7w	22,1w	56w	56w	45w
1	Mosambik	16,5	802	60	-3,6	..	38,0	44	79	67
2	Äthiopien	54,8	1.222	110	-1,9	4,3	2,8	49	..	..
3	Tansania[a]	25,9	945	110	0,0	14,1	25,3	51	..	..
4	Sierra Leone	4,4	72	160	-1,4	12,5	60,8	43	89	79
5	Nepal	19,9	141	170	2,0	8,5	9,2	54	87	74
6	Uganda	17,5	236	170	..	..	..	43	65	52
7	Bhutan	1,5	47	180	6,3	..	8,7	48	75	62
8	Burundi	5,8	28	210	1,3	10,7	4,5	48	60	50
9	Malawi	9,1	118	210	-0,1	8,8	15,1	44	..	..
10	Bangladesch	114,4	144	220	1,8	20,8	9,1	55	78	65
11	Tschad	6,0	1.284	220	3,4	7,7	0,9	47	82	70
12	Guinea-Bissau	1,0	36	220	1,6	5,7	59,3	39	76	64
13	Madagaskar	12,4	587	230	-2,4	9,9	16,4	51	27	20
14	Laos, Dem. VR	4,4	237	250	..	..	..	51	..	..
15	Ruanda	7,3	26	250	-0,6	15,1	3,6	46	63	50
16	Niger	8,2	1.267	280	-4,3	10,9	1,7	46	83	72
17	Burkina Faso	9,5	274	300	1,0	8,6	3,5	48	91	82
18	Indien	883,6	3.288	310	3,1	8,4	8,5	61	66	52
19	Kenia	25,7	580	310	0,2	10,1	9,3	59	42	31
20	Mali	9,0	1.240	310	-2,7	9,7	3,7	48	76	68
21	Nigeria	101,9	924	320	-0,4	15,2	19,4	52	61	49
22	Nicaragua	3,9	130	340	-5,3	12,8	656,2	67	..	..
23	Togo	3,9	57	390	-1,8	8,9	4,2	55	69	57
24	Benin	5,0	113	410	-0,7	10,3	1,7	51	84	77
25	Zentralafrik. Rep.	3,2	623	410	-1,5	12,1	4,6	47	75	62
26	Pakistan	119,3	796	420	3,1	13,4	7,1	59	79	65
27	Ghana	15,8	239	450	-0,1	35,2	38,7	56	49	40
28	China	1.162,2	9.561	470	7,6	..	6,5	69	38	27
29	Tadschikistan[b]	5,6	143	490	..	..	..	69	..	..
30	Guinea	6,1	246	510	..	..	..	44	87	76
31	Mauretanien	2,1	1.026	530	-0,8	9,9	8,3	48	79	66
32	Sri Lanka	17,4	66	540	2,6	12,3	11,0	72	17	12
33	Simbabwe	10,4	391	570	-0,9	9,4	14,4	60	40	33
34	Honduras	5,4	112	580	-0,3	8,1	7,6	66	29	27
35	Lesotho	1,9	30	590	-0,5	9,7	13,2	60	..	..
36	Ägypten, Arab. Rep.	54,7	1.001	640	1,8	9,6	13,2	62	66	52
37	Indonesien	184,3	1.905	670	4,0	21,5	8,4	60	32	23
38	*Myanmar*	43,7	677	..	..	11,4	14,8	60	28	19
39	*Somalia*	8,3	638	..	..	15,2	49,7	49	86	76
40	*Sudan*	26,5	2.506	..	..	14,5	42,8	52	88	73
41	*Jemen, Rep.*	13,0	528	..	..	..	..	53	74	62
42	*Sambia*	8,3	753	..	..	7,6	48,4	48	35	27
	Länder mit mittlerem Einkommen	1.418,7s	62.740s	2.490w	-0,1w	31,0w	105,2w	68w	..	..
	Untere Einkommenskategorie	941,0s	40.903s	..	..	23,8w	40,7w	67w	..	..
43	Côte d'Ivoire	12,9	322	670[c]	-4,7	13,0	1,9	56	60	46
44	Bolivien	7,5	1.099	680	-1,5	21,0	220,9	60	29	23
45	Aserbaidschan[b]	7,4	87	740	..	..	..	71	..	..
46	Philippinen	64,3	300	770	-1,0	13,3	14,1	65	11	10
47	Armenien[b]	3,7	30	780	..	..	..	70	..	..
48	Senegal	7,8	197	780	0,1	8,5	5,2	49	75	62
49	Kamerun	12,2	475	820	-1,5	9,8	3,5	56	57	46
50	Kirgisistan[b]	4,5	199	820	..	..	..	66	..	..
51	Georgien[b]	5,5	70	850	..	..	..	72	..	..
52	Usbekistan[b]	21,5	447	850	..	..	..	69	..	..
53	Papua-Neuguinea	4,1	463	950	0,0	9,1	5,1	56	62	48
54	Peru	22,4	1.285	950	-2,8	30,1	311,7	65	21	15
55	Guatemala	9,7	109	980	-1,5	10,5	16,5	65	53	45
56	Kongo	2,4	342	1.030	-0,8	8,4	0,5	51	56	43
57	Marokko	26,2	447	1.030	1,4	8,3	6,9	63	62	51
58	Dominikanische Rep.	7,3	49	1.050	-0,5	9,1	25,2	68	18	17
59	Ecuador	11,0	284	1.070	-0,3	13,8	39,5	67	16	14
60	Jordanien[d]	3,9	89	1.120	-5,4	..	*5,4*	70	30	20
61	Rumänien	22,7	238	1.130	-1,1	..	13,1	70	..	..
62	El Salvador	5,4	21	1.170	0,0	10,7	17,2	66	30	27
63	Turkmenistan[b]	3,9	488	1.230	..	..	..	66	..	..
64	Moldau[b]	4,4	34	1.300	..	..	..	68	..	..
65	Litauen[b]	3,8	65	1.310	-1,0	..	20,7	71	..	..
66	Bulgarien	8,5	111	1.330	1,2	..	11,7	71	..	..
67	Kolumbien	33,4	1.139	1.330	1,4	22,3	25,0	69	14	13
68	Jamaika	2,4	11	1.340	0,2	17,3	21,5	74	1	2
69	Paraguay	4,5	407	1.380	-0,7	12,7	25,2	67	12	10
70	Namibia	1,5	824	1.610	-1,0	..	12,3	59	..	..
71	Kasachstan[b]	17,0	2.717	1.680	..	..	..	68	..	..
72	Tunesien	8,4	164	1.720	1,3	8,7	7,2	68	44	35

Anmerkung: Wegen Übrige Länder vgl. Tabelle 1a. Zur Vergleichbarkeit der Daten und ihrer Abgrenzung in den Tabellen vgl. Länderschlüssel und Technische Erläuterungen.   Kursive Zahlen gelten für andere als die angegebenen Jahre.

	Bevölkerung (in Mio) Mitte 1992	Fläche (in Tsd. Quadrat- kilometern)	BSP pro Kopf In $ 1992	BSP pro Kopf Durchschnittl. jährliche Wachstumsrate (in %) 1980–92	Durchschnittliche jährliche Inflationsrate (in %) 1970–80	Durchschnittliche jährliche Inflationsrate (in %) 1980–92	Lebens- erwartung bei der Geburt (in Jahren) 1992	Analphabetenquote der Erwachsenen (in %) Frauen 1990	Analphabetenquote der Erwachsenen (in %) Insgesamt 1990
73 Ukraine[b]	52,1	604	1.820	..	..	..	70	..	..
74 Algerien	26,3	2.382	1.840	–0,5	14,5	11,4	67	55	43
75 Thailand	58,0	513	1.840	6,0	9,2	4,2	69	10	7
76 Polen	38,4	313	1.910	0,1	..	67,9	70	..	..
77 Lettland[b]	2,6	65	1.930	0,2	..	15,3	69	..	..
78 Slowakei	5,3	49	1.930	..	..	..	71	..	..
79 Costa Rica	3,2	51	1.960	0,8	15,3	22,5	76	7	7
80 Türkei	58,5	779	1.980	2,9	29,4	46,3	67	29	19
81 Iran, Islam. Rep.	59,6	1.648	2.200	–1,4	..	16,2	65	57	46
82 Panama	2,5	77	2.420	–1,2	7,7	2,1	73	12	12
83 Tschechische Rep.	10,3	79	2.450	..	..	..	72	..	..
84 Russische Föderation[b]	149,0	17.075	2.510	..	..	..	69	7	7
85 Chile	13,6	757	2.730[c]	3,7	187,1	20,5	72	7	7
86 Albanien	3,4	29	..	..	..	..	73	..	..
87 Mongolei	2,3	1.567	..	..	..	..	64	..	..
88 Syrien, Arab. Rep.	13,0	185	..	..	11,8	15,5	67	49	36
Obere Einkommenskategorie	477,7s	21.837s	4.020w	0,8w	34,5w	154,8w	69w	18w	15w
89 Südafrika	39,8	1.221	2.670[c]	0,1	13,0	14,3	63	..	..
90 Mauritius	1,1	2	2.700	5,6	15,3	8,6	70	..	..
91 Estland[b]	1,6	45	2.760	–2,3	..	20,2	70	..	..
92 Brasilien	153,9	8.512	2.770	0,4	38,6	370,2	66	20	19
93 Botsuana	1,4	582	2.790	6,1	11,6	12,6	68	35	26
94 Malaysia	18,6	330	2.790	3,2	7,3	2,0	71	30	22
95 Venezuela	20,2	912	2.910	–0,8	14,0	22,7	70	17	8
96 Weißrußland[b]	10,3	208	2.930	..	..	..	71	..	..
97 Ungarn	10,3	93	2.970	0,2	2,8	11,7	69	..	..
98 Uruguay	3,1	177	3.340	–1,0	63,9	66,2	72	4	4
99 Mexiko	85,0	1.958	3.470	–0,2	18,1	62,4	70	15	13
100 Trinidad und Tobago	1,3	5	3.940	–2,6	18,5	3,9	71	..	..
101 Gabun	1,2	268	4.450	–3,7	17,5	2,3	54	52	39
102 Argentinien	33,1	2.767	6.050	–0,9	134,2	402,3	71	5	5
103 Oman	1,6	212	6.480	4,1	28,0	–2,5	70	..	..
104 Slowenien	2,0	20	6.540	..	..	..	73	..	..
105 Puerto Rico	3,6	9	6.590	0,9	6,5	3,3	74	..	..
106 Korea, Rep.	43,7	99	6.790	8,5	20,1	5,9	71	7	4
107 Griechenland	10,3	132	7.290	1,0	14,5	17,7	77	11	7
108 Portugal	9,8	92	7.450	3,1	16,7	17,4	74	19	15
109 Saudi-Arabien	16,8	2.150	7.510	–3,3	24,9	–1,9	69	52	38
Länder mit niedr. u. mittl. Eink.	4.610,1s	101.669s	1.040w	0,9w	26,2w	75,7w	64w	46w	36w
Afrika südlich der Sahara	543,0s	24.274s	530w	–0,8w	13,6w	15,6w	52w	62w	50w
Ostasien u. Pazifik	1.688,8s	16.368s	760w	6,1w	16,6w	6,7w	68w	34w	24w
Südasien	1.177,9s	5.133s	310w	3,0w	9,7w	8,5w	60w	69w	55w
Europa u. Zentralasien	494,5s	24.370s	2.080w	..	18,7w	47,5w	70w	..	..
Naher Osten u. Nordafrika	252,6s	11.015s	1.950w	–2,3w	17,0w	10,1w	64w	57w	45w
Lateinamerika u. Karibik	453,2s	20.507s	2.690w	–0,2w	46,7w	229,5w	68w	18w	15w
Länder mit gravierenden Schuldenproblemen	504,6s	22.483s	2.470w	–1,0w	42,1w	208,0w	67w	28w	23w
Länder mit hohem Einkommen	828,1s	31.709s	22.160w	2,3w	9,1w	4,3w	77w	..	..
110 Irland	3,5	70	12.210	3,4	14,2	5,3	75	..	..
111 Neuseeland	3,4	271	12.300	0,6	12,5	9,4	76	e	e
112 †Israel	5,1	21	13.220	1,9	39,6	78,9	76	..	..
113 Spanien	39,1	505	13.970	2,9	16,1	8,7	77	7	5
114 †Hongkong	5,8	1	15.360[f]	5,5	9,2	7,8	78	..	..
115 †Singapur	2,8	1	15.730	5,3	5,9	2,0	75	..	..
116 Australien	17,5	7.713	17.260	1,6	11,8	6,4	77	e	e
117 Großbritannien	57,8	245	17.790	2,4	14,5	5,7	76	e	e
118 Italien	57,8	301	20.460	2,2	15,6	9,1	77	e	e
119 Niederlande	15,2	37	20.480	1,7	7,9	1,7	77	e	e
120 Kanada	27,4	9.976	20.710	1,8	8,7	4,1	78	e	e
121 Belgien	10,0	31	20.880	2,0	7,8	4,1	76	e	e
122 Finnland	5,0	338	21.970	2,0	12,3	6,0	75	e	e
123 †Vereinigte Arab. Emirate	1,7	84	22.020	–4,3	..	0,8	72	e	e
124 Frankreich	57,4	552	22.260	1,7	10,2	5,4	77	e	e
125 Österreich	7,9	84	22.380	2,0	6,5	3,6	77	e	e
126 Deutschland	80,6	357	23.030	2,4[g]	5,1[g]	2,7[g]	76	e	e
127 Vereinigte Staaten	255,4	9.373	23.240	1,7	7,5	3,9	77	e	e
128 Norwegen	4,3	324	25.820	2,2	8,4	4,9	77	e	e
129 Dänemark	5,2	43	26.000	2,1	10,1	4,9	75	e	e
130 Schweden	8,7	450	27.010	1,5	10,0	7,2	78	e	e
131 Japan	124,5	378	28.190	3,6	8,5	1,5	79	e	e
132 Schweiz	6,9	41	36.080	1,4	5,0	3,8	78	e	e
Gesamte Welt	5.438,2s	133.378s	4.280w	1,2w	11,6w	17,2w	66w	45w	35w

† Von den Vereinten Nationen als Entwicklungsländer eingestufte oder von den nationalen Behörden als solche betrachtete Länder. [a] In allen Tabellen betreffen die BIP- und BSP-Angaben nur das Festland von Tansania. [b] Schätzungen für Länder der ehem. Sowjetunion weisen einen überdurchschnittlichen Unsicherheitsgrad auf und sollten als sehr vorläufig betrachtet werden. [c] Die Angaben spiegeln die jüngste Revision des BSP pro Kopf für 1992 wider: von 700 auf 670 Dollar in Côte d'Ivoire, von 2.510 auf 2.730 Dollar in Chile und von 2.700 auf 2.670 Dollar in Südafrika. [d] In allen Tabellen betreffen die Angaben nur Jordanien ohne West-Bank. [e] Nach Angaben der UNESCO liegt die Analphabetenquote unter 5 Prozent. [f] Die Angaben beziehen sich auf das BIP. [g] Die Angaben beziehen sich auf die Bundesrepublik Deutschland vor der Vereinigung.

Tabelle 2 Wachstum der Produktion

Durchschnittliche jährliche Wachstumsrate (%)

	BIP		Landwirtschaft		Industrie		Verarbeitendes Gewerbe[a]		Dienstleistungs-sektor usw.[b]	
	1970–80	1980–92	1970–80	1980–92	1970–80	1980–92	1970–80	1980–92	1970–80	1980–92
Länder mit niedrigem Einkommen	..	6,1w	..	3,8w	..	7,5w	..	..	..	7,1w
Ohne China und Indien	4,8w	3,8w	2,1w	2,6w	6,4w	4,2w	5,7w	6,8w	6,5w	4,8w
1 Mosambik	..	0,4	..	1,3	..	−0,4	..	..	..	−1,5
2 Äthiopien	1,9	1,2	0,7	0,4	1,6	0,9	2,5	0,8	3,9	2,3
3 Tansania	3,0	3,1	0,7	3,8	2,6	2,2	3,7	0,6	9,0	2,2
4 Sierra Leone	1,6	1,3	6,0	2,3	−3,2	−1,3	−2,1	−4,6	2,3	1,8
5 Nepal	2,7	5,0	0,5	4,8	..	..	..	..	..	..
6 Uganda	..	..	..	..	..	..	..	..	..	..
7 Bhutan	..	6,9	..	4,4	..	11,8	..	13,2	..	7,7
8 Burundi	4,2	4,0	3,2	3,0	11,6	4,7	3,8	5,5	3,5	5,5
9 Malawi	5,8	2,9	*4,4*	1,4	*6,3*	3,5	..	4,0	*7,0*	3,8
10 Bangladesch[c]	2,3	4,2	0,6	2,7	5,2	5,1	5,1	3,1	3,8	5,5
11 Tschad[c]	0,1	5,3	−0,4	3,9	−2,1	6,0	..	..	2,2	6,7
12 Guinea-Bissau	2,4	3,6	−1,2	4,2	2,1	2,8	..	..	12,3	3,2
13 Madagaskar	0,5	1,1	0,4	2,4	0,6	0,8	..	..	0,6	0,3
14 Laos, Dem. VR[c]	..	..	..	..	..	..	..	..	..	..
15 Ruanda[c]	4,7	1,4	..	−0,3	..	1,0	4,9	1,6	..	3,5
16 Niger	0,6	−0,7	−3,7	..	11,3	..	..	..	1,4	..
17 Burkina Faso	*4,4*	3,9	*1,0*	3,0	*2,5*	3,8	*4,1*	2,9	*19,7*	5,1
18 Indien	3,4	5,2	1,8	3,2	4,5	6,4	4,6	6,5	4,6	6,3
19 Kenia	6,4	4,0	4,8	2,9	8,6	3,9	9,9	4,8	6,8	4,8
20 Mali[c]	4,9	2,9	4,2	2,5	2,0	4,4	..	..	7,1	2,8
21 Nigeria	4,6	2,3	−0,1	3,6	7,3	0,2	5,2	..	9,6	3,4
22 Nicaragua[c]	1,1	−1,7	1,9	−2,0	1,1	−3,0	2,8	−3,2	0,4	−1,0
23 Togo	4,0	1,4	1,9	4,9	7,7	1,1	..	2,5	3,6	−0,7
24 Benin[c]	2,2	*2,4*	*1,8*	*5,2*	*1,4*	*3,8*	..	*5,0*	*2,7*	*0,6*
25 Zentralafrik. Rep.	2,4	1,1	1,9	2,2	4,1	2,8	..	..	2,3	−0,4
26 Pakistan	4,9	6,1	2,3	4,5	6,1	7,3	5,4	7,4	6,3	6,5
27 Ghana[c]	−0,1	3,4	−0,3	1,2	−1,0	4,0	−0,5	4,1	1,1	6,7
28 China[c]	..	9,1	..	5,4	..	11,1	..	..	..	11,0
29 Tadschikistan	..	..	..	..	..	..	..	..	..	..
30 Guinea[c]	..	..	..	..	..	..	..	..	..	..
31 Mauretanien	1,3	1,9	−1,0	1,5	0,5	3,9	..	..	3,6	1,1
32 Sri Lanka	4,1	4,0	2,8	2,1	3,4	4,8	1,9	6,5	5,7	4,6
33 Simbabwe	1,6	2,8	*0,6*	1,1	*1,1*	1,9	*2,8*	2,8	*2,4*	3,8
34 Honduras	5,8	2,8	2,2	3,0	6,7	3,5	6,9	3,7	7,1	2,4
35 Lesotho	8,6	5,4	*0,2*	0,5	27,8	8,5	18,0	12,3	13,6	5,3
36 Ägypten, Arab. Rep.	9,5	4,4	2,8	2,4	9,4	3,9	..	..	17,5	5,8
37 Indonesien[c]	7,2	5,7	4,1	3,1	9,6	6,1	14,0	12,0	7,7	6,8
38 *Myanmar*	*4,7*	*0,6*	*4,3*	*0,5*	*4,7*	*0,9*	*4,2*	*−0,2*	*5,4*	*0,7*
39 *Somalia*	*4,8*	*2,4*	*6,5*	*3,3*	*−2,8*	*1,0*	*−0,3*	*−1,7*	*5,8*	*0,9*
40 *Sudan*	*5,6*	..	*3,3*	..	*4,5*	..	..	*3,9*	*8,1*	..
41 *Jemen, Rep.*[c]	..	..	..	..	..	..	..	..	..	..
42 *Sambia*[c]	*1,4*	*0,8*	*2,1*	*3,3*	*1,5*	*0,9*	*2,4*	*3,7*	*1,2*	*0,2*
Länder mit mittlerem Einkommen	..	..	..	..	..	..	..	..	..	..
Untere Einkommenskategorie	..	..	..	..	..	..	..	..	..	..
43 Côte d'Ivoire	6,8	0,0	2,7	−1,0	9,1	4,4	..	..	10,3	−1,4
44 Bolivien[c]	4,5	0,6	3,9	1,8	2,6	−0,8	6,0	−0,1	7,6	0,2
45 Aserbaidschan[c]	..	..	..	..	..	..	..	..	..	..
46 Philippinen[c]	6,0	1,2	4,0	1,0	8,2	−0,2	6,1	0,7	5,1	2,8
47 Armenien[c]	..	..	..	..	..	..	..	..	..	..
48 Senegal[c]	2,3	3,0	1,3	2,7	5,3	3,8	2,4	5,1	2,0	3,0
49 Kamerun[c]	7,2	1,0	4,0	−1,0	10,9	0,5	7,0	10,6	7,8	2,6
50 Kirgisistan	..	..	..	..	..	..	..	..	..	..
51 Georgien[c]	..	..	..	..	..	..	..	..	..	..
52 Usbekistan[c]	..	..	..	..	..	..	..	..	..	..
53 Papua-Neuguinea[c]	2,2	2,3	2,8	1,7	..	3,3	..	0,1	..	2,0
54 Peru[c]	3,5	−0,6	0,0	1,7	4,4	−0,5	3,1	−0,7	4,6	−0,9
55 Guatemala[c]	5,8	1,4	4,6	1,7	7,7	0,6	6,2	1,1	5,6	1,6
56 Kongo	5,8	2,4	2,5	2,8	10,3	3,7	..	5,9	4,5	1,5
57 Marokko[c]	5,6	4,0	1,1	5,3	6,5	3,0	..	4,2	7,0	4,2
58 Dominikanische Rep.[c]	6,5	1,7	3,1	0,4	8,3	1,6	6,5	0,9	7,2	2,3
59 Ecuador[c]	9,5	2,3	2,8	4,7	13,9	1,2	10,5	0,2	9,4	2,3
60 Jordanien	..	0,8	..	..	..	..	..	..	..	..
61 Rumänien	..	−1,0	..	−0,2	..	−2,6	..	..	..	1,3
62 El Salvador[c]	4,2	1,3	3,4	0,1	5,2	1,9	4,1	*1,7*	4,0	1,3
63 Turkmenistan[c]	..	..	..	..	..	..	..	..	..	..
64 Moldau	..	..	..	..	..	..	..	..	..	..
65 Litauen[c]	..	−0,2	..	0,3	..	4,4	..	..	..	−0,1
66 Bulgarien	..	1,8	..	−1,8	..	2,2	..	..	..	2,9
67 Kolumbien	5,4	3,7	4,6	3,2	5,1	4,7	5,8	3,5	5,9	3,1
68 Jamaika[c]	−1,4	1,8	0,3	1,0	−3,4	2,6	−2,1	2,5	0,4	1,1
69 Paraguay[c]	8,5	2,8	6,2	3,4	11,2	0,4	7,9	2,2	8,6	3,6
70 Namibia	..	*1,0*	..	−0,5	..	−1,1	..	2,5	..	2,6
71 Kasachstan[c]	..	1,1	..	..	..	..	..	..	..	..
72 Tunesien	6,8	3,8	4,1	3,8	8,7	3,1	10,4	6,3	6,6	4,3

Anmerkung: Zur Vergleichbarkeit der Daten und ihrer Abgrenzung vgl. Länderschlüssel und Technische Erläuterungen. Kursive Zahlen gelten für andere als die angegebenen Jahre.

								Durchschnittliche jährliche Wachstumsrate (%)		
		BIP		Landwirtschaft		Industrie		Verarbeitendes Gewerbe[a]		Dienstleistungs-sektor usw.[b]
		1970–80	1980–92	1970–80	1980–92	1970–80	1980–92	1970–80	1980–92	1970–80	1980–92
73	Ukraine[c]	..	..	..	..	..	..	..	..	..	..
74	Algerien	4,6	2,6	7,5	5,3	3,8	1,1	7,6	–1,9	4,6	3,3
75	Thailand[c]	7,1	8,2	4,4	4,1	9,5	10,1	10,5	10,1	6,8	8,1
76	Polen[c]	..	0,6	..	..	..	..	..	..	..	..
77	Lettland	..	0,6	..	–0,7	..	1,3	..	1,3	..	0,4
78	Slowakei	..	..	..	..	..	..	..	..	..	..
79	Costa Rica[c]	5,7	3,3	2,5	3,5	8,2	3,1	..	3,3	5,8	3,4
80	Türkei	5,9	4,9	3,4	2,8	6,6	5,8	6,1	6,7	6,5	5,1
81	Iran, Islam. Rep.	..	2,3	..	4,5	..	4,4	..	5,8	..	0,4
82	Panama[c]	4,4	0,9	1,8	2,5	4,2	–2,6	2,8	0,1	4,8	1,4
83	Tschechische Rep.[c]	..	..	..	..	..	..	..	..	..	..
84	Russische Föderation[c]	..	..	..	..	..	..	..	..	..	..
85	Chile[c]	1,8	4,8	3,1	5,6	0,2	4,2	–0,8	4,2	2,8	5,1
86	*Albanien*	..	..	..	..	..	..	..	..	..	..
87	*Mongolei[c]*	..	..	..	..	..	..	..	..	..	..
88	Syrien, Arab. Rep.[c]	9,9	1,8	8,6	–0,3	9,0	7,6	..	..	11,1	0,3
	Obere Einkommenskategorie	**6,0w**	**2,6w**	**3,1w**	**2,1w**	**6,5w**	**2,0w**	**6,8w**	**2,5w**	**6,2w**	**2,7w**
89	Südafrika	3,0	1,1	3,2	1,7	2,3	–0,1	4,7	–0,2	3,8	2,1
90	Mauritius	6,8	6,2	–3,3	2,1	10,4	9,2	7,1	10,1	10,9	5,6
91	Estland[c]	..	–1,8	..	–2,3	..	1,0	..	..	..	–1,2
92	Brasilien	8,1	2,2	4,2	2,6	9,4	1,4	9,0	1,0	8,0	3,4
93	Botsuana[c]	14,5	10,1	8,3	3,4	17,6	10,1	22,9	8,9	14,8	11,7
94	Malaysia[c]	7,9	5,9	..	3,6	..	8,0	..	10,0	..	5,1
95	Venezuela[c]	3,5	1,9	3,4	2,6	0,5	2,1	5,7	1,6	6,3	1,7
96	Weißrußland[c]	..	..	..	..	..	..	..	..	..	..
97	Ungarn[c]	5,2	0,0	2,8	–0,1	6,3	–2,5	..	..	5,2	2,1
98	Uruguay[c]	3,1	1,0	0,8	0,7	4,1	0,2	..	0,5	3,0	1,7
99	Mexiko[c]	6,3	1,5	3,2	0,6	7,2	1,6	7,0	2,1	6,3	1,5
100	Trinidad und Tobago	5,9	–3,7	–1,4	–6,8	5,6	–6,6	1,7	–8,7	7,4	–2,0
101	Gabun[c]	9,0	0,5	..	1,3	..	1,8	..	4,7	..	–1,0
102	Argentinien	2,5	0,4	2,5	1,2	1,9	–0,1	1,3	0,4	2,9	0,6
103	Oman[c]	6,2	7,7	..	7,1	..	9,6	..	18,3	..	6,0
104	Slowenien	..	..	..	..	..	..	..	..	..	..
105	Puerto Rico[c]	3,9	4,2	2,3	2,2	5,0	3,6	7,9	1,0	3,2	4,7
106	Korea, Rep.[c]	9,6	9,4	2,7	1,9	15,2	11,6	17,0	11,9	9,6	9,3
107	Griechenland	4,7	1,7	1,9	0,2	5,0	1,2	6,0	0,3	5,6	2,5
108	Portugal[c]	4,3	2,9	..	..	..	..	..	..	..	..
109	Saudi-Arabien[c]	10,1	0,4	5,3	14,0	10,2	–2,9	6,4	8,1	10,3	–0,2
	Länder mit niedr. u. mittl. Eink.	..	**3,1w**	..	**3,1w**	..	**3,6w**	..	..	..	**3,9w**
	Afrika südlich der Sahara	3,6w	1,8w	1,6w	1,7w	3,6w	1,2w	4,3w	1,4w	4,9w	2,3w
	Ostasien u. Pazifik	..	7,7w	..	4,4w	..	9,4w	..	..	..	8,9w
	Südasien	3,5w	5,2w	1,8w	3,3w	4,6w	6,4w	4,6w	6,5w	4,7w	6,2w
	Europa u. Zentralasien	..	..	..	..	..	..	..	..	..	..
	Naher Osten u. Nordafrika	..	2,2w	..	4,7w	..	0,9w	..	4,5w	..	1,4w
	Lateinamerika u. Karibik	5,4w	1,8w	3,4w	2,0w	5,7w	1,3w	6,2w	0,8w	5,7w	2,1w
	Länder mit gravierenden Schuldenproblemen	**5,8w**	**1,6w**	**3,9w**	**1,8w**	**6,5w**	**1,2w**	**6,3w**	**1,1w**	**6,1w**	**2,2w**
	Länder mit hohem Einkommen	**3,2w**	**2,9w**	**0,7w**	..	**2,7w**	..	**3,4w**	..	**3,7w**	..
110	Irland	4,9	3,7	..	..	..	..	..	..	..	..
111	Neuseeland[c]	1,9	1,4	..	3,8	..	1,3	..	0,7	..	1,7
112	†Israel	4,8	3,9	..	..	..	..	..	..	..	..
113	Spanien[c]	3,5	3,2	..	..	..	..	..	..	..	..
114	†Hongkong	9,2	6,7	..	..	..	..	..	..	..	..
115	†Singapur[c]	8,3	6,7	1,4	–6,6	8,6	6,0	9,7	7,1	8,3	7,3
116	Australien[c]	3,0	3,1	..	2,9	..	2,2	..	1,4	3,3	4,0
117	Großbritannien	2,0	2,7	..	..	..	..	..	..	..	..
118	Italien[c]	3,8	2,4	0,9	0,6	3,6	2,2	5,8	2,9	4,0	2,7
119	Niederlande[c]	2,9	2,3	..	..	..	..	..	..	..	..
120	Kanada	4,6	2,8	1,2	1,6	3,2	2,4	3,5	2,4	6,6	3,1
121	Belgien[c]	3,0	2,1	..	1,5	..	2,2	..	3,0	..	1,9
122	Finnland	3,1	2,4	0,2	–0,3	3,0	2,4	3,3	2,5	3,9	3,1
123	†Vereinigte Arab. Emirate	..	0,3	..	9,1	..	–1,8	..	3,3	..	4,1
124	Frankreich[c]	3,2	2,2	..	1,8	..	1,1	..	0,9	..	2,8
125	Österreich[c]	3,4	2,3	2,6	0,9	3,1	2,2	3,2	2,6	3,7	2,4
126	Deutschland[c, d]	2,6	2,6	1,1	1,6	1,7	1,1	2,0	1,6	3,5	3,0
127	Vereinigte Staaten[c]	2,8	2,7	0,6	..	2,1	..	3,0	..	3,1	2,9
128	Norwegen	4,8	2,6	1,3	1,2	7,1	5,3	1,2	0,4	3,6	0,6
129	Dänemark	2,2	2,2	2,3	3,3	1,1	2,7	2,6	1,3	2,6	2,1
130	Schweden	1,9	1,9	–1,2	1,3	1,1	2,3	1,0	2,0	3,3	1,4
131	Japan[c]	4,3	4,1	–0,2	0,7	4,0	5,1	4,7	5,8	4,9	3,7
132	Schweiz[c]	0,5	2,1	..	..	..	..	..	..	..	..
	Gesamte Welt	**3,4w**	**3,0w**	..	..	**3,2w**	..	**3,8w**	..	**3,9w**	..

[a] Da das Verarbeitende Gewerbe im allgemeinen der dynamischste Bereich des Industriesektors ist, wird seine Wachstumsrate gesondert ausgewiesen. [b] Dienstleistungssektor usw. einschließlich nicht aufgeschlüsselter Positionen. [c] BIP und seine Komponenten zu Käuferpreisen. [d] Die Angaben beziehen sich auf die Bundesrepublik Deutschland vor der Vereinigung.

Tabelle 3 Produktionsstruktur

| | | BIP (in Mio $) | | \multicolumn{8}{c|}{Verteilung des Bruttoinlandsprodukts (%)} |
| | | | | Landwirtschaft | | Industrie | | Verarbeitendes Gewerbe[a] | | Dienstleistungssektor usw.[b] | |
		1970	1992	1970	1992	1970	1992	1970	1992	1970	1992
	Länder mit niedrigem Einkommen	..	1.146.842 s	..	29w	..	31w	..	..	..	40w
	Ohne China und Indien	94.612 s	427.588 s	..	30w	..	29w	..	16w	..	41w
1	Mosambik	..	965	..	64	..	15	..	..	..	21
2	Äthiopien	1.669	6.257	56	48	14	13	9	8	30	39
3	Tansania	1.174	2.345	41	61	17	12	10	5	42	26
4	Sierra Leone	383	634	28	38	30	16	6	5	42	46
5	Nepal	861	2.763	67	52	12	18	4	8	21	30
6	Uganda	..	2.998	..	57	..	11	..	4	..	32
7	Bhutan	..	238	..	42	..	27	..	9	..	31
8	Burundi	225	986	71	54	10	20	7	15	19	26
9	Malawi	271	1.671	44	28	17	22	..	15	39	50
10	Bangladesch[c]	6.664	23.783	55	34	9	17	6	9	37	49
11	Tschad[c]	302	1.247	47	44	18	21	17	16	35	35
12	Guinea-Bissau	79	220	47	44	21	8	21	..	31	47
13	Madagaskar	995	2.767	24	33	16	14	..	..	59	53
14	Laos, Dem. VR[c]	..	1.195	..	..	..	..	..	..	..	..
15	Ruanda[c]	220	1.552	62	41	9	22	4	16	30	37
16	Niger	647	2.345	65	37	7	17	5	7	28	46
17	Burkina Faso	335	2.790	42	44	21	20	14	12	37	37
18	Indien	52.949	214.598	45	32	22	27	15	17	33	40
19	Kenia	1.453	6.884	33	27	20	19	12	12	47	54
20	Mali[c]	338	2.827	61	42	11	13	7	12	28	45
21	Nigeria	11.594	29.667	41	37	14	38	4	..	45	25
22	Nicaragua[c]	785	1.847	25	30	25	19	20	16	49	50
23	Togo	253	1.611	34	36	21	21	10	10	45	43
24	Benin[c]	332	2.181	36	37	12	13	..	7	52	50
25	Zentralafrik. Rep.	169	1.251	35	44	26	13	7	..	38	43
26	Pakistan	9.102	41.904	37	27	22	27	16	18	41	46
27	Ghana[c]	2.214	6.884	47	49	18	16	11	9	35	35
28	China[c]	..	506.075	..	27	..	34	..	..	..	38
29	Tadschikistan	..	3.793	..	33	..	35	..	..	..	32
30	Guinea[c]	..	3.233	..	33	..	32	..	3	..	36
31	Mauretanien	197	1.080	29	29	38	27	5	11	32	44
32	Sri Lanka	2.215	8.769	28	26	24	25	17	15	48	49
33	Simbabwe	1.415	5.035	15	22	36	35	21	30	49	43
34	Honduras	654	2.813	32	22	22	29	14	17	45	49
35	Lesotho	67	536	35	11	9	45	4	17	56	45
36	Ägypten, Arab. Rep.	6.598	33.553	29	18	28	30	..	12	42	52
37	Indonesien[c]	9.657	126.364	45	19	19	40	10	21	36	40
38	*Myanmar*	2.155	37.749	38	59	14	10	10	7	48	31
39	*Somalia*	286	879	59	65	16	9	9	5	25	26
40	Sudan	1.764	..	43	34	15	17	8	9	42	50
41	*Jemen, Rep.*[c]	..	9.615	..	21	..	24	..	10	..	55
42	*Sambia*[c]	1.789	3.831	11	16	55	47	10	36	35	37
	Länder mit mittlerem Einkommen	..	3.549.049 s	..	..	..	..	..	..	..	..
	Untere Einkommenskategorie	..	1.595.127 s	..	..	..	..	..	..	..	..
43	Côte d'Ivoire	1.147	8.726	40	37	23	23	13	..	36	39
44	Bolivien[c]	1.020	5.270	20	..	32	..	13	..	48	..
45	Aserbaidschan[c]	..	5.432	..	31	..	40	..	53	..	29
46	Philippinen[c]	6.691	52.462	30	22	32	33	25	24	39	45
47	Armenien[c]	..	2.718	..	20	..	46	..	..	..	34
48	Senegal[c]	865	6.277	24	19	20	19	16	13	56	62
49	Kamerun[c]	1.160	10.397	31	22	19	30	10	22	50	48
50	Kirgisistan[c]	..	3.665	..	28	..	45	..	..	..	27
51	Georgien[c]	..	4.660	..	27	..	37	..	75	..	37
52	Usbekistan[c]	..	14.875	..	33	..	40	..	28	..	27
53	Papua-Neuguinea[c]	646	4.228	37	25	22	38	5	9	41	37
54	Peru[c]	7.234	22.100	19	..	32	..	20	..	50	..
55	Guatemala[c]	1.904	10.434	..	25	..	20	..	..	..	55
56	Kongo[c]	274	2.816	18	13	24	35	..	13	58	52
57	Marokko[c]	3.956	28.401	20	15	27	33	16	19	53	52
58	Dominikanische Rep.[c]	1.485	7.729	23	18	26	26	19	14	51	56
59	Ecuador[c]	1.674	12.681	24	13	25	39	18	22	51	48
60	Jordanien	..	4.091	..	7	..	28	..	15	..	65
61	Rumänien	..	24.438	..	19	..	49	..	45	..	32
62	El Salvador[c]	1.029	6.443	28	9	23	24	19	19	48	66
63	Turkmenistan[c]	..	..	..	..	..	..	..	..	..	..
64	Moldau[c]	..	5.637	..	34	..	37	..	42	..	30
65	Litauen[c]	..	4.922	..	21	..	53	..	..	..	26
66	Bulgarien	..	10.847	..	14	..	45	..	..	..	41
67	Kolumbien	7.199	48.583	25	16	28	35	21	20	47	49
68	Jamaika[c]	1.405	3.294	7	5	43	44	16	20	51	51
69	Paraguay[c]	595	6.446	32	24	21	23	17	17	47	52
70	Namibia	..	2.106	..	12	..	26	..	6	..	62
71	Kasachstan[c]	..	28.580	..	28	..	42	..	37	..	30
72	Tunesien	1.244	13.854	20	18	24	31	10	17	56	51

Anmerkung: Zur Vergleichbarkeit der Daten und ihrer Abgrenzung vgl. Länderschlüssel und Technische Erläuterungen. Kursive Zahlen gelten für andere als die angegebenen Jahre.

		BIP (in Mio $)		Verteilung des Bruttoinlandsprodukts (%)							
				Landwirtschaft		Industrie		Verarbeitendes Gewerbe[a]		Dienstleistungssektor usw.[b]	
		1970	1992	1970	1992	1970	1992	1970	1992	1970	1992
73	Ukraine[c]	..	94.831	..	23	..	43	..	35	..	33
74	Algerien	4.541	35.674	11	15	41	47	15	10	48	38
75	Thailand[c]	7.087	110.337	26	12	25	39	16	28	49	49
76	Polen[c]	..	83.823	..	7	..	51	..	..	..	42
77	Lettland	..	5.081	..	24	..	53	..	46	..	23
78	Slowakei	..	9.958	..	6	..	54	..	..	..	40
79	Costa Rica[c]	985	6.530	23	18	24	27	..	20	53	55
80	Türkei	11.400	99.696	30	15	27	30	17	23	43	55
81	Iran, Islam. Rep.	..	110.258	..	23	..	28	..	14	..	48
82	Panama[c]	1.016	6.001	14	11	19	14	13	8	66	76
83	Tschechische Rep.[c]	..	26.187	..	6	..	61	..	..	..	33
84	Russische Föderation[c]	..	387.476	..	13	..	49	..	49	..	39
85	Chile[c]	8.186	41.203	7	..	41	..	26	..	52	..
86	*Albanien*	..	..	..	..	..	..	..	..	..	..
87	Mongolei[c]	..	..	..	30	..	38	..	..	..	32
88	Syrien, Arab. Rep.[c]	2.140	17.236	20	30	25	23	..	..	55	48
Obere Einkommenskategorie		**194.393**s	**1.960.758**s	**12**w	..	**38**w	..	**24**w	..	**50**w	..
89	Südafrika	16.293	103.651	8	4	40	42	24	25	52	54
90	Mauritius	184	2.566	16	11	22	33	14	23	62	56
91	Estland[c]	..	429	..	17	..	49	..	..	..	34
92	Brasilien	35.546	360.405	12	11	38	37	29	25	49	52
93	Botsuana[c]	84	3.700	33	5	28	52	6	4	39	43
94	Malaysia[c]	4.200	57.568	29	..	25	..	12	..	46	..
95	Venezuela[c]	13.432	61.137	6	5	39	41	16	16	54	53
96	Weißrußland[c]	..	30.125	..	21	..	50	..	47	..	28
97	Ungarn[c]	5.543	35.218	18	7	45	30	..	24	37	63
98	Uruguay[c]	2.311	11.405	16	11	31	29	..	22	53	61
99	Mexiko[c]	38.318	329.011	12	8	29	28	22	20	59	63
100	Trinidad und Tobago	775	5.388	5	3	44	36	26	8	51	61
101	Gabun[c]	322	5.913	19	9	48	46	7	5	34	45
102	Argentinien	30.660	228.779	10	6	44	31	32	22	47	63
103	Oman[c]	256	11.520	16	4	77	52	0	4	7	44
104	Slowenien	..	10.655	..	5	..	40	..	34	..	55
105	Puerto Rico[c]	5.035	33.969	3	1	34	41	24	39	62	58
106	Korea, Rep.[c]	8.887	296.136	26	8	29	45	21	26	45	47
107	Griechenland	8.600	67.278	18	..	31	..	19	..	50	..
108	Portugal[c]	6.184	79.547	..	..	..	..	..	..	..	..
109	Saudi-Arabien[c]	3.866	111.343	6	7	63	52	10	7	31	41
Länder mit niedr. u. mittl. Eink.			**4.695.645**s								
	Afrika südlich der Sahara	57.611s	269.955s	27w	20w	28w	34w	13w	17w	45w	46w
	Ostasien u. Pazifik	..	1.266.819s	..	21w	..	38w	..	..	..	42w
	Südasien	73.642s	297.360s	44w	32w	21w	26w	14w	16w	34w	42w
	Europa u. Zentralasien	..	1.124.423s	..	..	..	..	..	..	..	..
	Naher Osten u. Nordafrika	..	454.541s	..	..	..	..	..	..	..	..
	Lateinamerika u. Karibik	165.567s	..	12w	..	36w	..	25w	..	52w	..
Länder mit gravierenden Schuldenproblemen		**159.568**s	..	**14**w	..	**38**w	..	**26**w	..	**49**w	..
Länder mit hohem Einkommen		**2.105.694**s	**18.312.160**s	**4**w	..	**39**w	..	**29**w	..	**58**w	..
110	Irland	3.323	43.294	17	10	37	10	24	4	46	80
111	Neuseeland[c]	6.415	41.304	12	..	33	..	24	..	55	..
112	†Israel	5.603	69.762	..	..	..	..	..	..	..	..
113	Spanien[c]	37.569	574.844	..	..	..	..	..	..	..	..
114	†Hongkong	3.463	77.828	2	0	36	23	29	16	62	77
115	†Singapur[c]	1.896	46.025	2	0	30	38	20	28	68	62
116	Australien[c]	39.324	294.760	6	3	39	30	24	15	55	67
117	Großbritannien	106.502	903.126	3	..	44	..	33	..	53	..
118	Italien[c]	107.485	1.222.962	8	3	41	32	27	20	51	65
119	Niederlande[c]	34.049	320.290	..	4	..	29	..	17	..	67
120	Kanada	73.847	493.602	4	..	36	..	23	..	59	..
121	Belgien[c]	25.242	218.836	..	2	..	30	..	20	..	68
122	Finnland	9.762	93.869	12	5	40	30	27	22	48	64
123	†Vereinigte Arab. Emirate	..	42.467	..	2	..	56	..	9	..	43
124	Frankreich[c]	142.869	1.319.883	..	3	..	29	..	19	..	68
125	Österreich[c]	14.457	185.235	7	3	45	36	34	23	48	61
126	Deutschland[c,d]	184.508	1.789.261	3	2	49	39	38	26	47	60
127	Vereinigte Staaten[c]	1.011.563	5.920.199	3	..	34	..	25	..	63	..
128	Norwegen	11.183	112.906	6	3	32	35	22	13	62	62
129	Dänemark	13.511	123.546	7	4	35	27	22	17	59	69
130	Schweden	30.013	220.834	..	2	..	32	..	20	..	66
131	Japan[c]	203.736	3.670.979	6	2	47	42	36	26	47	56
132	Schweiz	20.733	241.406	..	..	..	..	..	..	..	..
Gesamte Welt		**2.808.026**s	**23.060.560**s	**8**w	..	**39**w	..	**27**w	..	**54**w	..

[a] Da das Verarbeitende Gewerbe im allgemeinen der dynamischste Bereich des Industriesektors ist, wird sein Anteil am BIP gesondert ausgewiesen. [b] Dienstleistungssektor usw. einschließlich nicht aufgeschlüsselter Positionen. [c] BIP und seine Komponenten zu Käuferpreisen. [d] Die Angaben beziehen sich auf die Bundesrepublik Deutschland vor der Vereinigung.

Tabelle 4 Landwirtschaft und Nahrungsmittel

	Wertschöpfung in der Landwirtschaft (in Mio $)		Getreideeinfuhr (in Tsd. t)		Nahrungsmittelhilfe in Form von Getreide (in Tsd. t)		Düngemittelverbrauch (in 100 g je ha Anbaufläche)		Nahrungsmittelproduktion pro Kopf (durchschnittl. jährl. Wachstumsrate in %)	Fischprodukte (in % des gesamten täglichen Proteinangebots)	
	1980	1992	1980	1992	1979/80	1991/92	1979/80	1991/92	1979–92	1980	1990
Länder mit niedrigem Einkommen	..	336.172 s	35.947 s	44.437 s	6.932 s	8.928 s	475 w	1.055 w		5,7 w	6,3 w
Ohne China und Indien	32.306 s	129.958 s	22.571 s	29.732 s	6.576 s	8.457 s	205 w	403 w		5,8 w	6,4 w
1 Mosambik	1.136	..	368	1.164	151	591	78	16	−2,1	3,9	3,0
2 Äthiopien	1.887	2.984	397	1.045	111	963	27	71	−1,3	0,0	0,0
3 Tansania	2.030	1.439	399	252	89	15	90	153	−1,2	6,3	7,8
4 Sierra Leone	334	264	83	133	36	45	46	9	−1,2	15,2	10,8
5 Nepal	1.127	1.440	56	15	21	8	90	272	1,3	0,2	0,3
6 Uganda	893	1.711	52	22	17	25	..	2	0,1	7,6	7,2
7 Bhutan	79	101	5	37	1	4	8	8	−1,0	..	..
8 Burundi	530	535	18	19	8	2	7	4	0,0	1,6	1,3
9 Malawi	413	473	36	412	5	321	193	447	−5,0	4,3	5,1
10 Bangladesch[a]	6.429	8.197	2.194	1.339	1.480	1.429	445	1.098	−0,3	5,0	4,8
11 Tschad[a]	388	547	16	61	16	61	..	27	0,3	9,4	9,9
12 Guinea-Bissau	47	97	21	82	18	16	5	16	1,1	3,1	2,1
13 Madagaskar	1.078	925	110	147	14	41	25	31	−1,6	2,9	4,4
14 Laos, Dem. VR[a]	..	..	121	44	3	10	1	28	−0,1	2,9	2,1
15 Ruanda[a]	533	630	16	14	14	11	3	14	−2,2	0,2	0,2
16 Niger	1.080	870	90	135	9	46	5	1	−2,0	0,9	0,2
17 Burkina Faso	548	..	77	145	37	..	26	72	2,8	0,7	0,9
18 Indien	59.103	69.682	424	3.044	344	299	313	752	1,6	1,7	1,6
19 Kenia	2.019	1.844	387	669	86	162	169	391	0,1	1,4	2,9
20 Mali[a]	951	1.197	87	97	22	36	69	71	−0,9	6,0	3,5
21 Nigeria	24.673	10.831	1.828	1.126	..	0	36	133	2,0	7,5	3,5
22 Nicaragua[a]	497	562	149	136	70	128	185	273	−3,2	0,5	0,4
23 Togo	312	580	41	124	7	5	49	88	−0,7	6,9	8,4
24 Benin[a]	498	705	61	212	5	4	7	60	1,8	7,5	4,8
25 Zentralafrik. Rep.	300	549	12	40	3	3	1	4	−1,1	4,0	3,0
26 Pakistan	6.279	11.416	613	2.044	146	322	488	889	1,0	0,9	0,8
27 Ghana[a]	2.575	3.343	247	319	110	184	65	29	0,3	17,4	18,7
28 China[a]	92.679	137.677	12.952	11.661	12	172	1.273	3.043	2,9	2,2	3,9
29 Tadschikistan	..	1.258	..	550	..	..	..	..	..	..	..
30 Guinea[a]	..	1.058	171	338	24	31	31	27	−0,5	4,2	4,5
31 Mauretanien	202	309	166	290	26	41	108	73	−1,5	3,6	3,3
32 Sri Lanka	1.037	2.308	884	1.055	170	442	776	931	−2,2	11,6	9,9
33 Simbabwe	702	1.115	156	1.493	..	116	443	528	−3,3	1,4	1,1
34 Honduras	544	619	139	128	27	122	111	166	−1,3	0,8	1,8
35 Lesotho	75	57	107	140	29	29	144	174	−2,2	0,9	0,8
36 Ägypten, Arab. Rep.	3.993	6.978	6.028	7.330	1.758	1.611	2.469	3.437	1,4	2,0	2,4
37 Indonesien[a]	18.701	24.279	3.534	3.178	831	82	440	1.093	2,0	8,1	8,7
38 Myanmar	2.690	22.420	16	21	11	..	93	69	−1,9	6,7	6,2
39 Somalia	388	..	221	296	137	114	1	..	−6,0	1,3	1,2
40 Sudan	2.097	..	236	654	212	481	27	72	−2,2	0,6	0,5
41 Jemen, Rep.[a]	..	2.012	596	2.185	19	59	98	122	..	..	..
42 Sambia[a]	552	603	498	651	167	330	114	119	−0,8	5,0	4,3
Länder mit mittlerem Einkommen	..	..	71.246 s	125.291 s	1.793 s	4.336 s	673 w	585 w		7,9 w	6,8 w
Untere Einkommenskategorie	..	..	38.079 s	74.105 s	1.286 s	4.054 s	658 w	544 w		6,9 w	6,2 w
43 Côte d'Ivoire	2.633	3.257	469	568	2	37	165	104	0,1	9,1	8,7
44 Bolivien[a]	564	..	263	381	150	226	16	27	1,3	1,9	0,6
45 Aserbaidschan[a]	..	2.752	..	200	..	..	..	..	..	..	..
46 Philippinen[a]	8.150	11.380	1.053	1.833	95	78	444	548	−1,2	21,6	20,9
47 Armenien[a]	..	1.319	..	400	..	3	..	..	..	..	..
48 Senegal[a]	568	1.217	452	585	61	51	123	66	−0,2	9,7	9,8
49 Kamerun[a]	2.089	2.286	140	424	4	8	47	26	−1,7	6,4	6,7
50 Kirgisistan[a]	..	1.474	..	..	..	..	..	..	..	..	..
51 Georgien[a]	..	..	..	500	..	..	..	..	..	..	..
52 Usbekistan[a]	..	4.929	..	3.700	..	..	..	..	..	..	..
53 Papua-Neuguinea[a]	844	1.046	152	233	..	0	151	263	−0,1	13,1	11,8
54 Peru[a]	2.113	..	1.309	2.015	109	464	338	206	0,0	8,9	10,6
55 Guatemala[a]	..	2.639	204	329	10	251	582	759	−0,8	0,4	0,4
56 Kongo[a]	199	366	88	130	4	4	6	6	−0,5	21,1	22,8
57 Marokko[a]	3.468	4.220	1.821	3.095	119	208	240	357	2,3	2,8	2,8
58 Dominikanische Rep.[a]	1.336	1.362	365	715	120	14	517	671	−1,8	5,4	2,8
59 Ecuador[a]	1.423	1.669	387	446	8	45	319	309	0,7	7,6	6,8
60 Jordanien	..	300	505	1.578	72	257	433	509	−0,5	1,5	1,2
61 Rumänien	..	4.617	2.369	1.779	..	375	1.365	461	−3,2	2,7	3,3
62 El Salvador[a]	992	598	144	242	3	96	1.030	1.058	1,4	1,1	0,7
63 Turkmenistan[a]	..	..	..	..	..	..	..	..	..	..	..
64 Moldau[a]	..	2.555	..	1.350	..	..	..	..	..	..	..
65 Litauen[a]	..	1.919	..	415	..	185	..	..	..	..	..
66 Bulgarien	2.889	1.505	693	131	..	200	1.928	1.020	−1,6	2,0	1,7
67 Kolumbien	6.466	7.607	1.068	1.662	3	8	603	996	1,0	2,5	1,4
68 Jamaika[a]	220	177	469	459	117	181	503	948	0,8	8,1	8,9
69 Paraguay[a]	1.311	1.579	75	47	11	1	36	88	0,4	0,4	1,0
70 Namibia	237	243	54	188	..	..	..	..	−2,5	3,4	3,5
71 Kasachstan[a]	..	9.752	..	..	..	..	..	..	..	..	..
72 Tunesien	1.235	2.467	817	1.015	165	79	122	203	1,4	3,1	3,7

Anmerkung: Zur Vergleichbarkeit der Daten und ihrer Abgrenzung vgl. Länderschlüssel und Technische Erläuterungen. Kursive Zahlen gelten für andere als die angegebenen Jahre.

		Wertschöpfung in der Landwirtschaft (in Mio $)		Getreideeinfuhr (in Tsd. t)		Nahrungsmittelhilfe in Form von Getreide (in Tsd. t)		Düngemittelverbrauch (in 100 g je ha Anbaufläche)		Nahrungsmittelproduktion pro Kopf (durchschnittl. jährl. Wachstumsrate in %)	Fischprodukte (in % des gesamten täglichen Proteinangebots)	
		1980	1992	1980	1992	1979/80	1991/92	1979/80	1991/92	1979–92	1980	1990
73	Ukraine[a]	..	26.680	..	..	..	..	..	..	..	..	..
74	Algerien	3.453	5.403	3.414	4.685	19	20	227	125	0,9	1,2	2,1
75	Thailand[a]	7.467	13.096	213	992	3	75	160	365	0,3	11,1	12,0
76	Polen[a]	..	6.119	7.811	2.282	..	10	2.425	771	0,9	4,8	4,8
77	Lettland	..	1.218	..	..	..	195	..	..	..	..	..
78	Slowakei	*813*	555	..	50	..	..	..	..	..	..	..
79	Costa Rica[a]	860	1.174	180	484	1	90	1.573	2.276	0,2	4,6	2,2
80	Türkei	12.165	14.567	6	605	16	13	451	638	−0,4	2,9	2,3
81	Iran, Islam. Rep.	*16.268*	25.711	2.779	4.350	..	104	297	748	0,8	0,5	1,6
82	Panama[a]	354	655	87	215	2	1	540	392	−1,5	8,4	7,4
83	Tschechische Rep.[a]	*2.104*	*1.357*	..	..	..	..	..	..	..	..	..
84	Russische Föderation[a]	..	*61.388*	..	25.600	..	13	..	..	..	..	..
85	Chile[a]	1.992	..	1.264	1.095	22	13	333	706	1,8	6,0	7,8
86	Albanien	..	..	..	..	..	..	..	..	..	..	..
87	Mongolei[a]	..	..	70	43	..	5	72	115	−2,6	0,4	0,5
88	Syrien, Arab. Rep.[a]	2.642	*5.138*	726	1.440	74	13	224	549	−3,4	0,8	0,1
	Obere Einkommenskategorie	22.905s	..	33.167s	51.186s	507s	282s	694w	635w	..	9,2w	7,8w
89	Südafrika	3.743	4.069	159	4.855	..	0	726	580	−2,1	3,6	3,8
90	Mauritius	119	281	181	207	22	9	2.564	2.599	0,8	9,7	8,5
91	Estland[a]	..	73	..	276	..	195	..	..	..	..	..
92	Brasilien	23.373	*38.787*	6.740	5.854	3	9	755	527	1,2	3,1	2,6
93	Botsuana[a]	126	188	68	80	20	0	8	6	−3,1	1,6	1,3
94	Malaysia[a]	5.365	..	1.336	3.198	..	1	912	1.977	4,0	18,4	13,8
95	Venezuela[a]	3.363	3.355	2.484	2.012	..	..	599	1.001	−0,1	..	6,7
96	Weißrußland[a]	..	*7.131*	..	3.100	..	..	..	..	..	..	..
97	Ungarn[a]	3.796	2.494	155	156	..	..	2.805	671	0,2	1,1	1,3
98	Uruguay[a]	1.371	1.229	45	311	7	0	633	604	0,4	1,9	1,1
99	Mexiko[a]	16.036	27.798	7.226	7.634	..	69	465	626	0,1	3,3	3,3
100	Trinidad und Tobago	140	*144*	252	246	..	..	670	733	−0,1	4,8	3,6
101	Gabun[a]	289	525	27	71	..	0	3	13	−1,2	19,2	12,9
102	Argentinien	4.890	13.706	8	20	..	..	48	61	−0,3	1,5	1,7
103	Oman[a]	152	*374*	120	332	..	..	306	1.336	..	..	..
104	Slowenien	..	569	..	..	..	..	..	..	0,0	..	..
105	Puerto Rico[a]	380	462	..	..	..	..	..	..	..	..	..
106	Korea, Rep.[a]	9.347	22.793	5.143	10.489	184	..	3.857	4.517	0,8	12,4	15,8
107	Griechenland	6.337	..	1.199	517	..	..	1.480	1.650	−0,1	4,5	4,8
108	Portugal[a]	*2.517*	..	3.372	2.027	267	..	877	788	2,8	10,4	15,0
109	Saudi-Arabien[a]	1.397	*6.844*	..	6.846	..	..	115	2.139	10,9	3,1	7,3
	Länder mit niedr. u. mittl. Eink.	..	..	107.193s	169.727s	8.725s	13.263s	558w	855w	..	7,2w	6,7w
	Afrika südlich der Sahara	15.416s	54.335s	8.647s	18.512s	1.602s	4.223s	124w	136w	..	6,7w	6,1w
	Ostasien u. Pazifik	..	262.572s	26.824s	33.291s	1.525s	581s	952w	2.017w	..	12,6w	10,8w
	Südasien	32.720s	94.813s	4.211s	7.721s	2.339s	2.558s	328w	750w	..	11,5w	14,4w
	Europa u. Zentralasien	..	..	17.172s	45.153s	284s	1.639s	1.322w	730w	..	4,0w	4,1w
	Naher Osten u. Nordafrika	..	66.356s	24.557s	38.008s	2.255s	2.484s	337w	654w	..	1,9w	1,7w
	Lateinamerika u. Karibik	20.444s	..	25.782s	27.044s	721s	1.779s	495w	485w	..	7,5w	6,7w
	Länder mit gravierenden Schuldenproblemen	22.294s	..	37.798s	36.073s	695s	2.460s	630w	426w	..	4,6w	4,8w
	Länder mit hohem Einkommen	87.444s	..	79.798s	75.933s	..	..	1.293w	1.160w	..	8,4w	8,6w
110	Irland	2.036	..	553	274	..	..	5.219	6.988	1,6	4,0	3,9
111	Neuseeland[a]	*2.427*	..	63	159	..	..	12.060	9.341	−0,1	5,5	8,5
112	†Israel	976	..	1.601	1.871	31	0	1.885	2.362	−1,1	4,5	5,0
113	Spanien[a]	..	20.989	6.073	3.783	..	..	821	937	1,3	9,1	9,8
114	†Hongkong	223	*185*	812	786	..	..	..	..	2,8	16,0	16,9
115	†Singapur[a]	150	104	1.324	784	..	..	5.375	56.000	−5,6	9,5	9,2
116	Australien[a]	8.454	*9.207*	5	33	..	..	275	273	0,1	3,7	4,1
117	Großbritannien	9.908	15.391	5.498	3.559	..	..	3.235	3.171	0,4	4,0	5,1
118	Italien[a]	26.044	*37.749*	7.629	7.836	..	..	1.892	1.658	−0,6	4,1	5,6
119	Niederlande[a]	..	*11.338*	5.246	5.052	..	..	8.472	5.807	0,4	3,1	2,9
120	Kanada	10.005	..	1.383	1.016	..	..	398	468	0,5	4,6	6,6
121	Belgien[a, b]	*2.500*	..	5.599	5.308	..	..	5.282	4.425	1,6	4,7	5,0
122	Finnland	4.487	*5.761*	367	82	..	..	1.892	1.313	−0,4	8,9	8,7
123	†Vereinigte Arab. Emirate	223	731	426	524	..	..	1.842	4.479	..	5,2	6,4
124	Frankreich[a]	28.168	36.622	1.570	968	..	..	3.120	2.892	0,1	5,0	5,8
125	Österreich[a]	3.423	*4.558*	131	100	..	..	2.484	1.949	0,1	2,0	2,7
126	Deutschland[a]	16.791[c]	*19.952*[c]	9.500	3.312	..	..	4.228	2.473	1,5	..	4,0
127	Vereinigte Staaten[a]	70.320	..	199	3.718	..	..	1.099	998	−0,2	3,5	4,3
128	Norwegen	2.221	*3.093*	725	336	..	..	3.220	2.301	0,1	14,7	15,2
129	Dänemark	3.161	*4.542*	355	534	..	..	2.627	2.268	2,2	8,3	10,5
130	Schweden	*4.231*	*5.139*	124	167	..	..	1.699	950	−1,5	9,6	9,3
131	Japan[a]	39.022	*77.516*	24.473	27.683	..	..	4.777	3.873	−0,2	26,6	28,0
132	Schweiz[a]	..	..	1.247	454	..	..	4.654	4.005	−0,2	3,0	3,7
	Gesamte Welt	..	..	186.991s	245.660s	8.742s	13.263s	791w	933w	..	7,5w	7,2w

[a] Wertschöpfung in der Landwirtschaft zu Käuferpreisen. [b] Einschließlich Luxemburg. [c] Die Angaben beziehen sich auf die Bundesrepublik Deutschland vor der Vereinigung.

Tabelle 5 Kommerzielle Energie

	Durchschnittliche jährliche Wachstumsrate (%)				Energieverbrauch (in Öleinheiten)				Energieeinfuhr in % der Warenausfuhr	
	Energieproduktion		Energieverbrauch		Pro Kopf (kg)		BIP je kg Energie ($)			
	1971–80	1980–92	1971–80	1980–92	1971	1992	1971	1992	1971	1992
Länder mit niedrigem Einkommen	6,7w	4,8w	6,8w	5,4w	171w	338w	..	1,1w	7w	9w
Ohne China und Indien	5,6w	3,7w	6,3w	5,2w	81w	151w	1,9w	2,5w	7w	11w
1 Mosambik	22,9	−24,7	−1,7	−4,6	103	32	..	2,0	..	..
2 Äthiopien	6,4	6,0	0,8	6,1	19	21	3,4	5,9	14	47
3 Tansania	10,0	−0,7	2,4	−1,1	51	30	2,0	3,5	12	40
4 Sierra Leone	..	..	0,4	0,3	133	73	1,2	2,2	10	18
5 Nepal	11,9	15,0	7,3	8,4	6	20	12,6	7,5	10	23
6 Uganda	−4,0	2,4	−7,0	3,7	58	24	0,0	7,6	1	73
7 Bhutan	..	..	..	..	0	15	..	11,5	..	..
8 Burundi	..	7,5	7,6	7,3	8	24	9,4	7,9	11	22
9 Malawi	11,4	3,9	7,6	1,4	37	40	2,1	5,1	17	28
10 Bangladesch	11,4	13,6	9,0	8,5	18	59	5,2	3,5	*31*	21
11 Tschad	..	..	4,1	0,5	18	16	5,2	13,4	39	26
12 Guinea-Bissau	..	..	4,1	2,1	35	37	4,1	5,8	102	87
13 Madagaskar	−0,8	6,2	−3,7	1,8	65	38	2,7	6,4	10	19
14 Laos, Dem. VR	40,0	−0,9	−3,4	2,5	55	41	..	6,7	271	46
15 Ruanda	3,3	3,8	18,2	0,5	11	28	5,2	7,6	..	..
16 Niger	..	9,2	11,9	2,3	17	39	9,6	7,3	12	21
17 Burkina Faso	..	..	12,7	1,1	9	16	7,4	18,6	28	58
18 Indien	5,3	7,0	4,7	6,8	112	235	1,0	1,2	12	26
19 Kenia	15,9	17,6	4,1	3,0	116	92	1,3	3,4	23	19
20 Mali	8,4	5,6	7,9	2,0	16	22	4,2	14,1	16	57
21 Nigeria	2,5	2,0	18,7	1,3	40	128	6,6	2,4	1	1
22 Nicaragua	2,8	2,7	3,5	2,5	248	253	1,6	1,9	9	59
23 Togo	8,4	..	9,0	0,8	51	46	2,7	9,0	7	16
24 Benin	..	12,4	1,6	−3,4	40	19	3,1	22,7	7	26
25 Zentralafrik. Rep.	4,8	2,7	−0,5	3,1	40	29	2,5	14,7	2	10
26 Pakistan	6,9	7,3	5,8	6,9	111	223	1,5	1,8	12	21
27 Ghana	7,1	1,7	3,3	2,4	106	96	2,6	4,6	8	52
28 China	7,8	5,0	7,4	5,1	281	600	..	0,7	1	4
29 Tadschikistan	..	..	..	..	..	..	..	..	..	..
30 Guinea	14,1	3,9	2,3	1,4	70	67	..	7,9	..	..
31 Mauretanien	..	..	5,0	0,4	105	108	1,7	5,3	4	8
32 Sri Lanka	8,1	7,6	2,1	1,3	81	101	2,3	5,6	2	12
33 Simbabwe	0,2	6,9	1,1	5,3	443	450	0,7	1,2	16	28
34 Honduras	13,1	3,7	6,3	1,9	182	175	1,5	3,5	10	19
35 Lesotho	..	..	..	..	..	..	..	..	..[a]	..[a]
36 Ägypten, Arab. Rep.	14,2	4,4	8,9	6,1	213	586	1,2	1,1	9	4
37 Indonesien	7,7	3,5	12,5	7,2	72	303	1,1	2,3	2	6
38 *Myanmar*	8,0	−1,4	2,7	−0,6	56	42	1,4	20,7	11	9
39 *Somalia*	..	..	22,7	−9,1	16	7	4,6	..	8	*8*
40 *Sudan*	10,3	3,0	2,5	4,4	62	69	2,4	3,3	8	41
41 *Jemen, Rep.*	..	..	7,6	7,1	111	241	..	3,3	..	..
42 *Sambia*	6,5	−3,3	0,9	−2,7	335	158	1,1	..	7	*21*
Länder mit mittlerem Einkommen	2,9w	6,9w	6,2w	9,0w	754w	1.812w	0,9w	1,4w	12w	12w
Untere Einkommenskategorie	..	..	..	..	..	1.891w	..	0,9w	..	..
43 Côte d'Ivoire	21,8	−9,5	6,3	1,6	152	125	1,8	6,3	4	17
44 Bolivien	3,4	0,1	9,6	0,6	169	255	1,5	2,7	1	5
45 Aserbaidschan	..	..	..	..	..	..	..	..	..	..
46 Philippinen	31,0	5,9	5,3	3,1	221	302	0,9	2,7	15	22
47 Armenien	..	..	..	..	..	1.092	..	0,7	..	..
48 Senegal	..	..	5,6	0,3	121	111	1,7	7,2	11	23
49 Kamerun	46,6	6,5	8,3	1,6	60	77	3,1	11,0	7	*1*
50 Kirgisistan	..	..	..	..	..	1.148	..	0,7	..	..
51 Georgien	..	..	..	..	..	..	..	..	..	..
52 Usbekistan	..	..	..	..	..	..	..	..	..	..
53 Papua-Neuguinea	12,0	13,1	6,7	2,4	136	235	2,1	4,4	11	12
54 Peru	12,9	−4,0	3,6	−0,8	429	330	1,4	3,0	3	11
55 Guatemala	21,4	3,6	6,6	1,9	155	161	2,4	6,7	5	32
56 Kongo	33,2	7,3	1,4	0,3	177	131	1,4	8,8	5	2
57 Marokko	2,9	−2,5	8,3	3,7	155	278	1,8	3,9	9	28
58 Dominikanische Rep.	22,3	3,9	5,0	1,1	235	347	1,6	3,0	19	132
59 Ecuador	28,6	3,6	16,0	2,5	199	524	1,3	2,2	14	3
60 Jordanien	..	..	14,2	4,3	334	813	..	1,5	55	48
61 Rumänien	2,7	−4,0	5,7	−1,8	1.953	1.958	..	0,5	42	55
62 El Salvador	16,7	3,6	7,8	2,3	160	225	1,8	5,3	6	36
63 Turkmenistan	..	..	..	..	..	..	..	..	..	..
64 Moldau	..	..	..	..	..	1.600	..	0,8	..	..
65 Litauen	..	..	..	..	..	..	..	..	..	..
66 Bulgarien	4,2	1,2	5,2	−1,7	2.223	2.422	..	0,5	..	..
67 Kolumbien	−1,7	12,9	4,0	3,8	443	670	0,8	2,2	2	5
68 Jamaika	0,0	−5,1	−2,4	3,4	996	1.075	0,8	1,3	12	28
69 Paraguay	14,1	51,0	10,3	6,1	94	209	2,9	6,8	17	30
70 Namibia	..	..	..	..	..	..	..	..	..[a]	..[a]
71 Kasachstan	..	..	..	..	..	4.722	..	0,4	..	..
72 Tunesien	4,5	−1,0	9,5	4,0	262	567	1,2	3,3	7	12

Anmerkung: Zur Vergleichbarkeit der Daten und ihrer Abgrenzung vgl. Länderschlüssel und Technische Erläuterungen. Kursive Zahlen gelten für andere als die angegebenen Jahre.

| | | Durchschnittliche jährliche Wachstumsrate (%) | | | | Energieverbrauch (in Öleinheiten) | | | | Energieeinfuhr in % der Warenausfuhr | |
| | | Energieproduktion | | Energieverbrauch | | Pro Kopf (kg) | | BIP je kg Energie ($) | | | |
		1971–80	1980–92	1971–80	1980–92	1971	1992	1971	1992	1971	1992
73	Ukraine	..	..	..	..	..	3.885	..	0,5	..	..
74	Algerien	5,0	4,8	14,9	5,5	255	988	1,4	1,7	5	2
75	Thailand	10,1	27,6	6,8	10,1	177	614	1,1	3,1	17	10
76	Polen	3,5	–1,7	5,1	–1,7	2.494	2.407	..	0,9	23	19
77	Lettland	..	..	..	..	..	..	..	..	..	..
78	Slowakei	..	..	..	..	..	3.202	..	0,6	..	..
79	Costa Rica	6,8	6,1	5,8	3,7	443	566	1,4	3,6	7	22
80	Türkei	5,8	4,0	7,7	5,3	377	948	0,9	2,0	18	26
81	Iran, Islam. Rep.	–7,7	6,9	8,1	7,0	704	1.256	..	1,5	0	0
82	Panama	17,2	11,3	–0,3	–1,0	820	520	0,9	4,6	61	60
83	Tschechische Rep.	..	..	..	..	..	3.873	..	0,7	..	..
84	Russische Föderation	..	..	..	..	..	5.665	..	0,5	..	..
85	Chile	–1,1	2,1	0,2	4,8	708	837	1,5	3,6	9	11
86	Albanien	..	..	..	..	..	..	..	..	..	..
87	Mongolei	10,3	4,4	10,4	2,5	632	1.082	..	..	..	..
88	Syrien, Arab. Rep.	7,8	10,0	11,5	5,0	418	823	1,0	..	17	19
	Obere Einkommenskategorie	**4,1w**	**1,8w**	**6,7w**	**4,5w**	**862w**	**1.658w**	**0,9w**	**2,5w**	**11w**	**10w**
89	Südafrika	8,1	3,8	3,5	3,6	1.993	2.487	0,4	1,2	0[a]	0[a]
90	Mauritius	1,8	7,7	4,6	3,2	225	385	1,3	7,2	8	12
91	Estland	..	..	..	..	..	..	..	..	..	..
92	Brasilien	6,1	8,4	8,4	3,9	360	681	1,4	3,8	18	14
93	Botsuana	9,2	0,4	10,6	2,9	247	395	0,7	6,9	..[a]	..[a]
94	Malaysia	19,2	12,6	8,3	9,6	435	1.445	0,9	2,1	11	4
95	Venezuela	–4,7	1,7	4,8	2,0	2.094	2.296	0,6	1,3	1	1
96	Weißrußland	..	..	..	..	..	4.154	..	0,7	..	..
97	Ungarn	2,4	0,1	4,6	–0,3	1.874	2.392	0,3	1,4	10	16
98	Uruguay	0,8	5,7	0,8	0,2	748	642	1,3	5,7	16	13
99	Mexiko	16,6	1,9	10,3	3,1	653	1.525	1,2	2,5	8	6
100	Trinidad und Tobago	5,8	–0,3	3,9	4,1	2.730	4.910	0,3	0,9	63	7
101	Gabun	5,6	5,3	4,8	0,6	810	784	0,9	6,3	1	1
102	Argentinien	2,7	2,3	2,5	1,2	1.285	1.351	1,1	5,1	7	4
103	Oman	1,0	8,8	41,2	11,1	132	3.070	3,4	2,3	1	1
104	Slowenien	..	..	..	..	..	..	..	..	..	..
105	Puerto Rico	–3,9	2,1	–2,6	0,6	3.874	2.018	0,5	4,7	..	..
106	Korea, Rep.	5,2	8,7	11,1	9,2	507	2.569	0,6	2,6	18	19
107	Griechenland	7,8	7,0	6,0	3,5	1.036	2.173	1,2	3,5	23	23
108	Portugal	2,3	2,7	5,2	4,9	755	1.816	1,1	4,4	15	13
109	Saudi-Arabien	7,5	–0,3	21,0	5,5	1.065	4.463	0,8	1,5	0	0
	Länder mit niedr. u. mittl. Eink.	**3,9w**	**6,3w**	**6,4w**	**7,8w**	**321w**	**790w**	**1,0w**	**1,3w**	**11w**	**11w**
	Afrika südlich der Sahara	4,5w	3,8w	4,1w	2,9w	225w	258w	1,0w	1,9w	5w	7w
	Ostasien u. Pazifik	7,6w	5,1w	7,2w	5,6w	271w	593w	..	1,3w	9w	10w
	Südasien	5,3w	7,1w	4,9w	6,8w	100w	209w	1,2w	1,3w	11w	23w
	Europa u. Zentralasien	..	..	..	..	..	3.179w	..	0,7w	..	..
	Naher Osten u. Nordafrika	2,7w	2,1w	11,5w	5,7w	411w	1.109w	1,2w	1,6w	3w	5w
	Lateinamerika u. Karibik	2,0w	2,9w	5,7w	2,7w	641w	923w	1,1w	3,1w	14w	10w
	Länder mit gravierenden Schuldenproblemen	**7,1w**	**2,2w**	**6,7w**	**1,6w**	**735w**	**976w**	**1,2w**	**2,7w**	**13w**	**12w**
	Länder mit hohem Einkommen	**1,7w**	**1,8w**	**2,0w**	**1,5w**	**4.407w**	**5.101w**	**0,8w**	**4,4w**	**12w**	**10w**
110	Irland	1,8	2,8	2,2	2,1	2.373	2.881	0,6	4,8	13	4
111	Neuseeland	5,4	8,1	2,5	4,7	2.448	4.284	1,1	2,8	8	7
112	†Israel	–46,1	–10,3	2,7	3,9	2.070	2.367	1,0	5,8	9	11
113	Spanien	4,5	5,8	5,2	2,9	1.262	2.409	1,0	6,1	28	16
114	†Hongkong	..	..	6,6	6,2	856	1.946	1,2	8,5	5	8
115	†Singapur	..	..	7,5	6,7	1.551	4.399	0,8	3,7	23	15
116	Australien	5,0	5,9	3,4	2,4	4.035	5.263	0,9	3,2	4	6
117	Großbritannien	8,4	0,2	–0,3	1,0	3.778	3.743	0,7	4,8	14	6
118	Italien	–0,5	2,4	1,8	1,6	2.143	2.755	1,0	7,7	18	9
119	Niederlande	6,4	–0,4	2,3	1,3	3.918	4.560	0,8	4,6	14	8
120	Kanada	2,8	3,6	3,9	1,6	6.261	7.912	0,7	2,6	5	4
121	Belgien	2,9	3,8	1,3	1,6	4.131	5.100	0,7	4,3	..	..
122	Finnland	3,2	2,9	2,8	1,9	3.992	5.560	0,7	3,8	16	11
123	†Vereinigte Arab. Emirate	6,7	5,9	27,3	9,9	4.325	14.631	..	1,4	4	5
124	Frankreich	1,4	7,1	1,9	2,1	3.019	4.034	1,0	5,7	14	9
125	Österreich	0,2	1,1	2,0	1,5	2.567	3.266	0,9	7,2	11	6
126	Deutschland	0,6	–0,6	1,7	0,2	3.930	4.358	..	5,5	..	7
127	Vereinigte Staaten	0,7	0,7	1,7	1,2	7.615	7.662	0,7	3,0	9	14
128	Norwegen	30,1	8,9	3,7	1,5	3.564	4.925	0,9	5,3	12	3
129	Dänemark	14,3	25,8	0,7	0,7	3.860	3.729	0,9	7,4	15	4
130	Schweden	9,5	5,2	1,8	1,6	4.507	5.395	1,0	5,3	12	8
131	Japan	2,6	4,6	2,5	2,6	2.539	3.586	0,9	8,2	20	16
132	Schweiz	8,8	2,8	1,7	2,0	2.695	3.694	1,5	9,5	8	4
	Gesamte Welt	**2,7w**	**4,1w**	**3,1w**	**3,9w**	**1.154w**	**1.447w**	**0,8w**	**3,0w**	**12w**	**10w**

[a] Angaben für die südafrikanische Zollunion, der Südafrika, Namibia, Lesotho, Botsuana und Swasiland angehören, sind in den Zahlen für Südafrika enthalten; der Handel zwischen diesen Teilgebieten ist nicht enthalten.

Tabelle 6 Struktur des Verarbeitenden Gewerbes

		Wertschöpfung im Verarbeitenden Gewerbe (in Mio $)		Verteilung der Wertschöpfung im Verarbeitenden Gewerbe (in %)									
				Nahrungsmittel, Getränke und Tabak		Textilien und Bekleidung		Maschinenbau, Elektrotechnik, Fahrzeuge		Chemische Erzeugnisse		Übriges Verarbeitendes Gewerbe[a]	
		1970	1991	1970	1991	1970	1991	1970	1991	1970	1991	1970	1991
	Länder mit niedrigem Einkommen	..	..										
	Ohne China und Indien	7.969s	60.047s										
1	Mosambik	..	..	51	..	13	..	5	..	3	..	28	..
2	Äthiopien	149	519	46	48	31	20	0	2	2	4	21	27
3	Tansania	118	91	36	..	28	..	5	..	4	..	26	..
4	Sierra Leone	22	34	..	..	..	..	..	..	..	..	..	..
5	Nepal	32	203	..	..	..	..	..	..	..	..	..	..
6	Uganda	..	102	40	61	20	12	2	3	4	6	34	19
7	Bhutan	..	22	..	20	..	5	..	0	..	23	..	52
8	Burundi	16	148	53	83	25	9	0	0	6	2	16	7
9	Malawi	..	259	51	..	17	..	3	..	10	..	20	..
10	Bangladesch[b]	387	2.041	30	23	47	38	3	5	11	20	10	14
11	Tschad[b]	51	198	..	..	..	..	..	..	..	..	..	..
12	Guinea-Bissau	17	..	..	..	..	..	..	..	..	..	..	..
13	Madagaskar	..	..	36	..	28	..	6	..	7	..	23	..
14	Laos, Dem. VR[b]	..	..	..	..	..	..	..	..	..	..	..	..
15	Ruanda[b]	8	245	86	..	0	..	3	..	2	..	8	..
16	Niger	30	156	..	..	..	..	..	..	..	..	..	..
17	Burkina Faso	47	325	69	..	9	..	2	..	1	..	19	..
18	Indien	7.928	39.254	13	13	21	12	20	27	14	15	32	33
19	Kenia	174	849	33	40	9	9	16	10	9	9	33	33
20	Mali[b]	25	294	36	..	40	..	4	..	5	..	14	..
21	Nigeria	426	..	36	..	26	..	1	..	6	..	31	..
22	Nicaragua[b]	159	303	53	..	14	..	2	..	8	..	23	..
23	Togo	25	170	..	..	..	..	..	..	..	..	..	..
24	Benin[b]	38	145	..	..	..	..	..	..	..	..	..	..
25	Zentralafrik. Rep.	12	..	..	57	..	6	..	2	..	6	..	28
26	Pakistan	1.462	7.099	24	..	38	..	6	..	9	..	23	..
27	Ghana[b]	252	612	34	..	16	..	4	..	4	..	41	..
28	China[b]	..	..	..	15	..	14	..	25	..	13	..	34
29	Tadschikistan	..	..	..	..	..	..	..	..	..	..	..	..
30	Guinea[b]	..	105	..	..	..	..	..	..	..	..	..	..
31	Mauretanien	10	104	..	..	..	..	..	..	..	..	..	..
32	Sri Lanka	369	1.155	26	40	19	29	10	4	11	5	33	22
33	Simbabwe	293	1.629	24	29	16	16	9	7	11	7	40	40
34	Honduras	91	435	58	48	10	9	1	3	4	6	28	34
35	Lesotho	3	74	..	..	..	..	..	..	..	..	..	..
36	Ägypten, Arab. Rep.	..	3.669	17	25	35	17	9	7	12	12	27	39
37	Indonesien[b]	994	24.083	65	24	14	16	2	12	6	7	13	40
38	Myanmar	225	2.070	..	..	..	..	..	..	..	..	..	..
39	Somalia	27	41	88	..	6	..	0	..	1	..	6	..
40	Sudan	140	..	39	..	34	..	3	..	5	..	19	..
41	Jemen, Rep.[b]	..	792	20	..	50	..	1	..	1	..	28	..
42	Sambia[b]	181	1.392	49	45	9	11	5	7	10	11	27	26
	Länder mit mittlerem Einkommen	..	902.603s										
	Untere Einkommenskategorie	..	497.777s										
43	Côte d'Ivoire	149	..	27	..	16	..	10	..	5	..	42	..
44	Bolivien[b]	135	..	33	37	34	8	1	1	6	6	26	47
45	Aserbaidschan[b]	..	2.900	..	..	..	..	..	..	..	..	..	..
46	Philippinen[b]	1.665	11.497	39	36	8	11	8	8	13	12	32	33
47	Armenien[b]	..	..	..	..	..	..	..	..	..	..	..	..
48	Senegal[b]	141	745	51	62	19	11	2	4	6	10	22	12
49	Kamerun[b]	119	2.526	50	61	15	−13	4	5	3	5	27	42
50	Kirgisistan[b]	..	..	..	..	..	..	..	..	..	..	..	..
51	Georgien[b]	..	3.497	..	..	..	..	..	..	..	..	..	..
52	Usbekistan[b]	..	4.504	..	..	..	..	..	..	..	..	..	..
53	Papua-Neuguinea[b]	35	363	23	..	1	..	35	..	4	..	37	..
54	Peru[b]	1.430	..	25	..	14	..	7	..	7	..	47	..
55	Guatemala[b]	..	..	42	42	14	9	4	3	12	16	27	29
56	Kongo[b]	..	309	65	..	4	..	1	..	8	..	22	..
57	Marokko[b]	641	4.937	..	32	..	23	..	10	..	17	..	19
58	Dominikanische Rep.[b]	275	967	74	..	5	..	1	..	6	..	14	..
59	Ecuador[b]	305	2.428	43	31	14	13	3	7	8	11	32	39
60	Jordanien	..	505	21	27	14	7	7	4	6	17	52	45
61	Rumänien	..	..	..	14	..	18	..	22	..	5	..	40
62	El Salvador[b]	194	1.109	40	39	30	13	3	3	8	19	18	25
63	Turkmenistan[b]	..	..	..	..	..	..	..	..	..	..	..	..
64	Moldau[b]	..	2.388	..	..	..	..	..	..	..	..	..	..
65	Litauen[b]	..	..	..	..	..	..	..	..	..	..	..	..
66	Bulgarien	..	..	..	..	..	..	..	..	..	..	..	..
67	Kolumbien	1.487	8.393	31	30	20	16	8	8	11	15	29	32
68	Jamaika[b]	221	668	46	42	7	5	11	9	5	7	30	37
69	Paraguay[b]	99	1.060	56	..	16	..	1	..	5	..	21	..
70	Namibia	..	110	..	..	..	..	..	..	..	..	..	..
71	Kasachstan[b]	..	10.472	..	..	..	..	..	..	..	..	..	..
72	Tunesien	121	1.989	29	20	18	17	4	6	13	8	36	49

Anmerkung: Zur Vergleichbarkeit der Daten und ihrer Abgrenzung vgl. Länderschlüssel und Technische Erläuterungen. Kursive Zahlen gelten für andere als die angegebenen Jahre.

	Wertschöpfung im Verarbeitenden Gewerbe (in Mio $)		Verteilung der Wertschöpfung im Verarbeitenden Gewerbe (in %)									
			Nahrungsmittel, Getränke und Tabak		Textilien und Bekleidung		Maschinenbau, Elektrotechnik, Fahrzeuge		Chemische Erzeugnisse		Übriges Verarbeitendes Gewerbe[a]	
	1970	1991	1970	1991	1970	1991	1970	1991	1970	1991	1970	1991
73 Ukraine[b]	..	40.039	..	..	..	..	..	..	..	..	..	..
74 Algerien	682	3.334	32	22	20	19	9	11	4	3	35	45
75 Thailand[b]	1.130	27.779	43	28	13	24	9	14	6	3	29	32
76 Polen[b]	..	..	20	21	19	9	24	26	8	7	28	37
77 Lettland	..	4.560	..	..	..	..	..	..	..	..	..	..
78 Slowakei	..	..	..	..	..	..	..	..	..	..	..	..
79 Costa Rica[b]	203	1.123	48	47	12	8	6	6	7	9	28	30
80 Türkei	1.930	22.774	26	17	15	13	8	18	7	10	45	42
81 Iran, Islam. Rep.	..	16.724	30	16	20	21	18	16	6	10	26	37
82 Panama[b]	127	452	41	52	9	6	1	3	5	9	44	30
83 Tschechische Rep.[b]	..	..	..	..	..	..	..	..	..	..	..	..
84 Russische Föderation[b]	..	190.799	..	..	..	..	..	..	..	..	..	..
85 Chile[b]	2.088	..	17	25	12	8	11	5	5	10	55	52
86 Albanien	..	..	..	..	..	..	..	..	..	..	..	..
87 Mongolei[b]	..	..	..	..	..	..	..	..	..	..	..	..
88 Syrien, Arab. Rep.[b]	..	..	37	33	40	27	3	6	2	4	20	29
Obere Einkommenskategorie	47.255s	399.993s										
89 Südafrika	3.892	24.107	15	16	13	8	17	17	10	10	45	48
90 Mauritius	26	529	75	26	6	48	5	3	3	5	12	18
91 Estland[b]	..	274	..	..	..	..	..	..	..	..	..	..
92 Brasilien	10.421	90.062	16	15	13	11	22	22	10	14	39	38
93 Botsuana[b]	5	158	..	..	..	..	..	..	..	..	..	..
94 Malaysia[b]	500	..	26	11	3	6	8	35	9	12	54	37
95 Venezuela[b]	2.163	8.232	30	21	13	6	9	8	8	13	39	53
96 Weißrußland[b]	..	14.115	..	..	..	..	..	..	..	..	..	..
97 Ungarn[b]	..	8.697	12	10	13	8	28	26	8	14	39	40
98 Uruguay[b]	619	2.436	34	32	21	17	7	10	6	10	32	31
99 Mexiko[b]	8.449	63.784	28	24	15	9	13	16	11	14	34	38
100 Trinidad und Tobago	198	434	18	..	3	..	7	..	2	..	70	..
101 Gabun[b]	22	269	37	..	7	..	6	..	6	..	44	..
102 Argentinien	9.963	46.266	18	20	17	10	17	13	8	12	40	46
103 Oman[b]	0	438	..	..	..	..	..	..	..	..	..	..
104 Slowenien	..	4.008	..	15	..	16	..	21	..	11	..	37
105 Puerto Rico[b]	1.190	12.762	..	15	..	5	..	17	..	47	..	16
106 Korea, Rep.[b]	1.880	77.821	26	11	17	11	11	33	11	9	36	36
107 Griechenland	1.642	..	20	25	20	20	13	12	7	8	40	35
108 Portugal[b]	..	..	18	18	19	19	13	14	10	10	39	39
109 Saudi-Arabien[b]	372	7.962	..	7	..	1	..	4	..	39	..	50
Länder mit niedr. u. mittl. Eink.	..	1.090.664s										
Afrika südlich der Sahara	7.288s	45.273s										
Ostasien u. Pazifik	..	..										
Südasien	10.362s	50.665s										
Europa u. Zentralasien	..	422.913s										
Naher Osten u. Nordafrika	..	48.566s										
Lateinamerika u. Karibik	41.600s	264.349s										
Länder mit gravierenden Schuldenproblemen	41.629s	285.146s										
Länder mit hohem Einkommen	603.564s	..										
110 Irland	786	1.523	31	27	19	4	13	27	7	20	30	23
111 Neuseeland[b]	1.809	..	24	27	13	8	15	14	4	6	43	45
112 †Israel	..	..	15	14	14	9	23	31	7	8	41	39
113 Spanien[b]	..	100.002	13	18	15	8	16	25	11	11	45	39
114 †Hongkong	1.013	12.159	4	9	41	36	16	21	2	2	36	33
115 †Singapur[b]	379	11.701	12	4	5	3	28	52	4	10	51	31
116 Australien[b]	9.550	44.001	16	19	9	6	24	19	7	8	43	49
117 Großbritannien	35.415	..	13	14	9	5	31	31	10	12	37	37
118 Italien[b]	29.093	241.346	10	8	13	13	24	34	13	8	40	37
119 Niederlande[b]	..	54.375	17	16	8	3	27	24	13	18	36	39
120 Kanada	16.782	..	16	15	8	5	23	26	7	10	46	43
121 Belgien[b]	..	43.280	17	18	13	7	25	22	9	14	37	39
122 Finnland	2.588	20.418	13	16	10	3	20	22	6	8	51	51
123 †Vereinigte Arab. Emirate	..	3.541	..	..	..	..	..	..	..	..	..	..
124 Frankreich[b]	..	248.409	12	13	10	6	26	30	8	9	44	42
125 Österreich[b]	4.873	42.775	17	16	12	6	19	28	6	7	45	43
126 Deutschland[b,c]	70.888	467.900	13	10	8	4	32	41	9	12	38	33
127 Vereinigte Staaten[b]	254.115	..	12	13	8	5	31	31	10	12	39	39
128 Norwegen	2.416	14.282	15	22	7	2	23	26	7	8	49	42
129 Dänemark	2.929	21.073	20	23	8	4	24	23	8	11	40	39
130 Schweden	..	43.272	10	11	6	2	30	32	5	9	49	47
131 Japan[b]	73.342	970.484	8	9	8	5	34	40	11	9	40	37
132 Schweiz[b]	..	..	10	..	7	..	31	..	9	..	42	..
Gesamte Welt	..	..										

[a] Einschließlich nichtzurechenbarer Daten; vgl. Technische Erläuterungen. [b] Wertschöpfung im Verarbeitenden Gewerbe zu Käuferpreisen. [c] Die Angaben beziehen sich auf die Bundesrepublik Deutschland vor der Vereinigung.

Tabelle 7 Einkommen und Produktion im Verarbeitenden Gewerbe

	Einkommen je Beschäftigten					Gesamteinkommen in % der Wertschöpfung				Bruttoproduktion je Beschäftigten (1980=100)			
	Durchschnittl. jährl. Wachstumsrate (%)		Index (1980=100)										
	1970–80	1980–91	1989	1990	1991	1970	1989	1990	1991	1970	1989	1990	1991
Länder mit niedrigem Einkommen Ohne China und Indien													
1 Mosambik	..	..	..	..	..	29	..	..	..	..	..	..	..
2 Äthiopien	−4,6	−0,5	93	87	..	24	20	20	..	61	107	102	..
3 Tansania	..	..	..	..	..	42	..	..	..	122	..	..	..
4 Sierra Leone	..	..	..	..	..	..	..	..	..	..	..	..	..
5 Nepal	..	..	..	..	..	..	..	..	..	..	..	..	..
6 Uganda	..	..	..	..	..	..	44	..	..	..	..	..	..
7 Bhutan	..	..	..	..	..	..	27	..	..	..	..	..	..
8 Burundi	−7,5	..	121	129	123	..	17	21	19	..	92	93	82
9 Malawi	..	..	..	..	..	36	..	..	..	126	..	..	..
10 Bangladesch	−3,0	−0,5	78	..	..	26	32	..	..	206	101	..	..
11 Tschad	..	..	..	..	..	..	..	..	..	..	..	..	..
12 Guinea-Bissau	..	..	..	..	..	..	..	..	..	..	..	..	..
13 Madagaskar	−0,8	..	..	..	..	36	..	..	..	106	..	..	..
14 Laos, Dem. VR	..	..	..	..	..	..	..	..	..	..	..	..	..
15 Ruanda	..	..	..	..	..	22	..	..	..	..	..	..	..
16 Niger	..	..	..	..	..	..	..	..	..	..	..	..	..
17 Burkina Faso	..	..	..	..	..	..	..	..	..	..	..	..	..
18 Indien	0,4	3,4	131	141	..	46	43	43	..	83	187	203	..
19 Kenia	−3,4	−1,3	95	92	83	50	43	43	40	43	218	235	247
20 Mali	..	..	..	..	..	46	..	..	..	139	..	..	..
21 Nigeria	−0,8	..	..	..	..	18	..	..	..	182	..	..	..
22 Nicaragua	−2,0	..	..	..	..	16	..	..	..	210	..	..	..
23 Togo	..	..	..	..	..	..	..	..	..	..	..	..	..
24 Benin	..	..	..	..	..	..	..	..	..	..	..	..	..
25 Zentralafrik. Rep.	..	..	..	..	..	..	43	41	..	..	158	142	..
26 Pakistan	3,4	..	..	..	..	21	..	..	..	50	..	..	..
27 Ghana	−14,8	..	..	..	..	23	..	..	..	193	..	..	..
28 China	..	..	..	..	..	..	..	..	..	..	..	..	..
29 Tadschikistan	..	..	..	..	..	..	..	..	..	..	..	..	..
30 Guinea	..	..	..	..	..	..	..	..	..	..	..	..	..
31 Mauretanien	..	..	..	..	..	..	..	..	..	..	..	..	..
32 Sri Lanka	..	1,4	100	95	..	..	17	18	29	70	134	138	..
33 Simbabwe	1,6	−0,3	105	101	102	43	30	30	29	98	113	119	116
34 Honduras	..	..	..	..	..	..	40	38	36	..	..	..	..
35 Lesotho	..	..	..	..	..	..	..	..	..	..	..	..	..
36 Ägypten, Arab. Rep.	4,1	−2,3	93	89	..	54	34	34	..	89	224	234	..
37 Indonesien	5,2	4,4	155	166	169	26	20	19	19	42	204	213	216
38 *Myanmar*	..	..	..	..	..	..	..	..	..	..	..	..	..
39 *Somalia*	..	..	..	..	..	28	..	..	..	..	..	..	..
40 *Sudan*	..	..	..	..	..	31	..	..	..	..	..	..	..
41 *Jemen, Rep.*	..	..	..	..	..	..	..	..	..	..	..	..	..
42 *Sambia*	−3,2	3,5	129	107	136	34	27	26	26	109	93	100	100
Länder mit mittlerem Einkommen Untere Einkommenskategorie													
43 Côte d'Ivoire	−0,9	..	..	..	..	27	..	..	..	71	..	..	..
44 Bolivien	0,0	−6,4	55	49	..	43	27	27	..	65	..	..	..
45 Aserbaidschan	..	..	..	..	..	..	..	..	..	..	..	..	..
46 Philippinen	−3,7	5,8	159	169	190	21	24	24	24	104	107	115	130
47 Armenien	..	..	..	..	..	..	..	..	..	..	..	..	..
48 Senegal	..	..	105	..	..	..	51	..	..	..	137	..	..
49 Kamerun	..	..	72	..	..	29	47	45	..	80	99	121	..
50 Kirgisistan	..	..	..	..	..	..	..	..	..	..	..	..	..
51 Georgien	..	..	..	..	..	..	..	..	..	..	..	..	..
52 Usbekistan	..	..	..	..	..	..	..	..	..	..	..	..	..
53 Papua-Neuguinea	2,9	..	..	..	..	40	..	..	..	80	..	..	..
54 Peru	..	..	..	..	..	..	..	..	..	..	..	..	..
55 Guatemala	−3,2	−1,6	99	97	..	..	20	20	..	..	..	..	..
56 Kongo	..	..	..	..	..	34	..	..	..	..	..	..	..
57 Marokko	..	−2,0	89	89	..	..	36	38	..	..	100	103	87
58 Dominikanische Rep.	−1,1	..	..	..	..	35	..	..	..	63	..	..	..
59 Ecuador	3,3	−1,7	80	91	..	27	33	39	..	83	101	116	..
60 Jordanien	..	−2,9	87	79	73	37	24	24	26	..	..	..	..
61 Rumänien	..	..	..	..	..	..	..	..	30	..	..	..	..
62 El Salvador	..	..	..	..	38	28	..	..	18	71	..	..	58
63 Turkmenistan	..	..	..	..	..	..	..	..	..	..	..	..	..
64 Moldau	..	..	..	..	..	..	..	..	..	..	..	..	..
65 Litauen	..	..	..	..	..	..	..	..	..	..	..	..	..
66 Bulgarien	..	..	..	..	..	..	..	..	..	..	154	128	138
67 Kolumbien	−0,2	1,2	117	116	110	25	15	15	14	86	158	168	161
68 Jamaika	−0,2	−1,4	97	90	89	43	35	32	33	99	77	77	81
69 Paraguay	..	..	..	..	..	..	..	..	..	..	..	..	..
70 Namibia	..	..	..	..	..	..	..	..	..	..	..	..	..
71 Kasachstan	..	..	..	..	..	..	..	..	..	..	..	..	..
72 Tunesien	4,2	..	..	..	..	44	..	..	..	94	..	..	..

Anmerkung: Zur Vergleichbarkeit der Daten und ihrer Abgrenzung vgl. Länderschlüssel und Technische Erläuterungen. Kursive Zahlen gelten für andere als die angegebenen Jahre.

		Einkommen je Beschäftigten				Gesamteinkommen in % der Wertschöpfung				Bruttoproduktion je Beschäftigten (1980=100)			
		Durchschnittl. jährl. Wachstumsrate (%)		Index (1980=100)									
		1970–80	1980–91	1989	1990	1991	1970	1989	1990	1991	1970	1989	1990	1991
73	Ukraine	..	..	..	..	..	..	..	..	..	..	..	..	..
74	Algerien	−1,0	..	..	..	..	45	..	..	..	118	..	..	..
75	Thailand	0,3	6,5	171	173	..	24	28	28	..	77	107	119	..
76	Polen	5,5	−0,6	114	78	76	24	19	16	..	..	..	..	..
77	Lettland	..	..	..	..	..	..	..	..	..	..	..	..	..
78	Slowakei	..	..	..	..	..	..	..	..	..	..	..	..	..
79	Costa Rica	..	..	..	..	..	41	39	39	..	..	..	..	..
80	Türkei	6,1	0,8	101	122	119	26	19	22	22	108	181	199	205
81	Iran, Islam. Rep.	..	−7,9	40	51	..	25	44	43	..	..	89	97	..
82	Panama	0,2	1,8	122	127	132	32	37	37	37	67	1	90	90
83	Tschechische Rep.	..	..	..	..	..	..	..	..	..	..	..	..	..
84	Russische Föderation	..	..	..	..	..	..	..	..	..	..	..	..	..
85	Chile	8,1	−1,0	102	105	106	19	15	17	17	60	..	..	..
86	*Albanien*	..	..	..	..	..	..	..	..	..	..	..	..	..
87	*Mongolei*	..	..	..	..	..	..	..	..	..	..	..	..	..
88	*Syrien, Arab. Rep.*	2,6	−4,7	66	70	68	33	17	26	..	70	..	..	..
Obere Einkommenskategorie														
89	Südafrika	2,7	0,1	106	106	104	46	49	49	49	64	86	83	80
90	Mauritius	1,8	0,4	97	101	107	34	45	46	46	139	75	76	76
91	Estland	..	..	..	..	..	..	..	..	..	..	..	..	..
92	Brasilien	5,0	−2,4	93	81	80	22	20	23	23	82	97	95	97
93	Botsuana	..	..	..	..	..	..	..	..	..	..	..	..	..
94	Malaysia	2,0	2,4	128	129	135	28	26	27	27	96	..	..	..
95	Venezuela	4,9	−5,3	63	58	61	31	21	16	21	103	103	121	118
96	Weißrußland	..	..	..	..	..	..	..	..	..	..	..	..	..
97	Ungarn	3,6	2,0	127	122	115	28	36	41	43	41	103	99	87
98	Uruguay	..	0,8	107	109	110	..	27	27	27	..	114	120	128
99	Mexiko	1,2	−3,0	72	75	79	44	19	20	21	77	132	139	144
100	Trinidad und Tobago	..	..	..	..	..	..	..	..	..	..	..	..	..
101	Gabun	..	..	..	..	..	..	..	..	..	..	..	..	..
102	Argentinien	−2,1	−1,3	76	82	..	28	16	20	..	75	88	113	..
103	Oman	..	..	..	..	..	..	..	..	..	..	..	..	..
104	Slowenien	..	..	..	..	..	..	76	76	80	..	..	..	..
105	Puerto Rico	..	..	..	..	..	..	22	..	..	..	..	..	..
106	Korea, Rep.	10,0	7,9	191	209	225	25	31	28	27	40	193	231	245
107	Griechenland	4,9	0,7	112	113	112	32	40	41	40	56	115	..	..
108	Portugal	2,5	0,7	103	106	..	34	36	36	..	..	..	..	..
109	Saudi-Arabien	..	..	..	..	..	26	..	..	..	..	..	..	..
Länder mit niedr. u. mittl. Eink.														
	Afrika südlich der Sahara													
	Ostasien u. Pazifik													
	Südasien													
	Europa u. Zentralasien													
	Naher Osten u. Nordafrika													
	Lateinamerika u. Karibik													
Länder mit gravierenden Schuldenproblemen														
Länder mit hohem Einkommen														
110	Irland	4,1	1,9	112	112	116	49	26	27	27	..	..	..	..
111	Neuseeland	1,2	−0,3	89	95	102	62	53	57	56	..	140	..	..
112	†Israel	8,5	−2,9	71	94	70	36	..	60	38	..	..	..	..
113	Spanien	4,1	1,0	109	111	111	52	39	41	41	..	..	..	..
114	†Hongkong	..	4,9	150	153	152	..	55	55	55	..	..	..	..
115	†Singapur	2,9	5,0	165	175	185	36	30	32	33	73	129	135	135
116	Australien	2,9	0,3	101	104	110	52	41	39	39	..	136	147	159
117	Großbritannien	1,7	2,4	124	125	125	52	40	42	42	..	..	..	..
118	Italien	4,1	0,9	112	109	105	41	42	42	42	50	149	149	148
119	Niederlande	2,5	1,0	108	108	107	52	48	48	48	..	..	..	..
120	Kanada	1,8	0,0	101	101	100	53	44	46	46	68	112	..	..
121	Belgien	4,7	0,3	101	104	104	46	38	39	42	..	145	148	..
122	Finnland	2,6	2,7	126	130	129	47	43	47	52	73	143	150	154
123	†Vereinigte Arab. Emirate	..	..	..	..	..	..	..	..	..	..	..	..	..
124	Frankreich	..	1,7	114	117	121	..	59	60	62	..	124	124	123
125	Österreich	3,4	1,8	116	120	122	47	53	54	54	64	127	130	133
126	Deutschland[a]	3,5	1,9	114	116	119	46	41	41	..	60	114	115	118
127	Vereinigte Staaten	0,1	0,5	106	103	103	47	35	36	36	63	..	..	..
128	Norwegen	2,6	1,6	110	112	115	50	54	57	58	74	127	135	133
129	Dänemark	2,5	0,1	104	96	97	56	51	57	55	64	108	86	89
130	Schweden	0,4	0,8	107	106	103	52	34	35	36	..	131	132	133
131	Japan	3,1	2,0	120	122	123	32	33	33	33	48	131	139	143
132	Schweiz	..	..	..	..	..	..	..	..	..	..	..	..	..
Gesamte Welt														

[a] Die Angaben beziehen sich auf die Bundesrepublik Deutschland vor der Vereinigung.

Tabelle 8 Wachstum von Verbrauch und Investitionen

	Durchschnittliche jährliche Wachstumsrate (%)					
	Öffentlicher Verbrauch		Privater Verbrauch usw.		Bruttoinlands- investitionen	
	1970–80	1980–92	1970–80	1980–92	1970–80	1980–92
Länder mit niedrigem Einkommen	..	..	..	..	..	..
Ohne China und Indien	6,2 w	3,0 w	4,9 w	2,8 w	8,4 w	2,0 w
1 Mosambik	..	–1,5	..	1,7	..	3,1
2 Äthiopien	..	..	..	..	..	..
3 Tansania	..	..	..	..	3,1	5,6
4 Sierra Leone	a	–2,4	5,3	–0,1	–1,2	–2,2
5 Nepal	..	..	..	..	..	..
6 Uganda	..	..	..	..	..	..
7 Bhutan	..	..	..	..	..	..
8 Burundi	3,5	4,5	4,5	4,2	16,3	3,0
9 Malawi	7,9	5,5	3,5	2,8	4,2	–0,9
10 Bangladesch	a	a	2,3	3,5	4,8	–1,0
11 Tschad	..	..	..	..	..	..
12 Guinea-Bissau	1,3	2,9	–1,8	3,5	–1,7	5,9
13 Madagaskar	1,5	0,1	–0,2	–0,8	0,4	2,4
14 Laos, Dem. VR	..	..	..	..	..	..
15 Ruanda	7,5	7,3	4,3	0,4	10,4	3,7
16 Niger	3,0	a	–1,7	0,3	7,6	–7,6
17 Burkina Faso	6,6	5,6	4,7	2,5	4,4	9,1
18 Indien	4,1	6,8	2,8	5,1	4,5	5,3
19 Kenia	9,2	3,1	6,4	5,2	2,4	–0,2
20 Mali	1,9	4,1	6,5	2,0	3,3	7,0
21 Nigeria	11,4	–3,4	7,8	–1,0	11,4	–6,6
22 Nicaragua	10,7	–1,5	0,9	–1,0	..	–5,6
23 Togo	10,2	1,0	2,3	4,5	11,9	–1,6
24 Benin	–1,9	0,9	3,1	1,1	11,4	–4,3
25 Zentralafrik. Rep.	–2,4	–6,6	5,2	2,3	–9,7	2,5
26 Pakistan	4,1	8,5	4,2	4,6	3,7	5,6
27 Ghana	5,1	1,4	1,7	4,7	–2,5	8,8
28 China	..	..	..	..	..	..
29 Tadschikistan	..	..	..	..	..	..
30 Guinea	..	..	..	..	..	..
31 Mauretanien	11,4	–3,3	2,7	3,6	8,3	–5,2
32 Sri Lanka	0,3	6,1	5,0	3,4	13,8	1,9
33 Simbabwe	12,1	7,8	3,8	0,2	–4,2	1,8
34 Honduras	6,5	1,9	5,9	2,6	9,1	4,5
35 Lesotho	17,8	2,9	10,6	0,2	23,4	9,0
36 Ägypten, Arab. Rep.	a	2,9	7,4	3,1	18,7	–0,6
37 Indonesien	13,1	4,9	6,5	4,8	14,1	6,6
38 Myanmar	a	a	4,1	0,3	8,0	–1,5
39 Somalia	a	..	5,3	..	18,1	..
40 Sudan	0,0	–1,5	6,9	0,8	8,2	–0,7
41 Jemen, Rep.	..	..	..	..	..	..
42 Sambia	1,4	–3,2	0,2	3,7	–10,9	0,2
Länder mit mittlerem Einkommen	..	..	..	..	..	..
Untere Einkommenskategorie	..	..	..	..	..	..
43 Côte d'Ivoire	9,6	0,1	6,6	0,0	10,1	–8,4
44 Bolivien	7,9	–0,4	4,5	2,2	2,3	–5,8
45 Aserbaidschan	..	..	..	..	..	..
46 Philippinen	6,8	1,2	4,3	2,3	11,3	–0,6
47 Armenien	..	..	..	..	..	..
48 Senegal	5,9	2,5	3,0	2,6	0,3	4,0
49 Kamerun	5,2	5,4	6,2	–0,4	11,2	–3,8
50 Kirgisistan	..	..	..	..	..	..
51 Georgien	..	..	..	..	..	..
52 Usbekistan	..	..	..	..	..	..
53 Papua-Neuguinea	–1,3	0,3	4,5	0,5	–5,4	0,0
54 Peru	4,0	–0,9	2,2	0,0	6,5	–3,0
55 Guatemala	6,5	3,0	5,3	1,7	7,9	1,1
56 Kongo	4,1	6,1	1,5	–0,5	1,5	–8,9
57 Marokko	14,0	4,9	5,5	4,0	9,9	2,6
58 Dominikanische Rep.	2,7	0,1	5,6	1,8	9,4	4,2
59 Ecuador	14,5	–1,4	8,1	2,1	11,0	–2,0
60 Jordanien	..	..	..	..	..	..
61 Rumänien	..	..	..	..	..	–3,1
62 El Salvador	6,8	2,6	4,2	0,8	7,3	3,2
63 Turkmenistan	..	..	..	..	..	..
64 Moldau	..	..	..	..	..	..
65 Litauen	..	..	..	..	..	..
66 Bulgarien	..	–0,1	..	7,4	..	–0,4
67 Kolumbien	5,4	4,0	5,3	3,2	5,0	0,8
68 Jamaika	6,5	–0,2	1,4	1,8	–9,6	3,6
69 Paraguay	4,8	2,3	8,7	0,2	18,6	0,8
70 Namibia	..	3,0	..	3,4	..	–6,2
71 Kasachstan	..	..	..	..	..	..
72 Tunesien	7,8	3,9	8,9	3,5	6,1	–0,3

Anmerkung: Zur Vergleichbarkeit der Daten und ihrer Abgrenzung vgl. Länderschlüssel und Technische Erläuterungen. Kursive Zahlen gelten für andere als die angegebenen Jahre.

	Durchschnittliche jährliche Wachstumsrate (%)					
	Öffentlicher Verbrauch		Privater Verbrauch usw.		Bruttoinlands-investitionen	
	1970–80	1980–92	1970–80	1980–92	1970–80	1980–92
73 Ukraine	..	..	..	..	..	..
74 Algerien	11,5	4,2	5,0	1,9	13,6	–3,3
75 Thailand	9,8	4,7	6,3	6,1	7,2	12,4
76 Polen	..	0,3	..	1,0	..	–1,0
77 Lettland	..	..	..	..	..	..
78 Slowakei	..	..	..	..	..	..
79 Costa Rica	6,6	1,3	4,8	3,5	9,2	5,0
80 Türkei	6,3	3,4	4,8	6,2	6,9	2,5
81 Iran, Islam. Rep.	..	–3,8	..	4,2	..	0,8
82 Panama	5,8	–0,2	3,9	1,2	0,3	–4,3
83 Tschechische Rep.	..	..	..	..	..	..
84 Russische Föderation	..	..	..	..	..	..
85 Chile	2,4	0,6	0,6	2,7	–2,1	9,2
86 Albanien	..	..	..	..	..	..
87 Mongolei	..	..	..	..	..	..
88 Syrien, Arab. Rep.	..	–2,5	..	3,7	..	–7,5
Obere Einkommenskategorie	**6,5w**	**4,0w**	**6,2w**	**3,0w**	**6,8w**	**1,4w**
89 Südafrika	5,5	3,4	2,3	1,8	2,5	–4,4
90 Mauritius	9,8	3,4	9,2	5,9	10,0	11,0
91 Estland	..	4,2	..	..	..	–4,2
92 Brasilien	6,0	5,8	8,0	1,8	8,9	–0,3
93 Botsuana	..	..	..	..	..	..
94 Malaysia	9,3	3,5	7,5	5,3	10,8	5,5
95 Venezuela	..	2,8	..	2,1	7,1	–1,9
96 Weißrußland	..	..	..	..	..	..
97 Ungarn	2,5	1,9	3,6	–0,4	7,5	–2,3
98 Uruguay	4,0	1,9	–1,9	1,7	10,7	–4,6
99 Mexiko	8,3	1,9	5,9	2,4	10,7	–0,8
100 Trinidad und Tobago	9,0	1,5	6,4	–3,9	14,2	–7,1
101 Gabun	10,2	0,2	7,3	0,4	13,6	–4,4
102 Argentinien	a	a	2,3	0,6	3,1	–2,6
103 Oman	..	..	..	..	..	..
104 Slowenien	..	..	..	..	..	..
105 Puerto Rico	..	4,8	..	..	..	6,8
106 Korea, Rep.	7,4	6,9	7,4	8,3	14,2	12,7
107 Griechenland	6,9	2,1	4,2	3,5	2,1	–0,5
108 Portugal	8,6	..	4,5	..	3,1	..
109 Saudi-Arabien	..	..	..	..	..	..
Länder mit niedr. u. mittl. Eink.	..	..	..	..	..	..
Afrika südlich der Sahara	5,8w	1,8w	4,1w	1,3w	5,1w	–3,0w
Ostasien u. Pazifik	..	..	..	..	..	..
Südasien	4,0w	7,4w	3,0w	4,9w	4,6w	5,0w
Europa u. Zentralasien	..	..	..	..	..	..
Naher Osten u. Nordafrika	..	..	..	..	..	..
Lateinamerika u. Karibik	6,2w	3,5w	6,2w	2,0w	6,8w	–0,5w
Länder mit gravierenden Schuldenproblemen	**7,7w**	**3,4w**	**6,5w**	**2,0w**	**7,9w**	**–1,3w**
Länder mit hohem Einkommen	**2,7w**	**2,3w**	**3,5w**	**3,0w**	**2,1w**	**3,5w**
110 Irland	6,0	0,0	4,3	2,3	5,2	–0,2
111 Neuseeland	3,6	1,0	1,7	2,1	–1,0	2,1
112 †Israel	3,9	0,7	5,8	5,3	0,6	5,1
113 Spanien	5,8	5,4	3,9	3,4	1,5	5,9
114 †Hongkong	8,3	5,6	9,0	7,0	12,1	4,8
115 †Singapur	6,2	6,2	5,8	6,1	7,8	5,0
116 Australien	5,1	3,7	3,2	3,2	1,9	1,3
117 Großbritannien	2,4	1,2	1,8	3,6	0,2	4,5
118 Italien	3,0	2,6	4,0	3,0	1,6	2,2
119 Niederlande	2,9	1,6	3,8	1,8	0,1	3,0
120 Kanada	3,8	2,5	5,3	3,1	5,7	4,1
121 Belgien	4,1	0,5	3,8	2,0	2,1	4,0
122 Finnland	5,3	3,3	2,8	3,9	0,5	0,4
123 †Vereinigte Arab. Emirate	..	..	..	..	..	..
124 Frankreich	3,4	2,2	3,3	2,4	1,4	2,7
125 Österreich	3,8	1,3	3,8	2,6	2,7	3,0
126 Deutschland[b]	3,3	1,3	3,3	2,6	0,5	2,7
127 Vereinigte Staaten	1,1	2,7	3,1	3,0	2,8	2,3
128 Norwegen	5,4	2,8	3,8	0,9	3,3	–0,9
129 Dänemark	4,1	0,9	2,0	1,6	–0,8	2,3
130 Schweden	3,3	1,7	1,9	1,8	–0,6	3,0
131 Japan	4,9	2,3	4,7	3,6	2,5	5,8
132 Schweiz	1,8	2,9	1,1	1,6	–1,8	3,8
Gesamte Welt	**3,0w**	**2,3w**	**3,7w**	**3,1w**	**2,8w**	**3,0w**

[a] Gesonderte Angaben für den öffentlichen Verbrauch liegen nicht vor; er wird deshalb unter dem privaten Verbrauch usw. erfaßt. [b] Die Angaben beziehen sich auf die Bundesrepublik Deutschland vor der Vereinigung.

Tabelle 9 Struktur der Nachfrage

Verteilung des Bruttoinlandsprodukts (%)

		Öffentlicher Verbrauch		Privater Verbrauch usw.		Bruttoinlands-investitionen		Bruttoinlands-ersparnis		Ausfuhr von Gütern und Dienstl. (ohne Faktoreink.)		Ressourcen-saldo	
		1970	1992	1970	1992	1970	1992	1970	1992	1970	1992	1970	1992
Länder mit niedrigem Einkommen		..	..	..	..	..	..	..	..	..	..	..	..
Ohne China und Indien		..	11w	..	72w	..	22w	..	18w	..	22w	..	−5w
1	Mosambik	..	23	..	96	..	47	..	−19	..	29	..	−66
2	Äthiopien	10	15	79	86	11	9	11	−1	11	7	0	−9
3	Tansania	11	11	69	85	23	42	20	5	26	21	−2	−38
4	Sierra Leone	12	9	74	80	17	12	15	11	30	25	−2	−1
5	Nepal	a	10	97	78	6	22	3	12	5	19	−3	−10
6	Uganda	a	7	84	95	13	14	16	−1	22	6	3	−15
7	Bhutan	..	24	..	70	..	38	..	5	..	34	..	−33
8	Burundi	10	10	87	92	5	19	4	−2	11	9	−1	−22
9	Malawi	16	19	73	80	26	19	11	2	24	23	−15	−17
10	Bangladesch	13	14	79	80	11	12	7	6	8	10	−4	−6
11	Tschad	27	15	64	105	18	2	10	−20	23	17	−8	−22
12	Guinea-Bissau	20	3	77	119	30	26	3	−22	4	8	−26	−48
13	Madagaskar	13	8	79	89	10	11	7	3	19	17	−2	−9
14	Laos, Dem. VR	..	..	..	..	..	..	..	..	..	..	..	−16
15	Ruanda	9	26	88	75	7	16	3	−1	12	6	−4	−17
16	Niger	9	17	89	81	10	5	3	2	11	14	−7	−4
17	Burkina Faso	9	17	92	78	12	24	−1	5	7	12	−12	−19
18	Indien	9	11	75	67	17	23	16	22	4	10	−1	−2
19	Kenia	16	16	60	68	24	17	24	15	30	27	−1	−2
20	Mali	10	12	80	84	16	22	10	5	13	14	−6	−17
21	Nigeria	8	6	80	71	15	18	12	23	8	39	−3	5
22	Nicaragua	9	19	75	95	18	17	16	−15	26	16	−2	−32
23	Togo	16	17	58	75	15	17	26	8	50	32	11	−10
24	Benin	10	8	85	88	12	13	5	4	22	23	−6	−9
25	Zentralafrik. Rep.	21	10	75	87	19	12	5	3	28	12	−15	−8
26	Pakistan	10	14	81	72	16	21	9	14	8	17	−7	−7
27	Ghana	13	13	74	85	14	13	13	2	21	16	−1	−11
28	China	..	..	..	..	..	..	..	..	..	..	..	..
29	Tadschikistan	..	19	..	64	..	18	..	17	..	..	..	0
30	Guinea	..	8	..	82	..	16	..	9	..	21	..	−7
31	Mauretanien	14	16	56	82	22	15	30	2	41	39	8	−13
32	Sri Lanka	12	9	72	76	19	23	16	15	25	32	−3	−8
33	Simbabwe	12	20	67	71	20	20	21	10	..	32	..	−11
34	Honduras	11	11	74	72	21	26	15	17	28	28	−6	−9
35	Lesotho	12	28	120	112	12	78	−32	−39	11	19	−44	−118
36	Ägypten, Arab. Rep.	25	14	66	80	14	18	9	7	14	27	−5	−12
37	Indonesien	8	10	78	53	16	35	14	37	13	29	−2	3
38	*Myanmar*	a	a	89	87	14	14	11	13	5	2	−4	−1
39	*Somalia*	10	a	83	*112*	12	*15*	7	..	..	*10*	−5	−28
40	*Sudan*	21	..	64	..	14	..	15	..	16	..	2	..
41	*Jemen, Rep.*	..	28	..	74	..	21	..	−2	..	16	..	−23
42	*Sambia*	16	*10*	39	*78*	28	*13*	45	*12*	54	*29*	17	*−1*
Länder mit mittlerem Einkommen		..	..	..	..	..	..	..	..	..	..	..	..
Untere Einkommenskategorie		..	..	..	..	..	..	..	..	..	..	..	..
43	Côte d'Ivoire	14	18	57	68	22	9	29	14	36	34	7	5
44	Bolivien	10	16	66	80	24	16	24	5	25	15	0	−11
45	Aserbaidschan	..	..	..	..	..	..	..	..	..	..	..	..
46	Philippinen	9	10	69	72	21	23	22	18	22	29	1	−5
47	Armenien	..	22	..	71	..	27	..	−7	..	..	..	−20
48	Senegal	15	12	74	80	16	13	11	7	27	23	−5	−6
49	Kamerun	12	13	70	77	16	11	18	10	26	20	2	−1
50	Kirgisistan	..	..	..	..	..	..	..	..	..	..	..	..
51	Georgien	..	..	..	..	..	..	..	..	..	..	..	..
52	Usbekistan	..	22	..	46	..	40	..	32	..	..	..	−8
53	Papua-Neuguinea	30	23	64	58	42	21	6	19	18	47	−35	−3
54	Peru	12	6	70	81	16	16	17	13	18	10	2	−3
55	Guatemala	8	6	78	85	13	18	14	8	19	18	1	−10
56	Kongo	17	38	82	46	24	17	1	16	35	37	−23	−1
57	Marokko	12	16	73	67	18	23	15	17	18	23	−4	−6
58	Dominikanische Rep.	12	9	77	75	19	23	12	16	17	29	−7	−7
59	Ecuador	11	7	75	68	18	22	14	25	14	31	−5	3
60	Jordanien	..	24	..	94	..	32	..	−18	..	43	..	−49
61	Rumänien	..	14	..	63	..	31	..	24	..	25	..	−7
62	El Salvador	11	11	76	89	13	16	13	0	25	14	0	−16
63	Turkmenistan	..	..	..	..	..	..	..	..	..	..	..	..
64	Moldau	..	*15*	..	*61*	..	*31*	..	*25*	..	..	..	−6
65	Litauen	..	*17*	..	*52*	..	*22*	..	..	..	..	..	*9*
66	Bulgarien	..	6	..	71	..	22	..	23	..	49	..	1
67	Kolumbien	9	12	72	67	20	18	18	21	14	19	−2	3
68	Jamaika	12	..	61	..	32	..	27	..	33	..	−4	..
69	Paraguay	9	9	77	78	15	23	14	13	15	22	−1	−10
70	Namibia	..	32	..	67	..	12	..	2	..	57	..	−10
71	Kasachstan	..	*30*	..	*62*	..	*31*	..	*2*	..	..	..	*−24*
72	Tunesien	17	16	66	63	21	26	17	21	22	38	−4	−5

Anmerkung: Zur Vergleichbarkeit der Daten und ihrer Abgrenzung vgl. Länderschlüssel und Technische Erläuterungen. Kursive Zahlen gelten für andere als die angegebenen Jahre.

		Verteilung des Bruttoinlandsprodukts (%)										
		Öffentlicher Verbrauch		Privater Verbrauch usw.		Bruttoinlands-investitionen		Bruttoinlands-ersparnis		Ausfuhr von Gütern und Dienstl. (ohne Faktoreink.)		Ressourcen-saldo
		1970	1992	1970	1992	1970	1992	1970	1992	1970	1992	1970	1992
73	Ukraine	..	23	..	51	..	25	..	27	..	..	..	2
74	Algerien	15	17	56	52	36	28	29	31	22	27	−7	3
75	Thailand	11	10	68	55	26	40	21	35	15	36	−4	−5
76	Polen	..	9	..	68	..	23	..	23	..	20	..	−1
77	Lettland	..	..	..	..	..	..	..	..	..	..	..	..
78	Slowakei	..	a	..	85	..	25	..	15	..	..	..	−10
79	Costa Rica	13	16	74	61	21	28	14	23	28	39	−7	−5
80	Türkei	13	18	70	63	20	23	17	20	6	21	−2	−3
81	Iran, Islam. Rep.	..	12	..	58	..	33	..	30	..	14	..	−3
82	Panama	15	19	61	59	28	23	24	21	38	37	−4	−1
83	Tschechische Rep.	..	a	..	71	..	25	..	29	..	58	..	4
84	Russische Föderation	..	23	..	40	..	32	..	37	..	..	..	5
85	Chile	12	10	68	65	19	24	20	26	15	31	1	2
86	*Albanien*	..	..	..	..	..	..	..	..	..	..	..	..
87	*Mongolei*	..	14	..	75	..	15	..	11	..	30	..	−3
88	*Syrien, Arab. Rep.*	17	14	72	79	14	16	10	7	18	24	−4	−9
	Obere Einkommenskategorie	10w	..	65w	..	24w	24w	..	..	15w	..	−1w	..
89	Südafrika	12	21	63	60	28	15	24	19	22	24	−4	4
90	Mauritius	14	11	75	64	10	28	11	25	43	64	1	−3
91	Estland	..	10	..	63	..	19	..	26	..	..	..	8
92	Brasilien	11	14	69	65	21	17	20	21	7	10	0	3
93	Botsuana	20	..	78	..	42	..	2	..	23	..	−41	..
94	Malaysia	16	13	58	52	22	34	27	35	42	78	4	1
95	Venezuela	11	9	52	71	33	23	37	20	21	25	4	−3
96	Weißrußland	..	..	..	..	..	..	..	..	..	..	..	..
97	Ungarn	10	12	58	70	34	19	31	18	30	33	−2	−1
98	Uruguay	15	14	75	73	12	13	15	13	13	21	−1	0
99	Mexiko	7	9	75	74	21	24	19	17	6	13	−3	−6
100	Trinidad und Tobago	13	..	60	..	26	..	27	..	43	..	1	..
101	Gabun	20	17	37	44	32	27	44	39	50	42	12	11
102	Argentinien	10	a	66	85	25	17	25	15	7	7	0	−2
103	Oman	13	..	19	..	14	..	68	..	74	..	54	..
104	Slowenien	..	21	..	52	..	16	..	26	..	60	..	10
105	Puerto Rico	15	14	74	62	29	16	10	24	44	..	−18	8
106	Korea, Rep.	10	..	75	..	25	..	15	..	14	..	−10	..
107	Griechenland	13	19	68	73	28	18	20	9	10	23	−8	−9
108	Portugal	14	..	67	..	26	..	20	..	24	..	−7	..
109	Saudi-Arabien	20	..	34	..	16	..	47	..	59	..	31	..
	Länder mit niedr. u. mittl. Eink.	..	..	..	..	..	..	..	..	..	..	..	..
	Afrika südlich der Sahara	12w	17w	71w	69w	20w	16w	18w	15w	21w	26w	−2w	−1w
	Ostasien u. Pazifik	..	..	..	..	..	..	..	..	..	..	..	..
	Südasien	9w	12w	76w	69w	16w	22w	14w	19w	5w	12w	−2w	−3w
	Europa u. Zentralasien	..	..	..	..	..	..	..	..	..	..	..	..
	Naher Osten u. Nordafrika	..	..	..	..	..	..	..	..	..	..	..	..
	Lateinamerika u. Karibik	..	10w	..	69w	..	22w	..	20w	..	13w	..	−2w
	Länder mit gravierenden Schuldenproblemen	..	10w	..	67w	..	23w	..	21w	..	12w	..	..
	Länder mit hohem Einkommen	16w	17w	60w	61w	23w	21w	24w	22w	14w	..	1w	1w
110	Irland	15	16	69	56	24	16	16	28	37	64	−8	12
111	Neuseeland	13	16	65	64	25	19	22	20	23	31	−3	1
112	†Israel	34	26	58	57	27	23	8	16	25	29	−20	−7
113	Spanien	9	17	65	63	27	23	26	20	13	18	−1	−3
114	†Hongkong	7	9	68	61	21	29	25	30	92	144	4	2
115	†Singapur	12	10	70	43	39	41	18	47	102	174	−20	6
116	Australien	14	19	59	62	27	20	27	19	14	19	0	−1
117	Großbritannien	18	22	62	64	20	15	21	14	23	24	1	−2
118	Italien	13	17	60	63	27	19	28	20	16	20	0	0
119	Niederlande	15	14	58	60	28	21	27	25	43	52	−2	4
120	Kanada	19	22	57	60	22	19	24	18	23	27	3	−1
121	Belgien	13	15	60	63	24	20	27	23	52	70	2	3
122	Finnland	14	25	57	56	30	17	29	19	26	27	−1	1
123	†Vereinigte Arab. Emirate	..	18	..	47	..	22	..	35	..	69	..	13
124	Frankreich	15	19	58	60	27	20	27	21	16	23	1	1
125	Österreich	15	18	55	55	30	25	31	26	31	40	1	1
126	Deutschland[b]	16	18	55	54	28	21	30	28	21	33	2	7
127	Vereinigte Staaten	19	18	63	67	18	16	18	15	6	11	0	−1
128	Norwegen	17	22	54	52	30	18	29	26	42	43	−1	7
129	Dänemark	20	25	57	52	26	15	23	23	28	37	−3	8
130	Schweden	22	28	53	54	25	17	25	18	24	28	−1	2
131	Japan	7	9	52	57	39	31	40	34	11	10	1	2
132	Schweiz	10	14	59	59	32	24	31	27	33	36	0	4
	Gesamte Welt	16w	16w	60w	62w	23w	22w	24w	22w	14w	21w	0w	1w

[a] Gesonderte Angaben für den öffentlichen Verbrauch liegen nicht vor; er wird deshalb unter dem privaten Verbrauch usw. erfaßt. [b] Die Angaben beziehen sich auf die Bundesrepublik Deutschland vor der Vereinigung.

Tabelle 10 Ausgaben der Zentralregierung

Prozentualer Anteil an den Gesamtausgaben

	Verteidigung 1980	Verteidigung 1992	Erziehung 1980	Erziehung 1992	Gesundheit 1980	Gesundheit 1992	Wohnung usw., Sozialversicherung u. Wohlfahrt 1980	Wohnung usw., Sozialversicherung u. Wohlfahrt 1992	Wirtschaftsförderung 1980	Wirtschaftsförderung 1992	Sonstiges[a] 1980	Sonstiges[a] 1992	Gesamtausgaben (in % des BSP) 1980	Gesamtausgaben (in % des BSP) 1992	Gesamtüberschuß/-defizit (in % des BSP) 1980	Gesamtüberschuß/-defizit (in % des BSP) 1992
Länder mit niedrigem Einkommen Ohne China und Indien																
1 Mosambik	..	..	..	..	..	..	..	..	..	..	..	..	..	..	..	..
2 Äthiopien	..	..	10,1	..	3,7	..	5,4	..	23,8	..	..	..	23,4	..	-4,5	..
3 Tansania	9,2	..	13,3	..	6,0	..	2,5	..	42,9	..	26,1	..	28,8	..	-8,4	..
4 Sierra Leone[b]	*4,1*	*9,9*	*14,9*	*13,3*	*9,1*	*9,6*	*3,6*	*3,1*	..	*29,0*	*68,3*	*35,2*	29,8	19,6	-13,2	-6,2
5 Nepal	6,7	*5,9*	9,9	*10,9*	3,9	*4,7*	1,7	*6,8*	58,8	*43,0*	19,1	*28,8*	14,2	*18,7*	-3,0	*-6,3*
6 Uganda	25,2	..	14,9	..	5,1	..	4,2	..	11,1	..	39,5	..	6,1	..	-3,1	..
7 Bhutan	0,0	0,0	12,8	10,7	5,0	4,8	4,9	8,2	56,8	48,2	20,5	28,2	40,6	40,9	0,9	-2,5
8 Burundi	..	..	..	..	..	..	..	..	..	..	..	..	21,7	..	-3,9	..
9 Malawi[b]	12,8	*4,8*	9,0	*10,4*	5,5	*7,8*	1,6	*4,2*	43,7	*35,6*	27,3	*37,2*	37,6	*26,6*	-17,3	*-1,7*
10 Bangladesch[b]	9,4	..	11,5	..	6,4	..	5,3	..	46,9	..	20,4	..	10,0	..	2,5	..
11 Tschad	..	..	..	..	..	..	..	..	..	..	..	..	..	32,0	..	-7,5
12 Guinea-Bissau	..	..	..	..	..	..	..	..	..	..	..	..	..	..	..	..
13 Madagaskar	..	*7,5*	..	*17,2*	..	*6,6*	..	*1,5*	..	*35,9*	..	*31,2*	..	*16,1*	..	*-5,9*
14 Laos, Dem. VR	..	..	..	..	..	..	..	..	..	..	..	..	..	..	..	..
15 Ruanda	13,1	..	18,8	..	4,5	..	4,1	..	41,4	..	18,0	..	14,3	26,1	-1,7	-7,2
16 Niger	3,8	..	18,0	..	4,1	..	3,8	..	32,4	..	38,0	..	18,7	..	-4,8	..
17 Burkina Faso	17,0	..	15,5	..	5,8	..	7,6	..	19,3	..	34,8	..	14,1	..	0,3	..
18 Indien	19,8	15,0	1,9	2,1	1,6	1,6	4,3	5,7	24,2	18,6	48,3	57,0	13,2	16,8	-6,5	-4,9
19 Kenia[b]	16,4	*9,2*	19,6	*20,1*	7,8	*5,4*	5,1	*3,4*	22,7	*18,1*	28,2	*43,8*	26,1	*30,7*	-4,6	*-2,8*
20 Mali	11,0	..	15,7	..	3,1	..	3,0	..	11,2	..	56,0	..	21,6	..	-4,7	..
21 Nigeria[b]	..	..	..	..	..	..	..	..	..	..	..	..	..	..	..	..
22 Nicaragua	11,0	..	11,6	..	14,6	..	7,4	..	20,6	..	34,9	..	32,3	39,3	-7,3	-17,7
23 Togo	7,2	..	16,7	..	5,3	..	12,0	..	25,2	..	33,7	..	31,9	..	-2,0	..
24 Benin	..	..	..	..	..	..	..	..	..	..	..	..	..	..	..	..
25 Zentralafrik. Rep.	9,7	..	17,6	..	5,1	..	6,3	..	19,6	..	41,7	..	21,9	..	-3,5	..
26 Pakistan	30,6	27,9	2,7	1,6	1,5	1,0	4,1	3,4	37,2	11,6	23,9	54,6	17,7	21,7	-5,8	-6,2
27 Ghana[b]	3,7	..	22,0	..	7,0	..	6,8	..	20,7	..	39,8	..	10,9	..	-4,2	..
28 China	..	..	..	..	..	..	..	..	..	..	..	..	..	..	..	..
29 Tadschikistan	..	..	..	..	..	..	..	..	..	..	..	..	..	..	..	..
30 Guinea	..	..	..	..	..	..	..	..	..	..	..	..	..	23,1	..	-3,9
31 Mauretanien	..	..	..	..	..	..	..	..	..	..	..	..	..	..	..	..
32 Sri Lanka	1,7	8,5	6,7	10,1	4,9	4,8	12,7	16,1	15,9	24,0	58,2	36,5	41,6	28,2	-18,4	-7,2
33 Simbabwe	25,0	..	15,5	..	5,4	..	7,8	..	18,1	..	28,2	..	35,3	34,8	-11,1	-6,7
34 Honduras	..	..	..	..	..	..	..	..	..	..	..	..	..	..	..	..
35 Lesotho	*0,0*	*6,5*	*15,3*	*21,9*	*6,2*	*11,5*	*1,3*	*5,5*	*35,9*	*31,6*	*41,2*	*23,1*	*22,7*	*33,2*	*-3,7*	*-0,3*
36 Ägypten, Arab. Rep.	11,4	..	8,1	..	2,4	..	13,1	..	7,2	..	57,7	..	53,7	..	-12,5	..
37 Indonesien	13,5	*6,8*	8,3	*9,8*	2,5	*2,8*	1,8	*2,0*	40,2	*29,6*	33,7	*49,1*	23,1	*19,2*	-2,3	*0,5*
38 *Myanmar*	21,9	22,0	10,6	17,4	5,3	6,8	10,6	12,1	33,7	19,5	17,9	22,1	15,9	15,5	1,2	-5,0
39 *Somalia*	..	..	..	..	..	..	..	..	..	..	..	..	..	..	..	..
40 *Sudan*[b]	13,2	..	9,8	..	1,4	..	0,9	..	19,8	..	54,9	..	19,8	..	-3,3	..
41 *Jemen, Rep.*	..	..	..	..	..	..	..	..	..	..	..	..	..	..	..	..
42 *Sambia*	0,0	..	11,4	..	6,1	..	3,4	..	32,6	..	46,6	..	40,0	..	-20,0	..
Länder mit mittlerem Einkommen Untere Einkommenskategorie																
43 Côte d'Ivoire	3,9	..	16,3	..	3,9	..	4,3	..	13,4	..	58,1	..	33,3	31,2	-11,4	-3,7
44 Bolivien	..	*9,8*	..	*16,6*	..	*8,2*	..	*12,7*	..	*16,1*	..	*36,6*	29,0	22,5	0,0	-2,3
45 Aserbaidschan	..	..	..	..	..	..	..	..	..	..	..	..	..	..	..	..
46 Philippinen[b]	15,7	*9,9*	13,0	*15,0*	4,5	*4,1*	6,6	*4,4*	56,9	*26,8*	3,4	*39,8*	13,4	*19,4*	-1,4	*-1,2*
47 Armenien	..	..	..	..	..	..	..	..	..	..	..	..	..	..	..	..
48 Senegal	16,8	..	23,0	..	4,7	..	9,5	..	14,4	..	31,6	..	23,9	..	0,9	..
49 Kamerun	9,1	..	12,4	..	5,1	..	8,0	..	24,0	..	41,4	..	15,5	20,3	0,5	-2,2
50 Kirgisistan	..	..	..	..	..	..	..	..	..	..	..	..	..	..	..	..
51 Georgien	..	..	..	..	..	..	..	..	..	..	..	..	..	..	..	..
52 Usbekistan	..	..	..	..	..	..	..	..	..	..	..	..	..	..	..	..
53 Papua-Neuguinea[b]	4,4	4,2	16,5	15,0	8,6	7,9	2,6	1,4	22,7	21,6	45,1	49,9	35,2	36,0	-2,0	-5,9
54 Peru[b]	21,0	..	15,6	..	5,6	..	0,0	..	22,1	..	35,7	..	20,4	12,5	-2,5	-1,7
55 Guatemala	..	..	..	..	..	..	..	..	..	..	..	..	14,4	..	-3,9	..
56 Kongo	9,7	..	11,0	..	5,1	..	7,0	..	34,2	..	33,0	..	54,6	..	-5,8	..
57 Marokko	17,9	*12,8*	17,3	*18,2*	3,4	*3,0*	6,5	*5,8*	27,8	*15,2*	27,1	*44,9*	34,2	*29,8*	-10,0	*-2,3*
58 Dominikanische Rep.	7,8	4,8	12,6	10,2	9,3	14,0	13,8	20,2	37,1	36,5	19,3	14,2	17,5	12,3	-2,7	0,6
59 Ecuador[b]	12,5	*12,9*	34,7	*18,2*	7,8	*11,0*	1,3	*2,5*	21,1	*11,8*	22,6	*43,6*	15,0	*15,9*	-1,5	*2,0*
60 Jordanien	25,3	26,7	7,6	12,9	3,7	5,2	14,5	15,1	28,3	10,7	20,6	29,5	..	41,7	..	-3,1
61 Rumänien	..	*10,3*	..	*10,0*	..	*9,2*	..	*26,6*	..	*33,0*	..	*10,9*	..	*37,0*	..	*2,0*
62 El Salvador[b]	8,8	16,0	19,8	12,8	9,0	7,3	5,5	4,7	21,0	19,4	36,0	39,7	17,6	11,2	-5,9	-0,8
63 Turkmenistan	..	..	..	..	..	..	..	..	..	..	..	..	..	..	..	..
64 Moldau	..	..	..	..	..	..	..	..	..	..	..	..	..	..	..	..
65 Litauen	..	..	..	..	..	..	..	..	..	..	..	..	..	..	..	..
66 Bulgarien	..	*5,6*	..	*6,2*	..	*4,8*	..	*23,9*	..	*46,6*	..	*12,8*	..	*42,4*	..	*-5,1*
67 Kolumbien	6,7	..	19,1	..	3,9	..	21,2	..	27,1	..	22,0	..	13,5	..	-1,8	..
68 Jamaika	..	..	..	..	..	..	..	..	..	..	..	..	45,7	..	-17,1	..
69 Paraguay	12,4	*13,3*	12,9	*12,7*	3,6	*4,3*	19,2	*14,8*	18,9	*12,8*	33,0	*42,1*	9,8	*9,4*	0,3	*3,0*
70 Namibia	..	*6,5*	..	*22,2*	..	*9,7*	..	*14,8*	..	*17,3*	..	*29,5*	..	*44,2*	..	*-6,9*
71 Kasachstan	..	..	..	..	..	..	..	..	..	..	..	..	..	..	..	..
72 Tunesien	12,2	*5,4*	17,0	*17,5*	7,2	*6,6*	13,4	*18,6*	27,8	*22,5*	22,4	*29,3*	32,5	*32,8*	-2,9	*-2,6*

Anmerkung: Zur Vergleichbarkeit der Daten und ihrer Abgrenzung vgl. Länderschlüssel und Technische Erläuterungen. Kursive Zahlen gelten für andere als die angegebenen Jahre.

							Prozentualer Anteil an den Gesamtausgaben							Gesamt-ausgaben (in % des BSP)		Gesamt-überschuß/-defizit (in % des BSP)	
		Verteidi-gung		Erziehung		Gesundheit		Wohnung usw., Sozial-versicherung u. Wohlfahrt		Wirtschafts-förderung		Sonstiges[a]					
		1980	1992	1980	1992	1980	1992	1980	1992	1980	1992	1980	1992	1980	1992	1980	1992
73	Ukraine	..	..	..	..	..	..	..	..	..	..	..	..	..	..	..	..
74	Algerien	..	..	..	..	..	..	..	..	..	..	..	..	..	..	..	..
75	Thailand	21,7	17,2	19,8	21,1	4,1	8,1	5,1	6,7	24,2	26,2	25,1	20,7	19,1	15,4	-4,9	3,0
76	Polen	..	..	..	..	..	..	..	..	..	..	..	..	..	..	..	..
77	Lettland	..	..	..	..	..	..	..	..	..	..	..	..	..	..	..	..
78	Slowakei	..	..	..	..	..	..	..	..	..	..	..	..	..	..	..	..
79	Costa Rica	2,6	..	24,6	19,1	28,7	32,0	9,5	13,3	18,2	8,6	16,4	27,0	26,3	25,5	-7,8	-1,4
80	Türkei	15,2	11,3	14,2	20,0	3,6	3,5	6,1	3,9	34,0	19,5	26,9	41,8	26,3	29,4	-3,8	-6,2
81	Iran, Islam. Rep.	15,9	10,3	21,3	21,7	6,4	7,6	8,6	19,9	24,0	21,6	23,7	18,9	35,6	19,7	-13,7	-1,4
82	Panama	0,0	4,9	13,4	16,1	12,7	21,8	13,5	25,2	21,9	12,1	38,4	19,9	33,4	30,4	-5,7	6,0
83	Tschechische Rep.	..	..	..	..	..	..	..	..	..	..	..	..	..	..	..	..
84	Russische Föderation	..	..	..	..	..	..	..	..	..	..	..	..	..	..	..	..
85	Chile	12,4	9,6	14,5	13,3	7,4	11,1	37,1	39,0	13,8	15,0	14,8	12,0	29,1	22,1	5,6	2,4
86	*Albanien*	..	..	..	..	..	..	..	..	..	..	..	..	..	..	..	..
87	*Mongolei*	..	..	..	..	..	..	..	..	..	..	..	..	..	..	..	..
88	*Syrien, Arab. Rep.*	35,8	42,3	5,5	8,6	0,8	1,9	11,3	4,0	41,1	28,2	5,4	15,0	48,1	27,1	-9,7	1,5
	Obere Einkommenskategorie																
89	Südafrika	..	..	..	..	..	..	..	..	..	..	..	..	23,5	34,5	-2,5	-4,7
90	Mauritius	0,8	1,5	17,6	14,6	7,5	8,1	21,4	19,5	11,7	16,6	41,0	39,6	27,4	24,7	-10,4	-0,8
91	Estland	..	..	..	..	..	..	..	..	..	..	..	..	..	..	..	..
92	Brasilien	4,0	3,0	0,0	3,7	8,0	6,9	32,0	35,1	24,0	9,3	32,0	42,0	20,9	25,6	-2,5	-0,9
93	Botsuana[b]	9,8	13,3	22,2	21,0	5,4	4,7	7,9	14,0	26,9	17,2	27,9	29,7	36,5	40,4	-0,2	11,4
94	Malaysia	14,8	10,9	18,3	19,6	5,1	5,9	7,0	11,6	30,0	19,4	24,7	32,7	29,6	29,4	-6,2	0,3
95	Venezuela	5,8	..	19,9	..	8,8	..	9,5	..	20,2	..	35,7	..	18,7	22,4	0,0	-3,2
96	Weißrußland	..	..	..	..	..	..	..	..	..	..	..	..	..	..	..	..
97	Ungarn	4,4	3,6	1,8	3,3	2,7	7,9	22,3	35,3	44,0	22,0	24,7	27,9	58,3	54,7	-2,9	0,8
98	Uruguay	13,4	6,5	8,8	6,8	4,9	5,0	48,5	54,1	11,4	7,7	13,0	20,0	22,7	28,7	0,0	1,0
99	Mexiko	2,3	2,4	18,0	13,9	2,4	1,9	18,5	13,0	31,2	13,4	27,6	55,5	17,4	17,9	-3,1	0,8
100	Trinidad und Tobago	1,7	..	11,6	..	5,8	..	15,9	..	43,5	..	21,5	..	32,0	..	7,6	..
101	Gabun[b]	..	..	..	..	..	..	..	..	..	..	..	..	40,5	33,5	6,8	-1,8
102	Argentinien	..	..	..	..	..	..	..	..	..	..	..	..	18,4	..	-5,3	..
103	Oman	51,2	35,8	4,8	11,0	2,9	5,7	2,0	13,0	18,4	11,1	20,8	23,4	43,1	47,9	0,5	-14,7
104	Slowenien	..	..	..	..	..	..	..	..	..	..	..	..	..	..	..	..
105	Puerto Rico	..	..	..	..	..	..	..	..	..	..	..	..	..	..	..	..
106	Korea, Rep.	34,3	22,1	17,1	16,2	1,2	1,2	7,5	12,5	15,6	16,5	24,3	31,5	17,9	17,6	-2,3	-0,9
107	Griechenland	12,6	..	10,0	..	10,3	..	31,3	..	16,6	..	19,2	..	34,4	66,2	-4,8	-29,0
108	Portugal	7,4	5,3	11,2	12,0	10,3	8,0	27,0	28,0	19,9	10,5	24,2	36,2	39,6	44,3	-10,1	-3,3
109	Saudi-Arabien	..	..	..	..	..	..	..	..	..	..	..	..	..	..	..	..
	Länder mit niedr. u. mittl. Eink.																
	Afrika südlich der Sahara																
	Ostasien u. Pazifik																
	Südasien																
	Europa u. Zentralasien																
	Naher Osten u. Nordafrika																
	Lateinamerika u. Karibik																
	Länder mit gravierenden Schuldenproblemen																
	Länder mit hohem Einkommen																
110	Irland	3,4	3,3	11,4	12,2	13,7	13,0	27,7	29,1	18,4	12,8	25,4	29,4	48,9	47,5	-13,6	-2,4
111	Neuseeland[b]	5,1	3,9	14,7	13,9	15,2	12,1	31,1	39,2	15,0	6,1	18,9	24,7	39,0	38,8	-6,8	-2,3
112	†Israel	39,8	22,1	9,9	11,1	3,6	4,4	14,4	31,3	4,3	9,3	19,0	21,7	72,4	45,4	-16,1	-3,7
113	Spanien	4,3	4,4	8,0	5,3	0,7	7,0	60,3	39,0	11,9	9,9	14,8	34,4	27,0	34,2	-4,2	-3,3
114	†Hongkong	..	..	..	..	..	..	..	..	..	..	..	..	..	..	..	..
115	†Singapur	25,2	22,1	14,6	22,9	7,0	6,2	7,6	7,2	17,7	10,7	27,9	30,9	20,8	22,7	2,2	9,2
116	Australien	9,4	8,6	8,2	7,0	10,0	12,7	28,5	31,2	8,1	8,3	35,8	32,2	23,1	27,4	-1,5	0,6
117	Großbritannien	13,8	11,3	2,4	13,2	13,5	13,8	30,0	37,8	7,5	6,8	32,9	17,0	38,2	39,5	-4,6	0,0
118	Italien	3,4	..	8,4	..	12,6	..	29,6	..	7,2	..	38,7	..	41,0	51,6	-10,7	-10,0
119	Niederlande	5,6	4,6	13,1	10,8	11,7	13,9	39,5	40,9	10,9	6,0	19,2	23,8	52,7	52,8	-4,5	-3,4
120	Kanada	7,7	..	3,8	..	6,7	..	35,1	..	19,4	..	27,3	..	21,8	..	-3,6	..
121	Belgien	5,7	..	15,0	..	1,6	..	44,7	..	16,0	..	17,0	..	51,3	50,4	-8,2	-6,9
122	Finnland	5,6	4,3	14,7	13,9	10,5	3,2	28,2	47,0	27,0	18,1	14,0	13,5	28,4	39,2	-2,2	-7,2
123	†Vereinigte Arab. Emirate	47,5	..	11,7	..	7,9	..	3,9	..	6,1	..	22,9	..	11,6	..	2,0	..
124	Frankreich	7,4	6,4	8,6	7,0	14,8	16,0	46,8	45,1	6,8	5,0	15,6	20,5	39,3	45,4	-0,1	-3,8
125	Österreich	3,0	2,4	9,7	9,4	13,3	13,0	48,7	47,6	11,7	9,3	13,5	18,3	37,7	39,5	-3,4	-4,8
126	Deutschland[c]	9,1	..	0,9	..	19,0	..	49,6	..	8,7	..	12,6	..	30,3	24,6	-1,8	-2,5
127	Vereinigte Staaten	21,2	20,6	2,6	1,8	10,4	16,0	37,8	31,1	9,7	6,1	18,2	24,5	22,7	24,3	-2,8	-4,9
128	Norwegen	7,7	8,0	8,7	9,4	10,6	10,3	34,7	39,3	22,7	17,5	15,6	15,5	39,2	46,4	-2,0	0,7
129	Dänemark	6,5	5,0	10,4	9,7	1,8	1,1	44,7	40,1	6,5	8,0	30,0	36,1	40,4	42,2	-2,7	-0,9
130	Schweden	7,7	5,5	10,4	9,3	2,2	0,8	51,5	56,2	10,9	10,5	17,3	17,7	39,5	47,5	-8,1	-2,3
131	Japan[b]	..	..	..	..	..	..	..	..	..	..	..	..	18,4	15,8	-7,0	-1,6
132	Schweiz	10,2	..	3,4	..	11,7	..	49,3	..	14,2	..	11,2	..	19,5	..	-0,2	..
	Gesamte Welt																

[a] Vgl. Technische Erläuterungen. [b] Die Daten beziehen sich nur auf Haushaltsansätze. [c] Die Angaben beziehen sich auf die Bundesrepublik Deutschland vor der Vereinigung.

Tabelle 11 Laufende Einnahmen der Zentralregierung

Prozentualer Anteil an den laufenden Gesamteinnahmen

	Steuereinnahmen										Nichtsteuerliche Einnahmen		Laufende Gesamteinnahmen (in % des BSP)	
	Einkommen, Gewinne u. Kapitalgewinne		Sozialversicherung		Güter und Dienstleistungen		Außenhandel u. internationale Transaktionen		Sonstige[a]					
	1980	1992	1980	1992	1980	1992	1980	1992	1980	1992	1980	1992	1980	1992
Länder mit niedrigem Einkommen														
Ohne China und Indien														
1 Mosambik	..	..	..	..	..	..	..	..	..	..	..	..	..	..
2 Äthiopien	20,9	..	0,0	..	24,3	..	35,7	..	3,7	..	15,4	..	18,7	..
3 Tansania	32,5	..	0,0	..	40,8	..	17,3	..	1,6	..	7,8	..	17,6	..
4 Sierra Leone[b]	22,4	*33,9*	0,0	*0,0*	16,3	*28,4*	49,6	*34,9*	1,5	*0,0*	10,1	*2,8*	16,9	*13,4*
5 Nepal	5,5	*9,9*	0,0	*0,0*	36,8	*36,7*	33,2	*30,8*	8,2	*5,5*	16,2	*17,1*	7,8	*9,6*
6 Uganda	11,5	..	0,0	..	41,0	..	44,3	..	0,2	..	3,1	..	3,1	..
7 Bhutan	*13,8*	*7,5*	*0,0*	*0,0*	*39,1*	*16,6*	*0,4*	*0,4*	*2,3*	*0,6*	*44,3*	*75,0*	*11,4*	*18,5*
8 Burundi	19,3	..	1,0	..	25,3	..	40,4	..	8,4	..	5,6	..	14,0	..
9 Malawi[b]	33,9	*36,9*	0,0	*0,0*	30,9	*33,0*	22,0	*16,3*	0,3	*0,7*	12,9	*13,1*	20,7	*20,7*
10 Bangladesch[b]	10,1	..	0,0	..	25,5	..	28,6	..	3,9	..	31,9	..	11,3	..
11 Tschad	..	*22,6*	..	*0,0*	..	*33,7*	..	*15,3*	..	*6,6*	..	*21,8*	..	*9,1*
12 Guinea-Bissau	..	..	..	..	..	..	..	..	..	..	..	..	..	..
13 Madagaskar	16,6	*15,3*	11,3	*0,0*	39,3	*19,5*	27,6	*44,5*	2,7	*1,1*	2,4	*19,5*	13,4	*9,1*
14 Laos, Dem. VR	..	..	..	..	..	..	..	..	..	..	..	..	..	..
15 Ruanda	17,8	*15,6*	4,1	*2,4*	19,3	*34,7*	42,4	*31,1*	2,4	*4,2*	14,0	*12,0*	12,8	*13,7*
16 Niger	23,8	..	4,0	..	18,0	..	36,4	..	2,6	..	15,3	..	14,7	..
17 Burkina Faso	17,8	..	7,8	..	15,9	..	43,7	..	4,3	..	10,5	..	13,6	..
18 Indien	18,3	*17,0*	0,0	*0,0*	42,5	*34,4*	22,0	*25,5*	0,6	*0,4*	16,6	*22,8*	11,7	*14,4*
19 Kenia[b]	29,1	*26,1*	0,0	*0,0*	38,8	*47,9*	18,5	*14,2*	1,0	*1,0*	12,6	*10,8*	22,6	*26,2*
20 Mali	17,9	..	0,0	..	36,8	..	17,9	..	19,5	..	8,0	..	11,0	..
21 Nigeria[b]	..	..	..	..	..	..	..	..	..	..	..	..	..	..
22 Nicaragua	7,8	*16,9*	8,9	*11,8*	37,3	*37,5*	25,2	*17,6*	10,7	*10,5*	10,1	*5,8*	24,7	*19,5*
23 Togo	34,4	..	5,8	..	15,3	..	32,0	..	−1,7	..	14,2	..	31,4	..
24 Benin	..	..	..	..	..	..	..	..	..	..	..	..	..	..
25 Zentralafrik. Rep.	*16,1*	..	*6,4*	..	*20,8*	..	*39,8*	..	*7,8*	..	*9,1*	..	*16,4*	..
26 Pakistan	13,8	*10,0*	0,0	*0,0*	33,6	*32,2*	34,4	*30,2*	0,2	*0,3*	17,9	*27,2*	16,4	*16,7*
27 Ghana[b]	20,5	..	0,0	..	28,2	..	44,2	..	0,2	..	6,9	..	6,9	..
28 China	..	..	..	..	..	..	..	..	..	..	..	..	..	..
29 Tadschikistan	..	..	..	..	..	..	..	..	..	..	..	..	..	..
30 Guinea	*28,1*	..	*1,0*	..	*6,4*	*17,1*	*27,9*	*74,4*	*0,7*	*2,4*	*35,8*	*6,1*	..	*13,5*
31 Mauretanien	..	..	..	..	..	..	..	..	..	..	..	..	..	..
32 Sri Lanka	15,5	*11,2*	0,0	*0,0*	26,8	*47,8*	50,5	*27,6*	1,9	*3,5*	5,3	*9,8*	20,3	*20,1*
33 Simbabwe	46,2	*44,4*	0,0	*0,0*	27,9	*26,3*	4,4	*19,0*	1,2	*1,0*	20,2	*9,3*	24,4	*30,6*
34 Honduras	30,8	..	0,0	..	23,8	..	37,2	..	1,8	..	6,5	..	15,4	..
35 Lesotho	13,4	*16,9*	0,0	*0,0*	10,2	*16,7*	61,3	*51,8*	1,2	*0,1*	13,9	*14,5*	17,1	*28,0*
36 Ägypten, Arab. Rep.	16,2	..	9,1	..	15,1	..	17,3	..	7,7	..	34,6	..	47,1	..
37 Indonesien	78,0	*58,0*	0,0	*0,0*	8,6	*26,3*	7,2	*5,1*	1,2	*2,8*	4,9	*7,8*	22,2	*19,7*
38 *Myanmar*	*2,9*	*11,4*	*0,0*	*0,0*	*42,3*	*32,6*	*14,9*	*16,5*	*0,0*	*0,0*	*39,9*	*39,6*	*16,1*	*9,7*
39 *Somalia*	..	..	..	..	..	..	..	..	..	..	..	..	..	..
40 *Sudan*[b]	*14,4*	..	*0,0*	..	*26,0*	..	*42,6*	..	*0,7*	..	*16,3*	..	*14,0*	..
41 *Jemen, Rep.*	..	..	..	..	..	..	..	..	..	..	..	..	..	..
42 *Sambia*	*38,1*	..	*0,0*	..	*43,1*	..	*8,3*	..	*3,1*	..	*7,3*	..	*27,0*	..
Länder mit mittlerem Einkommen														
Untere Einkommenskategorie														
43 Côte d'Ivoire	13,0	*16,4*	5,8	*6,7*	24,8	*27,3*	42,8	*29,1*	6,1	*11,1*	7,5	*9,4*	24,0	*28,0*
44 Bolivien	..	*5,3*	..	*8,5*	..	*37,3*	..	*7,0*	..	*9,1*	..	*32,8*	..	*16,9*
45 Aserbaidschan	..	..	..	..	..	..	..	..	..	..	..	..	..	..
46 Philippinen[b]	21,1	*29,3*	0,0	*0,0*	41,9	*26,2*	24,2	*28,7*	2,2	*3,2*	10,6	*12,6*	14,0	*17,4*
47 Armenien	..	..	..	..	..	..	..	..	..	..	..	..	..	..
48 Senegal	18,4	..	3,7	..	26,0	..	34,2	..	11,4	..	6,3	..	24,9	..
49 Kamerun	21,7	*18,2*	8,0	*0,0*	18,0	*17,5*	38,4	*18,5*	5,9	*11,0*	7,9	*34,7*	16,2	*18,1*
50 Kirgisistan	..	..	..	..	..	..	..	..	..	..	..	..	..	..
51 Georgien	..	..	..	..	..	..	..	..	..	..	..	..	..	..
52 Usbekistan	..	..	..	..	..	..	..	..	..	..	..	..	..	..
53 Papua-Neuguinea[b]	60,5	*45,1*	0,0	*0,0*	12,1	*11,7*	16,4	*24,1*	0,6	*2,0*	10,5	*17,0*	23,5	*25,0*
54 Peru[b]	25,9	*13,0*	0,0	*0,0*	37,2	*57,4*	27,1	*9,5*	2,2	*5,2*	7,7	*14,9*	17,9	*10,6*
55 Guatemala	11,2	..	11,2	..	26,4	..	30,2	..	11,1	..	9,9	..	11,3	..
56 Kongo	48,8	..	4,4	..	7,6	..	13,0	..	2,7	..	23,5	..	39,1	..
57 Marokko	19,2	*23,6*	5,4	*4,0*	34,7	*37,6*	20,8	*17,8*	7,4	*3,6*	12,5	*13,4*	24,0	*27,3*
58 Dominikanische Rep.	19,3	*21,4*	3,9	*4,5*	21,6	*22,5*	31,2	*40,3*	1,7	*1,3*	22,4	*10,0*	14,7	*12,7*
59 Ecuador[b]	44,6	*56,9*	0,0	*0,0*	17,4	*21,5*	30,8	*14,3*	3,0	*5,5*	4,3	*1,7*	13,5	*18,0*
60 Jordanien	13,2	*12,2*	0,0	*0,0*	7,3	*19,1*	47,8	*29,1*	9,5	*9,5*	22,2	*30,2*	30,0	*30,0*
61 Rumänien	..	*35,2*	..	*28,9*	..	*23,2*	..	*3,1*	..	*1,5*	..	*8,1*	..	*37,3*
62 El Salvador[b]	23,2	*20,4*	0,0	*0,0*	29,8	*49,5*	37,0	*17,0*	5,6	*6,7*	4,5	*6,5*	11,7	*9,7*
63 Turkmenistan	..	..	..	..	..	..	..	..	..	..	..	..	..	..
64 Moldau	..	..	..	..	..	..	..	..	..	..	..	..	..	..
65 Litauen	..	..	..	..	..	..	..	..	..	..	..	..	..	..
66 Bulgarien	..	*27,2*	..	*31,5*	..	*15,3*	..	*6,5*	..	*6,9*	..	*12,7*	..	*37,1*
67 Kolumbien	24,9	..	11,2	..	22,6	..	20,6	..	6,8	..	13,9	..	12,1	..
68 Jamaika	33,7	..	3,7	..	49,3	..	3,1	..	6,3	..	4,0	..	31,9	..
69 Paraguay	15,2	*9,3*	13,1	*0,0*	17,7	*19,5*	24,8	*20,1*	20,5	*24,8*	8,8	*26,2*	10,6	*12,3*
70 Namibia	..	*23,4*	..	*0,0*	..	*25,1*	..	*37,5*	..	*0,5*	..	*13,5*	..	*35,9*
71 Kasachstan	..	..	..	..	..	..	..	..	..	..	..	..	..	..
72 Tunesien	14,6	*12,6*	9,3	*12,4*	23,9	*23,7*	24,7	*28,5*	5,6	*4,5*	22,0	*18,3*	32,3	*29,5*

Anmerkung: Zur Vergleichbarkeit der Daten und ihrer Abgrenzung vgl. Länderschlüssel und Technische Erläuterungen. Kursive Zahlen gelten für andere als die angegebenen Jahre.

		Prozentualer Anteil an den laufenden Gesamteinnahmen												Laufende	
		Steuereinnahmen												Gesamt-	
		Einkommen, Gewinne u. Kapital- gewinne		Sozialver- sicherung		Güter und Dienst- leistungen		Außenhandel u. internatio- nale Trans- aktionen		Sonstige[a]		Nicht- steuerliche Einnahmen		einnahmen (in % des BSP)	
		1980	1992	1980	1992	1980	1992	1980	1992	1980	1992	1980	1992	1980	1992
73	Ukraine	..	..	..	..	..	..	..	..	..	..	..	..	..	..
74	Algerien	..	..	..	..	..	..	..	..	..	..	..	..	..	..
75	Thailand	17,7	27,5	0,2	1,0	46,0	41,6	26,2	16,7	1,8	3,3	8,1	9,9	14,5	18,1
76	Polen	..	..	..	..	..	..	..	..	..	..	..	..	..	..
77	Lettland	..	..	..	..	..	..	..	..	..	..	..	..	..	..
78	Slowakei	..	..	..	..	..	..	..	..	..	..	..	..	..	..
79	Costa Rica	13,7	8,9	28,9	28,6	30,4	27,7	18,9	19,7	2,3	1,1	5,8	14,0	18,7	24,2
80	Türkei	49,1	39,9	0,0	0,0	19,7	33,9	6,0	4,5	4,6	2,5	20,7	19,2	22,3	22,9
81	Iran, Islam. Rep.	3,9	12,4	7,4	6,0	3,6	5,4	11,7	15,0	5,3	4,0	68,2	57,2	21,5	17,9
82	Panama	21,2	18,6	21,2	22,2	16,7	16,2	10,3	10,9	3,8	3,2	26,7	28,9	27,7	30,6
83	Tschechische Rep.	..	..	..	..	..	..	..	..	..	..	..	..	..	..
84	Russische Föderation	..	..	..	..	..	..	..	..	..	..	..	..	..	..
85	Chile	17,6	18,2	17,4	7,1	35,8	45,0	4,3	9,6	4,9	8,0	19,9	12,1	33,2	24,4
86	Albanien	..	..	..	..	..	..	..	..	..	..	..	..	..	..
87	Mongolei	..	..	..	..	..	..	..	..	..	..	..	..	..	..
88	Syrien, Arab. Rep.	9,7	34,7	0,0	0,0	5,3	3,6	14,3	8,5	10,1	32,6	60,7	20,6	26,8	25,1
Obere Einkommenskategorie																
89	Südafrika	55,8	50,5	1,1	1,8	23,8	33,9	3,3	3,6	3,2	2,7	12,7	7,5	25,0	30,1
90	Mauritius	15,3	13,8	0,0	5,0	17,2	22,7	51,6	40,3	4,3	5,7	11,6	12,5	21,0	24,4
91	Estland	..	..	..	..	..	..	..	..	..	..	..	..	..	..
92	Brasilien	14,3	17,1	28,6	30,3	28,6	21,2	7,1	2,3	3,6	5,0	17,9	24,1	23,4	21,6
93	Botsuana[b]	33,3	30,1	0,0	0,0	0,7	2,0	39,1	19,3	0,1	0,1	26,7	48,5	36,6	59,4
94	Malaysia	37,5	34,2	0,4	0,9	16,8	20,0	33,0	14,9	1,8	3,2	10,5	26,9	27,3	30,1
95	Venezuela	67,4	51,5	4,6	5,3	4,2	6,6	6,8	10,8	1,8	2,2	15,2	23,6	22,2	19,2
96	Weißrußland	..	..	..	..	..	..	..	..	..	..	..	..	..	..
97	Ungarn	18,5	17,9	15,3	29,2	38,3	31,3	6,9	5,8	4,8	0,2	16,1	15,5	55,5	55,6
98	Uruguay	10,9	5,9	23,4	29,8	43,3	35,2	14,2	8,2	2,7	16,8	5,5	4,1	23,1	29,7
99	Mexiko	36,7	36,5	14,1	13,6	28,9	56,0	27,6	4,6	−12,6	−18,3	5,3	7,7	15,6	14,5
100	Trinidad und Tobago	72,7	..	0,0	..	3,9	..	6,7	..	0,6	..	16,1	..	44,7	..
101	Gabun[b]	39,9	27,6	0,0	0,8	4,8	23,7	19,7	17,4	2,0	1,2	33,7	29,3	39,4	31,7
102	Argentinien	0,0	..	16,7	..	16,7	..	0,0	..	33,3	..	33,3	..	15,8	..
103	Oman	26,0	20,1	0,0	0,0	0,5	0,9	1,4	3,6	0,3	0,6	71,8	74,8	42,9	33,5
104	Slowenien	..	..	..	..	..	..	..	..	..	..	..	..	..	..
105	Puerto Rico	..	..	..	..	..	..	..	..	..	..	..	..	..	..
106	Korea, Rep.	22,3	33,9	1,1	5,3	45,9	35,7	15,0	8,4	3,2	6,8	12,5	9,9	18,3	18,2
107	Griechenland	17,4	21,5	25,8	28,9	31,6	42,8	5,0	0,1	9,6	−1,6	10,6	8,3	29,7	35,2
108	Portugal	19,4	23,6	26,0	27,3	33,7	35,3	5,1	2,3	8,7	3,2	7,1	8,2	31,1	37,9
109	Saudi-Arabien	..	..	..	..	..	..	..	..	..	..	..	..	..	..
Länder mit niedr. u. mittl. Eink.																
	Afrika südlich der Sahara															
	Ostasien u. Pazifik															
	Südasien															
	Europa u. Zentralasien															
	Naher Osten u. Nordafrika															
	Lateinamerika u. Karibik															
Länder mit gravierenden Schuldenproblemen																
Länder mit hohem Einkommen																
110	Irland	34,3	36,3	13,4	14,4	30,1	31,3	9,2	8,1	1,9	3,4	11,1	6,5	37,7	42,9
111	Neuseeland[b]	67,3	57,3	0,0	0,0	18,0	26,7	3,2	2,1	1,3	2,5	10,3	11,4	34,9	35,4
112	†Israel	40,7	34,5	10,1	6,8	24,5	37,4	3,6	1,8	7,0	4,2	14,1	15,3	52,0	37,7
113	Spanien	23,2	32,2	48,0	38,3	12,6	22,1	3,8	1,6	4,4	0,4	8,0	5,4	24,4	30,7
114	†Hongkong	..	..	..	..	..	..	..	..	..	..	..	..	..	..
115	†Singapur	32,5	27,0	0,0	0,0	15,8	22,8	6,9	2,2	13,9	14,5	30,9	33,5	26,3	28,3
116	Australien	60,8	64,8	0,0	0,0	23,3	20,6	5,4	3,3	0,3	1,5	10,1	9,9	22,1	27,6
117	Großbritannien	37,7	36,4	15,6	16,2	27,8	30,7	0,1	0,1	5,7	7,9	13,1	8,7	35,2	37,5
118	Italien	30,0	36,6	34,7	28,3	24,7	29,7	0,1	0,0	2,5	2,5	8,1	2,8	31,2	40,7
119	Niederlande	29,6	29,8	36,3	37,3	20,8	21,3	0,0	0,0	2,7	3,0	10,6	8,6	47,8	49,6
120	Kanada	52,6	..	10,4	..	16,6	..	7,0	..	−0,2	..	13,6	..	19,2	..
121	Belgien	38,5	33,9	30,6	36,3	24,2	24,1	0,0	0,0	2,5	2,5	4,3	3,2	44,0	43,7
122	Finnland	26,7	28,2	11,5	11,4	49,1	45,2	2,0	0,8	3,0	3,3	7,7	11,0	27,5	32,7
123	†Vereinigte Arab. Emirate	..	..	..	..	..	..	..	..	..	..	..	..	..	..
124	Frankreich	17,7	17,1	41,2	44,6	30,9	26,8	0,1	0,0	2,7	4,2	7,4	7,2	39,4	40,9
125	Österreich	21,1	19,6	35,0	36,7	25,6	24,7	1,6	1,5	9,1	8,7	7,7	8,7	34,9	35,5
126	Deutschland[c]	18,7	16,0	54,2	51,0	23,1	27,5	0,0	0,0	0,1	−0,4	3,9	6,0	28,7	30,3
127	Vereinigte Staaten	56,6	50,1	28,2	35,5	4,4	3,9	1,4	1,5	1,2	1,0	8,2	8,0	19,9	19,4
128	Norwegen	27,4	16,6	22,3	24,2	39,6	34,4	0,6	0,5	1,1	1,3	8,9	23,0	42,4	47,5
129	Dänemark	35,9	38,0	2,3	3,8	46,9	41,1	0,1	0,1	3,3	3,2	11,6	13,9	36,4	40,1
130	Schweden	18,2	6,8	33,2	39,0	29,1	30,2	1,2	0,8	4,3	8,0	14,1	15,3	35,2	44,6
131	Japan[b]	70,8	69,2	0,0	0,0	20,8	16,9	2,4	1,3	0,8	7,4	5,2	5,2	11,6	14,5
132	Schweiz	14,0	..	48,0	..	19,3	..	9,5	..	2,0	..	7,3	..	18,9	..
Gesamte Welt																

[a] Vgl. Technische Erläuterungen. [b] Die Daten beziehen sich nur auf Haushaltsansätze. [c] Die Angaben beziehen sich auf die Bundesrepublik Deutschland vor der Vereinigung.

Tabelle 12 Geldbestände und Zinssätze

		Geldbestände in weiter Abgrenzung				Durchschnittliche jährliche Inflationsrate (BIP-Deflator)	Nominale Zinssätze der Banken (Jahresdurchschnitte in %)			
		Durchschnittliche jährliche nominale Wachstumsrate (in %)		Durchschnittliche Bestände in % des BIP				Einlagenzins		Kreditzins
		1970–80	1980–92	1970	1980	1992	1980–92	1980	1992	1980	1992
Länder mit niedrigem Einkommen											
Ohne China und Indien											
1	Mosambik	..	..	..	..	..	38,0	..	..	..	..
2	Äthiopien	14,4	12,8	14,0	25,3	65,2	2,8	..	3,6	..	8,0
3	Tansania	22,6	..	22,9	37,2	..	25,3	4,0	..	11,5	..
4	Sierra Leone	19,9	58,1	12,6	20,6	12,4	60,8	9,2	54,7	11,0	62,8
5	Nepal	19,9	19,9	10,6	21,9	35,7	9,2	4,0	*8,5*	14,0	*14,4*
6	Uganda	28,1	..	16,3	12,7	..	..	6,8	35,8	10,8	*34,4*
7	Bhutan	..	30,7	..	..	22,7	8,7	..	8,0	..	17,0
8	Burundi	20,1	*9,9*	9,1	13,5	..	4,5	2,5	..	12,0	..
9	Malawi	14,7	18,0	21,7	20,5	22,7	15,1	7,9	16,5	16,7	22,0
10	Bangladesch	..	18,7	..	18,4	31,1	9,1	8,3	10,5	11,3	15,0
11	Tschad	15,2	7,6	9,4	20,0	20,1	0,9	5,5	7,5	11,0	16,3
12	Guinea-Bissau	..	59,6	..	..	12,2	59,3	..	39,3	..	50,3
13	Madagaskar	13,8	16,0	17,3	22,3	20,7	16,4	5,6	..	9,5	..
14	Laos, Dem. VR	..	..	..	..	..	..	7,2	*14,0*	4,8	*15,0*
15	Ruanda	21,5	8,3	10,7	13,6	17,3	3,6	6,3	7,7	13,5	16,7
16	Niger	23,9	4,5	5,2	13,3	19,6	1,7	6,2	7,8	14,5	16,8
17	Burkina Faso	21,5	10,3	9,3	15,9	21,2	3,5	6,2	7,8	14,5	16,8
18	Indien	17,3	*16,8*	23,9	36,2	*44,1*	8,5	..	..	16,5	18,9
19	Kenia	19,8	15,8	31,2	36,8	44,6	9,3	5,8	*13,7*	10,6	*18,8*
20	Mali	18,5	8,1	13,8	17,9	20,7	3,7	6,2	7,8	14,5	16,8
21	Nigeria	34,3	18,0	9,2	23,8	19,5	19,4	5,3	18,0	8,4	24,8
22	Nicaragua	18,2	..	14,1	22,1	..	656,2	7,5	..	..	..
23	Togo	22,2	5,9	17,2	29,0	*35,2*	4,2	6,2	7,8	14,5	17,5
24	Benin	19,0	6,1	10,1	17,1	28,1	1,7	6,2	7,8	14,5	16,8
25	Zentralafrik. Rep.	16,0	3,8	16,0	18,9	16,6	4,6	5,5	7,5	10,5	16,3
26	Pakistan	17,1	13,7	41,2	38,7	39,0	7,1	..	..	..	..
27	Ghana	36,4	42,8	18,0	16,2	14,5	38,7	11,5	16,3	19,0	..
28	China	..	25,6	..	25,5	66,6	6,5	5,4	..	5,0	..
29	Tadschikistan	..	..	..	..	..	..	..	..	..	..
30	Guinea	..	..	..	..	..	..	..	..	..	..
31	Mauretanien	21,5	11,4	9,5	21,3	25,5	8,3	*5,5*	5,0	12,0	10,0
32	Sri Lanka	23,1	15,3	22,0	35,3	35,2	11,0	14,5	18,3	19,0	13,0
33	Simbabwe	..	..	..	..	36,0	14,4	3,5	*3,8*	17,5	*15,5*
34	Honduras	16,0	13,9	19,5	22,6	30,7	7,6	7,0	12,3	18,5	21,7
35	Lesotho	..	16,4	..	..	35,8	13,2	..	10,6	11,0	18,3
36	Ägypten, Arab. Rep.	26,0	21,7	33,5	52,2	91,4	13,2	8,3	*12,0*	13,3	*19,0*
37	Indonesien	35,9	26,3	7,8	13,2	42,6	8,4	6,0	20,4	..	24,0
38	*Myanmar*	15,1	15,8	23,9	23,9	27,9	14,8	1,5	..	8,0	..
39	*Somalia*	24,6	..	17,6	17,8	..	49,7	4,5	..	7,5	..
40	*Sudan*	28,3	34,9	17,5	32,5	..	42,8	6,0	..	..	..
41	*Jemen, Rep.*	..	18,7	..	..	..	..	9,3	..	..	..
42	*Sambia*	10,7	..	29,9	32,6	..	*48,4*	7,0	48,5	9,5	54,6
Länder mit mittlerem Einkommen											
Untere Einkommenskategorie											
43	Côte d'Ivoire	22,6	3,1	24,7	26,7	31,3	1,9	6,2	7,8	14,5	16,8
44	Bolivien	29,4	236,7	14,8	16,2	32,5	220,9	18,0	23,2	28,0	45,5
45	Aserbaidschan	..	..	..	..	..	..	..	..	..	..
46	Philippinen	19,2	17,0	29,9	26,4	34,3	14,1	12,3	14,3	14,0	19,5
47	Armenien	..	..	..	..	..	..	..	..	..	..
48	Senegal	19,6	5,5	14,0	26,6	22,8	5,2	6,2	7,8	14,5	16,8
49	Kamerun	22,5	6,0	13,5	18,3	26,0	3,5	7,5	8,0	13,0	16,3
50	Kirgisistan	..	..	..	..	..	..	..	..	..	..
51	Georgien	..	..	..	..	..	..	..	..	..	..
52	Usbekistan	..	..	..	..	..	..	..	..	..	..
53	Papua-Neuguinea	..	8,3	..	32,9	33,1	5,1	6,9	7,9	11,2	14,5
54	Peru	33,6	296,6	17,8	16,4	11,1	311,7	..	59,7	..	173,8
55	Guatemala	18,6	18,6	17,1	20,5	23,3	16,5	9,0	10,4	11,0	19,5
56	Kongo	15,7	6,5	16,5	14,7	22,7	0,5	6,5	7,8	11,0	16,3
57	Marokko	18,7	*14,5*	31,1	42,4	..	6,9	4,9	*8,5*	7,0	*9,0*
58	Dominikanische Rep.	18,3	29,0	17,9	22,0	24,7	25,2	..	..	..	..
59	Ecuador	24,2	*37,2*	20,0	20,2	*13,4*	39,5	..	47,4	9,0	60,2
60	Jordanien	24,3	12,7	..	..	126,7	..	..	3,3	..	9,8
61	Rumänien	..	13,8	..	33,4	23,6	13,1	..	..	..	..
62	El Salvador	17,3	17,8	22,5	28,1	30,5	17,2	..	11,5	..	16,4
63	Turkmenistan	..	..	..	..	..	..	..	..	..	..
64	Moldau	..	..	..	..	..	..	..	..	..	..
65	Litauen	..	..	..	..	..	20,7	..	..	..	..
66	Bulgarien	..	..	..	..	..	11,7	..	54,5	..	64,1
67	Kolumbien	32,7	..	20,0	23,7	27,9	25,0	..	26,7	..	37,3
68	Jamaika	15,7	26,1	31,4	35,4	41,2	21,5	10,3	38,4	13,0	53,4
69	Paraguay	27,0	35,9	7,7	10,1	23,2	25,2	..	20,1	..	28,0
70	Namibia	..	..	..	..	..	12,3	..	11,4	..	20,2
71	Kasachstan	..	..	..	..	..	..	..	..	..	..
72	Tunesien	20,3	*15,5*	33,0	42,1	..	7,2	2,5	*7,4*	7,3	*9,9*

Anmerkung: Zur Vergleichbarkeit der Daten und ihrer Abgrenzung vgl. Länderschlüssel und Technische Erläuterungen. Kursive Zahlen gelten für andere als die angegebenen Jahre.

		Geldbestände in weiter Abgrenzung				Durch-schnittliche jährliche Inflationsrate (BIP-Deflator)	Nominale Zinssätze der Banken (Jahresdurchschnitte in %)			
		Durchschnittliche jährliche nominale Wachstumsrate (in %)		Durchschnittliche Bestände in % des BIP			Einlagenzins		Kreditzins	
		1970–80	1980–92	1970	1980	1992	1980–92	1980	1992	1980	1992
73	Ukraine	..	..	..	..	..	..	..	..	..	..
74	Algerien	24,1	14,3	52,6	58,5	..	11,4	..	..	..	..
75	Thailand	17,9	19,2	23,6	37,3	71,5	4,2	12,0	12,3	18,0	25,0
76	Polen	..	62,3	..	57,0	29,4	67,9	3,0	6,1	8,0	39,0
77	Lettland	..	..	..	..	..	15,3	..	..	..	..
78	Slowakei	..	..	..	..	..	..	..	..	..	..
79	Costa Rica	30,6	25,8	18,9	38,8	38,1	22,5	..	15,8	..	28,5
80	Türkei	32,9	52,7	27,9	17,2	21,6	46,3	8,0	68,7	25,7	..
81	Iran, Islam. Rep.	33,5	17,3	26,1	54,4	..	16,2	..	..	..	..
82	Panama	..	..	..	..	..	2,1	..	..	..	..
83	Tschechische Rep.	..	..	..	..	..	..	..	..	..	..
84	Russische Föderation	..	..	..	..	..	..	..	..	..	..
85	Chile	194,2	29,5	12,5	21,0	35,4	20,5	37,7	18,3	47,1	23,9
86	*Albanien*	..	..	..	..	..	..	..	..	..	..
87	*Mongolei*	..	..	..	..	..	..	..	..	..	..
88	*Syrien, Arab. Rep.*	26,5	..	34,8	40,9	..	15,5	5,0	..	..	..
Obere Einkommenskategorie											
89	Südafrika	15,6	16,6	59,9	50,9	56,2	14,3	5,5	13,8	9,5	18,9
90	Mauritius	24,3	21,9	37,5	41,1	69,2	8,6	..	10,1	..	17,1
91	Estland	..	..	..	..	..	20,2	..	..	..	..
92	Brasilien	52,7	..	23,0	18,4	..	370,2	115,0	1.560,2	..	..
93	Botsuana	..	25,3	..	28,2	29,9	12,6	5,0	12,5	8,5	14,0
94	Malaysia	25,2	12,6	34,4	69,8	..	2,0	6,2	7,2	7,8	8,1
95	Venezuela	26,4	21,7	24,1	43,0	34,9	22,7	..	35,4	..	33,9
96	Weißrußland	..	..	..	..	..	..	..	..	..	..
97	Ungarn	..	..	..	..	..	11,7	3,0	23,0	9,0	30,0
98	Uruguay	78,4	70,4	20,6	31,2	39,3	66,2	50,3	54,5	66,6	117,8
99	Mexiko	26,6	60,3	26,9	27,5	28,2	62,4	20,6	15,7	28,1	..
100	Trinidad und Tobago	27,1	5,6	28,2	30,5	51,6	3,9	..	7,0	10,0	15,3
101	Gabun	31,3	4,5	14,5	15,2	18,7	2,3	7,5	8,8	12,5	12,5
102	Argentinien	142,8	377,1	24,1	19,0	11,1	402,3	79,6	16,8	86,9	15,1
103	Oman	29,4	10,3	..	13,8	28,3	−2,5	..	6,3	..	9,2
104	Slowenien	..	..	..	..	..	..	..	..	..	..
105	Puerto Rico	..	..	..	..	..	3,3	..	..	..	..
106	Korea, Rep.	30,4	21,6	32,1	31,7	57,9	5,9	19,5	10,0	18,0	10,0
107	Griechenland	23,9	22,3	42,9	61,6	79,3	17,7	14,5	19,9	21,3	28,7
108	Portugal	20,2	18,7	87,6	80,8	80,8	17,4	19,0	14,6	18,8	20,4
109	Saudi-Arabien	43,7	7,6	17,6	18,6	..	−1,9	..	..	..	..
Länder mit niedr. u. mittl. Eink.											
Afrika südlich der Sahara											
Ostasien u. Pazifik											
Südasien											
Europa u. Zentralasien											
Naher Osten u. Nordafrika											
Lateinamerika u. Karibik											
Länder mit gravierenden Schuldenproblemen											
Länder mit hohem Einkommen											
110	Irland	19,1	6,8	64,0	58,1	46,9	5,3	12,0	5,4	16,0	10,6
111	Neuseeland	15,1	..	51,4	50,9	..	9,4	..	6,6	12,6	11,4
112	†Israel	36,2	87,6	36,5	14,7	57,5	78,9	..	11,3	176,9	19,9
113	Spanien	20,1	12,5	69,5	75,4	76,8	8,7	13,1	10,4	16,9	14,2
114	†Hongkong	..	..	..	69,5	..	7,8	..	..	..	..
115	†Singapur	17,1	13,6	66,2	74,4	129,0	2,0	9,4	2,9	11,7	6,0
116	Australien	16,8	11,5	43,6	46,5	57,9	6,4	8,6	10,4	10,6	12,0
117	Großbritannien	15,2	..	49,2	46,0	..	5,7	14,1	7,3	16,2	9,4
118	Italien	20,4	10,5	79,3	83,1	72,9	9,1	12,7	7,1	19,0	15,8
119	Niederlande	14,6	..	54,3	77,7	..	1,7	6,0	3,2	13,5	12,8
120	Kanada	17,5	8,3	48,4	65,0	77,9	4,1	12,9	6,7	14,3	7,5
121	Belgien	10,8	7,0	56,7	57,0	..	4,1	7,7	6,3	..	13,0
122	Finnland	15,4	12,2	39,8	39,5	61,9	6,0	..	7,5	9,8	12,1
123	†Vereinigte Arab. Emirate	..	8,6	..	19,0	52,6	0,8	9,5	..	12,1	..
124	Frankreich	15,6	9,9	57,8	69,7	..	5,4	6,3	..	18,7	..
125	Österreich	13,7	7,4	54,0	72,6	88,0	3,6	5,0	3,7	..	..
126	Deutschland[a]	9,4	6,6	52,8	60,7	68,3	2,7	8,0	8,0	12,0	13,6
127	Vereinigte Staaten	10,0	7,6	60,4	58,3	65,4	3,9	..	..	15,3	6,3
128	Norwegen	12,8	10,1	54,6	51,6	66,2	4,9	5,0	10,7	12,6	14,3
129	Dänemark	12,4	10,1	44,8	42,6	58,6	4,9	10,8	7,5	17,2	11,6
130	Schweden	11,5	7,2	55,2	53,9	47,0	7,2	11,3	7,8	15,1	15,2
131	Japan	16,0	8,5	94,7	134,1	184,6	1,5	5,5	2,7	8,4	6,2
132	Schweiz	5,4	6,4	109,8	107,4	112,4	3,8	..	5,5	..	7,8
Gesamte Welt											

[a] Die Angaben beziehen sich auf die Bundesrepublik Deutschland vor der Vereinigung.

Tabelle 13 Wachstum des Warenhandels

		Warenhandel (in Mio $)		Durchschnittliche jährliche Wachstumsrate (in %)				Terms of Trade (1987 = 100)	
		Ausfuhr	Einfuhr	Ausfuhr		Einfuhr			
		1992	1992	1970–80	1980–92	1970–80	1980–92	1985	1992
	Länder mit niedrigem Einkommen	**177.233** s	**183.685** s	**3,3** w	**6,9** w	**6,0** w	**2,7** w	**106** m	**90** m
	Ohne China und Indien	72.498 s	80.570 s	1,9 w	3,9 w	5,3 w	–0,8 w	106 m	88 m
1	Mosambik	..	..	..	..	..	..	..	..
2	Äthiopien	169	799	2,3	–4,3	–0,6	–1,4	117	79
3	Tansania	400	1.200	–7,5	–1,2	–0,6	–1,3	101	71
4	Sierra Leone	164	148	–5,6	0,7	–1,4	–8,0	106	80
5	Nepal	396	687	13,9	9,7	21,5	4,5	98	97
6	Uganda	164	405	–8,2	1,9	–3,0	–3,2	143	42
7	Bhutan	..	..	..	..	..	..	..	..
8	Burundi	72	221	0,2	8,8	5,0	0,1	133	38
9	Malawi	383	718	5,4	5,8	1,0	3,6	104	90
10	Bangladesch	1.903	2.527	3,8	7,6	–2,4	1,4	122	102
11	Tschad	194	339	4,5	9,5	–6,1	9,2	109	78
12	Guinea-Bissau	6	84	15,9	–8,4	–5,2	–0,2	91	115
13	Madagaskar	296	468	–3,0	–1,6	–0,8	–1,5	98	85
14	Laos, Dem. VR	91	241	–14,2	30,1	–23,0	19,4	106	90
15	Ruanda	..	..	..	..	..	..	..	..
16	Niger	271	291	21,0	–4,3	10,9	–5,9	126	100
17	Burkina Faso	142	503	7,3	7,7	6,4	1,3	108	88
18	Indien	19.795	22.530	4,3	5,9	3,0	1,9	96	92
19	Kenia	1.339	1.713	2,9	4,1	1,9	–1,0	114	67
20	Mali	388	740	8,3	6,5	5,2	3,7	95	86
21	Nigeria	11.886	8.119	0,4	1,7	19,4	–10,5	167	84
22	Nicaragua	228	907	0,8	–4,8	0,1	–4,1	108	75
23	Togo	207	410	4,9	2,9	11,2	0,3	118	91
24	Benin	111	383	–11,6	10,5	4,0	–2,4	103	74
25	Zentralafrik. Rep.	91	134	–0,6	5,1	–2,9	3,9	107	61
26	Pakistan	7.264	9.360	0,7	11,1	4,2	3,6	90	77
27	Ghana	942	1.597	–6,3	8,0	–2,2	1,8	106	45
28	China*	84.940	80.585	8,7	11,9	11,3	9,2	109	99
29	Tadschikistan[b]	..	..	..	..	..	..	..	..
30	Guinea	..	..	..	..	..	..	..	..
31	Mauretanien	500	650	–2,0	5,4	1,4	5,2	113	107
32	Sri Lanka	2.487	3.470	2,0	6,5	4,5	2,5	103	90
33	Simbabwe	1.235	2.306	2,2	–0,8	–4,7	2,1	100	101
34	Honduras	736	1.057	3,8	–0,8	2,1	–0,8	111	79
35	Lesotho[a]	..	..	..	..	..	..	..	..
36	Ägypten, Arab. Rep.	3.050	8.293	–2,6	3,1	7,8	–1,2	131	95
37	Indonesien	33.815	27.280	7,2	5,6	13,0	4,0	134	92
38	Myanmar	539	826	1,5	–4,5	–3,9	–1,4	106	119
39	Somalia	40	150	6,4	–8,4	5,3	–7,0	107	87
40	Sudan	412	892	–3,5	0,2	–0,6	–4,8	106	91
41	Jemen, Rep.	..	..	..	..	..	..	..	..
42	Sambia	1.100	1.300	–0,2	–3,2	–9,2	–0,7	90	109
	Länder mit mittlerem Einkommen	**586.066** s	**646.282** s	**4,0** w	**3,7** w	**6,1** w	**2,2** w	**109** m	**98** m
	Untere Einkommenskategorie	234.867 s	275.476 s	..	..	..	..	107 m	96 m
43	Côte d'Ivoire	6.220	5.347	4,7	7,6	9,1	1,1	110	65
44	Bolivien	763	1.102	–0,8	6,1	7,3	0,1	167	53
45	Aserbaidschan[b]	738	329	..	..	..	..	..	..
46	Philippinen	9.790	15.465	6,0	3,7	3,3	4,5	93	105
47	Armenien[b]	40	95	..	..	..	..	..	..
48	Senegal	672	970	1,8	2,5	3,7	1,9	106	106
49	Kamerun	1.657	1.344	4,2	10,4	5,4	–1,6	139	66
50	Kirgisistan[b]	33	25	..	..	..	..	..	..
51	Georgien[b]	..	..	..	..	..	..	..	..
52	Usbekistan[b]	869	929	..	..	..	..	..	..
53	Papua-Neuguinea	1.076	1.535	15,6	4,0	1,2	2,4	111	81
54	Peru	3.573	3.629	3,3	2,5	–1,7	–1,6	111	86
55	Guatemala	1.295	2.463	5,7	0,0	5,8	–0,1	108	79
56	Kongo	1.284	1.071	16,8	7,8	5,3	6,4	145	86
57	Marokko	3.977	7.356	3,9	5,5	6,6	4,4	88	100
58	Dominikanische Rep.	566	2.178	–2,0	–2,2	1,3	2,5	109	113
59	Ecuador	3.036	2.501	12,5	4,8	6,8	–2,0	153	91
60	Jordanien	933	3.251	19,3	6,1	15,3	–0,2	95	116
61	Rumänien	4.299	5.909	6,3	–10,4	7,3	–3,1	66	100
62	El Salvador	396	1.137	1,3	–0,4	4,6	–2,9	126	65
63	Turkmenistan[b]	1.083	545	..	..	..	..	..	..
64	Moldau[b]	185	205	..	..	..	..	..	..
65	Litauen[b]	560	340	..	..	..	..	..	..
66	Bulgarien	3.500	3.500	..	..	..	..	..	..
67	Kolumbien	6.916	6.684	1,9	12,9	6,0	0,2	140	79
68	Jamaika	1.102	1.758	–1,7	1,1	–6,8	2,0	95	96
69	Paraguay	657	1.420	8,3	11,4	5,3	5,4	108	88
70	Namibia[a]	..	..	..	..	..	..	..	..
71	Kasachstan[b]	1.546	1.608	..	..	..	..	..	..
72	Tunesien	4.040	6.425	7,5	6,4	12,5	3,1	105	97
*	Angaben für Taiwan (China)	81.337	70.071	15,6	11,0	12,2	10,6	100	109

Anmerkung: Zur Vergleichbarkeit der Daten und ihrer Abgrenzung vgl. Länderschlüssel und Technische Erläuterungen. Kursive Zahlen gelten für andere als die angegebenen Jahre.

		Warenhandel (in Mio $)		Durchschnittliche jährliche Wachstumsrate (in %)				Terms of Trade (1987 = 100)	
		Ausfuhr	Einfuhr	Ausfuhr		Einfuhr			
		1992	1992	1970–80	1980–92	1970–80	1980–92	1985	1992
73	Ukraine [b]	8.100	8.900	..	..	..	..	..	..
74	Algerien	12.055	7.763	–0,5	4,3	12,1	–5,1	174	86
75	Thailand	32.473	40.466	10,3	14,7	5,0	11,5	91	91
76	Polen	13.324	15.309	4,5	3,0	5,6	1,8	94	86
77	Lettland [b]	429	423	..	..	..	..	..	..
78	Slowakei	..	..	..	..	..	..	..	..
79	Costa Rica	1.834	2.458	5,2	5,2	4,2	3,9	111	85
80	Türkei	14.715	22.871	4,3	9,0	5,7	9,6	82	111
81	Iran, Islam. Rep.	18.235	26.744	–6,8	14,5	11,0	8,6	160	92
82	Panama	500	2.009	–7,3	2,0	–5,1	–3,0	130	93
83	Tschechische Rep.	..	..	..	..	..	..	..	..
84	Russische Föderation [b]	40.000	36.900	..	..	..	..	..	..
85	Chile	9.646	9.456	10,4	5,5	2,2	3,5	102	118
86	*Albanien*	..	..	..	..	..	..	..	..
87	*Mongolei*	..	..	..	..	..	..	..	..
88	Syrien, Arab. Rep.	3.262	3.365	7,0	19,4	12,4	4,6	125	89
Obere Einkommenskategorie		351.199 s	370.806 s	2,2 w	3,7 w	6,3 w	2,5 w	117 m	100 m
89	Südafrika [a]	23.892	19.664	11,1	0,7	–1,9	–2,5	105	104
90	Mauritius	1.336	1.774	3,8	9,7	8,2	10,8	83	102
91	Estland [b]	242	230	..	..	..	..	..	..
92	Brasilien	35.956	23.115	8,5	5,0	4,0	1,5	92	108
93	Botsuana [a]	..	..	..	..	..	..	..	..
94	Malaysia	40.705	38.361	4,8	11,3	3,7	7,9	117	94
95	Venezuela	13.997	12.222	–11,6	0,6	10,9	–0,6	174	157
96	Weißrußland [b]	1.061	751	..	..	..	..	..	..
97	Ungarn	10.700	11.078	3,8	1,6	2,0	0,5	104	102
98	Uruguay	1.620	2.010	6,5	2,9	3,1	1,3	89	97
99	Mexiko	27.166	47.877	13,5	1,6	5,5	3,8	133	120
100	Trinidad und Tobago	1.869	1.436	–7,3	–2,4	–9,6	–9,7	156	100
101	Gabun	2.303	913	5,7	4,3	11,6	–1,8	140	89
102	Argentinien	12.235	14.864	7,1	2,2	2,3	–1,7	110	110
103	Oman	5.555	3.674	–2,1	8,6	40,9	0,0	182	87
104	Slowenien	..	..	..	..	..	..	..	..
105	Puerto Rico	..	..	..	..	..	..	..	..
106	Korea, Rep.	76.394	81.413	23,5	11,9	11,6	11,2	103	106
107	Griechenland	9.842	23.407	10,9	4,8	3,2	5,9	94	101
108	Portugal	18.541	30.482	1,2	11,6	1,0	10,4	85	104
109	Saudi-Arabien	41.833	32.103	5,7	–2,4	35,9	–6,2	176	83
Länder mit niedr. u. mittl. Eink.		763.299 s	829.967 s	3,9 w	4,4 w	6,1 w	2,3 w	108 m	95 m
Afrika südlich der Sahara		63.233 s	60.219 s	2,8 w	2,4 w	3,0 w	–2,7 w	107 m	88 m
Ostasien u. Pazifik		282.425 s	289.984 s	9,5 w	10,5 w	7,8 w	8,8 w	96 m	103 m
Südasien		31.948 s	38.974 s	3,6 w	6,8 w	2,7 w	2,1 w	97 m	91 m
Europa u. Zentralasien		141.344 s	179.275 s	..	..	..	..	92 m	101 m
Naher Osten u. Nordafrika		116.744 s	112.185 s	3,9 w	0,8 w	15,6 w	–2,9 w	129 m	93 m
Lateinamerika u. Karibik		127.605 s	149.330 s	–0,1 w	2,9 w	3,6 w	0,6 w	114 m	95 m
Länder mit gravierenden Schuldenproblemen		134.887 s	143.669 s	9,5 w	2,8 w	5,9 w	–0,3 w	118 m	92 m
Länder mit hohem Einkommen		2.811.899 s	2.955.958 s	5,4 w	4,9 w	2,4 w	5,8 w	98 m	99 m
110	Irland	28.330	22.469	11,7	8,3	4,7	4,8	97	92
111	Neuseeland	9.338	9.200	3,4	3,4	–0,3	4,1	88	106
112	†Israel	13.082	18.663	10,0	6,0	3,5	5,1	105	112
113	Spanien	64.302	99.473	9,1	8,2	1,9	10,9	91	122
114	†Hongkong	30.251	123.427	9,7	5,0	7,8	12,6	97	98
115	†Singapur	63.386	72.067	4,2	9,9	5,0	8,3	99	97
116	Australien	38.045	42.140	3,8	4,9	1,8	5,0	111	105
117	Großbritannien	190.481	221.658	4,4	3,5	0,3	5,0	103	104
118	Italien	178.349	184.510	6,0	4,1	0,7	5,7	84	108
119	Niederlande	139.919	134.376	3,3	5,3	1,1	4,4	101	99
120	Kanada	131.771	121.893	2,0	5,9	0,4	6,9	110	98
121	Belgien [c]	123.132	124.656	5,6	5,3	2,9	4,5	94	100
122	Finnland	23,515	20.741	5,3	2,6	0,1	3,7	85	98
123	†Vereinigte Arab. Emirate	18.058	17.209	4,9	4,8	27,3	1,1	171	87
124	Frankreich	231.452	238.299	6,6	5,2	2,4	4,5	96	101
125	Österreich	44.425	54.084	6,2	6,5	4,0	6,3	87	94
126	Deutschland [d]	429.754	407.172	5,0	4,6	2,8	5,7	82	99
127	Vereinigte Staaten	420.812	551.591	6,5	3,8	4,3	6,1	100	104
128	Norwegen	35.178	25.897	7,9	7,2	0,7	3,1	130	97
129	Dänemark	39.570	33.601	4,3	6,5	–0,4	4,8	93	101
130	Schweden	55.933	49.849	2,5	4,0	–0,2	3,4	94	103
131	Japan	339.492	230.975	9,0	4,6	0,4	6,6	71	109
132	Schweiz	65.616	65.603	4,9	4,6	2,6	3,7	86	93
Gesamte Welt		3.575.198 s	3.785.925 s	4,0 w	4,9 w	4,0 w	4,9 w	..	..

[a] Die Angaben beziehen sich auf die Südafrikanische Zollunion, der Südafrika, Namibia, Lesotho, Botsuana und Swasiland angehören; der Handel zwischen diesen Teilgebieten ist nicht in den Angaben enthalten. [b] Ohne Handel zwischen den ehemaligen Sowjetrepubliken. [c] Einschließlich Luxemburg. [d] Die Angaben beziehen sich auf die Bundesrepublik Deutschland vor der Vereinigung.

Tabelle 14 Struktur der Wareneinfuhr

Prozentualer Anteil an der Wareneinfuhr

	Nahrungs-mittel		Brennstoffe		Sonstige Rohstoffe		Maschinen, Elektrotechnik, Fahrzeuge		Übrige Industrie-produkte	
	1970	1992	1970	1992	1970	1992	1970	1992	1970	1992
Länder mit niedrigem Einkommen	**16***w*	**9***w*	**6***w*	**9***w*	**7***w*	**9***w*	**31***w*	**34***w*	**40***w*	**40***w*
Ohne China und Indien	**17***w*	**13***w*	**7***w*	**10***w*	**5***w*	**7***w*	**31***w*	**34***w*	**41***w*	**34***w*
1 Mosambik	..	..	..	..	..	..	..	..	..	..
2 Äthiopien	9	15	8	10	3	3	35	45	45	28
3 Tansania	7	6	9	13	2	4	40	43	42	33
4 Sierra Leone	26	21	9	20	1	2	21	25	43	32
5 Nepal	5	9	11	12	0	14	25	24	60	41
6 Uganda	7	8	2	30	3	2	34	27	55	34
7 Bhutan	..	..	..	..	..	..	..	..	..	..
8 Burundi	18	18	7	7	7	6	23	28	45	40
9 Malawi	18	8	5	15	2	3	30	27	44	48
10 Bangladesch	*23*	16	*13*	16	*11*	20	*22*	17	*32*	31
11 Tschad	21	18	15	15	3	2	23	27	38	38
12 Guinea-Bissau	31	35	7	7	1	1	16	15	45	43
13 Madagaskar	12	11	7	12	3	2	30	41	48	34
14 Laos, Dem. VR	24	33	23	17	1	2	19	22	34	27
15 Ruanda	..	..	..	..	..	..	..	..	..	..
16 Niger	14	17	4	20	4	4	26	28	51	31
17 Burkina Faso	20	25	8	16	7	3	27	24	37	31
18 Indien	21	5	8	23	19	12	23	18	29	42
19 Kenia	6	6	10	15	4	4	34	38	46	37
20 Mali	29	20	9	30	6	1	21	23	36	25
21 Nigeria	8	18	3	1	3	5	37	36	48	41
22 Nicaragua	10	23	6	15	3	1	28	26	54	34
23 Togo	23	22	4	8	3	2	22	22	47	45
24 Benin	18	25	4	7	3	2	21	21	55	45
25 Zentralafrik. Rep.	17	19	1	7	2	3	36	33	44	38
26 Pakistan	21	15	6	16	7	7	31	35	35	27
27 Ghana	21	10	6	31	4	2	26	26	44	31
28 China*	7	5	1	4	9	9	39	38	43	44
29 Tadschikistan	..	..	..	..	..	..	..	..	..	..
30 Guinea	..	..	..	..	..	..	..	..	..	..
31 Mauretanien	23	23	8	6	1	2	38	42	29	27
32 Sri Lanka	47	16	3	9	3	3	18	21	29	51
33 Simbabwe	3	3	15	15	7	7	38	38	37	37
34 Honduras	12	11	7	13	1	3	29	26	51	47
35 Lesotho[a]	..	..	..	..	..	..	..	..	..	..
36 Ägypten, Arab. Rep.	23	29	9	1	12	10	27	26	29	34
37 Indonesien	12	6	2	8	4	9	35	43	47	34
38 *Myanmar*	7	8	6	6	3	3	29	35	55	48
39 *Somalia*	34	20	6	2	6	6	17	50	37	21
40 *Sudan*	21	19	8	19	3	3	27	22	41	37
41 *Jemen, Rep.*	..	..	..	..	..	..	..	..	..	..
42 Sambia	11	8	10	18	2	2	39	35	38	37
Länder mit mittlerem Einkommen	**13***w*	**11***w*	**10***w*	**10***w*	**9***w*	**6***w*	**34***w*	**38***w*	**34***w*	**35***w*
Untere Einkommenskategorie	..	..	..	..	..	..	..	..	..	..
43 Côte d'Ivoire	16	19	5	20	2	2	33	24	44	35
44 Bolivien	20	11	1	3	2	3	37	47	40	36
45 Aserbaidschan	..	..	..	..	..	..	..	..	..	..
46 Philippinen	11	8	12	14	8	6	35	28	33	44
47 Armenien	..	..	..	..	..	..	..	..	..	..
48 Senegal	29	29	5	16	4	4	25	21	38	30
49 Kamerun	12	15	5	1	1	2	32	34	49	47
50 Kirgisistan	..	..	..	..	..	..	..	..	..	..
51 Georgien	..	..	..	..	..	..	..	..	..	..
52 Usbekistan	..	..	..	..	..	..	..	..	..	..
53 Papua-Neuguinea	24	17	11	8	1	1	30	40	34	34
54 Peru	20	20	2	11	5	3	35	35	38	31
55 Guatemala	11	12	2	17	3	3	27	26	57	42
56 Kongo	20	19	2	3	1	2	33	35	44	41
57 Marokko	21	14	5	15	10	10	32	28	32	32
58 Dominikanische Rep.	18	16	15	34	5	3	24	19	38	28
59 Ecuador	8	5	6	4	2	3	35	44	49	43
60 Jordanien	31	21	6	14	4	3	17	25	42	38
61 Rumänien	8	13	42	40	11	10	23	16	16	21
62 El Salvador	14	16	2	13	4	6	23	24	56	41
63 Turkmenistan	..	..	..	..	..	..	..	..	..	..
64 Moldau	..	..	..	..	..	..	..	..	..	..
65 Litauen	..	..	..	..	..	..	..	..	..	..
66 Bulgarien	..	..	..	..	..	..	..	..	..	..
67 Kolumbien	8	9	1	5	8	7	46	33	37	44
68 Jamaika	22	19	15	17	5	3	21	20	37	40
69 Paraguay	19	13	15	14	1	1	32	39	33	33
70 Namibia[a]	..	..	..	..	..	..	..	..	..	..
71 Kasachstan	..	..	..	..	..	..	..	..	..	..
72 Tunesien	28	8	5	8	9	7	26	30	32	47
* Angaben für Taiwan (China)	15	6	4	8	18	10	35	40	28	36

Anmerkung: Zur Vergleichbarkeit der Daten und ihrer Abgrenzung vgl. Länderschlüssel und Technische Erläuterungen. Kursive Zahlen gelten für andere als die angegebenen Jahre.

		\multicolumn{10}{c}{Prozentualer Anteil an der Wareneinfuhr}
		\multicolumn{2}{c}{Nahrungs-mittel}	\multicolumn{2}{c}{Brennstoffe}	\multicolumn{2}{c}{Sonstige Rohstoffe}	\multicolumn{2}{c}{Maschinen, Elektrotechnik, Fahrzeuge}	\multicolumn{2}{c}{Übrige Industrie-produkte}
		1970	1992	1970	1992	1970	1992	1970	1992	1970	1992
73	Ukraine	..	..	..	..	..	..	..	..	..	..
74	Algerien	13	26	2	3	6	5	37	32	42	34
75	Thailand	5	6	9	8	7	8	36	41	43	37
76	Polen	17	10	21	17	11	9	28	33	23	30
77	Lettland	..	..	..	..	..	..	..	..	..	..
78	Slowakei	..	..	..	..	..	..	..	..	..	..
79	Costa Rica	11	8	4	17	3	4	29	23	53	49
80	Türkei	8	6	8	17	8	9	41	35	36	33
81	Iran, Islam. Rep.	7	12	0	0	8	4	41	45	45	39
82	Panama	10[b]	10	19[b]	15	2[b]	2	27[b]	28	42[b]	45
83	Tschechische Rep.	..	..	..	..	..	..	..	..	..	..
84	Russische Föderation	..	..	..	..	..	..	..	..	..	..
85	Chile	15	6	6	12	7	3	43	42	30	37
86	*Albanien*	..	..	..	..	..	..	..	..	..	..
87	*Mongolei*	..	..	..	..	..	..	..	..	..	..
88	*Syrien, Arab. Rep.*	21	17	8	18	5	7	28	26	38	32
	Obere Einkommenskategorie	**12**w	**10**w	**9**w	**10**w	**10**w	**6**w	**36**w	**40**w	**33**w	**34**w
89	Südafrika[a]	5	5	0	1	7	6	48	54	40	34
90	Mauritius	36	13	7	9	2	3	13	25	41	50
91	Estland	..	..	..	..	..	..	..	..	..	..
92	Brasilien	11	9	12	22	8	6	35	33	34	29
93	Botsuana[a]	..	..	..	..	..	..	..	..	..	..
94	Malaysia	22	7	12	4	8	5	28	55	31	30
95	Venezuela	10	10	1	1	5	6	45	51	38	32
96	Weißrußland	..	..	..	..	..	..	..	..	..	..
97	Ungarn	11	6	9	15	19	6	31	30	31	43
98	Uruguay	13	9	15	10	12	4	31	34	29	42
99	Mexiko	7	11	3	3	9	5	50	48	31	33
100	Trinidad und Tobago	11	17	53	9	1	5	13	29	22	39
101	Gabun	14	17	1	1	1	2	39	40	44	39
102	Argentinien	6	6	5	3	16	5	31	46	42	40
103	Oman	13	19	5	2	3	1	41	42	38	36
104	Slowenien	..	..	..	..	..	..	..	..	..	..
105	Puerto Rico	..	..	..	..	..	..	..	..	..	..
106	Korea, Rep.	17	6	7	18	21	12	30	35	25	28
107	Griechenland	11	15	7	10	9	4	48	34	25	38
108	Portugal	14	12	9	8	13	5	30	38	34	37
109	Saudi-Arabien	28	16	1	0	3	3	33	36	35	45
	Länder mit niedr. u. mittl. Eink.	**13**w	**10**w	**9**w	**10**w	**9**w	**7**w	**33**w	**37**w	**35**w	**36**w
	Afrika südlich der Sahara	11w	12w	4w	8w	4w	4w	38w	39w	42w	37w
	Ostasien u. Pazifik	13w	6w	7w	10w	10w	9w	33w	39w	37w	36w
	Südasien	25w	10w	7w	19w	13w	11w	24w	22w	31w	39w
	Europa u. Zentralasien	..	..	..	..	..	..	..	..	..	..
	Naher Osten u. Nordafrika	19w	16w	3w	5w	7w	5w	32w	35w	39w	39w
	Lateinamerika u. Karibik	11w	11w	11w	10w	7w	5w	35w	40w	36w	35w
	Länder mit gravierenden Schuldenproblemen	**14**w	**12**w	**10**w	**10**w	**8**w	**5**w	**34**w	**39**w	**34**w	**34**w
	Länder mit hohem Einkommen	**16**w	**10**w	**10**w	**9**w	**16**w	**6**w	**25**w	**35**w	**33**w	**41**w
110	Irland	14	12	8	5	8	3	27	36	43	44
111	Neuseeland	7	7	7	7	10	4	34	39	43	43
112	†Israel	14	7	5	8	8	4	30	32	42	49
113	Spanien	16	12	13	10	17	5	26	37	28	35
114	†Hongkong	20	7	3	2	9	4	16	30	52	58
115	†Singapur	16	6	13	13	12	3	23	46	35	32
116	Australien	6	5	5	6	7	3	41	40	42	47
117	Großbritannien	24	11	10	6	20	5	17	37	29	41
118	Italien	19	13	14	9	21	9	20	32	26	37
119	Niederlande	15	14	11	8	10	5	25	30	39	42
120	Kanada	9	6	6	4	6	4	49	50	31	35
121	Belgien[c]	13	11	9	8	18	7	26	25	33	49
122	Finnland	10	6	11	13	9	8	33	33	37	40
123	†Vereinigte Arab. Emirate	11	17	10	7	2	3	37	31	39	43
124	Frankreich	15	11	12	9	15	6	25	34	33	41
125	Österreich	9	5	8	5	12	6	31	39	39	44
126	Deutschland[d]	19	10	9	7	18	6	19	34	36	42
127	Vereinigte Staaten	16	6	8	11	12	4	28	41	36	38
128	Norwegen	9	7	8	3	13	7	35	37	36	46
129	Dänemark	11	13	10	5	9	5	28	29	42	48
130	Schweden	11	7	11	9	10	5	30	36	39	43
131	Japan	17	17	21	23	37	13	11	16	14	31
132	Schweiz	13	7	5	4	9	4	27	30	46	54
	Gesamte Welt	**15**w	**10**w	**10**w	**9**w	**14**w	**6**w	**27**w	**35**w	**33**w	**40**w

[a] Die Angaben beziehen sich auf die Südafrikanische Zollunion, der Südafrika, Namibia, Lesotho, Botsuana und Swasiland angehören; der Handel zwischen diesen Teilgebieten ist in den Angaben nicht enthalten. [b] Ohne Kanalzone. [c] Einschließlich Luxemburg. [d] Die Angaben beziehen sich auf die Bundesrepublik Deutschland vor der Vereinigung.

Tabelle 15 Struktur der Warenausfuhr

Prozentualer Anteil an der Warenausfuhr

		Brennstoffe, Mineralien und Metalle		Sonstige Rohstoffe		Maschinen, Elektrotechnik, Fahrzeuge		Übrige Industrieprodukte		Textilien und Bekleidung	
		1970	1992	1970	1992	1970	1992	1970	1992	1970	1992
	Länder mit niedrigem Einkommen	**29w**	**21w**	**44w**	**17w**	**4w**	**9w**	**24w**	**53w**	**13w**	**26w**
	Ohne China und Indien	**36w**	**40w**	**51w**	**21w**	**0w**	**2w**	**12w**	**37w**	**7w**	**21w**
1	Mosambik	..	..	..	..	..	..	..	..	..	..
2	Äthiopien	2	3	97	94	0	0	2	3	0	1
3	Tansania	7	4	80	81	0	1	13	15	2	7
4	Sierra Leone	15	34	22	33	0	..	63	32	0	0
5	Nepal	0	0	65	6	0	0	35	94	25	85
6	Uganda	9	3	90	96	0	0	0	0	0	0
7	Bhutan	..	..	..	..	..	..	..	..	..	..
8	Burundi	1	1	97	97	0	0	2	2	0	0
9	Malawi	0	0	96	96	0	0	3	4	1	3
10	Bangladesch	*1*	0	*35*	18	*1*	0	*64*	81	*49*	72
11	Tschad	0	5	95	90	1	1	4	4	0	1
12	Guinea-Bissau	0	0	98	97	1	0	1	3	0	0
13	Madagaskar	9	8	84	73	2	2	5	18	1	10
14	Laos, Dem. VR	36	24	33	72	30	0	1	4	0	0
15	Ruanda	..	..	..	..	..	..	..	..	..	..
16	Niger	0	86	96	12	1	0	2	1	0	1
17	Burkina Faso	0	0	95	88	1	4	3	8	0	2
18	Indien	13	8	35	21	5	7	47	64	25	25
19	Kenia	12	16	75	55	0	10	12	19	1	3
20	Mali	1	0	89	92	0	0	10	8	8	7
21	Nigeria	62	96	36	3	..	0	1	1	0	0
22	Nicaragua	3	2	81	90	0	0	16	7	3	1
23	Togo	25	45	69	44	2	1	4	10	1	3
24	Benin	0	3	89	67	3	3	8	28	6	1
25	Zentralafrik. Rep.	0	1	55	55	1	0	44	43	1	0
26	Pakistan	2	1	41	20	0	0	57	79	47	69
27	Ghana	13	15	86	84	0	0	1	1	0	0
28	China*	11	7	19	14	15	15	55	64	29	30
29	Tadschikistan	..	..	..	..	..	..	..	..	..	..
30	Guinea	..	..	..	..	..	..	..	..	..	..
31	Mauretanien	88	84	11	8	0	7	0	1	0	0
32	Sri Lanka	1	1	98	27	0	2	1	71	0	52
33	Simbabwe	18	17	47	51	2	4	33	28	4	6
34	Honduras	9	3	82	84	0	0	8	13	2	3
35	Lesotho[a]	..	..	..	..	..	..	..	..	..	..
36	Ägypten, Arab. Rep.	5	51	68	14	1	1	26	34	19	18
37	Indonesien	44	38	54	15	0	4	1	44	0	18
38	*Myanmar*	7	6	92	91	0	0	2	3	0	0
39	*Somalia*	0	0	94	99	4	0	2	0	0	0
40	*Sudan*	1	3	99	96	0	0	0	1	0	1
41	*Jemen, Rep.*	..	..	..	..	..	..	..	..	..	..
42	*Sambia*	99	98	1	1	0	0	0	1	0	0
	Länder mit mittlerem Einkommen	**40w**	**32w**	**33w**	**19w**	**9w**	**18w**	**18w**	**31w**	**4w**	**10w**
	Untere Einkommenskategorie	..	..	..	..	..	..	..	..	..	..
43	Côte d'Ivoire	2	11	92	79	1	2	5	9	1	2
44	Bolivien	93	66	4	22	0	3	3	9	0	2
45	Aserbaidschan	..	..	..	..	..	..	..	..	..	..
46	Philippinen	23	8	70	19	0	17	8	56	1	10
47	Armenien	..	..	..	..	..	..	..	..	..	..
48	Senegal	12	22	69	56	4	2	15	20	6	1
49	Kamerun	10	28	82	55	3	7	6	10	1	2
50	Kirgisistan	..	..	..	..	..	..	..	..	..	..
51	Georgien	..	..	..	..	..	..	..	..	..	..
52	Usbekistan	..	..	..	..	..	..	..	..	..	..
53	Papua-Neuguinea	42	52	55	36	0	10	3	2	0	0
54	Peru	49	49	49	31	0	2	1	19	0	10
55	Guatemala	0	2	72	68	2	1	26	28	8	5
56	Kongo	1	92	70	5	1	0	28	3	0	0
57	Marokko	33	15	57	30	0	6	9	49	4	25
58	Dominikanische Rep.	4	1	77	79	0	3	20	17	0	0
59	Ecuador	1	45	97	51	0	1	2	3	1	1
60	Jordanien	24	34	59	16	3	2	13	48	3	4
61	Rumänien	21	16	6	8	29	27	44	49	9	9
62	El Salvador	2	3	70	56	3	3	26	37	11	15
63	Turkmenistan	..	..	..	..	..	..	..	..	..	..
64	Moldau	..	..	..	..	..	..	..	..	..	..
65	Litauen	..	..	..	..	..	..	..	..	..	..
66	Bulgarien	..	..	..	..	..	..	..	..	..	..
67	Kolumbien	11	29	81	39	1	2	7	29	2	9
68	Jamaika	25	18	22	27	0	0	53	55	2	13
69	Paraguay	0	1	91	84	0	0	9	15	0	2
70	Namibia[a]	..	..	..	..	..	..	..	..	..	..
71	Kasachstan	..	..	..	..	..	..	..	..	..	..
72	Tunesien	46	16	35	11	0	9	19	64	2	40

* Angaben für Taiwan (China) 2 2 22 5 17 40 59 53 29 14

Anmerkung: Zur Vergleichbarkeit der Daten und ihrer Abgrenzung vgl. Länderschlüssel und Technische Erläuterungen. Kursive Zahlen gelten für andere als die angegebenen Jahre.

	Prozentualer Anteil an der Warenausfuhr									
	Brennstoffe, Mineralien und Metalle		Sonstige Rohstoffe		Maschinen, Elektrotechnik, Fahrzeuge		Übrige Industrieprodukte		Textilien und Bekleidung	
	1970	1992	1970	1992	1970	1992	1970	1992	1970	1992
73 Ukraine	..	..	..	..	..	1	..	2	..	0
74 Algerien	73	97	20	0	2	1	5	2	1	0
75 Thailand	15	2	77	32	0	22	8	45	1	17
76 Polen	19	20	8	16	41	15	32	49	7	5
77 Lettland	..	..	..	..	..	..	..	..	..	..
78 Slowakei	..	..	..	..	..	..	..	..	..	..
79 Costa Rica	0	1	80	72	3	4	17	23	4	5
80 Türkei	8	4	83	24	0	9	9	63	5	39
81 Iran, Islam. Rep.	90	90	6	6	0	0	4	3	3	3
82 Panama	21[b]	1	75[b]	78	2[b]	4	2[b]	17	0[b]	6
83 Tschechische Rep.	..	..	..	..	..	..	..	..	..	..
84 Russische Föderation	..	..	..	..	..	..	..	..	..	..
85 Chile	88	47	7	38	1	2	4	13	0	1
86 Albanien	..	..	..	..	..	..	..	..	..	..
87 Mongolei	..	..	..	..	..	..	..	..	..	..
88 Syrien, Arab. Rep.	62	45	29	17	3	1	7	37	4	25
Obere Einkommenskategorie	**46w**	**33w**	**32w**	**15w**	**6w**	**22w**	**17w**	**31w**	**4w**	**9w**
89 Südafrika[a]	22	22	31	31	5	5	42	42	1	1
90 Mauritius	0	2	98	31	0	2	2	65	1	54
91 Estland	..	..	..	..	..	..	..	..	..	..
92 Brasilien	11	13	75	29	4	21	11	37	1	4
93 Botsuana[a]	..	..	..	..	..	..	..	..	..	..
94 Malaysia	30	17	63	22	2	38	6	23	1	6
95 Venezuela	97	86	2	3	0	1	1	9	0	0
96 Weißrußland	..	..	..	..	..	..	..	..	..	..
97 Ungarn	7	8	26	27	32	21	35	45	8	14
98 Uruguay	1	1	79	58	1	4	20	37	14	16
99 Mexiko	19	34	49	13	11	31	22	21	3	2
100 Trinidad und Tobago	78	64	9	6	1	1	12	29	1	1
101 Gabun	56	89	35	7	1	0	8	4	0	0
102 Argentinien	1	10	85	64	4	8	10	19	1	1
103 Oman	100	94	0	1	0	4	0	1	0	0
104 Slowenien	..	..	..	..	..	..	..	..	..	..
105 Puerto Rico	..	..	..	..	..	..	..	..	..	..
106 Korea, Rep.	7	3	17	4	7	40	69	53	36	20
107 Griechenland	14	11	51	36	1	5	33	49	7	27
108 Portugal	5	5	31	12	8	21	56	62	25	30
109 Saudi-Arabien	100	99	0	0	0	1	0	0	0	0
Länder mit niedr. u. mittl. Eink.	**37w**	**29w**	**35w**	**18w**	**8w**	**15w**	**19w**	**37w**	**6w**	**14w**
Afrika südlich der Sahara	**37w**	**44w**	**46w**	**32w**	**2w**	**3w**	**15w**	**21w**	**1w**	**2w**
Ostasien u. Pazifik	**22w**	**11w**	**45w**	**15w**	**6w**	**25w**	**27w**	**50w**	**13w**	**20w**
Südasien	**9w**	**6w**	**44w**	**21w**	**3w**	**5w**	**45w**	**69w**	**28w**	**41w**
Europa u. Zentralasien	..	..	..	..	..	..	..	..	..	..
Naher Osten u. Nordafrika	**74w**	**85w**	**18w**	**5w**	**1w**	**1w**	**7w**	**9w**	**3w**	**4w**
Lateinamerika u. Karibik	**43w**	**32w**	**45w**	**30w**	**2w**	**14w**	**9w**	**24w**	**1w**	**3w**
Länder mit gravierenden Schuldenproblemen	**22w**	**34w**	**47w**	**27w**	**13w**	**14w**	**16w**	**25w**	**3w**	**4w**
Länder mit hohem Einkommen	**11w**	**7w**	**16w**	**11w**	**35w**	**43w**	**38w**	**39w**	**6w**	**5w**
110 Irland	8	2	52	26	7	27	34	45	10	4
111 Neuseeland	1	7	88	66	2	5	9	21	1	2
112 †Israel	4	2	26	9	5	28	66	62	12	7
113 Spanien	10	5	37	17	20	43	34	35	6	4
114 †Hongkong	1	2	3	3	12	24	84	71	44	40
115 †Singapur	25	15	45	7	11	52	20	26	5	5
116 Australien	28	36	53	29	6	8	13	28	1	1
117 Großbritannien	8	9	9	9	41	41	42	41	6	4
118 Italien	7	3	10	8	37	37	46	52	13	13
119 Niederlande	14	11	29	26	20	22	37	41	8	4
120 Kanada	26	18	22	18	32	38	19	26	1	1
121 Belgien[c]	13	7	11	12	21	27	55	54	10	7
122 Finnland	4	7	29	11	16	29	50	53	6	2
123 †Vereinigte Arab. Emirate	95	95	1	1	1	1	2	2	0	0
124 Frankreich	6	5	19	17	33	39	42	39	8	5
125 Österreich	6	4	14	7	24	38	56	52	11	7
126 Deutschland[d]	6	4	5	7	47	50	43	40	6	5
127 Vereinigte Staaten	9	5	21	15	42	48	28	32	2	2
128 Norwegen	25	58	20	10	23	14	32	18	2	1
129 Dänemark	4	4	42	29	27	27	27	40	6	5
130 Schweden	8	6	18	9	40	43	35	42	3	2
131 Japan	2	1	5	1	41	67	53	30	11	2
132 Schweiz	3	3	8	4	32	31	58	63	8	5
Gesamte Welt	**16w**	**12w**	**20w**	**13w**	**29w**	**37w**	**34w**	**39w**	**6w**	**7w**

[a] Die Angaben beziehen sich auf die Südafrikanische Zollunion, der Südafrika, Namibia, Lesotho, Botsuana und Swasiland angehören; der Handel zwischen diesen Teilgebieten ist nicht in den Angaben enthalten.   [b] Ohne Kanalzone.   [c] Einschließlich Luxemburg.   [d] Die Angaben beziehen sich auf die Bundesrepublik Deutschland vor der Vereinigung.

Tabelle 16 OECD-Importe von Industrieprodukten

		Importwert von Industrieprodukten nach Herkunftsländern (in Mio $)		Zusammensetzung der Importe von Industrieprodukten im Jahr 1992 (in %)				
		1970	1992	Textilien und Bekleidung	Chemische Erzeugnisse	Elektrotechnische und elektronische Erzeugnisse	Fahrzeuge	Übrige Erzeugnisse
Länder mit niedrigem Einkommen		**1.264**s	**91.638**s	**39,7**w	**4,0**w	**7,8**w	**1,3**w	**47,2**w
Ohne China und Indien		**487**s	**21.670**s	**51,5**w	**2,8**w	**2,4**w	**2,4**w	**40,9**w
1	Mosambik	7	12	41,7	0,0	0,0	0,0	58,3
2	Äthiopien	4	40	10,0	7,5	2,5	2,5	77,5
3	Tansania	9	41	63,4	0,0	2,4	4,9	29,3
4	Sierra Leone	2	220	0,0	0,5	0,5	0,5	98,6
5	Nepal	1	328	91,5	0,6	0,6	0,3	7,0
6	Uganda	1	3	33,3	0,0	0,0	0,0	66,7
7	Bhutan	..	1	..	..	..	..	..
8	Burundi	0	2	0,0	0,0	0,0	50,0	50,0
9	Malawi	1	20	70,0	0,0	0,0	0,0	30,0
10	Bangladesch	..	1.859	89,7	0,1	0,2	3,5	6,5
11	Tschad	..	1	..	..	..	..	..
12	Guinea-Bissau	..	..	..	..	..	..	..
13	Madagaskar	7	51	68,6	7,8	0,0	0,0	23,5
14	Laos, Dem. VR	0	39	94,9	..	0,0	0,0	5,1
15	Ruanda	..	3	..	..	..	..	..
16	Niger	0	180	0,0	96,1	0,0	0,0	3,9
17	Burkina Faso	..	5	..	..	..	..	..
18	Indien	534	10.539	48,3	5,8	1,0	1,2	43,7
19	Kenia	16	120	26,7	8,3	5,0	1,7	58,3
20	Mali	2	61	1,6	0,0	32,8	0,0	65,6
21	Nigeria	13	167	7,8	15,0	3,0	4,8	69,5
22	Nicaragua	6	17	23,5	29,4	0,0	11,8	35,3
23	Togo	..	9	..	..	..	..	..
24	Benin	..	12	25,0	58,3	0,0	8,3	8,3
25	Zentralafrik. Rep.	12	78	..	..	..	..	..
26	Pakistan	207	3.474	85,6	0,3	0,3	0,1	13,7
27	Ghana	8	90	1,1	1,1	2,2	1,1	94,4
28	China	243	59.429	33,8	4,1	11,0	0,9	50,2
29	Tadschikistan	..	1	..	..	..	..	..
30	Guinea	38	130	0,0	17,7	0,0	0,0	82,3
31	Mauretanien	0	5	20,0	0,0	0,0	0,0	80,0
32	Sri Lanka	9	1.717	74,2	1,2	1,5	0,1	23,1
33	Simbabwe	0	266	22,9	0,4	1,5	0,4	74,8
34	Honduras	3	460	86,1	0,9	0,0	0,4	12,6
35	Lesotho[a]	..	..	..	..	..	..	..
36	Ägypten, Arab. Rep.	33	1.011	50,9	7,3	0,7	23,1	17,9
37	Indonesien	15	9.750	36,5	2,2	4,2	0,8	56,3
38	*Myanmar*	4	54	64,8	0,0	1,9	1,9	31,5
39	*Somalia*	..	1	..	..	..	..	..
40	*Sudan*	1	7	0,0	0,0	14,3	0,0	85,7
41	*Jemen, Rep.*	..	28	0,0	0,0	7,1	35,7	57,1
42	*Sambia*	4	28	42,9	0,0	0,0	3,6	53,6
Länder mit mittlerem Einkommen		**4.101**s	**203.440**s	**24,4**w	**6,5**w	**18,3**w	**7,3**w	**43,5**w
Untere Einkommenskategorie		**1.267**s	**67.842**s	**34,9**w	**7,5**w	**10,7**w	**4,1**w	**42,8**w
43	Côte d'Ivoire	7	267	16,9	1,5	0,7	11,6	69,3
44	Bolivien	1	63	15,9	11,1	0,0	0,0	73,0
45	Aserbaidschan	..	5	60,0	20,0	0,0	0,0	20,0
46	Philippinen	108	6.703	30,9	2,0	32,3	0,5	34,2
47	Armenien	..	8	12,5	0,0	0,0	0,0	87,5
48	Senegal	4	24	12,5	8,3	16,7	0,0	62,5
49	Kamerun	4	49	16,3	2,0	0,0	2,0	79,6
50	Kirgisistan	..	1	..	..	..	..	..
51	Georgien	..	6	..	..	..	..	..
52	Usbekistan	..	2	..	..	..	..	..
53	Papua-Neuguinea	4	22	9,1	0,0	0,0	4,5	86,4
54	Peru	12	456	57,0	7,9	1,3	0,4	33,3
55	Guatemala	5	580	88,4	2,8	0,0	0,0	8,8
56	Kongo	4	369	0,0	0,0	0,3	0,0	99,7
57	Marokko	32	2.702	68,7	11,7	8,1	2,0	9,5
58	Dominikanische Rep.	10	2.264	57,1	0,7	7,6	0,0	34,6
59	Ecuador	3	83	22,9	2,4	4,8	7,2	62,7
60	Jordanien	1	84	19,0	19,0	6,0	25,0	31,0
61	Rumänien	188	1.886	37,8	4,8	2,5	3,1	51,8
62	El Salvador	2	265	73,2	1,5	16,6	0,0	8,7
63	Turkmenistan	..	6	..	..	..	..	..
64	Moldau	..	8	50,0	0,0	12,5	0,0	37,5
65	Litauen	..	133	22,6	43,6	2,3	0,8	30,8
66	Bulgarien	68	774	38,1	11,4	6,1	0,9	43,5
67	Kolumbien	52	1.177	35,8	5,8	0,4	0,3	57,8
68	Jamaika	117	801	47,3	47,7	0,5	0,0	4,5
69	Paraguay	5	77	11,7	22,1	1,3	1,3	63,6
70	Namibia[a]	..	..	..	..	..	..	..
71	Kasachstan	..	64	0,0	26,6	0,0	0,0	73,4
72	Tunesien	19	2.596	70,6	6,2	8,9	3,2	11,2

Anmerkung: Zur Vergleichbarkeit der Daten und ihrer Abgrenzung vgl. Länderschlüssel und Technische Erläuterungen. Kursive Zahlen gelten für andere als die angegebenen Jahre.

		Importwert von Industrieprodukten nach Herkunftsländern (in Mio $)		Zusammensetzung der Importe von Industrieprodukten im Jahr 1992 (in %)				
		1970	1992	Textilien und Bekleidung	Chemische Erzeugnisse	Elektrotechnische und elektronische Erzeugnisse	Fahrzeuge	Übrige Erzeugnisse
73	Ukraine	..	339	10,3	33,0	3,2	10,0	43,4
74	Algerien	39	1.382	0,1	5,2	0,1	0,1	94,5
75	Thailand	32	15.197	20,4	1,9	17,6	1,0	59,3
76	Polen	287	6.897	24,3	11,9	6,1	7,8	49,9
77	Lettland	..	111	18,0	36,0	5,4	1,8	38,7
78	Slowakei	..	..	..	..	..	..	..
79	Costa Rica	5	900	70,9	2,1	9,8	0,2	17,0
80	Türkei	47	7.809	70,0	2,7	6,8	2,5	18,0
81	Iran, Islam. Rep.	133	735	83,8	0,5	1,8	0,8	13,1
82	Panama	18[b]	475	13,1	3,4	1,9	28,6	53,1
83	Tschechische Rep.	..	..	..	..	..	..	..
84	Russische Föderation	..	5.739	2,4	26,4	1,8	11,2	58,1
85	Chile	15	768	7,0	24,3	0,8	1,0	66,8
86	*Albanien*	1	40	27,5	5,0	0,0	0,0	67,5
87	*Mongolei*	0	13	92,3	0,0	0,0	..	7,7
88	*Syrien, Arab. Rep.*	2	75	70,7	0,0	1,3	1,3	26,7
	Obere Einkommenskategorie	**2.834**s	**135.598**s	**19,1**w	**5,9**w	**22,2**w	**8,9**w	**43,9**w
89	Südafrika[a]	325	3.250	8,4	13,7	2,4	4,1	71,4
90	Mauritius	1	863	86,3	0,5	0,2	0,1	12,9
91	Estland	..	146	38,4	16,4	5,5	4,8	34,9
92	Brasilien	197	10.510	8,2	9,6	4,5	10,4	67,3
93	*Botsuana*[a]	..	..	..	..	..	..	..
94	Malaysia	39	16.425	12,9	2,2	47,4	1,1	36,4
95	Venezuela	24	757	2,9	24,4	1,7	9,8	61,2
96	Weißrußland	..	99	9,1	33,3	6,1	4,0	47,5
97	Ungarn	210	4.967	23,3	14,3	12,2	5,0	45,1
98	Uruguay	23	304	47,0	4,3	0,3	1,0	47,4
99	Mexiko	508	30.668	5,5	4,0	31,9	20,4	38,2
100	Trinidad und Tobago	39	309	0,6	64,4	0,6	0,3	34,0
101	Gabun	8	73	1,4	54,8	4,1	2,7	37,0
102	Argentinien	104	1.202	5,8	23,5	1,2	9,2	60,3
103	Oman	0	259	36,7	0,4	8,1	13,9	40,9
104	Slowenien	..	2.366	21,7	3,2	12,9	13,4	48,8
105	Puerto Rico	..	..	..	..	..	..	..
106	Korea, Rep.	524	39.456	22,1	3,5	21,1	5,7	47,6
107	Griechenland	185	4.018	61,0	5,2	4,1	1,1	28,7
108	Portugal	396	14.185	38,8	4,5	10,5	7,8	38,5
109	Saudi-Arabien	16	1.837	0,3	39,4	10,6	8,1	41,6
	Länder mit niedr. u. mittl. Eink.	**5.365**s	**295.078**s	**29,1**w	**5,7**w	**15,1**w	**5,4**w	**44,7**w
	Afrika südlich der Sahara	515s	7.752s	16,6w	9,8w	1,7w	3,8w	68,2w
	Ostasien u. Pazifik	1.086s	149.227s	27,6w	3,2w	18,7w	2,2w	48,3w
	Südasien	760s	17.994s	63,3w	3,6w	0,8w	1,1w	31,3w
	Europa u. Zentralasien	1.406s	55.946s	35,4w	9,0w	8,6w	7,0w	39,9w
	Naher Osten u. Nordafrika	304s	11.271s	44,9w	13,7w	6,3w	5,6w	29,5w
	Lateinamerika u. Karibik	1.294s	52.888s	13,6w	7,5w	20,2w	14,6w	44,0w
	Länder mit gravierenden Schuldenproblemen	**1.421**s	**57.100**s	**12,8**w	**7,5**w	**19,3**w	**14,4**w	**46,0**w
	Länder mit hohem Einkommen	**120.190**s	**1.652.662**s	**6,0**w	**13,0**w	**11,2**w	**19,1**w	**50,7**w
110	Irland	439	18.768	6,1	31,7	10,1	1,4	50,7
111	Neuseeland	121	2.054	9,8	22,7	6,9	4,3	56,3
112	†Israel	308	8.360	10,7	14,1	11,3	2,7	61,2
113	Spanien	773	36.271	4,0	9,1	8,4	37,3	41,2
114	†Hongkong	1.861	25.664	42,0	0,7	12,7	0,5	44,2
115	†Singapur	112	22.900	5,0	5,2	25,5	1,3	63,0
116	Australien	471	6.684	3,7	27,4	4,8	13,7	50,4
117	Großbritannien	10.457	115.249	5,3	18,0	9,8	13,7	53,1
118	Italien	7.726	115.669	16,3	8,1	7,7	10,5	57,4
119	Niederlande	5.678	77.689	7,2	26,2	8,6	9,3	48,6
120	Kanada	8.088	79.162	1,6	7,8	7,6	39,9	43,1
121	Belgien[c]	7.660	84.562	8,6	20,9	5,7	21,7	43,1
122	Finnland	1.170	17.144	2,5	8,1	9,0	8,0	72,3
123	†Vereinigte Arab. Emirate	1	958	44,7	7,9	3,2	7,4	36,7
124	Frankreich	9.240	145.857	5,8	16,3	9,0	25,2	43,8
125	Österreich	1.637	31.703	8,9	8,5	10,7	8,2	63,7
126	Deutschland	23.342[d]	281.743	5,2	14,5	9,9	22,0	48,4
127	Vereinigte Staaten	21.215	216.062	2,3	12,7	13,4	19,4	52,1
128	Norwegen	1.059	8.900	1,8	21,6	7,3	10,0	59,3
129	Dänemark	1.413	20.575	7,9	14,8	10,0	4,1	63,2
130	Schweden	4.143	39.668	1,5	11,7	9,7	16,9	60,3
131	Japan	8.851	193.041	1,1	3,9	18,9	29,8	46,3
132	Schweiz	3.568	50.817	4,9	24,1	9,6	2,9	58,6
	Gesamte Welt	**125.555**s	**1.947.740**s	**9,5**w	**11,9**w	**11,8**w	**17,0**w	**49,8**w

Anmerkung: Nur Importe der OECD-Länder mit hohem Einkommen. Für 1970 basieren sie auf SITC, Revision 1 und für 1992 auf Revision 2. [a] Die Angaben beziehen sich auf die Südafrikanische Zollunion, der Südafrika, Namibia, Lesotho, Botsuana und Swasiland angehören; der Handel zwischen diesen Teilgebieten ist nicht in den Angaben enthalten. [b] Ohne Kanalzone. [c] Einschließlich Luxemburg. [d] Die Angaben beziehen sich auf die Bundesrepublik Deutschland vor der Vereinigung.

Tabelle 17 Zahlungsbilanzen und Währungsreserven

	Leistungsbilanzsaldo (in Mio $)				Netto-Gastarbeiter-überweisungen (in Mio $)		Bruttowährungsreserven		
	Einschl. öffentlicher Übertragungen		Ohne öffentliche Übertragungen				In Mio $		Einfuhr-deckung in Monaten
	1970	1992	1970	1992	1970	1992	1970	1992	1992
Länder mit niedrigem Einkommen Ohne China und Indien							..	69.613 s	3,6 w
							2.689 s	35.221 s	3,5 w
1 Mosambik	..	−381	..	−881	..	58 a	..	218	2,2
2 Äthiopien	−32	41 a	−43	41 a	..	316	72	270	2,8
3 Tansania	−36	−297 a	−37	−866 a	..	..	65	327	2,1
4 Sierra Leone	−16	..	−20	..	..	..	39	21	..
5 Nepal	−1 a	−242 a	−25 a	−279 a	..	..	94	518	6,8
6 Uganda	20	−113 a	19	−346 a	−5	..	57	94	1,5
7 Bhutan	..	13 a	..	−25 a	..	..	..	78	8,5
8 Burundi	2 a	−54 a	−2 a	−219 a	..	..	15	180	6,3
9 Malawi	−35	−223 a	−46	−342 a	−4	..	29	44	0,7
10 Bangladesch	−114 a	301 a	−234 a	−516 a	0 a	848 a	..	1.853	5,5
11 Tschad	2	−91	−33	−325	−6	−39	2	84	1,8
12 Guinea-Bissau	..	−72	..	−121	..	−1	..	17	1,6
13 Madagaskar	10	−136	−42	−284	−26	−1	37	89	1,2
14 Laos, Dem. VR	..	−41	..	−102	..	..	6	..	..
15 Ruanda	7	−85	−12	−246	−4	..	8	79	2,5
16 Niger	0	−38	−32	−156	−3	−37	19	229	6,0
17 Burkina Faso	9	−95	−21	−468	16	91	36	345	4,4
18 Indien	−385 a	−4.809 a	−591 a	−5.165 a	80	2.086 a	1.023	9.539	3,6
19 Kenia	−49	−98	−86	−312	..	−3	220	80	0,4
20 Mali	−2	−91	−22	−414	−1	91	1	314	4,0
21 Nigeria	−368	2.268	−412	1.537	..	22	223	1.196	1,2
22 Nicaragua	−40	−695	−43	−1.074	..	10	49	..	..
23 Togo	3	−105	−14	−190	−3	2	35	277	4,9
24 Benin	−3	−29	−23	−162	0	99	16	249	3,9
25 Zentralafrik. Rep.	−12	−57 a	−24	−183 a	−4	−39	1	104	3,7
26 Pakistan	−667	−1.049	−705	−1.499	86	1.468	195	1.524	1,4
27 Ghana	−68	−378 a	−76	−592 a	−9	3	43	412	2,5
28 China*	−81 a	6.401	−81 a	6.050	0 a	213	..	24.853	3,8
29 Tadschikistan	..	..	..	..	..	..	..	..	..
30 Guinea	..	−203 a	..	−396 a	..	−22	..	..	..
31 Mauretanien	−5	−105	−13	−197	−6	53	3	65	1,1
32 Sri Lanka	−59	−451	−71	−633	3	548	43	980	2,9
33 Simbabwe	−14 a	−617 a	−26 a	−859 a	..	..	59	404	1,8
34 Honduras	−64	−224	−68	−379	..	..	20	205	1,6
35 Lesotho	18 a	38	−1 a	−397	29 a	..	..	157	1,8
36 Ägypten, Arab. Rep.	−148	2.605 a	−452	1.257 a	29	5.430 a	165	11.620	9,3
37 Indonesien	−310	−3.679	−376	−3.792	..	185	160	11.482	3,4
38 Myanmar	−63	−418	−81	−448	..	..	98	364	3,5
39 Somalia	−6	..	−18	..	..	..	21	..	..
40 Sudan	−42	−1.446 a	−43	−1.714 a	..	124 a	22	24	0,3
41 Jemen, Rep.	..	−1.582 a	..	−1.678 a	..	340 a	..	..	..
42 Sambia	108	−307 a	107	−568 a	−48	−19	515	192	1,3
Länder mit mittlerem Einkommen Untere Einkommenskategorie							23.267 s	251.759 s	3,9 w
							12.478 s	84.766 s	4,0 w
43 Côte d'Ivoire	−38	−1.307	−73	−1.468	−56	−424	119	22	0,1
44 Bolivien	4	−533	2	−754	..	−1	46	480	3,7
45 Aserbaidschan	..	503	..	503	..	..	..	..	..
46 Philippinen	−48	−999	−138	−1.343	..	314	255	5.336	3,3
47 Armenien	..	−135	..	−140	..	..	..	..	..
48 Senegal	−16	−267	−66	−547	−16	32	22	22	0,1
49 Kamerun	−30	−834 a	−47	−834 a	−11	−31 a	81	30	0,1
50 Kirgisistan	..	−101	..	−123	..	..	..	..	..
51 Georgien	..	..	..	..	..	..	..	..	..
52 Usbekistan	..	−369	..	−369	..	..	..	..	..
53 Papua-Neuguinea	−89 a	−466 a	−239 a	−725 a	..	71 a	..	260	1,1
54 Peru	202	−2.065	146	−2.363	..	..	339	3.456	6,1
55 Guatemala	−8	−706	−8	−758	..	173	79	806	3,2
56 Kongo	−45 a	−308	−53 a	−402	−3 a	−64 a	9	11	0,1
57 Marokko	−124	−427	−161	−787	27	2.148	142	3.819	4,8
58 Dominikanische Rep.	−102	−393	−103	−478	25	347	32	506	2,0
59 Ecuador	−113	−81	−122	−201	..	..	76	1.016	3,2
60 Jordanien	−20	−741 a	−130	−1.089 a	..	800 a	258	1.030	2,6
61 Rumänien	−23	−1.506	−23	−1.552	..	..	..	1.595	2,9
62 El Salvador	9	−148	7	−374	..	686	64	578	3,4
63 Turkmenistan	..	927	..	927	..	..	..	..	..
64 Moldau	..	−38	..	−39	..	..	..	..	..
65 Litauen	..	2.241	..	2.241	..	..	..	..	..
66 Bulgarien	..	452	..	−865 a	..	..	..	..	..
67 Kolumbien	−293	912	−333	925	6	630	207	7.551	8,6
68 Jamaika	−153	117	−149	25	29	151	139	106	0,5
69 Paraguay	−16	−596	−19	−596	..	..	18	573	3,1
70 Namibia	..	142 a	..	−138 a	..	..	..	50	0,3
71 Kasachstan	..	−1.479	..	−1.479	..	..	..	..	..
72 Tunesien	−53	−945	−88	−1.032	20	566	60	924	1,4
* Angaben für Taiwan (China)	1	7.879	2	7.936	..	..	627	86.820	11,5

Anmerkung: Zur Vergleichbarkeit der Daten und ihrer Abgrenzung vgl. Länderschlüssel und Technische Erläuterungen. Kursive Zahlen gelten für andere als die angegebenen Jahre.

		Leistungsbilanzsaldo (in Mio $)				Netto-Gastarbeiter-überweisungen (in Mio $)		Bruttowährungsreserven		
		Einschl. öffentlicher Übertragungen		Ohne öffentliche Übertragungen				In Mio $		Einfuhr-deckung in Monaten
		1970	1992	1970	1992	1970	1992	1970	1992	1992
73	Ukraine	..	−210	..	−210	..	..	..	3.318	..
74	Algerien	−125	1.337ª	−163	1.337ª	178	774	352	3.318	3,2
75	Thailand	−250	−6.682	−296	−6.731	..	..	911	21.183	5,2
76	Polen	..	−658	..	−3.357	..	..	..	4.257	2,2
77	Lettland	..	..	..	..	..	..	..	..	..
78	Slowakei	..	19	..	−725	..	..	..	..	..
79	Costa Rica	−74	−361	−77	−446	..	..	16	1.032	3,9
80	Türkei	−44	−943	−57	−1.855	273	3.008	440	7.508	3,0
81	Iran, Islam. Rep.	−507	−4.651ª	−511	−4.651ª	..	..	217	..	..
82	Panama	−64	41	−79	−282	..	..	16	504	0,8
83	Tschechische Rep.	..	−156ª	..	454ª	..	..	..	..	..
84	Russische Föderation	..	−1.600	..	−4.600	..	..	..	..	..
85	Chile	−91	−583	−95	−940	..	..	392	9.790	8,4
86	Albanien	..	−32	..	−406	..	150	7.075	..	..
87	Mongolei	..	31	..	−73	..	0	..	..	..
88	Syrien, Arab. Rep.	−69	55	−72	−258	7	550	57	..	..
	Obere Einkommenskategorie							10.789s	166.993s	3,9w
89	Südafrika	−1.215	1.388	−1.253	1.314	..	..	1.057	3.208	1,4
90	Mauritius	8	−12	5	−17	..	..	46	841	4,8
91	Estland	..	152	..	57	..	..	..	..	..
92	Brasilien	−837	6.275ª	−861	6.266ª	..	..	1.190	23.265	7,6
93	Botsuana	−30	47	−35	−251	−9	..	..	3.845	17,6
94	Malaysia	8	−1.649	2	−1.646	..	..	667	18.024	4,5
95	Venezuela	−104	−3.365	−98	−3.356	−87	−855	1.047	13.381	8,1
96	Weißrußland	..	182	..	182	..	..	..	..	..
97	Ungarn	..	352ª	..	337ª	..	..	..	4.462	3,7
98	Uruguay	−45	−207	−55	−236	..	..	186	1.185	5,1
99	Mexiko	−1.068	−22.811	−1.098	−22.924	..	2.068	756	19.171	3,3
100	Trinidad und Tobago	−109	122	−104	123	3	6	43	190	1,1
101	Gabun	−3	−135	−15	−147	−8	−142	15	75	0,3
102	Argentinien	−163	−8.370	−160	−8.370	..	..	682	11.447	5,9
103	Oman	..	−366	..	−355	..	−1.118	13	1.765	4,7
104	Slowenien	..	932	..	885	..	..	..	..	..
105	Puerto Rico	..	..	..	..	..	..	..	..	..
106	Korea, Rep.	−623	−4.529	−706	−4.504	333	2.366	610	17.228	2,2
107	Griechenland	−422	−2.140	−424	−6.198	318	5.938	3,0
108	Portugal	−158ª	−184	−158ª	−3.216	504ª	4.650	1.565	24.481	8,7
109	Saudi-Arabien	71	−19.431	152	−17.931	−183	−12.700	670	7.467	1,5
	Länder mit niedr. u. mittl. Eink.							26.980s	321.372s	3,8w
	Afrika südlich der Sahara							3.085s	14.383s	1,5w
	Ostasien u. Pazifik							..	99.204s	3,5w
	Südasien							1.404s	15.097s	3,2w
	Europa u. Zentralasien							9.699s	52.908s	4,4w
	Naher Osten u. Nordafrika							4.477s	43.342s	3,4w
	Lateinamerika u. Karibik							5.527s	96.437s	5,3w
	Länder mit gravierenden Schuldenproblemen							11.807s	71.931s	4,1w
	Länder mit hohem Einkommen							72.544s	904.508s	2,7w
110	Irland	−198	2.629	−228	−399	..	..	698	3.560	1,2
111	Neuseeland	−232	−763	−222	−707	16	267	258	3.079	2,8
112	†Israel	−562	86	−766	−4.141	..	..	452	5.130	2,2
113	Spanien	79	−18.481	79	−21.678	469	1.841	1.851	50.708	4,5
114	†Hongkong	225	2.487	225	2.487	..	..	..	..	..
115	†Singapur	−572	2.929	585	3.158	..	..	1.012	39.885	5,7
116	Australien	−785	−10.677	−691	−10.348	..	..	1.709	13.852	2,5
117	Großbritannien	1.970	−20.714	2.376	−12.181	..	..	2.918	42.844	1,4
118	Italien	798	−25.422	1.094	−21.297	446	512	5.547	49.862	2,1
119	Niederlande	−489	6.570	−512	9.725	−51	−356	3.362	36.581	2,4
120	Kanada	1.008	−23.012	960	−22.405	..	..	4.733	14.745	1,0
121	Belgienᵇ	716	5.409	904	7.428	38	−274	..	..	2,1
122	Finnland	−240	−4.943	−233	−4.411	..	..	455	5.881	..
123	†Vereinigte Arab. Emirate	90	..	100	..	..	..	..	5.977	..
124	Frankreich	−204	3.480	18	9.164	−641	−1.807	5.199	54.306	1,7
125	Österreich	−79	−703	−77	−505	−7	74	1.806	19.026	2,8
126	Deutschlandᶜ	837	−25.563	1.839	−1.222	−1.366	−4.375	13.879	122.686	2,6
127	Vereinigte Staaten	2.330	−66.380	4.680	−47.950	−650	−7.550	15.237	147.526	2,3
128	Norwegen	−242	2.925	−200	4.231	..	−257	813	12.335	3,1
129	Dänemark	−544	4.700	−510	5.061	..	..	488	11.597	2,1
130	Schweden	−265	−5.229	−160	−3.130	..	54	775	24.647	3,5
131	Japan	1990	117.640	2.170	120.950	..	..	4.876	79.697	2,4
132	Schweiz	161	13.419	203	14.028	−313	−2.141	5.317	61.007	6,7
	Gesamte Welt							99.524s	1.225.880s	2,9w

ª Schätzung der Weltbank.   ᵇ Einschließlich Luxemburg.   ᶜ Die Angaben für die Zeit vor Juli 1990 beziehen sich auf die Bundesrepublik Deutschland vor der Vereinigung.

Tabelle 18 Öffentliche Entwicklungshilfe der Mitglieder von OECD und OPEC

OECD: Gesamte Nettoabflüsse[a]	1965	1970	1975	1980	1985	1988	1989	1990	1991
					In Mio US-Dollar				
110 Irland	0	0	8	30	39	57	49	57	72
111 Neuseeland	..	14	66	72	54	104	87	95	100
116 Australien	119	212	552	667	749	1.101	1.020	955	1.050
117 Großbritannien	472	500	904	1.854	1.530	2.645	2.587	2.638	3.248
118 Italien	60	147	182	683	1.098	3.193	3.613	3.395	3.352
119 Niederlande	70	196	608	1.630	1.136	2.231	2.094	2.592	2.517
120 Kanada	96	337	880	1.075	1.631	2.347	2.320	2.470	2.604
121 Belgien	102	120	378	595	440	601	703	889	831
122 Finnland	2	7	48	110	211	608	706	846	930
124 Frankreich	752	971	2.093	4.162	3.995	6.865	7.450	9.380	7.484
125 Österreich	10	11	79	178	248	301	283	394	548
126 Deutschland[b]	456	599	1.689	3.567	2.942	4.731	4.949	6.320	6.890
127 Vereinigte Staaten	4.023	3.153	4.161	7.138	9.403	10.141	7.676	11.394	11.262
128 Norwegen	11	37	184	486	574	985	917	1.205	1.178
129 Dänemark	13	59	205	481	440	922	937	1.171	1.200
130 Schweden	38	117	566	962	840	1.534	1.799	2.012	2.116
131 Japan	244	458	1.148	3.353	3.797	9.134	8.965	9.069	10.952
132 Schweiz	12	30	104	253	302	617	558	750	863
Insgesamt	6.480	6.968	13.855	27.296	29.429	48.117	46.713	55.632	57.197
					In % des BSP der Geberländer				
110 Irland	0,00	0,00	0,09	0,16	0,24	0,20	0,17	0,16	0,19
111 Neuseeland	..	0,23	0,52	0,33	0,25	0,27	0,22	0,23	0,25
116 Australien	0,53	0,59	0,65	0,48	0,48	0,46	0,38	0,34	0,38
117 Großbritannien	0,47	0,41	0,39	0,35	0,33	0,32	0,31	0,27	0,32
118 Italien	0,10	0,16	0,11	0,15	0,26	0,39	0,42	0,32	0,30
119 Niederlande	0,36	0,61	0,75	0,97	0,91	0,98	0,94	0,94	0,88
120 Kanada	0,19	0,41	0,54	0,43	0,49	0,50	0,44	0,44	0,45
121 Belgien	0,60	0,46	0,59	0,50	0,55	0,39	0,46	0,45	0,42
122 Finnland	0,02	0,06	0,18	0,22	0,40	0,59	0,63	0,64	0,76
124 Frankreich	0,76	0,66	0,62	0,63	0,78	0,72	0,78	0,79	0,62
125 Österreich	0,11	0,07	0,21	0,23	0,38	0,24	0,23	0,25	0,34
126 Deutschland[b]	0,40	0,32	0,40	0,44	0,47	0,39	0,41	0,42	0,41
127 Vereinigte Staaten	0,58	0,32	0,27	0,27	0,24	0,21	0,15	0,21	0,20
128 Norwegen	0,16	0,32	0,66	0,87	1,01	1,13	1,05	1,17	1,14
129 Dänemark	0,13	0,38	0,58	0,74	0,80	0,89	0,93	0,93	0,96
130 Schweden	0,19	0,38	0,82	0,78	0,86	0,86	0,96	0,90	0,92
131 Japan	0,27	0,23	0,23	0,32	0,29	0,32	0,31	0,31	0,32
132 Schweiz	0,09	0,15	0,19	0,24	0,31	0,32	0,30	0,31	0,36
					In nationalen Währungen				
110 Irland (Mio Pfund)	0	0	4	15	37	37	34	35	41
111 Neuseeland (Mio Dollar)	..	13	55	74	109	158	146	160	185
116 Australien (Mio Dollar)	106	189	402	591	966	1.404	1.286	1.223	1.382
117 Großbritannien (Mio Pfund)	169	208	409	798	1.180	1.485	1.577	1.478	1.736
118 Italien (Mrd Lire)	38	92	119	585	2.097	4.156	4.958	4.068	3.859
119 Niederlande (Mio Gulden)	253	710	1.538	3.241	3.773	4.410	4.440	4.720	4.306
120 Kanada (Mio Dollar)	104	353	895	1.257	2.227	2.888	2.747	2.882	3.009
121 Belgien (Mio Francs)	5.100	6.000	13.902	17.399	26.145	22.088	27.714	29.720	26.050
122 Finnland (Mio Finnmark)	6	29	177	414	1.308	2.542	3.031	3.236	3.845
124 Frankreich (Mio Francs)	3.713	5.393	8.971	17.589	35.894	40.897	47.529	51.076	38.777
125 Österreich (Mio Schilling)	260	286	1.376	2.303	5.132	3.722	3.737	4.477	5.861
126 Deutschland (Mio DM)[b]	1.824	2.192	4.155	6.484	8.661	8.319	9.302	10.211	10.446
127 Vereinigte Staaten (Mio Dollar)	4.023	3.153	4.161	7.138	9.403	10.141	7.676	11.394	11.262
128 Norwegen (Mio Kronen)	79	264	962	2.400	4.946	6.418	6.335	7.542	7.037
129 Dänemark (Mio Kronen)	90	443	1.178	2.711	4.657	6.204	6.850	7.247	7.096
130 Schweden (Mio Kronen)	197	605	2.350	4.069	7.226	9.396	11.600	11.909	11.704
131 Japan (Mrd Yen)	88	165	341	760	749	1.171	1.236	1.313	1.371
132 Schweiz (Mio Franken)	52	131	268	424	743	903	912	1.041	1.170
Zusammenfassung					In Mrd US-Dollar				
Öffentliche Entwicklungshilfe (jeweilige Preise)	6,5	7,0	13,9	27,3	29,4	48,1	46,7	55,6	57,2
Öffentliche Entwicklungshilfe (Preise von 1987)	28,2	25,3	29,8	36,8	39,4	44,9	43,6	47,6	47,1
BSP (jeweilige Preise)	1.374,0	2.079,0	4.001,0	7.488,0	8.550,0	13.547,0	13.968,0	15.498,0	16.818,6
					Prozent				
Öffentliche Entwicklungshilfe in Prozent des BSP	0,47	0,34	0,35	0,36	0,34	0,36	0,33	0,36	0,34
					Index (1987 = 100)				
BIP-Deflator[c]	23,0	27,6	46,5	74,1	74,6	107,1	107,5	116,8	121,4

OECD: Bilaterale Nettoabflüsse in Länder mit niedrigem Einkommen[a]	1965	1970	1975	1980	1985	1986	1988	1989	1990	1991
					In % des BSP der Geberländer					
110 Irland	..	..	..	0,01	0,03	0,02	0,02	0,01	0,01	..
111 Neuseeland	..	..	0,14	0,01	0,00	0,01	0,01	0,01	0,00	..
116 Australien	0,08	0,00	0,10	0,07	0,04	0,04	0,04	0,06	0,05	..
117 Großbritannien	0,23	0,09	0,11	0,10	0,07	0,07	0,06	0,07	0,05	..
118 Italien	0,04	0,06	0,01	0,00	0,06	0,12	0,17	0,12	0,09	..
119 Niederlande	0,08	0,24	0,24	0,32	0,23	0,28	0,27	0,23	0,25	..
120 Kanada	0,10	0,22	0,24	0,13	0,14	0,13	0,13	0,09	0,10	..
121 Belgien	0,56	0,30	0,31	0,13	0,13	0,12	0,09	0,05	0,09	..
122 Finnland	..	..	0,06	0,03	0,09	0,10	0,24	0,22	0,17	..
124 Frankreich	0,12	0,09	0,10	0,06	0,11	0,10	0,12	0,14	0,13	..
125 Österreich	0,06	0,05	0,02	0,11	0,05	0,03	0,03	0,07	0,10	..
126 Deutschland[b]	0,14	0,10	0,12	0,07	0,13	0,10	0,08	0,08	0,10	..
127 Vereinigte Staaten	0,26	0,14	0,08	0,06	0,06	0,04	0,03	0,02	0,05	..
128 Norwegen	0,04	0,12	0,25	0,28	0,34	0,43	0,37	0,32	0,37	..
129 Dänemark	0,02	0,10	0,20	0,17	0,26	0,23	0,25	0,26	0,24	..
130 Schweden	0,07	0,12	0,41	0,26	0,24	0,30	0,21	0,23	0,25	..
131 Japan	0,13	0,11	0,08	0,12	0,10	0,10	0,13	0,13	0,10	..
132 Schweiz	0,02	0,05	0,10	0,07	0,11	0,10	0,10	0,12	0,11	..
Insgesamt	0,20	0,13	0,11	0,08	0,08	0,08	0,09	0,08	0,09	..

OPEC: Gesamte Nettoabflüsse[d]	1976	1980	1984	1985	1986	1987	1988	1989	1990	1991
					In Mio US-Dollar					
21 Nigeria	80	35	51	45	52	30	14	70	13	..
Katar	180	277	10	8	18	0	4	−2	1	1
74 Algerien	11	81	52	54	114	39	13	40	7	5
81 Iran, Islam. Rep.	751	−72	52	−72	69	−10	39	−94	2	..
95 Venezuela	109	135	90	32	85	24	55	52	15	..
Irak	123	864	−22	−32	−21	−35	−22	21	55	0
Libyen	98	376	24	57	68	66	129	86	4	25
109 Saudi-Arabien	2.791	5.682	3.194	2.630	3.517	2.888	2.048	1.171	3.692	1.704
123†Vereinigte Arab. Emirate	1.028	1.118	88	122	87	15	−17	2	888	558
Kuwait	706	1.140	1.020	771	715	316	108	169	1.666	387
OPEC insgesamt[d]	5.877	9.636	4.559	3.615	4.704	3.333	2.369	1.514	6.341	..
OAPEC insgesamt[e]	4.937	9.538	4.366	3.610	4.498	3.289	2.263	1.487	6.313	..
					In % des BSP der Geberländer					
21 Nigeria	0,19	0,04	0,06	0,06	0,13	0,12	0,05	0,28	0,06	..
Katar	7,35	4,16	0,18	0,12	0,36	0,00	0,08	−0,04	0,02	0,01
74 Algerien	0,07	0,20	0,10	0,10	0,19	0,07	0,03	0,11	0,03	0,01
81 Iran, Islam. Rep.	1,16	−0,08	0,03	−0,04	0,03	0,00	0,01	−0,02	..	..
95 Venezuela	0,35	0,23	0,16	0,06	0,14	0,06	0,09	0,13	0,03	..
Irak	0,76	2,36	−0,05	−0,06	−0,05	−0,08	−0,04	0,04	..	..
Libyen	0,66	1,16	0,10	0,24	0,30	0,30	0,63	0,41	0,01	0,09
109 Saudi-Arabien	5,95	4,87	3,20	2,92	3,99	3,70	2,53	1,37	3,90	1,44
123†Vereinigte Arab. Emirate	8,95	4,06	0,32	0,45	0,41	0,07	−0,07	0,02	2,65	1,66
Kuwait	4,82	3,52	3,95	2,96	2,84	1,15	0,40	0,54	..	..
OPEC insgesamt[d]	2,32	1,85	0,76	0,60	0,78	0,52	0,34	0,21	..	..
OAPEC insgesamt[e]	4,23	3,22	1,60	1,39	1,80	1,10	0,86	..	..	..

[a] Organisation für wirtschaftliche Zusammenarbeit und Entwicklung. [b] Die Angaben beziehen sich auf die Bundesrepublik Deutschland vor der Vereinigung. [c] Vgl. Technische Erläuterungen. [d] Organisation erdölexportierender Länder. [e] Organisation arabischer erdölexportierender Länder.

Tabelle 19 Einnahmen aus öffentlicher Entwicklungshilfe

Netto-Auszahlungen öffentlicher Entwicklungshilfe aus allen Quellen

		In Mio $						Pro Kopf (in $) 1991	In % des BSP 1991
	1985	1986	1987	1988	1989	1990	1991		
Länder mit niedrigem Einkommen	17.065s	19.038s	20.988s	24.004s	24.530s	30.441s	31.711s	10,2w	2,7w
Ohne China und Indien	14.533s	15.785s	17.688s	19.918s	20.482s	26.836s	27.010s	25,1w	7,0w
1 Mosambik	300	422	651	893	772	935	920	57,1	69,2
2 Äthiopien	710	636	634	970	752	1.014	1.091	20,6	16,5
3 Tansania	484	681	882	982	920	1.141	1.076	42,7	33,8
4 Sierra Leone	65	87	68	102	100	65	105	24,7	13,9
5 Nepal	234	301	347	399	493	430	453	23,4	13,6
6 Uganda	180	198	280	363	443	551	525	31,1	20,5
7 Bhutan	24	40	42	42	42	48	64	43,8	25,4
8 Burundi	139	187	202	189	199	265	253	44,7	21,6
9 Malawi	113	198	280	366	412	481	495	56,2	22,6
10 Bangladesch	1.131	1.455	1.635	1.592	1.800	2.048	1.636	14,6	7,0
11 Tschad	181	165	198	264	241	303	262	44,9	20,2
12 Guinea-Bissau	58	71	111	99	101	117	101	101,3	43,4
13 Madagaskar	185	316	321	304	321	386	437	36,4	16,4
14 Laos, Dem. VR	37	48	58	77	140	152	131	30,8	12,7
15 Ruanda	180	211	245	252	232	293	351	49,1	21,5
16 Niger	303	307	353	371	296	391	376	47,6	16,2
17 Burkina Faso	195	284	281	298	272	336	409	44,1	14,8
18 Indien	1.592	2.120	1.839	2.097	1.895	1.524	2.747	3,2	1,1
19 Kenia	430	455	572	808	967	1.053	873	35,0	10,9
20 Mali	376	372	366	427	454	467	455	52,2	18,5
21 Nigeria	1.032	59	69	120	346	250	262	2,6	0,8
22 Nicaragua	102	150	141	213	225	320	826	219,0	47,6
23 Togo	111	174	126	199	183	241	204	54,0	12,4
24 Benin	94	138	138	162	263	271	256	52,4	13,5
25 Zentralafrik. Rep.	104	139	176	196	192	244	174	56,4	13,6
26 Pakistan	769	970	879	1.408	1.129	1.149	1.226	10,6	2,7
27 Ghana	196	371	373	474	550	498	724	47,2	10,3
28 China	940	1.134	1.462	1.989	2.153	2.081	1.954	1,7	0,4
29 Tadschikistan	..	..	..	..	..	..	..	..	..
30 Guinea	115	175	213	262	346	296	371	62,6	11,7
31 Mauretanien	207	225	185	184	242	202	208	102,9	18,4
32 Sri Lanka	468	570	501	598	547	674	814	47,2	9,0
33 Simbabwe	237	225	294	273	265	340	393	39,2	6,0
34 Honduras	270	283	258	321	242	450	275	52,2	9,1
35 Lesotho	93	88	107	108	127	139	123	67,9	20,5
36 Ägypten, Arab. Rep.	1.760	1.716	1.773	1.537	1.568	5.444	4.988	93,1	15,2
37 Indonesien	603	711	1.246	1.632	1.839	1.724	1.854	10,2	1,6
38 *Myanmar*	..	..	..	..	..	..	..	..	..
39 *Somalia*	353	511	580	433	427	485	186	23,1	..
40 *Sudan*	1.128	945	898	937	772	825	887	34,4	..
41 *Jemen, Rep.*	392	328	422	304	370	405	313	25,0	..
42 *Sambia*	322	464	430	478	392	486	884	110,2	..
Länder mit mittlerem Einkommen	9.057s	9.470s	10.487s	9.680s	10.062s	15.457s	15.535s	16,4w	0,7w
Untere Einkommenskategorie	6.817s	7.875s	8.680s	8.179s	8.408s	13.152s	13.453s	24,4w	1,8w
43 Côte d'Ivoire	117	186	254	439	403	693	633	50,9	6,7
44 Bolivien	197	322	318	394	440	506	473	64,4	9,4
45 Aserbaidschan	..	..	..	..	..	..	..	..	..
46 Philippinen	460	956	770	854	844	1.279	1.051	16,7	2,3
47 Armenien	..	..	..	..	..	..	..	..	..
48 Senegal	289	567	641	569	650	788	577	75,7	10,2
49 Kamerun	153	224	213	284	458	431	501	42,2	4,3
50 Kirgisistan	..	..	..	..	..	..	..	..	..
51 Georgien	..	..	..	..	..	..	..	..	..
52 Usbekistan	..	..	..	..	..	..	..	..	..
53 Papua-Neuguinea	257	263	322	380	339	416	397	100,1	10,5
54 Peru	316	272	292	272	305	395	590	26,9	2,7
55 Guatemala	83	135	241	235	261	203	197	20,8	2,1
56 Kongo	69	110	152	89	91	214	133	56,7	4,9
57 Marokko	766	403	447	480	450	1.026	1.075	41,9	3,9
58 Dominikanische Rep.	207	93	130	118	142	100	66	9,1	0,9
59 Ecuador	136	147	203	137	160	155	220	20,4	1,9
60 Jordanien	538	564	577	417	273	884	905	247,1	22,2
61 Rumänien	..	..	..	..	..	..	..	..	..
62 El Salvador	345	341	426	420	443	349	290	54,9	4,9
63 Turkmenistan	..	..	..	..	..	..	..	..	..
64 Moldau	..	..	..	..	..	..	..	..	..
65 Litauen	..	..	..	..	..	..	..	..	..
66 Bulgarien	..	..	..	..	..	..	..	..	..
67 Kolumbien	62	63	78	61	67	88	123	3,8	0,3
68 Jamaika	169	178	168	193	262	273	166	69,7	4,7
69 Paraguay	50	66	81	76	92	56	144	32,6	2,3
70 Namibia	6	15	17	22	59	123	184	124,1	8,2
71 Kasachstan	..	..	..	..	..	..	..	..	..
72 Tunesien	163	222	274	316	283	393	322	39,1	2,4

Anmerkung: Zur Vergleichbarkeit der Daten und ihrer Abgrenzung vgl. Länderschlüssel und Technische Erläuterungen. Kursive Zahlen gelten für andere als die angegebenen Jahre.

				Netto-Auszahlungen öffentlicher Entwicklungshilfe aus allen Quellen				Pro Kopf (in $)	In % des BSP
				In Mio $				1991	1991
		1985	1986	1987	1988	1989	1990	1991		
73	Ukraine	..	..	..	..	..	..	..	..	..
74	Algerien	173	165	214	171	152	217	310	12,1	0,7
75	Thailand	459	496	504	563	739	802	722	12,6	0,7
76	Polen	..	..	..	..	..	..	..	..	..
77	Lettland	..	..	..	..	..	..	..	..	..
78	Slowakei	..	..	..	..	..	..	..	..	..
79	Costa Rica	280	196	228	187	226	227	173	55,5	3,1
80	Türkei	179	339	376	267	140	1.219	1.675	29,2	1,6
81	Iran, Islam. Rep.	16	27	71	82	96	105	194	3,4	0,2
82	Panama	69	52	40	22	18	93	101	40,9	1,8
83	Tschechische Rep.	..	..	..	..	..	..	..	..	..
84	Russische Föderation	..	..	..	..	..	..	..	..	..
85	Chile	40	(5)	21	44	61	102	120	9,0	0,4
86	*Albanien*	..	..	..	..	..	..	..	..	..
87	*Mongolei*	3	4	3	3	6	13	70	30,9	..
88	*Syrien, Arab. Rep.*	610	728	684	191	127	684	373	29,8	..
	Obere Einkommenskategorie	**2.240**s	**1.594**s	**1.807**s	**1.501**s	**1.654**s	**2.305**s	**2.082**s	**5,3**w	**0,1**w
89	Südafrika	..	..	..	..	..	..	..	..	..
90	Mauritius	27	56	65	59	58	89	67	61,8	2,5
91	Estland	..	..	..	..	..	..	..	..	..
92	Brasilien	123	178	289	210	206	167	182	1,2	0,0
93	Botsuana	96	102	156	151	160	149	135	102,5	3,7
94	Malaysia	229	192	363	104	140	469	289	15,9	0,6
95	Venezuela	11	16	19	18	21	79	33	1,7	0,1
96	Weißrußland	..	..	..	..	..	..	..	..	..
97	Ungarn	..	..	..	..	..	..	..	..	..
98	Uruguay	5	27	18	41	38	47	51	16,3	0,5
99	Mexiko	144	252	155	173	86	141	185	2,2	0,1
100	Trinidad und Tobago	7	19	34	9	6	18	−2	−1,3	0,0
101	Gabun	61	79	82	106	133	132	142	121,4	2,6
102	Argentinien	39	88	99	152	211	171	253	7,7	0,1
103	Oman	78	84	16	1	18	66	14	8,8	0,1
104	Slowenien	..	..	..	..	..	..	..	..	..
105	Puerto Rico	..	..	..	..	..	..	..	..	..
106	Korea, Rep.	−9	−18	11	10	52	52	54	1,3	0,0
107	Griechenland	11	19	35	35	30	37	39	3,8	0,1
108	Portugal	..	..	..	..	..	..	..	..	..
109	Saudi-Arabien	29	31	22	19	36	44	45	2,7	0,0
	Länder mit niedr. u. mittl. Eink.	**26.122**s	**28.508**s	**31.475**s	**33.684**s	**34.592**s	**45.898**s	**47.246**s	**11,7**w	**1,4**w
	Afrika südlich der Sahara	9.521s	10.587s	11.926s	13.470s	13.848s	16.539s	16.158s	32,9w	9,3w
	Ostasien u. Pazifik	4.376s	4.307s	5.382s	6.266s	6.908s	7.778s	7.388s	4,6w	0,6w
	Südasien	4.244s	5.474s	5.307s	6.236s	6.101s	6.030s	7.488s	6,5w	2,1w
	Europa u. Zentralasien	247s	403s	458s	359s	207s	1.307s	1.896s	24,2w	1,0w
	Naher Osten u. Nordafrika	4.710s	4.474s	4.700s	3.670s	3.517s	9.747s	9.300s	38,0w	2,2w
	Lateinamerika u. Karibik	3.024s	3.262s	3.701s	3.682s	4.010s	4.498s	5.017s	11,4w	0,4w
	Länder mit gravierenden Schuldenproblemen	**3.754**s	**4.050**s	**4.361**s	**3.809**s	**3.824**s	**6.394**s	**6.917**s	**15,5**w	**0,6**w
	Länder mit hohem Einkommen	..	..	..	..	..	..	..	..	..
110	Irland	..	..	..	..	..	..	..	..	..
111	Neuseeland	..	..	..	..	..	..	..	..	..
112	†Israel	1.978	1.937	1.251	1.241	1.192	1.372	1.749	352,5	2,8
113	Spanien	..	..	..	..	..	..	..	..	..
114	†Hongkong	20	18	19	22	40	38	36	6,3	0,0
115	†Singapur	24	29	23	22	95	−3	8	2,8	0,0
116	Australien	..	..	..	..	..	..	..	..	..
117	Großbritannien	..	..	..	..	..	..	..	..	..
118	Italien	..	..	..	..	..	..	..	..	..
119	Niederlande	..	..	..	..	..	..	..	..	..
120	Kanada	..	..	..	..	..	..	..	..	..
121	Belgien	..	..	..	..	..	..	..	..	..
122	Finnland	..	..	..	..	..	..	..	..	..
123	†Vereinigte Arab. Emirate	4	34	115	−12	−6	5	−6	−3,7	0,0
124	Frankreich	..	..	..	..	..	..	..	..	..
125	Österreich	..	..	..	..	..	..	..	..	..
126	Deutschland	..	..	..	..	..	..	..	..	..
127	Vereinigte Staaten	..	..	..	..	..	..	..	..	..
128	Norwegen	..	..	..	..	..	..	..	..	..
129	Dänemark	..	..	..	..	..	..	..	..	..
130	Schweden	..	..	..	..	..	..	..	..	..
131	Japan	..	..	..	..	..	..	..	..	..
132	Schweiz	..	..	..	..	..	..	..	..	..
	Gesamte Welt	**28.364**s	**30.824**s	**33.230**s	**35.346**s	**36.257**s	**47.665**s	**49.393**s	**12,1**w	**1,3**w

Tabelle 20 Gesamte Auslandsschulden

		Langfristige Auslandsschulden (in Mio $)		Ausstehende IWF-Kredite (in Mio $)		Kurzfristige Auslandsschulden (in Mio $)		Gesamte Auslandsschulden (in Mio $)		Gesamte Rückstände auf die langfr. Schulden (in Mio $)		Verhältnis des Gegenwarts- zum Nominalwert der Schulden
		1980	1992	1980	1992	1980	1992	1980	1992	1980	1992	1992
Länder mit niedrigem Einkommen Ohne China und Indien												
1	Mosambik	0	4.153	0	175	0	601	0	4.929	0	1.708	85
2	Äthiopien	688	4.168	79	19	57	166	824	4.354	1	718	68
3	Tansania	1.999	6.060	171	221	306	435	2.476	6.715	23	1.155	67
4	Sierra Leone	323	680	59	92	53	492	435	1.265	25	154	78
5	Nepal	156	1.747	42	44	7	7	205	1.797	0	13	47
6	Uganda	543	2.496	89	344	64	158	697	2.997	103	437	61
7	Bhutan	0	83	0	0	0	1	0	84	0	4	55
8	Burundi	118	947	36	62	12	13	166	1.023	0	7	45
9	Malawi	625	1.557	80	92	116	50	821	1.699	4	7	50
10	Bangladesch	3.417	12.226	424	732	212	231	4.053	13.189	0	11	51
11	Tschad	204	667	14	30	11	33	229	729	35	41	52
12	Guinea-Bissau	128	580	1	5	5	49	134	634	6	123	66
13	Madagaskar	892	3.805	87	106	244	474	1.223	4.385	20	1.146	76
14	Laos, Dem. VR	279	1.922	16	28	1	2	296	1.952	6	23	24
15	Ruanda	150	804	14	12	26	57	190	873	0	28	47
16	Niger	687	1.567	16	61	159	83	863	1.711	2	105	69
17	Burkina Faso	281	994	15	9	35	53	330	1.055	0	43	56
18	Indien	18.680	69.226	977	4.799	926	2.958	20.582	76.983	0	0	80
19	Kenia	2.499	5.214	254	393	640	759	3.394	6.367	6	430	78
20	Mali	669	2.472	39	65	24	57	732	2.595	76	287	57
21	Nigeria	5.381	28.789	0	0	3.553	2.170	8.934	30.959	0	3.422	98
22	Nicaragua	1.671	8.994	49	23	472	2.109	2.192	11.126	44	4.490	91
23	Togo	899	1.138	33	77	113	141	1.045	1.356	42	53	63
24	Benin	334	1.322	16	22	73	23	424	1.367	19	26	54
25	Zentralafrik. Rep.	147	808	24	30	25	63	195	901	54	96	56
26	Pakistan	8.525	18.550	674	1.127	737	4.394	9.936	24.072	0	0	77
27	Ghana	1.171	3.131	105	740	131	404	1.407	4.275	9	88	62
28	China	4.504	58.475	0	0	0	10.846	4.504	69.321	0	0	94
29	Tadschikistan	0	10	0	0	0	0	0	10	0	0	52
30	Guinea	1.004	2.466	35	64	71	122	1.110	2.651	122	268	64
31	Mauretanien	713	1.855	62	58	65	389	840	2.301	54	516	77
32	Sri Lanka	1.231	5.706	391	464	220	231	1.841	6.401	0	0	62
33	Simbabwe	696	3.085	0	216	90	706	786	4.007	0	0	86
34	Honduras	1.167	3.282	33	112	272	178	1.472	3.573	3	156	81
35	Lesotho	57	442	6	25	8	5	71	472	0	9	54
36	Ägypten, Arab. Rep.	16.477	36.425	411	202	4.027	3.391	20.915	40.018	457	1.582	60
37	Indonesien	18.169	66.180	0	0	2.775	18.204	20.944	84.385	0	1	92
38	*Myanmar*	1.390	4.974	106	0	4	352	1.499	5.326	0	1.103	72
39	*Somalia*	595	1.898	18	154	47	395	660	2.447	21	1.069	80
40	Sudan	4.147	9.480	431	924	585	5.790	5.163	16.193	245	10.160	90
41	*Jemen, Rep.*	1.453	5.341	48	0	183	1.256	1.684	6.598	8	1.337	78
42	*Sambia*	2.227	4.823	447	847	586	1.372	3.261	7.041	39	1.281	80
Länder mit mittlerem Einkommen Untere Einkommenskategorie												
43	Côte d'Ivoire	6.321	13.300	65	267	1.059	4.429	7.445	17.997	0	3.331	92
44	Bolivien	2.274	3.818	126	249	303	176	2.702	4.243	24	29	73
45	Aserbaidschan	..	..	..	..	..	..	..	..	..	..	..
46	Philippinen	8.817	27.034	1.044	1.100	7.556	4.363	17.417	32.498	1	12	94
47	Armenien	0	3	0	0	0	7	0	10	0	0	89
48	Senegal	1.114	2.982	140	271	219	354	1.473	3.607	0	153	68
49	Kamerun	2.183	5.759	59	63	271	732	2.513	6.554	6	462	89
50	Kirgisistan	..	..	..	..	..	..	..	..	..	..	..
51	Georgien	..	..	..	..	..	..	..	..	..	..	..
52	Usbekistan	0	16	0	0	0	0	0	16	0	0	97
53	Papua-Neuguinea	624	3.265	31	59	64	412	719	3.736	0	0	90
54	Peru	6.828	15.645	474	631	2.084	4.017	9.386	20.293	0	6.698	97
55	Guatemala	831	2.245	0	31	335	473	1.166	2.749	0	517	90
56	Kongo	1.257	3.878	22	6	246	868	1.526	4.751	14	1.520	90
57	Marokko	8.475	20.536	457	439	778	331	9.710	21.305	6	344	91
58	Dominikanische Rep.	1.473	3.827	49	123	480	698	2.002	4.649	20	855	92
59	Ecuador	4.422	9.932	0	100	1.575	2.249	5.997	12.280	1	4.205	98
60	Jordanien	1.486	6.914	0	112	486	904	1.971	7.929	30	1.087	92
61	Rumänien	7.131	1.322	328	1.033	2.303	1.166	9.762	3.520	0	0	97
62	El Salvador	659	2.028	32	0	220	103	911	2.131	0	32	77
63	Turkmenistan	..	..	..	..	..	..	..	..	..	..	..
64	Moldau	0	38	0	0	0	0	0	38	0	0	88
65	Litauen	0	10	0	24	0	5	0	38	0	0	82
66	Bulgarien	392	9.951	0	590	0	1.605	392	12.146	0	6.556	100
67	Kolumbien	4.604	14.368	0	0	2.337	2.836	6.941	17.204	0	156	100
68	Jamaika	1.496	3.624	309	357	99	322	1.904	4.303	28	392	86
69	Paraguay	780	1.483	0	0	174	264	954	1.747	2	231	90
70	Namibia	..	..	..	..	..	..	..	..	..	..	..
71	Kasachstan	0	16	0	0	0	9	0	25	0	0	96
72	Tunesien	3.390	7.644	0	290	136	541	3.526	8.475	6	13	89

Anmerkung: Zur Vergleichbarkeit der Daten und ihrer Abgrenzung vgl. Länderschlüssel und Technische Erläuterungen. Kursive Zahlen gelten für andere als die angegebenen Jahre.

		Langfristige Auslandsschulden (in Mio $)		Ausstehende IWF-Kredite (in Mio $)		Kurzfristige Auslandsschulden (in Mio $)		Gesamte Auslandsschulden (in Mio $)		Gesamte Rückstände auf die langfr. Schulden (in Mio $)		Verhältnis des Gegenwartswerts zum Nominalwert der Schulden
		1980	1992	1980	1992	1980	1992	1980	1992	1980	1992	1992
73	Ukraine	0	415	0	0	0	0	0	415	0	0	98
74	Algerien	17.034	24.762	0	795	2.325	793	19.359	26.349	2	0	98
75	Thailand	5.646	24.697	348	0	2.303	14.727	8.297	39.424	0	0	97
76	Polen	6.594	43.169	0	820	2.300	4.532	8.894	48.521	334	6.139	94
77	Lettland	0	26	0	35	0	0	0	61	0	0	88
78	Slowakei	..	..	..	..	..	..	..	..	..	..	..
79	Costa Rica	2.112	3.541	57	82	575	341	2.744	3.963	2	119	93
80	Türkei	15.575	43.071	1.054	0	2.494	11.701	19.123	54.772	26	0	97
81	Iran, Islam. Rep.	4.508	3.065	0	0	0	11.102	4.508	14.167	1	82	100
82	Panama	2.271	3.770	23	110	680	2.625	2.974	6.505	0	3.202	98
83	Tschechische Rep.	..	..	..	..	..	..	..	..	..	..	..
84	Russische Föderation	2.240	64.703	0	989	0	12.966	2.240	78.658	0	7.691	..
85	Chile	9.399	14.924	123	722	2.560	3.714	12.081	19.360	0	0	99
86	*Albanien*	0	112	0	13	0	499	0	625	0	36	95
87	*Mongolei*	0	296	0	19	0	59	0	375	0	14	76
88	*Syrien, Arab. Rep.*	2.918	14.341	0	0	631	2.140	3.549	16.481	0	1.753	77
Obere Einkommenskategorie												
89	Südafrika	..	..	..	..	..	..	..	..	..	..	..
90	Mauritius	318	936	102	0	47	112	467	1.049	2	13	85
91	Estland	0	41	0	11	0	0	0	51	0	0	96
92	Brasilien	57.466	99.247	0	799	13.546	21.064	71.012	121.110	468	9.844	100
93	Botsuana	129	538	0	0	4	7	133	545	0	11	84
94	Malaysia	5.256	16.198	0	0	1.355	3.639	6.611	19.837	0	0	98
95	Venezuela	13.795	28.975	0	2.946	15.550	5.272	29.345	37.193	51	620	98
96	Weißrußland	0	181	0	0	0	0	0	181	0	0	96
97	Ungarn	6.416	18.409	0	1.204	3.347	2.286	9.764	21.900	0	0	101
98	Uruguay	1.338	3.428	0	52	322	1.773	1.660	5.253	0	0	100
99	Mexiko	41.215	82.894	0	5.950	16.163	24.535	57.378	113.378	0	0	97
100	Trinidad und Tobago	713	1.782	0	282	116	198	829	2.262	0	2	99
101	Gabun	1.272	2.998	15	81	228	720	1.514	3.798	0	707	97
102	Argentinien	16.774	49.079	0	2.314	10.383	16.176	27.157	67.569	0	14.657	101
103	Oman	436	2.340	0	0	163	515	599	2.855	0	0	98
104	Slowenien	..	..	..	..	..	..	..	..	..	..	..
105	Puerto Rico	..	..	..	..	..	..	..	..	..	..	..
106	Korea, Rep.	18.236	31.079	683	0	10.561	11.920	29.480	42.999	0	0	97
107	Griechenland	..	..	..	..	..	..	..	..	..	..	..
108	Portugal	7.215	22.575	119	0	2.395	9.471	9.729	32.046	0	0	97
109	Saudi-Arabien	..	..	..	..	..	..	..	..	..	..	..

Länder mit niedr. u. mittl. Eink.
  Afrika südlich der Sahara
  Ostasien u. Pazifik
  Südasien
  Europa u. Zentralasien
  Naher Osten u. Nordafrika
  Lateinamerika u. Karibik

Länder mit gravierenden Schuldenproblemen

Länder mit hohem Einkommen

110 Irland
111 Neuseeland
112 †Israel
113 Spanien
114 †Hongkong

115 †Singapur
116 Australien
117 Großbritannien
118 Italien
119 Niederlande

120 Kanada
121 Belgien
122 Finnland
123 †Vereinigte Arab. Emirate
124 Frankreich

125 Österreich
126 Deutschland
127 Vereinigte Staaten
128 Norwegen
129 Dänemark

130 Schweden
131 Japan
132 Schweiz

Gesamte Welt

Tabelle 21 Zufluß von öffentlichem und privatem Auslandskapital

	Auszahlungen (in Mio $)				Tilgung (in Mio $)				Zinszahlungen (in Mio $)			
	Langfristige öffentliche und öffentlich garantierte Mittel		Private nicht garantierte Mittel		Langfristige öffentliche und öffentlich garantierte Mittel		Private nicht garantierte Mittel		Langfristige öffentliche und öffentlich garantierte Mittel		Private nicht garantierte Mittel	
	1980	1992	1980	1992	1980	1992	1980	1992	1980	1992	1980	1992
Länder mit niedrigem Einkommen Ohne China und Indien												
1 Mosambik	0	195	0	4	0	13	0	3	0	11	0	0
2 Äthiopien	110	337	0	0	17	63	0	0	17	41	0	0
3 Tansania	373	353	31	0	26	109	16	0	38	60	7	0
4 Sierra Leone	86	48	0	0	32	11	0	0	8	11	0	0
5 Nepal	50	124	0	0	2	37	0	0	2	28	0	0
6 Uganda	92	200	0	0	32	25	0	0	4	19	0	0
7 Bhutan	0	5	0	0	0	4	0	0	0	2	0	0
8 Burundi	39	107	0	0	4	21	0	0	2	14	0	0
9 Malawi	153	137	0	0	33	48	0	3	35	30	0	0
10 Bangladesch	657	782	0	0	63	303	0	0	47	165	0	0
11 Tschad	6	148	0	0	3	4	0	1	0	6	0	0
12 Guinea-Bissau	69	27	0	0	3	3	0	0	1	3	0	0
13 Madagaskar	350	106	0	0	30	40	0	0	26	33	0	0
14 Laos, Dem. VR	39	56	0	0	1	7	0	0	1	4	0	0
15 Ruanda	27	76	0	0	3	12	0	0	2	7	0	0
16 Niger	167	142	113	0	23	4	35	20	16	4	49	8
17 Burkina Faso	65	158	0	0	11	14	0	0	6	14	0	0
18 Indien	1.857	6.134	285	254	664	2.689	91	306	502	2.723	30	123
19 Kenia	539	228	87	60	108	201	88	60	124	124	39	56
20 Mali	95	131	0	0	6	19	0	0	3	13	0	0
21 Nigeria	1.187	702	565	4	65	2.069	177	12	440	1.653	91	3
22 Nicaragua	276	299	0	0	45	44	0	0	42	35	0	0
23 Togo	100	44	0	0	19	10	0	0	19	10	0	0
24 Benin	62	101	0	0	6	14	0	0	3	10	0	0
25 Zentralafrik. Rep.	25	54	0	0	1	8	0	0	0	6	0	0
26 Pakistan	1.052	2.317	9	0	346	1.133	7	40	247	590	2	8
27 Ghana	220	391	0	7	77	115	0	6	31	73	0	2
28 China	2.539	15.232	0	0	613	5.204	0	0	318	2.823	0	0
29 Tadschikistan	0	10	0	0	0	0	0	0	0	0	0	0
30 Guinea	121	190	0	0	75	47	0	0	23	33	0	0
31 Mauretanien	126	119	0	0	17	50	0	0	13	20	0	0
32 Sri Lanka	269	355	2	0	51	242	0	3	33	129	0	2
33 Simbabwe	132	671	0	86	40	335	0	48	10	133	0	24
34 Honduras	264	366	81	29	39	190	48	14	58	157	25	2
35 Lesotho	13	68	0	0	3	20	0	0	1	14	0	0
36 Ägypten, Arab. Rep.	2.803	1.437	126	11	368	1.167	46	260	378	828	23	45
37 Indonesien	2.551	6.270	695	6.527	940	4.695	693	2.579	824	2.727	358	764
38 *Myanmar*	268	75	0	0	66	26	0	0	45	26	0	0
39 *Somalia*	114	0	0	0	7	0	0	0	2	0	0	0
40 *Sudan*	711	108	0	0	53	14	0	0	49	11	0	0
41 *Jemen, Rep.*	566	296	0	0	25	85	0	0	10	25	0	0
42 *Sambia*	597	276	6	10	181	157	31	0	106	94	10	0
Länder mit mittlerem Einkommen Untere Einkommenskategorie												
43 Côte d'Ivoire	1.413	592	325	200	517	260	205	188	353	257	237	166
44 Bolivien	441	391	16	0	126	126	19	28	164	97	9	10
45 Aserbaidschan	..	..	..	..	..	..	..	..	..	..	..	..
46 Philippinen	1.382	5.431	472	274	221	3.118	320	143	375	1.276	204	40
47 Armenien	0	2	0	0	0	0	0	0	0	0	0	0
48 Senegal	327	269	0	6	152	79	4	12	67	42	0	3
49 Kamerun	562	517	50	127	82	76	32	59	104	83	15	38
50 Kirgisistan	0	0	0	0	0	0	0	0	0	0	0	0
51 Georgien	..	..	..	..	..	..	..	..	..	..	..	..
52 Usbekistan	0	16	0	0	0	0	0	0	0	0	0	0
53 Papua-Neuguinea	120	104	15	973	32	120	40	360	30	77	22	84
54 Peru	1.248	632	60	68	959	444	60	58	547	316	124	14
55 Guatemala	138	190	32	30	15	298	62	16	30	150	30	8
56 Kongo	522	32	0	0	34	94	0	0	37	25	0	0
57 Marokko	1.703	1.663	75	12	565	927	25	8	607	930	11	7
58 Dominikanische Rep.	415	141	67	0	62	173	74	17	92	107	29	6
59 Ecuador	968	352	315	0	272	441	263	42	288	371	78	5
60 Jordanien	369	383	0	0	103	378	0	0	79	279	0	0
61 Rumänien	2.797	1.108	0	0	824	85	0	0	332	45	0	0
62 El Salvador	110	108	0	0	17	126	18	9	25	78	11	1
63 Turkmenistan	..	..	..	..	..	..	..	..	..	..	..	..
64 Moldau	0	34	0	0	0	5	0	0	0	0	0	0
65 Litauen	0	10	0	0	0	0	0	0	0	0	0	0
66 Bulgarien	364	284	0	0	25	82	0	0	20	183	0	0
67 Kolumbien	1.016	1.443	55	131	250	2.368	13	122	279	1.077	31	73
68 Jamaika	328	275	25	6	91	396	10	6	114	165	7	2
69 Paraguay	158	123	48	5	44	378	36	4	35	231	9	0
70 Namibia	..	..	..	..	..	..	..	..	..	..	..	..
71 Kasachstan	0	16	0	0	0	0	0	0	0	0	0	0
72 Tunesien	558	1.358	53	43	216	854	43	30	212	398	16	13

Anmerkung: Zur Vergleichbarkeit der Daten und ihrer Abgrenzung vgl. Länderschlüssel und Technische Erläuterungen. Kursive Zahlen gelten für andere als die angegebenen Jahre.

		Auszahlungen (in Mio $)				Tilgung (in Mio $)				Zinszahlungen (in Mio $)			
		Langfristige öffentliche und öffentlich garantierte Mittel		Private nicht garantierte Mittel		Langfristige öffentliche und öffentlich garantierte Mittel		Private nicht garantierte Mittel		Langfristige öffentliche und öffentlich garantierte Mittel		Private nicht garantierte Mittel	
		1980	1992	1980	1992	1980	1992	1980	1992	1980	1992	1980	1992
73	Ukraine	0	426	0	0	0	0	0	0	0	5	0	0
74	Algerien	3.398	6.970	0	0	2.529	6.951	0	0	1.439	1.891	0	0
75	Thailand	1.315	1.547	1.288	3.223	172	1.446	610	1.808	269	698	204	1.170
76	Polen	5.058	763	0	46	2.054	508	0	46	704	798	0	8
77	Lettland	0	27	0	0	0	0	0	0	0	0	0	0
78	Slowakei	..	..	..	..	..	..	..	..	..	..	..	..
79	Costa Rica	435	207	102	44	76	289	88	14	130	191	41	26
80	Türkei	2.400	5.415	75	2.230	566	4.556	29	726	487	2.876	20	325
81	Iran, Islam. Rep.	264	2.585	0	0	531	195	0	0	432	68	0	0
82	Panama	404	167	0	0	215	402	0	0	252	231	0	0
83	Tschechische Rep.	..	..	..	..	..	..	..	..	..	..	..	..
84	Russische Föderation	741	12.495	0	0	489	1.095	0	0	125	506	0	0
85	Chile	857	670	2.694	1.066	891	632	571	518	483	806	435	329
86	Albanien	0	47	0	0	0	0	0	0	0	2	0	0
87	Mongolei	0	179	0	0	0	56	0	0	0	9	0	0
88	Syrien, Arab. Rep.	1.148	526	0	0	225	642	0	0	77	168	0	0
Obere Einkommenskategorie													
89	Südafrika	..	..	..	..	..	..	..	..	..	..	..	..
90	Mauritius	93	68	4	40	15	88	4	16	20	49	3	6
91	Estland	0	34	0	2	0	7	0	3	0	0	0	1
92	Brasilien	8.335	2.129	3.192	6.947	3.861	3.830	2.970	1.328	4.200	2.441	2.132	551
93	Botsuana	27	43	0	0	6	51	0	0	7	33	0	0
94	Malaysia	1.015	1.323	441	1.358	127	1.707	218	230	250	812	88	149
95	Venezuela	2.870	1.248	1.891	783	1.737	303	1.235	710	1.218	1.504	257	100
96	Weißrußland	0	182	0	0	0	0	0	0	0	1	0	0
97	Ungarn	1.552	2.209	0	490	824	2.766	0	174	636	1.585	0	29
98	Uruguay	293	518	63	72	93	235	37	21	105	203	17	25
99	Mexiko	9.131	6.750	2.450	5.113	4.010	10.126	750	2.058	3.880	5.127	700	832
100	Trinidad und Tobago	363	281	0	0	176	266	0	0	50	127	0	0
101	Gabun	171	101	0	0	279	99	0	0	119	235	0	0
102	Argentinien	2.839	1.209	1.869	679	1.146	1.245	707	235	841	2.275	496	126
103	Oman	98	254	0	0	179	340	0	0	44	153	0	0
104	Slowenien	..	..	..	..	..	..	..	..	..	..	..	..
105	Puerto Rico	..	..	..	..	..	..	..	..	..	..	..	..
106	Korea, Rep.	3.429	4.856	551	2.107	1.490	3.039	64	1.000	1.293	1.550	343	429
107	Griechenland	..	..	..	..	..	..	..	..	..	..	..	..
108	Portugal	1.950	5.671	149	617	538	3.342	126	115	486	1.490	43	48
109	Saudi-Arabien	..	..	..	..	..	..	..	..	..	..	..	..

Länder mit niedr. u. mittl. Eink.
 Afrika südlich der Sahara
 Ostasien u. Pazifik
 Südasien
 Europa u. Zentralasien
 Naher Osten u. Nordafrika
 Lateinamerika u. Karibik

Länder mit gravierenden Schuldenproblemen

Länder mit hohem Einkommen
110 Irland
111 Neuseeland
112 †Israel
113 Spanien
114 †Hongkong

115 †Singapur
116 Australien
117 Großbritannien
118 Italien
119 Niederlande

120 Kanada
121 Belgien
122 Finnland
123 †Vereinigte Arab. Emirate
124 Frankreich

125 Österreich
126 Deutschland
127 Vereinigte Staaten
128 Norwegen
129 Dänemark

130 Schweden
131 Japan
132 Schweiz

Gesamte Welt

241

Tabelle 22 Gesamte Nettomittelzuflüsse und Nettotransfers

		Gesamte Nettozugänge an langfristigen Auslandsschulden (in Mio $)		Öffentliche Zuschüsse (in Mio $)		Ausländische Netto-Direkt-investitionen im Berichtsland (in Mio $)		Portfoliokapital-Zuflüsse (in Mio $)		Gesamte Netto-mittelzuflüsse (in Mio $)		Gesamte Nettotransfers (in Mio $)	
		1980	1992	1980	1992	1980	1992	1980	1992	1980	1992	1980	1992
Länder mit niedrigem Einkommen													
Ohne China und Indien													
1	Mosambik	0	184	76	862	0	25	..	0	76	1.071	76	1.060
2	Äthiopien	93	274	125	795	0	6	0	0	218	1.075	201	1.033
3	Tansania	363	244	485	782	0	0	0	0	848	1.026	804	936
4	Sierra Leone	54	37	24	37	–19	37	0	0	59	111	46	99
5	Nepal	48	87	79	163	0	4	0	0	127	254	125	227
6	Uganda	60	176	62	271	0	3	0	0	122	450	118	431
7	Bhutan	0	1	2	40	0	0	0	0	2	41	2	39
8	Burundi	35	86	39	130	0	0	0	0	74	217	72	198
9	Malawi	120	87	49	265	10	0	0	0	178	352	135	322
10	Bangladesch	594	479	1.001	1.251	0	4	0	0	1.595	1.733	1.548	1.568
11	Tschad	3	143	22	144	0	5	0	0	25	292	25	285
12	Guinea-Bissau	66	24	37	50	0	0	0	0	103	74	102	72
13	Madagaskar	319	67	30	347	–1	21	0	0	348	435	321	401
14	Laos, Dem. VR	28	49	16	50	0	9	0	0	54	108	53	104
15	Ruanda	25	65	68	181	16	2	0	0	109	248	98	239
16	Niger	223	118	51	253	49	0	0	0	324	371	248	359
17	Burkina Faso	55	144	88	236	0	0	0	0	142	380	128	366
18	Indien	1.387	3.393	649	675	79	151	0	240	2.114	4.460	1.583	1.614
19	Kenia	430	27	121	460	79	6	0	0	630	494	316	189
20	Mali	89	111	104	242	2	–8	0	0	195	346	192	306
21	Nigeria	1.510	1.375	3	136	–740	897	0	0	773	–342	–1.356	–2.114
22	Nicaragua	231	255	48	496	0	15	0	0	279	766	217	718
23	Togo	82	34	15	83	42	0	0	0	139	117	119	93
24	Benin	56	87	41	151	4	7	0	0	101	245	96	235
25	Zentralafrik. Rep.	24	47	56	82	5	–3	0	0	85	126	85	119
26	Pakistan	708	1.114	482	505	63	275	0	11	1.254	1.935	1.000	1.280
27	Ghana	143	277	23	475	16	23	0	0	181	775	135	690
28	China	1.927	10.028	7	250	0	11.156	0	1.194	1.934	22.628	1.616	19.783
29	Tadschikistan	..	10	0	0	0	0	..	0	0	10	0	10
30	Guinea	47	143	25	167	0	0	0	0	72	310	49	277
31	Mauretanien	109	70	61	129	27	2	0	0	197	201	161	175
32	Sri Lanka	221	110	161	274	43	123	0	0	425	506	377	342
33	Simbabwe	93	374	127	232	2	4	0	0	221	610	133	373
34	Honduras	258	192	20	245	6	60	0	0	283	497	123	265
35	Lesotho	10	48	52	62	5	3	0	0	66	113	59	76
36	Ägypten, Arab. Rep.	2.515	20	165	2.500	548	459	0	0	3.229	2.979	2.813	2.092
37	Indonesien	1.613	5.523	109	295	180	1.774	0	119	1.902	7.711	–2.514	1.764
38	*Myanmar*	202	48	66	62	0	3	0	0	268	113	223	87
39	*Somalia*	106	0	274	180	0	3	0	0	380	183	379	183
40	*Sudan*	658	94	388	570	0	0	0	0	1.046	664	997	653
41	*Jemen, Rep.*	542	211	368	150	34	0	0	0	944	361	934	336
42	*Sambia*	391	130	71	450	62	50	0	0	524	630	324	495
Länder mit mittlerem Einkommen													
Untere Einkommenskategorie													
43	Côte d'Ivoire	1.016	344	27	235	95	49	0	0	1.138	629	360	101
44	Bolivien	312	238	48	181	47	93	0	0	407	511	214	385
45	Aserbaidschan	..	..	..	..	..	..	..	..	..	..	..	..
46	Philippinen	1.313	2.444	59	400	–106	228	0	333	1.266	3.405	488	1.684
47	Armenien	0	2	0	0	0	0	..	0	0	2	0	2
48	Senegal	171	184	78	351	15	0	0	0	263	535	161	457
49	Kamerun	498	508	29	275	130	10	0	0	656	793	422	672
50	Kirgisistan	0	0	0	22	0	0	..	0	0	22	0	22
51	Georgien	..	..	0	0	0	0	..	0	0	0	0	0
52	Usbekistan	0	16	0	0	0	40	..	0	0	56	0	56
53	Papua-Neuguinea	64	597	279	280	76	400	0	0	418	1.277	163	1.007
54	Peru	289	198	31	269	27	127	0	0	347	594	–580	159
55	Guatemala	93	–94	14	100	111	94	0	0	217	100	114	–94
56	Kongo	488	–63	20	45	40	0	0	0	548	–18	505	–45
57	Marokko	1.188	739	75	600	89	424	0	0	1.353	1.763	685	655
58	Dominikanische Rep.	347	–49	14	80	93	179	0	0	454	210	267	97
59	Ecuador	748	–132	7	46	70	85	0	0	825	–1	349	–527
60	Jordanien	266	4	1.127	600	34	41	0	0	1.427	645	1.348	367
61	Rumänien	1.973	1.023	0	0	0	77	0	0	1.973	1.100	1.641	1.056
62	El Salvador	74	–27	31	240	6	12	0	0	111	225	34	106
63	Turkmenistan	..	..	..	..	..	..	..	..	..	..	..	..
64	Moldau	0	29	0	0	0	0	..	0	0	29	0	12
65	Litauen	0	10	0	101	0	10	..	0	0	121	0	121
66	Bulgarien	339	203	0	0	0	42	0	0	339	245	319	63
67	Kolumbien	808	–917	8	49	157	790	0	0	974	–78	553	–2.271
68	Jamaika	251	–121	13	174	28	87	0	0	292	140	57	–84
69	Paraguay	127	–253	10	16	32	40	0	0	168	–197	70	–449
70	*Namibia*	..	..	..	..	..	..	..	..	..	..	..	..
71	Kasachstan	0	16	0	0	0	100	..	0	0	116	0	116
72	Tunesien	352	516	26	137	235	379	0	0	612	1.032	232	341

Anmerkung: Zur Vergleichbarkeit der Daten und ihrer Abgrenzung vgl. Länderschlüssel und Technische Erläuterungen. Kursive Zahlen gelten für andere als die angegebenen Jahre.

		Gesamte Nettozugänge an langfristigen Auslandsschulden (in Mio $)		Öffentliche Zuschüsse (in Mio $)		Ausländische Netto-Direktinvestitionen im Berichtsland (in Mio $)		Portfoliokapital-Zuflüsse (in Mio $)		Gesamte Nettomittelzuflüsse (in Mio $)		Gesamte Nettotransfers (in Mio $)	
		1980	1992	1980	1992	1980	1992	1980	1992	1980	1992	1980	1992
73	Ukraine	0	426	0	0	0	0	..	0	0	426	0	221
74	Algerien	869	19	77	100	349	12	0	0	1.295	131	−830	−1.959
75	Thailand	1.822	1.516	75	200	190	2.116	0	4	2.087	3.836	1.576	1.618
76	Polen	3.005	255	128	0	10	678	..	0	3.143	933	2.439	−27
77	Lettland	0	27	0	73	0	14	..	0	0	114	0	114
78	Slowakei	..	..	..	..	..	..	..	..	..	..	..	..
79	Costa Rica	373	−52	0	130	53	220	0	0	425	298	235	12
80	Türkei	1.880	2.363	185	900	18	844	0	0	2.083	4.107	1.545	486
81	Iran, Islam. Rep.	−267	2.390	1	0	0	−170	0	0	−265	2.320	−1.095	2.252
82	Panama	189	−235	6	90	−47	−1	0	88	149	−58	−174	−300
83	Tschechische Rep.	..	..	..	..	..	..	..	..	..	..	..	..
84	Russische Föderation	252	11.401	0	3.000	..	..	..	0	252	14.401	127	13.895
85	Chile	2.089	586	9	54	213	737	0	129	2.312	1.506	1.307	−526
86	*Albanien*	0	47	0	330	0	0	..	0	0	377	0	375
87	*Mongolei*	0	123	0	29	0	6	..	0	0	159	0	149
88	*Syrien, Arab. Rep.*	924	−116	1.651	330	0	67	0	0	2.574	281	2.497	113
	Obere Einkommenskategorie												
89	Südafrika	..	..	..	..	..	..	..	..	..	..	..	..
90	Mauritius	79	5	13	19	1	15	0	0	93	39	69	−38
91	Estland	0	26	0	95	0	58	..	0	0	179	0	178
92	Brasilien	4.696	3.918	14	45	1.911	1.454	0	1.734	6.621	7.151	−665	3.325
93	Botsuana	21	−8	51	70	112	61	0	0	184	123	69	−195
94	Malaysia	1.111	744	6	50	934	4.118	0	385	2.052	5.297	524	1.938
95	Venezuela	1.789	1.018	0	7	55	629	0	146	1.844	1.799	47	−312
96	Weißrußland	0	182	0	0	..	..	..	0	0	182	0	182
97	Ungarn	728	−241	0	0	0	1.479	0	34	728	1.273	92	−392
98	Uruguay	226	334	1	6	290	1	0	0	516	341	395	113
99	Mexiko	6.821	−321	14	50	2.156	5.366	0	5.213	8.991	10.309	3.043	2.613
100	Trinidad und Tobago	187	15	1	5	185	178	0	0	372	198	−157	−180
101	Gabun	−109	2	4	39	32	−36	0	0	−73	5	−465	−387
102	Argentinien	2.855	408	2	40	678	4.179	0	392	3.535	5.019	1.593	1.782
103	Oman	−81	−86	157	15	98	59	0	0	174	−12	−156	−603
104	Slowenien	..	..	..	..	..	..	..	..	..	..	..	..
105	Puerto Rico	..	..	..	..	..	..	..	..	..	..	..	..
106	Korea, Rep.	2.426	2.924	8	6	6	550	0	2.420	2.440	5.899	740	3.673
107	Griechenland	..	..	..	..	..	..	..	..	..	..	..	..
108	Portugal	1.434	2.832	28	12	157	1.873	0	115	1.620	4.832	1.074	3.248
109	Saudi-Arabien	..	..	..	..	..	..	..	..	..	..	..	..

Länder mit niedr. u. mittl. Eink.
   Afrika südlich der Sahara
   Ostasien u. Pazifik
   Südasien
   Europa u. Zentralasien
   Naher Osten u. Nordafrika
   Lateinamerika u. Karibik

Länder mit gravierenden
   Schuldenproblemen

Länder mit hohem Einkommen

110 Irland
111 Neuseeland
112 †Israel
113 Spanien
114 †Hongkong

115 †Singapur
116 Australien
117 Großbritannien
118 Italien
119 Niederlande

120 Kanada
121 Belgien
122 Finnland
123 †Vereinigte Arab. Emirate
124 Frankreich

125 Österreich
126 Deutschland
127 Vereinigte Staaten
128 Norwegen
129 Dänemark

130 Schweden
131 Japan
132 Schweiz

Gesamte Welt

Tabelle 23 Kennziffern der gesamten Auslandsschulden

		Netto-Gegenwartswert der gesamten Auslandsschulden in % von				Gesamter Schuldendienst in % der Ausfuhr[a]		Zinszahlungen in % der Ausfuhr[a]		Konzessionäre Schulden in % der gesamten Auslandsschulden		Multilaterale Schulden in % der gesamten Auslandsschulden	
		Ausfuhr[a]		BSP									
		1989	1992	1989	1992	1980	1992	1980	1992	1980	1992	1980	1992
	Länder mit niedrigem Einkommen	202,9w	171,4w	30,2w	32,1w	10,2w	18,9w	5,1w	7,8w	45,9w	38,1w	15,9w	24,2w
	Ohne China und Indien	275,8w	234,4w	67,0w	61,2w	11,8w	24,5w	6,1w	9,6w	42,2w	41,7w	14,0w	24,3w
1	Mosambik	994,2	994,5	312,9	494,8	0,0	8,1	0,0	3,9	0,0	60,3	0,0	13,9
2	Äthiopien	233,2	381,4	37,3	44,5	7,3	14,2	4,5	6,0	71,3	75,6	41,2	34,1
3	Tansania	589,5	784,4	137,8	177,7	19,6	31,5	10,0	11,5	55,3	64,6	21,4	32,7
4	Sierra Leone	485,3	574,0	92,4	158,3	23,2	20,5	5,7	10,9	32,8	37,4	14,2	16,2
5	Nepal	165,0	147,2	22,3	29,2	3,2	11,7	2,1	5,0	75,7	92,1	62,0	80,8
6	Uganda	524,4	906,5	49,6	58,9	17,4	40,2	3,8	13,5	26,9	59,9	12,3	52,2
7	Bhutan	47,4	53,9	16,7	19,2	..	6,9	..	2,1	0,0	82,7	0,0	60,4
8	Burundi	368,7	416,2	39,5	42,8	9,5	35,3	4,8	14,1	62,6	88,5	35,7	74,6
9	Malawi	252,5	191,0	51,4	46,7	27,7	23,8	16,7	8,2	33,8	80,2	26,7	74,5
10	Bangladesch	220,4	198,1	26,4	28,5	23,2	17,1	6,4	5,6	82,4	91,2	30,3	56,1
11	Tschad	100,1	157,2	20,8	29,4	8,3	5,4	0,7	3,1	50,9	72,7	32,6	68,0
12	Guinea-Bissau	1.948,1	6.414,2	179,6	200,5	..	92,7	..	44,8	64,3	71,5	21,3	45,8
13	Madagaskar	610,8	649,4	128,5	116,8	17,1	18,6	10,9	7,6	39,3	49,0	14,9	31,7
14	Laos, Dem. VR	457,3	239,3	54,5	40,4	..	5,7	..	2,1	92,1	98,7	7,0	19,2
15	Ruanda	174,2	395,8	11,6	26,3	4,2	23,4	2,8	12,3	74,4	91,8	47,8	74,0
16	Niger	277,2	338,2	49,2	50,9	21,7	14,2	12,9	4,6	18,0	52,5	16,5	42,7
17	Burkina Faso	99,9	110,6	18,9	20,3	5,9	6,2	3,1	3,5	66,9	80,9	42,9	67,7
18	Indien	201,6	234,7	17,8	25,9	9,3	25,3	4,2	12,6	75,1	42,0	29,5	33,9
19	Kenia	228,4	230,1	55,3	65,0	21,0	27,1	11,1	11,1	20,8	42,6	18,6	39,4
20	Mali	244,3	254,0	53,8	52,9	5,1	7,4	2,3	3,0	84,5	93,2	23,7	41,1
21	Nigeria	356,5	232,5	107,1	108,4	4,2	28,9	3,3	13,0	6,1	3,9	6,4	13,2
22	Nicaragua	2.558,6	3.161,7	1.099,0	750,3	22,3	26,5	13,4	12,6	21,8	32,4	19,2	10,0
23	Togo	135,2	171,5	60,7	54,8	9,0	7,3	5,8	3,3	24,4	60,2	11,4	45,6
24	Benin	186,4	118,7	43,0	34,9	6,3	4,1	4,5	1,9	39,2	81,0	24,5	45,9
25	Zentralafrik. Rep.	180,1	273,4	34,1	38,1	4,9	9,6	1,6	4,5	30,1	77,9	27,4	56,7
26	Pakistan	169,3	188,4	31,3	36,8	17,9	23,6	7,6	9,9	73,1	53,0	15,4	36,4
27	Ghana	236,2	236,0	41,2	39,1	13,1	26,7	4,4	10,2	57,9	59,5	19,8	51,2
28	China	83,4	76,8	9,4	12,8	4,3	10,3	1,5	4,2	0,5	16,5	0,0	12,4
29	Tadschikistan	..	..	0,0	..	..	..	..	..	0,0	100,0	0,0	0,0
30	Guinea	217,4	247,4	60,4	55,0	19,8	12,4	6,0	5,3	59,7	77,3	11,7	34,5
31	Mauretanien	291,1	342,4	155,4	158,4	17,3	17,2	7,9	6,1	60,7	60,1	14,8	31,0
32	Sri Lanka	144,5	111,4	47,2	41,0	12,0	13,5	5,7	4,4	56,2	76,3	11,7	32,8
33	Simbabwe	117,0	187,2	38,4	63,8	3,8	32,0	1,5	11,2	2,3	27,2	0,4	24,1
34	Honduras	265,3	258,9	87,2	92,0	21,4	33,7	12,4	15,3	23,4	40,2	31,2	50,4
35	Lesotho	33,4	39,1	18,8	22,6	1,5	5,3	0,6	2,2	61,0	75,2	55,3	69,5
36	Ägypten, Arab. Rep.	378,2	147,8	143,7	67,7	14,7	15,5	9,1	6,5	46,1	37,6	12,6	8,3
37	Indonesien	184,9	212,2	52,6	61,9	13,9	32,1	6,5	11,7	36,4	26,6	8,8	19,4
38	*Myanmar*	571,9	..	14,0	10,1	25,4	..	9,4	..	72,7	86,2	18,6	24,5
39	*Somalia*	2.295,4	..	153,1	..	4,9	..	0,9	..	83,2	63,1	24,1	30,5
40	*Sudan*	1.188,0	2.961,8	..	..	25,5	5,4	12,8	2,5	34,4	28,4	12,3	11,7
41	Jemen, Rep.	145,0	329,8	65,0	..	..	7,0	..	1,6	83,9	75,0	14,9	15,3
42	Sambia	407,7	..	146,5	..	25,3	..	8,7	..	25,4	39,0	12,2	22,6
	Länder mit mittlerem Einkommen	154,9w	148,2w	34,6w	34,2w	24,9w	18,4w	12,6w	7,3w	8,2w	10,0w	6,4w	11,6w
	Untere Einkommenskategorie	154,4w	154,7w	33,7w	40,0w	19,3w	17,8w	8,8w	6,8w	14,4w	16,1w	8,4w	12,9w
43	Côte d'Ivoire	349,4	473,7	138,7	191,0	38,7	31,9	18,8	16,5	6,0	15,5	7,0	16,1
44	Bolivien	351,2	392,8	73,5	61,2	35,0	39,0	21,1	14,9	24,7	46,1	16,5	43,6
45	Aserbaidschan	..	..	..	..	..	..	..	..	..	..	..	..
46	Philippinen	197,6	173,0	60,0	56,8	26,6	27,7	18,2	8,3	6,7	27,8	7,5	21,3
47	Armenien	..	3,1	0,0	0,3	..	0,0	..	0,0	0,0	21,8	0,0	0,0
48	Senegal	169,7	168,5	50,6	39,3	28,7	13,8	10,5	4,5	27,9	57,4	17,8	42,4
49	Kamerun	184,0	269,8	39,4	59,7	15,2	16,2	8,1	7,4	32,0	31,7	16,8	21,8
50	Kirgisistan	..	0,0	0,0	0,0	..	0,0	..	0,0	0,0	0,0	0,0	0,0
51	Georgien	..	..	0,0	1,8	..	..	..	..	..	..	..	..
52	Usbekistan	..	..	0,0	0,1	..	..	..	..	0,0	0,0	0,0	0,0
53	Papua-Neuguinea	130,2	154,2	63,8	87,2	13,8	30,3	6,6	8,3	12,2	18,6	21,2	22,4
54	Peru	392,4	440,6	80,5	92,7	44,5	23,0	19,9	10,7	15,1	16,6	5,5	10,3
55	Guatemala	160,3	115,3	29,7	24,2	7,9	24,0	3,7	7,9	21,6	28,4	30,0	32,2
56	Kongo	307,9	327,6	186,0	166,0	10,6	11,9	6,6	4,7	26,4	37,1	7,7	11,3
57	Marokko	289,0	222,1	84,6	71,2	32,7	23,6	17,0	11,3	37,6	28,1	7,4	24,9
58	Dominikanische Rep.	149,9	170,0	56,4	57,0	25,3	13,5	12,0	5,4	20,5	40,4	10,2	18,7
59	Ecuador	373,9	331,6	118,8	99,9	33,9	27,1	15,9	11,6	5,0	10,4	5,4	18,3
60	Jordanien	217,5	203,1	178,4	163,2	8,4	20,0	4,3	9,2	41,5	36,9	8,0	11,1
61	Rumänien	10,0	67,1	2,8	14,0	12,6	8,8	4,9	2,8	1,8	6,8	8,3	19,6
62	El Salvador	146,2	98,7	31,2	25,5	7,5	13,2	4,7	5,0	25,9	60,1	28,3	40,4
63	Turkmenistan	..	..	..	..	..	..	..	..	..	..	..	..
64	Moldau	..	3,8	0,0	0,6	..	0,6	..	0,0	0,0	23,7	0,0	61,1
65	Litauen	..	..	0,0	0,6	..	..	..	..	0,0	25,2	0,0	0,0
66	Bulgarien	101,7	202,6	46,3	124,5	0,5	7,0	0,2	4,2	0,0	0,0	0,0	9,2
67	Kolumbien	205,2	166,4	44,4	36,9	16,0	36,4	11,6	12,3	16,3	5,5	19,5	34,2
68	Jamaika	187,3	148,9	112,7	131,7	19,0	27,9	10,8	8,5	20,9	28,5	15,0	26,3
69	Paraguay	133,9	101,3	51,6	24,6	18,6	40,3	8,5	15,8	31,9	38,9	20,2	39,8
70	Namibia	..	..	..	..	..	..	..	..	..	..	..	..
71	Kasachstan	..	0,7	0,0	0,1	..	0,0	..	0,0	0,0	0,0	0,0	0,0
72	Tunesien	116,2	112,2	60,3	49,6	14,8	20,6	6,9	6,9	39,9	36,3	12,3	33,6

Anmerkung: Zur Vergleichbarkeit der Daten und ihrer Abgrenzung vgl. Länderschlüssel und Technische Erläuterungen. Kursive Zahlen gelten für andere als die angegebenen Jahre.

		Netto-Gegenwartswert der gesamten Auslandsschulden in % von				Gesamter Schuldendienst in % der Ausfuhr[a]		Zinszahlungen in % der Ausfuhr[a]		Konzessionäre Schulden in % der gesamten Auslandsschulden		Multilaterale Schulden in % der gesamten Auslandsschulden	
		Ausfuhr[a]		BSP									
		1989	1992	1989	1992	1980	1992	1980	1992	1980	1992	1980	1992
73	Ukraine	..	3,5	0,0	0,4	..	0,0	..	0,0	0,0	0,0	0,0	14,3
74	Algerien	243,8	198,9	47,7	59,9	27,4	71,3	10,4	16,6	6,5	3,6	1,5	10,3
75	Thailand	83,1	90,5	31,3	35,2	18,9	14,1	9,5	6,4	10,9	12,5	12,0	7,4
76	Polen	257,1	234,2	53,6	55,2	17,9	7,9	5,2	5,0	9,1	19,7	0,0	2,4
77	Lettland	..	..	0,0	1,0	..	..	..	..	0,0	15,3	0,0	0,0
78	Slowakei	..	..	..	..	..	..	..	..	..	..	..	..
79	Costa Rica	215,3	138,4	86,6	58,7	29,1	20,6	14,6	9,1	9,5	24,2	16,4	29,6
80	Türkei	178,6	187,7	50,6	47,8	28,0	31,9	14,9	13,3	23,0	13,3	11,2	17,0
81	Iran, Islam. Rep.	46,8	69,7	5,3	12,5	6,8	4,0	3,1	3,0	7,4	0,4	13,8	0,9
82	Panama	127,9	87,8	140,1	107,2	6,3	12,6	3,3	4,3	9,0	7,0	11,0	10,7
83	Tschechische Rep.	..	..	..	..	..	..	..	..	..	..	..	..
84	Russische Föderation	..	..	..	..	..	3,8	..	1,2	0,0	0,0	0,0	0,2
85	Chile	176,0	148,3	66,5	48,9	43,1	20,9	19,0	10,4	6,2	1,7	2,9	22,4
86	Albanien	0,0	243,7	..	..	0,0	0,8	0,0	0,8	0,0	7,1	0,0	0,3
87	Mongolei	0,7	72,9	..	..	0,0	17,1	0,0	2,8	0,0	40,2	0,0	15,1
88	Syrien, Arab. Rep.	239,7	255,3	101,8	..	11,4	18,2	4,7	5,3	63,5	77,1	8,8	5,6
	Obere Einkommenskategorie	155,4w	143,0w	35,4w	30,5w	31,6w	18,9w	17,3w	7,8w	3,3w	3,2w	4,8w	10,1w
89	Südafrika	..	..	..	..	..	..	..	..	..	..	..	..
90	Mauritius	49,3	44,9	33,9	29,9	9,1	8,1	5,9	2,9	15,6	37,2	16,6	25,1
91	Estland	..	9,7	0,0	11,4	..	2,2	..	0,2	0,0	19,5	0,0	2,1
92	Brasilien	288,3	293,8	25,7	31,2	63,1	23,1	33,7	9,2	2,5	2,1	4,4	8,3
93	Botsuana	19,9	..	17,6	12,6	1,9	..	1,1	..	46,6	42,8	63,3	75,0
94	Malaysia	54,3	41,5	43,9	35,2	6,3	6,6	4,0	2,4	10,1	12,7	11,3	9,4
95	Venezuela	203,4	214,8	76,1	61,1	27,2	19,5	13,8	12,5	0,4	0,8	0,7	7,3
96	Weißrußland	..	4,8	0,0	0,6	..	..	..	..	0,0	12,1	0,0	0,5
97	Ungarn	168,0	158,2	72,3	65,0	..	35,6	..	13,3	5,6	0,6	0,0	14,8
98	Uruguay	189,8	204,5	55,5	46,7	18,8	23,2	10,6	12,2	5,2	1,6	11,0	18,5
99	Mexiko	236,4	235,6	45,0	34,1	49,5	44,4	27,4	16,4	0,9	1,1	5,6	13,7
100	Trinidad und Tobago	98,5	103,1	46,7	45,7	6,8	23,8	1,6	7,5	4,7	2,3	8,6	9,2
101	Gabun	150,1	142,1	76,9	68,9	17,7	16,5	6,3	11,3	8,3	11,8	2,7	9,2
102	Argentinien	562,1	449,8	96,4	30,3	37,3	34,4	20,8	18,7	1,8	0,9	4,0	7,5
103	Oman	64,3	47,4	39,1	27,0	6,4	9,0	1,8	3,2	43,6	14,0	5,8	5,8
104	Slowenien	..	..	..	..	..	..	..	..	..	..	..	..
105	Puerto Rico	..	..	..	..	..	..	..	..	..	..	..	..
106	Korea, Rep.	40,4	45,8	14,2	14,2	19,7	7,4	12,7	3,0	9,7	10,6	8,0	7,7
107	Griechenland	..	..	..	..	..	..	..	..	..	..	..	..
108	Portugal	92,6	102,1	43,9	39,0	18,3	18,3	10,5	6,9	4,4	3,6	5,5	10,1
109	Saudi-Arabien	..	..	..	..	..	..	..	..	..	..	..	..
	Länder mit niedr. u. mittl. Eink.	166,6w	154,4w	33,1w	33,5w	20,6w	18,5w	10,5w	7,4w	17,0w	19,0w	8,6w	15,6w
	Afrika südlich der Sahara	277,9w	282,0w	82,4w	88,2w	11,5w	20,0w	6,0w	8,9w	26,3w	35,6w	13,0w	23,7w
	Ostasien u. Pazifik	84,5w	85,8w	20,4w	23,6w	13,4w	13,0w	7,6w	5,0w	16,4w	20,8w	8,7w	14,3w
	Südasien	191,2w	209,2w	20,6w	28,2w	11,9w	23,0w	5,1w	10,6w	74,4w	52,0w	25,0w	37,5w
	Europa u. Zentralasien	124,5w	133,2w	23,4w	31,3w	15,9w	14,0w	6,4w	5,7w	10,1w	7,1w	6,2w	8,0w
	Naher Osten u. Nordafrika	198,0w	145,5w	46,7w	40,3w	16,5w	22,2w	7,4w	7,5w	31,8w	31,6w	8,3w	11,9w
	Lateinamerika u. Karibik	267,1w	250,4w	45,5w	38,1w	37,1w	29,5w	19,6w	12,3w	4,4w	5,8w	5,8w	13,3w
	Länder mit gravierenden Schuldenproblemen	272,9w	266,8w	46,6w	41,1w	34,0w	29,8w	17,1w	11,5w	6,9w	10,3w	5,1w	10,7w
	Länder mit hohem Einkommen												
110	Irland												
111	Neuseeland												
112	†Israel												
113	Spanien												
114	†Hongkong												
115	†Singapur												
116	Australien												
117	Großbritannien												
118	Italien												
119	Niederlande												
120	Kanada												
121	Belgien												
122	Finnland												
123	†Vereinigte Arab. Emirate												
124	Frankreich												
125	Österreich												
126	Deutschland												
127	Vereinigte Staaten												
128	Norwegen												
129	Dänemark												
130	Schweden												
131	Japan												
132	Schweiz												
	Gesamte Welt												

[a] Bezieht sich auf die Ausfuhren von Waren und Dienstleistungen.

Tabelle 24 Konditionen der öffentlichen Auslandskreditaufnahme

	Zusagen (in Mio $)		Durchschnittlicher Zinssatz (in %)		Durchschnittliche Laufzeit (in Jahren)		Durchschnittlicher tilgungsfreier Zeitraum (in Jahren)		Öffentliche Darlehen mit variablen Zinsen in % der öffentlichen Schulden	
	1980	1992	1980	1992	1980	1992	1980	1992	1980	1992
Länder mit niedrigem Einkommen	30.083s	41.804s	6,3w	5,0w	23w	21w	6w	6w	16,6w	20,8w
Ohne China und Indien	21.408s	18.721s	5,8w	3,9w	23w	26w	6w	7w	17,0w	19,1w
1 Mosambik	479	456	5,2	0,8	15	42	1	10	0,0	2,7
2 Äthiopien	194	320	3,6	0,9	19	41	4	10	1,5	2,0
3 Tansania	710	165	4,1	1,1	24	33	8	8	4,4	7,5
4 Sierra Leone	70	171	5,2	0,8	26	40	7	9	0,0	0,8
5 Nepal	92	297	0,8	0,8	46	40	10	10	0,0	0,0
6 Uganda	209	471	4,6	1,7	25	34	6	9	1,3	0,9
7 Bhutan	7	10	1,0	1,9	50	30	10	7	0,0	0,0
8 Burundi	102	82	1,3	0,7	42	41	9	10	0,0	0,0
9 Malawi	130	220	6,0	0,7	24	40	6	10	23,2	2,5
10 Bangladesch	1.034	967	1,7	0,9	36	38	9	10	0,1	0,3
11 Tschad	0	106	0,0	4,9	0	26	0	7	0,2	1,2
12 Guinea-Bissau	38	11	2,4	1,4	18	36	4	9	1,6	0,2
13 Madagaskar	445	97	5,6	1,2	18	43	5	9	8,3	5,2
14 Laos, Dem. VR	70	64	0,2	0,9	45	40	34	10	0,0	0,0
15 Ruanda	48	56	1,5	1,1	39	42	9	9	0,0	0,0
16 Niger	341	117	7,4	2,9	18	22	5	6	56,4	13,4
17 Burkina Faso	115	169	4,3	0,8	21	42	6	10	4,3	0,6
18 Indien	4.849	7.286	5,5	5,0	33	25	7	9	4,2	21,1
19 Kenia	518	178	3,5	0,7	31	39	8	10	27,6	14,3
20 Mali	145	155	2,2	2,0	23	32	5	8	0,0	0,1
21 Nigeria	1.904	1.100	10,5	4,6	11	22	4	7	74,4	17,7
22 Nicaragua	434	282	4,0	5,0	25	23	7	6	47,6	25,9
23 Togo	97	54	4,0	0,8	24	66	7	27	12,0	3,3
24 Benin	448	84	8,3	1,4	12	40	4	9	0,4	7,8
25 Zentralafrik. Rep.	38	56	0,6	1,8	13	38	4	9	1,9	0,1
26 Pakistan	1.115	2.394	4,4	4,4	30	20	7	7	1,5	16,6
27 Ghana	170	482	1,4	0,8	44	40	10	10	0,9	2,2
28 China	3.826	15.798	10,4	6,3	11	13	3	3	58,8	28,0
29 Tadschikistan	0	10	0,0	3,0	0	37	0	9	0,0	0,0
30 Guinea	269	197	4,6	3,0	19	31	6	8	0,3	4,0
31 Mauretanien	211	62	3,6	1,6	20	28	7	8	2,4	8,2
32 Sri Lanka	752	437	3,9	2,2	31	31	8	9	6,9	5,5
33 Simbabwe	171	652	7,1	4,5	15	25	6	6	0,4	29,1
34 Honduras	495	466	6,8	4,1	24	26	7	8	34,2	21,4
35 Lesotho	59	52	5,9	5,5	24	32	6	6	3,5	1,1
36 Ägypten, Arab. Rep.	2.558	1.416	5,0	5,8	28	18	9	4	4,5	9,7
37 Indonesien	4.277	6.197	8,1	5,5	19	20	6	6	30,7	45,4
38 *Myanmar*	605	20	3,5	0,0	29	10	7	1	5,0	0,0
39 *Somalia*	188	0	3,3	0,0	25	0	6	0	0,0	1,0
40 *Sudan*	905	39	6,1	8,1	18	33	5	4	10,6	19,1
41 *Jemen, Rep.*	553	53	2,7	0,8	27	40	6	10	0,0	1,5
42 *Sambia*	645	348	6,7	0,9	19	40	4	10	12,6	10,3
Länder mit mittlerem Einkommen	67.288s	80.271s	10,6w	6,7w	12w	13w	4w	5w	54,8w	51,6w
Untere Einkommenskategorie	33.155s	48.419s	9,5w	6,3w	14w	13w	4w	5w	42,6w	48,1w
43 Côte d'Ivoire	1.685	613	11,4	4,7	10	19	4	6	57,0	61,6
44 Bolivien	370	389	8,4	3,1	15	31	5	9	31,6	20,5
45 Aserbaidschan	..	..	..	..	..	..	..	..	..	..
46 Philippinen	2.143	5.592	9,9	5,6	17	20	5	12	49,9	34,4
47 Armenien	0	57	0,0	8,5	0	3	0	1	0,0	21,4
48 Senegal	470	219	5,9	1,8	20	35	6	8	12,7	5,5
49 Kamerun	164	226	6,9	4,9	24	15	6	7	22,9	19,9
50 Kirgisistan	0	42	0,0	8,5	0	4	0	4	0,0	0,0
51 Georgien	..	..	..	..	..	..	..	..	..	..
52 Usbekistan	0	423	0,0	5,0	0	4	0	1	0,0	73,5
53 Papua-Neuguinea	184	95	11,2	3,5	18	31	5	8	43,5	63,7
54 Peru	1.614	1.776	9,4	7,2	12	20	4	6	31,2	45,5
55 Guatemala	247	388	7,9	7,0	15	19	4	6	35,6	20,0
56 Kongo	966	28	7,7	8,3	11	10	3	4	6,6	25,8
57 Marokko	1.686	1.274	8,0	8,0	15	14	5	4	31,0	51,7
58 Dominikanische Rep.	519	123	8,9	7,6	12	17	4	4	47,2	42,4
59 Ecuador	1.148	764	10,7	6,9	14	19	4	5	62,5	60,9
60 Jordanien	768	112	7,3	4,8	15	19	4	6	13,4	33,6
61 Rumänien	1.886	1.925	14,1	7,7	8	13	4	4	59,2	62,3
62 El Salvador	225	250	4,2	8,0	28	27	8	7	27,4	13,3
63 Turkmenistan	..	..	..	..	..	..	..	..	..	..
64 Moldau	0	51	0,0	3,5	0	9	0	4	0,0	61,1
65 Litauen	0	127	0,0	7,5	0	15	0	4	0,0	0,0
66 Bulgarien	738	0	13,6	0,0	12	0	6	0	96,8	77,9
67 Kolumbien	1.566	836	12,9	7,8	15	18	4	5	40,8	52,9
68 Jamaika	225	319	7,6	7,8	14	20	5	4	23,0	24,8
69 Paraguay	99	483	7,0	7,3	24	22	7	6	27,3	15,9
70 Namibia	..	..	..	..	..	..	..	..	..	..
71 Kasachstan	0	647	0,0	7,1	0	8	0	3	0,0	100,0
72 Tunesien	777	1.157	6,7	7,4	18	13	5	3	20,0	23,3

Anmerkung: Zur Vergleichbarkeit der Daten und ihrer Abgrenzung vgl. Länderschlüssel und Technische Erläuterungen. Kursive Zahlen gelten für andere als die angegebenen Jahre.

		Zusagen (in Mio $)		Durchschnittlicher Zinssatz (in %)		Durchschnittliche Laufzeit (in Jahren)		Durchschnittlicher tilgungsfreier Zeitraum (in Jahren)		Öffentliche Darlehen mit variablen Zinsen in % der öffentlichen Schulden	
		1980	1992	1980	1992	1980	1992	1980	1992	1980	1992
73	Ukraine	0	1.188	0,0	6,2	0	6	0	3	0,0	100,0
74	Algerien	3.538	8.538	8,1	5,8	12	10	4	4	25,0	46,8
75	Thailand	1.877	1.934	9,5	7,0	17	16	5	6	51,4	58,0
76	Polen	1.715	538	9,3	7,4	11	14	4	4	37,8	70,9
77	Lettland	0	116	0,0	6,1	0	14	0	4	0,0	45,4
78	Slowakei	..	..	..	..	..	..	..	..	..	..
79	Costa Rica	621	155	11,2	7,4	13	20	5	5	57,0	31,4
80	Türkei	2.925	6.093	8,3	7,4	16	8	5	5	26,5	34,4
81	Iran, Islam. Rep.	0	4.314	0,0	4,8	0	8	0	4	37,8	85,3
82	Panama	534	351	11,3	6,4	11	20	5	6	52,7	63,1
83	Tschechische Rep.	..	..	..	..	..	..	..	..	..	..
84	Russische Föderation	741	5.231	8,5	6,9	15	5	5	2	0,0	50,4
85	Chile	835	689	13,9	6,6	8	21	4	6	75,6	78,0
86	*Albanien*	0	66	0,0	1,7	0	34	0	9	0,0	60,6
87	*Mongolei*	0	109	0,0	6,0	0	7	0	3	0,0	11,8
88	Syrien, Arab. Rep.	1.168	350	1,3	5,0	24	33	5	6	0,0	0,0
	Obere Einkommenskategorie	34.132s	31.852s	11,7w	7,1w	11w	12w	4w	4w	65,5w	55,6w
89	Südafrika	..	..	..	..	..	..	..	..	..	..
90	Mauritius	121	90	10,4	5,0	14	18	4	5	47,0	36,5
91	Estland	0	120	0,0	8,3	0	12	0	4	0,0	40,5
92	Brasilien	9.638	3.258	12,5	7,2	10	11	4	4	72,2	73,5
93	Botsuana	69	54	6,0	5,0	18	27	4	6	0,0	13,3
94	Malaysia	1.423	1.680	11,2	5,8	14	22	5	4	50,7	49,6
95	Venezuela	2.769	696	12,1	6,5	8	14	3	5	81,4	63,0
96	Weißrußland	0	574	0,0	6,3	0	7	0	3	0,0	87,9
97	Ungarn[a]	1.225	2.098	9,8	8,3	13	10	3	7	39,8	52,4
98	Uruguay	347	518	10,1	7,1	14	14	6	3	35,4	61,6
99	Mexiko	7.632	7.435	11,3	7,5	10	11	4	3	75,9	49,1
100	Trinidad und Tobago	211	204	10,4	8,6	9	6	4	4	31,9	53,5
101	Gabun	196	209	11,2	6,8	11	17	3	5	39,3	14,2
102	Argentinien	3.023	2.447	13,8	8,2	9	18	4	5	74,0	55,8
103	Oman	454	144	7,9	5,0	9	11	3	3	0,0	59,7
104	Slowenien	..	..	..	..	..	..	..	..	..	..
105	Puerto Rico	..	..	..	..	..	..	..	..	..	..
106	Korea, Rep.	4.928	4.027	11,3	7,1	15	12	4	6	36,4	40,3
107	Griechenland	..	..	..	..	..	..	..	..	..	..
108	Portugal	2.015	8.257	10,9	6,6	10	11	3	1	30,6	26,2
109	Saudi-Arabien	..	..	..	..	..	..	..	..	..	..
	Länder mit niedr. u. mittl. Eink.	97.371s	122.075s	9,3w	6,1w	16w	16w	5w	5w	45,0w	41,1w
	Afrika südlich der Sahara	13.245s	8.102s	7,1w	2,9w	17w	30w	5w	8w	26,4w	16,5w
	Ostasien u. Pazifik	19.445s	35.536s	9,8w	6,1w	16w	16w	5w	6w	40,0w	39,5w
	Südasien	7.872s	11.449s	4,6w	4,3w	33w	26w	7w	9w	3,1w	16,7w
	Europa u. Zentralasien	12.435s	27.561s	10,9w	7,0w	12w	9w	4w	3w	45,8w	52,2w
	Naher Osten u. Nordafrika	11.594s	17.440s	6,3w	5,8w	18w	11w	5w	4w	18,2w	27,9w
	Lateinamerika u. Karibik	32.780s	21.987s	11,6w	7,2w	11w	15w	4w	5w	68,0w	57,2w
	Länder mit gravierenden Schuldenproblemen	36.825s	29.088s	10,6w	6,7w	12w	13w	4w	4w	59,3w	55,5w
	Länder mit hohem Einkommen										
110	Irland										
111	Neuseeland										
112	†Israel										
113	Spanien										
114	†Hongkong										
115	†Singapur										
116	Australien										
117	Großbritannien										
118	Italien										
119	Niederlande										
120	Kanada										
121	Belgien										
122	Finnland										
123	†Vereinigte Arab. Emirate										
124	Frankreich										
125	Österreich										
126	Deutschland										
127	Vereinigte Staaten										
128	Norwegen										
129	Dänemark										
130	Schweden										
131	Japan										
132	Schweiz										
	Gesamte Welt										

[a] Berücksichtigt sind nur Schulden in konvertiblen Währungen.

Tabelle 25 Bevölkerung und Erwerbstätige

		Bevölkerung[a]						Erwerbstätige[a]			
		Insgesamt (in Mio)		Hypothetisch stationäre Bevölkerung (in Mio)	Durchschnittliches jährliches Wachstum (in %)			Altersgruppe 15–64 (in Mio) 1992	Insgesamt (in Mio) 1992	Durchschnittliches jährliches Wachstum (in %)		
		1992	2000	2025		1970–80	1980–92	1992–2000			1970–80	1980–92	1992–2000
Länder mit niedrigem Einkommen		3.191s	3.654s	5.062s	7.600s	2,2w	2,0w	1,7w	1.934s	1.475s	2,2w	2,2w	1,7w
Ohne China und Indien		1.146s	1.382s	2.220s	4.032s	2,6w	2,6w	2,3w	631s	441s	2,3w	2,5w	2,5w
1	Mosambik	17	20	40	100	2,5	2,6	2,6	9	9	3,8	2,0	2,0
2	Äthiopien	55[b]	67	141	370	2,6	3,1	2,6	26	22	2,0	1,9	2,2
3	Tansania	26	33	59	117	2,9	3,0	3,0	13	13	2,8	2,9	3,0
4	Sierra Leone	4	5	10	23	2,1	2,4	2,6	2	1	1,0	1,2	1,5
5	Nepal	20	24	38	65	2,5	2,6	2,4	11	8	1,8	2,3	2,2
6	Uganda	17	22	45	121	2,7	2,6	3,0	9	9	2,6	2,8	3,0
7	Bhutan	1[b]	2	3	6	1,8	2,1	2,4	1	1	1,8	1,9	1,9
8	Burundi	6	7	14	31	1,6	2,8	2,7	3	3	1,3	2,2	2,5
9	Malawi	9	11	21	51	3,1	3,2	2,5	5	4	2,2	2,6	2,6
10	Bangladesch	114	132	182	263	2,6	2,3	1,8	63	36	2,0	2,9	2,9
11	Tschad	6	7	14	29	2,0	2,4	2,6	3	2	1,7	1,9	2,1
12	Guinea-Bissau	1	1	2	4	4,3	1,9	2,0	1	0	3,8	1,3	1,6
13	Madagaskar	12	16	26	49	2,6	2,9	2,8	6	5	2,2	2,1	2,3
14	Laos, Dem. VR	4	6	10	20	1,7	2,6	2,8	2	2	1,3	2,0	2,1
15	Ruanda	7	9	13	22	3,3	2,9	2,1	4	4	3,1	2,8	2,9
16	Niger	8	11	24	71	2,9	3,3	3,3	4	4	1,9	2,4	2,6
17	Burkina Faso	10	12	24	56	2,1	2,6	3,0	5	4	1,7	2,0	2,2
18	Indien	884	1.016	1.370	1.888	2,3	2,1	1,7	527	336	1,7	2,0	1,7
19	Kenia	26	31	47	75	3,7	3,6	2,5	13	11	3,6	3,5	3,6
20	Mali	9	12	24	57	2,1	2,6	3,2	4	3	1,7	2,6	2,7
21	Nigeria	102	128	217	382	2,9	3,0	2,8	52	44	3,1	2,7	2,9
22	Nicaragua	4[b]	5	8	12	3,1	2,7	2,7	2	1	2,9	3,8	3,8
23	Togo	4	5	10	20	2,6	3,3	3,1	2	1	2,0	2,3	2,5
24	Benin	5	6	11	20	2,7	3,1	2,8	3	2	2,0	2,2	2,5
25	Zentralafrik. Rep.	3	4	7	18	2,2	2,6	2,5	2	1	1,2	1,5	1,8
26	Pakistan	119[b]	148	243	400	3,1	3,1	2,7	63	36	2,7	2,9	2,9
27	Ghana	16	20	36	68	2,2	3,2	3,0	8	6	2,4	2,7	3,0
28	China	1.162	1.255	1.471	1.680	1,8	1,4	1,0	780	699	2,4	2,0	1,1
29	Tadschikistan	6	7	11	18	..	2,8	2,5	3	..	..	..	..
30	Guinea	6[b]	8	15	33	1,5	2,6	2,8	3	3	1,8	1,7	1,9
31	Mauretanien	2	3	5	11	2,4	2,4	2,8	1	1	1,8	2,8	3,1
32	Sri Lanka	17	19	24	29	1,6	1,4	1,1	11	7	2,3	1,6	1,6
33	Simbabwe	10	12	18	28	2,9	3,3	2,1	5	4	2,8	2,8	3,0
34	Honduras	5	7	11	18	3,3	3,3	2,8	3	2	3,1	3,8	3,7
35	Lesotho	2	2	3	6	2,3	2,7	2,3	1	1	2,0	2,0	2,1
36	Ägypten, Arab. Rep.	55	63	86	121	2,1	2,4	1,7	31	15	2,1	2,6	2,7
37	Indonesien	184	206	265	355	2,3	1,8	1,4	111	75	2,1	2,4	2,0
38	*Myanmar*	44[b]	52	73	109	2,2	2,1	2,1	25	19	2,2	1,9	1,7
39	*Somalia*	8[b]	10	21	47	2,9	3,1	2,9	4	2	3,7	1,7	1,9
40	*Sudan*	27[b]	33	57	108	2,9	2,7	2,7	14	9	2,6	2,9	3,1
41	*Jemen, Rep.*	13	17	36	88	2,6	3,8	3,3	6	3	1,1	3,0	3,4
42	*Sambia*	8	10	17	35	3,0	3,2	2,8	4	2	2,7	3,3	3,5
Länder mit mittlerem Einkommen		1.419s	1.595s	2.139s	2.976s	3,1w	1,8w	1,5w	873s	433s	2,5w	2,2w	2,8w
Untere Einkommenskategorie		941s	1.055s	1.422s	2.011s	3,5w	1,8w	1,4w	578s	257s	2,3w	2,2w	3,3w
43	Côte d'Ivoire	13	17	34	74	4,0	3,8	3,5	6	5	2,5	2,6	2,5
44	Bolivien	8	9	14	22	2,5	2,5	2,4	4	2	2,1	2,7	2,6
45	Aserbaidschan	7	8	11	13	..	1,5	1,2	5	..	..	..	..
46	Philippinen	64	77	115	172	2,5	2,4	2,3	37	24	2,4	2,5	2,3
47	Armenien	4	4	5	6	..	1,4	1,1	2	..	..	..	..
48	Senegal	8	10	16	30	2,9	2,9	2,6	4	3	3,2	1,9	2,1
49	Kamerun	12	16	28	54	2,9	2,8	3,0	6	5	1,5	1,9	2,3
50	Kirgisistan	4	5	7	10	..	1,8	1,2	3	..	..	..	..
51	Georgien	5	5	6	7	..	0,6	0,0	4	..	..	..	..
52	Usbekistan	21	26	39	57	..	2,5	2,2	12	..	..	..	..
53	Papua-Neuguinea	4	5	7	12	2,4	2,3	2,3	2	2	1,9	1,5	1,0
54	Peru	22[b]	26	36	48	2,7	2,1	1,8	13	8	3,3	2,8	2,7
55	Guatemala	10	12	20	33	2,8	2,9	2,8	5	3	2,1	3,0	3,3
56	Kongo	2[b]	3	6	15	2,8	3,1	3,2	1	1	2,1	2,0	2,4
57	Marokko	26[b]	30	43	61	2,4	2,5	1,8	15	8	3,4	3,2	2,9
58	Dominikanische Rep.	7[b]	8	11	14	2,5	2,1	1,5	4	2	3,1	3,3	2,7
59	Ecuador	11	13	18	25	2,9	2,5	2,0	6	3	2,6	3,0	2,7
60	Jordanien	4	5	9	14	3,7	4,9	3,4	2	1	1,0	4,3	4,0
61	Rumänien	23	23	23	23	0,9	0,2	0,0	15	12	0,0	0,7	0,7
62	El Salvador	5	6	9	13	2,3	1,4	1,7	3	2	2,9	3,1	3,1
63	Turkmenistan	4	5	7	10	..	2,5	2,1	2	..	..	..	..
64	Moldau	4	4	5	6	..	0,7	0,2	3	..	..	..	..
65	Litauen	4	4	4	4	..	-0,7	-0,9	2	2	..	..	..
66	Bulgarien	9	8	8	7	0,4	-0,3	-0,4	6	4	0,1	0,0	0,3
67	Kolumbien	33	37	49	62	2,2	1,9	1,4	20	11	2,5	2,6	2,2
68	Jamaika	2	3	3	4	1,3	1,0	0,6	1	1	2,9	2,7	2,2
69	Paraguay	5	6	10	17	2,9	3,0	2,8	3	1	3,5	3,0	2,7
70	Namibia	2	2	3	5	2,7	3,0	2,6	1	1	1,8	2,4	2,7
71	Kasachstan	17	18	22	28	..	1,1	0,7	11	..	..	..	..
72	Tunesien	8	10	14	20	2,2	2,3	2,2	5	3	3,6	3,0	2,6

Anmerkung: Zur Vergleichbarkeit der Daten und ihrer Abgrenzung vgl. Länderschlüssel und Technische Erläuterungen. Kursive Zahlen gelten für andere als die angegebenen Jahre.

		Bevölkerung[a]						Altersgruppe 15–64 (in Mio) 1992	Erwerbstätige[a]				
		Insgesamt (in Mio)			Hypothetisch stationäre Bevölkerung (in Mio)	Durchschnittliches jährliches Wachstum (in %)				Insgesamt (in Mio) 1992	Durchschnittliches jährliches Wachstum (in %)		
		1992	2000	2025		1970–80	1980–92	1992–2000			1970–80	1980–92	1992–2000
73	Ukraine	52	52	53	56	..	0,3	0,0	34	..	..	..	..
74	Algerien	26	31	47	67	3,1	2,8	2,2	14	6	3,2	3,7	3,6
75	Thailand	58	65	81	104	2,7	1,8	1,3	37	31	2,8	2,2	1,5
76	Polen	38	39	42	46	0,9	0,6	0,2	25	20	0,7	0,6	0,8
77	Lettland	3	3	3	3	..	0,3	–0,4	2	1	..	–0,1	..
78	Slowakei	5	6	6	7	0,9	0,5	0,6	3	2	..	..	..
79	Costa Rica	3[b]	4	5	6	2,8	2,8	1,9	2	1	3,8	2,7	2,3
80	Türkei	59	68	92	122	2,3	2,3	1,9	35	25	1,7	2,1	1,9
81	Iran, Islam. Rep.	60	75	126	204	3,2	3,5	2,8	30	16	3,1	3,2	3,1
82	Panama	3	3	4	5	2,4	2,1	1,7	2	1	2,4	2,8	2,3
83	Tschechische Rep.	10	11	11	12	0,5	0,1	0,2	7	..	..	..	..
84	Russische Föderation	149	150	153	160	0,6	0,6	0,1	99	..	..	..	..
85	Chile	14	15	19	23	1,6	1,7	1,3	9	5	2,4	2,2	1,5
86	*Albanien*	3	4	5	6	2,2	1,9	1,5	2	2	3,0	2,7	2,2
87	*Mongolei*	2	3	4	7	2,8	2,7	2,6	1	1	2,8	2,9	2,7
88	Syrien, Arab. Rep.	13	17	34	66	3,3	3,3	3,3	6	3	3,4	3,6	4,0
Obere Einkommenskategorie		**478**s	**540**s	**717**s	**965**s	**2,5**w	**1,8**w	**1,5**w	**295**s	**176**s	**2,9**w	**2,3**w	**2,1**w
89	Südafrika	40	47	69	103	2,7	2,5	2,2	23	13	1,3	2,8	2,7
90	Mauritius	1	1	1	2	1,5	1,1	1,0	1	0	2,5	2,7	1,9
91	Estland	2	2	2	2	0,8	0,4	–0,3	1	1	..	–0,5	..
92	Brasilien	154	172	224	285	2,4	2,0	1,4	95	58	3,4	2,2	2,1
93	Botsuana	1	2	3	4	3,7	3,4	2,8	1	0	3,0	3,3	3,3
94	Malaysia	19	22	30	41	2,4	2,5	2,0	11	7	3,7	2,8	2,5
95	Venezuela	20	24	34	45	3,4	2,6	2,2	12	7	4,8	3,2	2,8
96	Weißrußland	10	10	11	12	..	0,5	0,2	7	..	..	..	..
97	Ungarn	10	10	9	10	0,4	–0,3	–0,4	7	5	–0,5	0,2	0,3
98	Uruguay	3	3	4	4	0,4	0,6	0,5	2	1	0,2	0,7	1,0
99	Mexiko	85	99	136	182	2,9	2,0	1,9	50	32	4,3	3,1	2,7
100	Trinidad und Tobago	1	1	2	2	1,1	1,3	0,9	1	1	2,2	2,3	2,0
101	Gabun	1[b]	2	3	7	4,6	3,4	2,9	1	1	0,8	0,7	1,1
102	Argentinien	33	36	43	53	1,6	1,3	1,0	20	12	1,0	1,2	1,6
103	Oman	2	2	5	12	4,1	4,3	4,1	1	0	4,5	3,5	2,8
104	Slowenien	2	2	2	2	0,9	0,5	0,1	1	..	..	..	..
105	Puerto Rico	4	4	4	5	1,7	0,9	0,7	2	1	2,3	2,1	1,6
106	Korea, Rep.	44	47	53	56	1,8	1,1	0,8	31	19	2,6	2,3	1,8
107	Griechenland	10	11	11	9	0,9	0,5	0,5	7	4	0,7	0,4	0,2
108	Portugal	10	10	10	9	0,8	0,1	0,0	7	5	2,5	0,9	0,8
109	Saudi-Arabien	17	22	43	85	4,9	4,9	3,3	9	4	5,5	3,9	3,2
Länder mit niedr. u. mittl. Eink.		**4.610**s	**5.248**s	**7.201**s	**10.576**s	**2,5**w	**1,9**w	**1,6**w	**2.807**s	**1.908**s	**2,3**w	**2,2**w	**1,9**w
Afrika südlich der Sahara		543s	681s	1.229s	2.565s	2,8w	3,0w	2,8w	287s	222s	2,4w	2,5w	2,7w
Ostasien u. Pazifik		1.689s	1.858s	2.280s	2.792s	1,9w	1,6w	1,2w	1.101s	928s	2,4w	2,1w	1,8w
Südasien		1.178s	1.369s	1.913s	2.778s	2,4w	2,2w	1,9w	682s	429s	1,8w	2,1w	1,9w
Europa u. Zentralasien		495s	516s	581s	672s	4,3w	1,0w	0,5w	326s	94s	1,4w	1,1w	0,2w
Naher Osten u. Nordafrika		253s	309s	509s	856s	2,8w	3,1w	2,5w	135s	69s	3,0w	3,2w	3,2w
Lateinamerika u. Karibik		453s	515s	690s	913s	2,4w	2,0w	1,6w	276s	166s	3,1w	2,5w	2,3w
Länder mit gravierenden Schuldenproblemen		**505**s	**579**s	**815**s	**1.191**s	**2,3**w	**2,0**w	**1,7**w	**302**s	**187**s	**2,7**w	**2,3**w	**2,2**w
Länder mit hohem Einkommen		**828**s	**865**s	**922**s	**903**s	**0,8**w	**0,7**w	**0,5**w	**555**s	**380**s	**1,3**w	**0,6**w	**0,4**w
110	Irland	4	4	4	5	1,4	0,4	0,6	2	2	1,1	1,6	1,5
111	Neuseeland	3	4	4	5	1,0	0,8	0,8	2	2	1,9	1,5	1,0
112	†Israel	5	6	8	9	2,7	2,3	2,2	3	2	2,8	2,2	1,9
113	Spanien	39	39	38	32	1,0	0,4	0,0	26	15	0,8	1,1	0,7
114	†Hongkong	6	6	6	5	2,5	1,2	0,6	4	3	4,3	2,0	1,2
115	†Singapur	3	3	4	4	2,0	1,8	1,4	2	1	4,3	1,4	0,6
116	Australien	17	19	23	24	1,6	1,4	1,2	12	8	2,3	1,6	1,2
117	Großbritannien	58	59	61	60	0,1	0,2	0,2	38	28	0,5	0,3	0,1
118	Italien	58	58	54	43	0,5	0,2	0,0	40	23	0,5	0,5	–0,1
119	Niederlande	15	16	16	15	0,8	0,6	0,5	10	6	1,5	1,1	0,2
120	Kanada	27	30	34	35	1,2	1,1	0,9	18	14	3,1	1,1	0,8
121	Belgien	10	10	10	9	0,2	0,2	0,1	7	4	0,9	0,4	0,0
122	Finnland	5	5	5	5	0,4	0,5	0,3	3	3	0,8	0,6	0,2
123	†Vereinigte Arab. Emirate	2[b]	2	3	4	15,6	4,0	2,0	1	1	17,2	3,6	1,8
124	Frankreich	57	59	63	62	0,6	0,5	0,4	38	26	0,9	0,7	0,4
125	Österreich	8	8	8	7	0,2	0,4	0,4	5	4	0,8	0,5	0,0
126	Deutschland	81	81	75	62	0,1	0,2	0,1	55	39	0,6	–1,5	–0,5
127	Vereinigte Staaten	255	276	323	348	1,1	1,0	1,0	168	124	2,3	1,0	0,8
128	Norwegen	4	4	5	5	0,5	0,4	0,4	3	2	2,0	0,8	0,5
129	Dänemark	5	5	5	5	0,4	0,1	0,2	4	3	1,3	0,5	0,0
130	Schweden	9	9	9	10	0,3	0,4	0,4	6	4	1,1	0,4	0,2
131	Japan	124	127	124	108	1,1	0,5	0,2	86	63	0,7	0,8	0,3
132	Schweiz	7	7	7	7	0,1	0,7	0,6	5	3	0,3	0,4	–0,2
Gesamte Welt		**5.438**s	**6.113**s	**8.122**s	**11.479**s	**2,2**w	**1,7**w	**1,5**w	**3.361**s	**2.288**s	**2,1**w	**1,9**w	**1,7**w

[a] Zu den Annahmen, die den Projektionen zugrunde liegen, vgl. Technische Erläuterungen. [b] Basiert auf Daten von Volkszählungen oder demographischen Schätzungen, die 5 Jahre alt oder älter sind; der Zeitfaktor ist nur ein Element der Datenqualität. Wegen des letzten Volkszählungsjahres vgl. den Länderschlüssel.

Tabelle 26 Demographie und Fruchtbarkeit

	Unbereinigte Geburtenziffer (je 1.000 Einwohner)		Unbereinigte Sterbeziffer (je 1.000 Einwohner)		Zusammengefaßte Geburtenziffer			Prozentanteil der Geburten (1992) von Frauen im Alter von		Projektiertes Jahr von NRZ = 1[b]	Verheiratete Frauen im gebärfähigen Alter, die Empfängnisverhütung praktizieren[c] (in %)
	1970	1992	1970	1992	1970	1992	2000[a]	unter 20	über 35		1988–1993
Länder mit niedrigem Einkommen	39w	28w	14w	10w	6,0w	3,4w	3,1w				
Ohne China und Indien	45w	37w	19w	12w	6,3w	4,9w	4,4w				
1 Mosambik	48	45	24	21	6,7	6,5[d]	6,9	15	20	2050	..
2 Äthiopien	43	51	20	18	5,8	7,5	7,3	17	13	2050	..
3 Tansania	49	45	22	15	6,4	6,3	5,8	17	16	2035	10
4 Sierra Leone	49	48	30	22	6,5	6,5[d]	6,5	21	13	2045	..
5 Nepal	46	38	22	13	6,4	5,5[d]	4,8	11	17	2030	..
6 Uganda	50	54	17	22	7,1	7,1	7,1	18	12	2050	6
7 Bhutan	41	39	22	17	5,9	5,9[d]	5,7	9	23	2035	..
8 Burundi	46	45	24	17	6,8	6,8[d]	6,6	7	22	2045	..
9 Malawi	56	47	24	20	7,8	6,7	6,7	17	17	2045	13
10 Bangladesch	48	31	21	11	7,0	4,0	3,1	16	11	2010	40
11 Tschad	45	44	26	18	6,0	6,0[d]	6,1	21	14	2040	..
12 Guinea-Bissau	41	46	27	25	5,9	6,0	6,0	21	13	2040	..
13 Madagaskar	46	43	20	15	6,6	6,1	5,4	18	15	2035	17
14 Laos, Dem. VR	44	44	23	15	6,1	6,7	6,0	7	22	2040	..
15 Ruanda	52	40	18	17	7,8	6,2	4,9	9	19	2025	21
16 Niger	50	52	28	19	7,2	7,4	7,4	22	15	2055	4
17 Burkina Faso	48	48	25	18	6,4	6,9	6,7	16	17	2045	8
18 Indien	41	29	18	10	5,8	3,7	3,1	12	10	2010	43
19 Kenia	53	37	18	10	8,0	5,4	4,0	16	14	2015	33
20 Mali	51	50	26	18	6,5	7,1[d]	6,9	20	15	2050	25
21 Nigeria	51	43	21	14	6,9	5,9	5,0	16	13	2035	6
22 Nicaragua	48	35	14	6	6,9	4,4[d]	3,7	20	10	2020	44
23 Togo	50	45	20	13	6,5	6,5	5,8	15	18	2040	33
24 Benin	50	44	22	15	6,9	6,2[d]	5,5	16	15	2035	..
25 Zentralafrik. Rep.	37	42	22	18	4,9	5,8[d]	6,3	20	14	2045	..
26 Pakistan	48	40	19	10	7,0	5,6	4,6	14	14	2030	14
27 Ghana	46	41	16	12	6,7	6,1	5,4	15	18	2035	13
28 China	33	19	8	8	5,8	2,0	1,9	4	5	2030	83
29 Tadschikistan	..	36	..	6	5,9	5,1	4,2	6	13	2025	..
30 Guinea	46	48	28	20	6,0	6,5[d]	6,5	23	12	2045	..
31 Mauretanien	47	50	25	18	6,5	6,8	6,6	18	15	2045	..
32 Sri Lanka	29	21	8	6	4,3	2,5	2,1	8	14	2000	..
33 Simbabwe	53	34	16	8	7,7	4,6	3,5	13	14	2020	43
34 Honduras	49	37	15	7	7,2	4,9	4,0	17	12	2025	47
35 Lesotho	43	33	20	9	5,7	4,8	4,1	8	21	2025	23
36 Ägypten, Arab. Rep.	40	28	17	9	5,9	3,8	3,0	10	13	2015	47
37 Indonesien	42	25	18	10	5,5	2,9	2,4	12	11	2005	50
38 *Myanmar*	38	33	15	10	5,9	4,2[d]	3,5	5	16	2020	..
39 *Somalia*	50	48	24	17	6,7	6,8[d]	6,6	20	13	2045	..
40 *Sudan*	47	42	22	14	6,7	6,1	5,5	13	16	2035	9
41 Jemen, Rep.	53	50	23	15	7,8	7,6	6,9	15	18	2045	10
42 Sambia	49	47	19	17	6,7	6,5	5,8	17	15	2040	15
Länder mit mittlerem Einkommen	35w	24w	11w	8w	4,6w	3,0w	2,7w				
Untere Einkommenskategorie	36w	24w	12w	9w	4,5w	3,1w	2,9w				
43 Côte d'Ivoire	51	45	20	12	7,4	6,6	6,1	22	13	2040	..
44 Bolivien	46	36	19	10	6,5	4,7	4,0	13	15	2025	30
45 Aserbaidschan	..	25	..	6	4,7	2,7	2,3	6	9	2005	..
46 Philippinen	38	32	11	7	6,4	4,1	3,5	8	16	2020	40
47 Armenien	..	22	..	8	3,2	2,8	2,3	14	9	2000	..
48 Senegal	47	41	22	15	6,5	5,9	5,2	16	16	2030	7
49 Kamerun	43	42	18	12	5,8	5,8	5,5	20	12	2035	16
50 Kirgisistan	..	28	..	8	4,9	3,7	3,1	8	10	2015	..
51 Georgien	..	16	..	10	2,6	2,2	2,1	12	10	1995	..
52 Usbekistan	..	32	..	6	5,7	4,1	3,3	7	9	2020	..
53 Papua-Neuguinea	42	33	18	10	6,1	4,9[d]	4,2	7	20	2025	..
54 Peru	41	27	14	7	6,0	3,3	2,7	11	13	2010	55
55 Guatemala	45	37	14	7	6,7	5,1[d]	4,4	16	12	2025	..
56 Kongo	43	48	16	16	5,9	6,6[d]	6,6	22	11	2045	..
57 Marokko	47	28	16	8	7,0	3,8	3,1	8	22	2015	42
58 Dominikanische Rep.	41	26	11	6	6,3	3,0	2,4	12	10	2005	56
59 Ecuador	43	29	12	7	6,3	3,5	2,8	12	11	2010	58
60 Jordanien	..	38	..	5	..	5,2	4,2	8	15	2025	40
61 Rumänien	21	11	10	12	2,9	1,5	1,5	14	8	2030	..
62 El Salvador	44	32	12	7	6,3	3,8	3,0	22	9	2015	53
63 Turkmenistan	..	32	..	7	6,0	4,2	3,3	5	12	2020	..
64 Moldau	..	17	..	10	2,6	2,3	2,1	12	10	1995	..
65 Litauen	..	14	..	11	2,4	1,9	2,0	10	8	2030	..
66 Bulgarien	16	10	9	12	2,2	1,5	1,5	19	4	2030	..
67 Kolumbien	36	24	9	6	5,3	2,7	2,2	13	11	2000	66
68 Jamaika	34	25	8	6	5,3	2,7	2,1	17	9	2000	55
69 Paraguay	38	35	7	6	6,0	4,6	4,1	11	18	2035	48
70 Namibia	44	37	18	10	6,0	5,4	4,7	15	18	2030	23
71 Kasachstan	..	21	..	8	3,4	2,7	2,2	11	12	2000	..
72 Tunesien	39	30	14	7	6,4	3,8	3,1	5	17	2015	50

Anmerkung: Zur Vergleichbarkeit der Daten und ihrer Abgrenzung vgl. Länderschlüssel und Technische Erläuterungen. Kursive Zahlen gelten für andere als die angegebenen Jahre.

		Unbereinigte Geburtenziffer (je 1.000 Einwohner)		Unbereinigte Sterbeziffer (je 1.000 Einwohner)		Zusammengefaßte Geburtenziffer			Prozentanteil der Geburten (1992) von Frauen im Alter von		Projektiertes Jahr von NRZ = 1[b]	Verheiratete Frauen im gebärfähigen Alter, die Empfängnisverhütung praktizieren[c] (in %)
		1970	1992	1970	1992	1970	1992	2000[a]	unter 20	über 35		1988–1993
73	Ukraine	..	12	..	13	2,1	1,8	1,8	16	6	2030	..
74	Algerien	49	30	16	6	7,4	4,3	3,3	6	19	2015	..
75	Thailand	39	20	9	6	5,5	2,2[d]	2,2	7	10	1995	..
76	Polen	17	13	8	10	2,2	1,9	1,9	8	9	2030	..
77	Lettland	..	12	..	13	1,9	1,8	1,8	13	9	2030	..
78	Slowakei	19	15	9	11	2,4	2,0	2,0	12	6	2030	..
79	Costa Rica	33	26	7	4	4,9	3,1	2,4	14	11	2005	..
80	Türkei	36	28	12	7	4,9	3,4	2,8	10	10	2010	63
81	Iran, Islam. Rep.	45	37	16	7	6,7	5,5	4,5	13	16	2025	..
82	Panama	37	25	8	5	5,2	2,9	2,3	14	10	2005	..
83	Tschechische Rep.	16	13	12	11	1,9	1,9	1,9	13	5	2030	69
84	Russische Föderation	..	12	..	12	2,0	1,7	1,7	10	9	2030	..
85	Chile	29	23	10	7	4,0	2,7	2,1	11	11	2000	..
86	*Albanien*	33	24	9	6	5,2	2,9	2,3	5	11	2005	..
87	*Mongolei*	42	34	14	8	5,8	4,6	3,9	7	16	2025	..
88	*Syrien, Arab. Rep.*	47	42	13	6	7,7	6,1[d]	5,5	14	13	2035	..
Obere Einkommenskategorie		33w	24w	10w	7w	4,8w	2,9w	2,5w				
89	Südafrika	37	31	14	9	5,7	4,1[d]	3,5	12	15	2020	..
90	Mauritius	29	18	7	7	3,6	2,0	2,0	10	12	2030	75
91	Estland	15	12	11	12	2,1	1,8	1,8	14	7	2030	..
92	Brasilien	35	23	10	7	4,9	2,8[d]	2,2	9	12	2000	..
93	Botsuana	53	36	17	6	6,9	4,7	3,8	18	17	2020	33
94	Malaysia	36	28	10	5	5,5	3,5[d]	2,8	7	14	2010	56
95	Venezuela	38	30	7	5	5,3	3,6	2,8	12	12	2005	..
96	Weißrußland	..	13	..	11	2,4	1,9	1,9	11	7	2030	..
97	Ungarn	15	12	12	14	2,0	1,8	1,8	13	6	2030	..
98	Uruguay	21	17	10	10	2,9	2,3	2,1	12	11	1995	..
99	Mexiko	43	28	10	5	6,5	3,2[d]	2,6	14	9	2010	..
100	Trinidad und Tobago	28	24	8	6	3,6	2,8	2,1	11	11	2000	..
101	Gabun	31	43	21	15	4,2	5,9[d]	6,4	19	15	2045	..
102	Argentinien	23	20	9	8	3,1	2,8	2,2	12	12	2000	..
103	Oman	50	43	21	5	8,4	7,2	6,5	14	17	2045	9
104	Slowenien	..	11	..	10	..	1,5	1,5	9	6	2030	..
105	Puerto Rico	25	18	7	8	3,2	2,1	2,1	13	9	1995	..
106	Korea, Rep.	30	16	9	6	4,3	1,8	1,8	2	10	2030	77
107	Griechenland	17	10	8	10	2,3	1,4	1,4	9	8	2030	..
108	Portugal	20	12	10	10	2,8	1,5	1,5	8	10	2030	..
109	Saudi-Arabien	48	35	18	5	7,3	6,4	5,7	8	20	2040	..
Länder mit niedr. u. mittl. Eink.		38w	27w	13w	9w	5,6w	3,3w	3,0w				
Afrika südlich der Sahara		47w	44w	20w	15w	6,5w	6,1w	5,6w				
Ostasien u. Pazifik		35w	21w	9w	8w	5,7w	2,3w	2,2w				
Südasien		42w	31w	18w	10w	6,0w	4,0w	3,3w				
Europa u. Zentralasien		22w	16w	10w	10w	2,5w	2,2w	2,1w				
Naher Osten u. Nordafrika		45w	34w	16w	8w	6,8w	4,9w	4,2w				
Lateinamerika u. Karibik		36w	26w	10w	7w	5,2w	3,0w	2,5w				
Länder mit gravierenden Schuldenproblemen		36w	27w	11w	8w	5,2w	3,3w	2,9w				
Länder mit hohem Einkommen		18w	13w	10w	9w	2,4w	1,7w	1,8w				
110	Irland	22	15	11	9	3,9	2,0	2,0	4	16	2030	60
111	Neuseeland	22	17	9	8	3,2	2,1	2,1	10	9	1995	..
112	†Israel	26	21	7	6	3,8	2,7	2,1	6	12	2000	..
113	Spanien	20	10	8	9	2,8	1,2	1,2	5	12	2030	..
114	†Hongkong	21	12	5	6	3,3	1,4	1,4	2	14	2030	..
115	†Singapur	23	16	5	6	3,1	1,8	1,8	3	12	2030	..
116	Australien	21	15	9	8	2,9	1,9	1,9	7	7	2030	..
117	Großbritannien	16	14	12	11	2,4	1,8	1,8	7	9	2030	..
118	Italien	17	10	10	10	2,4	1,3	1,3	4	10	2030	..
119	Niederlande	18	13	8	9	2,6	1,6	1,6	2	11	2030	76
120	Kanada	17	15	7	7	2,3	1,9	1,9	6	9	2030	..
121	Belgien	15	12	12	11	2,2	1,6	1,6	4	7	2030	..
122	Finnland	14	13	10	10	1,8	1,9	1,9	4	14	2030	..
123	†Vereinigte Arab. Emirate	35	22	11	4	6,5	4,5[d]	3,8	13	17	2025	..
124	Frankreich	17	13	11	9	2,5	1,8	1,8	3	11	2030	80
125	Österreich	15	12	13	11	2,3	1,6	1,6	6	8	2030	..
126	Deutschland	14	10	13	11	2,0	1,3	1,3	3	11	2030	..
127	Vereinigte Staaten	18	16	10	9	2,5	2,1	2,1	10	11	1995	74
128	Norwegen	17	14	10	10	2,5	1,9	1,9	5	9	2030	84
129	Dänemark	14	13	10	12	1,9	1,8	1,8	3	9	2030	..
130	Schweden	14	14	10	11	1,9	2,1	2,1	4	12	1995	..
131	Japan	19	11	7	7	2,1	1,5	1,5	2	5	2030	56
132	Schweiz	16	13	9	9	2,1	1,7	1,7	2	12	2030	..
Gesamte Welt		34w	25w	13w	9w	4,9w	3,1w	2,9w				

[a] Zu den Annahmen, die den Projektionen zugrunde liegen, vgl. die Technischen Erläuterungen zu Tabelle 25. [b] NRZ ist die Nettoreproduktionsziffer; vgl. Technische Erläuterungen. [c] Angaben einschließlich Frauen, deren Ehemänner Empfängnisverhütung praktizieren; vgl. Technische Erläuterungen. [d] Basiert auf demographischen Schätzungen, die 5 Jahre alt oder älter sind; der Zeitfaktor ist nur ein Element der Datenqualität; wegen des letzten Jahres vgl. den Länderschlüssel.

Tabelle 27 Gesundheit und Ernährung

| | | Einwohner je | | | Säuglinge mit Untergewicht bei der Geburt (in %) | Säuglingssterbeziffer (je 1.000 Lebendgeburten) | | Auftreten von Unterernährung (unter 5 Jahren) | Sterbeziffer bis zum 5. Lebensjahr, 1992 (je 1.000 Lebendgeburten) | |
| | | Arzt | | Beschäftigten in der Krankenpflege | | | | | | | |
		1970	1990	1970	1990	1990	1970	1992	1987–92	Weiblich	Männlich
	Länder mit niedrigem Einkommen	8.860 w	..	5.580 w	..	..	114 w	73 w	..	102 w	114 w
	Ohne China und Indien	22.380 w	11.190 w	11.580 w	2.690 w	..	139 w	91 w	..	137 w	154 w
1	Mosambik	18.860	..	4.280	..	20	156	162ª	..	269	283
2	Äthiopien	86.120	32.500	..	..	16	158	122	..	194	216
3	Tansania	22.600	24.970	3.310	5.490	14	132	92	25,2	139	158
4	Sierra Leone	17.830	..	2.700	..	17	197	143ª	..	229	253
5	Nepal	51.360	16.830	17.700	2.760	..	157	99ª	..	145	139
6	Uganda	9.210	..	..	..	..	109	122	23,3	194	216
7	Bhutan	..	13.110	..	..	..	182	129	..	195	187
8	Burundi	58.570	..	6.870	..	..	138	106ª	31,0	165	185
9	Malawi	76.580	45.740	5.330	1.800	20	193	134	..	215	238
10	Bangladesch	8.450	..	65.780	..	50	140	91	66,5	132	127
11	Tschad	61.900	30.030	8.010	..	..	171	122ª	..	194	216
12	Guinea-Bissau	17.500	..	2.820	..	20	185	140ª	..	224	248
13	Madagaskar	10.110	8.120	240	..	10	181	93	..	141	160
14	Laos, Dem. VR	15.160	4.380	1.390	490	18	146	97	..	149	168
15	Ruanda	59.600	40.610	5.610	2.330	17	142	117ª	..	185	206
16	Niger	60.090	34.850	5.610	650	16	170	123	..	196	218
17	Burkina Faso	97.120	57.310	..	1.680	21	178	132ª	45,5	186	205
18	Indien	4.890	2.460	3.710	..	33	137	79	63,0	108	104
19	Kenia	8.000	10.150	2.520	..	16	102	66	18,0	95	110
20	Mali	44.090	19.450	2.590	1.890	17	204	130ª	25,1	189	212
21	Nigeria	19.830	..	4.240	..	15	139	84	35,7	174	192
22	Nicaragua	2.150	1.460	..	..	15	106	56ª	..	68	75
23	Togo	28.860	..	1.590	..	20	134	85	24,4	127	145
24	Benin	28.570	..	2.600	..	..	155	110ª	35,0	172	193
25	Zentralafrik. Rep.	44.020	25.890	2.450	..	15	139	105ª	..	163	183
26	Pakistan	4.310	2.940	6.600	5.040	25	142	95	40,4	129	142
27	Ghana	12.910	22.970	690	1.670	17	111	81	27,1	120	138
28	China	1.500	..	2.500	..	9	69	31	21,3	32	43
29	Tadschikistan	..	350	..	..	..	..	49	..	57	70
30	Guinea	50.010	..	3.720	..	21	181	133ª	..	213	237
31	Mauretanien	17.960	..	3.740	..	11	165	117ª	30,0	186	207
32	Sri Lanka	5.900	..	1.280	..	25	53	18	36,6	19	24
33	Simbabwe	6.300	7.110	640	990	..	96	47	10,0	53	66
34	Honduras	3.770	3.090	1.470	..	9	110	49	20,6	57	70
35	Lesotho	30.400	..	3.860	..	11	134	46	..	61	73
36	Ägypten, Arab. Rep.	1.900	1.320	2.320	490	10	158	57	10,4	80	93
37	Indonesien	26.820	7.030	4.810	..	14	118	66	39,9	82	98
38	Myanmar	8.820	12.900	3.060	1.240	16	121	72ª	32,4	91	108
39	Somalia	32.660	..	..	..	16	158	132ª	..	186	205
40	Sudan	14.520	..	990	..	15	149	99	..	152	171
41	Jemen, Rep.	34.790	..	..	..	19	175	106	30,0	144	162
42	Sambia	13.640	10.920	1.730	580	13	106	107	25,1	167	187
	Länder mit mittlerem Einkommen	3.800 w	2.020 w	1.720 w	..	..	..	43 w	..	51 w	61 w
	Untere Einkommenskategorie	..	2.230 w	..	..	..	..	45 w	..	54 w	64 w
43	Côte d'Ivoire	15.520	..	1.930	..	14	135	91ª	12,4	121	138
44	Bolivien	2.020	..	3.070	..	12	153	82	11,4	106	115
45	Aserbaidschan	..	250	..	..	..	..	32	..	33	44
46	Philippinen	9.270	8.120	2.690	..	15	66	40	33,5	44	56
47	Armenien	..	260	..	..	..	..	21	..	21	29
48	Senegal	15.810	17.650	1.670	..	11	135	68	..	98	113
49	Kamerun	28.920	12.190	2.560	1.690	13	126	61	13,6	109	124
50	Kirgisistan	..	280	..	..	..	..	37	..	40	52
51	Georgien	..	170	..	..	..	..	19	..	19	27
52	Usbekistan	..	290	..	..	..	..	42	..	47	59
53	Papua-Neuguinea	11.640	12.870	1.710	1.180	23	112	54ª	..	64	78
54	Peru	1.920	960	..	..	11	108	52	10,8	61	75
55	Guatemala	3.660	..	..	..	14	100	62ª	28,5	76	84
56	Kongo	9.940	..	810	..	16	126	114ª	23,5	157	175
57	Marokko	13.090	4.840	..	1.050	9	128	57	11,8	69	84
58	Dominikanische Rep.	..	..	1.400	..	16	90	41	10,4	49	54
59	Ecuador	2.910	980	2.680	620	11	100	45	16,5	51	64
60	Jordanien	2.480	770	870	500	7	..	28	6,4	32	41
61	Rumänien	840	560	430	..	7	49	23	..	24	32
62	El Salvador	4.100	..	890	..	11	103	40	15,5	47	52
63	Turkmenistan	..	290	..	..	..	..	54	..	64	78
64	Moldau	..	250	..	..	..	..	23	..	23	32
65	Litauen	..	220	..	..	..	..	16	..	16	23
66	Bulgarien	540	320	240	..	6	27	16	..	17	22
67	Kolumbien	2.260	..	..	..	10	74	21	10,1	21	29
68	Jamaika	2.630	..	530	..	11	43	14	7,2	15	19
69	Paraguay	2.300	1.250	2.210	..	8	57	36	3,7	38	49
70	Namibia	..	4.610	..	..	12	118	57	..	79	92
71	Kasachstan	..	250	..	..	..	..	31	..	32	43
72	Tunesien	5.930	1.870	940	300	8	121	48	7,8	51	63

Anmerkung: Zur Vergleichbarkeit der Daten und ihrer Abgrenzung vgl. Länderschlüssel und Technische Erläuterungen. Kursive Zahlen gelten für andere als die angegebenen Jahre.

		Einwohner je			Säuglinge mit Untergewicht bei der Geburt (in %)	Säuglingssterbeziffer (je 1.000 Lebendgeburten)		Auftreten von Unterernährung (unter 5 Jahren)	Sterbeziffer bis zum 5. Lebensjahr, 1992 (je 1.000 Lebendgeburten)	
		Arzt		Beschäftigten in der Krankenpflege						
		1970	1990	1970	1990	1990	1970	1992	1987–92	Weiblich	Männlich
73	Ukraine	..	230	..	..	..	..	18	..	17	25
74	Algerien	8.100	2.330	..	330	9	139	55	9,2	66	80
75	Thailand	8.290	4.360	1.170	960	13	73	26	13,0	26	36
76	Polen	700	490	250	..	..	33	14	..	14	20
77	Lettland	..	200	..	..	..	23	17	..	17	25
78	Slowakei	..	280	..	..	..	25	13	..	13	18
79	Costa Rica	1.620	1.030	460	..	6	62	14	..	15	19
80	Türkei	2.230	1.260	1.010	..	8	147	54	..	66	72
81	Iran, Islam. Rep.	3.270	3.140	1.780	1.150	9	131	65	..	81	88
82	Panama	1.660	840	1.560	..	10	47	21[a]	..	23	28
83	Tschechische Rep.	..	..	..	..	..	21	10	..	10	14
84	Russische Föderation	..	210	..	..	..	..	20	..	20	28
85	Chile	2.160	2.150	460	340	7	78	17	..	18	24
86	*Albanien*	1.070	..	230	..	7	66	32	..	37	42
87	Mongolei	580	380	250	..	10	102	60	..	73	88
88	Syrien, Arab. Rep.	3.860	1.160	1.790	870	11	96	36	..	38	50
	Obere Einkommenskategorie	1.910w	1.140w	2.090w	..	..	70w	40w	..	46w	55w
89	Südafrika	..	1.750	300	..	..	79	53[a]	..	63	77
90	Mauritius	4.190	1.180	610	..	9	60	18	..	20	25
91	Estland	..	210	..	..	..	20	13	..	13	18
92	Brasilien	2.030	..	4.140	..	11	95	57[a]	7,1	70	76
93	Botsuana	15.220	5.150	1.900	..	8	101	35	15,0	37	49
94	Malaysia	4.310	2.590	1.270	380	10	45	14	..	14	20
95	Venezuela	1.120	590	440	350	9	53	33	5,9	35	43
96	Weißrußland	..	250	..	..	..	..	15	..	15	21
97	Ungarn	510	340	210	..	9	36	15	..	15	21
98	Uruguay	910	..	..	..	8	46	20	7,4	20	28
99	Mexiko	1.480	..	1.610	..	12	72	35[a]	13,9	37	49
100	Trinidad und Tobago	2.250	..	190	..	10	52	15	5,9	15	21
101	Gabun	5.250	..	570	..	..	138	94[a]	25,0	143	162
102	Argentinien	530	..	960	..	8	52	29	..	33	38
103	Oman	8.380	1.060	3.420	400	10	119	20	..	20	28
104	Slowenien	..	..	..	..	..	..	8	..	9	12
105	Puerto Rico	..	..	..	..	..	29	13	..	14	18
106	Korea, Rep.	2.220	1.070	1.190	510	9	51	13	..	13	18
107	Griechenland	620	580	990	..	6	30	8	..	9	12
108	Portugal	1.110	490	820	..	5	56	9	..	10	13
109	Saudi-Arabien	7.460	700	2.070	450	7	119	28	..	29	38
	Länder mit niedr. u. mittl. Eink.	7.630w	4.810w	4.700w	..	..	..	65w	..	99w	88w
	Afrika südlich der Sahara	31.720w	19.690w	3.160w	..	..	142w	99w	..	160w	179w
	Ostasien u. Pazifik	5.090w	..	2.720w	..	..	84w	39w	..	43w	55w
	Südasien	6.120w	2.930w	10.150w	..	..	138w	85w	..	111w	122w
	Europa u. Zentralasien	..	410w	..	..	..	..	30w	..	34w	41w
	Naher Osten u. Nordafrika	6.410w	2.240w	1.940w	670w	..	139w	58w	..	72w	84w
	Lateinamerika u. Karibik	2.020w	..	2.640w	..	..	85w	44w	..	52w	61w
	Länder mit gravierenden Schuldenproblemen	3.460w	2.250w	2.340w	..	..	86w	52w	..	65w	76w
	Länder mit hohem Einkommen	710w	420w	220w	..	..	20w	7w	..	8w	11w
110	Irland	980	630	160	..	4	20	5	..	6	7
111	Neuseeland	870	..	150	..	6	17	7	..	8	11
112	†Israel	410	..	..	..	7	25	9	..	10	13
113	Spanien	750	280	..	..	4	28	8	..	9	11
114	†Hongkong	1.510	..	560	..	8	19	6	..	7	9
115	†Singapur	1.370	820	250	..	7	20	5	..	6	7
116	Australien	830	..	..	..	6	18	7	..	8	10
117	Großbritannien	810	..	240	..	7	19	7	..	8	10
118	Italien	550	210	..	..	5	30	8	..	9	12
119	Niederlande	800	410	300	..	..	13	6	..	7	9
120	Kanada	680	450	140	..	6	19	7	..	8	10
121	Belgien	650	310	..	..	6	21	9	..	10	13
122	Finnland	960	410	130	..	4	13	6	..	7	9
123	†Vereinigte Arab. Emirate	1.100	1.040	..	550	6	87	20[a]	..	22	27
124	Frankreich	750	350	270	..	5	18	7	..	8	11
125	Österreich	540	230	300	..	6	26	7	..	9	11
126	Deutschland	580[b]	370[b]	..	..	..	23	6	..	7	9
127	Vereinigte Staaten	630	420	160	..	7	20	9	..	9	12
128	Norwegen	720	..	160	..	4	13	6	..	7	9
129	Dänemark	690	390	..	..	6	14	7	..	7	9
130	Schweden	730	370	140	..	5	11	5	..	6	8
131	Japan	890	610	310	..	6	13	5	..	5	7
132	Schweiz	700	630	..	..	5	15	6	..	7	9
	Gesamte Welt	6.180w	3.850w	3.980w	..	..	97w	60w	..	81w	92w

[a] Basiert auf demographischen Schätzungen, die 5 Jahre alt oder älter sind; der Zeitfaktor ist nur ein Element der Datenqualität. Wegen des letzten Jahres vgl. den Länderschlüssel. [b] Die Angaben beziehen sich auf die Bundesrepublik Deutschland vor der Vereinigung.

Tabelle 28 Erziehungswesen

Prozentsatz der jeweiligen Altersgruppe

		An Grundschulen			An weiterführenden Schulen				An höheren Schulen und Universitäten		Netto-Einschulung an Grundschulen (in %)		Schüler/Lehrer-Relation an Grundschulen	
		Insgesamt		Weiblich		Insgesamt		Weiblich							
		1970	1991	1970	1991	1970	1991	1970	1991	1970	1991	1975	1991	1970	1991
	Länder mit niedrigem Einkommen	74*w*	101*w*	..	93*w*	21*w*	41*w*	..	35*w*	..	3*w*	..	..	36*w*	38*w*
	Ohne China und Indien	55*w*	79*w*	44*w*	71*w*	13*w*	28*w*	8*w*	25*w*	3*w*	5*w*	..	74*w*	39*w*	38*w*
1	Mosambik	47	63	..	53	5	8	..	5	0	..	..	41	69	55
2	Äthiopien	16	25	10	21	4	12	2	11	0	1	..	..	48	30
3	Tansania	34	69	27	68	3	5	2	4	0	0	..	47	47	36
4	Sierra Leone	34	48	27	39	8	16	5	12	1	1	..	..	32	34
5	Nepal	26	..	8	..	10	..	3	..	3	7	..	..	22	39
6	Uganda	38	71	30	63	4	13	2	35	1	1	..	..	34	..
7	Bhutan	6	..	1	..	1	..	0	..	0	..	..	..	21	..
8	Burundi	30	70	20	63	2	6	1	4	1	1	..	..	37	66
9	Malawi	..	66	..	60	..	4	..	3	1	1	..	54	43	64
10	Bangladesch	54	77	35	71	..	19	..	12	3	4	..	65	46	63
11	Tschad	35	65	17	41	2	7	0	3	..	..	..	..	65	64
12	Guinea-Bissau	39	..	23	..	8	..	6	..	0	..	59	..	45	..
13	Madagaskar	90	92	82	91	12	19	9	18	3	3	..	64	65	40
14	Laos, Dem. VR	53	98	40	84	3	22	2	17	1	1	..	69	36	28
15	Ruanda	68	71	60	70	2	8	1	7	0	1	..	65	60	58
16	Niger	14	29	10	21	1	6	1	4	0	1	..	25	39	42
17	Burkina Faso	13	30	10	24	1	8	1	5	0	1	..	29	44	58
18	Indien	73	98	56	84	26	44	15	32	..	..	..	..	41	60
19	Kenia	58	95	48	93	9	29	5	25	1	2	88	..	34	31
20	Mali	22	25	15	19	5	7	2	5	0	1	..	19	40	47
21	Nigeria	37	71	27	62	4	20	3	17	2	4	..	..	34	39
22	Nicaragua	80	101	81	104	18	44	17	46	14	10	65	75	37	36
23	Togo	71	111	44	87	7	23	3	12	2	3	..	..	58	59
24	Benin	36	66	22	39	5	12	3	7	2	3	..	..	41	35
25	Zentralafrik. Rep.	64	68	41	52	4	12	2	7	1	2	..	55	64	90
26	Pakistan	40	46	22	31	13	21	5	13	4	3	..	..	41	41
27	Ghana	64	77	54	69	14	38	8	29	2	2	..	..	30	29
28	China	89	123	..	118	24	51	..	45	1	2	..	100	29	22
29	Tadschikistan	..	..	..	..	..	..	..	..	..	..	..	..	..	..
30	Guinea	33	37	21	24	13	10	5	5	5	..	..	26	44	49
31	Mauretanien	14	55	8	48	2	14	0	10	..	3	..	..	24	47
32	Sri Lanka	99	108	94	106	47	74	48	77	3	5	..	..	..	12
33	Simbabwe	74	117	66	120	7	52	6	45	1	5	..	..	..	39
34	Honduras	87	105	87	107	14	19	13	34	8	9	..	..	35	38
35	Lesotho	87	107	101	116	7	25	7	30	2	3	..	70	46	54
36	Ägypten, Arab. Rep.	72	101	57	93	35	80	23	73	18	19	..	..	38	24
37	Indonesien	80	116	73	114	16	45	11	41	4	10	72	98	29	23
38	Myanmar	83	102	78	..	21	20	16	..	5	..	..	..	47	35
39	Somalia	11	..	5	..	5	..	2	..	..	..	16	..	33	..
40	Sudan	38	50	29	43	7	22	4	20	2	3	..	..	47	34
41	Jemen, Rep.	22	76	7	37	3	31	0	..	..	..	..	..	51	37
42	Sambia	90	92	80	..	13	..	..	..	2	2	..	..	47	..
	Länder mit mittlerem Einkommen	93*w*	104*w*	87*w*	99*w*	32*w*	55*w*	26*w*	56*w*	13*w*	18*w*	..	90*w*	34*w*	25*w*
	Untere Einkommenskategorie	..	..	..	..	..	..	..	..	..	..	..	..	..	..
43	Côte d'Ivoire	58	69	45	58	9	24	4	16	3	..	..	..	45	37
44	Bolivien	76	85	62	81	24	34	20	31	13	23	73	79	27	25
45	Aserbaidschan	..	..	..	..	..	..	..	..	..	..	..	..	..	..
46	Philippinen	108	110	..	111	46	74	..	75	28	28	95	99	29	33
47	Armenien	..	..	..	..	..	..	..	..	..	..	..	..	..	..
48	Senegal	41	59	32	49	10	16	6	11	3	3	..	48	45	58
49	Kamerun	89	101	75	93	7	28	4	23	2	3	69	75	48	51
50	Kirgisistan	..	..	..	..	..	..	..	..	..	..	..	..	..	..
51	Georgien	..	..	..	..	..	..	..	..	..	..	..	..	..	..
52	Usbekistan	..	..	..	..	..	..	..	..	..	..	..	..	..	..
53	Papua-Neuguinea	52	71	39	65	8	12	4	10	2	..	..	73	30	31
54	Peru	107	126	99	..	31	70	27	..	19	36	..	..	35	28
55	Guatemala	57	79	51	73	8	28	8	..	8	..	53	..	36	34
56	Kongo	..	..	..	..	..	..	..	..	5	6	..	..	62	66
57	Marokko	52	66	36	54	13	28	7	29	6	10	47	..	34	27
58	Dominikanische Rep.	100	..	100	..	21	..	..	..	..	..	..	..	55	47
59	Ecuador	97	..	95	..	22	..	23	..	37	20	78	..	38	..
60	Jordanien	..	97	..	98	..	91	..	62	27	25	..	..	39	24
61	Rumänien	112	90	113	90	44	80	38	80	11	9	..	..	21	17
62	El Salvador	85	76	83	77	22	25	21	27	4	16	..	70	36	44
63	Turkmenistan	..	..	..	..	..	..	..	..	..	..	..	..	..	..
64	Moldau	..	..	..	..	..	..	..	..	..	..	..	..	..	..
65	Litauen	..	..	..	..	..	..	..	..	..	..	..	..	..	..
66	Bulgarien	101	92	100	91	79	71	..	73	16	30	96	85	22	15
67	Kolumbien	108	111	110	112	25	55	24	60	10	14	..	73	38	30
68	Jamaika	119	106	119	108	46	62	45	66	7	6	90	99	47	37
69	Paraguay	109	109	103	108	17	30	17	31	9	8	83	95	32	25
70	Namibia	..	119	..	126	..	41	..	47	..	3	..	..	..	..
71	Kasachstan	..	..	..	..	..	..	..	..	..	..	..	..	..	..
72	Tunesien	100	117	79	110	23	46	13	42	5	9	..	95	47	26

Anmerkung: Zur Vergleichbarkeit der Daten und ihrer Abgrenzung vgl. Länderschlüssel und Technische Erläuterungen. Kursive Zahlen gelten für andere als die angegebenen Jahre.

			*Prozentsatz der jeweiligen Altersgruppe*						
		colspan="4"	An Grundschulen	colspan="4"	An weiterführenden Schulen		An höheren Schulen und Universitäten		Netto-Einschulung an Grundschulen (in %)		Schüler/Lehrer-Relation an Grundschulen
			Insgesamt		Weiblich		Insgesamt		Weiblich				
		1970	1991	1970	1991	1970	1991	1970	1991	1970	1991	1975	1991	1970	1991

#	Land	1970 G	1991 G	1970 GW	1991 GW	1970 S	1991 S	1970 SW	1991 SW	1970 H	1991 H	1975 N	1991 N	1970 R	1991 R
73	Ukraine	..	..	..	..	..	..	..	..	..	..	..	..	15	8
74	Algerien	76	*95*	58	*88*	11	*60*	6	*53*	6	*12*	77	*88*	40	*28*
75	Thailand	83	113	79	*88*	17	*33*	15	*32*	13	*16*	..	..	35	*18*
76	Polen	101	*98*	99	*97*	62	*83*	65	*86*	18	*22*	96	*97*	23	*17*
77	Lettland	..	..	..	..	..	..	..	..	..	..	..	..	..	..
78	Slowakei	..	100	..	..	..	*97*	..	..	..	27	..	..	..	*19*
79	Costa Rica	110	*103*	109	*102*	28	*43*	29	*45*	23	*28*	92	*87*	30	*32*
80	Türkei	110	*110*	94	110	27	*51*	15	*40*	6	*15*	..	*99*	38	*29*
81	Iran, Islam. Rep.	72	112	52	105	27	*57*	18	*49*	4	*12*	..	*94*	32	*31*
82	Panama	99	*106*	97	*105*	38	*60*	40	*62*	22	*24*	87	*92*	27	*20*
83	Tschechische Rep.	..	..	..	..	..	..	..	..	..	..	..	..	..	..
84	Russische Föderation	..	..	..	..	..	..	..	..	..	..	..	..	..	..
85	Chile	107	*98*	107	*97*	39	*72*	42	*75*	13	*23*	94	*86*	50	*25*
86	*Albanien*	106	*101*	102	*101*	35	*79*	27	*74*	5	*7*	..	..	26	*19*
87	*Mongolei*	113	*89*	..	100	87	*77*	..	..	..	*15*	..	..	30	*25*
88	Syrien, Arab. Rep.	78	109	59	103	38	*50*	21	*43*	18	19	87	*98*	37	*25*
	Obere Einkommenskategorie	**94**w	**105**w	**92**w	**105**w	**32**w	**54**w	**29**w	**64**w	**14**w	**19**w	**80**w	**90**w	**34**w	**24**w
89	Südafrika	99	..	99	..	18	..	17	..	..	..	..	..	34	..
90	Mauritius	94	106	93	108	30	*54*	25	*56*	1	*2*	82	*92*	32	*21*
91	Estland	..	..	..	..	..	..	..	..	..	..	..	..	..	..
92	Brasilien	*82*	106	*82*	..	26	*39*	26	..	12	*12*	71	*88*	28	*23*
93	Botsuana	65	119	67	121	7	*54*	6	*57*	1	*3*	58	*91*	36	*30*
94	Malaysia	87	*93*	84	*93*	34	*58*	28	*59*	4	*7*	..	..	31	*20*
95	Venezuela	94	*99*	94	100	33	*34*	34	*40*	21	*30*	81	*61*	35	*23*
96	Weißrußland	..	..	..	..	..	..	..	..	..	..	..	..	..	..
97	Ungarn	97	*89*	97	*89*	63	*81*	55	*81*	13	*15*	..	*90*	18	*12*
98	Uruguay	112	108	109	107	59	*84*	64	..	18	*32*	..	..	29	*22*
99	Mexiko	104	114	101	112	22	*55*	17	*55*	14	*15*	..	*98*	46	*30*
100	Trinidad und Tobago	106	*96*	107	*96*	42	*81*	44	*82*	5	*7*	87	*91*	34	*26*
101	Gabun	85	..	81	..	8	..	5	..	..	*3*	..	..	46	*44*
102	Argentinien	105	*107*	106	*114*	44	..	47	..	22	*43*	96	..	19	*18*
103	Oman	3	100	1	*96*	..	*57*	..	*53*	0	*6*	32	*84*	18	*27*
104	Slowenien	..	..	..	..	..	..	..	..	..	..	..	..	..	..
105	Puerto Rico	117	..	..	..	71	..	..	..	48	..	..	..	30	..
106	Korea, Rep.	103	*107*	103	*109*	42	*88*	32	*88*	16	*40*	99	*100*	57	*34*
107	Griechenland	107	*97*	106	*98*	63	*98*	55	*94*	17	*25*	97	..	31	*20*
108	Portugal	98	122	96	*115*	57	*68*	51	*74*	11	*23*	91	*99*	34	*14*
109	Saudi-Arabien	45	*77*	29	*72*	12	*46*	5	*41*	7	*13*	42	*62*	24	*16*
	Länder mit niedr. u. mittl. Eink.	**79**w	**102**w	**63**w	**94**w	**24**w	**45**w	**17**w	**39**w	**6**w	**8**w	..	**92**w	**35**w	**35**w
	Afrika südlich der Sahara	50w	66w	41w	58w	7w	18w	5w	16w	1w	2w	..	..	42w	41w
	Ostasien u. Pazifik	88w	119w	..	115w	24w	50w	..	47w	4w	5w	..	100w	30w	24w
	Südasien	67w	89w	50w	76w	25w	39w	14w	29w	..	..	..	..	42w	57w
	Europa u. Zentralasien	..	..	..	..	..	..	..	..	..	..	..	..	..	..
	Naher Osten u. Nordafrika	68w	98w	50w	89w	24w	56w	15w	51w	10w	15w	..	89w	35w	27w
	Lateinamerika u. Karibik	95w	106w	94w	105w	28w	47w	26w	54w	15w	18w	..	87w	34w	26w
	Länder mit gravierenden Schuldenproblemen	**90**w	**103**w	**85**w	**97**w	**30**w	**50**w	**27**w	**54**w	**14**w	**17**w	..	**91**w	**32**w	**25**w
	Länder mit hohem Einkommen	**106**w	**104**w	**106**w	**103**w	**73**w	**93**w	**71**w	**95**w	**36**w	**50**w	**88**w	**99**w	**26**w	**17**w
110	Irland	106	*103*	106	*103*	74	*101*	77	*105*	20	*34*	91	*88*	24	*27*
111	Neuseeland	110	*104*	109	*103*	77	*84*	76	*85*	29	*45*	100	*100*	21	*19*
112	†Israel	96	*95*	95	*96*	57	*85*	60	*89*	29	*34*	..	..	17	*17*
113	Spanien	123	*109*	125	*108*	56	*108*	48	*113*	24	*36*	100	..	34	*21*
114	†Hongkong	117	*108*	115	..	36	..	31	..	11	*18*	92	..	33	*27*
115	†Singapur	105	*108*	101	*107*	46	*70*	45	*71*	8	..	100	*100*	30	*26*
116	Australien	115	*107*	115	*107*	82	*82*	80	*83*	25	*39*	98	*97*	28	*17*
117	Großbritannien	104	*104*	104	*105*	73	*86*	73	*88*	20	*28*	97	*100*	23	*20*
118	Italien	110	*94*	109	*94*	61	*76*	55	*76*	28	*32*	97	..	22	*12*
119	Niederlande	102	*102*	102	*103*	75	*97*	69	*96*	30	*38*	92	*100*	30	*17*
120	Kanada	101	*107*	100	*106*	65	*104*	65	*104*	42	*99*	..	*96*	23	*15*
121	Belgien	103	*99*	104	100	81	*102*	80	*103*	26	*38*	..	*99*	20	*10*
122	Finnland	82	*99*	79	*99*	102	*121*	106	*133*	32	*51*	..	..	22	*18*
123	†Vereinigte Arab. Emirate	93	115	71	114	22	*69*	9	*73*	2	*11*	..	*100*	27	*18*
124	Frankreich	117	*107*	117	106	74	*101*	77	*104*	26	*43*	98	*100*	26	*12*
125	Österreich	104	*103*	103	*102*	72	*104*	73	100	23	*35*	89	..	21	*11*
126	Deutschland	..	*107*	..	*107*	..	..	..	*103*	27	*36*	..	..	..	*17*
127	Vereinigte Staaten	..	*104*	..	*104*	..	*90*	..	*90*	56	*76*	72	*99*	27	..
128	Norwegen	89	100	..	100	83	*103*	83	*104*	26	*45*	100	*98*	20	*6*
129	Dänemark	96	*96*	97	*96*	78	*108*	75	*110*	29	*36*	..	..	9	*11*
130	Schweden	94	100	95	100	86	*91*	85	*93*	31	*34*	100	*100*	20	*6*
131	Japan	99	*102*	99	*102*	86	*97*	86	*98*	31	*31*	99	*100*	26	*21*
132	Schweiz	..	*103*	..	*104*	..	*91*	..	*88*	18	*29*	..	..	..	..
	Gesamte Welt	**83**w	**102**w	**71**w	**96**w	**31**w	**52**w	**28**w	**49**w	**12**w	**17**w	..	**94**w	**33**w	**33**w

Tabelle 29 Vergleiche nach Geschlechtern

		Gesundheit				Erziehung							Beschäftigung	
		Lebenserwartung bei der Geburt (Jahre)				Mütter-sterblichkeit (je 100.000 Lebend-geburten)	Persistenz des Schulbesuchs bis Klasse 4 in % der Kohorte				Schülerinnen je 100 Schüler				Anteil der Frauen an den Erwerbstätigen (in %)
		Weiblich		Männlich			Weiblich		Männlich		Grundschulen		Weiterführende Schulen[a]		
		1970	1992	1970	1992	1988	1970	1987	1970	1987	1970	1991	1970	1991	1970	1992
	Länder mit niedrigem Einkommen Ohne China und Indien	**54**w	**63**w	**53**w	**61**w	..	..	..	..	..	..	**78**w	..	**65**w	**36**w	**35**w
		47w	**57**w	**46**w	**55**w	..	**65**w	**66**w	**74**w	**69**w	**61**w	**77**w	**44**w	**66**w	**32**w	**31**w
1	Mosambik	42	45	36	43	..	..	..	..	..	..	70	..	61	50	47
2	Äthiopien	44	50	43	47	..	57	56	56	56	46	64	32	67	40	37
3	Tansania	47	52	44	49	342	82	90	88	89	65	98	38	72	51	47
4	Sierra Leone	36	45	33	41	..	..	..	..	..	67	70	40	56	36	32
5	Nepal	42	53	43	54	833	..	..	..	..	18	47	16	..	35	33
6	Uganda	51	44	49	43	550	..	..	..	..	65	..	31	..	43	41
7	Bhutan	41	49	39	48	1.305	..	..	..	..	5	59	3	41	35	32
8	Burundi	45	50	42	46	..	47	84	45	84	49	84	17	59	50	47
9	Malawi	41	45	40	44	350	55	67	60	72	59	82	36	53	45	41
10	Bangladesch	44	56	46	55	600	..	43	..	43	47	81	..	49	5	8
11	Tschad	40	49	37	46	..	..	77	..	81	34	44	9	22	23	21
12	Guinea-Bissau	36	39	35	38	..	..	..	..	..	43	56	62	53	43	40
13	Madagaskar	47	53	44	50	333	65	..	63	..	86	97	70	99	42	39
14	Laos, Dem. VR	42	53	39	50	561	..	..	..	..	59	77	36	66	46	44
15	Ruanda	46	48	43	45	300	83	75	65	75	79	99	44	56	50	47
16	Niger	40	48	37	44	..	75	93	74	78	53	57	35	42	49	46
17	Burkina Faso	42	50	39	47	810	71	86	68	84	57	62	33	50	48	46
18	Indien	49	62	50	61	..	42	..	45	..	60	71	39	55	30	25
19	Kenia	52	61	48	57	..	84	78	84	76	71	95	42	78	42	39
20	Mali	39	50	36	47	2.325	52	68	89	75	55	58	29	50	17	16
21	Nigeria	43	54	40	50	800	64	..	66	..	59	76	49	74	37	34
22	Nicaragua	55	69	52	65	300	48	62	45	59	101	104	89	138	20	26
23	Togo	46	57	43	53	..	85	78	88	86	45	65	26	34	39	36
24	Benin	45	52	43	49	161	71	..	75	..	45	51	44	37	48	47
25	Zentralafrik. Rep.	45	49	40	45	..	67	81	67	85	49	63	20	38	49	45
26	Pakistan	47	59	49	59	270	56	44	60	53	36	52	25	41	9	13
27	Ghana	51	58	48	54	1.000	77	..	82	..	75	82	35	63	42	40
28	China	63	71	61	68	115	..	76	..	81	..	86	..	72	42	43
29	Tadschikistan	..	72	..	67	39	..	..	..	..	..	..	..	..	..	..
30	Guinea	37	44	36	44	1.247	..	77	..	86	46	46	26	31	42	39
31	Mauretanien	41	50	38	46	800	..	83	..	83	39	73	13	45	22	23
32	Sri Lanka	66	74	64	70	80	94	97	73	99	89	93	101	105	25	27
33	Simbabwe	52	61	49	58	77	74	81	80	81	79	99	63	88	38	34
34	Honduras	55	68	51	64	221	..	..	..	..	99	98	79	..	14	20
35	Lesotho	52	63	48	58	220	87	87	70	76	150	121	111	149	48	43
36	Ägypten, Arab. Rep.	52	63	50	60	..	85	..	93	..	61	80	48	76	7	10
37	Indonesien	49	62	46	59	450	67	81	89	99	84	93	59	82	30	31
38	Myanmar	53	62	50	58	..	39	..	58	..	89	..	65	..	39	37
39	Somalia	42	50	39	47	..	46	..	51	..	33	..	27	..	41	38
40	Sudan	43	53	41	51	..	..	..	..	..	61	75	40	80	20	22
41	Jemen, Rep.	42	53	41	52	330	..	..	..	..	10	31	3	18	8	14
42	Sambia	48	49	45	46	..	..	..	..	..	80	91	49	59	28	30
	Länder mit mittlerem Einkommen Untere Einkommenskategorie	**62**w	**71**w	**58**w	**65**w	..	**77**w	**86**w	**76**w	**90**w	**86**w	**91**w	**92**w	**106**w	**30**w	**32**w
		..	**71**w	..	**64**w	..	..	..	..	..	..	..	..	..	..	..
43	Côte d'Ivoire	46	59	43	53	..	77	83	83	88	57	71	27	47	38	34
44	Bolivien	48	62	44	58	371	..	..	..	..	69	90	64	..	21	26
45	Aserbaidschan	..	75	..	67	29	..	..	..	..	..	..	..	..	..	..
46	Philippinen	59	67	56	63	74	..	85	..	84	..	94	..	99	33	31
47	Armenien	..	73	..	67	35	..	..	..	..	..	..	..	..	..	..
48	Senegal	44	50	42	48	..	..	90	..	94	63	72	39	51	41	39
49	Kamerun	46	58	43	54	..	59	85	58	86	74	85	36	71	37	33
50	Kirgisistan	..	70	..	62	43	..	..	..	..	..	..	..	..	..	..
51	Georgien	..	76	..	69	55	..	..	..	..	..	..	..	..	..	..
52	Usbekistan	..	72	..	66	43	..	..	..	..	..	..	..	..	..	..
53	Papua-Neuguinea	47	57	47	55	700	76	..	84	..	57	80	37	62	29	35
54	Peru	56	67	52	63	165	..	..	..	..	85	..	74	..	20	24
55	Guatemala	54	67	51	62	..	33	..	73	..	79	..	65	..	13	17
56	Kongo	49	54	43	49	..	86	88	89	71	78	87	43	72	40	39
57	Marokko	53	65	50	62	..	78	80	83	81	51	66	40	69	14	21
58	Dominikanische Rep.	61	70	57	65	300	55	52	13	70	99	98	..	..	11	16
59	Ecuador	60	69	57	65	156	69	..	70	..	93	..	76	..	16	19
60	Jordanien	..	72	..	68	..	90	97	92	99	78	94	53	105	6	11
61	Rumänien	71	73	67	67	..	90	..	89	..	97	106	151	174	44	47
62	El Salvador	60	69	56	64	148	61	..	62	..	92	98	77	95	20	25
63	Turkmenistan	..	70	..	63	55	..	..	..	..	..	..	..	..	..	..
64	Moldau	..	72	..	65	34	..	..	..	..	..	..	..	..	..	..
65	Litauen	75	76	67	66	29	..	..	..	..	..	..	..	..	..	..
66	Bulgarien	74	75	69	68	..	91	91	100	93	94	93	..	198	44	46
67	Kolumbien	63	72	59	66	200	57	74	51	72	101	98	73	100	21	22
68	Jamaika	70	76	66	71	115	..	100	..	98	100	99	103	..	42	46
69	Paraguay	67	70	63	65	300	70	77	71	77	89	93	91	102	21	21
70	Namibia	49	60	47	58	..	..	..	..	..	..	108	..	127	24	24
71	Kasachstan	..	73	..	64	53	..	..	..	..	..	..	..	..	..	..
72	Tunesien	55	69	54	67	127	..	91	..	94	64	85	38	77	12	25

Anmerkung: Zur Vergleichbarkeit der Daten und ihrer Abgrenzung vgl. Länderschlüssel und Technische Erläuterungen. Kursive Zahlen gelten für andere als die angegebenen Jahre.

		Gesundheit				Erziehung								Beschäftigung	
		Lebenserwartung bei der Geburt (Jahre)				Mütter-sterblichkeit (je 100.000 Lebend-geburten)	Persistenz des Schulbesuchs bis Klasse 4 in % der Kohorte				Schülerinnen je 100 Schüler				Anteil der Frauen an den Erwerbstätigen (in %)	
		Weiblich		Männlich			Weiblich		Männlich		Grundschulen		Weiterführende Schulen[a]			
		1970	1992	1970	1992	1988	1970	1987	1970	1987	1970	1991	1970	1991	1970	1992
73	Ukraine	74	75	67	66	33	..	..	..	..	96	..	127	..	..	..
74	Algerien	54	68	52	67	..	90	95	95	97	60	81	40	79	6	10
75	Thailand	61	72	56	67	37	71	..	69	..	88	95	69	97	47	44
76	Polen	74	75	67	66	..	99	..	97	..	93	95	251	266	45	46
77	Lettland	..	75	..	64	57	..	..	..	..	..	..	..	..	..	..
78	Slowakei	..	75	..	67	..	..	..	..	..	..	..	..	..	..	43
79	Costa Rica	69	79	65	74	18	93	91	91	90	96	94	111	103	18	22
80	Türkei	59	70	55	65	146	76	98	81	98	73	89	37	63	38	34
81	Iran, Islam. Rep.	54	66	55	65	120	75	92	74	93	55	86	49	74	13	19
82	Panama	67	75	64	71	60	97	88	97	85	92	93	99	103	25	28
83	Tschechische Rep.	..	76	..	69	..	..	..	..	..	..	..	..	..	..	..
84	Russische Föderation	..	75	..	64	49	..	..	..	..	..	..	..	..	22	29
85	Chile	66	76	59	69	40	86	..	83	..	98	95	130	115	22	29
86	Albanien	69	75	66	70	..	..	..	..	..	90	93	92	124	40	41
87	Mongolei	54	65	52	62	140	..	..	..	..	..	100	..	..	45	46
88	Syrien, Arab. Rep.	57	69	54	65	143	92	93	95	95	57	87	36	71	12	18
Obere Einkommenskategorie		**64w**	**72w**	**59w**	**66w**	..	**75w**	..	**70w**	..	**94w**	**95w**	**100w**	**112w**	**25w**	**30w**
89	Südafrika	56	66	50	60	..	..	..	..	..	98	..	95	..	33	36
90	Mauritius	65	73	60	67	99	97	99	97	99	94	98	66	100	20	27
91	Estland	74	75	66	65	41	..	..	..	..	..	99	..	99	22	..
92	Brasilien	61	69	57	64	140	56	..	54	..	99	..	..	..	22	28
93	Botsuana	51	70	48	66	..	97	96	90	97	113	107	88	114	44	35
94	Malaysia	63	73	60	69	26	..	..	..	..	88	95	69	104	31	35
95	Venezuela	68	73	63	67	55	84	91	61	81	99	99	102	137	21	28
96	Weißrußland	76	76	68	67	25	..	..	..	..	..	..	..	..	..	..
97	Ungarn	73	74	67	65	..	90	97	99	97	93	95	202	198	40	45
98	Uruguay	72	76	66	69	36	..	98	..	96	91	95	129	..	26	31
99	Mexiko	64	74	60	67	200	..	73	..	94	92	94	..	92	18	27
100	Trinidad und Tobago	68	74	63	69	89	78	..	74	..	97	97	113	102	30	30
101	Gabun	46	56	43	52	..	73	80	78	78	91	..	43	..	40	37
102	Argentinien	70	75	64	68	140	92	..	69	..	98	103	156	176	25	28
103	Oman	49	72	46	68	..	..	97	..	100	16	89	0	82	6	9
104	Slowenien	..	77	..	69	..	..	..	..	..	..	..	..	..	..	..
105	Puerto Rico	75	78	69	71	21	..	..	..	..	..	..	..	..	..	..
106	Korea, Rep.	62	75	58	67	26	96	100	96	100	92	94	65	87	32	34
107	Griechenland	74	80	70	75	..	97	99	96	99	92	98	98	103	26	27
108	Portugal	71	78	64	70	..	92	..	92	..	95	91	98	116	25	37
109	Saudi-Arabien	54	71	51	68	..	93	..	91	..	46	84	16	79	5	8
Länder mit niedr. u. mittl. Eink.		**56w**	**66w**	**54w**	**62w**	..	**61w**	..	**64w**	..	**69w**	**81w**	**59w**	**74w**	**35w**	**35w**
Afrika südlich der Sahara		46w	53w	43w	50w	..	66w	..	69w	..	63w	77w	44w	67w	40w	37w
Ostasien u. Pazifik		60w	69w	58w	66w	..	..	..	..	..	..	88w	..	76w	41w	42w
Südasien		48w	61w	50w	60w	..	45w	..	48w	..	55w	69w	38w	54w	26w	22w
Europa u. Zentralasien		69w	74w	64w	66w	..	..	..	..	..	..	..	..	..	..	..
Naher Osten u. Nordafrika		54w	66w	52w	63w	..	83w	90w	87w	92w	54w	79w	41w	72w	10w	16w
Lateinamerika u. Karibik		63w	71w	58w	65w	..	66w	..	60w	..	96w	97w	101w	114w	22w	27w
Länder mit gravierenden Schuldenproblemen		**62w**	**70w**	**58w**	**64w**	..	**75w**	..	**73w**	..	**87w**	**89w**	**107w**	**121w**	**26w**	**29w**
Länder mit hohem Einkommen		**75w**	**80w**	**68w**	**74w**	..	**95w**	**98w**	**93w**	**97w**	**96w**	**95w**	**95w**	**98w**	**36w**	**38w**
110	Irland	73	78	69	73	..	..	98	..	97	96	95	124	100	26	29
111	Neuseeland	75	79	69	73	..	..	98	..	98	94	94	94	98	..	..
112	†Israel	73	78	70	75	..	96	97	96	97	92	98	131	116	30	34
113	Spanien	75	81	70	73	..	76	98	76	97	99	93	84	102	19	24
114	†Hongkong	73	81	67	75	4	94	..	92	..	90	..	74	..	..	..
115	†Singapur	70	77	65	72	10	99	100	99	100	88	90	103	100	26	32
116	Australien	75	80	68	74	..	76	97	74	94	94	95	91	99	31	38
117	Großbritannien	75	79	69	73	..	..	..	..	..	95	96	94	96	36	39
118	Italien	75	81	69	74	..	..	..	..	..	94	95	86	97	29	32
119	Niederlande	77	81	71	74	..	99	..	96	..	96	99	91	109	26	31
120	Kanada	76	81	69	75	..	95	97	92	93	95	93	95	96	32	40
121	Belgien	75	79	68	72	..	..	87	..	85	94	97	87	..	30	34
122	Finnland	74	80	66	72	..	..	98	..	98	90	95	112	111	44	47
123	†Vereinigte Arab. Emirate	63	74	59	70	..	97	98	93	98	61	93	23	103	4	7
124	Frankreich	76	81	68	73	..	97	..	90	..	95	94	107	106	36	40
125	Österreich	74	80	67	73	..	95	99	92	98	95	95	95	98	40	39
126	Deutschland	74	79	67	73	..	97[b]	99[b]	96[b]	97[b]	96[b]	96[b]	93[b]	98[b]	40	39
127	Vereinigte Staaten	75	80	67	73	..	..	..	..	..	95	95	..	95	37	41
128	Norwegen	77	80	71	74	..	99	..	98	..	105	95	97	105	29	41
129	Dänemark	76	78	71	72	..	98	100	96	100	97	96	102	106	36	45
130	Schweden	77	81	72	75	..	98	..	96	..	96	95	92	109	36	45
131	Japan	75	82	69	76	..	100	100	100	100	96	95	101	99	39	38
132	Schweiz	76	82	70	75	..	94	..	93	..	98	96	93	100	33	36
Gesamte Welt		**60w**	**68w**	**57w**	**64w**	..	**67w**	..	**69w**	..	**77w**	**84w**	**67w**	**78w**	**35w**	**35w**

[a] Vgl. Technische Erläuterungen. [b] Die Angaben beziehen sich auf die Bundesrepublik Deutschland vor der Vereinigung.

Tabelle 30 Einkommensverteilung und KKP-Schätzungen des BSP

| | | | Prozentualer Anteil am Einkommen oder Verbrauch | | | | | KKP-Schätzungen des BSP pro Kopf | | Jeweilige internationale Dollar |
| | | | | | | | | Vereinigte Staaten = 100 | | |
		Jahr	Unterste 20%-Gruppe	Zweite 20%-Gruppe	Dritte 20%-Gruppe	Vierte 20%-Gruppe	Höchste 20%-Gruppe	Höchste 10%-Gruppe	1987	1992	1992
	Länder mit niedrigem Einkommen										
	Ohne China und Indien										
1	Mosambik		..	..	..	..	..	..	2,6[a]	2,5[a]	570[a]
2	Äthiopien	1981–82[b,c]	8,6	12,7	16,4	21,1	41,3	27,5	1,9	1,5	340[a]
3	Tansania	1991[b,e]	2,4	5,7	10,4	18,7	62,7	46,5	2,5	2,7	630[d]
4	Sierra Leone		..	..	..	..	..	..	3,6	3,3	770[d]
5	Nepal	1984–85[f,g]	9,1	12,9	16,7	21,8	39,5	25,0	4,3[a]	4,8[a]	1.100[a]
6	Uganda	1989–90[b,e]	8,5	12,1	16,0	21,5	41,9	27,2	4,4[a]	4,6[a]	1.070[a]
7	Bhutan		..	..	..	..	..	..	2,7[a]	2,7[a]	630[a]
8	Burundi		..	..	..	..	..	..	3,2[a]	3,2[a]	750[a]
9	Malawi		..	..	..	..	..	..	3,5	3,2	730[d]
10	Bangladesch	1988–89[b,e]	9,5	13,4	17,0	21,6	38,6	24,6	5,1	5,3	1.230[d]
11	Tschad		..	..	..	..	..	..	2,7[a]	3,1[a]	710[a]
12	Guinea-Bissau	1991[b,e]	2,1	6,5	12,0	20,6	58,9	42,4	2,9[a]	3,0[a]	690[a]
13	Madagaskar		..	..	..	..	..	..	3,6	3,1	720[d]
14	Laos, Dem. VR		..	..	..	..	..	..	7,5[a]	8,3[a]	1.930[a]
15	Ruanda	1983–85[b,e]	9,7	13,1	16,7	21,6	38,9	24,6	3,9	3,3	770[d]
16	Niger		..	..	..	..	..	..	3,8[a]	3,2[a]	740[a]
17	Burkina Faso		..	..	..	..	..	..	3,2[a]	3,2[a]	730[a]
18	Indien	1989–90[b,e]	8,8	12,5	16,2	21,3	41,3	27,1	4,6	5,2	1.210[d]
19	Kenia	1992[b,e]	3,4	6,7	10,7	17,3	61,8	47,9	6,1	5,9	1.360[d]
20	Mali		..	..	..	..	..	..	2,3	2,2	500[d]
21	Nigeria		..	..	..	..	..	..	5,5	6,2	1.440[d]
22	Nicaragua		..	..	..	..	..	..	12,7[a]	9,3[a]	2.160[a]
23	Togo		..	..	..	..	..	..	5,9[a]	4,8[a]	1.100[a]
24	Benin		..	..	..	..	..	..	7,4	6,5	1.500[d]
25	Zentralafrik. Rep.		..	..	..	..	..	..	5,1[a]	4,5[a]	1.040[a]
26	Pakistan	1991[b,e]	8,4	12,9	16,9	22,2	39,7	25,2	8,3	9,2	2.130[d]
27	Ghana	1988–89[b,e]	7,0	11,3	15,8	21,8	44,1	29,0	8,0[a]	8,2[a]	1.890[a]
28	China	1990[f,g]	6,4	11,0	16,4	24,4	41,8	24,6	6,5	9,1	1.910[h]
29	Tadschikistan		..	..	..	..	..	..	14,3	8,7	2.000[h]
30	Guinea		..	..	..	..	..	..	..	..	..
31	Mauretanien	1987–88[b,e]	3,5	10,7	16,2	23,3	46,3	30,2	6,5[a]	6,0[a]	1.380[a]
32	Sri Lanka	1990[b,e]	8,9	13,1	16,9	21,7	39,3	25,2	11,1	12,2	2.810[d]
33	Simbabwe	1990–91[b,e]	4,0	6,3	10,0	17,4	62,3	46,9	9,2	8,5	1.970[d]
34	Honduras	1989[f,g]	2,7	6,0	10,2	17,6	63,5	47,9	8,5	8,3	1.930[i]
35	Lesotho	1986–87[b,e]	2,9	6,4	11,3	19,5	60,0	43,6	6,6[a]	7,7[a]	1.770[a]
36	Ägypten, Arab. Rep.		..	..	..	..	..	..	16,4	15,9	3.670[d]
37	Indonesien	1990[b,e]	8,7	12,1	15,9	21,1	42,3	27,9	10,5	12,8	2.970[i]
38	*Myanmar*		..	..	..	..	..	..	..	..	..
39	*Somalia*		..	..	..	..	..	..	..	..	..
40	*Sudan*		..	..	..	..	..	..	..	..	..
41	*Jemen, Rep.*		..	..	..	..	..	..	..	..	..
42	*Sambia*	1991[b,e]	5,6	9,6	14,2	21,0	49,7	34,2	5,3	..	..
	Länder mit mittlerem Einkommen										
	Untere Einkommenskategorie										
43	Côte d'Ivoire	1988[b,e]	7,3	11,9	16,3	22,3	42,2	26,9	9,5	7,1	1.640[d]
44	Bolivien	1990–91[b,e]	5,6	9,7	14,5	22,0	48,2	31,7	9,7	9,8	2.270[d]
45	Aserbaidschan		..	..	..	..	..	..	21,6	11,5	2.650[h]
46	Philippinen	1988[b,e]	6,5	10,1	14,4	21,2	47,8	32,1	10,9	10,7	2.480[d]
47	Armenien		..	..	..	..	..	..	27,3	10,8	2.500[h]
48	Senegal	1991–92[b,e]	3,5	7,0	11,6	19,3	58,6	42,8	8,0	7,6	1.750[d]
49	Kamerun		..	..	..	..	..	..	15,9	9,9	2.300[d]
50	Kirgisistan		..	..	..	..	..	..	15,4	12,2	2.820[h]
51	Georgien		..	..	..	..	..	..	26,7	10,7	2.470[h]
52	Usbekistan		..	..	..	..	..	..	13,7	11,2	2.600[h]
53	Papua-Neuguinea		..	..	..	..	..	..	8,6[a]	8,7[a]	2.020[a]
54	Peru	1985–86[b,e]	4,9	9,2	13,7	21,0	51,4	35,4	19,8	13,3	3.080[i]
55	Guatemala	1989[f,g]	2,1	5,8	10,5	18,6	63,0	46,6	14,5	14,6	3.370[i]
56	Kongo		..	..	..	..	..	..	13,1	10,6	2.450[d]
57	Marokko	1990–91[b,e]	6,6	10,5	15,0	21,7	46,3	30,5	13,8	14,1	3.270[d]
58	Dominikanische Rep.	1989[f,g]	4,2	7,9	12,5	19,7	55,6	39,6	15,6	14,5	3.360[i]
59	Ecuador		..	..	..	..	..	..	17,8	18,9	4.380[i]
60	Jordanien	1991[b,e]	6,5	10,3	14,6	20,9	47,7	32,6	26,4[a]	18,3[a]	4.220[a]
61	Rumänien		..	..	..	..	..	..	19,1	11,9	2.750[j]
62	El Salvador		..	..	..	..	..	..	9,5	9,6	2.230[i]
63	Turkmenistan		..	..	..	..	..	..	21,5	17,1	3.950[h]
64	Moldau		..	..	..	..	..	..	24,3	16,7	3.870[h]
65	Litauen		..	..	..	..	..	..	28,1	16,0	3.710[h]
66	Bulgarien	1992[f,g]	10,4	13,9	17,3	22,2	36,2	21,9	29,0[a]	22,2[a]	5.130[a]
67	Kolumbien	1991[f,g]	3,6	7,6	12,6	20,4	55,8	39,5	23,8	24,9	5.760[d]
68	Jamaika	1990[b,e]	6,0	9,9	14,5	21,3	48,4	32,6	15,2	16,3	3.770[j]
69	Paraguay		..	..	..	..	..	..	15,0	15,2	3.510[i]
70	Namibia		..	..	..	..	..	..	13,2[a]	13,1[a]	3.040[a]
71	Kasachstan		..	..	..	..	..	..	27,0	20,7	4.780[h]
72	Tunesien	1990[b,e]	5,9	10,4	15,3	22,1	46,3	30,7	20,2	22,2	5.130[d]

Anmerkung: Zur Vergleichbarkeit der Daten und ihrer Abgrenzung vgl. Länderschlüssel und Technische Erläuterungen. Kursive Zahlen gelten für andere als die angegebenen Jahre.

	Jahr	Prozentualer Anteil am Einkommen oder Verbrauch						KKP-Schätzungen des BSP pro Kopf Vereinigte Staaten = 100		Jeweilige internationale Dollar 1992
		Unterste 20%-Gruppe	Zweite 20%-Gruppe	Dritte 20%-Gruppe	Vierte 20%-Gruppe	Höchste 20%-Gruppe	Höchste 10%-Gruppe	1987	1992	
73 Ukraine		..	..	..	..	..	..	28,0	21,7	5.010[h]
74 Algerien	1988[b,e]	6,9	11,0	14,9	20,7	46,5	31,7	27,5[a]	24,8[a]	5.740[a]
75 Thailand	1988[b,g]	6,1	9,4	13,5	20,3	50,7	35,3	17,2	25,5	5.890[d]
76 Polen	1989[f,g]	9,2	13,8	17,9	23,0	36,1	21,6	25,8	21,1	4.880[d]
77 Lettland		..	..	..	..	..	..	36,2	20,3	4.690[h]
78 Slowakei		..	..	..	..	..	..	32,4[a]	24,3[a]	5.620[a]
79 Costa Rica	1989[f,g]	4,0	9,1	14,3	21,9	50,8	34,1	22,6	24,0	5.550[i]
80 Türkei		..	..	..	..	..	..	21,1	22,4	5.170[k]
81 Iran, Islam. Rep.		..	..	..	..	..	..	22,5	22,8	5.280[d]
82 Panama	1989[f,g]	2,0	6,3	11,6	20,3	59,8	42,1	25,8	23,5	5.440[i]
83 Tschechische Rep.		..	..	..	..	..	..	40,5	31,0	7.160[k]
84 Russische Föderation		..	..	..	..	..	..	38,7	26,9	6.220[h]
85 Chile	1989[f,g]	3,7	6,8	10,3	16,2	62,9	48,9	27,7	35,0	8.090[i]
86 *Albanien*		..	..	..	..	..	..	..	..	..
87 *Mongolei*		..	..	..	..	..	..	..	..	..
88 Syrien, Arab. Rep.		..	..	..	..	..	..	20,9[j]	..	..
Obere Einkommenskategorie										
89 Südafrika		..	..	..	..	..	..	41,0	49,3	11.390[d]
90 Mauritius		..	..	..	..	..	..	43,0	27,3	6.320[h]
91 Estland		..	..	..	..	..	..			
92 Brasilien	1989[f,g]	2,1	4,9	8,9	16,8	67,5	51,3	26,3	22,7	5.250[i]
93 Botsuana	1985–86[l,c]	3,6	6,9	11,4	19,2	58,9	42,9	17,1	22,4	5.190[d]
94 Malaysia	1989[f,g]	4,6	8,3	13,0	20,4	53,7	37,9	26,6	34,8	8.050[i]
95 Venezuela	1989[f,g]	4,8	9,5	14,4	21,9	49,5	33,2	36,5	38,0	8.790[i]
96 Weißrußland		..	..	..	..	..	..	32,2	29,6	6.840[h]
97 Ungarn	1989[f,g]	10,9	14,8	18,0	22,0	34,4	20,8	30,4	24,8	5.740[d]
98 Uruguay		..	..	..	..	..	..	30,6	32,2	7.450[i]
99 Mexiko	1984[f,g]	4,1	7,8	12,3	19,9	55,9	39,5	31,6	32,4	7.490[j]
100 Trinidad und Tobago		..	..	..	..	..	..	40,2[a]	36,4[a]	8.410[a]
101 Gabun		..	..	..	..	..	..	..	..	..
102 Argentinien		..	..	..	..	..	..	26,6	26,3	6.080[i]
103 Oman		..	..	..	..	..	..	38,1[a]	41,7[a]	9.630[a]
104 Slowenien		..	..	..	..	..	..	..	..	..
105 Puerto Rico		..	..	..	..	..	..	..	..	..
106 Korea, Rep.	1988[m,n]	7,4	12,3	16,3	21,8	42,2	27,6	28,8	38,7	8.950[d]
107 Griechenland		..	..	..	..	..	..	33,9	34,6	8.010[k]
108 Portugal		..	..	..	..	..	..	36,0	43,8	10.120[k]
109 Saudi-Arabien		..	..	..	..	..	..	44,5[a]	48,3[a]	11.170[a]
Länder mit niedr. u. mittl. Eink.										
Afrika südlich der Sahara										
Ostasien u. Pazifik										
Südasien										
Europa u. Zentralasien										
Naher Osten u. Nordafrika										
Lateinamerika u. Karibik										
Länder mit gravierenden Schuldenproblemen										
Länder mit hohem Einkommen										
110 Irland		..	..	..	..	..	..	42,4	52,2	12.070[k]
111 Neuseeland	1981–82[m,n]	5,1	10,8	16,2	23,2	44,7	28,7	67,3	62,3	14.400[k]
112 †Israel	1979[m,n]	6,0	12,1	17,8	24,5	39,6	23,5	60,5	63,1	14.600[i]
113 Spanien	1988[m,n]	8,3	13,7	18,1	23,4	36,6	21,8	50,5	57,0	13.170[k]
114 †Hongkong	1980[m,n]	5,4	10,8	15,2	21,6	47,0	31,3	74,4	86,7	20.050[k]
115 †Singapur	1982–83[m,n]	5,1	9,9	14,6	21,4	48,9	33,5	55,7[a]	72,3[a]	16.720[a]
116 Australien	1985[m,n]	4,4	11,1	17,5	24,8	42,2	25,8	76,4	75,0	17.350[k]
117 Großbritannien	1988[m,n]	4,6	10,0	16,8	24,3	44,3	27,8	73,1	72,4	16.730[k]
118 Italien	1986[m,n]	6,8	12,0	16,7	23,5	41,0	25,3	71,6	76,7	17.730[k]
119 Niederlande	1988[m,n]	8,2	13,1	18,1	23,7	36,9	21,9	70,2	76,0	17.560[k]
120 Kanada	1987[m,n]	5,7	11,8	17,7	24,6	40,2	24,1	91,0	85,3	19.720[k]
121 Belgien	1978–79[m,n]	7,9	13,7	18,6	23,8	36,0	21,5	71,7	78,5	18.160[k]
122 Finnland	1981[m,n]	6,3	12,1	18,4	25,5	37,6	21,7	73,1	69,1	15.970[k]
123 †Vereinigte Arab. Emirate		..	..	..	..	..	..	85,5[a]	..	..
124 Frankreich	1989[m,n]	5,6	11,8	17,2	23,5	41,9	26,1	77,8	83,0	19.200[k]
125 Österreich		..	..	..	..	..	..	72,8	79,4	18.350[k]
126 Deutschland[o]	1988[m,n]	7,0	11,8	17,1	23,9	40,3	24,4	80,7	89,1	20.610[k]
127 Vereinigte Staaten	1985[m,n]	4,7	11,0	17,4	25,0	41,9	25,0	100,0	100,0	23.120[k]
128 Norwegen	1979[m,n]	6,2	12,8	18,9	25,3	36,7	21,2	80,1	78,0	18.040[k]
129 Dänemark	1981[m,n]	5,4	12,0	18,4	25,6	38,6	22,3	79,4	80,7	18.650[k]
130 Schweden	1981[m,n]	8,0	13,2	17,4	24,5	36,9	20,8	80,5	76,2	17.610[k]
131 Japan	1979[m,n]	8,7	13,2	17,5	23,1	37,5	22,4	74,9	87,2	20.160[k]
132 Schweiz	1982[m,n]	5,2	11,7	16,4	22,1	44,6	29,8	95,9	95,6	22.100[k]
Gesamte Welt										

[a] Abgeleitet aus Regressions-Schätzungen. [b] Die Angaben beziehen sich auf Ausgaben-Anteile, gegliedert nach Personen-Fraktilen. [c] Die Angaben sind nach Haushalts-Ausgaben geordnet. [d] Extrapoliert von IVP-Schätzungen 1985. [e] Die Angaben sind nach Pro-Kopf-Ausgaben geordnet. [f] Die Angaben beziehen sich auf Einkommens-Anteile, gegliedert nach Personen-Fraktilen. [g] Die Angaben sind nach Pro-Kopf-Einkommen geordnet. [h] Diese Werte sind mit größeren als den üblichen Irrtumsmargen behaftet (vgl. Technische Erläuterungen). [i/j] Extrapoliert von IVP-Schätzungen 1980 bzw. 1975 und maßstäblich mit dem entsprechenden US-Deflator vergrößert. [k] Extrapoliert von IVP-Schätzungen 1990. [l] Die Angaben beziehen sich auf Ausgaben-anteile, gegliedert nach Haushaltsfraktilen. [m] Die Angaben beziehen sich auf Einkommens-Anteile, gegliedert nach Haushalts-Fraktilen. [n] Die Angaben sind nach Haushalts-Einkommen geordnet. [o] Die Angaben beziehen sich auf die Bundesrepublik Deutschland vor der Vereinigung.

Tabelle 31 Verstädterung

		Stadtbevölkerung				Bevölkerung der Hauptstadt in % der		Bevölkerung in städt. Agglomerationen mit 1 Million oder mehr Menschen im Jahr 1992 in % der			
		In % der Gesamtbevölkerung		Durchschnittliche jährliche Wachstumsrate (in %)		Stadt-bevölkerung 1990	Gesamt-bevölkerung 1990	Stadtbevölkerung		Gesamtbevölkerung	
		1970	1992	1970–80	1980–92			1970	1992	1970	1992
	Länder mit niedrigem Einkommen	**18w**	**27w**	**3,7w**	**4,1w**	**12w**	**3w**	**41w**	**36w**	**7w**	**10w**
	Ohne China und Indien	18w	27w	4,6w	4,7w	27w	7w	39w	40w	7w	11w
1	Mosambik	6	30	11,5	9,9	38	10	69	43	4	12
2	Äthiopien	9	13	4,8	4,8	30	4	29	30	3	4
3	Tansania	7	22	11,4	6,6	33	7	43	30	3	6
4	Sierra Leone	18	34	5,2	5,2	52	17	0	0	0	0
5	Nepal	4	12	8,0	7,9	18	2	0	0	0	0
6	Uganda	8	12	3,7	5,0	38	4	0	0	0	0
7	Bhutan	3	6	4,1	5,4	22	1	0	0	0	0
8	Burundi	2	6	7,7	5,1	85	4	0	0	0	0
9	Malawi	6	12	7,5	6,1	31	4	0	0	0	0
10	Bangladesch	8	18	6,8	6,2	37	6	47	56	4	9
11	Tschad	12	34	7,8	6,8	41	13	0	0	0	0
12	Guinea-Bissau	15	21	5,8	3,8	36	7	0	0	0	0
13	Madagaskar	14	25	5,3	5,7	24	6	0	0	0	0
14	Laos, Dem. VR	10	20	5,1	6,1	53	10	0	0	0	0
15	Ruanda	3	6	7,5	3,8	77	4	0	0	0	0
16	Niger	9	21	7,5	7,3	39	8	0	0	0	0
17	Burkina Faso	6	17	6,4	8,7	30	5	0	0	0	0
18	Indien	20	26	3,9	3,1	4	1	32	34	6	9
19	Kenia	10	25	8,5	7,7	26	6	45	30	5	7
20	Mali	14	25	4,8	5,2	33	8	0	0	0	0
21	Nigeria	20	37	6,1	5,7	23	8	26	29	5	10
22	Nicaragua	47	61	4,4	3,9	46	28	0	0	0	0
23	Togo	13	29	8,6	5,5	50	14	0	0	0	0
24	Benin	18	40	8,5	5,2	12	4	0	0	0	0
25	Zentralafrik. Rep.	30	48	4,7	4,7	52	24	0	0	0	0
26	Pakistan	25	33	4,4	4,5	1	0	49	53	12	17
27	Ghana	29	35	2,9	4,3	22	7	29	30	8	10
28	China	18	27	2,7	4,3	4	1	48	35	8	9
29	Tadschikistan	..	..	..	..	..	..	0	0	0	0
30	Guinea	14	27	4,8	5,8	87	23	47	84	7	22
31	Mauretanien	14	50	10,4	7,2	83	39	0	0	0	0
32	Sri Lanka	22	22	1,5	1,5	17	4	0	0	0	0
33	Simbabwe	17	30	5,8	5,9	31	9	0	0	0	0
34	Honduras	29	45	5,7	5,3	35	15	0	0	0	0
35	Lesotho	9	21	6,9	6,7	18	4	0	0	0	0
36	Ägypten, Arab. Rep.	42	44	2,5	2,5	39	17	53	52	22	23
37	Indonesien	17	32	5,1	5,1	17	5	42	36	7	11
38	*Myanmar*	23	25	2,8	2,6	32	8	23	33	5	8
39	*Somalia*	20	25	3,8	4,0	38	9	0	0	0	0
40	*Sudan*	16	23	5,0	4,1	34	8	28	37	5	8
41	*Jemen, Rep.*	13	31	7,0	7,3	11	3	0	0	0	0
42	*Sambia*	30	42	5,9	3,8	30	13	0	0	0	0
	Länder mit mittlerem Einkommen	**46w**	**62w**	**3,7w**	**3,2w**	**26w**	**14w**	**42w**	**40w**	**19w**	**24w**
	Untere Einkommenskategorie	..	..	..	..	..	..	..	36w	15w	19w
43	Côte d'Ivoire	27	42	7,4	4,7	45	18	37	47	10	19
44	Bolivien	41	52	3,4	4,0	34	17	29	29	12	15
45	Aserbaidschan	..	..	..	..	..	..	0	45	0	24
46	Philippinen	33	44	3,8	3,8	31	14	29	36	9	15
47	Armenien	..	..	..	..	..	..	0	50	0	34
48	Senegal	33	41	3,7	4,0	51	20	43	58	14	23
49	Kamerun	20	42	7,5	5,4	17	7	22	24	5	10
50	Kirgisistan	..	..	..	..	..	..	0	0	0	0
51	Georgien	..	..	..	..	..	..	0	43	0	24
52	Usbekistan	..	..	..	..	..	..	0	25	0	10
53	Papua-Neuguinea	10	..	5,3	4,4	33	5	0	0	0	0
54	Peru	57	71	4,0	2,9	42	29	39	45	22	31
55	Guatemala	36	40	3,3	3,5	23	9	0	0	0	0
56	Kongo	33	42	3,7	4,5	68	28	0	0	0	0
57	Marokko	35	47	4,1	3,8	9	4	38	37	13	17
58	Dominikanische Rep.	40	62	4,9	3,9	52	31	47	54	19	33
59	Ecuador	40	58	4,8	4,4	21	12	50	55	20	31
60	Jordanien	51	69	5,5	6,0	46	31	0	0	0	0
61	Rumänien	42	55	2,6	1,2	18	9	20	18	8	10
62	El Salvador	39	45	2,9	2,2	26	11	0	0	0	0
63	Turkmenistan	..	..	..	..	..	..	0	0	0	0
64	Moldau	..	..	..	..	..	..	0	0	0	0
65	Litauen	..	..	..	..	..	..	0	0	0	0
66	Bulgarien	52	69	2,1	0,7	20	14	20	24	10	16
67	Kolumbien	57	71	3,3	2,9	21	15	40	41	23	29
68	Jamaika	42	54	2,6	2,1	52	27	0	0	0	0
69	Paraguay	37	49	4,2	4,4	48	23	0	0	0	0
70	Namibia	19	29	4,9	5,1	36	10	0	0	0	0
71	Kasachstan	..	..	..	..	..	..	0	13	0	7
72	Tunesien	44	57	3,7	3,4	36	20	33	41	14	23

Anmerkung: Zur Vergleichbarkeit der Daten und ihrer Abgrenzung vgl. Länderschlüssel und Technische Erläuterungen. Kursive Zahlen gelten für andere als die angegebenen Jahre.

| | | Stadtbevölkerung | | | Bevölkerung der Hauptstadt in % der | | Bevölkerung in städt. Agglomerationen mit 1 Million oder mehr Menschen im Jahr 1992 in % der | | | |
| | | In % der Gesamtbevölkerung | | Durchschnittliche jährliche Wachstumsrate (in %) | | Stadt- bevölkerung | Gesamt- bevölkerung | Stadtbevölkerung | | Gesamtbevölkerung | |
		1970	1992	1970–80	1980–92	1990	1990	1970	1992	1970	1992
73	Ukraine	..	..	..	..	..	..	0	0	0	0
74	Algerien	40	54	4,1	4,9	23	12	24	24	10	13
75	Thailand	13	23	5,3	4,5	57	13	65	60	9	13
76	Polen	52	63	2,0	1,3	9	6	32	29	17	18
77	Lettland	..	..	..	..	..	..	0	0	0	0
78	Slowakei	..	..	..	..	..	..	0	0	0	0
79	Costa Rica	40	48	3,6	3,8	71	33	0	0	0	0
80	Türkei	38	64	3,7	5,6	8	5	37	33	14	20
81	Iran, Islam. Rep.	42	58	5,0	5,0	21	12	43	41	18	23
82	Panama	48	54	2,9	2,8	37	20	0	0	0	0
83	Tschechische Rep.	..	..	..	..	..	..	0	0	11	12
84	Russische Föderation	..	..	..	..	..	..	0	25	16	19
85	Chile	75	85	2,4	2,1	42	36	40	44	30	38
86	*Albanien*	32	36	2,9	2,6	21	7	0	0	0	0
87	*Mongolei*	45	59	4,3	3,9	37	22	0	0	0	0
88	*Syrien, Arab. Rep.*	44	51	4,1	4,1	34	17	60	26	26	28
	Obere Einkommenskategorie	**54**w	**72**w	**3,9**w	**3,0**w	**22**w	**15**w	**47**w	**46**w	**26**w	**33**w
89	Südafrika	48	50	2,8	2,8	12	6	40	33	19	17
90	Mauritius	42	41	1,6	0,6	36	15	0	0	0	0
91	Estland	..	..	..	..	..	..	0	0	0	0
92	Brasilien	56	77	4,1	3,3	2	2	49	51	27	38
93	Botsuana	8	27	10,0	8,8	41	10	0	0	0	0
94	Malaysia	27	45	5,0	4,8	22	10	15	24	4	10
95	Venezuela	72	91	5,0	3,4	23	21	28	30	20	27
96	Weißrußland	..	..	..	..	..	..	0	0	0	0
97	Ungarn	49	66	2,0	0,9	31	20	39	32	19	21
98	Uruguay	82	89	0,7	1,0	44	39	51	47	42	42
99	Mexiko	59	74	4,1	2,9	34	25	43	41	25	30
100	Trinidad und Tobago	63	66	1,1	1,7	13	8	0	0	0	0
101	Gabun	26	47	8,3	5,8	57	26	0	0	0	0
102	Argentinien	78	87	2,2	1,7	41	36	53	50	42	43
103	Oman	5	12	8,3	8,2	40	4	0	0	0	0
104	Slowenien	..	..	..	..	..	..	0	0	0	0
105	Puerto Rico	58	75	3,1	1,9	53	39	44	54	26	40
106	Korea, Rep.	41	74	5,3	3,4	36	26	75	73	30	53
107	Griechenland	53	64	1,9	1,3	55	34	55	55	29	34
108	Portugal	26	35	2,6	1,4	48	16	45	49	12	17
109	Saudi-Arabien	49	78	8,3	6,5	16	12	27	28	13	22
	Länder mit niedr. u. mittl. Eink.	**25**w	**36**w	**3,7**w	**3,7**w	**16**w	**6**w	**41**w	**37**w	**11**w	**14**w
	Afrika südlich der Sahara	19w	29w	5,1w	5,0w	33w	9w	34w	34w	7w	10w
	Ostasien u. Pazifik	19w	29w	3,3w	4,2w	12w	4w	46w	37w	9w	11w
	Südasien	19w	25w	4,1w	3,5w	8w	2w	35w	38w	7w	9w
	Europa u. Zentralasien	..	..	..	..	..	..	34w	28w	15w	18w
	Naher Osten u. Nordafrika	41w	55w	4,4w	4,4w	26w	14w	42w	41w	18w	22w
	Lateinamerika u. Karibik	57w	73w	3,7w	2,9w	24w	16w	45w	46w	26w	34w
	Länder mit gravierenden Schuldenproblemen	**53**w	**68**w	**3,7**w	**3,0**w	**21**w	**14**w	**42**w	**43**w	**23**w	**29**w
	Länder mit hohem Einkommen	**74**w	**78**w	**1,1**w	**0,8**w	**11**w	**9**w	**42**w	**43**w	**32**w	**33**w
110	Irland	52	58	2,2	0,6	46	26	0	0	0	0
111	Neuseeland	81	84	1,4	0,8	12	10	0	0	0	0
112	†Israel	84	92	3,2	2,1	12	11	41	44	35	41
113	Spanien	66	79	2,0	1,1	17	13	27	29	18	23
114	†Hongkong	90	94	2,6	1,4	100	95	100	100	90	95
115	†Singapur	100	100	2,0	1,7	100	100	100	100	100	100
116	Australien	85	85	1,6	1,5	2	1	68	72	58	61
117	Großbritannien	89	89	0,1	0,3	14	13	31	26	27	23
118	Italien	64	70	0,9	0,6	8	5	43	36	27	25
119	Niederlande	86	89	1,1	0,6	8	7	19	16	16	14
120	Kanada	76	78	1,2	1,2	4	3	39	38	29	30
121	Belgien	94	96	0,3	0,2	10	10	12	14	11	13
122	Finnland	50	60	2,1	0,4	34	20	27	34	13	20
123	†Vereinigte Arab. Emirate	57	82	20,4	5,0	..	..	0	0	0	0
124	Frankreich	71	73	0,9	0,4	21	15	30	29	21	21
125	Österreich	52	59	0,7	1,0	47	27	51	47	26	27
126	Deutschland	80	86	0,3	0,5	1	1	50	47	40	40
127	Vereinigte Staaten	74	76	1,0	1,2	2	1	51	51	38	38
128	Norwegen	65	76	1,3	1,0	21	16	0	0	0	0
129	Dänemark	80	85	0,9	0,2	32	27	35	30	28	26
130	Schweden	81	84	0,6	0,5	23	19	17	24	14	20
131	Japan	71	77	1,8	0,7	19	15	43	47	30	37
132	Schweiz	55	63	0,4	1,5	7	4	0	0	0	0
	Gesamte Welt	**35**w	**42**w	**2,6**w	**2,8**w	**15**w	**6**w	**42**w	**38**w	**15**w	**17**w

Tabelle 32 Infrastruktur

		Energie		Telekommunikation		Befestigte Straßen		Wasser		Eisenbahnen	
		Haushalte mit Elektrizität (in % von insgesamt) 1984	System-verluste (in % der gesamten Erzeugung) 1990	Telefon-Haupt-anschlüsse (je 1.000 Personen) 1990	Ausfälle (je 100 Haupt-anschlüsse pro Jahr) 1990	Straßen-dichte (km je 1 Mio Personen) 1988	Straßen in gutem Zustand (in % der befestigten Straßen) 1988	Bevölkerung mit Zugang zu Trinkwasser (in % der Gesamt-bevölkerung) 1990	Verluste (in % der gesamten Wasser-versorgung) 1986	Eisenbahn-verkehr (km je Mio BIP in $) 1990	Diesel-lokomotiven in Betrieb (in % des gesamten Bestandes) 1990
Länder mit niedrigem Einkommen Ohne China und Indien											
1	Mosambik	4	26	3	..	343	12	22	..	..	..
2	Äthiopien	..	..	2	116	84	48	18	46	..	..
3	Tansania	6	20	3	..	156	25	52	..	..	..
4	Sierra Leone	..	36	6	..	194	62	39	..	..	..
5	Nepal	30	27	3	16	139	40	48	45	..	..
6	Uganda	..	40	2	..	118	10	33	..	..	49
7	Bhutan	..	..	..	..	..	..	34	..	..	..
8	Burundi	1	19	2	71	195	58	45	46	..	..
9	Malawi	16	19	3	..	278	56	51	..	43	77
10	Bangladesch	..	30	2	..	59	15	78	47	41	73
11	Tschad	..	..	1	149	56	..	57	..	..	..
12	Guinea-Bissau	4	..	..	..	..	..	25	..	..	..
13	Madagaskar	..	17	3	78	475	56	21	..	..	..
14	Laos, Dem. VR	..	17	..	12	..	..	28	..	..	..
15	Ruanda	..	15	1	38	149	41	69	..	..	..
16	Niger	..	..	1	88	383	60	53	..	..	..
17	Burkina Faso	..	10	..	..	21	24	70	..	..	..
18	Indien	54	19	6	..	893	20	73	..	593	90
19	Kenia	..	16	8	..	278	32	49	18	120	52
20	Mali	..	18	1	..	308	63	11	..	106	44
21	Nigeria	81	51	3	..	376	67	42	..	17	20
22	Nicaragua	41	20	13	..	..	..	55	20	..	..
23	Togo	10	26	3	25	444	40	70	..	..	..
24	Benin	..	20	3	..	233	26	55	..	..	..
25	Zentralafrik. Rep.	..	32	2	..	155	30	24	..	..	..
26	Pakistan	31	24	8	120	229	18	55	40	168	79
27	Ghana	..	20	3	..	430	28	..	47	..	..
28	China	..	15	..	..	..	..	72	..	..	..
29	Tadschikistan	..	..	..	..	..	..	a	..	..	..
30	Guinea	..	37	3	..	240	27	52	..	..	..
31	Mauretanien	..	..	3	193	804	58	66	..	..	..
32	Sri Lanka	15	18	7	..	536	10	60	..	..	..
33	Simbabwe	9	10	13	217	1.389	27	84	..	505	54
34	Honduras	25	24	17	66	335	50	64	..	..	..
35	Lesotho	..	..	7	..	359	53	47	..	..	..
36	Ägypten, Arab. Rep.	46	14	33	5	302	39	90	..	394	93
37	Indonesien	14	21	6	5	160	30	51	29	..	74
38	*Myanmar*	..	36	..	..	210	..	74	..	..	72
39	*Somalia*	..	..	2	..	375	52	36	33	..	..
40	*Sudan*	26	19	2	..	98	27	34	..	27	29
41	*Jemen, Rep.*	..	15	11	20	951	39	36	45	..	..
42	*Sambia*	28	9	8	69	751	40	59	..	294	44
Länder mit mittlerem Einkommen Untere Einkommenskategorie											
43	Côte d'Ivoire	40	..	5	..	357	75	69	16	35	58
44	Bolivien	33	16	26	..	198	21	53	..	81	60
45	Aserbaidschan	..	..	..	..	..	..	a	..	..	..
46	Philippinen	46	19	10	7	242	31	81	53	..	..
47	Armenien	..	..	..	..	..	..	a	..	..	..
48	Senegal	96	10	6	..	542	28	44	..	78	62
49	Kamerun	6	..	3	..	299	38	44	..	84	72
50	Kirgisistan	..	..	..	..	..	..	a	..	..	..
51	Georgien	..	..	..	39	..	..	a	..	..	..
52	Usbekistan	..	..	..	..	..	..	a	..	..	..
53	Papua-Neuguinea	56	..	8	..	196	34	33	..	..	..
54	Peru	90	18	26	..	347	24	53	..	22	..
55	Guatemala	37	17	21	52	350	7	62	..	..	..
56	Kongo	9	19	7	..	584	50	38	..	170	56
57	Marokko	37	14	16	101	618	20	56	5	141	88
58	Dominikanische Rep.	37	33	48	..	364	52	68	..	..	..
59	Ecuador	47	19	47	..	336	53	54	47	..	..
60	Jordanien	77	16	75	100	..	..	99	41	62	60
61	Rumänien	49	9	102	102	1.593	30	95	28	..	52
62	El Salvador	34	15	24	..	..	..	47	..	..	..
63	Turkmenistan	..	..	..	61	..	..	a	..	..	..
64	Moldau	..	..	..	43	..	..	a	..	..	..
65	Litauen	..	..	..	46	..	..	a	..	..	..
66	Bulgarien	..	21	..	50	..	..	99	..	..	..
67	Kolumbien	79	22	75	6	309	42	86	38	5	35
68	Jamaika	49	19	45	7	1.881	10	72	31	..	..
69	Paraguay	..	16	26	..	..	..	79	..	..	..
70	Namibia	..	..	..	..	..	..	47	..	..	..
71	Kasachstan	..	..	..	..	..	..	a	..	..	..
72	Tunesien	63	12	38	130	1.177	55	70	30	123	50

Anmerkung: Zur Vergleichbarkeit der Daten und ihrer Abgrenzung vgl. Länderschlüssel und Technische Erläuterungen. Kursive Zahlen gelten für andere als die angegebenen Jahre.

		Energie		Telekommunikation		Befestigte Straßen		Wasser		Eisenbahnen	
		Haushalte mit Elektrizität (in % von insgesamt) 1984	System-verluste (in % der gesamten Erzeugung) 1990	Telefon-Hauptanschlüsse (je 1.000 Personen) 1990	Ausfälle (je 100 Hauptanschlüsse pro Jahr) 1990	Straßen-dichte (km je 1 Mio Personen) 1988	Straßen in gutem Zustand (in % der befestigten Straßen) 1988	Bevölkerung mit Zugang zu Trinkwasser (in % der Gesamt-bevölkerung) 1990	Verluste (in % der gesamten Wasser-versorgung) 1986	Eisenbahn-verkehr (km je Mio BIP in $) 1990	Diesel-lokomotiven in Betrieb (in % des gesamten Bestandes) 1990
73	Ukraine	..	..	..	..	..	..	a	..	..	..
74	Algerien	49	14	32	..	1.366	40	..	..	85	99
75	Thailand	43	11	24	2	513	50	77	48	76	72
76	Polen	96	15	86	..	617	69	89	..	..	72
77	Lettland	..	..	..	..	..	..	a	..	..	..
78	Slowakei	..	..	..	..	..	..	..	..	..	..
79	Costa Rica	97	10	93	..	1.059	22	92	..	..	..
80	Türkei	57	15	123	1	..	..	84	44	69	73
81	Iran, Islam. Rep.	48	12	40	..	..	..	89	..	..	57
82	Panama	66	24	89	10	1.332	36	84	..	..	..
83	Tschechische Rep.	..	..	..	..	..	..	..	..	..	..
84	Russische Föderation	..	..	..	..	..	..	a	..	..	..
85	Chile	85	19	65	97	753	42	87	..	48	57
86	*Albanien*	..	..	..	27	..	..	97	..	..	..
87	*Mongolei*	48	..	..	57	..	..	80	..	..	..
88	*Syrien, Arab. Rep.*	42	..	41	66	..	..	79	34	49	52
Obere Einkommenskategorie											
89	Südafrika	..	..	87	..	..	..	a	..	987	88
90	Mauritius	93	14	56	..	1.579	95	95	..	..	..
91	*Estland*	..	..	..	..	..	..	a	..	..	..
92	Brasilien	79	14	63	4	704	30	86	30	60	62
93	Botsuana	..	6	21	53	1.977	94	90	25	..	..
94	Malaysia	64	16	89	7	..	..	78	29	37	76
95	Venezuela	89	18	77	6	10.269	40	92	..	..	..
96	*Weißrußland*	..	..	..	..	..	..	a	..	..	..
97	Ungarn	96	11	96	55	5.804	..	98	..	15	82
98	Uruguay	81	22	134	..	2.106	26	95	..	..	56
99	Mexiko	75	13	66	..	820	85	81	..	90	64
100	Trinidad und Tobago	83	9	141	6	1.724	72	96	..	..	..
101	Gabun	50	..	18	..	650	30	66	22	55	94
102	Argentinien	87	20	96	78	858	35	64	..	161	49
103	Oman	..	..	68	2	2.322	66	46	..	..	..
104	*Slowenien*	..	..	..	..	..	..	..	..	..	..
105	Puerto Rico	97	..	..	5	..	..	..	..	..	..
106	Korea, Rep.	100	6	310	..	236	70	93	..	..	89
107	Griechenland	89	..	391	..	..	..	98	..	39	59
108	Portugal	78	11	241	..	1.740	50	92	..	105	89
109	Saudi-Arabien	..	13	78	2	..	..	93	..	..	..
Länder mit niedr. u. mittl. Eink.											
Afrika südlich der Sahara											
Ostasien u. Pazifik											
Südasien											
Europa u. Zentralasien											
Naher Osten u. Nordafrika											
Lateinamerika u. Karibik											
Länder mit gravierenden Schuldenproblemen											
Länder mit hohem Einkommen											
110	Irland	95	9	281	40	..	..	100	..	57	71
111	Neuseeland	..	10	437	..	..	..	97	..	61	..
112	†Israel	97	4	350	..	..	..	100	..	30	..
113	Spanien	95	9	323	10	..	..	100	..	70	89
114	†Hongkong	..	11	434	..	..	..	100	..	..	..
115	†Singapur	98	3	385	..	..	..	100	8	..	..
116	Australien	98	7	456	..	25.695	b	100	..	62	..
117	Großbritannien	..	8	442	16	6.174	b	100	..	66	..
118	Italien	99	8	388	21	5.254	b	100	..	90	80
119	Niederlande	95	4	464	4	6.875	b	100	..	73	83
120	Kanada	100	7	577	..	..	..	100	..	210	..
121	Belgien	100	5	393	8	12.440	b	100	..	110	77
122	Finnland	96	5	535	12	..	..	96	..	165	87
123	†Vereinigte Arab. Emirate	..	..	..	3	..	..	100	..	..	..
124	Frankreich	99	6	495	10	14.406	b	100	..	146	93
125	Österreich	..	6	418	35	14.101	b	100	..	209	90
126	Deutschland c	100	5	483	..	..	..	100	..	117	..
127	Vereinigte Staaten	100	9	545	..	14.172	b	..	333	..	..
128	Norwegen	..	6	503	21	..	..	100	..	..	..
129	Dänemark	100	6	566	..	13.775	b	100	..	93	..
130	Schweden	96	6	683	12	..	..	100	..	198	..
131	Japan	..	4	441	2	6.007	b	96	..	144	87
132	Schweiz	..	7	587	45	10.817	b	100	..	..	..
Gesamte Welt											

a Wegen der Schätzungen von Größenklassen vgl. die Karte über den Zugang zu Trinkwasser in der Einführung. b 85 Prozent oder mehr der Straßen sind in gutem Zustand; vgl. Technische Erläuterungen. c Die Angaben beziehen sich auf die Bundesrepublik Deutschland vor der Vereinigung.

Tabelle 33 Natürliche Ressourcen

		Natürliche Waldgebiete			National geschützte Gebiete (1993)			Süßwasserressourcen: jährliche Entnahme (1970–1992)[b]				
		Gesamtfläche (in 1.000 km²)		Jährliche Waldvernichtung 1981–90[a]					In % des gesamten Wasseraufkommens	Pro Kopf (m³)		
		1980	1990	In 1.000 km²	In % der gesamten Fläche	In 1.000 km²	Anzahl	In % der gesamten Fläche	Insgesamt (1.000 m³)		Insgesamt	Haushalte	Industrie und Landwirtschaft

Länder mit niedrigem Einkommen
Ohne China und Indien

		1980	1990	1000 km²	%	1000 km²	Anzahl	%	Insg.	% Wasser	Insg.	Haush.	Ind/Landw
1	Mosambik	187	173	1,4	0,7	0,0	1	0,0	0,8	1,3	55	13	42
2	Äthiopien[c]	146	142	0,4	0,3	25,3	11	2,1	2,2	2,0	49	5	43
3	Tansania	379	336	4,4	1,2	130,0	28	13,8	0,5	0,6	35	7	28
4	Sierra Leone	20	19	0,1	0,6	0,8	2	1,1	0,4	0,2	96	7	89
5	Nepal	56	50	0,5	1,0	11,1	12	7,9	2,7	1,6	148	6	142
6	Uganda	70	63	0,6	0,9	18,7	32	7,9	0,2	0,3	20	7	14
7	Bhutan	30	28	0,2	0,6	9,1	5	19,3	0,0	0,0	14	5	9
8	Burundi	2	2	0,0	0,6	0,9	3	3,2	0,1	2,8	20	7	13
9	Malawi	40	35	0,5	1,3	10,6	9	8,9	0,2	1,8	20	7	13
10	Bangladesch	11	8	0,4	3,3	1,0	8	0,7	22,5	1,0[d]	212	6	206
11	Tschad	123	114	0,9	0,7	29,8	7	2,3	0,2	0,5	34	6	29
12	Guinea-Bissau	22	20	0,2	0,7	0,0	0	0,0	0,0	0,0	11	3	8
13	Madagaskar	171	158	1,3	0,8	11,1	36	1,9	16,3	40,8	1.642	16	1.625
14	Laos, Dem. VR	145	132	1,3	0,9	0,0	0	0,0	1,0	0,4	259	21	239
15	Ruanda	2	2	0,0	0,2	3,3	2	12,4	0,1	2,4	23	6	18
16	Niger	26	26	0,0	0,0	97,0	6	7,7	0,3	0,7[d]	41	9	33
17	Burkina Faso	47	44	0,3	0,7	26,6	12	9,7	0,2	0,5	18	5	13
18	Indien	551	517[e]	3,4	0,6	131,6	331	4,0	380,0	18,2[d]	612	18	594
19	Kenia	13	12	0,1	0,5	34,7	36	6,0	1,1	7,4	51	14	37
20	Mali	132	121	1,1	0,8	40,1	11	3,2	1,4	2,2	162	3	159
21	Nigeria	168	156	1,2	0,7	30,6	20	3,3	3,6	1,2[d]	37	11	25
22	Nicaragua	73	60	1,2	1,7	9,5	21	7,3	0,9	0,5	367	92	275
23	Togo	16	14	0,2	1,4	6,5	11	11,4	0,1	0,8	28	17	11
24	Benin	56	49	0,7	1,2	8,4	2	7,5	0,1	0,4	26	7	19
25	Zentralafrik. Rep.	319	306	1,3	0,4	61,1	13	9,8	0,1	0,0	25	5	20
26	Pakistan	26	19	0,8	2,9	36,5	53	4,6	153,4	32,8[d]	2.053	21	2.032
27	Ghana	109	96	1,4	1,3	10,7	8	4,5	0,3	0,6	35	12	23
28	China	1.150	..	..	..	307,7	434	3,2	460,0	16,4	462	28	434
29	Tadschikistan	..	..	..	..	0,9	3	0,1	12,6	13,2[d]	2.376	119	2.257
30	Guinea	76	67	0,9	1,1	1,6	3	0,7	0,7	0,3	140	14	126
31	Mauretanien	6	6	0,0	0,0	17,5	4	1,7	0,7	9,9[d]	495	59	436
32	Sri Lanka	20	17	0,3	1,3	7,8	43	11,9	6,3	14,6	503	10	493
33	Simbabwe	95	89	0,6	0,6	30,7	25	7,9	1,2	5,3	136	19	117
34	Honduras	57	46	1,1	2,0	5,4	38	4,8	1,5	2,1[d]	279	11	268
35	Lesotho	..	..	..	..	0,1	1	0,2	0,1	1,3	31	7	24
36	Ägypten, Arab. Rep.	..	..	..	..	8,0	13	0,8	56,4	97,1[d]	1.028	72	956
37	Indonesien	1.217	1.095	12,1	1,0	193,4	186	10,2	16,6	0,7	95	12	83
38	*Myanmar*	329	289	4,0	1,2	1,7	2	0,3	4,0	0,4	101	7	94
39	*Somalia*	8	8	0,0	0,4	1,8	1	0,3	0,8	7,0	99	3	96
40	Sudan	478	430	4,8	1,0	93,8	16	3,7	18,6	14,3[d]	1.093	11	1.082
41	*Jemen, Rep.*	..	..	..	..	0,0	0	0,0	3,4	136,0	324	16	308
42	Sambia	359	323	3,6	1,0	63,6	20	8,5	0,4	0,4	86	54	32

Länder mit mittlerem Einkommen
Untere Einkommenskategorie

		1980	1990	1000 km²	%	1000 km²	Anzahl	%	Insg.	%	Insg.	Haush.	Ind/Landw
43	Côte d'Ivoire	121	109	1,2	1,0	19,9	12	6,2	0,7	1,0	66	15	52
44	Bolivien	556	493	6,2	1,1	92,5	26	8,4	1,2	0,4	186	19	167
45	Aserbaidschan	..	..	..	..	1,8	11	0,2	15,8	56,5[d]	2.215	89	2.126
46	Philippinen	110	78	3,2	2,9	5,7	27	1,9	29,5	9,1	686	123	562
47	Armenien	..	..	..	..	2,2	4	0,7	3,8	45,9[d]	1.140	148	992
48	Senegal	81	75	0,5	0,6	21,8	9	11,1	1,4	3,9[d]	202	10	192
49	Kamerun	216	204	1,2	0,6	20,5	14	4,3	0,4	0,2	38	17	20
50	Kirgisistan	..	..	..	..	2,0	5	0,1	11,7	24,0	2.663	80	2.583
51	Georgien	..	..	..	..	1,9	15	0,3	4,0	6,5[d]	733	154	579
52	Usbekistan	..	..	..	..	2,4	10	0,1	82,2	76,4[d]	4.007	160	3.847
53	Papua-Neuguinea	371	360	1,1	0,3	0,3	6	0,1	0,1	0,0	28	8	20
54	Peru	706	679	2,7	0,4	41,8	22	3,2	6,1	15,3	301	57	244
55	Guatemala	50	42	0,8	1,6	8,3	17	7,6	0,7	0,6	139	13	127
56	Kongo	202	199	0,3	0,2	11,8	10	3,4	0,0	0,0[d]	20	12	7
57	Marokko	32	..	..	..	3,6	10	0,8	10,9	36,2	412	23	390
58	Dominikanische Rep.	14	11	0,4	2,5	10,5	18	21,5	3,0	14,9	442	22	420
59	Ecuador	143	120	2,4	1,7	111,4	15	39,3	5,6	1,8	567	40	528
60	*Jordanien*[f]	1	..	..	..	1,0	8	1,1	0,5	31,6[d]	173	50	123
61	Rumänien	63[g]	63[g]	-0,0[g]	-0,0[g]	10,9	40	4,6	19,7	9,4[d]	853	68	785
62	El Salvador	2	1	0,0	2,1	0,2	5	0,9	1,0	5,3	245	17	228
63	Turkmenistan	..	..	..	..	11,1	8	0,2	22,8	32,6[d]	6.216	62	6.154
64	Moldau	..	..	..	..	0,0	0	0,0	3,7	29,1[d]	848	59	788
65	Litauen	..	..	..	..	0,0	0	0,0	4,4	19,0[d]	1.179	83	1.097
66	Bulgarien	36[g]	37[g]	-0,1[g]	-0,2[g]	2,6	50	2,4	13,9	6,8[d]	1.545	43	1.502
67	Kolumbien	577	541	3,7	0,6	93,9	79	8,2	5,3	0,5	174	71	103
68	Jamaika	5	2	0,3	5,3	0,0	1	0,1	0,3	3,9	159	11	148
69	Paraguay	169	129	4,0	2,4	14,8	19	3,6	0,4	0,1[d]	110	16	93
70	Namibia	130	126	0,4	0,3	103,7	11	12,6	0,1	1,5	104	6	98
71	Kasachstan	..	..	..	..	8,4	8	0,0	37,9	30,2[d]	2.264	91	2.173
72	Tunesien	3	..	..	..	0,4	6	0,3	2,3	52,9[d]	317	41	276

Anmerkung: Zur Vergleichbarkeit der Daten und ihrer Abgrenzung vgl. Länderschlüssel und Technische Erläuterungen. Kursive Zahlen gelten für andere als die angegebenen Jahre.

		Natürliche Waldgebiete				National geschützte Gebiete (1993)			Süßwasserressourcen: jährliche Entnahme (1970–1992)[b]				
		Gesamtfläche (in 1.000 km²)		Jährliche Waldvernichtung 1981–90[a]						In % des gesamten Wasseraufkommens	Pro Kopf (m³)		
		1980	1990	In 1.000 km²	In % der gesamten Fläche	In 1.000 km²	Anzahl	In % der gesamten Fläche	Insgesamt (1.000 m³)		Insgesamt	Haushalte	Industrie und Landwirtschaft
73	Ukraine	90[g]	92[g]	−0,2[g]	−0,3[g]	4,6	17	0,1	34,7	40,0[d]	669	107	562
74	Algerien	18	..	..	..	127,2	19	5,3	3,0	15,7[d]	160	35	125
75	Thailand	179	127	5,2	2,9	64,8	106	12,6	31,9	17,8[d]	606	24	582
76	Polen	86[g]	87	−0,1[g]	−0,1[g]	22,4	80	7,2	14,5	25,8[d]	383	51	332
77	Lettland	..	..	..	..	1,7	21	0,3	0,7	2,2[d]	261	109	151
78	Slowakei	..	..	..	..	..	..	..	..	..	..	..	..
79	Costa Rica	19	14	0,5	2,6	6,2	25	12,1	1,4	1,4	780	31	749
80	Türkei	202[g]	202[g]	−0,0[g]	−0,0[g]	2,4	18	0,3	23,8	12,3[d]	433	104	329
81	Iran, Islam. Rep.	38	..	..	..	79,8	62	4,8	45,4	38,6	1.362	54	1.307
82	Panama	38	31	0,6	1,7	13,3	15	17,2	1,3	0,9	744	89	654
83	Tschechische Rep.	..	..	..	..	..	..	..	..	..	..	..	..
84	Russische Föderation	..	..	..	..	200,3	75	1,2	117,0	2,7[d]	787	134	653
85	Chile	76[h]	..	..	..	137,2	65	18,1	16,8	3,6	1.623	97	1.526
86	Albanien	14[g]	14[g]	−0,0[g]	−0,0[g]	0,4	13	1,5	0,2	0,9[d]	94	6	88
87	Mongolei	95[g]	..	..	..	61,7	15	3,9	0,6	2,2	273	30	243
88	Syrien, Arab. Rep.	2	..	..	..	0,0	0	0,0	3,3	9,4[d]	435	30	405
Obere Einkommenskategorie													
89	Südafrika	13[h]	..	..	..	74,1	235	6,1	14,7	29,3	386	46	340
90	Mauritius	6	6	0,0	0,0	17,5	4	1,7	0,7	9,9[d]	495	59	436
91	Estland	..	..	..	..	3,6	37	0,8	3,3	21,2[d]	2.085	104	1.980
92	Brasilien	5.978	5.611	36,7[e]	0,6	277,4	214	3,3	36,5	0,5[d]	245	54	191
93	Botsuana	150	143	0,8	0,5	102,3	9	17,6	0,1	0,5[d]	100	5	95
94	Malaysia	215	176	4,0	1,8	14,9	48	4,5	9,4	2,1	768	177	592
95	Venezuela	517	457	6,0	1,2	275,5	104	30,2	4,1	0,3[d]	387	166	220
96	Weißrußland	60[g]	63[g]	−0,3[g]	−0,5[g]	2,4	4	0,1	3,0	5,4[d]	292	94	199
97	Ungarn	16[g]	17	−0,1[g]	−0,5[g]	5,8	54	6,2	6,4	5,5[d]	596	54	543
98	Uruguay	5[h]	..	..	..	0,3	8	0,2	0,7	0,5[d]	241	14	227
99	Mexiko	554	486[e]	6,8[e]	1,2	99,0	60	5,1	54,2	15,2	921	55	865
100	Trinidad und Tobago	2	2	0,0	1,9	0,2	9	3,4	0,2	2,9	148	40	108
101	Gabun	194	182	1,2	0,6	10,5	6	3,9	0,1	0,0	57	41	16
102	Argentinien	445[h]	..	..	..	93,4	100	3,4	27,6	2,8[d]	1.042	94	948
103	Oman	..	..	..	..	0,5	2	0,3	0,5	23,9	623	19	604
104	Slowenien	..	..	..	..	..	..	..	..	..	..	..	..
105	Puerto Rico	..	..	..	..	0,4	29	4,0	..	..	..	..	..
106	Korea, Rep.	49[h]	..	..	..	7,6	26	7,6	27,6	41,7	625	116	509
107	Griechenland	60[g]	60[g]	−0,0[g]	−0,0[g]	1,0	18	0,8	7,0	11,8[d]	721	58	663
108	Portugal	30[g]	31[g]	−0,1[g]	−0,5[g]	5,6	23	6,1	10,5	16,0[d]	1.075	161	914
109	Saudi-Arabien	2	..	..	..	212,0	9	9,9	3,6	163,8	497	224	273
Länder mit niedr. u. mittl. Eink.													
Afrika südlich der Sahara													
Ostasien u. Pazifik													
Südasien													
Europa u. Zentralasien													
Naher Osten u. Nordafrika													
Lateinamerika u. Karibik													
Länder mit gravierenden Schuldenproblemen													
Länder mit hohem Einkommen													
110	Irland	4[g]	4[g]	−0,0[g]	−1,3[g]	0,4	6	0,6	0,8	1,6	235	38	198
111	Neuseeland	..	75	..	..	29,0	124	10,7	1,9	0,5	585	269	316
112	†Israel	..	1[g]	..	..	2,1	21	10,0	1,8	86,0[d]	410	66	344
113	Spanien	256[g]	256[g]	−0,0[g]	−0,0[g]	35,0	161	6,9	45,8	41,2[d]	1.188	143	1.045
114	†Hongkong	..	..	..	..	0,4	12	36,3	..	..	..	..	..
115	†Singapur	0	0	0,0	0,0	0,0	1	2,6	0,2	31,7	84	38	46
116	Australien	1.456[g]	1.456[g]	−0,0[g]	−0,0[g]	814,0	733	10,6	17,8	5,2	1.306	849	457
117	Großbritannien	21[g]	24[g]	−0,2[g]	−1,1[g]	46,4	131	18,9	14,5	12,1	253	51	203
118	Italien	..	86[g]	..	..	20,1	143	6,7	56,2	30,1[d]	996	139	856
119	Niederlande	3[g]	3	−0,0[g]	−0,3[g]	3,5	67	9,4	14,5	16,1[d]	994	50	944
120	Kanada	..	4.533[g]	..	..	494,5	411	5,0	43,9	1,5	1.688	304	1.384
121	Belgien	6[g]	6	−0,0[g]	−0,3[g]	0,8	3	2,5	9,0	72,2[d]	917	101	816
122	Finnland	233[g]	234[g]	−0,1[g]	−0,0[g]	8,5	38	2,5	3,0	2,7[d]	604	72	532
123	†Vereinigte Arab. Emirate	..	..	..	..	0,0	0	0,0	0,9	299,0	884	97	787
124	Frankreich	141[g]	142[g]	−0,1[g]	−0,1[g]	53,0	88	9,6	43,7	23,6[d]	778	125	654
125	Österreich	37[g]	39	−0,1[g]	−0,4[g]	21,2	187	25,3	2,1	2,3[d]	276	52	224
126	Deutschland	103[g]	107[g]	−0,5[g]	−0,5[g]	87,8	472	24,6	53,7	31,4[d]	687	73	614
127	Vereinigte Staaten	2.992[g]	2.960[g]	3,2[g]	0,1[g]	984,6	937	10,5	467,0	18,8	1.868	244	1.624
128	Norwegen	..	96[g]	..	..	16,1	81	5,0	2,0	0,5[d]	491	98	393
129	Dänemark	5[g]	5	−0,0[g]	−0,2[g]	4,1	65	9,5	1,2	9,0[d]	228	68	160
130	Schweden	..	280[g]	..	..	29,6	193	6,6	3,0	1,7[d]	352	127	225
131	Japan	248[g]	247[g]	0,0[g]	0,0[g]	46,7	685	12,3	89,3	16,3	732	125	607
132	Schweiz	11[g]	12[g]	−0,1[g]	−0,6[g]	7,5	112	18,2	1,1	2,2[d]	168	39	129
Gesamte Welt													

[a] Negative Werte bedeuten eine Zunahme des Waldgebietes. [b] Angaben über die Wasserentnahme beziehen sich auf ein Jahr im Zeitraum 1970 bis 1992. [c] Angaben für Eritrea sind noch nicht disaggregiert und in Äthiopien enthalten. [d] Das gesamte Wasseraufkommen schließt zusätzlich zum heimischen Wasseraufkommen die Flußströme aus anderen Ländern ein. [e] Wegen alternativer Schätzungen vgl. die Technischen Erläuterungen. [f] Mit Ausnahme der Schätzungen über Wasserentnahme betreffen die Angaben für Jordanien nur die Ost-Bank. [g] Umfaßt sonstiges bewaldetes Land. [h] Nur geschlossene Wälder.

Tabelle 1a Grundlegende Kennzahlen für Übrige Länder

		Bevölke-rung (in Tsd.) Mitte 1992	Fläche (in Tsd. Quadrat-kilometer)	BSP pro Kopf[a]		Durchschnittliche jährliche Inflationsrate (in %)		Lebens-erwartung bei der Geburt (in Jahren) 1992	Erwachsenen-Analphabeten-quote in %	
				In $ von 1992	Durchschnitt-liche jährliche Wachstumsrate (in %) 1980–92	1970–80	1980–92		Frauen 1990	Insgesamt 1990
1	Äquatorialguinea	437	28,00	330	..	..	..	48	63	50
2	Guayana	806	215,00	330	−5,6	9,6	37,9	65	5	4
3	São Tomé und Príncipe	121	1,00	360	−3,0	4,0	23,0	68	..	33
4	Gambia	989	11,00	370	−0,4	10,6	17,8	45	84	73
5	Malediven	229	0,30	500	6,8	..	..	62	..	..
6	Komoren	510	2,00	510	−1,3	..	5,6	56	..	..
7	Afghanistan	21.538	652,00	b	..	..	..	43	86	71
8	Bosnien-Herzegowina	4.383	51,13	b	..	..	..	71	..	..
9	Kambodscha	9.054	181,00	b	..	..	..	51	78	65
10	Eritrea	c	117,60	b	..	..	..	47	..	..
11	Haiti	6.715	28,00	b	−2,4	9,3	7,6	55	53	47
12	Liberia	2.371	98,00	b	..	9,2	..	53	71	61
13	Vietnam	69.306	332,00	b	..	..	..	67	16	12
14	Zaire	39.787	2.345,00	b	−1,8	31,4	..	52	39	28
15	Kiribati	75	1,00	700	..	10,6	5,4	58	..	..
16	Salomonen	335	29,00	710	3,3	8,4	12,1	62	..	..
17	Kap Verde	389	4,00	850	3,0	9,4	9,3	68	..	..
18	Westsamoa	162	3,00	940	..	..	11,2	65	..	..
19	Swasiland	858	17,00	1.090	1,6	12,3	11,8	57	..	..
20	Vanuatu	156	12,00	1.210	..	..	5,3	63	..	..
21	Tonga	92	1,00	1.480	..	..	..	68	..	..
22	St. Vincent und Grenadinen	109	0,39	1.990	5,0	13,8	4,9	71	..	..
23	Fidschi	750	18,00	2.010	0,3	12,8	5,6	72	..	..
24	Belize	199	23,00	2.220	2,6	8,6	3,1	69	..	..
25	Grenada	91	0,34	2.310	..	..	..	71	..	..
26	Dominica	72	1,00	2.520	4,6	16,8	5,7	72	..	..
27	Angola	9.732	1.247,00	d	..	..	..	46	72	58
28	Kroatien	4.789	56,54	d	..	..	..	73	..	..
29	Kuba	10.822	111,00	d	..	..	..	76	7	6
30	Dschibuti	546	23,00	d	..	..	..	49	..	..
31	Irak	19.165	438,00	d	..	17,9	..	64	51	40
32	Korea, Dem. Rep.	22.620	121,00	d	..	..	..	71	..	..
33	Libanon	3.781	10,00	d	..	..	..	66	27	20
34	Mazedonien	2.172	25,71	d	..	..	..	72	..	..
35	Marshall-Inseln	50	0,18	d	..	..	..	..	..	..
36	Mikronesien, Föd. Staat.	108	0,70	d	..	..	..	63	..	..
37	Nördl. Marianen-Ins.	47	0,48	d	..	..	..	..	..	..
38	Jugoslawien, Bd. Rep.	10.597	102,17	d	..	..	..	..	..	..
39	St. Lucia	155	1,00	2.920	..	..	..	70	..	..
40	St. Kitts und Nevis	42	0,36	3.990	5,7	..	6,5	68	..	..
41	Surinam	404	163,00	4.280	−3,6	11,8	9,0	69	5	5
42	Seschellen	69	0,28	5.460	3,2	16,9	3,3	71	..	..
43	Antigua und Barbuda	66	0,44	5.980	5,0	..	6,6	74	..	..
44	Barbados	259	0,43	6.540	1,0	13,5	5,1	75	..	..
45	Samoa, Am.-Oz.	39	0,20	e	..	..	..	..	..	..
46	Aruba	67	0,19	e	..	..	..	..	..	..
47	Bahrain	530	1,00	e	−3,8	..	−0,3	70	31	23
48	Französisch-Guayana	129	90,00	e	..	..	..	..	..	..
49	Gibraltar	32	0,01	e	..	..	..	..	..	..
50	Guadeloupe	400	2,00	e	..	..	..	74	..	..
51	Guam	139	0,55	e	..	..	..	72	..	..
52	Insel Man	71	0,57	e	..	..	..	..	..	..
53	Libyen	4.867	1.760,00	e	..	18,4	..	63	50	36
54	Macau	374	0,02	e	..	..	..	73	..	..
55	Malta	360	0,32	e	3,8	4,2	2,1	76	..	..
56	Martinique	366	1,00	e	..	..	..	76	..	..
57	Mayotte	97	0,37	e	..	..	..	..	..	..
58	Niederländ. Antillen	194	0,80	e	..	..	..	77	..	..
59	Neukaledonien	175	19,00	e	..	..	..	70	..	..
60	Réunion	611	3,00	e	..	..	..	74	..	..
61	Zypern	718	9,00	9.820	5,0	..	5,4	77	..	..
62	Bahamas	262	14,00	12.070	1,0	6,4	5,9	72	..	..
63	Katar	508	11,00	16.750	−11,2	..	..	71	..	..
64	Island	261	103,00	23.880	1,5	35,1	27,7	78	..	..
65	Luxemburg	392	3,00	35.160	3,3	6,9	4,1	76	..	..
66	Andorra	61	0,45	f	..	..	..	..	..	..
67	Bermuda	62	0,05	f	..	8,4	..	..	..	..
68	Brunei	273	6,00	f	..	..	..	74	..	..
69	Kanal-Inseln, Brit.	144	0,19	f	..	..	..	77	..	..
70	Faröer	48	0,40	f	..	..	..	..	..	..
71	Französisch-Polynesien	207	4,00	f	..	..	..	68	..	..
72	Grönland	58	342,00	f	..	..	..	..	..	..
73	Kuwait	1.410	18,00	f	..	21,9	..	75	33	27
74	San Marino	23	0,06	f	..	..	..	..	..	..
75	Jungfern-Inseln, Amerik.	99	0,34	f	..	6,9	..	75	..	..

[a] Vgl. die Technischen Erläuterungen zu Tabelle 1. [b] Geschätzt als Länder mit niedrigem Einkommen (675 $ oder weniger). [c] Die Angaben für Eritrea sind noch nicht desaggregiert und in Äthiopien enthalten. [d] Geschätzt als Länder mit mittlerem Einkommen, untere Kategorie (676–2.695 $). [e] Geschätzt als Länder mit mittlerem Einkommen, obere Kategorie (2.696–8.355 $). [f] Geschätzt als Länder mit hohem Einkommen (8.356 $ oder mehr).

Technische Erläuterungen

Das Hauptkriterium für die Klassifizierung der Länder ist das Bruttosozialprodukt (BSP) pro Kopf. Unter Einschluß der unlängst unabhängig gewordenen Republiken der ehemaligen Sowjetunion enthalten die Haupttabellen nunmehr Angaben von 132 Ländern, die in steigender Rangfolge nach der Höhe des BSP pro Kopf gezeigt werden. Die Sondertabelle 1a enthält grundlegende Kennzahlen für 75 weitere Länder mit unzureichenden Daten oder mit einer Bevölkerung von unter 1 Million. Zusätzliche Änderungen sind der Einführung zu entnehmen.

Verläßlichkeit der Daten

Trotz beträchtlicher Bemühungen um die Standardisierung der Daten kann keine volle Vergleichbarkeit sichergestellt werden, und die Kennzahlen müssen vorsichtig interpretiert werden. Viele Faktoren beeinträchtigen die Verfügbarkeit und Verläßlichkeit der Daten; in vielen Entwicklungsländern ist die Statistik immer noch unzulänglich, die statistischen Verfahren, der Geltungsbereich sowie Praktiken und Definitionen weisen von Land zu Land große Unterschiede auf. Darüber hinaus bringen Länder- wie Zeitvergleiche komplexe technische Probleme mit sich, die nicht eindeutig gelöst werden können. Aus diesen Gründen sollten die Daten, obwohl sie aus als höchst kompetent angesehenen Quellen stammen, nur so aufgefaßt werden, daß sie Trends anzeigen und wichtige Unterschiede zwischen Volkswirtschaften charakterisieren, statt ein genaues quantitatives Maß der Unterschiede zu bieten. Insbesondere sind für die fünfzehn Länder der ehemaligen Sowjetunion noch die Datenprobleme zu lösen; der Geltungsbereich ist unzureichend, und der Unsicherheitsgrad ist größer als sonst üblich.

Die meisten sozialen und demographischen Angaben aus nationalen Quellen werden aus regelmäßigen Datensammlungen der Behörden gewonnen, obwohl einige aus Sondererhebungen oder periodischen Volkszählungen stammen. Im Falle von Erhebungs- und Befragungsdaten müssen die Zahlen für dazwischenliegende Jahre auf Basis der Referenzstatistiken interpoliert oder anderweitig geschätzt werden. Ähnlich können einige Zahlen – insbesondere solche, die sich auf aktuelle Zeiträume beziehen – extrapoliert sein, weil nicht alle Angaben auf dem neuesten Stand sind. Verschiedene Schätzungen (beispielsweise für die Lebenserwartung) sind von Modellen abgeleitet, die auf Annahmen über das demographische Verhalten und die vorherrschenden Bedingungen basieren. Fragen im Zusammenhang mit der Verläßlichkeit demographischer Kennzahlen werden in der VN-Veröffentlichung *World Population Trends and Policies* erörtert. Den Lesern wird deshalb dringend empfohlen, diese Einschränkungen bei der Auswertung der Kennzahlen zu berücksichtigen, vor allem wenn Vergleiche zwischen den Volkswirtschaften vorgenommen werden.

Basisjahre

Um langfristige Trendanalysen zu ermöglichen, internationale Vergleiche zu erleichtern und die Auswirkungen von Veränderungen intersektoraler relativer Preise zu berücksichtigen, werden für die meisten Länder die Daten zu konstanten Preisen komponentenweise auf drei Basisjahre umbasiert und miteinander verknüpft. Das Jahr 1970 ist das Basisjahr für Daten von 1960 bis 1975, 1980 für solche von 1976 bis 1982 und 1987 für Daten von 1983 und später. Diese drei Zeiträume werden „verkettet", um für alle drei Perioden konstante Preise von 1987 zu erhalten.

Die Verkettung wird für jeden der drei Teilzeiträume durch eine Maßstabsänderung erreicht; sie verschiebt das Jahr, in dem die zu jeweiligen und die zu konstanten Preisen berechneten Versionen derselben Zeitreihen den gleichen Wert aufweisen, ohne den Trend der Zeitreihen zu ändern. Die Komponenten des Bruttoinlandsprodukts (BIP) werden individuell umbasiert und aufaddiert, um das BIP und seine Aggregate zu zeigen. Dabei kann zwischen dem BIP zu konstanten Preisen auf Grundlage der Entstehungsrechnung und dem BIP auf Grundlage der Ausgaben eine Umbasierungs-Abweichung auftreten. Solche Umbasierungs-Abweichungen werden vom *Privaten Verbrauch usw.* unter der Annahme absorbiert, daß das nach der

Entstehungsseite ermittelte BIP eine verläßlichere Schätzung darstellt als das BIP auf Grundlage der Ausgaben.

Da der Private Verbrauch als Rest errechnet wird, bleiben die Identitäten der Volkswirtschaftlichen Gesamtrechnung erhalten. Durch die Umbasierung werden dem Privaten Verbrauch sämtliche statistischen Diskrepanzen zugerechnet, die bei den Ausgaben im Umbasierungsprozeß auftreten. Auch die Wertschöpfung im Dienstleistungssektor enthält eine statistische Diskrepanz, wenn eine solche in den Ursprungsquellen ausgewiesen ist.

Zusammenfassende Kennzahlen

Die zusammenfassenden Kennzahlen werden durch einfache Addition errechnet, sofern eine Variable in sinnvoll vergleichbaren Recheneinheiten ausgedrückt ist. Kennzahlen, die von vornherein nicht additiv zu ermitteln sind, werden üblicherweise durch eine Preisgewichtung zusammengefügt. Die zusammenfassenden Kennzahlen der sozialen Indikatoren sind mit der Bevölkerung gewichtet.

Die Kennzahlen der Weltentwicklung enthalten, anders als die *World Tables*, Angaben für (üblicherweise) zwei Referenzjahre statt Jahreszeitreihen. Bei den zusammenfassenden Kennzahlen, die eine Reihe von Jahren betreffen, basieren die Berechnungen in zeitlicher und sachlicher Hinsicht auf der gleichen Länderzusammensetzung. Für die Kennzahlen der Weltentwicklung können Gruppenkennzahlen nur dann zusammengestellt werden, wenn die für ein bestimmtes Jahr verfügbaren Länderangaben mindestens zwei Drittel der gesamten Gruppe ausmachen, und zwar bezogen auf die Referenzwerte des Jahres 1987. Solange dieses Kriterium erfüllt ist, wird angenommen, daß unregelmäßig berichtende Länder (und solche, die nicht den gesamten Zeitraum abdecken) sich in Jahren mit fehlenden Daten wie der Teil der Gruppe verhalten, für den Schätzwerte vorliegen. Die Leser sollten beachten, daß trotz zahlloser Probleme mit Länderangaben angestrebt wird, die zusammenfassenden Kennzahlen im Hinblick auf die betreffende Ländergruppe vergleichbar zu halten, und daß aus den Gruppenkennzahlen keine sinnvollen Schlüsse über die Entwicklung auf Länderebene abgeleitet werden können. Zudem kann der Gewichtungsprozeß zu Diskrepanzen zwischen aufsummierten Daten der Untergruppen und den Gesamtangaben führen. Wegen ausführlicherer Einzelheiten vergleiche die Einführung zu den *World Tables*.

Datenquellen und Verfahren

Angaben über die Auslandsschulden werden von der Weltbank direkt aufgrund der Meldungen der Entwicklungsländer zum Schuldenberichtssystem (SBS) zusammengestellt. Andere Daten stammen hauptsächlich von den Vereinten Nationen (VN) und ihren Sonderorganisationen, vom Internationalen Währungsfonds (IWF) sowie aus Länderberichten an die Weltbank. Es werden auch Schätzungen des Weltbankstabes verwendet, um die Aktualität oder Konsistenz der Daten zu verbessern. Für die meisten Länder erhält der Stab der Weltbank im Zuge von Wirtschaftsmissionen von den Mitgliedsstaaten Schätzungen über die Volkswirtschaftlichen Gesamtrechnungen. In einigen Fällen sind diese Daten vom Weltbankstab angepaßt worden, um sie mit internationalen Definitionen und Konzepten in Übereinstimmung zu bringen und damit bessere Konsistenz und Aktualität zu gewährleisten.

Wachstumsraten

Um die Vergleichbarkeit zu erleichtern, werden üblicherweise nur Verhältniszahlen und Wachstumsraten ausgewiesen; absolute Zahlen sind im allgemeinen in anderen Veröffentlichungen der Weltbank verfügbar, namentlich in der Ausgabe 1994 der *World Tables*. Die meisten Wachstumsraten wurden für zwei Zeiträume ermittelt, 1970 bis 1980 und 1980 bis 1992, und mit Hilfe der Regressionsmethode der kleinsten Quadrate berechnet, soweit nicht anders angegeben. Da dieses Verfahren alle beobachteten Werte innerhalb eines Zeitraums berücksichtigt, reflektieren die so ermittelten Wachstumsraten Entwicklungstrends, die nicht über Gebühr durch außergewöhnliche Werte, insbesondere an den Endpunkten, beeinflußt werden. Um die Inflationseffekte auszuschalten, werden bei der Berechnung der Zuwachsraten Wirtschaftskennzahlen zu konstanten Preisen verwendet. Wegen Einzelheiten dieses Verfahrens vgl. den Anfang der Technischen Erläuterungen. Kursiv gedruckte Zahlen gelten für andere Jahre oder Zeiträume als die angegebenen, und zwar bis zu zwei Jahren früher bei den Wirtschaftszahlen und bis zu drei Jahren früher oder später bei den Sozialkennzahlen, da letztere weniger regelmäßig erhoben werden, sich aber auch kurzfristig weniger stark verändern.

Alle Wachstumsraten sind aus realen Größen abgeleitet und, soweit nichts Gegenteiliges angemerkt wird, mit Hilfe der Methode der kleinsten Quadrate berechnet. Bei diesem Verfahren erhält man die Wachstumsrate r durch Anpassung eines linearen Trends an die Logarithmen der Jahreswerte der Variablen innerhalb des Untersuchungszeitraums. Genauer gesagt, hat die Regressionsgleichung die Form $\log X_t = a + bt + e_t$, dies ist das Äquivalent der logarithmischen Umformung der exponentiellen Wachstumsgleichung $X_t = X_o (1+r)^t$. In diesen Gleichungen bezeichnet X die Variable, t die Zeit, und $a = \log X_o$ sowie $b = \log (1+r)$ sind die zu schätzenden Parameter; e ist die Fehlergröße. Wenn b^* der nach der Methode der kleinsten Quadrate geschätzte Wert von b ist, dann ergibt sich die durchschnittliche jährliche Wachstumsrate r als [antilog (b^*)] –1; um sie in Prozent auszudrücken, wird mit 100 multipliziert.

**Tabelle 1:
Grundlegende Kennzahlen**

Wegen grundlegender Kennzahlen für Länder mit unzureichenden Daten oder mit einer Bevölkerung von weniger als einer Million siehe Tabelle 1a.

Die *Bevölkerungszahlen* für Mitte 1992 sind Schätzungen der Weltbank. Diese sind üblicherweise Projektionen, die auf der letzten Volkszählung oder den aktuellsten Erhebungen basieren; die meisten stammen aus den Jahren 1980 bis 1992 und bei wenigen Ländern aus den sechziger oder siebziger Jahren. Angemerkt sei, daß Flüchtlinge, die sich in dem asylgewährenden Land nicht auf Dauer niedergelassen haben, im allgemeinen als Teil der Bevölkerung des Herkunftslandes betrachtet werden.

Die Angaben zur *Fläche* stammen von der Organisation für Ernährung und Landwirtschaft (FAO). Die Fläche besteht aus der gesamten Oberfläche eines Landes, gemessen in Quadratkilometern, und umfaßt die Landfläche sowie inländische Wasserflächen.

Die Angaben zum *BSP pro Kopf* in US-Dollar wurden nach dem unten beschriebenen *Weltbank-Atlas*-Verfahren berechnet.

Das BSP pro Kopf als solches ist weder konstitutiv noch indikativ für den Wohlstand oder den Erfolg des Entwicklungsprozesses. Es unterscheidet weder zwischen der Zweckbestimmung und der Endverwendung eines bestimmten Produkts, noch besagt es etwas darüber, ob es lediglich einige natürliche oder sonstige Nachteile ausgleicht oder die Wohlfahrt beeinträchtigt oder steigert. So ist das BSP höher in Ländern mit kälterem Klima, wo man Geld für Heizung und warme Kleidung ausgeben muß, als in Ländern mit mildem Klima, wo man im Freien leichte Kleidung tragen kann.

Allgemeiner betrachtet, werden Umweltaspekte vom BSP nicht adäquat erfaßt, insbesondere die Verwendung natürlicher Ressourcen. Die Weltbank versucht zusammen mit anderen Stellen herauszufinden, wie Volkswirtschaftliche Gesamtrechnungen über diese Fragen Aufschluß geben können. „Satelliten"-Rechnungen, die sich mit praktischen und konzeptionellen Problemen auseinandersetzen (wie der Bestimmung eines sinnvollen ökonomischen Wertes von Ressourcen, die die Märkte nicht als „knapp" empfinden, und der Zurechnung von Kosten, die innerhalb eines inhärent nationalen Rechenwerkes im wesentlichen globaler Natur sind), wurden in die Revision von 1993 der *Systematik für Volkswirtschaftliche Gesamtrechnungen (SVG)* der VN einbezogen. Dies bietet den nationalen Volkswirtschaftlichen Gesamtrechnern einen Rahmen, um Umweltfaktoren bei der Schätzung alternativer Kennziffern des Einkommens zu berücksichtigen.

Das BSP mißt die gesamte in- und ausländische Wertschöpfung, auf die die Bewohner eines Landes Anspruch haben. Es umfaßt das BIP (definiert in den Erläuterungen zu Tabelle 2) zuzüglich des Netto-Faktoreinkommens aus dem Ausland; letzteres besteht aus dem Einkommen, das Inländern aus dem Ausland für Faktorleistungen (Arbeit und Kapital) zufließt abzüglich ähnlicher Zahlungen an Ausländer, die zum Inlandsprodukt beigetragen haben.

Bei der Schätzung des BSP pro Kopf ist sich die Bank bewußt, daß eine volle internationale Vergleichbarkeit nicht erreichbar ist. Neben dem klassischen, streng genommen unlösbaren Indexzahlenproblem stehen einer angemessenen Vergleichbarkeit zwei Probleme im Weg. Eines betrifft die BSP- und Bevölkerungsschätzwerte selbst. Zwischen den einzelnen Ländern gibt es Unterschiede bei den Volkswirtschaftlichen Gesamtrechnungen und den Bevölkerungsstatistiken sowie im Umfang und der Verläßlichkeit der zugrundeliegenden statistischen Informationen. Das andere Problem ergibt sich aus der Verwendung amtlicher Wechselkurse bei der Umrechnung der in verschiedenen nationalen Währungen ausgedrückten BSP-Daten mittels eines gemeinsamen Denominators – üblicherweise des US-Dollars –, um sie international zu vergleichen.

Da diese Unzulänglichkeiten die Vergleichbarkeit der Schätzwerte des BSP pro Kopf beeinträchtigen, hat die Weltbank verschiedene Verbesserungen des Schätzverfahrens vorgenommen. Im Zuge der regelmäßigen Überprüfung der Volkswirtschaftlichen Gesamtrechnungen ihrer Mitgliedsländer berechnet die Bank systematisch BSP-Schätzwerte, wobei sie sich besonders auf die zugrundeliegende Abgrenzung und Konzeption konzentriert und erforderlichenfalls Anpassungen vornimmt, um die Vergleichbarkeit zu verbessern. Als Teil der Überprüfung konnten vom Stab der Bank für die aktuellsten Zeiträume Schätzungen des BSP (und gelegentlich der Bevölkerung) entwickelt werden.

Die Weltbank überprüft auch systematisch die Angemessenheit amtlicher Wechselkurse als Umrechnungsfaktoren. Ein alternativer Umrechnungsfaktor wird dann angewendet (und in den *World Tables* publiziert), wenn der amtliche Wechselkurs zu stark von dem Kurs abweicht, der den Auslandstransaktionen tatsächlich zugrunde liegt. Das gilt nur für eine kleine Zahl von Ländern. Für alle übrigen Länder berechnet die Bank das BSP pro Kopf unter Verwendung des *Weltbank-Atlas*-Verfahrens.

Der *Atlas*-Umrechnungsfaktor für jedes Jahr besteht aus dem Durchschnitt der Wechselkurse eines Landes für das jeweilige und die beiden vorhergehenden Jahre, die um das Verhältnis der Inflationsraten des betreffenden Landes und der Vereinigten Staaten bereinigt worden sind. Dieser Dreijahresdurchschnitt glättet die Preis- und Wechselkursfluktuationen für jedes Land. Das so ermittelte BSP in US-Dollar wird durch die Bevölkerungszahl von Mitte der letzten drei Jahre dividiert, um das BSP pro Kopf zu erhalten.

Ende der achtziger und Anfang der neunziger Jahren verzeichneten etwa fünfzig Länder mit niedrigem und mittlerem Einkommen einen Rückgang des realen BSP pro Kopf. Außerdem haben starke Fluktuationen der Wechselkurse und der Terms of Trade das relative Einkommensniveau beeinflußt. Daher haben sich Niveau und Reihenfolge des BSP pro Kopf, das nach dem *Atlas*-Verfahren berechnet wurde, manchmal auf eine Weise geändert, die nicht notwendigerweise mit dem relativen Inlandswachstum der Volkswirtschaften zusammenhängt.

Die folgenden Formeln beschreiben das Verfahren zur Berechnung des Umrechnungsfaktors für das Jahr t:

$$(e^*_{t-2,t}) = \frac{1}{3}\left[e_{t-2}\left(\frac{P_t}{P_{t-2}}\bigg/\frac{P^\$_t}{P^\$_{t-2}}\right) + e_{t-1}\left(\frac{P_t}{P_{t-1}}\bigg/\frac{P^\$_t}{P^\$_{t-1}}\right) + e_t\right]$$

sowie für die Berechnung des BSP pro Kopf in US-Dollar für das Jahr t:

$$(Y^\$_t) = (Y_t / N_t) \div e^*_{t-2,t}$$

dabei ist:
Y_t = laufendes BSP (in heimischer Währung) im Jahr t
P_t = BSP-Deflator für das Jahr t
e_t = jahresdurchschnittlicher Wechselkurs (heimische Währung/US-Dollar) im Jahr t
N_t = Bevölkerung zur Mitte des Jahres t
$P^\$_t$ = BSP-Deflator der Vereinigten Staaten im Jahr t.

Wegen der mit der Verfügbarkeit vergleichbarer Daten und mit der Bestimmung von Umrechnungsfaktoren verbundenen Probleme werden für einige Länder keine Angaben über das BSP pro Kopf gemacht.

Die Verwendung amtlicher Wechselkurse zur Umrechnung von Angaben in nationaler Währung in US-Dollar spiegelt nicht die relative inländische Kaufkraft der Währungen wider. Das Internationale Vergleichsprojekt (IVP) der Vereinten Nationen hat Meßziffern des realen BIP auf international vergleichbarer Basis entwickelt, denen als Umrechnungsfaktoren die Kaufkraft der Währungen (KKW) anstelle von Wechselkursen zugrunde liegen; wegen der jüngsten Schätzungen des BSP pro Kopf auf KKW-Basis vgl. Tabelle 30. Informationen über das IVP sind in vier Untersuchungen und in einer Reihe anderer Berichte publiziert worden. Die jüngste Untersuchung betrifft Phase VI, für 1990, wovon ein Teil bereits durch die Organisation für wirtschaftliche Zusammenarbeit und Entwicklung (OECD) veröffentlicht wurde.

Die in Tabelle 30 wiedergegebenen IVP-Zahlen sind vorläufig und können revidiert werden. Die Vereinten Nationen und ihre regionalen Wirtschaftskommissionen, sowie andere internationale Organisationen wie die Europäische Kommission, die OECD und die Weltbank, arbeiten daran, die Methoden zu verbessern und jährliche Kaufkraftvergleiche auf alle Länder auszudehnen. Die Wechselkurse bleiben jedoch das einzige allgemein verfügbare Mittel, um das BSP von nationalen Währungen in US-Dollar umzurechnen.

Die *durchschnittliche jährliche Inflationsrate* wird gemessen an der Zuwachsrate des impliziten Deflators des Bruttoinlandsprodukts (BIP) für die jeweils ausgewiesenen Zeitabschnitte. Bei der Berechnung des BIP-Deflators wird zunächst der Wert des BIP zu laufenden Preisen für jedes Jahr der einzelnen Zeitabschnitte durch den Wert des BIP zu konstanten Preisen dividiert, wobei die Bewertung jeweils in nationaler Währung erfolgt. Anschließend wird die Zuwachsrate des BIP-Deflators für die einzelnen Zeiträume unter Verwendung der Methode der kleinsten Quadrate errechnet. Die Aussagefähigkeit dieser Kennzahl, wie jeder anderen Maßgröße der Inflation, ist begrenzt. Sie wird hier jedoch in einigen Fällen als Indikator der Inflation verwendet, da sie die am breitesten fundierte Kennzahl ist, die die jährlichen Preisänderungen für alle Güter und Dienstleistungen erfaßt, die in einer Volkswirtschaft produziert werden.

Die *Lebenserwartung bei der Geburt* gibt die Anzahl der Jahre an, die ein neugeborenes Kind leben würde, wenn die zum Zeitpunkt seiner Geburt vorherrschenden Sterblichkeitsrisiken während seines Lebens gleichbleiben würden. Die Angaben sind Schätzungen der Weltbank, basierend auf Daten aus der Abteilung für Bevölkerungsfragen der VN, des Statistischen Amtes der VN sowie nationaler statistischer Ämter.

Die *Analphabetenquote bei Erwachsenen* ist hier definiert als der Teil der über 15 Jahre alten Bevölkerung, der nicht in der Lage ist, eine kurze, einfache Aussage über sein tägliches Leben mit Verstand zu lesen und zu schreiben. Dies ist nur eine von drei weitgehend akzeptierten Definitionen, und sie wird in einer Reihe von Ländern in einer modifizierten Form angewendet. Die Angaben stammen aus Schätzungen und Projektionen der Analphabetenquoten, die 1989 durch die Organisation der Vereinten Nationen für Erziehung, Wissenschaft und Kultur (UNESCO) vorgenommen wurden.

Die zusammenfassenden Kennzahlen für das BSP pro Kopf, die Lebenserwartung und die Analphabetenquote bei Erwachsenen werden in dieser Tabelle mit der Bevölkerung gewichtet. Die Kennzahlen für die durchschnittlichen jährlichen Inflationsraten werden mit dem BIP-Anteil der Länder von 1987 gewichtet, bewertet zu jeweiligen Dollar.

Tabellen 2 und 3:
Wachstum und Produktionsstruktur

Die verwendeten Definitionen sind überwiegend identisch mit den Definitionen in der *Systematik für Volkswirtschaftliche Gesamtrechnungen* (SVG), Reihe F, Nr. 2, Revision 3 der VN. Die Revision 4 der SVG wurde erst 1993 abgeschlossen, und wahrscheinlich werden viele Länder in den nächsten Jahren noch die Empfehlungen der Revision 3 verwenden. Die Schätzungen stammen aus nationalen Quellen und erreichen die Weltbank gelegentlich über andere internationale Organisationen, häufiger werden sie durch den Stab der Weltbank bei Länderbesuchen zusammengetragen.

Der Stab der Weltbank überprüft die Qualität der Angaben zur Volkswirtschaftlichen Gesamtrechnung und trägt in einigen Fällen durch Länderbesuche und technische Unterstützung zur Anpassung der nationalen Reihen bei. Wegen der gelegentlich begrenzten Fähigkeiten statistischer Stellen und Problemen mit Basisdaten kann eine strikte internationale Vergleichbarkeit nicht erreicht werden, insbesondere bei schwierig zu messenden wirtschaftlichen Aktivitäten, wie bei Transaktionen auf Parallelmärkten, beim informellen Sektor und der Subsistenzlandwirtschaft.

Das *BIP* mißt die gesamte zur Endverwendung bestimmte Erzeugung von Gütern und Dienstleistungen, die sowohl von Gebietsansässigen als auch von Ausländern produziert werden, ohne Rücksicht darauf, ob das Verfügungsrecht über diese Leistungen Inländern oder Ausländern zusteht. Bei der Berechnung des BIP werden keine Abzüge für den Verbrauch von „produzierten" Aktiva oder für Substanzverluste oder Verschlechterung natürlicher Ressourcen vorgenommen. Zwar sieht die SVG vor, daß die Beiträge der Sektoren zum BIP auf Basis von Erzeugerpreisen geschätzt werden, doch melden viele Länder solche Details noch zu Faktorkosten. Die internationale Vergleichbarkeit der Schätzungen wird durch die Anwendung unterschiedlicher Bewertungssysteme durch die Länder bei der Berichterstattung über die Wertschöpfung nach Wirtschaftsbereichen beeinträchtigt. Als Teillösung werden die BIP-Schätzungen zu Käuferpreisen angegeben, wenn die Komponenten hierauf basieren; in diesen Fällen zeigt dies eine Fußnote an. In den Tabellen 2 und 3 ist jedoch bei einigen wenigen Ländern das BIP zu Endverbraucherpreisen durch das BIP zu Faktorkosten ersetzt worden.

Die BIP-Angaben sind US-Dollar-Werte, die mittels amtlicher Wechselkurse des jeweiligen Jahres aus heimischer Währung umgerechnet wurden. Für einige Länder, bei denen der amtliche Wechselkurs die bei den Fremdwährungstransaktionen tatsächlich angewandten Kurse nicht widerspiegelt, wird ein alternativer Umrechnungsfaktor verwendet (und in den *World Tables* publiziert). Es sei angemerkt, daß in dieser Tabelle nicht die Dreijahres-

Durchschnittsberechnung angewandt wird, die bei der Ermittlung des BSP pro Kopf in Tabelle 1 benutzt wurde.

Die *Landwirtschaft* umfaßt Forstwirtschaft, Jagd, Fischerei und Landwirtschaft im engeren Sinn. In Entwicklungsländern mit ausgeprägter Subsistenzlandwirtschaft wird ein Großteil der landwirtschaftlichen Erzeugung weder getauscht noch gegen Geld gehandelt. Dies vergrößert die Schwierigkeiten, den Beitrag der Landwirtschaft zum BIP zu messen, und mindert die Verläßlichkeit und Vergleichbarkeit solcher Daten.

Zur *Industrie* gehören die Wertschöpfung des Bergbaus, des *Verarbeitenden Gewerbes* (auch als separate Untergruppe gezeigt), der Bauwirtschaft, sowie der Strom-, Wasser- und Gasversorgung. Die Wertschöpfung aller übrigen Wirtschaftszweige, einschließlich der unterstellten Bankdienstleistungen, der Einfuhrabgaben und aller von nationalen Stellen angegebenen statistischen Diskrepanzen, wird unter *Dienstleistungen usw.* ausgewiesen.

Die komponentenweise umbasierten verketteten Zeitreihen auf Preisbasis 1987 in heimischen Währungen werden, wie zu Beginn der Technischen Erläuterungen erklärt, zur Errechnung der Wachstumsraten in Tabelle 2 verwendet. Die sektoralen Anteile des BIP in Tabelle 3 beruhen auf Zeitreihen in jeweiligen Preisen.

Bei der Berechnung der zusammenfassenden Kennzahlen in Tabelle 2 werden für jedes Land komponentenweise umbasierte Beträge in US-Dollar von 1987 für jedes Jahr der angegebenen Zeiträume berechnet, die Jahreswerte werden häufig nach Regionen aggregiert, und dann wird die Methode der kleinsten Quadrate zur Berechnung der Zuwachsraten angewendet. Die durchschnittlichen sektoralen Anteile der Tabelle 3 wurden aus den gruppenweise zusammengefaßten Werten des sektoralen BIP in jeweiligen US-Dollar berechnet.

Tabelle 4:
Landwirtschaft und Nahrungsmittel

Die Ausgangsdaten zur *Wertschöpfung in der Landwirtschaft* stammen aus Zeitreihen der Weltbank über nationale Volkswirtschaftliche Gesamtrechnungen zu jeweiligen Preisen in nationalen Währungen. Die Wertschöpfung in jeweiligen Preisen und nationaler Währung wird unter Anwendung des in den Technischen Erläuterungen für die Tabellen 2 und 3 beschriebenen Umrechnungsverfahrens in US-Dollar umgerechnet.

Die übrigen Angaben dieser Tabelle stammen von der FAO. Die *Getreideeinfuhr* ist in Getreideeinheiten ausgedrückt und so definiert, daß sie alle Getreidesorten in den Gruppen 041 – 046 des *Internationalen Warenverzeichnisses für den Außenhandel* (SITC – Standard International Trade Classification, Revision 2) umfaßt. Die *Nahrungsmittelhilfe in Form von Getreide* umfaßt Weizen und Mehl, Bulgur, Reis, Grobgetreide und den Getreideanteil von Lebensmittelzubereitungen. Die Angaben sind wegen Unterschieden im Berichtswesen und bei der zeitlichen Abgrenzung nicht ohne weiteres vergleichbar. Die Getreideimporte basieren auf Angaben der Empfängerländer nach Kalenderjahren, während die Angaben zur Nahrungsmittelhilfe in Getreide auf Daten von Geberländern und internationalen Organisationen (einschließlich des Weltweizenrates und des Welternährungsprogramms) über Erntejahre beruhen. Außerdem können die Angaben über Nahrungsmittelhilfe seitens der Geberländer von den tatsächlichen Eingängen bei den Empfängerländern in einem bestimmten Zeitraum abweichen, insbesondere wegen Verzögerungen beim Transport und der Erfassung oder weil die Hilfe gelegentlich der FAO oder anderen einschlägigen internationalen Organisationen nicht gemeldet wird. Importe von Nahrungsmittelhilfen können zudem nicht in den Zollstatistiken enthalten sein. Der Zeitraum für die Nahrungsmittelhilfe ist das Erntejahr Juli bis Juni.

Der *Düngemittelverbrauch* mißt die angewandten Pflanzennährstoffe im Verhältnis zu den vorhandenen Anbauflächen. Zu den Düngemitteln gehören Stickstoff-, Kali- und Phosphatdünger (einschließlich mineralischer Phosphate). Zu den anbaufähigen Flächen zählen Flächen mit permanentem und temporärem Anbau (Böden mit Mehrfachernten werden nur einmal gezählt) sowie zeitweilig angelegte Wiesen zum Mähen oder Weiden, Gärten für den Markt oder Eigenbedarf und vorübergehend brachliegendes oder ungenutztes Land. Der Zeitraum für den Düngemittelverbrauch ist das Erntejahr Juli bis Juni.

Die durchschnittliche Wachstumsrate der *Nahrungsmittelproduktion pro Kopf* wurde aus dem Index der Nahrungsmittelproduktion pro Kopf abgeleitet. Der Index bezieht sich auf die durchschnittliche jährliche Wachstumsrate der Nahrungsmittelmenge pro Kopf, die in den Jahren 1979 bis 1992 erzeugt wurde, bezogen auf die durchschnittliche Jahresproduktion im Zeitraum 1979 bis 1981 (1979 bis 81 = 100). Die Schätzwerte wurden mittels Division der mengenmäßigen Nahrungsmittelerzeugung durch die gesamte Bevölkerung ermittelt. Der Begriff Nahrungsmittel umfaßt Nüsse, Hülsenfrüchte, Früchte, Getreide, Gemüse, Zuckerrohr und -rüben, stärkehaltige Wurzeln und Knollen, Pflanzen zur Erzeugung von Speiseöl, Viehbestand und Tierprodukte. Unberücksichtigt bleiben Viehfutter, Saatgut für die Verwendung in der Landwirtschaft sowie Verluste bei Verarbeitung und Vertrieb.

Fischprodukte werden als Höhe des täglichen Proteinangebots gemessen, das vom Fischverbrauch stammt, im Verhältnis zum gesamten täglichen Proteinangebot aus sämtlichen Nahrungsmitteln. Die Schätzungen beleuchten indirekt die relative Bedeutung oder das Gewicht von Fisch im gesamten Agrarsektor, insbesondere da Fisch nicht im Index der Nahrungsmittelerzeugung enthalten ist.

Die zusammenfassenden Kennzahlen für den Düngemittelverbrauch sind gewogen mit den gesamten anbaufähigen Flächen; diejenigen der Nahrungsmittelproduktion pro Kopf sind mit der Bevölkerung gewogen.

Tabelle 5: Kommerzielle Energie

Die Angaben zur Erzeugung und zum Verbrauch von Energie stammen hauptsächlich von der Internationalen Energieagentur (IEA) und aus Quellen der Vereinten Nationen. Sie umfassen die handelsüblichen primären Energieformen Erdöl (Rohöl, verflüssigtes Erdgas sowie Öl aus nichtkonventionellen Quellen), Erdgas, feste Brennstoffe (Stein- und Braunkohle sowie andere abgeleitete Brennstoffe) sowie Primärstrom (mit Wasser- und Kernkraft sowie geothermisch erzeugte Elektrizität), jeweils umgerechnet in Erdöleinheiten. Bei der Umrechnung von Primärstrom aus Kernkraft in Erdöleinheiten wurde ein fiktiver thermischer Wirkungsgrad von 33 Prozent unterstellt; die durch Wasserkraft erzeugte Energie ist mit einem Wirkungsgrad von 100 Prozent angesetzt.

Der *Energieverbrauch* bezieht sich auf das Angebot an inländischer Primärenergie vor der Umwandlung in andere Endverbrauchs-Brennstoffe (wie Elektrizität und raffinierte Erdölerzeugnisse) und wird berechnet als einheimische Erzeugung plus Importe und Lagerveränderungen minus Exporte und internationale Schiffslagerbestände. Der Energieverbrauch enthält auch Erzeugnisse für andere Nutzungen, die hauptsächlich vom Erdöl abgeleitet werden. Die Verwendung von Brennholz, getrockneten Tierexkrementen und anderen herkömmlichen Brennstoffen wurde, obwohl sie in einigen Entwicklungsländern von beträchtlicher Bedeutung ist, nicht berücksichtigt, da hierüber keine verläßlichen und umfassenden Angaben vorliegen.

Der *Energieaufwand* ist ausgedrückt in Kilogramm Öleinheiten pro Kopf. Die Produktionskennzahl ist das geschätzte BIP in US-Dollar je Kilogramm Öleinheiten.

Die *Energieeinfuhr* bezieht sich auf den Dollar-Wert der Energieimporte – Abschnitt 3 des SITC, Revision 1 – und ist ausgedrückt als Prozentsatz der Warenausfuhrerlöse. Da die verfügbaren Daten zur Energieeinfuhr keine Unterscheidung zwischen Rohöleinfuhren für den Brennstoffverbrauch und für den Einsatz in der Petrochemie erlauben, könnten diese Prozentzahlen die Abhängigkeit von der Energieeinfuhr überbewerten.

Die zusammenfassenden Kennzahlen von Energieproduktion und -verbrauch sind durch Aggregation der jeweiligen Mengen für jedes Jahr im betreffenden Zeitraum und durch Anwendung einer Trendschätzung nach der Methode der kleinsten Quadrate ermittelt worden. Für den Energieverbrauch pro Kopf wurden Bevölkerungsgewichte verwendet, um zusammenfassende Kennzahlen für die angegebenen Jahre zu errechnen.

Die zusammenfassenden Kennzahlen der Energieeinfuhren als Prozentsatz der Warenausfuhren wurden aus den gruppenweise zusammengefaßten Werten der Energieeinfuhren und Warenausfuhren in jeweiligen Dollar errechnet.

**Tabelle 6:
Struktur des Verarbeitenden Gewerbes**

Die Ausgangsdaten für die *Wertschöpfung im Verarbeitenden Gewerbe* stammen aus den Zeitreihen der Weltbank über Volkswirtschaftliche Gesamtrechnungen zu jeweiligen Preisen und in nationalen Währungen. Die Wertschöpfung in jeweiligen Preisen und nationalen Währungen wurde in US-Dollar umgerechnet, wobei das Umrechnungsverfahren nach einzelnen Jahren angewandt wurde, das in den Technischen Erläuterungen zu den Tabellen 2 und 3 beschrieben wird.

Die Daten über die prozentuale *Verteilung der Wertschöpfung* auf die Wirtschaftszweige stammen von der Organisation für Industrielle Entwicklung der Vereinten Nationen (UNIDO), und die Berechnungen der Verteilung gehen von heimischen Währungen zu jeweiligen Preisen aus.

Die Untergliederung des Verarbeitenden Gewerbes stimmt mit dem *Internationalen Verzeichnis der*

Wirtschaftszweige der Vereinten Nationen für alle wirtschaftlichen Aktivitäten (ISIC – International Standard Industrial Classification of All Economic Activities), Revision 2, überein. *Nahrungsmittel, Getränke und Tabak* umfassen die ISIC-Abteilung 31; *Textilien und Bekleidung* die Abteilung 32; *Maschinen, Elektrotechnik und Fahrzeuge* die Hauptgruppen 382 bis 384 und *Chemische Erzeugnisse* die Hauptgruppen 351 und 352. *Übriges* umfaßt Holz und verwandte Erzeugnisse (Abteilung 33), Papier und verwandte Erzeugnisse (Abteilung 34), Erdöl und verwandte Erzeugnisse (Hauptgruppen 353 bis 356), Grundmetalle und mineralische Erzeugnisse (Abteilung 36 bis 37), verarbeitete Metallprodukte und Arbeitsgeräte (Hauptgruppen 381 und 385) sowie übrige Industriezweige (Hauptgruppe 390). Sofern Angaben für Textilien, Maschinen oder chemische Erzeugnisse als nicht verfügbar gekennzeichnet sind, sind sie in *Übriges* enthalten.

Die für die Wertschöpfung im Verarbeitenden Gewerbe angegebenen zusammenfassenden Kennzahlen sind Gesamtangaben, die mittels des zu Beginn der Technischen Erläuterungen erwähnten Aggregationsverfahrens berechnet wurden.

Tabelle 7:
Einkommen und Produktion im Verarbeitenden Gewerbe

In dieser Tabelle werden vier Kennzahlen gezeigt: zwei betreffen das Realeinkommen je Beschäftigten, eine den Anteil des Arbeitseinkommens an der gesamten Wertschöpfung und eine die Arbeitsproduktivität im Verarbeitenden Gewerbe. Die Kennzahlen basieren auf Daten der UNIDO, während die Deflatoren – wie unten dargelegt – aus anderen Quellen stammen.

Die *Einkommen je Beschäftigten* sind in konstanten Preisen ausgedrückt und abgeleitet durch Deflationierung nominaler Einkommen je Beschäftigten mit dem Verbraucherpreisindex (VPI) des Landes. Der VPI ist den *International Financial Statistics* (IFS) des IWF entnommen.

Die *Gesamteinkommen in Prozent der Wertschöpfung* wurden durch Division der gesamten Nominaleinkommen der Beschäftigten durch die Wertschöpfung in jeweiligen Preisen gewonnen und zeigen den Anteil des Faktors Arbeit an dem im Verarbeitenden Gewerbe geschaffenen Einkommen. Die *Bruttoproduktion je Beschäftigten* wird in konstanten Preisen und als Index der gesamten Arbeitsproduktivität im Verarbeitenden Gewerbe mit dem Basisjahr 1980 angegeben. Um diese Kennzahlen abzuleiten, wurden die UNIDO-Daten über die Bruttoproduktion je Beschäftigten zu jeweiligen Preisen bereinigt, indem die impliziten Deflatoren der Wertschöpfung im Verarbeitenden Gewerbe oder in der Industrie, die aus den Datensammlungen der Weltbank stammen, angewandt wurden.

Um die Vergleichbarkeit zwischen den Ländern zu verbessern, hat die UNIDO, soweit möglich, den Kreis der erfaßten Unternehmen auf solche mit fünf oder mehr Beschäftigten standardisiert.

Die Begriffe und Definitionen stimmen überein mit den von den Vereinten Nationen veröffentlichten *Internationalen Empfehlungen für Industriestatistiken*. Einkommen (Löhne und Gehälter) sind alle vom Arbeitgeber an den Arbeitnehmer im Verlauf des Jahres geleisteten Vergütungen. Die Zahlungen schließen ein (a) alle regelmäßigen und Überstundenvergütungen sowie Zulagen und Kaufkraftausgleichszahlungen; (b) während Urlaub und Krankheit gezahlte Löhne und Gehälter; (c) Steuern, Sozialversicherungsbeiträge und dergleichen, die von den Beschäftigten zu entrichten sind und vom Arbeitgeber abgezogen werden, sowie (d) Zahlungen in Naturalien.

Die Bezeichnung „Beschäftigte" in dieser Tabelle faßt zwei von den Vereinten Nationen definierte Kategorien zusammen: regelmäßig Beschäftigte und mitwirkende Personen. Diese Gruppen enthalten die regelmäßig Beschäftigten, die mitarbeitenden Eigentümer, die aktiv tätigen Geschäftspartner und ohne Bezahlung tätige Familienmitglieder; Heimarbeiter sind dagegen ausgeschlossen. Die Angaben beziehen sich auf den Durchschnitt der Beschäftigtenzahl während eines Jahres.

Die „Wertschöpfung" ist definiert als der laufende Wert der Bruttoproduktion abzüglich der laufenden Kosten (a) von Materialien, Brennstoffen und sonstigen verbrauchten Gütern, (b) von Auftrags- und Kommissionsleistungen durch Dritte, (c) von Reparatur- und Instandhaltungsarbeiten durch Dritte und (d) von Gütern, die im gleichen Zustand verkauft wie bezogen wurden.

Der Wert der Bruttoproduktion wird entweder auf der Basis der Erzeugung oder der Lieferungen geschätzt. Auf der Basis der Erzeugung besteht er aus (a) dem Wert aller Erzeugnisse des Betriebes, (b) dem Wert der für andere erbrachten industriellen Dienstleistungen, (c) dem Wert der Güter, die im gleichen Zustand verkauft wie bezogen wurden, (d) dem Wert der abgegebenen Elektrizität und (e) der Nettoveränderung des wertmäßigen Bestandes an halbfertigen Produkten im Verlauf der

Referenzperiode. Bei Schätzungen auf Lieferungsbasis wird die Nettoveränderung der Lagerbestände an Fertigerzeugnissen im Verlauf der Referenzperiode ebenfalls einbezogen.

Tabellen 8 und 9:
Zunahme von Verbrauch und Investitionen; Struktur der Nachfrage

Das BIP wird in den Erläuterungen zu den Tabellen 2 und 3 definiert; hier ist es aber in Käuferpreisen angegeben.

Der *Allgemeine Staatsverbrauch* erfaßt alle laufenden Ausgaben auf allen öffentlichen Verwaltungsebenen für den Erwerb von Gütern und Dienstleistungen. Die Investitionsausgaben für nationale Verteidigung und Sicherheit werden als Verbrauchsausgaben behandelt.

Der *Private Verbrauch usw.* setzt sich zusammen aus dem Marktwert aller Güter und Dienstleistungen, einschließlich langlebiger Verbrauchsgüter (wie Autos, Waschmaschinen und Heimcomputer), die von privaten Haushalten und gemeinnützigen Institutionen gekauft oder als Sacheinkommen bezogen werden. Er schließt Wohnungskäufe aus, enthält aber die kalkulatorische Eigenmiete für Wohnraum, der vom Eigentümer genutzt wird. In der Praxis schließt er sämtliche statistischen Diskrepanzen bei der Ressourcennutzung ein. Zu konstanten Preisen umfaßt er auch die Abweichung infolge der komponentenweisen Umbasierung, die zu Beginn der Technischen Erläuterungen erklärt wird.

Die *Bruttoinlandsinvestitionen* umfassen alle Ausgaben für die Aufstockung des Anlagevermögens in der Volkswirtschaft, zuzüglich des Nettowertes von Lagerbestandsveränderungen.

Die *Bruttoinlandsersparnis* wird errechnet durch Subtraktion des gesamten Verbrauchs vom BIP.

Die *Ausfuhr von Waren und Dienstleistungen (ohne Faktoreinkommen)* erfaßt den Wert aller Waren- und Dienstleistungsexporte in die übrige Welt; hierzu gehören Waren, Fracht, Versicherung, Reisen und sonstige Dienstleistungen. Der Wert von Faktoreinkommen wie Investitionserträge, Zinsen und Arbeitseinkommen ist in dieser Summe nicht enthalten. Laufende Übertragungen sind ebenfalls ausgeschlossen.

Der *Ressourcensaldo* ist die Differenz zwischen der Ausfuhr und der Einfuhr von Waren und Dienstleistungen ohne Faktoreinkommen.

Zur Berechnung der Kennzahlen in Tabelle 8 wurden komponentenweise umbasierte Zeitreihen auf Basis 1987 zu konstanten Preisen in Inlandswährung verwendet. Die Verteilung des BIP in Tabelle 9 ist aus den nationalen Volkswirtschaftlichen Gesamtrechnungen zu laufenden Preisen in Inlandswährung errechnet.

Die zusammenfassenden Kennzahlen sind nach der Methode errechnet, die in den Anmerkungen zu Tabelle 2 und 3 erklärt wird.

Tabelle 10:
Ausgaben der Zentralregierung

Die Angaben zur Finanzierung der Zentralregierung in den Tabellen 10 und 11 stammen aus dem *Government Finance Statistics Yearbook* (1993) des IWF sowie aus dessen Datensammlung. Die Haushaltspositionen werden für jedes Land unter Verwendung des Systems von einheitlichen Definitionen und Klassifikationen ausgewiesen, die das *Manual on Government Finance Statistics* (1986) des IWF enthält.

Wegen vollständiger und maßgeblicher Erklärungen der Konzepte, Definitionen und Datenquellen vergleiche diese IWF-Quellen. Mit den folgenden Kommentaren wird hauptsächlich beabsichtigt, diese Angaben in den Gesamtzusammenhang der in dieser Ausgabe gebotenen Kennzahlen zu stellen.

Die Anteile der verschiedenen Positionen an den *Gesamtausgaben* und laufenden Einnahmen wurden auf der Grundlage nationaler Währungen berechnet. Bedingt durch die unterschiedliche Abgrenzung der verfügbaren Daten sind die einzelnen Bestandteile der Ausgaben und laufenden Einnahmen der Zentralregierungen, die in diesen Tabellen ausgewiesen werden, nicht ohne weiteres vergleichbar.

Darüber hinaus kann durch die unzulängliche statistische Erfassung der Behörden auf Landes-, Provinz- und Gemeindeebene, wie sie durch die Verwendung von Angaben der Zentralregierung zwangsläufig eintritt, das statistische Bild über die Verteilung der finanziellen Mittel auf die verschiedenen Ausgabenbereiche stark verzerrt werden. Dies gilt vor allem in Ländern, in denen die nachgeordneten Regierungsebenen erhebliche Autonomie besitzen und für eine Vielzahl wirtschaftlicher und sozialer Leistungen zuständig sind. Außerdem können die Ausgaben der „Zentralregierung" entweder in konsolidierter Rechnung oder nach Haushaltsrechnung erfaßt sein. In den meisten Ländern sind die Finanzdaten der Zentralregierung in einem Gesamtkonto konsolidiert worden, in

...ern ist dagegen nur die Haushalts... Zentralregierung verfügbar. Da die ...nung nicht immer sämtliche Regie... enthält, ergibt sie üblicherweise ein ...ollständiges Bild der gesamten Aktivitäten der Zentralregierung. Länder, die Haushaltsdaten melden, werden in Fußnoten erwähnt.

Infolgedessen sind die angegebenen Daten, vor allem die für Erziehung und Gesundheit, zwischen den einzelnen Ländern nicht vergleichbar. Viele Länder verfügen im Gesundheits- und Erziehungswesen über ein beträchtliches Angebot an privaten Leistungen. In anderen Ländern hingegen sind die öffentlichen Leistungen zwar die wichtigste Ausgabenkomponente; sie werden jedoch unter Umständen von nachgeordneten Verwaltungsebenen finanziert. Aus diesen Gründen sollten die Angaben nur mit großer Vorsicht für Länderquervergleiche verwendet werden. Die Ausgaben der Zentralregierung umfassen die Ausgaben aller Ministerien, Ämter, staatlichen Einrichtungen und sonstigen Stellen, die ausführende Organe oder Instrumente der zentralen Verwaltungsbehörden eines Landes sind. Sie schließen sowohl laufende als auch Investitions-(Entwicklungs-)Ausgaben ein.

Verteidigungsausgaben sind, unabhängig davon, ob sie durch die Verteidigungsministerien oder andere Ämter erfolgen, alle Ausgaben für die Streitkräfte, einschließlich der Ausgaben für militärische Versorgung und Ausrüstung, Bauten, Rekrutierung und Ausbildung. Hierzu zählen außerdem verwandte Positionen wie militärische Hilfsprogramme. Zu den Verteidigungsausgaben zählen nicht die Ausgaben für die öffentliche Ordnung und Sicherheit, die gesondert klassifiziert werden.

Die Ausgaben für *Erziehung* umfassen Ausgaben für die Bereitstellung, Leitung, Überwachung und Unterhaltung von Vor-, Grund- und weiterführenden Schulen, Universitäten und Hochschulen sowie von berufsbezogenen, technischen und sonstigen Ausbildungseinrichtungen. Erfaßt werden außerdem Ausgaben für die allgemeine Administration und Lenkung des Erziehungswesens; für die Forschung im Bereich von Zielen, Organisation, Verwaltung und Konzeption des Erziehungswesens sowie Ausgaben für ergänzende Leistungen wie Transport, Schulspeisung sowie allgemein- und zahnmedizinische Behandlung an den Schulen.

Die Ausgaben für *Gesundheit* erfassen die öffentlichen Ausgaben für Krankenhäuser, allgemein- und zahnmedizinische Behandlungszentren, für Kliniken, soweit die Versorgung mit medizinischen Leistungen wesentlicher Bestandteil ihrer Tätigkeit ist, sowie Ausgaben für nationale gesundheitspolitische Maßnahmen und öffentliche Krankenversicherungen und schließlich auch für Familienplanung und medizinische Vorsorgeleistungen.

Wohnungswesen, Gemeindeeinrichtungen, Sozialversicherungen und Wohlfahrt umfassen Ausgaben für den Wohnungsbau (ohne Zinssubventionen, die gewöhnlich unter *Übriges* erfaßt werden), wie etwa einkommensabhängige Fördermaßnahmen; Ausgaben für Wohnraumbeschaffung, Mietzuschüsse und Sanierung von Elendsvierteln; für Gemeindeentwicklung und für sanitäre Einrichtungen. Dazu gehören auch Ausgleichszahlungen für Einkommenseinbußen an Kranke und vorübergehend Arbeitsunfähige; Zahlungen an alte, dauernd Arbeitsunfähige und Arbeitslose; Familien-, Mutterschafts- und Kindergeld sowie die Kosten von Wohlfahrtsleistungen, wie die Pflege von Alten, Invaliden und Kindern. Viele Ausgaben im Zusammenhang mit dem Umweltschutz, wie Eindämmung der Luftverschmutzung, Wasserversorgung, Abwasser- und Abfallbeseitigung, sind in dieser Kategorie untrennbar enthalten.

Die *Wirtschaftsförderung* umfaßt die Ausgaben, die mit der Lenkung, Unterstützung und Leistungsverbesserung der Wirtschaft in Verbindung stehen, außerdem Ausgaben für die wirtschaftliche Entwicklung, den Ausgleich regionaler Ungleichgewichte sowie für Arbeitsplatzbeschaffungsmaßnahmen. Zu den berücksichtigten Aktivitäten gehören Forschung, Handelsförderung, geologische Erhebungen sowie die Überwachung und Steuerung bestimmter Wirtschaftszweige.

Die Position *Sonstiges* umfaßt allgemeine öffentliche Dienstleistungen, Zinszahlungen und anderweitig nicht berücksichtigte Ausgaben; bei einigen Volkswirtschaften gehören hierzu auch Beträge, die anderen Positionen nicht zugerechnet werden konnten (oder Anpassungen von der Perioden- an die Kassenrechnung).

Die *Gesamtausgaben* sind enger abgegrenzt als der allgemeine Staatsverbrauch in den Tabellen 8 und 9, weil sie die Verbrauchsausgaben der Länder und Gemeinden nicht enthalten. Gleichzeitig sind die Ausgaben der Zentralregierung weiter abgegrenzt, weil sie deren Bruttoinlandsinvestitionen und Transferzahlungen einschließen.

Die Position *Gesamtüberschuß/-defizit* ist definiert als laufende Einnahmen, Vermögenserträge und empfangene unentgeltliche Leistungen abzüglich Gesamtausgaben und Nettokreditgewährung.

Tabelle 11:
Laufende Einnahmen der Zentralregierung

Herkunft und Vergleichbarkeit der verwendeten Daten sowie die Definition von Zentralregierung werden in den ersten vier Abschnitten der Anmerkungen zu Tabelle 10 beschrieben. Die laufenden Einnahmen aus den einzelnen Quellen sind als Prozentsatz der *gesamten laufenden Einnahmen* ausgedrückt, die sich aus dem Steueraufkommen und den nichtsteuerlichen Einnahmen zusammensetzen; die Berechnung erfolgt auf der Grundlage nationaler Währungen.

Die *Steuereinnahmen* umfassen die Einnahmen aus obligatorischen, unentgeltlichen und nicht rückzahlbaren Zahlungen für öffentliche Aufgaben. Sie schließen Zinseinnahmen auf rückständige Steuern sowie eingenommene Strafgebühren auf nicht oder zu spät entrichtete Steuern ein und werden abzüglich Rückerstattungen sowie bereinigt um andere korrigierende Transaktionen ausgewiesen. *Steuern auf Einkommen, Gewinne und Kapitalgewinne* sind Steuern, die auf das tatsächliche oder mutmaßliche Nettoeinkommen von Einzelpersonen, auf Unternehmensgewinne sowie auf Kapitalgewinne erhoben werden, im letzten Fall unabhängig davon, ob sie aus Verkäufen von Grundstücken, Wertpapieren oder anderen Vermögenswerten realisiert wurden. Zahlungen zwischen Regierungsstellen sind durch Konsolidierung ausgeschaltet. Beiträge zur *Sozialversicherung* umfassen die Sozialversicherungsbeiträge von Arbeitgebern und Arbeitnehmern wie auch der Selbständigen und Arbeitslosen. *Steuern auf Güter und Dienstleistungen* umfassen sämtliche inländische Steuern einschließlich allgemeiner Verkaufs-, Umsatz- oder Mehrwertsteuern, spezielle Verbrauchsteuern auf Güter, spezielle Verbrauchsteuern auf Dienstleistungen, Steuern auf die Nutzung von Gütern oder Eigentum sowie die Gewinne staatlicher Monopole. Zu den *Steuern auf Außenhandel und internationale Transaktionen* gehören Einfuhr- und Ausfuhrzölle, die Gewinne von Ausfuhr- oder Einfuhrmonopolen, Wechselkursgewinne und Devisensteuern. Die *sonstigen Steuern* umfassen die Lohnsummen- oder Beschäftigtensteuern der Arbeitgeber, Vermögenssteuern sowie andere Steuern, die sich den übrigen Positionen nicht zurechnen lassen. Diese Position kann negative Werte enthalten, die Berichtigungen darstellen, beispielsweise für im Auftrag von Länder- und Regionalregierungen eingezogene Steuern, die sich den einzelnen Steuerarten nicht zurechnen lassen.

Zu den *nichtsteuerlichen Einnahmen* gehören die Einnahmen, die keine obligatorischen nicht rückzahlbaren Zahlungen für öffentliche Zwecke sind, wie Bußgelder, Verwaltungsgebühren oder Unternehmereinkommen aus Staatseigentum. Nicht eingeschlossen sind Zahlungseingänge aus Übertragungen und Kreditaufnahmen, finanzielle Mittel, die aus der Rückzahlung früher gewährter Regierungskredite zurückfließen, das Eingehen von Verbindlichkeiten sowie Einnahmen aus dem Verkauf von Investitionsgütern.

Tabelle 12: Geldbestände und Zinssätze

Die Daten über die *Geldbestände in weiter Abgrenzung* basieren auf Angaben der *International Financial Statistics* (IFS) des IWF. Die Geldbestände in weiter Abgrenzung umfassen die meisten Verbindlichkeiten des Finanzsektors eines Landes gegenüber Inländern, mit Ausnahme der Zentralregierung. Bei den meisten Ländern entsprechen die Geldbestände in weiter Abgrenzung der Summe aus Geld (IFS Zeile 34) und Quasigeld (IFS Zeile 35). Zum Geld gehören die Zahlungsmittel einer Volkswirtschaft: der Bargeldumlauf außerhalb der Banken und die Sichteinlagen. Das Quasigeld umfaßt Termin- und Spareinlagen sowie ähnliche Bankguthaben, die der Inhaber mit geringer Verzögerung oder unverzüglich und ohne Strafzins in Geld umwandeln kann. Wenn Quasigeld in größerem Umfang bei nichtmonetären Finanzinstituten gehalten wird, sind diese Beträge ebenfalls in den Geldbeständen in weiter Abgrenzung enthalten.

Die Zuwachsraten der Geldbestände in weiter Abgrenzung sind aus Jahresendständen abgeleitet, während die Verhältniszahlen der Geldbestände in weiter Abgrenzung zum BIP auf dem Mittelwert zwischen den Jahresendständen des angegebenen Jahres und des vorhergehenden Jahres basieren.

Die *nominalen Zinssätze der Banken,* die ebenfalls dem IFS entnommen sind, repräsentieren die Zinssätze, die von Geschäfts- oder ähnlichen Banken an die Halter ihrer quasimonetären Verbindlichkeiten gezahlt werden (Einlagenzins) bzw. von Banken erstklassigen Kunden berechnet werden (Kreditzins). Sie sind jedoch nur bedingt international vergleichbar, teilweise weil Geltungsbereich und Definitionen variieren.

Da die Zinssätze (und die Zuwachsraten der Geldbestände in weiter Abgrenzung) in nominalen Größen ausgedrückt sind, ist ein Großteil der Abweichung zwischen den Ländern durch Inflationsdifferenzen bedingt. Zum bequemeren Gebrauch werden die aktuellen Inflationsraten aus Tabelle 1 in dieser Tabelle wiederholt.

Tabelle 13:
Wachstum des Warenhandels

Die Hauptdatenquelle für die laufenden Außenhandelswerte ist die Handelsdatensammlung Commodity Trade (COMTRADE) der VN, ergänzt um Schätzungen der Weltbank. Die Statistiken über den Warenhandel basieren auf Zollerhebungen der Länder.

Die *Warenausfuhr und -einfuhr* umfaßt mit wenigen Ausnahmen alle Warenbewegungen, die die Zollgrenzen überschreiten; der Handel in Dienstleistungen ist nicht enthalten. Die Exporte werden, soweit die vorgenannten Quellen nichts anderes besagen, auf fob (free on board)-Basis und die Importe auf cif (cost, insurance and freight)-Basis bewertet und in jeweiligen US-Dollar ausgedrückt.

Die Wachstumsraten der Warenausfuhr und -einfuhr werden zu konstanten Preisen angegeben, die aus Export- und Importwerten durch Deflationierung mit den entsprechenden Preisindizes errechnet werden. Zur Berechnung dieser Mengenindizes benutzt die Weltbank ihre eigenen Preisindizes, die auf internationalen Preisen für Rohstoffe und Durchschnittswertindizes für Industrieerzeugnisse basieren. Diese Preisindizes sind länderspezifisch und nach großen Warengruppen aufgeschlüsselt. Dies gewährleistet die Konsistenz der Angaben für eine Ländergruppe und für einzelne Länder. Die Datenkonsistenz wird sich erhöhen, da die Weltbank ihre Außenhandels-Preisindizes für eine wachsende Zahl von Ländern laufend verbessert. Diese Zuwachsraten können von den durch einzelne Länder ermittelten Raten abweichen, weil nationalen Preisindizes andere Basisjahre und Gewichtungsverfahren zugrunde liegen können, als sie von der Weltbank verwendet werden.

Die *Terms of Trade* oder Nettoaustauschverhältnisse im Außenhandel messen die relative Veränderung der Ausfuhrpreise gegenüber derjenigen der Einfuhrpreise. Diese Kennzahl wird als Verhältnis des Durchschnittspreisindex der Ausfuhr eines Landes zu seinem Durchschnittspreisindex der Einfuhr berechnet und bringt damit Veränderungen des Exportpreisniveaus als Prozentsatz der Importpreise gegenüber einem Basisjahr zum Ausdruck. Die Terms of Trade-Indexwerte werden auf der Basis 1987 = 100 für die Jahre 1985 und 1992 ausgewiesen.

Die Preisindizes stammen aus den obengenannten Quellen für die Zuwachsraten der Ausfuhr oder Einfuhr.

Die zusammenfassenden Kennzahlen der Wachstumsraten sind ermittelt durch Aggregation der Einzelwerte auf Grundlage konstanter Dollarpreise von 1987 für jedes Jahr und durch die Anwendung einer Trendschätzung nach der Methode der kleinsten Quadrate für die angegebenen Zeiträume.

Tabellen 14 und 15:
Struktur des Warenhandels

Die Anteile in diesen Tabellen wurden aus den in laufenden Dollar ausgedrückten Handelswerten abgeleitet, die im VN-Handelsdatensystem gespeichert sind, ergänzt durch Schätzungen der Weltbank.

Der Begriff der *Warenausfuhr* und *-einfuhr* wird in den Technischen Erläuterungen zu Tabelle 13 definiert.

Die Untergliederung der Ausfuhren und Einfuhren entspricht dem *Internationalen Warenverzeichnis für den Außenhandel* (SITC), Serie M, Nr. 34, Revision 1. Für einige Länder sind Angaben für bestimmte Warengruppen nicht verfügbar, und eine vollständige Aufgliederung ist nicht möglich.

In Tabelle 14 umfaßt die Gruppe *Nahrungsmittel* die SITC-Abschnitte 0, 1 und 4 sowie Teil 22 (Nahrungsmittel und lebende Tiere, Getränke und Tabak, tierische und pflanzliche Öle und Fette, Ölsaaten, Ölnüsse und Ölsamen). Die Gruppe *Brennstoffe* bezieht sich auf die Güter in Abschnitt 3 des SITC (mineralische Brennstoffe, Schmiermittel und verwandte Produkte). *Sonstige Rohstoffe* umfassen SITC-Abschnitt 2 (unverzehrbare Rohmaterialien ohne Brennstoffe), abzüglich Teil 22 (Ölsaaten, Ölnüsse und Ölsamen), zuzüglich Teil 68 des SITC (NE-Metalle). *Maschinen, Elektrotechnik und Fahrzeuge* entsprechen den in Abschnitt 7 des SITC aufgeführten Gütern. *Übrige Industrieprodukte*, als Restposten aus dem Gesamtwert der Importe von Industrieprodukten ermittelt, umfassen die SITC-Abschnitte 5 bis 9 ohne Abschnitt 7 und Teil 68.

In Tabelle 15 bezieht sich die Gruppe *Brennstoffe, Mineralien und Metalle* auf die Güter in Abschnitt 3 des SITC (mineralische Brennstoffe, Schmiermittel und ähnliche Produkte), Teile 27 und 28 (Rohdünger und Rohmineralien, ohne Kohle, Erdöl sowie Edelsteine und metallhaltige Erze sowie Metallschrott), sowie auf Teil 68 (NE-Metalle). Die Gruppe *Sonstige Rohstoffe* umfaßt die Abschnitte 0, 1, 2 und 4 des

SITC (Nahrungsmittel und lebende Tiere, Getränke und Tabak, unverzehrbare Rohmaterialien, ohne Brennstoffe, tierische und pflanzliche Öle sowie Fette), abzüglich der SITC-Teile 27 und 28. *Maschinen, Elektrotechnik und Fahrzeuge* sind die in Abschnitt 7 des SITC aufgeführten Güter. *Übrige Industrieprodukte* umfassen die Abschnitte 5 bis 9, ohne Abschnitt 7 sowie Teil 68 des SITC. *Textilien und Bekleidung*, die die Teile 65 und 84 des SITC umfassen (Textilien, Garne, Gewebe, Konfektionsware und ähnliche Produkte sowie Bekleidung), werden als Untergruppe der *Übrigen Industrieprodukte* gezeigt.

Die zusammenfassenden Kennzahlen in Tabelle 14 sind mit der gesamten Wareneinfuhr und die in Tabelle 15 mit der gesamten Warenausfuhr der einzelnen Länder, jeweils in laufenden US-Dollar, gewogen. (Vgl. die Technischen Erläuterungen zu Tabelle 13.)

Tabelle 16:
OECD-Importe von Industrieprodukten

Die Angaben stammen von den Vereinten Nationen, denen die OECD-Länder mit hohem Einkommen berichten, wozu die OECD-Mitglieder ohne Griechenland, Portugal und die Türkei gehören.

Die Tabelle enthält die Werte der *Einfuhren von Industrieprodukten* der OECD-Länder mit hohem Einkommen nach Ursprungsländern und die Zusammensetzung dieser Einfuhren nach wichtigen Gruppen von Industrieprodukten. Diese Angaben basieren auf der Datensammlung COMTRADE der VN, Revision 1, des SITC für 1970 sowie Revision 2 des SITC für 1992.

Die Importe von Industrieprodukten der wichtigsten Märkte aus den einzelnen Ländern bilden die beste Annäherung an Umfang und Zusammensetzung der Exporte von Industrieprodukten dieser Länder nach sämtlichen Empfängerländern.

Industrieprodukte umfassen die Güter in den Abschnitten 5 bis 9 des SITC, Revision 1 (Chemikalien und verwandte Erzeugnisse, industrielle Grundstoffe und bearbeitete Waren, Maschinenbauerzeugnisse, elektrotechnische Erzeugnisse und Fahrzeuge sowie sonstige bearbeitete Waren und anderweitig nicht erfaßte Waren), ausgenommen Teil 68 (NE-Metalle). Diese Definition ist etwas weiter als die zur Abgrenzung der Exporteure von Industrieprodukten verwendete.

Die ausgewiesenen Hauptgruppen von Industrieprodukten sind wie folgt definiert: *Textilien und Bekleidung* (SITC, Abschnitte 65 und 84), *Chemikalien* (SITC, Abschnitt 5), *Elektrotechnische und Elektronische Erzeugnisse* (SITC, Abschnitt 72), *Fahrzeuge* (SITC, Abschnitt 73) und *Übriges*, definiert als Restgröße. Angaben des SITC, Revision 1 werden für das Jahr 1970, entsprechende Daten der Revision 2 für 1992 verwendet.

Tabelle 17:
Zahlungsbilanzen und Währungsreserven

Die Statistiken für diese Tabelle entsprechen normalerweise denen des IWF, enthalten jedoch neuere Schätzungen der Weltbank und, in seltenen Fällen, einige Anpassungen der Weltbank hinsichtlich Geltungsbereich und Klassifikation, um die internationale Vergleichbarkeit zu verbessern. Die Wertangaben in dieser Tabelle lauten auf jeweilige US-Dollar, umgerechnet zu jeweiligen Wechselkursen.

Der *Leistungsbilanzsaldo einschließlich öffentlicher Übertragungen* ist die Differenz zwischen (a) den Exporten von Gütern und Dienstleistungen (Faktor- und Nichtfaktorleistungen) sowie den erhaltenen unentgeltlichen Übertragungen (öffentlichen und privaten) und (b) den Importen von Gütern und Dienstleistungen sowie den geleisteten unentgeltlichen Übertragungen.

Die *Leistungsbilanz ohne öffentliche Übertragungen* entspricht dem Leistungsbilanzsaldo, bei dem die öffentlichen unentgeltlichen Netto-Übertragungen wie öffentliche Kapitalbewegungen behandelt werden. Der Unterschied zwischen beiden Zahlungsbilanzgrößen besteht im wesentlichen aus ausländischer Entwicklungshilfe in Form von Zuschüssen, technischer Hilfe und Nahrungsmittelhilfe, die bei den meisten Entwicklungsländern das Leistungsbilanzdefizit tendenziell gegenüber dem Finanzierungsbedarf verringert.

Die *Netto-Gastarbeiterüberweisungen* beinhalten eingehende und ausgehende Einkommenstransfers von Wanderarbeitern, die tatsächlich oder voraussichtlich länger als ein Jahr in ihrer neuen wirtschaftlichen Umgebung beschäftigt sind, in der sie als Gebietsansässige gelten. Diese Überweisungen werden als private unentgeltliche Übertragungen klassifiziert und sind in der Leistungsbilanz enthalten, während diejenigen von kürzerfristigen Aufenthalten als Arbeitseinkommen in den Dienstleistungen enthalten sind. Diese Unterscheidung stimmt mit international vereinbarten Richtlinien überein; viele Entwicklungsländer klassifizieren Gastarbeiterüberweisungen aber als Faktoreinkommen (und daher als BSP-Komponente). Die Weltbank hält sich an die internationalen Richtlinien der BSP-Definition und kann daher von nationalen Praktiken abweichen.

Die *Bruttowährungsreserven* setzen sich zusammen aus Goldbeständen, Sonderziehungsrechten (SZR), Reservepositionen von IWF-Mitgliedsländern und Beständen an Devisenreserven, über die Währungsbehörden verfügen. Die Angaben zu den Beständen an Währungsreserven stammen aus der Datensammlung des IWF. Die Goldkomponente dieser Reserven ist durchweg zum Londoner Goldpreis am Jahresende (31. Dezember) bewertet. Dieser entspricht 37,37 Dollar je Unze für 1970 und 333,25 Dollar je Unze für 1992. Aufgrund von Abweichungen bei der Bewertung der Währungsreserven und der Goldkomponente sowie unterschiedlicher Praktiken bei der Reservenverwaltung sind die in nationalen Quellen veröffentlichten Reservebestände nur bedingt vergleichbar. Die für die Jahre 1970 und 1992 angegebenen Reservebestände beziehen sich jeweils auf das Jahresende und sind in laufenden US-Dollar zu jeweiligen Wechselkursen ausgedrückt. Für die Reservebestände von Ende 1992 – *Einfuhrdeckung in Monaten* – wird auch angegeben, wie viele Monatsimporte von Gütern und Dienstleistungen mit ihnen bezahlt werden könnten.

Die zusammenfassenden Kennzahlen sind aus gruppenweise zusammengefaßten Werten der Bruttowährungsreserven und der gesamten Einfuhr von Waren und Dienstleistungen in jeweiligen Dollar errechnet.

Tabelle 18:
Öffentliche Entwicklungshilfe
der Mitglieder von OECD und OPEC

Die *öffentliche Entwicklungshilfe* (ÖEH) setzt sich zusammen aus Nettoauszahlungen in Form von Zuschüssen und Krediten zu konzessionären finanziellen Bedingungen, die seitens öffentlicher Stellen der Mitglieder des Entwicklungshilfeausschusses (DAC), der Organisation für wirtschaftliche Zusammenarbeit und Entwicklung (OECD) sowie der Mitgliedsländer der Organisation ölexportierender Staaten (OPEC) gewährt werden, um die wirtschaftliche Entwicklung und den Wohlstand zu fördern. Wenngleich diese Definition dazu dient, rein militärische Hilfe auszuschalten, ist die Abgrenzung manchmal unscharf; in der Regel ist die vom Geberland gewählte Abgrenzung maßgebend. ÖEH schließt auch den Wert der technischen Zusammenarbeit und technischen Hilfe ein. Alle wiedergegebenen Daten stammen von der OECD, und sämtliche US-Dollar-Werte sind mit amtlichen Wechselkursen umgerechnet worden.

Die *gesamten Nettoabflüsse* sind Nettoauszahlungen an Entwicklungsländer und multilaterale Institutionen. Die Auszahlungen an multilaterale Institutionen werden inzwischen einheitlich für alle DAC-Mitglieder zum Stichtag der Begebung von Schuldscheinen erfaßt; bislang berichteten einige DAC-Mitglieder zum Stichtag des Zahlungstransfers.

Die Nominalwerte der öffentlichen Entwicklungshilfe, die in der Zusammenfassung für die OECD-Länder mit hohem Einkommen ausgewiesen werden, wurden mit Hilfe des Dollar-BIP-Deflators auf der Preisbasis von 1987 umgerechnet. Dieser Deflator basiert auf dem Preisanstieg in den OECD-Ländern (ohne Griechenland, Portugal und Türkei), jeweils gemessen in Dollar. Er berücksichtigt Paritätsänderungen zwischen dem Dollar und anderen nationalen Währungen. Wertet zum Beispiel der Dollar ab, so sind die in nationalen Währungen gemessenen Preissteigerungsraten um den Betrag der Dollarabwertung nach oben zu korrigieren, um die in Dollar ausgedrückte Preisveränderung zu erhalten.

Außer den Summenangaben für die OPEC enthält die Tabelle zusammenfassende Angaben für die Organisation arabischer ölexportierender Länder (OAPEC). Zu den Geberländern der OAPEC gehören Algerien, Irak, Katar, Kuwait, Libyen, Saudi-Arabien und die Vereinigten Arabischen Emirate. Die Angaben zur Entwicklungshilfe der OPEC und OAPEC stammen ebenfalls von der OECD.

Tabelle 19:
Einnahmen aus öffentlicher
Entwicklungshilfe

Die *Netto-Auszahlungen von ÖEH aus sämtlichen Quellen* bestehen aus Krediten und Zuschüssen, die zu konzessionären Bedingungen von allen bilateralen öffentlichen Stellen und aus multilateralen Quellen gewährt werden, um Wirtschaftsentwicklung und Wohlfahrt zu fördern. Sie umfassen auch den Wert der technischen Zusammenarbeit und Unterstützung. Die in dieser Tabelle enthaltenen Auszahlungen sind nicht genau vergleichbar mit denen in Tabelle 18, da die Einnahmen aus sämtlichen Quellen stammen; die Auszahlungen in Tabelle 18 beziehen sich nur auf diejenigen der OECD-Länder mit hohem Einkommen und der OPEC-Mitgliedsländer. Netto-Auszahlungen entsprechen den um Rückzahlungen von früher gewährter Entwicklungshilfe an Geberländer verminderten Brutto-Auszahlungen. Die Netto-Auszahlungen der ÖEH werden pro Kopf und in Prozent des BSP gezeigt.

Die zusammenfassenden Kennzahlen der ÖEH pro Kopf werden aus gruppenweise zusammengefaßten Angaben für die Bevölkerung und die ÖEH errechnet. Die zusammenfassenden Kennzahlen für die ÖEH als Prozentsatz des BSP werden aus den Gruppensummen für die ÖEH und für das BSP in jeweiligen US-Dollar berechnet.

**Tabelle 20:
Gesamte Auslandsschulden**

Die Angaben zur Verschuldung in dieser und den nachfolgenden Tabellen stammen aus dem Schuldenberichtssystem der Weltbank, ergänzt durch Schätzungen der Weltbank. Dieses Berichtssystem befaßt sich ausschließlich mit Entwicklungsländern und sammelt für andere Ländergruppen keine Angaben über die Auslandsverschuldung, auch nicht von Ländern, die keine Mitglieder der Weltbank sind. Die Dollarzahlen über die Schulden in den Tabellen 20 bis 24 beziehen sich auf US-Dollar, umgerechnet zu amtlichen Wechselkursen.

Die Angaben über die Schulden enthalten die privaten nichtgarantierten Schulden, die von dreißig Entwicklungsländern gemeldet werden, sowie vollständige oder teilweise Schätzungen für weitere zwanzig Länder, die nicht berichten, für die aber diese Schuldenart signifikant ist.

Die *langfristigen Schulden* bestehen aus drei Komponenten: öffentliche, öffentlich garantierte und private nichtgarantierte Kredite. Öffentliche Kredite sind Auslandsverbindlichkeiten öffentlicher Schuldner, die die Regierung, ihre Behörden und autonome öffentliche Stellen einschließen. Öffentlich garantierte Darlehen sind Auslandsverbindlichkeiten privater Schuldner, deren Rückzahlung durch eine öffentliche Stelle garantiert ist. Diese beiden Kategorien sind in den Tabellen zusammengefaßt. Private nichtgarantierte Kredite sind Auslandsverbindlichkeiten privater Schuldner, deren Rückzahlung nicht durch eine öffentliche Stelle garantiert ist.

Als *Inanspruchnahme von IWF-Krediten* werden die Rückzahlungsverpflichtungen an den IWF aus sämtlichen Inanspruchnahmen von IWF-Mitteln bezeichnet, ohne Ziehungen in der Reservetranche. Sie bezieht sich auf das Ende des angegebenen Jahres und enthält ausstehende Käufe im Rahmen der Kredittranchen, einschließlich des Erweiterten Zugangs und aller Sonderfazilitäten (Ausgleichslager, kompensierende Finanzierung, erweiterte Fondsfazilität sowie Ölfazilitäten), Treuhandfonds-Kredite sowie Kredite im Rahmen der Erweiterten Strukturanpassungsfazilitäten. Die am Jahresende ausstehende Inanspruchnahme von IWF-Krediten (eine Bestandszahl) wird mit dem am Jahresende geltenden Dollar/SZR-Wechselkurs in US-Dollar umgerechnet.

Kurzfristige Auslandsschulden sind solche mit einer ursprünglichen Laufzeit von einem Jahr oder weniger. Die verfügbaren Daten erlauben keine Unterscheidung zwischen öffentlichen und privaten nichtgarantierten kurzfristigen Schulden.

Die *gesamten Auslandsschulden* sind hier definiert als Summe der öffentlichen, der öffentlich garantierten und der privaten nichtgarantierten langfristigen Schulden, der Inanspruchnahme von IWF-Krediten und der kurzfristigen Schulden.

Die *gesamten Rückstände auf langfristige Auslandsschulden* umfassen Kapital und Zinsen, die fällig sind, aber nicht getilgt bzw. gezahlt wurden.

Das *Verhältnis des Gegenwarts- zum Nominalwert* der Schulden ist der abdiskontierte Wert zukünftiger Schuldendienstleistungen dividiert durch den Nennwert der Schulden.

Tabelle 21: Zufluß von öffentlichem und privatem Auslandskapital

Die Angaben über die Auszahlungen, Tilgungen (Amortisation) und Zinszahlungen beziehen sich auf die öffentlichen, öffentlich garantierten und privaten nichtgarantierten langfristigen Kredite.

Auszahlungen sind Inanspruchnahmen langfristiger Kreditzusagen im angegebenen Jahr.

Tilgungen sind Kapitalbeträge (Amortisation), die in dem angegebenen Jahr in Devisen, Gütern oder Dienstleistungen effektiv zurückgezahlt wurden.

Zinszahlungen sind die Zinsbeträge, die in dem angegebenen Jahr in Devisen, Gütern oder Dienstleistungen effektiv gezahlt wurden.

**Tabelle 22:
Gesamte Nettomittelzuflüsse und Nettotransfers**

Die *gesamten Nettozugänge an langfristigen Auslandsschulden* sind Auszahlungen abzüglich Tilgungen von öffentlichen, öffentlich garantierten und privaten nichtgarantierten langfristigen Mitteln. *Öffentliche Zuschüsse* sind Übertragungen durch eine öffentliche Stelle, die in Geld oder auf eine Weise erfolgen, bei der für den Empfänger keine rechtliche Verbindlichkeit entsteht. Angaben über öffentliche Zuschüsse enthalten keine Zuschüsse für technische Hilfe.

Ausländische Netto-Direktinvestitionen im Berichtsland sind definiert als Investitionen, die zum Erwerb einer dauerhaften Beteiligung (üblicherweise mindestens 10 Prozent der Stimmrechte) bei einem Unternehmen vorgenommen werden, das in einem anderen Land als dem des Investors tätig ist (definiert nach der Gebietsansässigkeit), wobei der Investor eine tatsächliche Mitwirkung am Management des Unternehmens beabsichtigt.

Portfoliokapital-Zuflüsse setzen sich zusammen aus von einzelnen Ländern stammenden Mitteln (es sei angemerkt, daß die Summe der Zuflüsse nach Regionen oder Einkommensgruppen wegen der globalen Mittelzugänge nicht den Gesamtzufluß ergibt), Auslandseinlagen (amerikanischer oder anderer Einleger) und direkten Käufen von Dividendenpapieren durch ausländische Investoren.

Die gesamten Nettomittelzuflüsse sind die Summe aus Nettozugängen an langfristigen Schulden (ohne IWF-Mittel) plus öffentliche Zuschüsse (ohne technische Hilfe) und ausländische Netto-Direktinvestitionen. Die *gesamten Nettotransfers* entsprechen den gesamten Nettomittelzuflüssen abzüglich Zinszahlungen auf langfristige Kredite und aller transferierten Gewinne.

Tabelle 23:
Kennziffern der gesamten Auslandsschulden

Der Netto-Gegenwartswert der gesamten Auslandsschulden in Prozent der Ausfuhren von Waren und Dienstleistungen ist der diskontierte Wert zukünftiger Schuldendienstleistungen im Verhältnis zu den Exporten von Waren und Dienstleistungen.

Der Gegenwartswert kann höher oder niedriger sein als der Nominalwert der Schulden. Es hängt von den Zinssätzen der Kredite und dem bei der Berechnung des Gegenwartswertes angewandten Diskontsatz ab, ob der Gegenwartswert ober- oder unterhalb des Nennwertes liegt. Ein Darlehen mit einem über dem Diskontsatz liegenden Zinssatz ergibt einen Gegenwartswert, der größer ist als der Nominalwert der Schulden; das Umgekehrte gilt für Darlehen mit einem Zinssatz, der niedriger als der Diskontsatz ist. In dieser Tabelle sind in den Gütern und Dienstleistungen die Gastarbeiterüberweisungen enthalten. Bei der Schätzung des *Netto-Gegenwartswertes der gesamten öffentlichen Auslandsschulden in Prozent des BSP* wurden die Angaben über die nicht auf Dollar lautenden Schulden mit amtlichen Wechselkursen vom Jahresende in Dollar umgerechnet. Das BSP wurde von nationalen Währungen in US-Dollar durch Anwendung des Verfahrens umgerechnet, das in den Technischen Erläuterungen zu den Tabellen 2 und 3 beschrieben wird.

Der gesamte Schuldendienst in Prozent der Ausfuhren von Waren und Dienstleistungen ist die Summe aus Tilgungen und Zinszahlungen auf die gesamten Auslandsschulden (definiert in den Erläuterungen zu Tabelle 20). Diese Relation ist eine von mehreren gebräuchlichen Kennziffern zur Einschätzung der Schuldendienstfähigkeit eines Landes.

Zinszahlungen in Prozent der Ausfuhren von Waren und Dienstleistungen sind die tatsächlichen Zahlungen auf die gesamten Auslandsschulden.

Konzessionäre Schulden in Prozent der gesamten Auslandsschulden bieten Informationen über den Zufluß von Entwicklungshilfemitteln offizieller Gläubiger zu Schuldnern unter konzessionären Bedingungen im Sinne der DAC, das sind Kredite mit einem ursprünglichen Zuschußelement von 25 Prozent und mehr.

Multilaterale Schulden in Prozent der gesamten Auslandsschulden geben Informationen über den Zufluß von Entwicklungshilfegeldern der Weltbank, regionaler Entwicklungsbanken sowie anderer multilateraler und zwischenstaatlicher Stellen. Ausgenommen sind Kredite aus Fonds, die von internationalen Organisationen im Auftrag eines einzelnen Geberlandes verwaltet werden.

Die zusammenfassenden Kennzahlen sind mit Exporten von Gütern und Dienstleistungen in jeweiligen Dollar bzw. dem BSP in jeweiligen Dollar gewichtet.

Tabelle 24:
Konditionen der öffentlichen Kreditaufnahme

Die *Zusagen* beziehen sich auf öffentliche und öffentlich garantierte Kredite, für die im jeweils angegebenen Jahr Darlehensverträge unterzeichnet wurden. Sie werden in Tilgungswährungen gemeldet und zu jahresdurchschnittlichen amtlichen Wechselkursen in US-Dollar umgerechnet.

Die Angaben über *Zinssätze, Laufzeiten* und *tilgungsfreie Zeiträume* sind Durchschnittswerte, die mit den Kreditbeträgen gewogen sind. Der Zins ist die größte Kreditkostenkomponente und wird gewöhnlich auf der Grundlage der bereits beanspruchten und noch ausstehenden Kreditbeträge berechnet. Die Kreditlaufzeit entspricht dem Intervall zwischen dem Zeitpunkt, zu dem ein Darlehensvertrag unterzeichnet oder eine Anleihe begeben wird, und dem Zeitpunkt der letzten Tilgungszahlung. Der tilgungsfreie Zeitraum ist identisch mit dem Intervall zwischen Kreditabschluß und erster Tilgungsrate.

Öffentliche Kredite mit variablen Zinsen in Prozent der öffentlichen Schulden beziehen sich auf Kredite, deren Zinssätze an einen wichtigen Marktsatz gebunden sind, wie den Londoner Interbanken-Angebotssatz (London interbank offered rate, LIBOR) oder den Kreditzins für erste Adressen in den USA (prime rate). Diese Spalte zeigt, in welchem Maße der Schuldner Veränderungen des internationalen Zinsniveaus ausgesetzt ist.

Die zusammenfassenden Kennzahlen in dieser Tabelle sind mit den Kreditbeträgen gewichtet.

Tabelle 25:
Bevölkerung und Erwerbstätige

Die Wachstumsraten für die Bevölkerung und die Erwerbstätigen sind exponentielle Periodendurchschnitte, die auf der Grundlage der Bevölkerungsstände und der Schätzungen der gesamten Erwerbstätigen zur jeweiligen Jahresmitte berechnet wurden. (Wegen Informationen über demographische Erhebungen und Volkszählungen vgl. den Länderschlüssel.)

Die Schätzungen der *Bevölkerungszahlen* für Mitte 1992 wurden von der Weltbank anhand von Daten vorgenommen, die von der Abteilung für Bevölkerungsfragen der VN, dem Statistischen Amt der VN sowie den statistischen Ämtern einzelner Länder stammen. Die Schätzungen berücksichtigen die Ergebnisse der letzten Volkszählungen, die in einigen Fällen aber weder zeitnah noch genau sind. Man beachte abermals, daß Flüchtlinge, die sich in dem asylgewährenden Land nicht auf Dauer niedergelassen haben, im allgemeinen als ein Teil der Bevölkerung des Herkunftlandes betrachtet werden.

Die Bevölkerungsprojektionen für die Jahre 2000 und 2025 sowie das Jahr, in dem die Bevölkerung schließlich stationär wird (vgl. die untenstehende Definition), wurden für jedes Land gesondert durchgeführt. Informationen über die Gesamtbevölkerung hinsichtlich Alter und Geschlecht, Fruchtbarkeits- und Sterbeziffern sowie des Anteils internationaler Wanderungsbewegungen werden auf der Basis verallgemeinernder Annahmen in die Zukunft projiziert, bis die stationäre Bevölkerung erreicht ist.

Eine stationäre Bevölkerung ist eine Bevölkerung, deren alters- und geschlechtsspezifische Sterbeziffern über einen langen Zeitraum hinweg unverändert geblieben sind, während gleichzeitig die altersspezifischen Geburtenziffern auf dem Reproduktionsniveau verharrten; dies ist der Fall, wenn die Nettoreproduktionsziffer (definiert in den Erläuterungen zu Tabelle 26) gleich 1 ist. In einer solchen Bevölkerung ist die Geburtenziffer konstant und identisch mit der Sterbeziffer, der Altersaufbau verändert sich nicht, und die Zuwachsrate ist Null.

Bevölkerungsprojektionen werden altersgruppenweise erstellt. Sterblichkeit, Fruchtbarkeit und Wanderungsbewegungen werden getrennt projiziert und die Ergebnisse iterativ auf die Altersstruktur des Basisjahres 1990 angewendet. Für den Projektionszeitraum 1990 bis 2005 sind die Veränderungen der Sterblichkeit länderspezifisch: Die Zunahme der Lebenserwartung und der Rückgang der Säuglingssterblichkeit basieren auf der bisherigen Entwicklung in jedem einzelnen Land. Bei hohen Einschulungsquoten von Mädchen an weiterführenden Schulen wird ein rascherer Rückgang der Sterblichkeit angenommen. Die Säuglingssterblichkeit wird getrennt von der Erwachsenensterblichkeit projiziert. Es sei angemerkt, daß die Projektionen die Auswirkungen des Immunschwäche-Syndroms (Aids) auf die Sterblichkeit einschließen.

Die projizierten Fruchtbarkeitsziffern basieren ebenfalls auf der bisherigen Entwicklung. Bei Ländern, in denen die Fruchtbarkeit abzunehmen begonnen hat („Fruchtbarkeitsübergang" genannt), wird ein Anhalten dieses Trends unterstellt. Es wurde beobachtet, daß es in keinem Land, dessen Bevölkerung eine Lebenserwartung von weniger als 50 Jahren aufweist, zu einem Fruchtbarkeitsübergang kam; für diese Länder wird ein verzögerter Fruchtbarkeitsübergang angenommen, und es wird dann der durchschnittliche Rückgang in der Gruppe der Länder im Stadium des Fruchtbarkeitsübergangs zugrunde gelegt. Für Länder, wo die Fruchtbarkeit das Reproduktionsniveau unterschreitet, wird angenommen, daß die zusammengefaßten Geburtenziffern bis 2005 konstant bleiben und dann bis zum Jahr 2030 das Reproduktionsniveau wieder erreichen.

Die internationalen Wanderungsquoten beruhen auf der vergangenen und aktuellen Entwicklung der Wanderungsbewegungen und der Wanderungspolitik. Zu den herangezogenen Quellen gehören

Schätzungen und Projektionen von nationalen Statistikämtern, internationalen Stellen und Forschungsinstituten. Wegen der Unsicherheit zukünftiger Wanderungstrends wird in den Projektionen unterstellt, daß die Netto-Wanderungsquoten bis 2025 auf Null zurückgehen.

Die Schätzwerte für den Umfang der stationären Bevölkerung sind sehr langfristige Projektionen. Sie wurden nur aufgenommen, um unter verallgemeinernden Annahmen die Implikationen neuerer Fruchtbarkeits- und Sterblichkeitstrends aufzuzeigen. Eine ausführlichere Beschreibung des Verfahrens und der Annahmen, die den Schätzungen zugrunde liegen, enthält die Veröffentlichung *World Population Projections, Ausgabe 1994/95* (erscheint demnächst).

Die *gesamte Erwerbsbevölkerung* stellt die „ökonomische aktive" Bevölkerung dar; dies ist ein restriktives Konzept, bei dem die Streitkräfte und die Arbeitslosen eingeschlossen sind, aber nicht Hausfrauen und andere unbezahlte Pflegekräfte. In einigen Entwicklungsländern spiegelt die Zahl der Erwerbstätigen eine beträchtliche Unterschätzung der Teilnahme von Frauen am Erwerbsleben wider. Die Wachstumsraten der Erwerbstätigen wurden von Daten der Internationalen Arbeitsorganisationen (ILO) abgeleitet.

Tabelle 26:
Demographie und Fruchtbarkeit

Die *unbereinigten Geburten-* und *Sterbeziffern* geben die Zahl der Lebendgeburten bzw. Sterbefälle je tausend Einwohner und Jahr an. Sie stammen aus den gleichen Quellen, die in den Erläuterungen zu Tabelle 25 erwähnt wurden. (Wegen der Informationen über demographische Erhebungen und Volkszählungen vgl. den Länderschlüssel.)

Die *zusammengefaßte Geburtenziffer* mißt die Zahl der Kinder, die eine Frau bekommen würde, falls sie bis zum Ende ihres gebärfähigen Alters leben und in jeder Altersstufe in Übereinstimmung mit den vorherrschenden altersspezifischen Fruchtbarkeitsziffern Kinder zur Welt bringen würde. Die angegebenen Ziffern stammen aus den gleichen Quellen, die in Tabelle 25 genannt werden. (Wegen Informationen über demographische Erhebungen und Volkszählungen vgl. den Länderschlüssel.)

Geburten von Frauen unter 20 und über 35 Jahren werden in Prozent aller Geburten gezeigt. Diese Geburten sind wegen des größeren Risikos von Komplikationen während der Schwangerschaft und Geburt häufig sehr riskant. Die von sehr jungen oder älteren Frauen geborenen Kinder sind auch anfälliger.

Die *Nettoreproduktionsziffer* (NRZ), die die Zahl der Töchter angibt, die ein neugeborenes Mädchen im Verlauf seines Lebens gebären wird (wenn feste altersspezifische Fruchtbarkeits- und Sterbeziffern unterstellt werden), spiegelt das Ausmaß wider, in dem sich eine neugeborene Gruppe von Mädchen selbst reproduziert. Eine Nettoreproduktionsziffer von 1 gibt an, daß sich die Fruchtbarkeit auf dem Reproduktionsniveau befindet. Bei dieser Ziffer bringen Frauen im Durchschnitt nur so viele Töchter zur Welt, wie zu ihrer eigenen Bestandserhaltung innerhalb der Gesamtbevölkerung notwendig sind.

Der Prozentsatz der *verheirateten Frauen im gebärfähigen Alter, die Empfängnisverhütung praktizieren,* bezieht sich auf die Frauen, die – oder deren Ehemänner – irgendeine Form der Empfängnisverhütung praktizieren. Die Verhütungspraxis wird allgemein für Frauen im Alter von 15 bis 49 Jahren erfaßt. In einigen Ländern wird die Verhütungspraxis für andere Altersgruppen erfaßt, insbesondere von 15 bis 44.

Die Daten stammen vorwiegend aus demographischen und Gesundheitserhebungen, Erhebungen über die Verbreitung von Empfängnisverhütung sowie aus Länderangaben der Weltbank. Für einige wenige Länder, für die keine Erhebungsdaten verfügbar sind, und für einige afrikanische Länder wurden Programmstatistiken verwendet. Die Programmstatistiken könnten allerdings die Verbreitung der Empfängnisverhütung zu niedrig ausweisen, da Verhütungsmethoden wie die Ausnutzung der unfruchtbaren Tage, Coitus interruptus oder Enthaltsamkeit ebensowenig erfaßt werden wie Empfängnisverhütungsmittel, die nicht über das offizielle Familienplanungsprogramm bezogen werden. Die Daten gelten für verschiedene Jahre, die jedoch in der Regel nicht mehr als drei Jahre vor dem und ein Jahr nach dem in den Tabellen angegebenen Jahr liegen.

Alle zusammenfassenden Kennzahlen sind Länderangaben, die mit dem Anteil jedes Landes an der zugehörigen Bevölkerungsuntergruppe gewichtet sind. Daher werden die unbereinigten Geburten- und Sterbeziffern mit der Zahl der Geburten und Todesfälle jedes Landes gewichtet, und die zusammengefaßte Geburtenziffer sowie die Geburten von Frauen unter 20 und über 35 Jahren werden mit den relevanten Bevölkerungsuntergruppen gewichtet.

Tabelle 27: Gesundheit und Ernährung

Die Schätzungen über die *Einwohner je Arzt* und *je Beschäftigten in der Krankenpflege* stammen aus Unterlagen der Weltgesundheitsorganisation (WHO), ergänzt durch Angaben, die die Weltbank direkt von nationalen Quellen erhielt. Die Daten gelten für verschiedene Jahre, die jedoch in der Regel um nicht mehr als zwei Jahre von dem angegebenen abweichen. Die in der Krankenpflege Beschäftigten umfassen Hilfspersonal sowie halbprofessionelles Personal, wie Geburtshelfer herkömmlicher Art. Die Einbeziehung des Hilfs- und des halbprofessionellen Personals ermöglicht eine realistischere Einschätzung des Angebots an Krankenpflege. Die Angaben für die beiden Kennzahlen sind strenggenommen nicht zwischen den Ländern vergleichbar, da die Definition der in der Krankenpflege Beschäftigten von Land zu Land abweicht und sich die Daten auf die verschiedensten Jahre beziehen.

Die Angaben zum Prozentsatz der *Säuglinge mit Untergewicht bei der Geburt* beziehen sich auf Neugeborene mit einem Gewicht unter 2.500 Gramm. Untergewicht bei der Geburt hängt häufig mit mangelnder Ernährung der Mutter zusammen; es erhöht tendenziell das Risiko der Säuglingssterblichkeit und führt zu mangelndem Wachstum im Säuglings- und Kindesalter, wodurch wiederum das Auftreten anderer Formen von Entwicklungsstörungen zunimmt. Die Zahlen wurden von WHO- und UNICEF-Quellen entnommen und beruhen auf nationalen Angaben. Die Daten sind zwischen den Ländern nicht streng vergleichbar, weil sie aus einer Kombination von Befragungen und Unterlagen der Verwaltung zusammengestellt wurden, die für das gesamte Land nicht repräsentativ sein mag.

Die *Säuglingssterbeziffer* ist die Zahl der Säuglinge, die in einem bestimmten Jahr vor der Vollendung des ersten Lebensjahres sterben, bezogen auf tausend Lebendgeburten. Die Daten stammen aus den in den Erläuterungen zu Tabelle 25 genannten Quellen. (Wegen der Informationen über demographische Erhebungen und Volkszählungen vgl. den Länderschlüssel.)

Die *Unterernährung von Kindern* mißt den prozentualen Anteil von Kindern unter fünf Jahren, die einen Mangel oder einen Überschuß an Nährstoffen aufweisen, wodurch ihre Gesundheit und ihr genetisches Wachstumspotential beeinträchtigt werden. Die Meß-Verfahren sind verschieden, aber die am meisten angewandten sind die folgenden: weniger als 80 Prozent des altersüblichen Standardgewichts; eine Standardabweichung von weniger als minus zwei vom fünfzigsten Percentil des Gewichtes der dem Alter entsprechenden Referenzbevölkerung sowie die Gomez-Skala der Unterernährung. Es sei angemerkt, daß sich die Zahlen in wenigen Ländern auf Kinder im Alter von drei oder vier Jahren und jünger beziehen.

Die *Sterblichkeit bis zum Ende des 5. Lebensjahres* gibt die Wahrscheinlichkeit an, daß ein Neugeborenes vor Vollendung des fünften Lebensjahres stirbt. Die Kennziffern wurden aus Sterbetafeln abgeleitet, die auf Schätzungen über die jeweilige Lebenserwartung bei der Geburt und auf Säuglingssterbeziffern beruhen. Allgemein werden auf der Welt mehr Jungen als Mädchen geboren. Unter günstigen Ernährungs- und Gesundheitsbedingungen und in Friedenszeiten weisen Jungen unter 5 Jahren eine höhere Sterberate auf als Mädchen. Die Zahlen in diesen Spalten zeigen, daß die Unterschiede beim Sterberisiko von Mädchen und Jungen unter 5 Jahren beträchtlich variieren. In marktwirtschaftlichen Industrieländern ist das Risiko, bis zum Ende des 5. Lebensjahres zu sterben, bei weiblichen Säuglingen 23 Prozent niedriger als bei männlichen; in einigen Ländern mit niedrigem Einkommen ist dieses Risiko dagegen für Mädchen höher als für Jungen. Dieses Muster hängt nicht durchgehend mit dem Entwicklungsgrad zusammen. Es gibt Länder (und Regionen innerhalb von Ländern) mit niedrigem und mittlerem Einkommen, wo beispielsweise das Sterberisiko bei Mädchen im Vergleich zu Jungen bis zum Ende des 5. Lebensjahres in etwa dem Muster in Industrieländern entspricht.

Die zusammenfassenden Kennzahlen dieser Tabelle sind Länderangaben, die mit den relevanten Bevölkerungsuntergruppen gewichtet wurden.

Tabelle 28: Erziehungswesen

Die in dieser Tabelle ausgewiesenen Daten beziehen sich auf mehrere Jahre, die jedoch im allgemeinen um nicht mehr als drei Jahre von den angegebenen abweichen. Zahlen für das weibliche Geschlecht beziehen sich jedoch gelegentlich auf ein früheres Jahr als die Gesamtangaben. Die Daten stammen überwiegend von der UNESCO.

Die Angaben über den Besuch von *Grundschulen* sind Schätzungen über die Anzahl der Kinder aller Altersstufen in Grundschulen im Verhältnis zur Bevölkerung eines Landes im schulfähigen Alter. Zwar sehen viele Länder das Alter von 6 bis 11 Jahren als Grundschulalter an, doch ist dies keine allgemeine Praxis. In einigen Ländern mit allgemeiner Grundschulerziehung können die Bruttorelationen für den

Schulbesuch den Wert 100 übersteigen, weil einige Schüler jünger oder älter sind als das amtliche Grundschulalter eines Landes.

Die Angaben zum Besuch von *weiterführenden Schulen* sind entsprechend aufgebaut, aber auch hier ist die Abgrenzung der Altersjahrgänge an weiterführenden Schulen von Land zu Land verschieden. Ganz überwiegend wird ein Alter von 12 bis 17 Jahren angenommen. Der späte Eintritt von älteren Schülern sowie die Wiederholung und die sogenannte „Bündelung" in den letzten Klassen können diese Quoten beeinflussen.

Die Angaben zum Besuch von *höheren Schulen und Universitäten* wurden errechnet, indem die Zahl der Schüler und Studenten an jeder Art höherer Schulen und Universitäten durch die Bevölkerung im Alter von 20 bis 24 Jahre geteilt wurde. Hierin sind enthalten Berufsschüler, Teilnehmer an Programmen der Erwachsenenfortbildung, zweijährige Gemeindekollegs und Fernunterrichtszentren (hauptsächlich Korrespondenzkurse). Die Verteilung der Schüler auf die verschiedenen Arten von Institutionen variiert von Land zu Land. Die Jugend, das ist die Altersgruppe der 20- bis 24jährigen, ist von der UNESCO als Bezugsgröße verwendet worden, weil sie eine durchschnittliche Jahrgangskohorte in höheren Schulen und Universitäten repräsentiert, selbst wenn Personen oberhalb und unterhalb dieser Altersgruppe in solchen Einrichtungen eingeschrieben sein können.

Die *Netto-Einschulungsquote an Grundschulen* ist der Prozentsatz der schulpflichtigen Kinder, die die Grundschule besuchen. Anders als die Brutto-Einschulungsquote sind die Nettoquoten auf die Zahl der Kinder im Grundschulalter des jeweiligen Landes bezogen. Dieser Indikator macht viel deutlicher, wieviel Kinder in der Altersgruppe tatsächlich die Schule besuchen, ohne daß diese Zahl aufgebläht wird durch die Kinder, die älter (oder jünger) als die Altersgruppe sind.

Die *Schüler-Lehrer-Relation an Grundschulen* ist die Zahl der Schüler an den Schulen eines Landes, dividiert durch die Zahl der Lehrer im Erziehungswesen.

Die zusammenfassenden Kennzahlen dieser Tabellen sind Länderangaben, die mit dem Anteil jeden Landes an der gesamten Bevölkerung gewichtet sind.

Tabelle 29: Vergleiche nach Geschlechtern

Diese Tabelle enthält ausgewählte disaggregierte grundlegende Kennzahlen, um die Unterschiede zwischen den Geschlechtern zu zeigen und so die Situation der Frauen in der Gesellschaft zu illustrieren. Die Kennzahlen zeigen ihre demographische Lage und ihren Zugang zu Leistungen des Gesundheits- und Erziehungswesens. Statistische Anomalien werden sogar noch deutlicher, wenn soziale Indikatoren nach Geschlechtern analysiert werden, weil die Erhebungssysteme häufig auf Gebieten unzureichend sind, die für Frauen eine besondere Rolle spielen. Aus Volkszählungen und Befragungen abgeleitete Kennzahlen, wie diejenigen über die Bevölkerung, sind tendenziell für Frauen und Männer gleichermaßen verläßlich; Kennzahlen, die hauptsächlich auf administrativen Unterlagen beruhen, wie diejenigen über die Mütter- und Säuglingssterblichkeit, sind dagegen weniger zuverlässig. Gegenwärtig werden vermehrt Mittel zur Entwicklung besserer Statistiken auf diesem Gebiet aufgewandt, aber die Verläßlichkeit selbst der in dieser Tabelle gezeigten Daten ist sehr unterschiedlich.

Die Kennzahlen zur Gesundheit und Wohlfahrt in Tabelle 27 und in der Spalte Müttersterblichkeit in Tabelle 29 lenken die Aufmerksamkeit insbesondere auf die Diskriminierung von Frauen, vor allem sehr junger Mädchen, und auf die mit der Niederkunft verbundenen Bedingungen. In den Entwicklungsländern ist die Geburt für Frauen im gebärfähigen Alter immer noch mit dem höchsten Sterberisiko verbunden. Die Kennzahlen spiegeln sowohl die den Frauen zur Verfügung stehenden Gesundheitsdienste als auch die allgemeine Wohlfahrts- und Ernährungslage von Müttern wider, ohne diese jedoch zu messen.

Die *Lebenserwartung bei der Geburt* ist in den Erläuterungen zu Tabelle 1 definiert.

Unter der *Müttersterblichkeit* versteht man die während der Entbindung auftretende Zahl der Todesfälle von Frauen, bezogen auf 100.000 Lebendgeburten. Da in einigen Ländern eine weitere Abgrenzung der Sterbefälle bei der Geburt verwendet wird als in anderen – um Komplikationen während der Schwangerschaft oder nach der Entbindung oder bei einer Abtreibung einzubeziehen – und da viele schwangere Frauen mangels angemessener Gesundheitsvorsorge sterben, ist es schwierig, die Müttersterblichkeit konsistent und verläßlich im Ländervergleich zu messen. Die Angaben stammen aus verschiedenen nationalen Quellen und wurden von der Weltgesundheitsorganisation (WHO) zusammengestellt, auch wenn viele nationale Verwaltungssysteme unzulänglich sind und demographische Tatbestände nicht systematisch erfassen. Die Daten sind zumeist aus amtlichen Berichten von Gemeinden und Unterlagen von Krankenhäusern abgeleitet worden, und einige enthalten nur die Todesfälle in Krankenhäusern und anderen medizinischen Einrichtungen. Manchmal sind kleinere private und ländliche Krankenhäuser nicht berücksichtigt, und manchmal sind sogar verhältnismäßig einfache örtliche Einrichtungen einbezogen. Der Geltungsbereich ist deshalb nicht immer umfassend, und die Angaben sollen mit äußerster Vorsicht verwendet werden.

Offensichtlich wird die Müttersterblichkeit in vielen Fällen untererfaßt, insbesondere in Ländern mit weit verstreut lebender ländlicher Bevölkerung. Dies erklärt einige der in der Tabelle enthaltenen sehr niedrigen Zahlen, vor allem bei verschiedenen afrikanischen Ländern. Darüber hinaus ist nicht klar, ob eine Zunahme der in Krankenhäusern betreuten Mütter eine umfassendere medizinische Versorgung von Frauen oder zahlreichere Komplikationen bei Schwangerschaft und Niederkunft, etwa infolge unzureichender Ernährung, widerspiegelt. (Tabelle 27 enthält Angaben zum Untergewicht bei der Geburt.)

Mit diesen Zeitreihen wird versucht, leicht verfügbare Informationen zusammenzutragen, die in internationalen Veröffentlichungen nicht immer gezeigt werden. Die WHO warnt vor unvermeidlichen Lücken in den Zeitreihen und hat die Länder gebeten, umfassendere Zahlen zur Verfügung zu stellen. Sie sind hier aus der WHO-Veröffentlichung *Maternal Mortality: A Global Factbook* von 1991 wiedergegeben. Die Angaben beziehen sich auf unterschiedliche Jahre zwischen 1983 und 1991.

Die Kennzahlen zur *Erziehung*, basierend auf Angaben der UNESCO, zeigen, inwieweit Mädchen gleichen Zugang zur Schulbildung haben wie Jungen.

Die *Persistenz des Schulbesuchs bis zur vierten Klasse in Prozent der Kohorte* ist der Prozentsatz der Kinder, die die Grundschule im Jahr 1970 bzw. 1987 begannen und bis zur vierten Klasse im Jahr 1973 bzw. 1990 durchhielten. Kursive Zahlen repräsentieren frühere oder spätere Altersgruppen. Die Angaben beruhen auf Einschulungsunterlagen. Die etwas höhere Persistenz des Schulbesuchs bei Mädchen in einigen afrikanischen Ländern dürfte auf die Beschäftigung von Jungen, etwa als Viehhirten, hindeuten.

Unter sonst gleichen Verhältnissen und bei gleichen Chancen sollte die Relation für *Mädchen je 100 Jungen* nahe bei 100 liegen. Ungleichheiten könnten jedoch zu Abweichungen der Verhältniszahlen in unterschiedlicher Richtung führen. Beispielsweise wird die Zahl der Mädchen je 100 Jungen an weiterführenden Schulen steigen, wenn die Zahl der Jungen in den letzten Klassen wegen besserer Berufschancen für Jungen, der Einberufung zum Wehrdienst oder der Auswanderung zur Arbeitssuche rascher abnimmt. Da sich außerdem die Zahlen in diesen Spalten hauptsächlich auf die Erziehung in allgemeinbildenden weiterführenden Schulen beziehen, erfassen sie jene Jugendlichen (meistens Jungen) nicht, die technische Schulen und Berufsschulen besuchen oder eine ganztägige Lehre absolvieren, wie in Osteuropa.

Frauen in Prozent der gesamten Erwerbsbevölkerung, basierend auf Daten der ILO, zeigen das Ausmaß, in dem Frauen im formellen Sektor „erwerbstätig" sind. Diese Zahlen schließen Hausfrauen und andere unbezahlte Pflegekräfte aus, und sie reflektieren in einigen Entwicklungsländern eine beträchtliche Unterschätzung der Beteiligung von Frauen am Erwerbsleben.

Die zusammenfassenden Kennzahlen sind Länderangaben, die mit dem Anteil jeden Landes an der Gesamtbevölkerung oder an der Bevölkerungsuntergruppe gewichtet sind.

Tabelle 30:
Einkommensverteilung und KKP-Schätzungen des BSP

Die ersten Spalten zeigen die Verteilung von Einkommen oder Ausgaben auf prozentuale Haushaltsgruppen, die nach ihrem gesamten Haushaltseinkommen, dem Pro-Kopf-Einkommen oder den Ausgaben geordnet sind. Die letzten drei Spalten enthalten Schätzungen des BSP pro Kopf, die auf Kaufkraftparitäten (KKP) statt auf Wechselkursen basieren (zur Definition der KKP siehe unten).

Die Spalten 2 bis 7 zeigen die Anteile der Bevölkerung (20-Prozent-Gruppen und die höchste 10-Prozent-Gruppe) am gesamten Einkommen oder die Verbrauchsausgaben für 45 Länder mit niedrigem und mittlerem Einkommen und für 20 Länder mit hohem Einkommen. Die Datensammlungen für diese Länder betreffen verschiedene Jahre zwischen 1978 und 1992 und wurden hauptsächlich aus nationalen repräsentativen Haushaltsbefragungen gewonnen.

Die Datensammlungen für Länder mit niedrigem und mittlerem Einkommen wurden aus zwei Hauptquellen zusammengestellt: nationale statistische Ämter (häufig unter Verwendung veröffentlichter Berichte) und Weltbank (meist Daten, die aus der Untersuchung über die Messung des Lebensstandards stammen sowie aus der Studie „Soziale Dimensionen des Anpassungsprojekts für Afrika südlich der Sahara"). In Fällen, in denen Originaldaten der Haushaltsbefragungen verfügbar waren, wurden diese verwendet, um direkt die Einkommens- (oder Ausgaben)-anteile der verschiedenen Prozent-Gruppen zu berechnen; andernfalls wurden letztere auf der Basis der am besten verfügbaren Gruppendaten geschätzt. Wegen weiterer Einzelheiten hinsichtlich der Daten und Schätzverfahren siehe Chen, Datt und Ravallion, 1993. Die Angaben für OECD-Länder mit hohem Einkommen basieren auf Informationen vom Statistischen Amt der Europäischen Union (Eurostat), der *The Luxemburg Income Study* und der OECD. Diejenigen für andere Länder mit hohem Einkommen stammen aus nationalen Quellen.

Einige der zugrundeliegenden Haushaltsbefragungen in den Ländern sind schwerlich zu vergleichen. Die Probleme verringern sich im Zuge der Verbesserung und zunehmenden Standardisierung der Befragungsverfahren im Laufe der Zeit, insbesondere im Zusammenhang mit den Initiativen der Vereinten Nationen (Household Survey Capability Program) und der Weltbank (Living Standard Measurement Study und Social Dimensions of Adjustment Project for Sub-Saharan Africa). Gleichwohl sollten die präsentierten Daten mit Vorsicht interpretiert werden. Die Vergleichbarkeit wird vor allem aufgrund der folgenden drei Unterschiede beeinträchtigt. Erstens unterscheiden sich die Befragungen bei der Verwendung des Einkommens oder der Verbraucherausgaben als Indikator für den Lebensstandard. Bei 28 von 45 Ländern mit niedrigem und mittlerem Einkommen beziehen sich die Angaben auf die Verbraucherausgaben. Typischerweise ist das Einkommen ungleicher verteilt als der Verbrauch. Zweitens unterscheiden sich die Befragungen hinsichtlich der Praxis, Haushalte oder Einzelpersonen als Beobachtungseinheiten heranzuziehen; in ersterem Falle beziehen sich die Prozent-Gruppen auf den prozentualen Anteil von Haushalten statt von Einzelpersonen. Drittens unterscheiden sich die Befragungen auch danach, ob die Beobachtungseinheiten nach dem Haushaltseinkommen (oder -verbrauch) oder nach dem Pro-Kopf-Einkommen (oder -Verbrauch) geordnet werden. Die Fußnoten zu den Tabellen verdeutlichen diese Unterschiede für jedes Land.

Die Indexzahlen für das BSP pro Kopf auf KKP-Basis im Jahr 1987 (USA = 100) werden in Spalte 8 gezeigt. Zwei Änderungen gegenüber den vorhergehenden Ausgaben seien angemerkt: das BIP ist durch das BSP ersetzt worden und die Kaufkraft der Währungen (KKW) durch die Kaufkraftparität (KKP). Die KKP ist der üblicherweise verwendete Terminus für die für einen festen Warenkorb errechneten Paritäten, wenngleich diese theoretisch angemessener mit KKW bezeichnet werden. Zu den Daten gehören (a) die Ergebnisse des Internationalen Vergleichsprogramms (IVP), Phase VI für 1990, die für die OECD-Länder auf das Jahr 1987 zurückextrapoliert wurden; (b) Ergebnisse der IVP-Phase V für 1985, die für Nicht-OECD Länder auf das Jahr 1987 extrapoliert wurden; (c) die letztverfügbaren Ergebnisse entweder von Phase IV für 1980 oder Phase III für 1975 für Länder, die nur an früheren Phasen teilnahmen; (d) Schätzungen der Weltbank für China und die Länder der ehemaligen Sowjetunion und (e) IVP-Schätzungen anhand von Regressionen für die verbleibenden Länder, die an keiner Phase teilnahmen. Auf Volkswirtschaften, deren Zahlen für 1987 aus Regressionsschätzungen extrapoliert wurden, wird in Fußnoten entsprechend hingewiesen.

Die extrapolierten und auf Regressionen basierenden Zahlen für 1987, die Spalte 8 zugrunde liegen, wurden auf das Jahr 1992 unter Verwendung von Weltbankschätzungen des realen BSP-Wachstums pro Kopf extrapoliert und in der Spalte 9 als Index ausgedrückt (USA = 100). Für Länder, die nie am IVP teilgenommen haben, sowie für China und die Volkswirtschaften der ehemaligen Sowjetunion, wurden die letztverfügbaren KKW-basierten Werte aufgrund von Schätzungen der Wachstumsraten durch die Weltbank auf das Jahr 1992 extrapoliert und in jeweilige „internationale Dollar" umgerechnet, indem sämtliche Ergebnisse mit den US-Inflationsraten hochgerechnet wurden. Die extrapolierten und auf Regressionen basierenden Schätzungen für 1992 werden in Spalte 10 gezeigt. Auf Länder, deren Zahlen für 1987 aus anderen Jahren extrapoliert oder durch Regressionen ermittelt wurden, wird in Fußnoten entsprechend hingewiesen. Die Anpassungen berücksichtigen keine Änderungen der Terms of Trade.

Das IVP formt die herkömmliche Volkswirtschaftliche Gesamtrechnung um mit Hilfe einer Auswahl spezieller Preise und der Disaggregation des BIP nach Ausgabenkomponenten. Die Detailangaben des IVP werden von den nationalen statistischen Ämtern vorbereitet und die Ergebnisse von der Statistischen Abteilung der VN (UNSTAT) koordiniert, mit Unterstützung durch andere internationale Stellen, insbesondere durch Eurostat und die OECD. Die Weltbank, die Wirtschaftskommission der VN für Europa und die Wirtschafts- und Sozialkommission für Asien und den Pazifik (ESCAP) tragen ebenfalls zu diesem Programm bei. Für Nepal, das an dem Projekt für 1985 teilnahm, waren Gesamtausgaben zum BIP nicht verfügbar, so daß Vergleiche nur für den Verbrauch vorgenommen wurden. Luxemburg und Swasiland sind die einzigen Länder mit einer Bevölkerung unter 1 Million, die am IVP teilgenommen haben; ihre Ergebnisse für 1987, ausgedrückt in Prozent des US-Ergebnisses sind 83,1 bzw. 15,0. Die nächste Phase des IVP-Projekts in 1993 wird schätzungsweise mehr als achtzig Länder abdecken, einschließlich China und einiger Länder der ehemaligen Sowjetunion.

Der „internationale Dollar" (I$) hat im angegebenen Jahr die gleiche Kaufkraft gegenüber dem gesamten BSP wie der US-Dollar, die Kaufkraft gegenüber Teilaggregaten ist aber nicht durch die relativen Preise in den USA, sondern durch durchschnittliche internationale Preise dieser Komponenten bestimmt. Diese Dollarwerte, die sich von den Dollarwerten des BSP oder BIP in Tabelle 1 und 3 unterscheiden (vgl. die Technischen Erläuterungen zu diesen Tabellen), erhält man durch spezielle Umrechnungsfaktoren, die so bestimmt werden, daß sie die Kaufkraft der Währungen in den jeweiligen Ländern ausgleichen. Dieser Umrechnungsfaktor, nämlich die Kaufkraftparität (KKP), ist definiert als die Zahl der Währungseinheiten eines Landes, die erforderlich sind, um die gleiche Menge an Gütern und Dienstleistungen am Inlandsmarkt zu kaufen, die mit einem Dollar in den Vereinigten Staaten gekauft werden kann. Zur Ermittlung der KKP werden implizite Mengen aus den Ausgabenbeträgen der Volkswirtschaftlichen Gesamtrechnung gesondert erhoben und speziell erhobene Preisangaben berechnet; diese impliziten Mengen werden dann für die einzelnen Länder mit einem einheitlichen Satz von Durchschnittspreisen neu bewertet. Der Durchschnittspreisindex gleicht somit die Dollarpreise aller Länder einander an, so daß der darauf basierende BSP-Vergleich zwischen den Ländern die unterschiedlichen Mengen von Gütern und Dienstleistungen frei von Preisniveauunterschieden widerspiegelt. Dieses Verfahren dient dazu, Länderquervergleiche in Übereinstimmung mit intertemporalen Realeinkommens-Vergleichen zu bringen, die auf Angaben zu konstanten Preisen basieren.

Die hier gezeigten Zahlen des IVP sind die Ergebnisse eines zweistufigen Verfahrens. Länder einer Region oder Gruppe, wie etwa der OECD, werden zuerst verglichen, indem die Durchschnittspreise ihrer eigenen Gruppe angewendet werden. Sodann werden die Gruppenpreise, die voneinander abweichen können, und dadurch die zu unterschiedlichen Gruppen gehörenden Länder nicht vergleichbar machen, angepaßt. Damit sind sie weltweit vergleichbar. Die von UNSTAT und Eurostat vorgenommenen Anpassungen beruhen auf Preisdifferentialen, die in einem Netzwerk von „Verknüpfungs"-Ländern beobachtet wurden, die jede Gruppe repräsentieren. Die Verknüpfung erfolgt jedoch derart, daß beim Weltvergleich die in den Gruppenvergleichen beobachteten relativen BIP-Niveaus erhalten bleiben (die sogenannte Fixierung).

Das zweistufige Verfahren wurde gewählt, weil sich die relativen BIP-Niveaus und die Rangfolge von zwei Ländern ändern können, wenn zusätzliche Länder in den Vergleich einbezogen werden. Man ging davon aus, daß dies nicht innerhalb einer geographischen Region geschehen sollte, also daß das Verhältnis etwa zwischen Ghana und Senegal nicht durch die Preise in den Vereinigten Staaten beeinflußt werden darf. Daher werden die Gesamtniveaus des BIP pro Kopf mit „regionalen" Preisen errechnet und dann verknüpft. Die Verknüpfung erfolgt durch Umbewertung des BIP aller Länder mit durchschnittlichen „Welt"-Preisen und länderweiser Zurechnung der neuen regionalen Gesamtbeträge auf Basis der Länderanteile im ursprünglichen Vergleich.

Ein solches Verfahren erlaubt keinen Vergleich von ins einzelne gehenden Mengenangaben (beispielsweise des Nahrungsmittelverbrauchs). Deshalb werden solche Teilaggregate und detailliertere Kategorien mit Hilfe der Welt-Preise errechnet. Diese Mengengrößen sind somit in der Tat international vergleichbar, doch lassen sie sich nicht zu den angegebenen BIP-Werten aufaddieren, weil sie mit unterschiedlichen Preisrelationen berechnet werden.

Einige Länder gehören verschiedenen Regionalgruppen an. Einige wenige Gruppen haben Vorrang, andere sind gleichwertig. So bleiben zwischen den Mitgliedsländern der Europäischen Gemeinschaften die Relationen durchweg erhalten, selbst innerhalb des OECD- und des Weltvergleichs. Für Finnland und Österreich wird jedoch die bilaterale Relation, die innerhalb des OECD-Vergleichs besteht, auch beim globalen Vergleich angewendet. Ein deutlich anderes Verhältnis (basierend auf zentraleuropäischen Preisen) gilt jedoch beim Vergleich innerhalb dieser Gruppe, und zwar dasjenige, welches in einer gesonderten Veröffentlichung über den europäischen Vergleich gezeigt wird.

Um für die Länder, die bisher noch nicht an einer IVP-Erhebung teilgenommen haben, IVP-basierte Zahlen für 1987 abzuleiten, wird zunächst durch Bestimmung der folgenden Regression für Daten von 1987 eine Schätzgleichung gewonnen:

$\ln(r) = 0.5932 \ln(\text{ATLAS}) + 0.268 \ln(\text{ENROL}) + 0.6446;$
$(0.298) \phantom{\ln(\text{ATLAS})\ \ } (0.0552) \phantom{\ln(\text{ENROL})\ \ } (0.1676)$
$\text{RMSE} = 0.2304; \text{Adj.R-Sq} = 0.95; N = 80$

wobei sämtliche Variablen und Schätzwerte ausgedrückt sind als Meßziffern mit der Basis USA = 100;

r = IVP-Schätzungen des BIP pro Kopf, umgerechnet in US-Dollar mittels der KKP, wobei die Menge der r aus Extrapolationen der allerjüngsten tatsächlichen IVP-Werte besteht, die für alle Länder verfügbar sind, die jemals am IVP teilgenommen haben;

$ATLAS$ = BSP pro Kopf, geschätzt nach dem *Atlas*verfahren;
$ENROL$ = Einschulungsquote an weiterführenden Schulen und
$RMSE$ = Standardfehler der Residuen.

ATLAS und ENROL werden als grobe Näherungswerte der Lohnunterschiede zwischen ungelernten und qualifizierten Arbeitskräften in den Ländern verwendet. In Anlehnung an Isenman 1980 läßt sich diese Vorgehensweise damit begründen, daß sich die IVP- und konventionelle BSP-Schätzungen hauptsächlich wegen der Lohndifferenzen unterscheiden, die zwischen den Ländern infolge mangelnder internationaler Arbeitsmobilität bestehen. Eine methodische Ausarbeitung mit eingehenderen Erläuterungen (Ahmad 1992) ist auf Anfrage verfügbar. Weitere Einzelheiten des IVP-Verfahrens können Leser dem Bericht über das IVP, Phase IV, entnehmen: *World Comparisons of Purchasing Power and Real Product for 1980* (Vereinte Nationen, New York 1986). Leser, die an detaillierten ICP-Erhebungsdaten für 1975, 1980, 1985 und 1990 interessiert sind, seien verwiesen auf die Untersuchung *Purchasing Power of Currencies: Comparing National Incomes Using ICP Data* (Weltbank 1993).

Tabelle 31: Verstädterung

Die Angaben über die Stadtbevölkerung und über die Bevölkerungsagglomeration in großen Städten stammen aus der VN-Publikation *World Urbanization Prospects*, ergänzt durch Angaben der Weltbank. Die Zuwachsraten für die Stadtbevölkerung werden aus den Bevölkerungsschätzungen der Weltbank berechnet; die Schätzwerte für die Anteile der Stadtbevölkerung werden aus den obengenannten Quellen abgeleitet.

Da die Schätzwerte in dieser Tabelle auf unterschiedlichen nationalen Definitionen des Begriffs „städtisch" beruhen, sollten Länderquervergleiche mit Vorsicht interpretiert werden.

Die zusammenfassenden Kennzahlen für den prozentualen Anteil der Stadtbevölkerung an der Gesamtbevölkerung werden aus den Anteilen für die einzelnen Länder berechnet, die mit dem Anteil jeden Landes an der gesamten Bevölkerung gewichtet werden; die anderen zusammenfassenden Kennzahlen in dieser Tabelle werden unter Verwendung der Zahlen über die Stadtbevölkerung auf die gleiche Weise gewichtet.

Tabelle 32: Infrastruktur

Diese Tabelle enthält ausgewählte grundlegende Kennzahlen des Versorgungs- und Leistungsgrades der Infrastruktursektoren.

Versorgungsgrad. Kennzahlen des Versorgungsgrades basieren auf Infrastrukturdaten, die in den einzelnen Ländern am umfassendsten verfügbar sind und die Umfang, Art und manchmal den Zustand der physischen Anlagen in jedem Infrastruktursektor messen (Beispiele hierfür zeigen die Anhangtabellen). Solche Angaben sind unterteilt nach der Gesamtbevölkerung der betreffenden Länder, um Kennzahlen über Versorgungsgrad und Verfügbarkeit abzuleiten (etwa von Telefon-Hauptanschlüssen je tausend Einwohner oder Straßenkilometer je eine Million Einwohner). Direktere Kennzahlen des Versorgungsgrades basieren auf Haushaltsuntersuchungen über den tatsächlichen Zugang, angegeben als Prozentanteil von Haushalten mit Stromversorgung oder Zugang zu Trinkwasser. Bei Straßen und Eisenbahnen wären physische Näherungswerte (wie der Anteil der Bevölkerung, der nur 1 Kilometer von einer befestigten Straße entfernt wohnt) eine gute Kennzahl des Versorgungsgrades, aber sie sind selten verfügbar.

Leistungsgrad. Die Leistungsqualität sollte aus der Sicht der Anbieter und Nutzer von Infrastruktur beurteilt werden. Kennzahlen aus der Sicht der Anbieter messen die Betriebseffizienz (wie etwa Verluste bei Stromnetzen, nicht-berechnete Wasserabgaben und die Verfügbarkeit von Lokomotiven), die Kapazitätsausnutzung oder die finanzielle Effizienz (wie etwa die Kostendeckung). Kennzahlen aus der Sicht der Nutzer würden die Wirksamkeit der letztlich zur Verfügung gestellten Dienstleistungen messen. Kennzahlen über die Dienstleistungsqualität (wie etwa die Ausfallquote je 100 Telefon-Hauptanschlüsse pro Jahr) sind auf vergleichbarer und zeitnaher Basis für einen großen Länderkreis am schwierigsten zu erhalten. Einige Kennzahlen repräsentieren sowohl Systemeffizienz als auch Dienstleistungsqualität, wie etwa der Anteil befestigter Straßen in gutem Zustand.

Obwohl die hier gezeigten Daten aus den zuverlässigsten verfügbaren Quellen stammen, dürfte ihre Vergleichbarkeit wegen der Unterschiede bei der Datenerhebung, den statistischen Methoden und den Definitionen begrenzt sein.

Elektrischer Strom. Der Versorgungsgrad wird gemessen als Prozentsatz der Haushalte mit Zugang zu Strom, der mindestens für elektrische Beleuchtung ausreicht. Diese Kennzahl stammt von Kurian, 1991, und ist nur für 1984 verfügbar. Angaben über Verluste aus Stromnetzen, die aus Aufzeichnungen über Stromdaten herrühren, die von der Industrie- und Energie-Abteilung der Weltbank sowie den Energiestatistiken der IEA erstellt wurden, kombinieren technische und nichttechnische Verluste. Technische Verluste, die auf den physischen Eigenschaften der Energiesysteme beruhen, bestehen hauptsächlich aus Widerstandsverlusten bei der Übertragung und Verteilung von Strom. Nichttechnische Verluste bestehen hauptsächlich aus illegalen Stromanschlüssen und anderen Fällen von Diebstahl. Verluste aus Stromnetzen werden als Prozentsatz der gesamten Stromerzeugung (Netto-Erzeugung) ausgedrückt.

Telekommunikation. Die Kennzahl des Versorgungsgrads ist die Zahl der Telefon-Hauptanschlüsse je tausend Personen. Ein Telefon-Hauptanschluß verbindet die Anlage des Kunden mit dem Vermittlungssystem und stellt eine aktive Anlaufstelle im Telefonverkehr dar. Dieser Ausdruck ist ein Synonym für „Hauptanschluß" und wird in Telekommunikations-Unterlagen ebenfalls allgemein verwendet. Ausfälle je 100 Hauptanschlüsse pro Jahr beziehen sich auf die Zahl der gemeldeten Ausfälle je 100 Telefon-Hauptanschlüsse für das angegebene Jahr. Einige Vermittlungsstationen berücksichtigen auch die mangelhafte Funktionsweise der häuslichen Telefonanlage als Ausfälle, während andere nur technische Ausfälle einschließen. Die Angaben über Hauptanschlüsse und Ausfälle je 100 Hauptanschlüsse stammen aus der Datensammlung der Internationalen Telekommunikations-Union.

Straßen. Um den Versorgungsgrad auf diesem Sektor zu zeigen, berücksichtigen die verwendeten Kennzahlen die räumliche Straßendichte (die Länge aller Straßen eines Landes, dividiert durch die Landfläche) sowie die Straßendichte pro Kopf (Länge des Straßennetzes je Bevölkerungsgröße). Die letztere Kennzahl (Kilometer befestigter Straßen pro eine Million Bevölkerung) wird hier als Näherungswert des Versorgungsgrades verwendet. Als Kennzahl des Leistungsgrades werden befestigte Straßen in gutem Zustand definiert als Straßen ohne substantielle Schäden, die nur der Routine-Instandhaltung bedürfen. Angaben für befestigte Straßen stammen von Queiroz und Gautam, 1992, und sind nur für 1988 verfügbar.

Wasserversorgung. Für die meisten Länder ist das Maß des Versorgungsgrades der Prozentsatz der Bevölkerung mit Zugang zu Trinkwasser entweder aus Standrohren oder aus Hausanschlüssen; die Angaben entstammen hauptsächlich den Veröffentlichungen der Weltgesundheitsorganisation „*The International Drinking Water Supply and Sanitation Decade*" für verschiedene Jahre. Für die Länder der ehemaligen Sowjetunion ist die Kennzahl des Versorgungsgrades der Prozentsatz der mit fließendem Wasser ausgestatteten öffentlichen Wohnungen; Quelle ist die Veröffentlichung des Staatlichen Komitees für Statistik der UdSSR „*Housing Conditions in the USSR*". Angaben über Wasserverluste stammen von Garn, 1987, und beziehen sich auf Großstadtflächen. Sofern Angaben für 1986 nicht verfügbar waren, wurde das nächstverfügbare Jahr herangezogen. Zu Wasserverlusten gehören physische Verluste (Rohrbrüche und Überflutungen) und kommerzielle Verluste (Untererfassung durch Wasserzähler, illegaler Verbrauch einschließlich betrügerischer oder nichtregistrierter Anschlüsse sowie legale, aber üblicherweise nicht registrierte Verwendungen wie etwa Brandbekämpfung).

Eisenbahnen. Die Kennzahl für den Versorgungsgrad ist die Zahl der Eisenbahnverkehrseinheiten je eine Million BIP in US-Dollar. Eisenbahnverkehrseinheiten sind die Summe aus Passagier-Kilometern und Tonnen-Kilometern, und sie entstammen der von der Verkehrssektion der Abteilung Verkehr, Wasser und Städtische Entwicklung der Weltbank erstellten Datensammlung. Die Verfügbarkeit von Diesellokomotiven ist eine der besseren Kennzahlen für den technischen Leistungsstandard und die Managementqualitäten, da Lokomotiven das teuerste rollende Material sind, über das Eisenbahngesellschaften verfügen. Die Angaben über die Verfügbarkeit von Diesellokomotiven sind in Prozent des Bestands an Dieselloks ausgedrückt, und sie stammen von der gleichen Datenbasis der Weltbank. Zahlen über das BIP entstammen der Arbeit von Summers und Heston „*The Penn World Tables (Mark 5.5)*", die demnächst erscheint.

Tabelle 33: Natürliche Ressourcen

Diese Tabelle versucht, Umweltdaten in die Bewertung der Entwicklung und die Planung von Wirtschaftsstrategien zu integrieren. Sie vermittelt ein partielles Bild des Zustands der Wälder, des Umfangs der Landflächen, die aus Gründen der Erhaltung oder anderen Umwelterwägungen geschützt sind, sowie der Verfügbarkeit und Nutzung von Trinkwasser. Die hier wiedergegebenen Daten stammen aus den maßgeblichsten verfügbaren Quellen, die in den *„World Resources 1994–95"* des Weltressourceninstituts angegeben werden. Diese Daten sollten jedoch noch mehr als andere Angaben in diesem Bericht mit Vorsicht benutzt werden. Obwohl sie größere Diskrepanzen in der Verfügbarkeit und Nutzung von Ressourcen zwischen den Ländern zutreffend kennzeichnen, ist eine wirkliche Vergleichbarkeit wegen der Unterschiede in der Datenerfassung, der statistischen Methoden, der Definitionen und des staatlichen Mitteleinsatzes begrenzt.

Bisher hat man sich noch nicht auf einen konzeptionellen Rahmen geeinigt, der Daten über natürliche Ressourcen und herkömmliche ökonomische Daten integriert. Auch sind die in dieser Tabelle gezeigten Maßgrößen nicht als definitive Kennzahlen der Ausstattung mit natürlichen Ressourcen, der Gesundheit der Umwelt oder des Raubbaus an Ressourcen gedacht. Sie sind ausgewählt worden, weil sie für die meisten Länder verfügbar und überprüfbar sind und einige allgemeine Umweltbedingungen widerspiegeln.

Die *Gesamtfläche natürlicher Wälder* bezieht sich auf die gesamten naturwüchsigen Bestände von Waldvegetation, in der Bäume überwiegen. Diese Schätzungen sind von Länderstatistiken abgeleitet, die von der Organisation für Ernährung und Landwirtschaft (FAO) sowie der Wirtschaftskommission für Europa der Vereinten Nationen (ECE) zusammengestellt wurden. Neue Erhebungen wurden 1993 für die tropischen Länder (FAO) sowie für die gemäßigten Zonen (ECE/FAO) veröffentlicht. Die FAO und die ECE/FAO benutzen in ihren Erhebungen unterschiedliche Definitionen. Die FAO definiert natürliche Wälder in tropischen Ländern entweder als geschlossenen Wald, wo Bäume einen großen Teil des Bodens bedecken und es keine zusammenhängende Grasdecke gibt oder als offenen Wald, definiert als gemischtes Wald-/Grasland mit mindestens 10 Prozent Baumbedeckung und einer zusammenhängenden Grasdecke auf dem Waldboden. Ein tropischer Wald umfaßt sämtliche Bestände mit Ausnahme von Anpflanzungen und schließt Bestände ein, die in gewissem Ausmaß durch Landwirtschaft, Brände, Abholzung oder sauren Regen degradiert wurden.

Die ECE/FAO definieren einen Wald als Land, auf dem Baumkronen mehr als 20 Prozent der Fläche bedecken. Dazu gehören auch offene Waldformationen, Waldwege und Feuerlichtungen, kleine zeitweilig geräumte Flächen, Jungbestände, die letztlich mindestens eine zwanzigprozentige Baumkronendecke erreichen, sowie Windbrüche und Schutzgürtel. Die Flächen von Waldschonungen sind bei den Schätzungen für gemäßigte Länder in der natürlichen Waldfläche enthalten. Einige Länder in dieser Tabelle schließen auch bewaldetes Land ein, definiert als offenes Waldland, Busch- und Strauchwerk sowie Gestrüpp.

Waldvernichtung bezieht sich auf die dauerhafte Umwandlung von Waldflächen in anders genutzte Flächen einschließlich Wanderfeldbau, permanente Landwirtschaft, Weidewirtschaft, Ansiedlungen oder zur Entwicklung von Infrastruktur genutzte Flächen. Entwaldete Gebiete umfassen weder abgeholzte Gebiete, deren Aufforstung vorgesehen ist, noch Flächen, die durch Sammeln von Brennholz, sauren Regen oder Waldbrände degradiert wurden. Ausmaß und Prozentanteil der gesamten Fläche beziehen sich auf die durchschnittliche jährliche Vernichtung natürlicher Waldflächen.

Einige Länder führen auch unabhängige Erhebungen durch, indem sie Satelliten-Daten oder extensive Boden-Angaben verwenden. Eine 1991 vorgenommene landesweite Erhebung, die Landsatelliten-Aufnahmen verwendete, schätzte die Waldfläche Indiens auf 639.000 Quadratkilometer. Eine Untersuchung, die auf LANDSAT-TM-Aufnahmen von 1990 basierte, schätzte die Waldfläche Mexikos auf 496.000 Quadratkilometer mit einer Waldvernichtungsrate von 4,06 Quadratkilometer pro Jahr im Zeitraum von 1980 bis 1990. In Brasilien ergaben zwei unlängst auf Satelliten-Aufnahmen basierende Erhebungen über die Waldvernichtung im brasilianischen Amazonasgebiet unterschiedliche Schätzungen der Waldvernichtungsraten in diesem Gebiet. Eine Untersuchung der NASA aus den USA und der Universität New Hamphire schätzte für die Jahre 1978 bis 1988 den Waldverlust auf 15.000 Quadratkilometer pro Jahr. Das Nationale Institut für Weltraumforschung Brasiliens sowie das Nationale Institut für Erforschung des Amazonasgebiets schätzte die Waldvernichtung für die gleiche Periode auf 20.300 Quadratkilometer pro Jahr. Waldvernichtung in sekundären Waldgebieten und trockenen Buschgebieten sind in keiner der Untersuchungen enthalten. Die in dieser Tabelle gezeigten Daten der FAO umfassen die Bewaldung ganz Brasiliens einschließlich der sekundären Waldgebiete und anderer Waldflächen. Es sei ebenfalls angemerkt, daß der FAO zufolge Brasilien über schätzungsweise 70.000 Quadratkilometer an Waldschonungen verfügt, definiert als künstlich durch Aufforstung und durch Wiederbeforstung für industrielle und nichtindustrielle Nutzungen angelegte Waldbestände. Indien weist schätzungsweise 189.000 Quadratkilometer und Indonesien schätzungsweise 87.500 Quadratkilometer Waldschonungen auf.

National geschützte Landflächen sind Gebiete von mindestens 1.000 Hektar, die in eine der fünf folgenden Kategorien fallen: wissenschaftliche Reservate und Naturreservate, Nationalparks von nationaler oder internationaler Bedeutung (die nicht wesentlich durch menschliche Aktivitäten beeinflußt sind), Naturmonumente und Naturlandschaften mit einigen einzigartigen Erscheinungsformen, bewirtschaftete Naturparks und Wildschutzgebiete sowie geschützte Landschaften und Küstengebiete (die Kulturlandschaften einschließen können). In dieser Tabelle ist kein Gelände enthalten, das nur durch Vorschriften von örtlichen oder Provinzbehörden geschützt ist oder Gebiete, in denen eine konsumtive Nutzung der Flora und Fauna erlaubt ist. Diese Angaben werden beeinflußt von Unterschieden in den Definitionen und der Berichterstattung an Organisationen, wie das World Conservation Monitoring Centre, die solche Daten sammeln und verbreiten. Die gesamte Oberfläche wird herangezogen, um den prozentualen Anteil der gesamten geschätzten Gebiete zu errechnen.

Die Angaben über die *Süßwasserressourcen: jährliche Entnahme* beruhen auf unterschiedlichen Erhebungs- und Schätzmethoden, weisen aber die Größenordnung des gesamten und des Pro-Kopf-Verbrauchs an Wasser zutreffend aus. Diese Daten verbergen jedoch mögliche signifikante Veränderungen des gesamten Wasseraufkommens von einem Jahr zum anderen. Auch werden saisonale Schwankungen und regionale Unterschiede der Wasserverfügbarkeit innerhalb eines Landes nicht erkennbar. Da die Angaben über Süßwasserressourcen auf langfristigen Durchschnitten basieren, schließt ihre Schätzung jahrzehntelange Zyklen von trockenen und feuchten Perioden explizit aus. Das Département Hydrogéologie in Orléans, Frankreich, stellt aus veröffentlichten Dokumenten, wie nationalen Quellen, solche von den Vereinten Nationen oder Fachliteratur, Daten über Wasseraufkommen und -entnahme zusammen. Auch das Institut für Geographie an der Nationalakademie der Wissenschaften in Moskau trägt globale Daten über die Wasserwirtschaft zusammen, und zwar auf der Basis veröffentlichter Arbeiten und, soweit notwendig, mit Hilfe von Schätzungen über Wasserressourcen und -verbrauch anhand von Modellen, die andere Daten wie Bewässerungsgebiete, Viehbestand und Niederschlag heranziehen. Diese und andere Quellen wurden vom World Resources Institute für die Daten in dieser Tabelle ausgewertet. Angaben über Wasserentnahme beziehen sich auf einzelne Jahre und sind im Zeitraum 1970 bis 1992 von Land zu Land verschieden. Die Daten für kleine Länder sowie Länder in trockenen und halbtrockenen Zonen sind weniger verläßlich als diejenigen für große Länder und solche mit größeren Niederschlägen.

Das *gesamte Wasseraufkommen* umfaßt das heimische Aufkommen und – wo es angemerkt wurde – die aus anderen Ländern zuströmenden Flüsse. Die Schätzungen betreffen das Jahr 1992. Das jährliche heimische Wasseraufkommen bezieht sich auf den durchschnittlichen jährlichen Zufluß von Flußwasser und auf von Niederschlägen im Land gespeiste Wasserreservoire. In dieser Tabelle werden sowohl die gesamten Entnahmen als auch die prozentualen Entnahmen am gesamten Aufkommen gezeigt. Zu den Entnahmen gehören solche von nichterneuerbaren Reservoiren und Entsalzungsanlagen, aber nicht Verdunstungsverluste. Die Entnahmen können 100 Prozent des Wasseraufkommens übersteigen, wenn die Inanspruchnahmen nichterneuerbarer Reservoire oder aus Entsalzungsanlagen beträchtlich sind oder wenn eine signifikante Wiederverwendung stattfindet. Die gesamte Pro-Kopf-Wasserentnahme wird berechnet durch Division der Gesamtentnahme eines Landes durch die Bevölkerung in dem Jahr, für das Entnahmeschätzungen vorliegen. Für die meisten Länder werden Daten für die sektorale Pro-Kopf-Entnahme berechnet unter Verwendung der für 1987 geschätzten prozentualen sektoralen Entnahme. Der Verbrauch der Haushalte umfaßt Trinkwasser, städtische Nutzung oder Bereitstellung und Verwendung für öffentliche Dienstleistungen, Betriebsstätten und private Haushalte. Die direkten Entnahmen für die industrielle Verwendung, einschließlich der Entnahmen für die Kühlung von Wärmekraftwerken, sind in der letzten Spalte dieser Tabelle mit den Entnahmen für die Landwirtschaft (Bodenbewässerung und Viehproduktion) zusammengefaßt. Die Summen der Pro-Kopf-Zahlen können infolge von Rundungen Differenzen aufweisen.

*Verzeichnis der Datenquellen*

Produktion und inländische Absorption	UN Department of International Economic and Social Affairs, *Statistical Yearbook*, verschiedene Jahre, New York. ———, *Energy Statistics Yearbook*, Statistical Papers, Reihe J, verschiedene Jahre, New York. Internationales Vergleichsprogramm der VN, Berichte der Phasen IV (1980), V (1985) und VI (1990) sowie Daten von ECE, ESCAP, Eurostat, OECD und VN. Daten von FAO, IWF, UNIDO und Weltbank sowie nationale Quellen.
Finanzwirtschaftliche und monetäre Statistiken	Internationaler Währungsfonds, *Government Finance Statistics Yearbook*, Bd. 11, Washington, D.C. ———, *International Financial Statistics*, verschiedene Jahre, Washington, D.C. UN Department of International Economic and Social Affairs, *World Energy Supplies*, Statistical Papers, Reihe J, verschiedene Jahre, New York. Daten des IWF.
Wichtigste internationale Transaktionen	Internationaler Währungsfonds, *International Financial Statistics*, verschiedene Jahre, Washington, D.C. Konferenz der VN für Handel und Entwicklung, *Handbook of International Trade and Development Statistics*, verschiedene Jahre, Genf. UN Department of International Economic and Social Affairs, *Monthly Bulletin of Statistics*, verschiedene Jahre, New York. ———, *Yearbook of International Trade Statistics*, verschiedene Jahre, New York. Daten von FAO, IWF, VN und Weltbank.
Auslandsfinanzierung	Organisation für Wirtschaftliche Zusammenarbeit und Entwicklung, *Development Co-operation*, verschiedene Jahre, Paris. ———, *Geographical Distribution of Financial Flows to Developing Countries*, 1988, Paris. Daten von IWF, OECD und Weltbank; Schuldenberichtssystem der Weltbank.
Menschliche Ressourcen und ökologisch tragfähige Entwicklung	Bos, Eduard, My T. Vu, Ernest Massiah und Rodolfo A. Bulatao, *World Population Projections, 1994–95 Edition*, (erscheint demnächst), Baltimore Md., Johns Hopkins University Press. Garn, Harvey, „Patterns in the Data Reported on Completed Water Supply Projects", 1987, Weltbank, Transport, Water and Urban Development Department, Washington, D.C. Heiderian, J. und Wu, Gary, „Power Sector: Statistics of Developing Countries (1987–1991)," 1993, Weltbank, Industry and Energy Department, Washington, D.C. Institute for Resource Development/Westinghouse, *Child Survival: Risks and the Road to Health*, 1987, Columbia, Md. International Energy Agency, *IEA Statistics: Energy Prices and Taxes*, 1993, Paris: OECD. International Road Transport Union, 1990, World Transport Data. International Telecommunication Union, *1994 World Telecommunications Development Report*, Genf. Kurian, G. T., *The New Book of World Rankings*, 1991, New York: Facts on File. Querioz, Caesar, und Surhid Gautam, „Road Infrastrukture and Economic Development", 1992, Policy Research Working Paper 921, Weltbank, Washington, D.C. Ross, John, und andere, *Family Planning and Population: A Compendium of International Statistics*, 1993, New York: The Population Council. Sivard, Ruth, *Women – A World Survey*, 1985, Washington, D.C., World Priorities. UN Department of Economic and Social Information and Policy Analysis (früher: UN Department of International Economic and Social Affairs), *Demographic Yearbook*, verschiedene Jahre, New York. ———, *Population and Vital Statistics Report*, verschiedene Jahre, New York. ———, *Statistical Yearbook*, verschiedene Jahre, New York. ———, *Levels and Trends of Contraceptive Use as Assessed in 1988*, 1989, New York. ———, *Mortality of Children under Age 5: Projections 1950–2025*, 1988, New York. ———, *World Comparisons of Purchasing Power and Real Product for 1980*, 1986, New York. ———, *World Urbanization Prospects 1991*, 1991, New York. ———, *World Population Prospects: 1990*, 1991, New York. ———, *World Population Prospects: 1993 Revision*, 1993, New York. ———, *World Urbanization Prospects: 1992 Revision*, 1993, New York. U.N. Educational, Scientific, and Cultural Organization, *Statistical Yearbook*, verschiedene Jahre, Paris. ———, *Compendium of Statistics on Illiteracy*, 1990, Paris. UNICEF, *The State of the World's Children 1989*, 1989, Oxford, Oxford University Press. Weltbank, *Purchasing Power of Currencies: Comparing National Incomes Using ICP Data*, Washington, D.C. Weltgesundheitsorganisation, *World Health Statistics Annual*, verschiedene Jahre, Genf. ———, *Maternal Mortality Rates: A Tabulation of Available Information*, zweite Auflage, 1986, Genf. ———, *Maternal Mortality: A Global Factbook*, 1991, Genf. ———, *World Health Statistics Report*, verschiedene Jahre, Genf. ———, *The International Drinking Water Supply and Sanitation Decade*, verschiedene Jahre, Genf. World Resources Institute, *World Resources 1994–95*, 1994, New York. Daten von FAO, ILO, VN und Weltbank; nationale Quellen.

Teil 1 Klassifikation der Länder nach Einkommen und Regionen

Einkommens-gruppe	Untergruppe	Afrika südlich der Sahara		Asien		Europa und Zentralasien		Naher Osten und Nordafrika		Amerikanischer Kontinent
		Ost- und südliches Afrika	Westafrika	Ostasien und Pazifik	Südasien	Osteuropa und Zentralasien	Übriges Europa	Naher Osten	Nordafrika	
Niedriges Einkommen		Äthiopien Burundi Eritrea Kenia Komoren Lesotho Madagaskar Malawi Mosambik Ruanda Sambia Simbabwe Somalia Sudan Tansania Uganda Zaire	Äquatorial-guinea Benin Burkina Faso Gambia Ghana Guinea Guinea-Bissau Liberia Mali Mauretanien Niger Nigeria São Tomé u. Príncipe Sierra Leone Togo Tschad Zentralafr. Republik	China Indonesien Kambodscha Laos Myanmar Vietnam	Afghanistan Bangladesch Bhutan Indien Malediven Nepal Pakistan Sri Lanka	Tadschikistan		Jemen, Rep.	Ägypten, Arab. Rep.	Guayana Haiti Honduras Nicaragua
Mittleres Einkommen	Untere Kategorie	Angola Dschibuti Namibia Swasiland	Côte d'Ivoire Kamerun Kap Verde Kongo Senegal	Fidschi Kiribati Marshall-I. Mikronesien, Föd. Staat. Mongolei Nordkorea Papua-Neuguinea Philippinen Salomonen Thailand Tonga Vanuatu Westsamoa		Albanien Armenien Aserbaidschan Bosnien-Herzegowina Bulgarien Georgien Jugoslawien Bd. Rep. Kasachstan Kirgisistan Kroatien Lettland Litauen Mazedonien[a] Moldau Polen Rumänien Russische Föderation Slowakei Tschechische Republik Turkmenistan Ukraine Usbekistan	Türkei	Iran Irak Jordanien Libanon Syrien, Arab. Rep.	Algerien Marokko Tunesien	Belize Bolivien Chile Costa Rica Dominica Dominikan. Republik Ecuador El Salvador Grenada Guatemala Jamaika Kolumbien Kuba Panama Paraguay Peru St. Vincent
	Obere Kategorie	Botsuana Mauritius Mayotte Réunion Seschellen Südafrika	Gabun	Guam Macau Malaysia Neukaledonien Samoa (Am.-Oz.) Südkorea		Estland Slowenien Ungarn Weißrußland	Gibraltar Griechenland Malta Man-Ins. Portugal	Bahrain Oman Saudi-Arabien	Libyen	Antigua und Barbuda Antillen, Niederl. Argentinien Aruba Barbados Brasilien Guadeloupe Guayana, Franz. Martinique Mexiko Puerto Rico St. Kitts und Nevis St. Lucia Surinam Trinidad und Tobago Uruguay Venezuela
Zahl der Länder mit niedrigem und mittlerem Einkommen: 169		27	23	26	8	27	6	9	5	38

(Fortsetzung der Tabelle auf folgender Seite)

Teil 1 *(Fortsetzung)*

Einkommens-gruppe	Untergruppe	Afrika südlich der Sahara		Asien		Europa und Zentralasien		Naher Osten und Nordafrika		Amerikanischer Kontinent
		Ost- und südliches Afrika	Westafrika	Ostasien und Pazifik	Südasien	Osteuropa und Zentralasien	Übriges Europa	Naher Osten	Nordafrika	
Hohes Einkommen	OECD-Länder			Australien Japan Neuseeland			Belgien Dänemark Deutschland Finnland Frankreich Großbritannien Irland Island Italien Luxemburg Niederlande Norwegen Österreich Schweden Schweiz Spanien			Kanada Vereinigte Staaten
	Nicht-OECD-Länder			Brunei Hongkong Polynesien, Franz. Singapur OAE[b]			Andorra Faröer Grönland Kanal-I., Brit. San Marino Zypern	Israel Katar Kuwait Vereinigte Arab. Emirate		Bahamas Bermuda Jungfern-Ins., Amerik.
Gesamtzahl der Länder: 208		27	23	34	8	27	28	13	5	43

a. Ehemalige jugoslawische Republik Mazedonien.
b. Übrige asiatische Länder: Taiwan (China).

Definitionen der Gruppen

In diesen Tabellen werden sämtliche Mitgliedsländer der Weltbank sowie alle übrigen Länder mit einer Bevölkerung von über 30.000 Menschen klassifiziert.

Einkommensgruppen: Die Ländereinteilung erfolgt nach dem BSP pro Kopf von 1992, errechnet unter Anwendung des *World Bank Atlas*-Verfahrens. Die Gruppen sind: niedriges Einkommen (675 Dollar oder weniger), untere Kategorie des mittleren Einkommens (676 bis 2.695 Dollar), obere Kategorie des mittleren Einkommens (2.696 bis 8.355 Dollar), hohes Einkommen (8.356 Dollar und mehr).

Die Schätzungen für die Republiken der ehemaligen Sowjetunion sind vorläufig; ihre Klassifikation wird überprüft.

Teil 2 Klassifikation der Länder nach Exportschwerpunkten und Verschuldung

	Niedriges und mittleres Einkommen							Hohes Einkommen	
	Niedriges Einkommen			Mittleres Einkommen			Ohne Klassifika-tion nach der Verschuldung		
Exportschwerpunkt	gravierend verschuldet	mäßig verschuldet	wenig verschuldet	gravierend verschuldet	mäßig verschuldet	wenig verschuldet		OECD-Länder	Nicht-OECD-Länder
Exporteure von Industrieprodukten			China	Bulgarien Polen	Ungarn Russische Föderation	Armenien Estland Georgien Kirgisistan Lettland Libanon Litauen Macau Moldau Nordkorea Rumänien Südkorea Ukraine Usbekistan Weißrußland		Deutschland Finnland Irland Italien Japan Kanada Schweden Schweiz	Hongkong Israel Singapur OAE[a]
Exporteure von Rohstoffen (ohne Brennstoffe)	Äquatorial-guinea Äthiopien Afghanistan Burundi Ghana Guinea-Bissau Guayana Honduras Liberia Madagaskar Mali Mauretanien Myanmar Nicaragua Niger Ruanda São Tomé und Príncipe Sambia Somalia Sudan Tansania Uganda Vietnam Zaire	Guinea Malawi Simbabwe Togo	Tschad	Albanien Argentinien Bolivien Côte d'Ivoire Kuba Peru	Chile Guatemala Papua-Neuguinea	Botsuana Mongolei Namibia Paraguay Samoa (Am.-Oz.) Salomonen St. Vincent Surinam Swasiland	Guadeloupe Guayana, Franz. Réunion	Island Neuseeland	Faröer Grönland
Exporteure von Brennstoffen (hauptsächlich Öl)	Nigeria			Algerien Angola Irak Kongo	Gabun Venezuela	Bahrain Iran Libyen Oman Saudi-Arabien Trinidad und Tobago Turkmenistan			Brunei Katar Vereinigte Arab. Emirate
Exporteure von Dienstleistungen	Ägypten Kambodscha	Gambia Jemen Malediven Nepal	Benin Bhutan Burkina Faso Haiti Lesotho	Jamaika Jordanien Panama	Dominik. Republik Griechenland	Antigua und Barbuda Antillen, Niederl. Aruba Barbados Belize Dschibuti El Salvador Fidschi Grenada Kap Verde Kiribati Malta Samoa (West-) St. Kitts und Nevis St. Lucia Seschellen Tonga Vanuatu	Martinique	Großbritannien	Bahamas Bermudas Polynesien, Franz. Zypern

(Fortsetzung der Tabelle auf folgender Seite)

Teil 2 (Fortsetzung)

| Exportschwerpunkt | Niedriges und mittleres Einkommen ||||||| Ohne Klassifikation nach der Verschuldung | Hohes Einkommen ||
| | Niedriges Einkommen ||| Mittleres Einkommen ||| | OECD-Länder | Nicht-OECD Länder |
	gravierend verschuldet	mäßig verschuldet	wenig verschuldet	gravierend verschuldet	mäßig verschuldet	wenig verschuldet			
Exporteure verschiedener Güter[b]	Kenia Laos Mosambik Sierra Leone Zentralafrik. Republik	Bangladesch Indien Indonesien Komoren Pakistan	Sri Lanka Tadschikistan	Brasilien Ecuador Kamerun Mexiko Marokko Syrien	Costa Rica Kolumbien Philippinen Senegal Tunesien Türkei Uruguay	Aserbaidschan Dominica Kasachstan Malaysia Mauritius Portugal Südafrika Thailand	Jugoslawien, Bd. Rep.	Australien Belgien Dänemark Frankreich Luxemburg Niederlande Norwegen Österreich Spanien Vereinigte Staaten	Kuwait
Ohne Klassifikation nach Exporten				Gibraltar			Bosnien-Herzegowina Eritrea Guam Kroatien Man-Ins. Marschall-Ins. Mayotte Mazedonien[c] Mikronesien, Föd. Staat. Neukaledonien Nördl. Marianen Puerto Rico Slowakei Slowenien Tschechische Republik		Andorra Jungfern-Ins., Amerik. Kanal-Ins., Brit. San Marino
Zahl der Länder: 208	32	13	9	21	17	57	20	21	18

a. Übrige asiatische Länder: Taiwan (China).
b. Länder, in denen keine einzelne Export-Warengruppe mehr als 50 Prozent der Gesamtexporte ausmacht.
c. Ehemalige jugoslawische Republik Mazedonien.

Definitionen der Gruppen

In diesen Tabellen werden sämtliche Mitgliedsländer der Weltbank sowie alle übrigen Länder mit einer Bevölkerung von über 30.000 Menschen klassifiziert.

Exportschwerpunkte: Wichtige Exporte sind solche, auf die 50 Prozent oder mehr der gesamten Ausfuhren von Gütern und Dienstleistungen einer Warengruppe im Zeitraum 1987–91 entfallen. Die Warengruppen sind: Rohstoffe ohne Brennstoffe (SITC 0, 1, 2, 4 sowie 68), Brennstoffe (SITC 3), Industrieprodukte (SITC 5–9, ohne 68) sowie Dienstleistungen (Faktor- und Nichtfaktor-Dienstleistungseinkommen plus Gastarbeiterüberweisungen). Wenn auf eine einzelne Warengruppe nicht mindestens 50 Prozent der gesamten Exporte entfallen, wird das Land unter „Ohne Klassifikation" zugeordnet.

Verschuldung: Zur Klassifizierung der Länder in dieser Tabelle sind Standarddefinitionen der Weltbank von gravierender und mäßiger Verschuldung im Durchschnitt der drei Jahre 1990–92 verwandt worden. Gravierend verschuldet bedeutet, daß sich jede der beiden Schlüsselrelationen oberhalb des kritischen Niveaus bewegt: der Gegenwartswert des Schuldendienstes im Verhältnis zum BSP (80 Prozent) und im Verhältnis zu den Exporten (220 Prozent). Mäßig verschuldet bedeutet, daß jede der beiden Schlüsselrelationen 60 Prozent übersteigt, aber nicht das kritische Niveau erreicht. Für Länder, die nicht detaillierte Schuldendaten an das Schuldenberichtssystem (DRS) der Weltbank liefern, ist eine Berechnung des Gegenwartswertes nicht möglich. Statt dessen wird für die Klassifikation der nicht zum DRS berichtenden Länder folgendes Verfahren angewandt: Gravierend verschuldet bedeutet, daß drei von vier Schlüsselrelationen (Durchschnitt 1990–92) das kritische Niveau überschreiten: Schulden zu BSP (50 Prozent), Schulden zu Exporten (275 Prozent), Schuldendienst zu Exporten (30 Prozent) und Zinszahlungen zu Exporten (20 Prozent). Mäßig verschuldet bedeutet, daß drei von vier Schlüsselrelationen 60 Prozent des kritischen Niveaus überschreiten, es aber nicht erreichen. Alle übrigen klassifizierten Länder mit niedrigem oder mittlerem Einkommen werden als wenig verschuldet eingestuft.